U0032556

編戶齊民

傳統政治社會結構之形成

杜正勝 著

序

　　《編戶齊民》這部書想鉤勒傳統政治社會萌芽期的初型，從社會基層的平民庶眾來分析先秦轉變時期的現象，說明兩千年傳統政治格局的基礎，陳述無名羣眾的貢獻，歸納中國社會從古典封建轉入傳統郡縣的要義，並且顯示傳統政治社會結構的特質。討論的時間大致上起春秋中晚期，下迄嬴秦滅亡，將近四百年。此期間所形成的社會成員──「編戶齊民」是傳統兩千年歷史發展的基礎，而其性格一直到近、現代似乎還依稀存在。

　　本書的體系並不龐大，但從醞釀初稿到修定成書，前後共達八年之久。最先的雛型是一長篇論文，題作〈先秦自耕農階層的興起與殘破〉，民國七十一年五月初在我服務的中央研究院歷史語言研究所的講論會上發表。文長十萬言，課題繁夥，頭緒紛雜，作為一篇論文雖顯得枝蔓，但基本上已具備本書的規模。

　　當時我用「自耕農」一詞來表達我所認為的社會基礎成員，頗引起一些社會科學界朋友的興趣；然而，若就歷史學而言，這個名詞卻潛藏不少問題。自耕農是現代概念，相對而言，其上有地主，其下有佃農。以這三個名稱來描述戰國前後的社會結構與社會性質，並不見得中肯，而文獻資料也很難與今日「自耕農」的概念密切符應。

　　幾年前我在《周代城邦》的〈再版序言〉中感歎「歷史語言」之難為，現在再度遭遇了。歷史著作往往含攝兩種時代性，一是作者寫作的時代，一是作者所討論的時代。作者既然我手寫我口，卻又根據

或引證歷史文獻，所以兩種不同時代的語言會互相雜揉。一般敍述固可不必太計較，但重要概念往往產生兩難。現代術語容易引起讀者興趣，但也容易失真；文獻上現成的語詞雖然實錄，卻會流於不關痛癢。這種困境我還想不出兩全其美的解決方法。

那次演講過後，再經師友論難，我終於採用《史記》、《漢書》的「編戶齊民」來取代「自耕農」，結果發現同樣可以表達我的意念，可以探討西元前六世紀以下數百年內新形成的社會基本成員。根據文獻提出概念，不但減少當初碰到的難題，更加拓展我的研究天地，使我對所研究的時代社會有更深刻和更周全的認識。

「自耕農」這個名詞本身便表現出非常濃厚的經濟史取向，在經濟史料極度貧乏和粗糙的古代，連界定都感困難，當然談不上研究的發展性與前瞻性。「編戶齊民」則是社會政治史取向的概念，史料較豐富充實，比較容易建立研究的架構和網絡，因而可以提煉新的歷史觀念，嘗試新的歷史解釋。本書於是用「編戶齊民」這個概念對中國歷史的演變提出一種解釋。姑且不論是否成功，但這概念的取擇至少使我相信，歷史觀點應從反映歷史實情的文獻去尋求，借用異時異地的概念或可得到眼前的方便，其失則易流於「削足適履」。歷史學家最好還是根據零碎史料，努力建構有機的、整體的歷史面貌，提煉簡潔的概念來解釋叢脞複雜的歷史現象。當許多小概念累積成大概念後，歷史學家應有信心把他們的研究成果提供給其他學科參考。

上面短短幾段文字我一再提到社會基礎或基本的成員，這是我關心的對象，也是本書研究的目標；換言之，就是人民羣眾。人民的歷史，似乎是我從事史學研究以來一貫的興趣。這當然含有我的關懷。鑑之於今日社會，如果抽掉熙熙攘攘的人羣恐怕也難有今天的歷史吧？然而這些人羣卻鮮有幾人的名字能登錄於史冊。載記不傳的眾人其實亦導引著歷史的潮流，唯向為史家所忽視，不能不說是一種偏差。大家都知道歷史是人羣活動的總合，歷史學者關注無名羣眾也許也是一種解放自我，認識社會整體的方式吧。

　　十五年前我寫作《周代城邦》初稿時，就開始以不著名氏的眾人作為研究對象。該書檢討封建體制下，貴族、國人和野人三種身分的人羣。尤其發現住在城裏的庶眾，古書叫做「國人」的，地位雖然只是平民，在當時政治社會結構中卻產生舉足輕重的勢力。我從而發現古代城邦的特色，後來揭櫫「封建城邦說」，以說明西周、春秋五百年間的社會性質。近年來逐漸有人討論古代城邦的問題，這種趨勢當較奴隸制或封建制的辯論更接近史料原貌，更不必削史料之足以適理論之履，也更能找出中國歷史發展的真象。

　　我在《周代城邦》最後一段說，城邦崩潰以後，人民的歷史需要另外專門研究，本書可以算是這句諾言的兌現。城邦崩潰，亦即古典時代的結束，中國歷史至此開啟另一新階段。不論古今中外的史學論著對這個時代的變革都非常重視，中國傳統史學的說法是「從封建到郡縣」，六〇年代大陸參與古代史分期討論的學者謂之「奴隸制到封建制」，同時代日本東洋古代史學者稱作「中國古代帝國的形成」。說法雖然不同，偏倚的重點也不太一樣，其實都針對同一個課題。他們各有或大或小的貢獻，這篇短序固無法一一摘評，但欲求一種通貫性的解釋，真能切合史料的一家之言，似仍不多見。我提出「編戶齊民」的觀點，側重政治結構下的社會基盤，除說明春秋中晚期以下的新形勢外，也嘗試對中國更長遠的歷史發展提出結構性的解釋。譬如巍峨華堂，我們所討論的社會基礎，即是堂屋的地基和樑柱。大體而言，這副地基和樑柱支撐中華帝國之堂屋至少有兩千年之久。

　　其實看重平民庶眾的歷史貢獻，並不是我們這個時代才警覺到的新見解，早在一千七、八百年前，徐幹的《中論・民數》篇已講論得相當透徹了。本書之著成極受啟示，故不憚煩瑣，迻錄這分重要文獻，並略加疏解。〈民數〉曰：

　　　　治平在庶功興，庶功興在事役均，事役均在民數周，民數
　　　　周，為國之本也。故先王周知其萬民眾寡之數，乃分九職
　　　　焉。九職既分，則勤勞者可見，怠惰者可聞也，然而事役不

均者未之有也。事役既均，故民盡其力而人竭其力，然而庶
功不興者未之有也。庶功既興，故國家殷富，大小不匱，百
姓休和，下無怨疾焉，然而治不平者未之有也。故曰：「水
有源，治有本。」道者審乎本而已矣。

國家要殷實，人民要富足，天下要太平，追根究柢在於政府能掌握人
民，故曰「民數周，為國之本」；為政之道「審乎本而已」。所以

《周禮》孟冬司寇獻民數於王，王拜而受之，登於天府。內
史、司會、冢宰貳之。其重之如是也。今之為政者未知恤已
矣，譬由無田而欲樹藝也，雖有良農，安所措其彊力乎？

政治譬如耕田，人民是田地。無田則無從耕起，沒有人民當然也就沒
有政府，談不上治道。可見國家的基礎是人民，這是再清楚不過的道
理。

是以先王制六鄉、六遂之法以維持其民而為之綱目也。使其
鄰比相保相愛，刑罰慶賞相延相及，故出入存亡，臧否順逆
可得而知矣。如是姦無所竄，罪人斯得。

好政府分攤給人民的役事要平均，對社會的安定要負責，壞政府則反
其道而行。

迨及亂君之為政也，戶口漏於國版，夫家脫於聯伍，避役者
有之，棄捐者有之，浮食者有之。於是姦心競生，偽端並作
矣。小則盜竊，大則攻劫，嚴刑峻法不能救也。

一切亂政都由於不能掌握戶口。

故民數者，庶事之所自出也，莫不取正焉。以分田里，以令
貢賦，以造器用，以制祿食，以起田役，以作軍旅。國以之
建典，家以之立度，五禮用脩，九刑用措者，其惟審民數
乎！

徐幹之論是為統治者籌劃，他嚮往的先王之道我們固不一定喜歡，卻
是中國歷史的實情，不容否認。而他能直陳人民庶眾在國家機構運作
中所起的決定性作用，也足當「千古慧眼」而無愧了。

　　現在我們站在人民的立場來看，雖然角度不同，說法不一樣，同樣可以發現無名羣衆對歷史的貢獻。傳統形式的國家或政府，如王室的享受，百官僚吏的薪俸，與軍隊的開銷，哪一樣不是從人民身上得來的？有人民繳納租稅，才能支撐龐大的官僚機構；有人民親自服兵役或繳錢供政府募兵，才能組成龐大的軍隊組織。人民還貢獻各種地方特產，提供中央和地方政府的各種徭役，以維繫帝國的存在。沒有人民，何來政府？沒有人民的錢與力，國家這部機器怎麼運作？這些人民都編入政府戶籍，政府可以稽查，並且負擔義務的人口，即是我們說的「編戶齊民」。許倬雲教授在其新著《中國古代文化的特質》肯定地說：「整個中國兩千多年的歷史顯示，中國最主要的生產者就是編戶齊民。」所以如果說傳統兩千年來，最主要創造財富的人是「編戶齊民」，似亦不為過。

　　除編戶齊民之外，各時代的人口還有貴族、奴隸與不著籍的少數民族和逃戶。封建崩潰後，社會階級一端的貴族人口已降至最低程度，另一端的奴隸，以往有人辯論漢代為奴隸社會，誇張奴隸人數，現在這個問題仍然與不著戶籍的人口一樣，無法估計其比率。但我們有個通貫各朝的大略尺度可以衡量，凡政府比較有效掌握編戶齊民之時，人民負擔比較均等，社會也比較穩定。反之則政權不伸，政府與豪強世家爭奪人口，庇蔭擴張，匿戶風行，戶籍制度破壞，齊民負擔轉重，結果不是國家積弱，就是社會混亂。這似乎是兩千年來治亂更迭的一種模式。

　　人民羣衆，史書既無名氏可資稽考，如何建構他們的歷史呢？目前最主要的憑藉是制度。就某種範疇而言，只要運用得當，制度史是研究人民社會歷史的一大寶庫。賦稅制度、兵役徭役制度、學校科舉制度，無一不是人民的歷史。我即是本著這個態度來探討編戶齊民的問題。從戶籍、軍隊、地方行政、族羣聚落、田地、法律和身分等方面來分析春秋中晚期到漢初社會的轉型，自西元前六〇〇年以下，大約四百年的期間是中國社會的轉型時期，古典的、封建的政治社會逐

漸結束，傳統的、郡縣的政治社會逐漸開始。社會改造的結果是編戶齊民成為新時代、新社會的基石。我們發現此時出現的編戶齊民為往後兩千年傳統社會的基本骨架，靠著他們撐起兩千年的傳統政治體制，故本書的附題取作「傳統政治社會結構之形成」。

嚴格說，傳統社會基礎之定型當以漢武帝為下限，我原來計劃寫到武帝（西元前一世紀），交代戰國以下齊民中的「不齊」現象。因為春秋中晚期的政治制度改變雖然使封建時代身分不齊的人民趨於均等，但稍後興起的商業及工業力量卻在社會上製造新的不齊。這問題牽涉甚廣，為免本書篇幅過於膨脹，乃決定將這部分文稿獨立出來，題曰《羨不足論》，算是本書的別集。請讀者會同並觀，知道齊中仍有不齊，才能得到編戶齊民的全貌。

讀者或許要問：什麼力量使中國社會從古典封建制轉成為傳統郡縣制？我們在這部書中描述此一轉型的重要現象，拈出人民羣眾的角色，但並不刻意把複雜的歷史變化歸於單一或少數因素。如果勉強要找，國際戰爭恐怕是很關鍵的一項原因吧。我們尤其要請讀者思考的是，歷史隨時間之流程無時不有發展，先前的現象也可能成為後來發展的因素。與其刻意去尋找一個近乎靜態的最早原因，何不時時注意不斷衍生出來的現象？

在形式上，本書根據近年來我所發表關於從封建到郡縣轉型期的系列論文，加以刪節、補正和調整而成。論文主要刊佈在《歷史語言研究所集刊》和《食貨》，少數在別的地方發表。而今編集成書，部分章節雖重新改寫，仍採用學術著作的形式，殊與我的初衷大相逕庭。我原想在那些學術論文之外另寫一本清暢平易的小書，以簡短的文字，淺近的說法來鉤畫中國人民的歷史，提供一般讀者參考。然而個人目前擺著一連串的研究課題，實在沒有餘裕的時間和閒適的心情回鍋重炒冷飯，對非專業的讀者實在抱歉。絕大多數的讀者和我一樣，都屬於編戶齊民，而且也將是名氏不可能傳諸史冊的庶眾，我們當會對歷史上的同儕產生同情之感，也應有認識同類的好奇心。以古

鑑今，來看看我們這些凡夫俗子的歷史貢獻吧。想到這裏，一本精簡淺易的人民歷史就更覺迫切，而我個人的內疚也就更加深邃了。

不過本書比起原刊論文還是有某種程度的淺化。引證文獻，凡古文奇字盡量改作通俗文字，能通假的亦盡量通假，引文能節刪的盡量節刪，部分未特別標明，只求讀來順易而不斤斤信守學術論文的規格。為保持論述的通貫，有些枝節的討論而猶微帶自珍者，剔出集為〈附錄〉；長短不拘，有的足當獨立札記，有的則只略述他人的意見而已。

學術研究工作本來就很清寂，非適性適才，難以為繼。人民歷史的研究在歷史學中又屬於更清寂的部分，這裏沒有浪漫傳奇的英雄令人嚮往，也沒有偉岸清高的聖賢令人景仰。研究最平凡的人民羣眾，沒有特殊的關懷，恐怕更難以為繼吧。

研究生涯不分晝夜，寫作本書期間，大半時光都在中央研究院歷史語言研究所的研究室度過，難得清閒地享受天倫之樂。小女初解人意，見我晚飯後出門，總是無可奈何的說：「爸爸又要到研究室了。」對現代父母而言，這是莫大的譴責。我為人父，不能全心關注兒女成長，實在慚愧。只希望兒女長大成人之後，能體會他們父親的關懷和用心，對平凡的同胞貢獻一點點棉薄之力。

本書得以問世尤應感謝我妻陳芳妹女士。感謝她在故宮的古物寶藏和遠離現世的青銅論述之外，還能把家治得井井有條，而且花費極大的心力教養子女，使我能夠沉潛於兩千年前的社會，與古人悠遊相友。本書如果經得起短暫的考驗，她的辛勞才不算白費。

此外，我也要特別感謝歷史語言研究所。它那股醇厚的學術傳統使人獲得安身立命之地，而且能夠甘清寂如飴。幾年來本所師友同仁的批評，使本書的錯誤減到相當的程度；與本所有關而遠在異方的師長，許倬雲師閱讀本書的初稿，楊聯陞先生批正本書某些已發表和未發表的篇章，我都非常感激。

現代資訊發達，學術研究既不能閉戶獨索，也難有完完全全**破天**

荒的唯一創見。自己讀書的一些心得自然而然在形成的過程中就與識
或不識的同行產生無數激盪。古人治學標榜轉益多師，今日由於印刷
進步、出版發達、資訊流通快速，即使在斗室書齋中也可達到同樣的
目的。此書之完成當然也要歸功於引用書目中所列的作者，今世之
作，有一大部分是個人辯駁評論的對象，雖然意見相左，我還是樂於
引為學術的同道。

　　誠如上言，本書初稿發軔於民國七十一年，爾後分篇陸續刊佈。
這幾年來中國古史研究的著作不知勝似以前若干倍，我就知見所及，
與本書有關者，在結集出版之際，酌情採納或討論。然而遺珠之憾勢
必難免，尚祈海內外同道包涵。

　　本書原稿之打字，書目與索引之編製，以及校對，多蒙許中梅、
林素卿兩位小姐協助，謹致謝意。

　　作者對本書涉及的課題既然經營一些時日，固盼望先進之指正；
同時也抱著野人獻曝的心情，願將微末淺見提供給關心中國社會發展
的朋友參考。是為序。

　　　　　　　　　　　　　　　　　　　　　杜正勝
　　　　　　　　　　　　　　　　民國七十七年戊辰七月二十二日

目 次

插圖目次

林巳奈夫《漢代の文物》農工具插圖

第一章 編戶齊民的出現

「編戶齊民」一詞習見於漢人的著作，如《淮南子·齊俗訓》、《漢書·貨殖傳》；有時簡稱作「編戶」，如《史記·貨殖列傳》的「編戶之民」和《漢書·高帝紀下》的「編戶民」；或稱作「齊民」，見於《漢書·食貨志下》。《漢書·高帝紀》師古注曰：「編戶者，言列次名籍也。」故政府按戶登錄人口，謂之「編戶」。理論上，凡編戶之民皆脫離封建時代各級貴族特權的束縛或壓迫，是國君統治下的平等人民，故曰「齊民」；如淳所謂：「齊，等也，無有貴賤，謂之『齊民』，若今言平民矣」。

本章說明戶籍如何編錄，眾民身分如何齊等。這裏牽涉到戶籍形成和登錄方式等制度史問題，不能不先分析考辨。

一、名籍與戶籍

籍，《說文》謂之「簿書」，《釋名》云：「所以疏人名、戶名也」（〈釋書契〉）。單一個人的身分資料曰「名籍」，合戶多人的身分資料稱作「戶籍」。戶籍，漢代又稱「戶版」（《周禮·宮伯》注）。

顧名思義，籍是竹簡，版是木片。晉人崔豹《古今注》說：「籍者尺二竹牒」；《晉令》說：「郡國諸戶口黃籍，籍皆用一尺二寸札」（《太平御覽》卷606）。一說竹籍，一說木版，唯以居延出土的漢簡來考察，當地不出竹，名「籍」者也是木片，故知籍版之名，並不截

然區分。漢人有謂「尺籍伍符」(《史記·馮唐列傳》)，當時書寫人名戶口的簡牘，大概長一尺二寸①，約二十七、八公分左右，和三尺的律令，二尺四寸的經書、六寸的出入符（勞榦1960）不同。此規格猶爲魏晉所承襲，等到紙張取代竹、木後才有所更改。敦煌所見最早的一份西涼戶籍殘卷，在五世紀初，是用紙書寫的，而所有李唐的戶籍卷子也都是紙本。

版籍的質材關係不大，重要的是資料的內容，可能透露很關鍵的世變信息。我們認爲從名籍到戶籍的過程就是絕大的事變。

周代的名籍以宮廷宿衞和軍隊士卒爲主。《周禮·宮正》曰：「以時比宮中之官府，次舍之衆寡，爲之版以待，夕擊柝而比之」；〈宮伯〉曰：「掌王宮之士庶子凡在版者」。這兩個「版」字，鄭衆和鄭玄都解作王宮宿衞的名籍。〈宮正〉登載衞士之名籍以便考核，職掌是「稽其功緒，糾其德行，幾其出入，均其稍食」；凡「淫怠」與「奇衺」者除其名。王宮戒備森嚴，對宿衞的記錄自然詳細，但衞士記錄似乎也暗示名籍與士卒的密切關係。古代軍隊的成員不能無名，其記錄或近於宮廷宿衞而稍粗略而已。《周禮·司士》曰：

> 掌羣臣之版以治其政令。歲登下其損益之數，辨其年歲與其貴賤，周知邦國、都家、縣鄙之數，卿、大夫、士、士②庶子之數。

數是名數。天子軍隊的成員包括王城內外、封建貴族領地和邊鄙城邑的人民，也有卿大夫士的嫡子支庶。這麼龐雜的組合，恐非有名册檔案不可。

《周禮》成書較晚，謹愼的學者不敢輕易用來論證周制。不過就名籍而已，西周金文有點蛛絲馬跡尙可供我們推敲。西周青銅器銘文

---

① 《漢書·元帝紀》初元四年「注」引應劭曰：「籍者爲二尺什牒。」不知「二尺」或「尺二」孰是。《後漢書·光武紀上》「注」引《漢制度》曰：「帝之下書有策書，編簡也，其制長二尺，短者半之。」籍簡之制似當短於皇帝策書，故暫取尺二之說。

② 賈疏本有「士」字，依阮元《校勘記》補。

有「西六師」和「殷八師」，這兩隻軍隊是天子的主力部隊。「殷八師」因爲長駐成周，又稱作「成周八師」。我們現在尚缺乏史料分析周王軍隊成員的結構，但不論六師或八師，即使基層單位是由同氏族組成的「族軍」，整支軍隊是不可能爲某些特定氏族所獨佔的。這麼龐雜的軍隊，最高將領又多臨時派遣③，恐怕也需要建立一些最基本的人事資料才不會流爲烏合之眾。宗周時代的西六師和殷八師固不必如某些人所主張的與《周禮》的鄉遂制度配合（楊寬1964），但《周禮·司士》所講的士卒版籍制度，緣情論理，似乎並不是戰國的新制。

「殷八師」早見於西周初期的〈小臣謎設〉，晚至厲王時的〈禹鼎〉（徐中舒1959）猶與「西六師」並稱，這兩支軍隊大概和西周相始終。建制性的組織具備名籍是可以理解的，至於臨時性的徵集則更難推敲。殷商武丁時代的卜辭卜問「登人」「共人」和「咠人」（島邦男1967，頁1）是今見最早的徵兵文獻（圖1.1）。商王徵兵作戰，一次或三

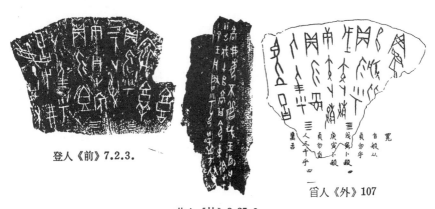

登人《前》7.2.3.

共人《林》2.25.6.

咠人《外》107

圖 1.1　卜辭徵兵文獻

---

③　〈小臣謎設〉曰：「白懋父以殷八師征東夷。」白懋父或卽康伯髦，周人，率領殷人軍隊，蓋臨時遣達。〈盠方彝〉云：王令盠攝司六師及八師藝。〈智壺〉云：王令智繼其祖作冢司土于成周八師。〈克鼎〉云：王命善夫克遹正八師。克與智可能同族（杜正勝1979c），他們這族雖與成周八師具有長久的隸屬關係，但皆經天子派遣，不是族軍。〈禹鼎〉云周以西六師與殷八師抵禦入侵之噩侯，統帥或卽武公。

薛寬簡

兒尊簡

圖 1.2　居延漢簡名籍

千人或五千人，所徵者不一定是王畿的領民，而新集兵丁與受命將領之間也不一定有族屬關係。這種人羣聚集方式，既然要保證能發揮高度的戰鬥力，恐怕更迫切需要掌握士卒的身分資料。如果推測不誤，那麼士卒名籍可能是因應臨時大批的徵集而生，目前可以追溯到武丁時代。

據上引〈司士〉士卒名籍的內容，包含年歲、階級身分、居住處所或隸屬的族羣。雖然先秦名籍的實物今尚未發現，但參證居延漢簡的戍卒名簿，大概還能得其近似的面貌。茲錄勞榦《居延漢簡》戍卒和田卒名籍的格式如下（圖1.2）：

戍卒淮陽郡苦中都里公士薛寬年二十七（《圖版》二十六葉65.1《釋文》508）

戍卒汝南郡西平中信里公乘李參年二十五　　長七尺一寸（《圖版》一〇一葉15.22《釋文》2081）

☐魏郡繁陽高武里大夫謝牧年四十　長七尺二寸黑色（《圖版》一〇一葉15.14《釋文》2082）

田卒淮陽郡長平業陽里公士兒尊年二十七（《圖版》五葉19.40《釋文》76）

名籍基本內容約有六、七項，起首的戍卒、田卒是職稱；以下籍貫，如第一例淮陽郡、苦縣、中都里，包括郡縣里三級行政機構，是完整的形式，若屬侯國人民則

以國代郡；簡單形式可以省略郡國或縣。籍貫下的「公士」「公乘」「大夫」是爵位，第四項是該名籍者的人名，第五項年齡，最後是身長或膚色等體形特徵。

作為個人的人事資料漢代還有符傳，與戍卒名簿大同小異。《居延漢簡》有一條曰：

> ☐當陽里唐並年十九長七尺三寸黃黑色八月辛酉出。（《圖版》一一一葉62.34《釋文》2267）

這條符傳斷簡至少包含籍貫、姓名、年齡和體形等項目。符傳如今日的護照，過關驗明身分之用。《居延漢簡》有一條稽查流亡的斷簡，曰：

> 卽有吏卒民屯士亡者，具署郡縣里、姓名、年長、物色、所衣服、齎操、初亡年月日。（《圖版》十一葉303.15+513.17《釋文》193）

正與符傳斷簡吻合。

漢代符傳的規格亦見於《管子·問》篇，該篇述行人職守曰：

> 身外事謹，則聽其名。視其名，視其色，是（視）其事，稽其德，以觀其外，則無敦於權人，以困貌德，國則不惑，行之職也。

名是姓名，色是膚色（物色），事則為爵位身分④，皆記於符傳，以備過關檢查。《管子》所述基本上與居延出土的符傳文書符合。

先秦符傳既然與漢代符傳一致，符傳近似名籍；漢代名籍的主要規格又見於《周禮·司士》版籍的內容，所以我們推測先秦名籍的形

---

④ 《管子·問》所謂「視其事」之「事」，指爵位身分。睡虎地秦簡〈倉律〉曰：「書入禾增積者之名事邑里於廥籍」（《睡簡》頁36）。入禾於倉，在倉籍上寫明入者的「名事邑里」。同出《封診式》〈覆〉爰書關於人口去籍流亡文書，曰：「敢告某縣主：男子某辭曰：『士五（伍），居某縣某里，去亡。』可定名事里，所坐論云可（何）」云云（《睡簡》頁250）。所謂「名事里」，參證男子之辭，應是姓名、爵位身分和邑里；事卽指身分。審訊的〈有鞫〉爰書亦有「定名事里」（《睡簡》頁247）。校核《居延漢簡》曰：「鞫繫，書到，定名縣爵里」（《釋文》594），秦簡的「事」卽漢簡的「爵」。關於「定名事里」的鞫辭亦見於《封診式》的〈告臣〉和〈黥妾〉爰書（《睡簡》頁259、261）。

式大概與居延的戍卒名簿相去不遠。

從先秦到秦漢，名籍依其性質或用途而有不同的名稱。內廷宦官入宦籍，如秦中車府令趙高（《史記·蒙恬列傳》）；市井小民從事商賈者入市籍，如漢代的何顯（《漢書·何武傳》）；為人門生弟子者入弟子籍，有文獻可考者如 孔子門生（《史記·仲尼弟子列傳》）及公孫龍弟子（《淮南子·道應》），其他諸子當不例外。秦國對東方游士客民給予特別的游士籍，秦簡〈游士律〉曰：「有為故秦人出，削籍」（《睡簡》頁130）。漢代宗室則有宗籍。以上各種版籍像宦籍、弟子籍和游士籍顯然只登記個人的人事資料，屬於名籍，又與記錄全家人口的戶籍不同。至於市籍和宗籍恐怕也只是名籍而已。秦漢徵發市籍者遠戍，都分別有市籍的賈人、嘗有市籍者、父母、大父母嘗有市籍者幾種（《漢書·鼂錯傳》、《漢書·武帝紀·注》），市籍似指從事商賈的當事人，不包含他的家屬。至於宗籍，《漢書》云文帝四年「復諸劉有屬籍，家無所與」（〈文帝紀〉）；平帝元始四年賜宗室有屬籍者爵（〈平帝紀〉）。非所有宗室皆屬宗籍，即使屬籍，恐怕也只有家長一人而已，不包含全戶人口。故宗籍也可能是名籍，不是戶籍。

戶籍以戶長為首，包括所有家戶成員的身分資料，先秦實物雖尚未見，但湖北雲夢睡虎地出土秦簡的《封診式》可得其概略。〈封守〉是一篇查封起訴者財產與沒入其家屬為孥的公文程式，前半篇曰：

> 鄉某爰書：以某縣丞某書，封有鞫者某里士五（伍）甲家室、妻、子、臣妾、衣器、畜產。●甲室、人：一宇二內，各有戶，內室皆瓦蓋，木大具，門桑十木（株）。●妻曰某，亡、不會封。●子大女子某，未有夫。●子小男子某，高六尺五寸。●臣某，妾小女子某。●牡犬一。（《睡簡》頁249）

黑圈分界以方便閱讀（陳彭1975，頁2），臣妾是奴隸，不算家屬⑤。茲

---

⑤　《睡簡》曰：「『盜及者（諸）它罪，同居所當坐』。何謂同居？戶為同居，坐隸，隸不坐戶謫也。」（頁160）因為奴隸非家戶的成員，故不連坐。

仿居延簡廩簿或符傳的格式，改寫某甲戶籍如下：

妻某乙

某里士伍某甲　　子大女子某丙　未有夫

子小男子某丁　高六尺五寸

戶長注明居里、爵位和姓名，家屬特書「大」「小」，表示徭役的義務。從漢到唐，甚至今日的戶籍記錄猶可以在這裏找到根源。

徐誼簡　　　　張彭祖符

圖 1.3　居延漢簡廩簿

　　《居延漢簡》沒有戶籍，但戌卒家屬在署廩名簿與合家符傳也可以用來推測戶籍的規格。玆舉兩條以見其一般（圖1.3）。編號203.3徐誼家屬廩名簿云：

妻大女職年卅五

第五隧卒徐誼　　　子使女侍年九　　　見署用穀五石三斗一升少
　　　　　　　　　子未使男有年三

（《圖版》一三三葉203.3《釋文》2752）

又編號29.2張彭祖符傳云：

妻大女昭武萬歲里□□年四十二
二子大男輔年十九歲

永四光年正月己酉　　　子小男廣宗年十二歲
槖佗延壽隧長張彭祖符　子小女女足年九歲
　　　　　　　　　　　輔妻南來年十五歲　　　皆黑色

（《圖版》六十葉29.2《釋文》1274）

廩名簿是隨同戌卒往駐戌所之家屬領取口糧的簿冊，全家符傳是戌卒及其家屬遷徙過關的護照，都包含戶長及家戶成員。以上兩例關於家屬的身分資料有親屬稱謂（和戶長的親屬關係）、課役類別、私名和年歲。這四項要素亦見於敦煌的戶籍卷。倫敦不列顛博物館藏西涼建初十二年（西元四一六）呂沾戶籍（斯0113）（池田溫1979，頁147）云（圖1.4）：

敦煌郡敦煌縣西宕鄉高昌里散呂沾年五十六
　　　　妻趙年四十三　　　　　　丁男□（一）
　　　　息男元年十七　　　　　　小男□（一）
　　　　元男弟騰年七本名鵬　　　女口二
　　　　騰女妹華年二　　　　　　凡五口
　　　　　　　　　　　　　　　　居趙羽塢

建初十二年正月籍

或如巴黎國家圖書館藏唐開元九年（西元七二一）戶籍殘卷（伯3877）楊義

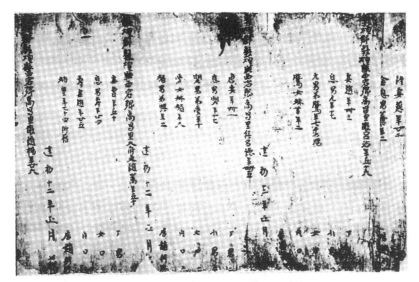

圖 1.4　敦煌縣西宕鄉高昌里戶籍

本戶籍（《敦煌資料》第一輯，頁16）云：

戶主楊義本年伍拾貳歲　　上騎都尉

妻孫　　年肆拾肆歲　　職資妻

男守忠　年貳拾伍歲　　衛士

男大絢　年壹拾玖歲　　中男

男守言　年壹拾貳歲　　小男

男面面　年陸歲

「呂沾籍」戶長呂沾在籍貫里居之下注明「散」，大概是無常職無員額的散吏，類似於漢代名籍的爵位（池田溫1979，頁39），最後是年齡。「楊義本籍」的「上騎都尉」表示楊的勳官品等，在戶籍簿上的功用亦近於漢爵。此卷籍貫不像西梁建初十二年戶籍殘卷述於每位戶長之上，大概如天寶戶籍卷，在適當的地方注明。家屬身分亦以年齡和課役爲主。

與秦漢戶口相關的文書今日只知抄家的〈封守〉公文格式、戍卒家屬廩名簿和合家符傳，嚴格說，都不是戶籍，但與戶籍關係非常密

切。我們以這三種資料作基礎，配合漢代名籍，參考西涼、唐朝戶籍
的規格，得知秦漢戶籍大概是戶長名籍加上《封診式・封守》家屬資
料的綜合形式。掌理戶籍的機構，漢代郡國有戶曹（嚴耕望1961，頁130），
戶長通常稱作「戶人」⑥，這些大概都是先秦就發展成的制度。

二、傅籍與課役

　　上節徵引的敦煌戶籍帳册，注明家庭成員之丁、中、大、小，漢
簡也有大、小、使與未使等名目。這些都是課役的類別，表示國家對
統治人口的力役之征，主要分爲兵役和徭役兩大類。

　　課徵賦役的憑藉就是戶籍的課役類別記錄，達到課役標準者，謂
之「傅」。《漢書・高帝紀》云：二年五月，「漢王屯滎陽，蕭何發
關中老弱未傅者悉諸軍。」孟康曰：「古者二十而傅，三年耕而有一
年儲，故二十三而後役之。」如淳曰：「《漢儀注》云民年二十三爲
正」云云。《史記・孝景本紀》曰：「男子二十而傅」。《索隱》引
荀悅云：「傅，正卒也。」此皆以爲傅是正卒，傅籍也就是註册服兵
役。但從睡虎地秦簡來看，傅的涵義更廣，兵役之外也包括徭役在
內。這裏顯示國家開始征役人力的兩個階段，而它們在戶籍上也各有
相應的名稱。

　　關於課役類別與標準，比較完備的文獻始於晉朝。先了解晉唐的
制度，對先秦和秦漢的課役也許有些助益。

　　《晉書・食貨志》記載戶調之式曰：

　　　男女年十六已上至六十爲正丁，十五已下至十三，六十一已
　　　上至六十五爲次丁，十二已下、六十六已上爲老小，不事。

---

⑥　湖北江陵鳳凰山十號 墓出土一件木尺，正面陰刻「市陽戶人孫姞」（《文物》
　　1974：6，頁50）。同地一六八號墓出土一件天平衡杆也有「市陽戶人嬰家」等字
　　樣（《文物》1975：9，頁6）。孫姞和嬰家都是市陽里的戶主。尤其十號墓的鄭里
　　廩簿（或稱貸穀賬）的竹簡更記錄大批「戶人」，參見裘錫圭，〈湖北江陵鳳凰山
　　十號漢墓出土簡牘考釋〉。這些墓的年代屬於西漢初期。

政府按照勞力役使的程度，將人民分成正丁、次丁、老、小四種身分。隋文帝開國訂定：

> 男女三歲已下爲黃，十歲已下爲小，十七已下爲中，十八已
> 上爲丁。丁從課役，六十爲老，乃免。（《隋書・食貨志》）

課役身分有黃、小、中、丁、老五種。開皇三年以二十一成丁，煬帝即位，以二十二成丁（《隋書・食貨志》）。唯成丁年齡更易，課役名目未變。唐初沿襲隋制，《唐會要》云，高祖武德六年，「令以始生爲黃，四歲爲小，十六歲爲中，二十一爲丁，六十爲老」（卷八十五〈團貌〉）。爾後也只在年歲分界上有所移動，五種身分的結構並無改變。

　　晉代以前缺乏這麼有系統的資料，但我們從漢簡還能爬梳出一個大概來。漢簡所見課役身分有老、小、使、未使與大之分，亦區別男女，唯獨未見類似晉唐「丁」的身分。今比較《居延漢簡》著錄的五條賜爵令，《釋文》4967、4969、4970標識「卒」，4968標識「老」，4987標識「大」，老、大既然是課役身分，相同體例的「卒」應該也不例外。《周禮・夏官・序官》和《漢舊儀》都說「百人爲卒」，則卒乃正丁的身分，尤其專指男子而言。那麼漢代課役身分便可能有六種名目了，但其中有名異實同之處，還須檢討。

　　誠如上節所論，戍卒家屬在署廩名簿和過所符傳與戶籍本質上都相同，茲據《居延漢簡》所錄廩簿二十條和符傳或疑似符傳四條——這二十四戶人口來分析漢代課役的類別與年歲〔附錄一〕。廩簿與符傳性質不同，表面上的分類雖不一致，仍然可以解釋。廩簿的課役名目有「小」、「未使」、「使」和「大」，按其年齡與舊籍所述的算賦大體吻合。衛宏《漢舊儀》（孫星衍校本）曰：

> 算民，年七歲以至十四歲出口錢，人二十三。以食天子，其
> 三錢者武帝加口錢以補車騎馬。又令民男女年十五以上至五
> 十六出賦錢，人百二十爲一算，以給車馬。

七至十四歲和十五至五十六這兩個階段年齡分別出口錢和賦錢；不及七歲和超過五十六歲全免，所以每人一生繳納算賦的身分分成四種。

據說「武帝征伐四夷，重賦於民，三歲則出口錢」（《漢書·貢禹傳》），
雖是一時的措施，但在課役分類上，三歲以前，確曾爲有意義的年
段，漢簡廩簿寫作「小」，有兩例，一至二歲。三歲以上、七歲以
下，除漢武時期外，一般是不征口錢的，廩簿寫作「未使」。唯此二
十戶人家有兩戶二歲子女當入「小」而入「未使」，眞正原因雖不可
知，但從征課來說「小」和「未使」是屬於同一範疇的。七歲以後須
輸口錢，廩簿資料屬於「使」，所見最高年齡十三歲。廩簿的資料本
來不夠完整，而「使」之上的「大」最低限是十五歲，參證《漢舊
儀》，「使」的範疇當從七歲到十四歲。不過符傳資料顯示，十一、
十二歲也作「小」，就另一意義而言，「小」仍可包括「使」和「未
使」，這是相對於「大」的課役術語，屬於算賦以外的課役系統，源
自戰國時代，下文將有所討論。

　　「大」的問題比較複雜。這二十戶廩簿，作「大」者多是女子，
從十五歲到六十七歲不等，男子甚少，連同符傳只有四位。兩個十九
歲，其餘是五十二和六十。上引《史》、《漢》諸注，孟康說：古者
二十而傅，二十三歲才正式服役。如淳根據《漢舊儀》說：「民年二
十三爲正，五十六衰老就田里。」不論二十或二十三歲，大概男子十
五歲以後，成爲正卒以前，課役的身分是「大男」。

　　此說適用於兩位十九歲的男子，至於廩簿另外兩位，比免役的標
準各差四歲，可能隨子著籍邊疆，也可能廢疾罷癃，不服兵役，故稱
「大」。其他所有十五歲以上爲人妻的女子都稱作「大女」，恐怕也
是不服兵役的緣故。因此我們推測「大」是不服兵役只服徭役的身
分。至於謫邊刑徒任務雖與士卒不二，身分仍稱「大男」[7]，可能是
不夠資格稱作「卒」吧。

　　男子經過「大」的身分便是「丁」或「卒」，當服兵役。漢初正

---

⑦　《居延漢簡·釋文》726 號「□□□□徒復作爲職居延安徒兕鉗城旦大男廕廕署作
　　府中寺舍」，1984 號「復作大男叢市」，2817 號「居延復作大男王建」，6798 號
　　「肩水兒新徒大男王武」。

卒起役的年歲史無明文，或承秦舊在二十歲以前（下詳），至景帝二年
（前一五五），「令天下男子年二十始傅」（《漢書·景帝紀》）。顏師古
《注》說：「舊法二十三，今此二十，更爲異制也。」師古之意蓋以
二十三始傅是漢高祖的制度，所謂舊法如指《漢舊儀》，《舊儀》成於
東漢，雖錄兩京舊典，不明何朝。但與秦制一併考慮，從發展的觀點
看，二十三始傅之制似不可能始於漢初。《鹽鐵論·未通》御史大夫
桑弘羊曰：「古者十五入大學，與小役，二十冠而成人，與戎事。……
今陛下哀憐百姓，寬力役之政，二十三始賦（傅），五十六而免」，
則正丁服兵役從景帝的二十歲改爲二十三歲是在昭帝初年。居延出土
的士卒名籍絕大多數年齡皆在二十三歲以上，五十六歲以下，符合
《漢舊儀》的說法。雖然仍有少數例外在二十至二十二歲之間⑧，但
不能排除其個別因素。居延漢簡多是西漢昭宣時代的遺物，若以少數
例外否定昭帝制二十三歲始爲正卒，恐怕也不妥當。

　　最後是「老」。如淳根據《漢舊儀》曰「年五十六衰老，乃得免
爲庶民，就田里」，而論定「過五十六爲老」（《漢書·高帝紀·注》）。
但居延出土漢簡，只在一件疑似符傳的資料中，有一位七十五歲高齡
的人稱「老」（《釋文》2361）。而廩簿中六十歲男子（《釋文》3298）和六
十七歲女子（《釋文》4207）卻稱「大男」「大女」，而不稱「老」。然
而漢人固有「老」的身分，居「老」的年齡非五十六歲，而是七十

---

⑧　《居延漢簡》名籍年齡二十至二十二歲肯定是士卒者七條。《釋文》1648號「田卒
　　淮陽郡長平市陽里公士宋建年廿二」，2418號「戍卒河東皮氏成都里上造傅咸年二
　　十」，5038號「戍卒張掖郡居延昌里籍壹司馬駿年廿一」，5125號「居延甲渠第三
　　隧長閻田萬歲里上造馮匡年廿一　始建國天鳳元年閏月乙未除補巡北隧長」，5188
　　號「戍卒張掖居延並山里上造孫歐巳年廿二」，5879號「☑俯行駝山里公乘范弘年
　　廿一　令除爲甲渠尉史代王輔」，1103號「戍卒淮陽郡扶溝☑里公士張☑年廿二」，
　　此簡在「二」字最後一筆斷，故有可能是廿三歲。極可能爲士卒者二條。《釋文》
　　875號「☑都里上更司馬奉德年廿長七尺二寸黑色」，2901號「☑年廿長七尺五寸
　　黑色」。按1219號「☑驪軒萬歲里公乘兒倉年卅長七尺二寸黑色　劍一已入牛車二
　　☑」，依此體例，以上二簡可能是士卒名籍，但也可能是符傳。準此，1253號「☑
　　公乘孫輔年十八長七尺一寸，黑色」，孫輔不必然早在十八歲就服兵役也；即使
　　是，也是非常獨特的例外。147號的公車趙都原釋誤作十八歲，當是廿八。2352號
　　的張他，原釋作「廿一歲」，疑「一歲」二字當釋作三。總計《居延漢簡》所見二
　　十至二十二歲的士卒大約七或九人，另外一人可能十八歲。

歲，證據見於武威磨咀子十三號漢墓出土的〈王杖十簡〉（《武威漢簡》頁140）。簡文引述兩道皇帝詔書曰（圖1.5）：

制　詔御史曰：年七十受王杖者比六百石，入官廷不趨。

制　詔丞相、御史：高皇帝以來至本二年，勝（朕）甚哀老小，高年受王杖。

簡文又說汝南有位名叫先的人，在成帝河平元年「年七十受王杖」。近年又發表一批同地出土的王杖簡，內容基本一致（《漢簡研究文集》頁35）。七十賜王杖亦見於《續漢書·禮儀志》和《論衡·謝短》。而

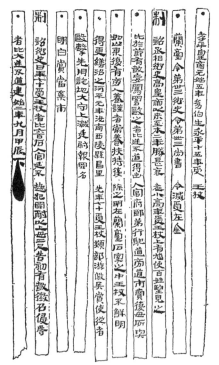

**圖 1.5　武威磨咀子第十三號墓出土
〈王杖十簡〉摹本**

《漢書·武帝紀》云，元封元年詔「加年七十以上，孤寡，帛。」可見漢人七十始得為「老」，完全免除兵徭二役。高壽至八、九十者還可以享受更多的養老優待（《漢書·賈山傳》、《漢書·文帝紀》）。居延廩簿六十歲的男子和六十七歲的婦人仍稱「大男」、「大女」，表示他們還須向國家盡徭役的負擔，而《漢舊儀》說過五十六歲得免之「免」，只是免除兵役而已⑨。

綜結上文分析，漢代課役類別和年歲的對應關係如下：男女一至二歲為「小」，三至六歲為「未使」，七至十四歲

⑨　五十六歲以後全免兵役亦有例外，《居延漢簡·釋文》11號「□里上造王□年六十長七尺二寸，黑色」，參證其他士卒名籍體例，此君雖然六十歲，恐怕猶未免除兵役。至於109號「醰得安里黃壽年六十五」，和1664號「奉明善居里公乘丘誼年六十九　居延丞付方相車一乘，用馬一匹騂牡齒歲高六尺」，這兩人有可能是服徭役。

爲「使」，男子十五至二十二歲爲「大男」，二十三歲爲「卒」，五十六歲再恢復「大男」，女子十五歲以上爲「大女」，至七十歲不論男女始得爲「老」。二十三歲傅籍爲「卒」是昭帝初年的制度，此前是二十歲，而在景帝二年以前可能不及二十歲就要服兵役了。「使」要出口錢，「大」要出算賦錢、服徭役，「卒」再加兵役，老或小則口、賦錢與兵徭役均免。由此可見晉唐的賦役結構基本上是沿襲漢制的。

漢代課役的名目和戶籍一般，也可以追溯到秦朝。睡虎地秦簡有不少關於刑徒稟食、授衣、贖身的律令，依其「大」「小」「老」之類別，各有不同的規定。「倉律」曰：

> 小城旦、隸臣作者，月禾一石半石；未能作者，月禾一石。
> 小妾、舂作者，月禾一石二斗半斗；未能作者，月禾一石。
> （《睡簡》頁49）

又曰：

> 小隸臣妾以八月傅爲大隸臣妾，以十月益食。（《睡簡》頁50）

這是稟食。〈金布律〉載男女刑徒之稟衣，曰：

> 隸臣、府隸之毋妻者及城旦，冬人百一十錢，夏五十五錢；其小者冬七十七錢，夏四十四錢。舂冬人五十五錢，夏四十四錢；其小者冬四十四錢，夏三十三錢。隸臣妾之老及小不能自衣者，如舂衣。（《睡簡》頁67-68）

至於贖身，〈倉律〉曰：

> 隸臣欲以人丁粼（齡）者二人贖，許之。其老當免老、小高五尺以下及隸妾欲以丁粼（齡）者一人贖，許之。（《睡簡》頁53-54）

秦簡《律說》設譬有牧馬食人稼禾的「甲小未盈六尺」和逃妻的女子甲「小未盈六尺」，可見「大」「小」「老」的分別是刑徒與凡人的通制，是秦政府規範人民負擔和承受法律責任的標識。凡人達到「老」時可以免除官府加給的賦役，故又稱作「免老」，簡稱「免」

⑩。年齡在「大」和「老」之間，承擔最主要課役的人是「丁」，上
引〈倉律〉「丁齡」之丁卽是。也可稱作「壯」或「丁壯」。〈內史
雜〉曰：

　　　除佐必當壯以上，毋除士伍新傅。（《睡簡》頁106）

《封診式·賊死》爰書假設被殺的成年男子（身高七尺一寸）亦曰
「丁壯」（《睡簡》頁265）。據《商君書·去彊》，強國知境內「壯男
壯女之數」。〈兵守〉論守城三年，壯男、壯女各一軍。《墨子·號
令》亦曰守城時丁女子人一矛。這些「丁」、「壯」都是服兵役的人
口，而成年婦女稱「壯女」或「丁女子」，正是服兵役的緣故。至於
漢代「使」或「未使」的課役類目可能也起於秦，〈倉律〉曰：「妾
未使而衣食公，百姓有欲假者，假之」（《睡簡》頁48）。既有「未
使」，當必有「使」。

　　睡虎地秦簡的〈倉律〉既規定刑徒之廩食授衣，性質近於居延漢
簡的戍卒家屬在署廩名簿，授給物質的憑依卽如凡人的課役類目，而
所見名稱多與漢簡雷同，可知漢制係承秦而來。然而從漢以下，課役
類別的劃分厥以年歲爲準，秦代的分法，學者之間卻有年齡和身長兩
種意見⑪。根據現有資料，我們主張傅籍課役的標準是身長。

　　自古以來中國刑律對某些特定對象皆有寬宥赦免的條例，《周
禮》〈司刺〉三赦：一曰幼弱，再曰老旄，三曰憃愚。〈司厲〉述罪

---

⑩　秦簡《律說》曰：「免老告人以爲不孝，謁殺，當三環之不？不當環，亟執勿失。」
　　特標「免老」，當指老而免役之人。〈倉律〉曰：「免隸臣妾、隸臣妾垣，及爲它
　　事與垣等者，食，男子旦半夕參，女子參。」（《睡簡》頁53）〈司空律〉曰：
　　「司寇不足，免城旦舂三歲以上者，以爲城旦司寇。」（《睡簡》頁89）免老隸臣
　　日食5／6斗，月食二石半，比一般隸臣「月禾二石」者（《睡簡》頁49）至少多出
　　半石。免城旦勞作三年以上若監督勞役的司寇不足，也可升爲司寇，但不脫刑徒身
　　分，稱「城旦司寇」。這兩條律令的精神蓋優待老人，故「免」卽是「老」。

⑪　黃今言〈秦代租賦徭役制度初探〉主張秦人滿十五歲傅籍，主要根據是睡虎地出土
　　秦律的主人喜。但他所推斷喜的年歲並不正確，詳見正文討論。另外據說高敏〈關
　　於秦時服役者的年齡問題探討〉也主張秦依年齡傅籍。載於《鄭州大學學報》1978
　　年第2期。但高敏1982年8月出版的《秦漢史論集》未收服役年齡這篇論文，不知
　　是否放棄己見。主張身長者有高恆，見於〈秦律中的繇、戍問題〉；至於羅開玉的
　　〈秦國傅籍制度考辨〉，以爲傅籍標準是立戶，而非按個人之身高或年歲計算。他
　　將個人課役和家戶負擔混淆爲一，使原來清晰的問題反而變得更加模糊。

犯家屬收孥，未齔者不爲奴。齔是生長必經的過程，而秦律制定一個人應否負法律責任也以生長必經的過程爲準。那就是身長。《律說》曰：

> 甲小未盈六尺，有馬一匹自牧之，今馬爲人敗，食人稼一石，問當論不當？不當論及償稼。（《睡簡》頁218）

> 女子甲爲人妻，去亡、得及自出，小未盈六尺，當論不當？已官，當論；未官，不當論。（《睡簡》頁222）

第一條說牧馬損壞別人的禾稼，第二條說爲人妻者逃亡出走，後來被捕或自首。基本上這兩條律說皆有一共同傾向，身高未滿六尺（一三八公分）的童子可以不負法律責任。又有：

> 甲謀遣乙盜殺人，受分十錢，問乙高未盈六尺，甲何論？當磔。（《睡簡》頁180）

教唆未滿六尺的童子盜殺人者，比親自殺人還可惡，處以車裂極刑，因爲未滿六尺自己沒有法律責任之故。這三條律說正說明秦代身長六尺是法律責任的一大關鍵，顯示政府對於個人成熟度的認定。《律說》又曰：

> 甲盜牛，盜牛時高六尺，繫一歲，復丈，高六尺七寸，問甲何論？當完城旦。（《睡簡》頁153）

身高滿六尺，犯盜竊罪予以囚禁，一年後再量身高，六尺七寸，則處完城旦之刑。完城旦是僅次於髡鉗城旦的一種嚴重徒刑（本書第七章）表示身長六尺七寸該負完全的法律責任了。

負不負法律責任的準繩是身高，應不應服役的區分也是身高。〈倉律〉說：

> 隸臣、城旦高不盈六尺五寸，隸妾、舂高不盈六尺二寸，皆爲小。（《睡簡》頁49）

此律規定刑徒廩食，男徒不滿六尺五寸，女徒不滿六尺二寸皆爲「小」，當發放小口口糧。上節引秦簡《封診式·封守》爰書稱男子高六尺五寸爲「小男子」。則六尺五寸或以下在戶籍的課役類別當屬

於「小」無疑。《律說》以高六尺七寸者須負完全的法律責任，〈倉律〉釋「小」又著重於「不盈六尺五寸」之「不盈」二字，似乎這是男子劃定身分的一個重要階段，超過這尺度，則傅籍爲「大」，應該課役了。

按照身長開始徵役的制度還可推溯到更早的時代。《周禮·鄉大夫》辨別登錄人口之「可任者」曰：

國中自七尺以及六十，野自六尺以及六十五。

六尺、七尺起役，本是封建城邦時代，國人與野人不平等負擔的表現（杜正勝 1979 a，頁 76），在郡縣制時代則成爲個人負責不同法律責任和擔待不同賦役的標準。《呂氏春秋·上農》也說：「凡民自七尺以上屬諸三官，農攻粟，工攻器，賈攻貨。」依職業而歸納人力資源，雖然不一定是秦王政統一以前的制度，但七尺傅籍服役應該有所根據的。

一般而言，身長與年齡有一定的對應關係，上述幾個關鍵性的尺度如七尺、六尺五寸、或六尺約相當於幾歲呢？賈公彥《周禮疏》云：「七尺年二十，六尺年十五」。這是概略的說法，但也不見得正確。我們根據《居延漢簡》三十件年齡與身長兼備的士卒名籍來估算，二十歲以上的男子，身長平均七尺三寸，約一六八公分[12]。史載霍光長七尺三寸（《漢書·霍光傳》），褚先生補《史記·三代世表》引

[12]

〔釋文〕簡號	年歲	身高（尺）	〔釋文〕簡號	年歲	身高（尺）	〔釋文〕簡號	年歲	身高（尺）
11	60	7.2	1262	35	7.3	3934	32	7.5
283	23	7.4	1804	23	7.3	6579	28	7.0
350	26	7.3	2081	25	7.1	6580	28	7.2
653	40	7.2	2082	40	7.2	6826	42	7.5
771	37	7.6	2821	24	7.3	6827	47	7.2
790	32	7.5	2830	36	7.2	7221	25	7.2
791	30	7.3	2851	35	7.2	7930	30	7.5
875	20	7.2	2863	34	7.5	9717	51	7.2
1020	45	7.3	2872	32	7.2			
1219	30	7.2	2901	20	7.5	平　均		7.3
1259	36	7.2	3001	30	7.7			

《黃帝終始傳》著錄的歌謠，說他「不短不長」。七尺三寸當是秦漢
時代成年男子一般的身裁。然而《居延漢簡》另有一位唐並，十九
歲，七尺三寸，一位孫輔十八歲，七尺一寸（《釋文》2267、1253），上引
秦簡《封診式》〈賊死〉爰書男子丁壯身長七尺一寸，可見七尺是青
春期後發育成人的高度，不必等到二十歲以後。而〈賊死〉爰書說該
男子丁壯，則正常發育過了青春期大抵都達到丁壯的標準了。睡虎地
這批秦簡的主人喜，據出土《編年記》，生於昭王四十五年十二月，
在秦王政元年傅籍（《睡簡》頁56）。上引〈倉律〉說，八月傅籍，以十
月盆食。秦人以十月爲歲首恐在統一天下之前，則喜生於昭王四十五
年初，而在秦王政年底傅，居滿十七歲。由於國家每年登錄戶口有一
定的時間，如秦在歲末，而個人出生不必在年初，所以一般傅籍年齡
大概是滿十六歲，虛歲十七。《文獻通考》以爲秦制民年二十三始服
兵役（卷149），顯然太晚。十七歲已發育成人，身長七尺了，從現有資
料來看，政府徵課人民徭役，身長顯然比年齡重要。

　　上論秦律不滿六尺不負法律責任，六尺是否如賈公彥說的十五歲
呢？按《居延漢簡》《釋文》1298號「杜酓十一歲高六[13]尺」，2066
號「葆鸞鳥憲衆里上造顧收年十二長六尺黑色」，可見六尺是十一、
二歲青春期以前童子的一般身高。與發育成人的七尺相較，男子六尺
五寸大約正值青春期。山東臨沂銀雀山出土的漢初竹書，報告者疑爲
〈田法〉者，有一段簡文，可以啓發。曰：

　　　　□□□以上年十三歲以下，皆食於上，年六十〔以上〕與年
　　　　十六以至十四，皆半作。（《文物》1985：4，頁35）

缺文疑當作「七十歲」。則田法規定七十歲以上、十三歲以下免作，
用課役術語說就是「老」「小」，十四歲至十六歲，六十歲以上至七
十歲半作，用晉朝戶調式說卽是次丁，前者秦漢稱作「大」，唐代稱
作「中」。十七歲至五十九歲〈田法〉未述，當是「全作」，課役名

──────────

　⑬　六尺《釋文》作七尺，玆據《圖版》六一葉169.10簡更正。

目上通作「丁」或「卒」。

以〈田法〉檢討秦律，不盈六尺五寸是青春期以前十二、三歲以下的「小」，七尺是青春期以後十七歲以上的「丁」，那麼滿六尺五寸到七尺之間便是青春發育期十四至十六歲的「大」。七尺以上全作，包括兵、徭二役（全作），滿六尺五寸只服徭役（半作），六尺五寸以下免役。女子身長較矮，滿六尺二寸傅籍爲「大」，開始服役。除非特殊情形，秦女子大概也只服徭役，不服兵役的。

課役類別的基礎大概建立在古人對人生生命歷程的認識上。《儀禮‧喪服傳》說：「年十九至十六爲長殤，十五至十二爲中殤，十一至八歲爲下殤，不滿八歲以下皆爲無服之殤。」二十而冠，是古來貴族階級判定成年的標準，戰國儒者也以此爲開始負擔課役的合理年齡。至於免老，最早可以提前到五十歲，《禮記‧內則》述養老之制有「五十養於鄉，杖於家，受異粻，不從力征」云云，甚至爲妾者侍御家族長也以五十歲爲斷。儒家希望把服役年齡限制在二十至五十歲這三十年內。在戰國這是一種理想。

一般來說，始生至七、八歲長永久齒以前是第一階段，八歲到十三、四歲青春期前夕爲第二階段，十四歲到十七、八歲發育完成爲第三階段。可見秦漢以下各朝課役對這三個階段劃分之大同小異是有淵源的。成人後到六十歲左右爲第四階段，六十至七十歲是第五階段，七十歲以上的第六階段是晚年。第一、二和第六階段完全免除課役，但漢代第二階段要出口錢。第三、五兩階段半役，第四階段長達四十年，佔人生最主要的部分，服全役。

總而言之，從嬴秦經漢、晉到隋唐，國家登錄人民以備課役，雖然人生服役的階段隨著朝代興革小有改變，但基本結構是一致的。起役與免役年歲寬嚴的規定便成爲評論該朝是否符合仁政的一項重要指標。

古人平均壽命比較短，能在人生最後階段享受免役之惠的人可能不多。所以統治者比較關心起役的時間。先秦量身長而起役，從善意

推度，就如王敬弘所盼望的，政府能體恤人民身體強弱不稱（《文獻通考》卷十），但也不能排除刮搜民力的居心。秦簡〈傅律〉曰：「匿敖童，典、老贖耐」（《睡簡》頁143）。《律說》曰：

> 何謂匿戶及敖童弗傅？匿戶弗繇使，弗令出戶賦也。（《睡簡》頁222）

只解說第一個問題匿戶，但敖童弗傅大概也指弗繇使及弗令出賦的意思，故一併言之。「敖」形容身體优健高大⑭，「敖童」大概指發育良好的少年，或如《禮記・內則》所說的「成童」，他們雖然未達服役年齡，但須提前執行國家的繇使。「敖童弗傅」之令正顯示統治者對民力役使的殷切。

不過先秦起役憑藉身長而不依據年歲，恐怕也有客觀的因素，古來平民年齡記錄往往不甚精確⑮，《史記》云，秦國到秦王政十六年（前二三一）才「初令男子書年」（〈秦始皇本紀〉），此即睡虎地秦簡《編年記》今十六年的「自占年」（《睡簡》頁7）。書年、占年即申報年齡以登記在戶籍或國家的檔案上。新舊史料都清清楚楚地記載秦國戶籍記錄人民年歲始於秦王政十六年，上距獻公十年編錄戶籍已一百四十年。東方六國由於史記殘闕，暫時存疑；但從秦史來看，戶籍建立之初並未有明確的年齡檔案。然而至遲秦王政統一中國後，書年制度必普及全國。漢襲秦制，故今日所見漢簡名籍或近似戶籍的完整資料無不記錄每位成員的年歲。漢朝政府徵收的人頭稅，不論十五歲至五十六歲的算賦，或七歲（武帝一度改為三歲）至十四歲的口錢（李劍農1957，頁

---

⑭　睡虎地秦簡《律說》有一條解釋法律術語「衛敖」云：「當里典謂也」。編者注：衛即率，通帥；敖讀為豪。帥豪是擔任里典（里正）的人。按何休《公羊傳・解詁》曰：一里八十戶，選「其有辯護优健者為里正」。故敖有优健之義。

⑮　《周禮・小司徒》曰：「及大比登民數，自生齒以上登于天府。」鄭玄云：「男八月生齒，女七月生齒。」雖然男女出生不久就已登記，但與戶籍是否標識年歲一項仍有距離。古代平民雖有年齒，不一定精確，《左傳》云：「絳縣老人曰：『臣、小人也，不知紀年。臣生之歲正月甲子朔，四百有四十五甲子矣，其季於今三之一也。』」這位老者只知過了多少甲子，不知自己幾歲，師曠推算他的年齡七十三。睡虎地十一號墓出土的《編年記》，國家大事外附有家庭成員出生的年代記錄，但這是後來追記。他官拜安陸內史和鄢令史，亦非一般平民可比。

245），無不以年齡爲標準，不再採用身長了。

三、戶籍的出現及其意義

傅籍目的希望有效掌握人力資源，以爲國家役使。只記錄個人的名籍和全家男女皆錄、老幼靡遺的戶籍制度最大的差別是在徹底控制人力，以保證「有人此有土，有土此有財」的國家結構穩固完善。誠若第一節推測的，名籍可能很早就存在，但戶籍則不會早於春秋時代，更精確地說，春秋中葉以前。這轉變是和整個社會政治結構的改變互爲因果，彼此激盪的。

殷商或西周時代，人羣依靠以血緣爲主的族而凝聚。周初封建，瓜分殷都遺民，六族遷到魯，七族留在原地，歸衞統治，還把更頑強者遷到成周，由天子直接控制。政治統御力量要透過氏族組織才能到達基層社會。這種結構到西周晚期大體上似乎仍未改變。

《國語・周語上》云，宣王南征失利，「乃料民於太原」。仲山父對「料民」的評論或可說明早期政府掌握人口的原委。他說：

> 民不可料也！夫古者不料民而知其少多，司民協孤終，司商協民姓，司徒協旅，司寇協姦，牧協職，工協革，場協入，廩協出，是則少多、死生、出入、往來者皆可知也。於是乎又審之以事，王治農於籍，蒐于農隙，耨穫亦於籍，獮於旣烝，狩於畢時，是皆習民數者也，又何料焉？

宣王料民太原以補充兵員，當時是新制，不合乎傳統禮法。仲山父說，依據傳統禮法，民不必料而知其數，主要靠二端，一是百官之職，一是蒐獵之事。司民記錄死生，司商掌賜族受姓，司徒掌合師旅，司寇記錄受刑人數，至於牧、工、場、廩都掌握他們管轄的吏員和勞動力。自司徒以下皆有專職，和全民登錄無關；司商合姓之民只限於賜族之人，非普通平民。準其他職官之例，司民所掌之民恐怕只是一家一丁的「正夫」或「正徒」（《左・襄二十三》、《左・襄九》），卽

《周禮·小司徒》所謂「凡國之大事致民」的「民」，而與「餘子」或「羨卒」對言。用秦漢的話說，司民只記錄戶主，至於戶主的成年弟弟和其餘家庭成員則不算作司民之「民」。此蓋以官屬民很可能產生的現象。平時百官利用他們的職守掌握的民數其實就是家數，每年適當季節天子再利用藉田和蒐獵點閱的人民即是家長（正夫），餘子和婦孺老弱則不與。周宣王想在正夫之外征召更多人力，可能是餘夫，以補充兵員，於傳統制度之外權宜開置第三條方便法門——料民，便遭到反對了。因此，推測西周的人口記錄尚停留在名籍階段，沒有戶籍。

　　春秋中葉以前的政治改革似皆不曾涉及全國人口的掌握。管仲在齊推行參國伍鄙，制國以爲二十一鄉，士鄉十五，工商之鄉六。十五個士鄉的人民業農，分成三組，一組五鄉，分別由齊侯和國、高兩大貴族治理。據說從家到鄉建立一套相當嚴密的階層系統，而與軍隊組織配合，叫作「作內政而寄軍令」。內政有一家，軍隊便有一員，層層而上，成爲三軍，亦分由齊侯和國子、高子統率。如果《國語·齊語》的記錄可信，齊桓公的改革仍然沿襲傳統的辦法，只關注一家一丁的「正夫」，並未控制全家可以動員的人力。

　　晉國也是春秋時代推動革新的先進國家之一，晉文公雖比齊桓公稍晚，但對戶口問題並無突破。西元前六三六年，文公流亡回國，整頓久亂之後的內政。《國語》說：「昭舊族，愛親戚，友故舊」（〈晉語四〉）。仍以血緣的氏族作爲新政的基礎，掌理近官、中官和遠官者都是親疏不等的大族。所以他改革揭櫫的原則是「官方定物，正名育類」（〈晉語四〉）。官有常職，百事乃定，萬民乃正——基本上仍然遵循仲山父所說官職分司以統轄人民的傳統禮法。十五年後，趙盾執國政，也有一番改革，其中一項是「董逋逃」（《左·文六》）。孔穎達《疏》云：「舊有逋逃負罪播越者，督察追捕之也」，可能與楚大夫芋尹無宇所述「有亡荒閱」的周文王之法，或春秋初期楚文王的「僕區之法」（《左·昭七》）相近。清查逃亡和隱匿的憑藉或即名籍，與後

世查校全民戶口所依據的戶籍不同；所查的是一家一丁的正夫，而非全家人口。

統治者對於被統治之人力的控制和掌握，從一家一丁衍伸爲全家人口，控制的憑藉也從名籍廣益而成戶籍，其中過程至少還經過「大戶」的階段；按可靠文獻，「大戶」始見於春秋中晚期。其實「料民」的性質如同「大戶」，然而一成一敗，或顯示我國古代社會性質的轉變以及戶籍制度形成的契機。

國家設置戶籍主要的目的在於更廣泛，更有效地掌握人力資源，它應當是周宣王式「料民」進一步發展的結果，由正夫而及餘子。周宣王料民遭受批評，但大約二百年後楚國之料民卻被肯定了。西元前五八九年晉攻齊於鞌，楚乃開闢另一戰場，牽制晉軍以救齊。將興師，令尹子重曰：「君弱，羣臣不如先大夫，師衆而後可。」「乃大戶，悉師。」侵衞，伐魯，及於陽橋，魯賂而求和。《左傳》解釋說：「是行也，晉辟（避）楚，畏其衆也」（〈成二〉）。楚軍之衆當然是由於「大戶」的緣故。大戶，杜預《注》云：「閱民戶口」，尚不夠清楚，當是擴大征兵。也許凡能執干戈者皆著籍，同戶合籍，人口記錄自然比傳統只登錄正夫者大，故曰「大戶」。以前正夫各屬職官，官定然後知民數，而今每戶有籍，民數之掌握乃繫於戶籍。因此，戶籍之興當自擴大征兵始（本書50頁）。

每家每戶有戶籍，集家戶而成的聚落乃有「書社」之稱。書是簿書版籍，《荀子・仲尼》楊倞注云：「書社謂以社之戶口書於版圖」。典籍的「書社」最早出自《左傳》，子贛曰：「昔晉人伐衞，齊爲衞故，伐晉冠氏，喪車五百，因與衞地，自濟以西、禚、媚、杏以南，書社五百」（〈哀十五〉）。齊伐冠氏在魯定公九年，即西元前五〇一年，濟西聚落已有戶籍。稍早，齊侯致送莒疆以西千社給流亡的魯昭公（《左・昭二十五》），或許也是書社。戰國的著作認爲齊桓公，甚至周武王時代已有書社，蓋以後世背景傳述前代的故事，不必實錄。《國語》說，尹鐸治晉陽，「損其戶數」（〈晉語九〉）。這是春秋末

葉晉國的事。大抵到西元前六世紀，楚齊和晉等國普遍建立了戶籍制度。列國戶籍制度之發展隨政治社會成熟的程度而異，史書明白記述者只有秦國。《史記‧秦始皇本紀》附《秦紀》曰獻公十年（前三七五）「爲戶籍相伍」，秦國的社會演進與政治改革都比東方落後（本書第八章），山東列國之建立戶籍當更早，唯因列國史記毀於戰火，無從查考罷了。

　　關於戶籍制度的建立，今存先秦文獻猶能指陳其梗概，主要保留在《周禮》裏面。《周禮》〈大司徒〉職「掌建邦之土地之圖與其人民之數」，〈小司徒〉使鄉各登其衆寡，「稽其人民而周知其數」。以下分鄉、遂兩個體系，各級屬官莫不以記錄和清查戶口爲重要的職務。鄉的系統，對該鄉所屬的「夫家之衆寡」，鄉大夫職司「登」，鄉師職司「稽」，一個記錄，一個清查。遂的系統亦然，對於遂內的夫家衆寡，遂人和遂師管「登」，遂大夫管「稽」。鄉內的族和遂內的鄼，據《周禮》說都是百家的行政單位，族師和鄼長同時負責轄區戶口登記和考查的工作。中央與地方相關機構所登所稽，都是「夫家」，鄭玄云「夫家猶言男女」，包括每個家戶所有的人口[16]。誠如孫詒讓《周禮正義》所說：「伍籍只記可任力役者之姓名，戶籍則無論男女老小，凡施舍不任力役者亦咸登於版」（卷五）。所以《周禮》司民叫作「萬民」。《周禮》說戶口多寡「族報於鄉」，「鄼報於遂」，最後滙於中央，檔案歸中央政府的司民保管。〈司民〉之職曰：

　　掌登萬民之數，自生齒以上皆書於版。辨其國中與其都鄙及其郊野，異其男女，歲登下其死生。及三年大比，以萬民之數詔司寇，司寇及孟冬祀司民之日獻其數於王，王拜受之，登於天府、內史、司會、家宰貳之，以贊王治。

----

[16] 賈公彥疏解鄭《注》云：「夫是丈夫，則男也。《春秋傳》曰：男有室，女有家。婦人稱家，故以家爲女。」但王鳴盛《周禮軍賦說》「辨可任」條引史氏曰：「夫謂其身，家謂其居。」又引項氏曰：「夫以田言，家以居言。」唯皆不及舊注正確。

登錄萬民，書於版籍，是爲戶籍；定期核稽，謂之比校，核稽過的戶
籍謂之比要（《周禮·小司徒》）。《呂氏春秋·季冬紀》曰：王「令宰
歷鄉大夫至于庶民土田之數，而賦之犧牲，以供山林名川之祀。」歷
有登錄的意思（《禮記·郊特牲·注》），茆泮林《補校》云，歷，通曆，
卽《周禮》遂師「抱曆」的「曆」，役名之版籍也。茆氏推測「卿大
夫庶民因土田而賦犧牲，亦必有版籍」，正得其解。

　　《管子》〈國蓄〉和〈輕重乙〉兩篇雖然提到「戶籍」，是按戶
而籍斂的意思，不作名詞使用。但寫作年代較早的〈七法〉篇說：
「符籍不審則姦民勝。」符籍的重要性與常令、官爵、刑法相等，爲
國政四經之一。〈乘馬〉也是《管子》較早的篇章，曰：

　　命之曰正分，春曰書比，立（衍文）夏曰月程，秋曰大稽，與
　　民數得亡。

「分」或「布」之訛，「正布」者「征布」也，徵斂之事。「與」同
「舉」，記錄也（《管子集校》頁75-76）。此云「書比」、「大稽」，猶
如《周禮》的「登」、「稽」，記錄民數，作爲徵課的依據。當然
〈七法〉的籍可能只是名籍，不必爲戶籍；〈乘馬〉的民數也可能只
是正夫，而非全戶的人口，不過從〈度地〉篇所引的法令，齊國顯然
有戶籍的，曰：

　　常以秋，歲末之時，閱其民，案家人，比地，定什伍、口
　　數，別男女、大小。

「案家人，比地」，普查人口和耕地漢代稱作「案比」。齊國定口
數，別大小，所案家人必書諸版籍，他們當然有戶籍，《管子·禁
藏》故曰：「戶籍田結者所以知饒富之不訾也」。

　　戶口登記後，還要按時清查核校，新生者補上，去世者刪掉，遷
徙者更籍（《睡簡》頁213），同時因身高或年齡之增長而變更課役類
別。《周禮》把稽核分成歲時的小比和三年的大比。小比是地方性
的，由鄉、族和遂分別舉行；大比是全國性的，由中央政府的小司徒
主持，實際執行還是鄉遂。小比有「登」、有「稽」，大比則以稽核

為主。〈小司徒〉職司「稽國中及四郊都鄙之夫家九比之數，以辨其貴賤、老幼廢疾。及三年大比，大比則受邦國之比要。」不涉及登錄的工作。賈公彥《疏》云：「大比之時則天下邦國送要文書來入小司徒」。也只是檔案的核對而已，與鄉遂、族師、遂大夫、鄼長等親民之官的「稽」不同，後者才是名符其實的「貌閱」。

《周禮》未言登校戶口的時間，〈鄉大夫〉、〈閭胥〉、〈遂大夫〉都說〈歲時〉，〈鄉師〉、〈族師〉、〈遂師〉、〈鄼長〉只說「時」。時者季也，按季登錄或稽查戶口。秦簡〈廄苑律〉云：「以四月、七月、十月、正月膚（臚）田牛，卒歲，以正月大課之」（《睡簡》頁30）。臚，敍也，有評比的意思。雖然官家馬牛按季檢校，人到底不同於畜，不會這麼煩瑣。由於登錄和點檢分屬不同職司，或如《管子·乘馬》所說「春曰書比」，「秋曰大稽」，這兩項工作也在不同季節舉行。

然而戰國秦漢文獻所見，案比一年一度，通常在秋天。上文說過，《管子·度地》篇云：齊國「常以秋，歲末之時，閱其民。」銀雀山竹書的〈王法〉（無題，編者暫定）曰：

> 歲十月，卒歲之食具，無餘食人七石九斗者，親死不得含。
> 十月冬衣畢具，無餘布人四十尺，餘帛十尺者，親死不得為
> 帾（幠）。（《文物》1985：4）

同出〈田法〉曰：「卒歲大息」。編輯者引《禮記·月令》孟冬十月「勞農以休息之」，認為齊用周正，孟冬十月為歲末。《周禮·司民》曰：「司寇及孟冬祀司民之日獻其數于王」。官司十月能獻民數于王，則案比戶口必在仲秋或季秋。所以我們懷疑〈度地〉篇「歲末之時」四字是以秦曆十月為歲首時的注文。上節所引秦簡〈倉律〉說小隸臣妾以八月傅籍為大，以十月益食。十月是秦國年度之始故益食，但戶口登校的時間則在仲秋八月。可見漢人八月案比（《周禮·小司徒·注》）是源於先秦之通制〔附錄二〕。

檢校戶口，認定課役身分，而登記在戶籍上，這是很嚴肅的政

務。東漢孝子江革每至歲時，縣府案比，爲母輓車，接受案驗（《後漢書·江革傳》）。內廷中官亦因八月算人，「於洛陽鄉中閱視良家童女」，載送入宮（《後漢書·皇后紀·序》）。可見案比時親民之官必須親自考核，稽實身分，隋唐因此謂之「貌閱」（曾我部靜雄 1945）。早在先秦時期戶籍形成之初，大概就貌閱的，上節論身長起役，卽是此制的雛型。一旦課役身分認定錯誤，處分相當嚴厲。秦簡〈傅律〉曰：

> 百姓不當老，至老時不用請，敢爲詐僞者，貲二甲；典、老
> 弗告，貲各一甲；伍人，戶一盾，皆遷之。（《睡簡》頁143）

「老」則免役，若人民尚未「老」，而登錄的官吏在戶籍上記他「老」；或人民已至「老」，登錄官吏不向上級請示在戶籍簿上注明「老」，則處罰該官吏二件戰甲。記錄戶籍的官吏差錯，里正、父老若不報告，罰一件戰甲；同伍之人，每戶罰一盾，並且加以流放。這條〈傅律〉還提到「匿敖童，及占癃不審，典、老贖耐」。

隱瞞身體优健之童子，或戶籍注明罷癃不確實者，里正、父老處分贖耐（本書頁289）之刑。耐雖可贖，已屬於刑，比上述貲罰更重。

敖童身長達到服役尺度，罷癃據漢律是身高不滿六尺二寸以下（《漢書·高帝紀·注》），可減服半役或完全免役[17]，「老」則全免。對於這些身分的認定，法律規定如此仔細審慎，因爲案比人口、登校戶籍，主要目的在於掌握人力資源，責成人民提供徭役，盡出戶賦。這正是國家建立戶籍的眞實用意。上文說過，封建城邦時代，政府以官屬民，各個衙門都有他們役使的勞力，而其所賦役者只限於家長一人。及至戶籍制度成立以後，課役對象是全戶，舉凡可以剝削的勞力都在使役之列，故稱「戶賦」。古代文獻的「戶」有時卽指「戶賦」，秦簡《律說》解釋「匿戶」曰：「弗徭使，弗令出戶賦之謂也」（《睡簡》，頁222）。荀卿云：魏國武卒「中試則復其戶」（《荀子·議兵》）；

---

[17] 《周禮》〈鄉大夫·注〉：鄭司農曰：「疾者，若今癃不可事者，復之。」〈大司徒·注〉曰：「寬疾，若今癃不可事，不算卒；可事者，半之。」嚴重不能服徭役者，全免，若還能服徭役，則半作，只免兵役。賈公彥《疏》云，全免役者，唐代謂之「廢疾」；半免者，謂之「殘疾」。

《逸周書》說：「農夫任戶，戶盡夫出」（〈大匡〉）；以及漢高帝五年〈詔〉令下級軍卒「皆復其身及戶，勿事」（《漢書‧高帝紀》）。這些「戶」都指「戶賦」。《史記》載孝公十四年（前三四八）「初爲賦」（〈秦本紀〉、〈六國年表〉），也許卽初爲戶賦，開始徵課從「大」到「老」免以前所有人口的力役⑱。

　　賦役粗分爲兵役和徭役兩大類。兵役秦漢正式名稱是「軍賦」（《漢書‧惠帝紀》卽位詔），嚴格意義是「戍」，直到漢代，服兵役的士卒往往多從事我們所謂的徭役勞動，而當時戍邊也稱作「徭戍」（《漢書‧昭帝紀‧注》引如淳曰）或「外徭」（《漢書‧溝洫志‧注》引孟康曰）。兵役與徭役的實質內容固有重疊，但在法令上還是分開的，睡虎地出土的秦簡有〈徭律〉和〈戍律〉之別；在本章討論的力役徵課，二者也是涇渭分明的——全役包括徭和戍，半役只服徭。徵發人民服兵役，秦律稱作「興戍」（《睡簡》頁70）；服徭役，謂之「興徒」（《睡簡》頁76）。

　　秦簡〈徭律〉一篇，以土木工程的勞役爲主，茲錄有關內容於下：

> 興徒以爲邑中之功者，令結（葺）堵卒歲，未卒堵壞，司空將功及君子主堵者有罪，令其徒復垣之，勿計爲徭。
> 縣葆禁苑、公馬牛苑，興徒以斬（塹）垣離散及補繕之，輒以效苑吏，苑吏循之。未卒歲或壞決，令縣復興徒爲之，而勿計爲徭。

第一條修築縣邑的城垣，第二條爲縣內的禁囿和官馬牛苑挖掘壕塹，建造垣牆或設置篱籬。一年之內損毀者，再興徒補修，所作時日不能

---

⑱ 初爲賦，《史記集解》引徐廣曰：「制貢賦之法也。」《索隱》引譙周曰：「初爲軍賦也。」貢賦、軍賦都是封建國家傳統的舊制，不待遲到戰國中期才制定。《會注考證》引胡三省曰：「井田旣廢，則周什一之法不復用，蓋計畝獻而爲賦稅之法。」古代賦是兵役徭役，稅是田租，胡氏以賦爲稅，混言賦稅。最近羅開玉〈秦國傳籍制度考辨〉利用新出秦簡，認爲賦是戶賦，比較可從。孝公十四年徵戶賦，上距獻公十年（前375）之「爲戶籍相伍」已二十七年。編次戶籍固爲徵課勞力，但在戶籍制度建立之初，二者似有一段時差，或久或暫，當視各國實際情況而異。

抵折正式徭役。這些經常徭役，叫作「恆事」。地方官要興恆事以外
之徭役者，須經上級批準。

　　修築牆垣，挖掘壕塹屬於第一等苦役，故最重的刑徒以「城旦」
為名，雖然判處城旦者不一定就築城（本書頁296）。經學家也以為王者
之政，人民「五十不從力政」，比服戎事還提前十年（《禮記·王制》）。
力政，不論許慎或鄭玄，這兩位經學見解相左的人，基本上都認為是
築城、造路和挽引轉輸的勞役。其實力役之征範圍不如此狹隘，固有
比較輕鬆的徭役，而服兵役時也儘有可能從事築城造路的粗重工作。
如果說政府先免人民徭役，再免兵役，顯然與課役制度的基本結構背
道而馳。

　　徭役一般涵蓋內容非常龐雜，苦作如「漕、轉、作事」（《史記·
秦始皇本紀》），另一極端則如在官府聽差，屬於比較輕鬆的力役。《周
禮》系統三百六十官，今存三百，每個官司有一定員額。除了內廷用
女奴、寺宦，或必須具備專業知識如醫生之流的部門，大體上所有的
官衙最基層都有府、史、胥、徒四種人執行公務。〈宰夫〉八職云：

　　　五曰府，掌官契以治藏；六曰史，掌官書以贊治；七曰胥，
　　　掌官敘以治敘；八曰徒，掌官令以徵令。

鄭玄《注》云：「治藏，藏文書及器物；贊治，若今起文書草也。」
府、史是管理衙門器物及文書檔案的小吏，地位恐不高於斗食、佐史
等百石以下的少吏（《漢書·百官表》）；可能是員內小吏，也可能由服
徭役的人來臨時當差。居延漢簡有一些士卒名籍，特別注明「能書、
會計，治官民，頗知律令文」（如《釋文》771、790、1682、2830等）。具備
這些才能者服役，當能勝任府、史的工作。至於胥徒，鄭玄就明白說
是「民給徭役者」了。《周禮》胥徒人數維持一與十的穩定比例，其
編制蓋如軍隊什伍。胥是什長，鄭玄以為如漢之侍曹、伍伯、傳吏朝
，蓋即當差者十人一班的班頭。徒則實地操作該官司所屬的雜務，鄭
玄所謂「趨走給召呼」也（〈宰夫·注〉）。

　　不論徭役或兵役，戰國、嬴秦時代由於列強紛爭與始皇之窮兵黷

武，人民負擔都非常沉重（本書第九章）；秦代既使有役使民力的制度，事實上多自壞規矩，要到漢朝屢世承平，才可能如法實施。董仲舒說秦漢力役曰：

> 月為更卒，已，復為正一歲，屯戍一歲，力役三十倍於古。
>
> （《漢書・食貨志上》）

這段文獻理解頗有不同，句讀亦異。先說更卒。

關於更卒的基本資料是《漢書・昭帝紀》元鳳四年顏師古《注》引如淳曰，如淳的話頗有矛盾，但仍可作為我們討論的基礎。他說：

> 更有三品，有卒更，有踐更，有過更。古者正卒無常人，皆當更迭為之，一月一更，是謂卒更也。貧者欲得顧更錢者，次直者出錢顧之，月二千，是謂踐更也。天下人皆直戍邊三日，亦名為更，律所謂「繇戍」也。雖丞相子亦在戍邊之調，不可人人自行三日戍，又行者當自戍三日，不可往便還，因便住，一歲一更，諸不行者出錢三百入官，官以給戍者，是謂過更也。

勞榦氏（1948）認為更非三品，更的種類當從服虔所說「出錢三百，謂之過更，自行為卒，謂之踐更」（《漢書・吳王濞傳・注》）。顧名思義，踐是履踐，當親自服役，服虔之說比較合理。按秦漢二十等爵制，第四等曰不更，劉劭〈爵制〉釋其溯義曰：「為車右，不復與凡更卒同」（《續漢書・百官志五》）。不更者不服更卒之役，則一月一更顯然是成年男子的徭役，故可出錢僱傭頂替。更役錢之多寡，勞氏根據女徒「顧山錢月三百」（《漢書・平帝紀》）與《居延漢簡》「錢穀數」月俸三百，也折衷於服虔。至於如淳所謂的戍邊三日，有人懷疑不可信（于豪亮1985，頁218-223），我們仍然保留。三日戍邊可能是封建城邦的古制，當時國小如縣，邊事清簡（杜正勝1983），故有這種秦漢大一統帝國時人看來極不可行的徭役方式，結果成為變相的賦錢。人民出錢入官，由官府付給戍者，恐亦形同具文，因為戍邊任務另有戍卒來執行，不必靠更徭也。故不論更有三品或二品，基本上這是成年男子的

徭役，不是兵役。故錢文子《補漢兵志》曰：「更卒非正卒」。他們
主要的負擔是每年到郡縣政府盡一個月的無償勞動。

成年男子的兵役義務一生兩年，一年爲正，一年屯戍。《漢舊
儀》曰：

民年二十三爲正一歲而以爲衛士，一歲爲材官、騎士，習射
御騎馳戰陣。

此「正」字與上引〈食貨志〉董仲舒曰的「正」，一般解作「正卒」，
蓋源於顏師古《注》，漢代文獻似無所見。師古以「正卒」對「更卒」
而言，謂更卒給郡縣，正卒給中都官。這樣劃分固符合某些實情，但
正卒非專給事京師中都官。董仲舒「更卒」與「正」之分可能是始服
徭役的「大」與兼服兵役的「丁」（「卒」）的差別。上文說傅籍爲
「大」，服半作的徭役，及爲「丁」則服兵徭具備的全作。《漢舊
儀》故特言「民年二十三爲正」，仲舒在「更卒」之後說「已，復爲
正」，恐亦此意。丁男服兵役，一歲爲衛士，一歲爲材官騎士或樓
船，衛士守衛京都宮城和各種衙門，後者員額詳載於《漢官》。另一
年的兵役分屬步、騎、水三軍，一歲的屯戍蓋由他們來執行，或留郡
國，或戍邊荒，尤其精良者則屯戍京師，以爲南北軍（圖1.6-1.8）。

以上是兵農合一時代的情形，及至徵兵制度破壞，出現職業軍
人，戶籍的兵役作用雖不存在，但徭役仍歷久不衰。從長遠發展看，
政府對於人力的役使，所借助於戶籍者，徭役當更重於兵役。

其次戶籍之出現還標識另一政治社會的大變革，卽統治者掌握人
民的方式從血緣族羣轉爲地著。封建城邦的人民散居在里邑中，基本
上靠大小的血緣圈搏聚成大小不同等級的族羣（杜正勝1979c、1986）。
里邑以小聚落的形式零散存在著，相互之間無階層隸屬關係，人力多
透過族羣來動員。一旦封建解體，氏族結構渙散，零落的里邑也在政
治改革中構成金字塔式的行政體系，人民因居地而著籍，戶籍便取代
古往的族羣連繫而成爲統治者動員人力的主要憑藉。由於中國社會血
緣性質特別濃厚，卽使長期的地著化，仍然保留不少血緣遺習。但從

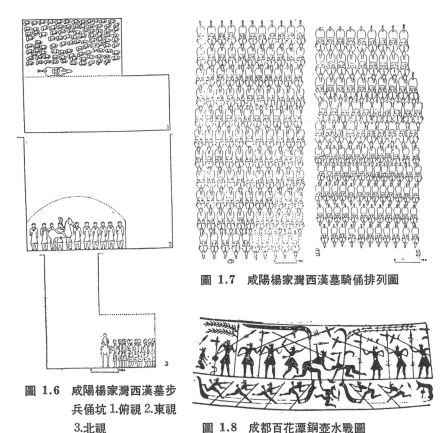

圖 1.7　咸陽楊家灣西漢墓騎俑排列圖

圖 1.6　咸陽楊家灣西漢墓步
　　　兵俑坑 1.俯視 2.東視
　　　3.北視

圖 1.8　成都百花潭銅壺水戰圖

行政的角度來看，秦漢以下政府掌握民力主要是依賴戶籍制度，不是
族羣。誠如上言，透過各級地方政府戶籍才能登錄和稽查，所以戶
籍制度和地方行政系統（本書第三章）相輔並行。中國社會在郡縣制度
建立以後，基層的人羣結合雖仍存在著濃厚的血緣性；但論全國人
力之調配和役使還是透過郡縣鄉里的行政系統來發揮運作的。以官屬
民，以族繫民的時代都過去了。

　　歷代簿計文書往往流於紙上作業，早在西元前四九年漢宣帝就下
詔切責說：「上計簿具文而已，務爲欺謾，以避其課」（《漢書·宣帝
紀》）。但一個制度施行之初，必定比較合乎設計的理想，比較少弊
端，春秋戰國之際，戶籍制度形成之初，大概也不例外。

戶籍制度一旦建立,「四境之內,丈夫女子皆有名於上,生者
著,死者削」(《商君書》〈境內〉、〈去彊〉)。戶口備於版籍,藏之官
府,舉凡天地之大,幾乎沒有漏網之魚。在封建制轉化爲郡縣制的過
程中,新政府有了新的社會基礎,那就是編戶齊民。掌握人力資源的
基本憑藉就是戶籍。地方政府每年派員向中央上計,戶口數是最重要
的項目之一。賈誼《新書・禮》篇曰:「受計之禮,主所親拜者二,
聞生民之數則拜之,聞登穀則拜之。」王拜民數之禮亦見於《周禮・
司民》,據《周禮》,司民甚且成爲一種星象神祇,在孟冬接受司寇
的祭祀(〈小司寇〉、〈司民〉)。從朝政禮儀和宗教祭祀,亦可顯現戶籍
在新政治社會結構中的重要性。

有了全國統一的戶籍,也有全國人民身分平等的齊民。「編戶」
和「齊民」互爲因果,互相激盪,在歷史上同時出現,實質內涵亦結
合爲一,故以下再論「齊民」的形成。

四、人民身分由不齊而齊

人民自生齒以上無不著錄於戶籍,漢代乃稱作「錄民」(《鹽鐵論・
未通》);戶籍創制後,舉凡著錄之人的法律身分一律平等,故謂之
「齊民」。高誘注《呂氏春秋》「齊民」曰「凡民」(〈謹聽〉),包
括國家所有的人口。這是中國史一件值得大書特書的大事情。

當時也有一些人不錄戶籍。《商君書・徠民》曰:三晉「土狹而
民衆,其宅參居而並處,其寡萌賈息民,上無通名,下無田宅,而恃
姦務末作以處。」高亨《商君書新箋》云:「上無通名,官府沒有他
們的戶口簿」(頁118)。其人是「無地可耕,多從事商賈以求利息」
的小民(朱師轍1916,頁53)。睡虎地秦簡附出的〈魏戶律〉記載安釐王
二十五年(前二五二)詔告相邦曰:「自今以來,叚(賈)門逆呂(旅),
贅婿後父,勿令爲戶,勿鼠(予)田宇」(《睡簡》頁292)。勿令爲戶卽
上無通名,勿予田宇卽下無田宅。照這些史料來看,不入戶籍者多少

有些卑賤的意味，不能與「齊民」等齒。

　　然而絕大多數登錄戶籍的人口，其法律身分是齊等的，這是郡縣制形成中的新社會現象。追溯「編戶」以前的封建城邦時代，政治社會結構的本質在於差別的階級秩序，天下人的身分是不齊等的。封建統治者的階級，舊有公侯伯子男五等爵之說，雖然傅斯年氏證明不是一個系統中的秩序(1930)，但諸侯地位之不平等並非虛構(杜正勝1986)。太史公曰：魯衞之封，各地四百里，齊兼五侯之地，其餘所封數百，上不過百里，下三十里(《史記·漢興以來諸侯王年表·序》)。廣袤百里的侯國自然無法與五百里的齊，或四百里的魯、衞同尊。概略言之，諸侯有大國、次國、小國之別。春秋時代霸主會盟，排名先後亦有其秩序，雖然與西周的不盡相同。

　　較次等的封建統治者如卿、大夫之流，他們在國際的階級地位則視其國之大小而定。西元前五一九年魯敗邾師，取其三邑，邾國乃向盟主晉國控訴，晉人問罪，魯卿叔孫婼赴晉申辯，《左傳》曰：

> 晉人使與邾大夫坐，叔孫曰：「列國之卿當小國之君，固周
> 制也。邾又夷也。寡君之命介子服回在，請使當之，不敢廢
> 周制固也」。乃不果坐。(〈昭二十三〉)

坐，坐訟曲直也，即訴訟兩造對等的辯論。杜預《注》有云「在禮，卿得會伯子男」(《左·僖二十九》)，故曰：「當小國之君」。子服回，魯大夫，為叔孫之副使。按封建秩序，魯大於邾，魯卿地位更高於邾大夫，難怪叔孫婼只答應讓副使與邾大夫辯論曲直，自己不肯出面坐訟。這是周制，封建秩序就建立在這種階級等差上，故晉人亦莫可奈何。

　　叔孫婼引述的周制，魯大夫臧宣叔說得更細致。西元前五八八年晉荀庚和衞孫良夫同來魯國會盟，荀庚在晉為上軍帥，「其位在三」，僅次於中軍帥和中軍佐，而孫良夫則為衞之上卿；但晉大衞小，二人會盟的先後於是很使魯成公費心。臧宣叔對曰：

> 次國之上卿，當大國之中，中當其下，下當其上大夫。小國

之上卿，當大國之下卿，中當其上大夫，下當其下大夫，上
下如是，古之制也。衛在晉，不得為次國，晉為盟主，其將
先之。（《左·成三》）

衛和晉相比，夠不上次國，僅得為小國而已，故衛上卿孫良夫與晉下
卿荀庚的封建階級平等。然而晉不但是大國，且為天下盟主，其下卿
地位仍然比小國之上卿稍高，魯公乃於十一月丙午盟晉，次日丁未盟
衛，《左傳》作者評曰「禮也」；是符合周制的。

　　臧宣叔的話全被《禮記·王制》採擷入篇。按《史記·封禪書》，
〈王制〉作於漢文帝時代，雖然偏晚，但漢初經師之斟酌，其所憑依
者恐怕不限於臧宣叔之論述而已。在封建城邦時代，毋寧是一種普遍
的共識。《周禮·典命》論命官曰：

王之三公八命，其卿六命，其大夫四命；……公之孤（孤卿）
四命，……視小國之君，其大夫再命，其士一命；……侯伯
之卿、大夫、士亦如之；子、男之卿再命，其大夫一命，其
士不命。

每一階級的「宮室、車旗、衣服、禮儀各視其命之數。」孟子述說周
室班列爵祿之概略云：

天子之卿受地視侯，大夫受地視伯，元士受地視子、男。大
國地方百里，君十卿祿，卿祿四大夫，大夫倍上士，上士倍
中士，中士倍下士，下士與庶人在官者同祿，祿足以代其耕
也。（《孟子·萬章下》）

次國、小國依次有差，整個封建秩序是否這麼刻板，我們不敢說，但
西周時代自周天子以下，大小國家之命官不能等倫，應該是可信的。

　　上引《周禮·典命》於天子之士無說，唯鄭玄《注》云「王之上
士三命，中士再命，下士一命，」是有典據的。《禮記·曲禮下》曰
「列國之大夫入天子之國曰某士」，則西周的封建階級秩序中，大國
的大夫等於周王的士而已。西元前五四七年，「晉韓宣子聘于周，王
使請事。對曰：『晉士起將歸時事於宰旅，無他事矣。』」韓宣子此

時尚未執政，位在大夫，對周王乃自稱為「士」。周靈王於是稱讚他「辭不失舊」（《左・襄二十六》），此時已近春秋晚期，王室威嚴蕩然無存，難得韓起猶遵西周古禮，謙卑自守，令靈王感歎不已。

　　晉之大夫於周為士，按〈曲禮下〉之說，韓起也可以自稱「陪臣」。鄭玄《注》：「陪、重也，」也就是隔一層的臣子。陪臣之名春秋習見。西元前六四八年齊桓公派管仲調停戎與周王之爭。王以上卿之禮饗管仲，管仲辭不敢，自稱「陪臣」（《左・僖十二》）。西元前五五二年晉欒盈出奔、過周，對周王自謂「陪臣盈」，稱述其父亦曰陪臣（《左・襄二十一》）。西元前六二三年衞甯武子聘于魯，魯公宴饗之，「為賦〈湛露〉及〈彤弓〉，不辭又不答賦，」私下問其故，甯武子曰：

> 昔諸侯朝正於王，王宴樂之，於是乎賦〈湛露〉，則天子當陽，諸侯用命也。諸侯敵王所愾，而獻其功，王於是乎賜之彤弓一、彤矢百、玈弓矢千，以覺報宴（此蓋言賦〈彤弓〉之禮）今陪臣來繼舊好，君辱貺之，其敢干大禮以自取戾？（《左・文四》）

〈湛露〉、〈彤弓〉皆是天子享諸侯之樂詩。魯衞匹也，甯武子不必對魯公自稱陪臣。杜預《注》曰：「方論天子之樂，故自稱陪臣」故知諸侯之臣對天子是自稱陪臣的，相對的，卿大夫的家臣對於諸侯亦自稱陪臣。西元前五四八年齊莊公私通崔杼之妻，崔杼侍人賈舉率徒攻莊公，曰：「陪臣干掫有淫者」（《左・襄二十五》）。又春秋戰國之際，越圍吳，趙襄子派家臣楚隆進入圍城向吳王夫差轉達愛莫能助之意，楚隆曰：「寡君之老無恤（襄子）使陪臣隆敢展謝其不共」（《左・哀二十》）。賈舉對齊莊公，楚隆對吳王皆自稱陪臣。陪臣既然相隔一層，按理說地位當不如一般同等階級的臣工。

　　封建城邦時代，各國有其階級秩序，通乎天下亦有一套階級秩序，名目雖似，實不相等。當時列國朝覲、殷同、會盟頻繁，國君或其代表的階級等差關係特別講究，階級之不齊是相當嚴肅的。如果農

工商賈也有類似朝覲會同之禮，天子之農與大、次、小國的農人恐怕也不能一律看待吧。因爲理論上，封建時代被統治者的地位隨主人的身分而異。楚大夫芊尹無宇說封建階級有十等，依次爲王、公、大夫、士、皁、輿、隸、僚、僕、臺。（《左·昭七》）士以上爲貴族；皁是穿黑衣的衞士，無爵而有員額；輿是衆庶〔附錄三〕；隸以下爲不同等級的刑徒和奴婢（俞正燮《癸巳類稿·僕臣臺義》）。庶人有沒有差別身分呢？前引孟子述周室爵祿的等級，最後說「上農夫食九人，上次食八人，中食七人，中次食六人，下食五人」，好像農人也有五等之分，《禮記·王制》同。〈王制〉說「諸侯之下士視上農夫」，賈公彥又把《周禮》的府、史、胥、徒等在官庶人的俸祿比之食八人至食五人的階層次序（《周禮疏》〈冢宰·敍官〉）。封建城邦時代的庶民是否分這些等級，而食九人的上農和最基礎的五口之家的下農，差別的根源是經濟抑或法律，現在皆難查考。另一方面，晚出的《管子·揆度》篇提到上、中、下三種農夫與婦女曰：「上農挾五，中農挾四，下農挾三；上女衣五，中女衣四，下女衣三」（《管子集校》頁1175）。挾有給足之義，此上中下視耕織能力而異，是經濟性的，沒有身分的意義。

　　不過根據我們的研究，從事農業的衆庶確有差別身分，雖然與孟子所述不盡相同。《周禮·冢宰·敍官》曰：「惟王建國，辨方正位，體國經野，設官分職。」國和野是封建城邦的兩大景觀，不獨天子王畿如此，諸侯封國莫不皆然。封建統治的核心地區圈圍著城牆，城內謂之「國」，其居民稱作「國人」；城外謂之「野」，居民稱作「野人」（杜正勝1979a、1986），後來把國與野交界的地帶劃作「郊」，郊上之人也算作國人。這種意義的國與野用《周禮》的術語說就是「鄉」與「遂」（楊寬1964，頁135-153）國人野人或鄉民遂民雖皆屬於庶人，身分卻有差別。作者在《周代城邦》一書中已有所論述，其要不外以下數點。第一、兵役權力不同。國人卽使非「受甲」成爲武士，至少也是徒卒，野人則只是搬運輜重的軍夫。《尚書·費誓》記載魯侯伯禽誓師伐徐淮之戎夷，他所命令「善敹（繕）

乃甲胄、敿（繫連也）乃干，無敢不弔（善）；備乃弓矢，鍛乃戈矛，礪乃鋒刃，無敢不善」的對象包括貴族和國人。至於三郊三遂的魯人則指野人。周初郊尚未屬於國。城外之人在戰役中負擔的任務是「峙乃楨榦」以築城壘，和「峙乃芻茭」以飼牛馬。第二、徭役年限不同。《周禮‧鄉大夫》曰：「國中自七尺以及六十，野自六尺以及六十五。」賈公彥《疏》，七尺謂年二十，六尺謂年十五。一生服徭時間野人比國人多十年。第三、復除條件不等。《周禮‧鄉大夫》曰：「國中貴者、賢者、能者、服公事者、老者、疾者皆舍。」鄭眾云：「舍者謂有復除、舍不收、役事也。」收指租稅，役指徭役⑲。國人免除稅役的範圍相當廣，野人的復除則以「老幼廢疾」為主而已（《周禮‧遂人》），賈公彥論斷「國中復多役少」是對的。第四、參政權力不平。春秋時代國人之參與政治決策，決定國君廢立，過問外交和戰，參議國都遷徙，史實斑斑可考，詳見於《左傳》。論其淵源則甚早，《尚書‧洪範》云國君決策或施政若有大疑，「謀及乃心，謀及卿士，謀及庶人，謀及卜筮，」庶人即國人，野人沒有這些參政權。第五，國人也可能沾到一點禮的氣息。封建秩序講究「禮不下庶人，刑不上大夫」（《禮記‧曲禮上》），庶人是被統治階級，原則上無禮可言。不過，國人稍微變通，也參加一點禮儀活動，即鄉飲和鄉射。《儀禮‧鄉飲酒禮》鄭玄《注》曰：「凡鄉黨飲酒，必於民聚之時，欲見其化，知尚賢，尊長也。」飲酒的場合多限於春秋的祭酺與祭社，或歲末的大蜡（本書頁203）。宴會中「以禮屬民，而飲酒于序，以正齒位」（《周禮‧黨正》）；〈鄉飲酒〉云「工歌〈鹿鳴〉、〈四牡〉、〈皇皇者華〉，」國人得與有爵之貴族合爵共飲，其旅酬秩序據說是「壹命齒于鄉里」（《周禮‧黨正》、《禮記‧祭義》）。年老之國人對於初次冊命的貴族還可以不必讓坐呢！如此禮遇恐非野人夢想得到的。至

---

⑲　《漢書‧宣帝紀》本始三年：「大旱。郡國傷旱甚者，民毋出租賦。三輔民就賤者，且毋收事，盡四年。」師古曰：「收謂租賦也，事謂役使也。」又參見平中苓次，〈漢代の復除と周禮の施舍〉，《立命館文學》，138 號（1956），收入《中國古代の田制と稅法》。

於鄉射禮，《儀禮·鄉射禮》鄭玄《注》說，鄉老及鄉大夫「以鄉射之禮五物詢衆庶」，大概不錯；因為國人是軍隊主要組成的分子，鄉射禮也有考核士卒成績的作用。此禮通乎天下皆然，不限於王畿而已。因此，《儀禮》的〈鄉飲酒禮〉和〈鄉射禮〉兩篇雖是國人也可參與的禮，但與遂上的野人是不相干的。《儀禮·喪服傳》說：

> 禽獸知母而不知父，野人曰：父母何算焉，都邑之士則知尊禰矣，大夫及學士則知尊祖矣。

「算」猶別也（段玉裁《經韵樓集》卷二），賈公彥《疏》云野人「不知分別父母尊卑」，是也。野人連封建最基本的家長制都不存在，何況其他的禮。他們散居在大約只有三十戶左右的小聚落上，政治上屬於被征服、被統治的族羣，雖和國人同盡粟米、布帛和力役的賦稅義務，卻不能享受國人的待遇。

封建城邦的國野只是大略的劃分，天子之王畿與諸侯之封疆內還有許多分屬不同領主的土地和人民，有公邑、家邑、大都、小都等等名目（《周禮·載師》）。都也築有城牆，雖比國小（《左·隱元》），但國野區分依然具體而微地顯現，叫作「都鄙」，都人與鄙人的地位可能也有差別的。當時土地人民歸屬的複雜性遠超出我們今天所能想像之外，正如孟子說的：「物之不齊，物之情也。」由於封建統治，天下諸侯各自為政，侯國內部貴族的采邑也各自為政，各地人民的命運或地位於是不同。以國野、都鄙和采地差異，加上長期亂政，君臣不同程度的剝削，各地人民的實際遭遇就更懸殊了。從春秋晚期一些國家的歷史看來，可以略窺其嚴重性。

當時齊晉國君之屬民的遭遇都相當悲慘。據晏嬰說，齊「民參其力，二入於公而衣食其一，」人民只能保有生產所得的三分之一，征斂比諸傳統什一之稅有數倍之巨，於是「公聚朽蠹而三老凍餒」，雖嚴施刖刑亦無法禁止人民相繼流亡。相對的，陳氏收買民心，加大私家量斗四分之一，「以家量貸，而以公量收之」（《左·昭三》），一進一出，作為他的領民者當可得到不少好處。晉國人民的遭遇也很類

似，叔向說過「民聞公命，如逃寇讎」（《左・昭三》），當亦逃於六卿，因為作為晉公之民，負擔是比較沉重的。

魯昭公的事例也可證明。昭公二十五年（前五一七），魯伐三桓，失敗，昭公奔齊（《左・昭二十五》）。《穀梁傳》曰「昭公出奔，民如釋重負」（〈昭二十九〉），可見魯人的際遇亦與齊晉人民在伯仲之間。是年景公為昭公攻魯，取鄆；次年，昭公入居鄆。在鄆發生人民叛離的事件。昭二十九年《春秋經》曰：「鄆潰」。杜預《注》云：「民逃其上曰潰。潰散叛公。」人民逃離昭公的原因，公羊學家以為是負擔太重的緣故。自二十六年起至二十九年昭公活動於鄆和齊國之間，二十六年夏且以鄆人圍叔孫氏的采邑成。取於民者深，故《公羊傳》釋「鄆潰」曰：「君存焉爾」。何休《注》引孔子「不患寡而患不均，不患貧而患不安，」曰：「其本乃由於圍成失大得小而不能節用。」徐彥《疏》曰：昭公居鄆，「擾亂其民，令之不安，由玆潰散。」可見在魯與鄆，人民都不堪苛政，只好逃到還能過日子的地方。

不但諸侯統治的人民與貴族領民的待遇不同，卽使貴族領民之間，幸與不幸亦極不一律，譬如魯之三桓，差別就很大。西元前五六二年魯作三軍，三桓瓜分魯公公民而各有其一，重編作自己的領民：

> 季氏使其乘之人以其役邑入者無征，不入者倍征；孟氏使半為臣，若子若弟；叔孫氏使盡征之，不然不舍。（《左・襄十一》）

按杜預《注》，季氏分得魯公三分之一的人民，役使的辦法是要他們皆繳租稅，服徭役，不再向魯公納稅服役，否則，向他們加倍征斂。這些人於是歸於季孫。他們可能沒有增加負擔，不過換了主人，從魯公的「公」民變成季氏的領民。孟氏捨其父兄，僅取其子弟之半，其餘仍歸公家；叔孫則盡取子弟而後已（參竹添光鴻說）。《左傳》昭公五年再追述其事曰：「季氏盡征之，叔孫氏臣其子弟，孟氏取其半

焉。」「臣」的身分恐怕比較低。魯公「公」民被瓜分後，身分地位隨主而異⑳，那麼，不但「公」民與私門領民負擔不齊，卽使一家之內的父兄子弟也因所屬主人不同而有差別待遇。何況當時大夫的采邑並未盡歸三桓（崔述《考古續說》卷二「齊魯晉之微」條），通魯國而言，人民身分之不齊就更複雜了。

近年山東臨沂銀雀山發掘的一號漢墓，屬於西漢初期（《文物》1974：2），出土《孫子兵法》，有〈吳問〉篇，不見於今本十三篇。該篇記述孫子論晉國六卿存亡之道，主要在於六家制田異度，賦稅異數。孫子說，范氏、中行氏制田以八十步爲畹，百六十步爲畂（畝）；智氏以九十步爲畹，百八十步爲畂；韓、魏百步爲畹，二百步爲畂；趙氏獨大，百二十步爲畹，二百四十步爲畂。地積名目雖同，實際面積卻大小懸殊，趙氏無稅，其他五家皆「伍稅之」（《孫子兵法》頁94-95），伍稅可能是五分之一，卽魯哀公抱怨「二、吾猶不足」（《論語・顏淵》）的什二之稅，比傳統稅率高一倍。然而由於地畂面積不同，卽使稅率一致，領民負擔還是有輕重之差的。尤其趙氏，「公無稅」，人民負擔最輕，故「晉國歸焉」。〈吳問〉篇傳述春秋晚期貴族領民稅役之不齊，當時多數國家恐怕都有此趨勢。

任何一種合理可行的政治組織，成員結構必定屬於金字塔型，頂頭尖，底層廣。周代封建原是周人對東土征服殖民的結果（杜正勝1979b），理論上凡征服者及其子孫都是統治階級。然而由於征服者子孫長期繁衍之後，所謂統治階級的全部人口便膨脹到與金字塔型政治組織不相容的程度。也就是說，屬於統治階級的人口太多，被統治階級無力供養。其結局可以逆料的，一是導致整個統治階級的崩壞，二

---

⑳　楊伯峻《春秋左傳注》解這段文字，大體是說：季氏於其屬邑奴隸盡釋爲自由民，爲季氏服軍徭役則免其家之稅收，其不入於季氏者則倍徵其稅。孟氏所入軍籍皆年青力壯，或自由民之弟，而皆以奴隸待之，其父兄則仍爲自由民。叔孫氏則仍實行奴隸制，凡其私乘本皆奴隸，今補入其軍中者亦皆奴隸。楊氏看到瓜分後人民身分的差別，唯爲臣和不爲臣恐怕是保有魯公「公」民身分或變成貴族領民，不是自由民與奴隸的相對關係。

是統治階級內部自動分化，大部分的成員身分地位下沉，淪落到與被
統治者幾無二致的地步。周代封建制度走第二條路。原來征服者的後
裔只有極少數保持大宗身分，維持其特權，絕大多數都淪爲小宗，甚
至成爲極疏的族人。西周統治者於是想盡各種辦法來「尊祖」和「敬
宗」，以達成「收族」的目的（杜正勝1979ｃ），統治階級疏離散落情況
之嚴重是可以想見的。《管子・問》篇亦透露這種歷史現象：

> 問國之豪人，何族之子弟也。
>
> 問鄉之良家，其所牧（收）養者幾何人矣。
>
> 問鄉之貧人，何族之別也。
>
> 問宗子之收昆弟者，以貧從昆弟者，幾何家。

貴冑苗裔，辱在塗泥，固是族內成員貧富分化的自然下場。

同時外界的種種壓力也把封建城邦時代各色各樣的差別身分淘洗
得逐漸趨於一致。一是列國封建秩序之紊亂，二是國君公民與貴族領
民區別之消失（杜正勝1979ａ），三是國野界限之泯除（杜正勝1980）。

周王室東遷後，無能重建西周式的封建制度，天子的空架子依賴
齊晉霸主勉強維持。然而周鄭既交質於先（《左・隱三》），祝聃復射桓
王於後（《左・桓五》）；晉文公敢請隧以邀功（《左・僖二十五》），又使
「天王狩於河陽」（《春秋・僖二十八》），天子尊嚴於焉掃地，難怪楚子
敢問鼎之輕重（《左・宣三》）。那麼天子臣工高於諸侯大夫數等的古制
已無意義，「陪臣」空有其名，韓起自稱「士」，亦「辭」而已矣。
列國之間大小等差也因爲吞併侵蝕，破壞原來的秩序。申公巫臣說：
「思啓封疆以利社稷者，何國蔑有？唯然，故多大國矣」（《左・成
八》）。終於演成戰國七雄，相伴而來者，原先列國間百僚臣工相對
的階級差距也就發生變化了。

國際紛爭固造成封建秩序的紊亂，國內多數權勢貴族也因權力鬥
爭而相繼凋零。叔向說：「欒、郤、胥、原、狐、續、慶、伯，降在
皂隸，」而他的氏族原有十一宗，及他之世只剩下羊舌氏而已（《左・
昭三》），其餘十宗大概也淪爲庶民了吧。權勢貴族間鬥爭之殘酷自從

春秋晚期以來數見不鮮，譬如晉國六卿的戰爭，原是晉陽趙氏與邯鄲趙氏的齟齬，其他貴族也牽連進去，趙簡子、韓簡子、魏襄子和荀櫟（知文子）一個集團，趙稷、荀寅（中行寅）和范吉射一個集團，鬥爭前後達七、八年之久，後者終於敗亡（杜正勝1979ｃ）。近年山西侯馬出土盟書，其中的宗盟類，有一位趙趮，自誓曰：

> 敢又志復趙尼及其孫孫，牱疣及其孫孫，牱直及其孫孫，趙餖之孫孫、史醜及其孫孫于晉邦之地者，及翬庠（呼）明（盟）
> 者，盧（吾）君其明亟視之，麻婁非是。（《文物》1975：5，頁22）

當是趙簡子集團的誓詞，絕對禁止失敗流亡的貴族及其後嗣踏回晉國一步，一旦發現，神明鑒察，必趕盡殺絕，毫不饒恕。其他流亡到國外的貴族十之八九大概也都變成平民了，像西元前五四六年齊申鮮虞因崔氏之亂奔魯「僕賃於野」（《左·襄二十七》），爲人傭作，連小自耕農也夠不上，正如叔向所說的「降在皂隸」。齊國的崔、慶、國、高、欒、鮑諸氏之子孫最後大概也多難逃「皂隸」的命運吧。

　　春秋二百餘年內，一方面某些貴族不但擴張壯大，終於取代國君；另一方面則更多的貴族相繼淪亡，這兩種因素綜合起來，終於促使封國內分屬國君與不同貴族之人民的身分逐漸整齊劃一。大體而言，貴族敗亡或出奔以後，他們的采邑就歸屬國君所有，領民自然也成爲國君的公民。譬如齊國，慶氏當權時，鞷公子出奔（《左·襄二十一》），「鉬亡於魯，叔孫還在燕，賈在句瀆之丘。及慶氏亡，皆召之，具其器用而反其邑焉」（《左·襄二十八》）。西元前五四五年這些公子返國，國君歸還的邑自然是七年前流亡時被政府沒收去的。西元前五三二年齊欒施、高彊奔魯，晏子勸陳桓子將他們的采邑「致諸公」（《左·昭十》）。可見貴族采邑被沒收後，理論上應歸國君所有的。鄭國豐卷也是一個很好的例子。「豐卷奔晉，子產請其田里」（《左·襄三十》）。杜預《注》云：「請於公，不沒入㉑。」子產請求鄭

　㉑　「沒」今本作「役」，「入」本作「人」，參阮元《校勘記》改。

侯不沒收豐卷的采邑，蓋行孟子「去三年不反，然後收其田里」的古制，當時恐怕「去之日，遂收其田里」的（《孟子·離婁下》）。同時晏子辭邑，因爲足欲易亡，一旦「在外，不得宰吾一邑」（《左·襄二十八》），原有的采邑就充「公」了。

春秋晚期貴族采邑歸公逐漸形成一股風氣，《左傳》謂之「致邑」。齊慶氏亡，景公以其邑賞予貴族，給晏子邶殿其鄙六十，不敢受；「與子雅邑，辭多受少；與子尾邑，受而稍致之，公以爲忠，故有寵」（《左·襄二十八》）。《廣雅·釋詁》：「稍者，盡也。」子尾盡致其邑的作法十四年後還被魯國大夫叔孫昭子所稱道（《左·昭十》）。就在齊國慶氏事件的翌年，吳季札聘於齊，勸晏平仲納邑曰：「子速納邑與政。無邑無政，乃免於難」（《左·襄二十九》）。去年慶氏亡後，晏子不敢接受邶殿其鄙六十邑，「非惡富也，恐失富也，」是持盈保泰的見解。他說：「富如布帛之有幅焉，爲之制度使無遷也。夫民生厚而用利，於是乎正德以幅之，使無黜慢，謂之幅利。利過則爲敗，吾不敢貪多，所謂幅也」（《左·襄二十八》）。晏嬰的節制到底不如季札深刻，季札洞徹世變，棄國北遊，也奉勸當時齊國的第一賢人。春秋晚期封建貴族鬥爭激烈，土地和人民遂爲貴族殺身的禍階。從滅亡貴族沒收來的采邑，名義上歸還給國君，其實落入當權派貴族掌握。然而對被統治的人民而言，原來分屬於不同貴族，接受不同的待遇，而今差別泯除，全國人民的身分或地位乃逐漸趨於一律。

晉國沒收貴族的采邑多改作縣，直屬中央政府管理，私門采邑於是充「公」。早些時候降在皂隸的舊族如欒、郤、胥、原等，采邑之下落雖不可考查，若據後來祁氏、羊舌氏之田被分爲縣來看（《左·昭二十八》），恐怕也不例外。晉國大部分的貴族相繼凋零，但晉公並沒有實際得到好處，因爲朝政由六卿把持，他們直接、間接吞噬充「公」之邑，因而日益坐大。一旦舊族、公族翦伐殆盡，異姓六卿分成兩大集團火併，先有韓、趙、魏、智四家滅范氏、中行氏，數年後韓、趙、魏又滅智氏。剩下三家儼如諸侯，晉公甚卑，不必再表演「致

邑」的把戲，於是直接瓜分晉侯及貴族充「公」的里邑土地（《史記·晉世家》）。西元前五世紀中葉，晉出公「反朝韓、趙、魏之君」，晉人分屬三君，春秋之晉國公室乃名存實亡。

齊國巨室大家的內戰比晉之六卿早半個世紀，情況如出一轍。景公二年（前五四六）滅崔氏（《左·襄二十七》），次年，田、鮑、高、欒聯合滅慶氏（《左·襄二十八》），景公十六年，田、鮑又滅欒、高（《左·昭十》），而後田氏取鮑族而獨大。西元前四七六年，即《史記·十二諸侯年表》的最末年，田常「封邑大於齊平公之所食」（《史記·田敬仲完世家》），八十五年後，田太公遷齊康公於海上，「食一城，以奉其先祀」。五年後，即西元前三八六，田和立為齊侯，列於周室。這九十年間齊侯直接統治的人民愈來愈少，紛紛歸於田氏。

按照封建制度，國君的人民是「公」民，貴族的領民是「私」臣。以晉國三家或齊國田氏演變的軌跡來說，大族巨室之「私」逐漸凌駕諸侯之「公」，他們一成為實際統治者，新的名分接踵而至，前日之「私」搖身一變而為今日之「公」（杜正勝1979a，頁147-148）。傳統國君之公民與貴族之領民的差別身分於是乎消失泯滅，通國人民乃成為一家一姓統治下身分平等的齊民。先前種種貴族陵替的現象，不論致邑也罷，充「公」也罷，不過這一變動的基礎而已。

《莊子·胠篋》篇講到齊國政權的轉移，曰：「田成子一旦殺齊君而盜其國」。〈胠篋〉比喻盜有大小，「胠篋，探囊，發匱，」是小盜，取財有限；「負匱揭篋，擔囊而趨，」整個箱子搬走才是大盜。田成子即屬於「巨盜」者流，那只箱子就是齊國的人民、土地和財富。旦夕之間全齊國人皆隸屬於田氏，而且也只隸屬於田氏而已，身分自然是整齊了。然而《老子》所謂「大盜盜國」，豈止田氏也哉！

促使「齊民」出現的第三種因素是國野界限之消除，封建城邦時代，國的城牆不只是一堵實體建築，也是一條無形的大防，它嚴格地劃分城牆裏外居民的不同身分。但春秋以來，由於國家戰爭頻繁，工商業逐漸興起，人口集於城市，種種原因使列國紛紛圍築外城——即

是郭。郭雖然和城一樣，也是夯土圍牆，但所反映的歷史意義卻截然
異趣。它不像以前的城範圍或區別居民身分，反而打破傳統城牆的藩
籬，吸收原來在「野」之人或封疆外的異鄉人，一律視作平等的子
民，泯除了國人和野人的分別。以考古出土城牆遺址結合先秦文獻來
分析，大概在西元前六百年前後，當時較具規模的城邑都相繼築郭
了，拙作〈周秦城市的發展與特質〉對從內城擴張到外郭的社會意義
有比較詳密的論述。所以封建城邦形式上的改易，也標識政治社會結
構的內涵轉變，和其他歷史條件互相配合。

　　總而言之，古代「齊民化」的歷程也是封建制崩潰、郡縣制建立
的歷程。不過，所謂人民身分之「齊」僅就基本的政治社會結構而
言，並且不能膠柱鼓瑟。本章先聲明兩點，一是創始於秦而爲漢所承
襲的二十等爵制也是一套身分階級制，但它是開放的，人人可憑戰功
獲爵，與封建爵制不能相提並論（本書第八章）。其次是法律、政治身分
雖齊，社會與經濟力量卻不齊。春秋晚期啓發的「編戶齊民」新社會，
其實一開始便含藏「不齊」的種子，正如《商君書・錯法》說的：
「同列而相臣妾者，貧富之謂也；同實而相並兼者，強弱之謂也。」

　　由於貧富和強弱的差別，遂使同列於「齊民」的人互相並兼，有
的成爲奴婢，有的成爲奴婢主。漢代《淮南子》、司馬遷和班固都有類
似的看法。《淮南子・齊俗》比較富人與貧人的物質生活差別懸殊，
歸結曰：「其爲編戶齊民無以異，然貧富之相去也猶人君與僕虜，不
足以論之」，不禁感慨係之。司馬遷看得開，他說：「凡編戶之民，
富相什則卑下之，伯則畏憚之，千則役，萬則僕，物之理也」（《史
記・貨殖列傳》）；班固說同（《漢書・貨殖傳》）。財富之外，權勢和氣力
都會使齊民不齊。我們探討「編戶齊民」的歷史，更宜注視社會經濟
之不齊，才能了解他們的眞實地位。齊中的不齊，我在《羨不足論》
將有更仔細的分析。

　　由於戶口的登錄和稽核，政府才能有效地掌握人口；也由於政府
與人民之間分歧封建勢力之劃除，人民身分才趨於齊等，人力資源也

才能統籌於中央政府。從封建到郡縣制的轉變過程中，不論分晉的三家，代齊的田氏，或王室血統未易的楚國，支撐這些新政權的社會力量無非是新的社會基礎──編戶齊民。然而「編戶」和「齊民」之結合爲一，還要研究軍制才容易明瞭。

第二章　全國皆兵的新軍制

　　全國戶口編錄和人民身分齊等，這兩件大事的推動力量雖然還不完全明白，但兵制的改變恐怕是一項主要因素。

　　封建城邦時代絕大多數的人口從事農業，但是不是絕大多數的人口也服兵役呢？這是所謂兵農合一或兵農分離的問題，歷來經學家有過長期的爭辯。一般認為古者寓兵於農，井田既廢，兵農始分。也就是說，封建時代兵農是合一的，封建崩潰，兵農才分離。清代江永針對此論提出異議，他根據《管子》和《國語》，斷定「春秋之時，兵農固已分矣」（《羣經補義》卷二〈春秋〉），不必等到春秋末期封建解體。朱大韶推衍江說，從《周禮》鄉遂制度出發，主張「周制兵農本分」，鄉中出兵，遂則為農（《實事求是齋經義》卷二〈司馬法非周制說〉）。這些說法忽略封建城邦國野區分的制度（杜正勝1986），佔軍隊大部分成員的國人同時也是農人，就他們而言，周制是兵農合一的；但更多數在野業農的野人只供軍中力役，不親與戰事的，故就野人而言，周制則兵農分離。

　　近人李亞農發現《國語·齊語》的軍事編制與《管子·小匡》不同，〈齊語〉的農村編制不是從屬於軍事的目的，但〈小匡〉的農村就出現軍事化的徵兆了[1]。日人岡崎文夫也發現這兩篇文獻的制鄙不

---

[1]　李亞農《中國的封建領主制和地主制》第一章的注一四對〈齊語〉與〈小匡〉制鄙法的不同有所討論，並糾正他在《中國的奴隸制與封建制》第七章〈周族的氏族組織與軍事組織〉將這兩篇混同的錯誤。他原來主張農村的編制不論〈齊語〉或〈小匡〉都是軍事的，見《李亞農史論集》頁921-922。

一樣，〈齊語〉徵兵於國，在鄙之人不從軍，〈小匡〉則不論國、鄙皆有軍隊。他根據江永兵農分離論，以兵農合一是春秋晚期的變制，因而推斷〈齊語〉和〈小匡〉存在著從兵農分離到兵農合一過程（岡崎1950）。

近代新說已比清儒的經學見解更接近歷史眞貌。其實春秋兵制變革的重點並不在於兵農分離或兵農合一，而是逐步地擴大征兵，由國而都邑，從國人到野人，最後達到舉國皆兵。故先論春秋晚期擴大征兵的過程。

一、擴大征兵

《周禮·小司徒》曰：「凡起徒役，毋過家一人，以其餘爲羨。唯田與追胥竭作。」又曰：「凡國之大事致民，大故致餘子。」鄭司農云「餘子謂羨也」，也就是「民之子弟」（孫詒讓《正義》）。賈公彥《疏》說：「一家兄弟雖多，除一人爲正卒，正卒之外，其餘爲羨卒。」故役事之征發分別正卒和羨卒，正卒負擔「大事」，鄭玄《注》云：「戎事也」；羨卒負擔「大故」，鄭玄說是「災寇」，追胥之類，也包括田獵。因爲封建城邦時代，國人服兵役者只限於一家一丁之正卒，其子若弟並無兵役義務。

春秋中晚期以下各國之擴大征兵，對象是新征原來不必當兵的餘子和原來沒有當兵權利的野人。征餘子於先，征野人於後，但後來二者也逐漸合流，《春秋》、《左傳》所謂「作州兵」，「作丘甲」，「作丘賦」和「用田賦」，正標識這一連串改制的過程。史籍記載雖尚缺少某些連環，世變的痕跡猶大致可以追尋；當然，各國的發展頗不規整，不能一概而論。

征發正卒以外的人民服兵役可能始見於周宣王之「料民」，春秋初期則有晉惠公之「作州兵」。州兵之含義頗有異說，請先明瞭作州兵的原委，才容易分疏它的眞義。西元前六四五年晉惠公與秦穆公戰

於韓原，兵敗被俘於秦，因其姐穆姬之救，得以不死。秦許晉和，晉大夫郤乞於是來迎惠公返國。瑕呂飴孫爲惠公籌策。郤乞與呂甥先回，「朝國人而以君命賞」。並且告訴國人惠公無面目見社稷，要國人卜立其子圉爲晉君。姿式擺得很低，似若痛心懺悔。「衆皆哭，晉於是乎作爰田」。賞國人什麼？——賞田，蓋卽是作爰田。贏得民心之後，晉惠公的眞目的就顯露了，《左傳》僖公十五年曰：

> 呂甥曰：「君亡之不恤，而羣臣是憂，惠之至也，將若君何？」衆曰：「何爲而可？」對曰：「征繕以輔孺子。諸侯聞之，喪君有君，羣臣輯睦，甲兵益多。好我者勸，惡我者懼，庶有益乎！」衆說，晉於是作州兵。

接受賞田的是國人，聽信呂甥之言，樂於征繕，使得甲兵益多的也是國人。因此，晉作州兵的對象當然只限於國人②。兵役與授田相對待，獲田地則服兵役，反之亦然。國人之正卒本來就有田耕作，而且要服兵役，所以新受賞田而新服兵役者自然是國人之餘子了③。「作

---

② 按《周禮·地官》的系統，鄉之下是州，可見州屬於鄉而非屬於遂，屬於國而非屬於野，其劃分當有憑據；雖然州的大小我們不清楚，而且也不必固守《周禮》二千五百家之數。李亞農引杜預《注》：「五黨爲州，州二千五百家」，解釋「州兵」曰「晉國開始建立地方兵制」，似乎缺乏之據，而且誤解《周禮》。李說見《西周與東周》第十四章，收入《李亞農史論集》。

③ 爰田卽賞田。《左傳》旣曰「朝國人而以君命賞」，又曰「晉於是作爰田」。《國語·晉語》亦曰：「且賞以悅衆，衆皆說，爲作轅田。」從文意看，爰田當是賞田。唯向來異說紛紜，不得不析辨。杜預《注》云：「分公田之稅應入公者爰之於所賞之衆」，所言是稅，不是田，故不可從。韋昭注《國語》曰：「以田出車賦。」也不通。孔穎達《左傳疏》引服虔、孔晁，韋昭注《國語》引賈逵，這三家皆說，爰（轅）、易也，賞衆以田，易其疆畔。稍得之。按《左傳》「作爰田」，《國語》作「作轅田」。《說文·爰部》：「爰、引也，从受从于，籒文以爲車轅字。」段玉裁《注》：「轅所以引車，故籒文車轅字祇用爰。」徐灝《說文段注箋》：「爰、援古今字，凡事物引而申之則有舒展義。」今按轅是車前伸出部分，又用來引車，故爰有引伸之義，又有擴充之義，徐灝所謂舒展也。《漢書·地理志下》曰「孝公用商君，制轅田，開仟佰」，卽本於此義。故作爰田卽擴大耕種面積，擴大部分蓋是公田，杜《注》部分可從。服、孔、賈三家皆釋爰爲易，易是易疆界或易疆畔，亦皆擴充耕地面積的意思，不是「上田不易，中田一易，下田再易」（《漢書·地理志下·注》引孟康曰）耕地擴大，是因爲賞田的緣故。把爰易解作輪耕，固與「晉於是作爰田」這件事不符合；講作「賞賜在朝羣臣的車馬田或官府田」，（王毓銓1983，頁11）不但誤解國人之義，所謂車馬田云云也缺乏典據。爰田問題參見本書第四章。

州兵」與「作爰田」其實是一件事體的兩面，孤立開來，皆難得正解。

晉作州兵之後五十五年，魯國也擴大征兵。《春秋》成公元年曰：「三月，作丘甲。」這年值西元前五九〇年。「作丘甲」之義三《傳》頗有出入，而以《穀梁傳》最不合情理。它說：「古者立國家，百官具，農工皆有職以事上。古者有四民：有士民，有商民，有農民，有工民。夫甲非人人之所能爲也。」這麼說，「作丘甲」就是要人人作甲鎧。我們知道甲鎧的原料是皮革和金屬，非各地可能有，也非人人可能作，魯君卽使暴虐，也不至於發佈如此不通的政令④，《穀梁》之說難從。《穀梁》解《經》著重「甲」字，其說被何休借來注《公羊》，清儒俞正燮「作邱甲義」(《癸巳類稿》卷二)也在「甲」字上發揮，這是一派。另外《公羊》和《左傳》則重視「丘」字。《公羊傳》曰：「三月作丘甲。何以書？譏；何譏爾？譏始丘使也。」蓋謂《春秋經》批評魯國開始按丘役民。丘者何？舊說認爲是一種行政單位。杜預《注》曰：

> 周禮：九夫爲井，四井爲邑，四邑爲丘。丘十六井，出戎馬
> 一匹，牛三頭；四丘爲甸，甸六十四井，出長轂一乘，戎馬
> 四匹，牛十二頭，甲士三人，步卒七十二人。

孔穎達《疏》云：周禮指《司馬法》。一丘百四十四戶人家，一甸五百七十六戶。杜預之意，魯把甸的賦役派給丘承擔，「譏重斂，故書。」這麼說來，從此以後魯人的賦役便加重四倍。

按照杜解，四倍負擔不可謂不重，然而百年之後孔子何以說作丘甲⑤是「施取其厚，事舉其中，斂從其薄」呢（《左·哀十一》）？而且

---

④ 王鳴盛《周禮軍賦說》卷四〈魯制〉評《穀梁傳》亦曰：「所謂一丘之民，人人作甲者，其說亦太迂謬，必無此事。當日魯君臣雖愚，使甲高于丘山，而國不加賦，豈不可笑耶？」

⑤ 《左傳》哀公十一年：「季孫欲以田賦，使冉有訪諸仲尼。仲尼：『丘不識也』。三發，……仲尼不對，而私於冉有曰：『君子之行也，度於禮。施取其厚，事舉其中，斂從其薄。如是，則以丘亦足矣。若不度於禮而貪冒無厭，則雖以田賦，將又不足。』」「以丘亦足」之丘，杜預《注》：「丘、十六井，出戎馬一匹，牛三頭，是賦之常法。」楊伯峻《春秋左傳注》曰：「自成元年作丘甲之後，兵役法已變，此當指成元年以後行之至今之兵役法。」其說可信。有人以爲丘是孔子的自稱，似不可從。

細檢《經》、《傳》，中國古代聚落以丘名者，直到春秋時代仍多可見（徐中舒1955）。丘或作爲國都，如諸侯封衞於楚丘（《左·閔二》）；莒國國君有渠丘公（《左·成九》）和著丘公（《左·昭十四》），渠丘、著丘當是莒君留駐之都。或爲諸侯會盟之地，如齊桓公盟諸侯於葵丘（《春秋·僖九》）、牡丘（《春秋·僖十五》），其餘例子不勝枚舉⑥。或爲兵家必爭之地，如魯人大敗宋師于乘丘（《左·莊十》），楚伐莒，圍渠丘（《左·成九》），晉史蘇預言秦師必敗晉于宗丘（《左·僖十五》）。至於楚丘、壺丘、長丘、戾丘、陽丘、巢丘、赭丘、英丘、犂丘和廩丘等皆是見於《春秋》、《左傳》的古戰場⑦。無論國都，卽使是會盟之地，大隊人馬糧食、芻草、飲水、柴薪的補給，也絕非不及一百五十戶人家之聚落所能勝任；至於兵家爭奪的軍略要衝，更不可能是小邑。因此，「丘甲」之義應當重新考慮。

　　《公羊》與《穀梁》認爲「作丘甲」三字深藏筆法，故或解曰「譏」，或解曰「非正」。杜預注《左》不純，雜取《公》、《穀》，傅以司馬法，而歸結於《春秋》譏重斂，其實皆節外生枝，徒增紛擾。《左傳》已經說得很清楚：「爲齊難故，作丘甲。」魯國作丘甲，征發更多的軍隊，爲的防齊國入侵也。原來封建城邦時代，天子六軍，大國三軍，次國二軍，小國一軍（《周禮·大司馬》），國家主要武力佈署在首都，其他都邑雖有軍隊，不一定完全聽命於國君調遣，

---

⑥　如犬丘（《左·隱八》）、桃丘（《春秋·桓十》）、句瀆之丘（又稱穀丘；《左·桓十二》）、幽丘（《春秋·莊十六》、〈莊二十七〉）、梁丘（《春秋·莊三十二》）、鄆丘（《春秋·文十六》）、邢丘（《春秋·襄八》）、楚丘（《左·襄十》）、重丘（《春秋·襄二十五》）、平丘（《左·襄三十一》，《春秋·昭十三》）、原丘（《左·襄二十》）等。

⑦　楚丘（《春秋·隱七》），壺丘（《左·文九》）、長丘（《左·文十一》）、戾丘（《左·文十三》）、陽丘（《左·文十六》）、巢丘（《左·成二》）、赭丘（《左·昭二十一》）、英丘（《左·哀二十三》）、犂丘（《左·哀二十三》）、原丘（《左·哀二十四》）。

若直屬國君的要地，往往安置瓜代的戍軍⑧。但是春秋以來戰事日益激烈、頻繁，政府乃先在這些要略地區徵發兵丁，建爲正規軍，以取代輪番的戍衞。從《春秋》、《左傳》的記事來看，丘應是要略之地。西元前五九〇年魯國之「作丘甲」卽代表這樣的兵役改革。因爲前年魯乞師於楚，欲以伐齊，楚師未出。不久，齊楚結好，魯轉與晉盟。晉楚爭霸，魯懼齊來攻，於是特別加強戰備。而這年多天，「臧宣叔令脩賦、繕完、具守備」，以備齊楚之難（《左‧成元》），亦當與三月之「作丘甲」有關。唯其迫於外敵而擴充兵源，孔子說作丘甲是「事舉其中」才可以理解。這次兵役改革雖非全面，但已將兵源從「國」擴充到重要的軍略都邑了。

逮乎西元前四八二年季康子「欲以田賦」，孔子不以爲然，批評他不法則周公的典籍，「不度於禮，而貪冒無厭」（《左‧哀十一》），又引「作丘甲」來作強烈的對比。季孫不聽，翌年正月，馬上執行旣定的政策，《春秋經》所謂「用田賦」者也（〈哀十二〉）。「以田賦」或「用田賦」，凡有田者皆賦，全國舉農皆兵。比較重點徵兵的丘甲，顯然又跨出一大步。

概略而言，「作州兵」是起用國人之餘子爲兵，「作丘甲」是徵發戰略要地之人服兵役，「用田賦」則全農皆兵，不復有正夫餘子之別，也沒有國野的區分。從服兵役的權利或義務而言，「齊民」卽在此時出現。此外有「作丘賦」，在西元前五三八年，是鄭子產的兵役

⑧　封建城邦時代國君所在的國都有軍隊，謂之「國兵」；其他有些都邑也有防衞武力，謂之「邑兵」。如《史記‧楚世家》說，楚平王十年（前519）吳邊邑卑梁與楚邊邑鍾離戰，卑梁大夫「發邑兵攻離離，楚王聞之，怒，發邑兵滅卑梁」。《左傳》隱公五年，衞人以燕師伐鄭，「鄭二公子以制人敗燕師于北制」。《公羊傳》閔公二年，齊桓公「使高子將南陽之甲立僖公而城魯」。《注》云「南陽，齊下邑」，則制與南陽皆有邑兵。但史籍所見，要津而無邑兵者則由國都派兵戍守。如西元前686年，齊襄公使連稱、管至父戍葵丘，瓜時而往，曰「及瓜而代」。期戍，公問不至，請代弗許，故謀作亂（《左‧莊八》）。葵丘在臨淄之西，沒有常備之守，由國君派兵輪番戍守。二十六年後，魯莊夫人哀姜參與弒君陰謀，出奔于邾，齊人殺之，歸其尸於魯。《左傳》曰：「公敗邾師于偃，虛丘之戍將歸者也。」（〈僖元〉）杜預《注》云齊人殺哀姜，邾「因戍虛丘，欲以侵魯」；後「邾人懼，乃歸。故公要而敗之」，可見虛丘的防衞也靠戍兵。

改革。《左傳》昭公四年，子產作丘賦，國人謗之，曰：「以令於國，國將若之何？」同《傳》鄭大夫子寬批評曰：「政不率法」，蓋責子產不守舊典。丘賦，杜預以爲卽如魯哀公十二年「用田賦」之田賦。鄭夾在晉楚二強之間，兵革數興，比魯國提早五十餘年全農皆兵是很可能的。雖然不易分辨此「丘」是十六井的丘或戰略要地的丘，唯因賦役普遍加重，多征兵丁，斂求牛馬戰具，引起人民的批評則無不同。

　　擴大征兵，服兵役者從城邦時代國人之正卒擴大到所有的農民，從有限制、有條件的征兵擴大到全民皆兵。此意近人徐中舒氏已略發端倪（1955），唯大致趨勢雖然如此，列國的改革、發展各有先後，一般而言，軍事強國如楚、晉、齊往往較爲先進。

　　自西元前第八世紀以下，楚國勢力擴張（杜正勝1979b），征服之地往往設縣，鄭襄公所謂「夷于九縣」者也（《左·宣十二》）。九可能是多數之詞，不必如舊注湊足其數⑨；近年有人考證出十七個（楊寬1981），亦不足以盡春秋楚縣之全豹。尤其到春秋晚期，楚縣相當普遍，其首長稱「公」，如申公、息公，又稱「縣尹」（《左·襄二十六》），統率當地的軍隊。西元前六七六年，「楚武王克權，使鬥緡尹之。以叛，圍而殺之」（《左·莊十八》）。克權置縣，鬥緡係以權軍而叛。不過，楚國儘管擴張速迅，置縣繁多，依然機宜措施，而非普遍征兵；縣城以外的野人是否加入軍隊，仍不可考。楚人之全國皆兵大約遲至西元前六世紀中葉，但比魯國之「用田賦」仍然早了六十五年。

　　西元前五四八年楚蒍掩爲司馬，令尹子匠「使庀（治也）賦，數甲兵」。《左傳》記其事曰：

　　　蒍掩書土、田：度山林，鳩藪澤，辨京陵，表淳鹵，數疆

---

⑨　杜預《注》曰：「九縣，莊十四年滅息，十六滅鄖，僖五年滅弦，十二年滅黃，二十六年滅夔，文四年滅江，五年滅六、滅蓼，十六年滅庸。《傳》稱楚武王克權，使鬥緡尹之。又稱文王縣申息，此十一國，不知何以言九？」孔穎達《疏》亦云十一國，但說：「僖二十八年《傳》曰：漢陽諸姬，楚實盡之。則楚之滅國多矣，言九縣者申息定是其二，餘不知所謂。蘇氏、沈氏以權是小國，庸先屬楚，自外爲九也。」皆明知非九個，總要設法彌縫。

潦，規偃豬（堰渚），町原防，牧隰皋，井衍沃。量入脩
賦：賦車籍馬，賦車兵、徒卒、甲楯之數。（〈襄二十五〉）

首先普查全國資源，包括山林河湖、平原曠野、沼澤墳衍，凡耕墾之
田和未耕墾或不可耕墾之土皆登記有案，政府再根據每戶所登錄的財
產、收入而征課賦役，包括車馬、甲士、步卒和甲冑干盾。調查、登
錄的範圍不限於傳統的「國」，而遍及國外之「野」，足證此年之後
楚國便普遍編組野人爲軍了。經過這次改制，楚之大城——陳、蔡、
不羹，「賦皆千乘」（《左·昭十二》）。陳蔡原是三流以下的小國，滅於
楚，而能出千乘之賦，征課對象必包括傳統的野人。所以楚靈王很自
負地說，而今「諸侯其畏我乎」（《左·昭十二》）！上距蔿掩改制不及二
十年。越二年，楚公子棄疾政變，靈王自縊，棄疾立爲平王後，立刻
「使然丹簡上國之兵於宗丘，……使屈罷簡東國之兵於召陵」（《左·
昭十四》）。楚都以西曰上國，以東曰東國。平王檢閱的軍隊包括國都
以外各都邑和農莊的壯丁。他繼承古代閱兵舉政的傳統，各在上國與
東國「分貧振窮，長孤幼，養老疾，收介特，救災患，宥孤寡，赦罪
戾，詰姦慝，舉淹滯，禮新敍舊，祿勳合親，任良物官」。既然全國
皆兵，施惠便無國人野人之別。楚國的社會基礎已經是「編戶齊民」
了。

再論晉國。春秋初年晉國的武備只有一軍，西元前六六一年獻公
作二軍（《左·閔元》），六三三年文公作三軍以爭霸（《左·僖二十七》），
次年「作三行」（《左·僖二十八》），三年後作五軍以禦狄（《左·僖三十
一》），八年後襄公復三軍之數（《左·文六》），至五八八年景公改作
六軍（《左·成三》），但三十年後悼公「舍新軍」，晉又只有三軍而
已。唯此三軍人數與七十五年前的三軍是否相同，仍值得討論（《左·
襄十四》）。大體上，晉國軍隊不斷地擴充，兵源也不斷地增加。晉悼
公之捨新軍，《左傳》謂：「新軍無帥，故舍之」（《左·襄十四》）。
所以捨軍只是不置軍帥而已，並非裁員，也許將新軍士卒併入中上下
軍，或歸三軍帥佐節制。否則，到了西元前六世紀中葉晉國反而縮減

軍備，不但與歷史發展不合，與文獻記載也有所齟齬。因為西元前五
三七年晉國上卿韓起和叔向聘於楚，楚靈王欲辱之，大夫薳啓彊堅持
不可，他評論晉國的軍政曰：

> 韓起之下：趙成、中行吳、魏舒、范鞅、知盈，羊舌肸之
> 下：祁午、張趯、籍談、女齊、梁丙、張骼、輔躒、苗賁
> 皇，皆諸侯之選也。韓襄為公族大夫，韓須受命而使矣。箕
> 襄、邢帶、叔禽、叔椒、子羽，皆大家也，韓賦七邑皆成縣
> 也，羊舌四族皆彊家也。晉人若喪韓起、楊肸、五卿、八大
> 夫，輔韓須、楊石，因其十家九縣，長轂九百，其餘四十縣
> 遺守四千，奚不濟矣。（《左·昭五》）

不論直屬晉君的縣或強大貴族的采邑都有軍隊，每縣或每邑出百乘戰
車，連帶士卒、軍馬和武器。薳啓彊所說的四千九百輛戰車的確夠
龐大的了。春秋初期的強人鄭莊公發兵克公叔段不過兵車二百乘而已
（《左·隱元》）；九十年後，晉楚城濮之戰，晉車只有七百乘（《左·僖
二十八》）；西元前五八九年晉齊戰於鞌，晉師八百乘（《左·成二》）。
然而春秋中晚期以後，情勢完全改觀。西元前五五五年晉率諸侯伐
齊，動用多少軍隊，史無明文，但附從的魯、莒二等以下國家皆出千
乘（《左·襄十八》），晉軍人數當更可觀。

　　從晉獻公作二軍到晉景公作六軍大約七十年，晉國正規部隊擴充
三倍。士卒來源至少有二：一是正卒以外的餘子或老弱，二是縣的武
力。晉惠公所作的州兵卽起用國人之餘子為軍，前面已經說明了。據
宋向戌說，晉楚彭城之役（西元前五七三年），雍子發命於軍曰：「歸
老幼，反孤疾，二人役，歸一人」（《左·襄二十六》）。則晉到春秋中
晚期之際，舉凡壯丁都要服兵役，甚且波及老、幼、孤、疾。至少在
「國」之內，舉凡男子皆服兵役矣。晉縣之有武備，猶如楚縣，性質
和魯國的丘甲相去無幾。晉縣長官稱作「守」或「大夫」，其建置亦
頗早。晉文公平王子帶之亂，襄王賜予陽樊、溫、原、欑茅之田，使
「趙衰為原大夫，狐溱為溫大夫」（《左·僖二十五》）。此年值西元前

六三五年。晉縣雖可賞給貴族，只是食邑，主權仍在晉公手中，與一般封建采邑不同⑩。譬如絳縣一度爲趙氏的屬邑，設有輿尉以管理賦役，服屬中央（《左·襄三十》）。可見晉縣即使作爲貴族的食邑，它的軍隊也納入中央軍系統的。晉自獻公以下不斷征服，相繼置縣，擴充兵力，終至於舉國男子皆兵矣。

晉國六軍人數不可考。按《周禮·大司馬》，一軍萬又二千五百人，六軍共七萬五千人而已。而春秋晚期每乘甲士三人、徒卒七十二人，晉軍四千乘則有三十萬之衆遠比景公時代龐大。〈大司馬〉每軍的人數雖不一定適合晉國的制度，**而六軍**也可能不包含晉公所有的軍隊，但這裏至少顯示一項事實，在春秋中晚期之間，晉國中央軍急劇增加。新的兵源出於縣，而縣多半是沒落貴族的采邑收歸中央的，原來貴族的私軍於是改編作國家軍隊。叔向說過：「欒、郤、胥、原、狐、續、慶、伯，降在皂隸」（《左·昭三》）。八族敗亡之年歲除慶氏最早（西元前六四五年）外，欒氏滅於西元前五五〇年，郤氏五七四年，胥氏同，原氏（指原縠）五九六年，狐氏和續氏較早，六二一年，伯氏五七六年（陳厚耀《春秋世族譜》卷上），春秋中期以後六卿獨大，而多數舊族卻一一零落或族滅，他們即使不全像郤至，「其富半公室，其家半三軍」（《國語·晉語八》），被公家接收的私屬也夠可觀了。這是春秋中晚期晉國軍隊快速增加的主要原因之一。上引西元前五七三年的彭城之役，老幼孤疾都要從軍；大概在西元前六百年以後，不論晉公的中央軍或貴族的私屬，必已征發野人來當兵了。

齊國在春秋中晚期以下私軍之盛，可以從崔、慶、欒、高、陳、

---

⑩　《左傳》記載一則故事，可以說明晉國守或大夫的地位以及縣的性質，僖公二十五年曰：「晉侯問原守於寺人勃鞮，對曰：『昔趙衰以壺飧從，徑，餒而弗食。』故使處原。」趙衰隨從公子重耳流亡時，爲重耳攜帶飯食，雖在小徑無人之處，餓了也不敢吃。可見他的確忠心耿耿。縣隸屬國君，長官選擇管理人，像趙衰自然牢靠。縣作爲食邑，不一定世襲，如原初屬趙氏，爾後如何易主不太清楚，在春秋晚年則屬欒大心（《左·昭七》）。溫亦然。晉文公以狐溱爲溫大夫，爲狐氏食邑，而後屬於陽氏和郤氏（《左·成十一》），自郤氏以下三傳而爲趙氏所有（《左·昭三》）。參見增淵龍夫《中國古代的社會と國家》，頁333-400。

鮑諸族間的鬥爭見其端倪。私軍強大表示兵役範圍擴大，這點和晉國頗為雷同，不必細談。但就齊國中央軍而言，史料相當明確地顯示服兵役者從國人擴充到野人的趨勢。《國語・齊語》和《管子・小匡》皆記述管仲改革、桓公稱霸的業績，內容相近，但征兵一節卻截然有別。《齊語》說，「制國以為二十一鄉，工商之鄉六，士鄉十五」。士鄉要服兵役，分作三軍，每軍五鄉。曰：

> 以為軍令：五家為軌，故五人為伍，軌長帥之；十軌為里，
> 故五十人為小戎，里有司帥之；四里為連，故二百人為卒，
> 連長帥之；十連為鄉，故二千人為旅，鄉良人帥之；五鄉一
> 帥，故萬人為一軍，五鄉之帥帥之。三軍，故有中軍之鼓，
> 有國子之鼓，有高子之鼓。

制鄙為五屬，屬之下依次有縣、鄉、卒，最基層的單位是邑，每邑三十家，而非如國「五家為軌」配合軍隊什伍的編制。

> 五屬，故立五大夫，各使治一屬焉；立五正，各使聽一屬
> 焉。是故正之政聽屬，牧政聽縣，下政聽鄉。

屬的各級長官只理民事，不及軍務，因為此時在鄙之人尚未服兵役。然而《管子・小匡》篇就不一樣子。〈小匡〉述參國伍鄙，參國是將國分為三軍，包含十五士鄉，與〈齊語〉完全相同；但伍鄙則有新的說法。伍鄙之法，制五家為軌，依次上推為邑、卒、鄉、屬，屬有帥。以五家作為最基本的行政單位是軍事化的特徵，如〈齊語〉制國之法，與軍隊的什伍相呼應。〈小匡〉故曰：鄙之「武政聽屬，文政聽鄉。」居於鄙的野人到〈小匡〉的時代應該和國人一樣，也編組成軍了。

　　〈齊語〉的記載雖不一定坐實於桓公、管仲，唯根據春秋列國兵制改革的歷史來看，〈齊語〉的情形在先，而〈小匡〉所記者在後。考〈小匡〉篇記事，頗有較晚的痕跡。施伯謂魯侯曰「管仲者，天下之賢人也，大器也。在楚，則楚得意於天下；在晉，則晉得意於天下；在狄，則狄得意於天下」云云。晉楚狄三強鼎立乃春秋中晚期的

情勢。晉楚史有明文，不述，單論狄。西元前五六九年晉國魏絳力主與戎狄談和，他從經濟和軍事的利害分析和戎之益（《左·襄四》），果然壓抑楚國氣焰，而使華夏諸侯歸附（《左·襄十一》）。這點本章下文還會討論。施伯的話參以《左傳》，證明〈小匡〉篇當可代表春秋中晚期的意見。那麼在徵發野人服兵役方面，〈小匡〉和〈齊語〉的差別也正是時代的寫照。〈齊語〉說「桓公稱霸，兵車八百乘」，參以《左傳》，應屬可信。然而如上文舉證過的，西元前五五五年晉與諸侯伐齊，僅魯、莒小國就各有兵車千乘自其國入齊（《左·襄十八》），齊禦諸侯之師當決不在兩千乘之下。春秋中晚期以後齊國必已征發野人服兵役了。

　　《春秋》是魯史，對魯國制度的變革記錄較詳，我們根據西元前五九〇年的「作丘甲」和西元前四八二年的「用田賦」，論述魯國擴大征兵的過程。其他國家的重大興革，魯史雖闕，但也不難從《左傳》的記事推知此趨勢之大概。到了春秋晚期，傳統國人、野人的賦役逐漸一律，人民身分齊等。凡成年男子都負擔兵役義務，可以說是全國皆兵了。

　　回到本章開始的問題，近代兵農合一或兵農分離的爭議厥起於江永。他的《羣經補義》曰：

> 說者謂古者寓兵于農，井田既廢，兵農始分。考其實不然。春秋之時，兵農固已分矣。管仲參國伍鄙之法，制國以為二十一鄉，士鄉十五，而野鄙不與也。士鄉所以別於農也，其為農者處之野鄙，則為伍鄙之法，專令治田供稅，更不使之為兵。（卷二〈春秋〉）

分析〈齊語〉，制國、制鄙的區別非常精緻。岡崎文夫看出〈齊語〉和〈小匡〉制鄙有不服兵役和服兵役的不同，正是受到他的啟發。但江永又申論晉魯兵制，及孔子所說「足兵」曰：「若為兵者盡出農民，則農民固在，何必隨時改易軍制哉？」「兵常近國都，其野處之農固不為兵也。」「使兵農全未分，亦何能別使之足？至不得已，又

何必議去哉？」這些意見卻忽略擴大征兵的過程。古代沒有職業軍人，早先兵者必農，但農不必皆兵；後來兵者是農，農者亦皆兵。我們根據歷史文獻歸納出春秋中晚期擴大征兵的大勢，封建時代的野人在時代改革浪潮中，與國人一起執干戈以衛社稷，所以向來經學上爭辯的問題，從歷史演變的脈絡來看，便不存在了。

在擴大征兵的過程中，連帶產生新兵制，發展出新戰術，標識著中國社會和長久以來的封建制揮手道別，而迎接新時代郡縣制的來臨。

二、新兵制

西元前七世紀中期盟主齊桓公的兵車不過八百乘，晉楚城濮爭霸戰，晉軍只有七百乘（《左·僖二十八》），後來的晉齊鞌之戰，晉也只派出八百輛戰車而已（《左·成二》）。這些都是春秋中期以前列強的大規模戰爭，從後世來看，所發動的兵力相當有限。上節說過，春秋中晚期以降，連二、三等的小國也出得起千乘，晉、楚大國更動輒數千乘。然而軍備改革不僅車乘數目增加，更重要的是隨車徒卒編制之擴大，以及純粹步兵部隊的建立，這兩點才是擴大征兵影響到新兵制的關鍵。

一　車乘徒卒比數之遞增

封建城邦時代作戰的主力雖然是兵車，但並非單純的車戰，而是車徒混合應用的，故古人謂之「卒乘」。晉楚邲之戰的前夕，晉卿隨武子謂楚軍「卒乘輯睦」。杜《注》曰：「步曰卒，車曰乘」（《左·宣十二》）。晉悼公卽位，設置軍尉與司馬，使「訓卒乘，親以聽命」（《左·成十八》）。所訓練的軍隊包括車兵和步兵。不獨晉楚分卒與乘，當時通乎天下，列國的兵制幾無例外。卒乘或謂之「車徒」。《春秋經》桓公六年「大閱」，昭公八年「蒐于紅」，昭公十一年「大蒐于比蒲」諸條，《公羊傳》皆曰：「簡車徒也。」檢閱的軍隊

包含車乘與徒卒。《小雅・車攻》篇「選徒囂囂」，毛《傳》云：
「維數車徒者爲有聲也」。毛氏之「車徒」當卽〈車攻〉「徒御不
驚」的「徒御」，也就是禹鼎（圖2.1）、師袁段的「徒馭」。〈班段〉
曰「土馭」。〈師袁段〉謂周王命師袁征伐淮夷，「袁虔不墜，夙夜卹
厥將事，休旣有功，折首執訊，無諆徒馭，歐俘士女羊牛，俘吉金」
（《愙齋》9.14），打了大勝仗，故曰「無諆徒馭」。班段至遲不晚於西
周中期（唐蘭1986，頁346），禹鼎大約值厲王時代（徐中舒1959）〈車攻〉
和〈師袁段〉可能是宣王時代的作品，可見車兵徒卒並用自西周已
然，也許還可以推溯到更早的殷商。然而更有歷史意義者，車徒比數
從殷商到春秋晚葉產生相當大的變化。

　　車乘徒卒的比數今日所見的《司馬法》存有二說，一是「革車一
乘，士十人，徒二十人」，見於《周禮・小司徒》鄭玄《注》引；一
是「長轂一乘，戎馬四匹，牛十二頭，甲士三人，步卒七十二人」，
見引於《春秋》成公元年杜《注》。歷來注疏家和論述古代禮制者都
盡量彌縫調和這兩種說法，求其一致，並且旁徵古書，企圖會通。大
體可以分成兩種意見。第一種認爲一乘三十人是天子畿內采地法，七
十五人是畿外邦國法，他們以賈公彥和孔穎達作代表，說見《周禮》
與《春秋左傳》注疏。第二種認爲三十人者調發之通制，七十五人是
丘乘的本法。這派清儒居多數，而以江永（《周禮疑義舉要》卷二〈地官〉）、
金榜（《禮箋》卷一〈周官軍賦〉）和孫詒讓（《周禮正義》卷二十〈小司徒〉）爲
代表。前者相信《司馬法》二說皆指軍賦，唯統治者有天子與諸侯之
別，故異地而異制；後者區分《司馬法》二說的不同性質，三十人指
軍賦，七十五人乃田獵追胥的徭役，皆通國一律，沒有地區差別。無
論如何，這兩派意見都忽略《司馬法》可能包含不同時代的材料，也
忽略兵制從西周初到春秋末五六百年之間會有不同程度的發展。執一
概全，當然難免扞隔抵觸。

　　《司馬法》原是封建城邦時代的兵法，《漢書・藝文志》著錄《軍
禮司馬法》百五十五篇，列於六經禮部，今本雖然只剩五篇，猶存古

圖 2.1　禹鼎銘文

禮遺意，與戰國兵書異趣⑪，若能發現足本，必定另有一番氣象。太
史公是讀過古本《司馬法》的，故盛贊其「揖讓」，感嘆其「閎廓深
遠，雖三代征伐，未能竟其義」（《史記・司馬穰苴列傳》）。《司馬法》
既是封建軍禮的集成，難免保存異時異地的資料，尤其戰國初期齊國

---

⑪　金榜《禮箋》〈周官軍賦〉條曰：「《藝文志》《軍禮司馬法》為五十篇，《七
略》入兵家，班《志》出之入禮。言兵家者蓋出古司馬之職，王官之武備也。下及
湯武受命，以師克亂而濟百姓，動之以仁義，行之以禮讓，《司馬法》是其遺事
也。自春秋至于戰國，出奇設優，變詐之兵並作，明是書之作遠在春秋以前。」金
氏之見在近人藍永蔚〈《司馬法》書考〉一文有更進一步的發揮，他舉四例論證今
本《司馬法》中保存的古兵法，一、「古者成列而鼓」（〈仁本〉）；二、「雖交
兵致刃，徒不趨，車不馳」（〈天子之義〉）；三、「古者逐奔不過百步」，「逐
奔不遍列，是以不亂」，「古者逐奔不遠」（〈仁本〉、〈天子之義〉）；四、
「古者縱綏不過三舍」（〈仁本〉）。詳見《春秋時期的步兵》頁 135-139。用兵
法術語來說，一是尚正不尚奇，二、三、四是尚重不尚輕，尚整不尚速。藍氏從
西周方陣戰術的觀點來說明封建時代的兵法重而不輕，整而不速的道理，甚有見
地。至於正奇的問題，戰國兵法以奇為主，尚詭詐。山東臨沂銀雀山出土的《孫臏
兵法》有〈奇正〉篇，講論奇正互用之妙。曰：「形以應形，正也；無形而制形，
奇也。奇正無窮，分也。」又曰：「發而為正，未發為奇。」其實以封建時代的標
準來衡量，孫臏所謂的「正」亦猶「奇」也，《左傳》描述戰爭的場面、經過和封
建武士的武德皆可說明「正」的意義。這樣的「正」極端化就成為宋襄公的膠柱鼓
瑟，徒成笑柄。然而襄公論兵正透露某些古意，絕非戰國崇尚詭詐風氣下可能有
的。唯金榜既否定《司馬穰苴兵法》的存在，改讀《史記》，又疑《孫子》注家誤
引，真可謂瞻前而不顧後矣。

官方纂修以供實用時，又羼雜不少較晚的制度。〈司馬穰苴列傳〉說得很清楚：「齊威王使大夫追論古者《司馬兵法》，而附穰苴於其中，因號曰《司馬穰苴兵法》。」按《史記》本傳，司馬穰苴齊景公時人，官至大司馬，「齊威王用兵行威，大放（倣）穰苴之法，而諸侯朝齊」。足見威王對穰苴的崇拜。而他勅令編修的《司馬穰苴兵法》不但收錄古制，亦有春秋末年的新法，大概就是《漢志》百五十五篇的《司馬法》⑫，爲鄭玄注《周禮》、杜預注《春秋》之所本，它的內容既如此龐雜，兵制不一致毋寧是很自然的。因此，我們與其視作不同行政區域或不同負擔類別的制度，不如相信那是不同時代，具有演變發展的制度，反而與古書記載及新出史料比較切合。

　　一九四二年陝西岐山縣任家村出土禹鼎，銘文云：「噩侯馭方率南淮夷、東夷廣伐南國、東國，至於歷塞，王迺命西六師、殷八師」（圖 2.1）。裂伐噩侯。禹受命，率武公的戎車百乘，斯（廝）駭二百，徒千，從征。本器徐中舒斷在周厲王時代，那麼，西周晚期車徒的比例應該是一比十，一輛戰車配備十名步卒。這個比率是斷簡殘篇的《司馬法》所沒有的，其來源甚古。殷商軍隊編制多以百人作單位，卜辭有云：「左右中，人三百」（《前編》3.31.2）。每支部隊百人。商王征發兵丁，卜辭謂之「登人」，習見貞卜登人多舉千百之數，也因爲最小的獨立作戰部隊是百人團的緣故（張政烺1951）。百人團可以分成十個「什」，殷商時代的車戰，若一什共一車（圖2.2），商王所登的人眾就是徒了。周人克殷以前的軍隊編制和殷商或無大異，武王牧野誓師，呼「我友邦冢君、御事、司徒、司馬、司空、亞旅、師氏、千夫長、百夫長」（《尚書·牧誓》）。千夫長是千人團的長官，百夫長是百人團的長官，合十個百夫而爲千夫，它們的基本單位當都是「什」。《左傳》有證。西元前五〇六年衛史祝佗曰：「管、蔡啓商，惎間王

────────────

⑫　《通典》卷一四八〈立軍〉條引司馬穰苴曰「五人爲伍，十伍爲隊，一軍凡一百五十隊」云云。又引一說「凡立軍一人曰獨，二人曰比，三人曰參，比參曰伍，五人爲列」云云。這可能是唐代猶存的《司馬穰苴兵法》及其異文，大概都包括在百五十五篇的《司馬法》內。

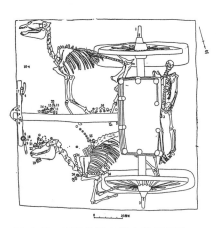

圖 2.2　安陽孝民屯出土的車馬坑
（殷）

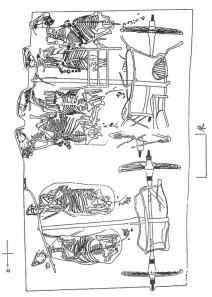

圖 2.3　長安張家坡第二號車馬坑
（西周）

室，王於是乎殺管叔而蔡（放也）蔡叔，以車七乘，徒七十人。」
（《左·定四》）七乘七十人正是周公放逐蔡叔時給與的車乘徒卒之數，
可見西周初期周軍編制一乘戰車亦配十名徒卒（圖2.3）。《史記·管蔡
世家》說「興車十乘，徒七十人從」，「十乘」乃「七乘」之誤。古
代「七」「十」形近，容易訛誤。大概從殷商到西周晚期，一乘十徒
是軍隊的常制，可能也是最早的車徒比數。爾後時移境遷，制度隨之
而異，「什」在軍隊編制的重要性雖漸減，唯其痕跡依然可尋。

　　《孟子·盡心下》曰：「武王之伐殷也，革車三百兩，虎賁三千
人。」《呂氏春秋·簡選》篇同。《周禮·夏官·敍官》〈虎賁氏〉條
《注》曰：「不言徒，曰虎士，徒之選有勇力者。」虎賁之士亦徒卒之
屬，唯勇力出眾耳。王引之《經義述聞》曰：「虎賁即武王之卒，而
非宿衞之士」（卷三十一〈虎賁〉條），誠是。故《戰國策》蘇秦遊說趙王
所說武王卒三千人，革車三百乘（〈趙二〉、〈魏一〉）可能是有根據的。
《呂氏春秋·簡選》同作「武王虎賁三千人，簡車三百乘。」不過，

《尚書‧牧誓‧序》作「戎車三百兩，虎賁三百人。」孔穎達《疏》
云，虎賁、戎車數同，虎賁一人乘一車，即是百夫長。他以春秋後期
的兵制一車百徒來說周初史事，錯誤自不待言。而江聲《尚書集注音
疏》雖改三百人爲三千人，但仍以虎賁爲甲士，引《司馬法》「革車
一乘，士十人」證說，也不足憑信。證諸甲骨、金文和可靠文獻，宗
周兵制很可能一車配備十徒，所以即使晚到春秋前期，某些特殊場合
猶存此制。譬如西元前六三二年晉文公敗楚師於城濮，「獻楚俘於
王，駟介百乘，徒兵千」（《左‧僖二十八》）。此時接近春秋中葉，兵
制已改，但獻俘行古禮，仍照西周舊制，一車配十徒。《管子‧霸
形》篇述齊桓公之興廢繼絕曰：

> 以車百乘，卒千人，以緣陵封杞；車百乘，卒千人，以夷儀
> 封邢；車五百乘，卒五千人，以楚丘封衛。

不論是否事實，本篇作者總知道兵制有過一乘十卒的階段，而且是較
古的制度，所以興亡繼絕時採用之。〈大匡〉稍有出入，封杞「予車
百乘，甲一千；」封邢「予車百乘，卒千人；」封衞「與車三百乘，
甲五千。」車三百或即五百之誤，甲即是卒。因爲春秋末期以下長射
武器改進後，上戰場的兵卒幾乎都著甲，時人論述，「甲」、「卒」
乃逐漸混用，不復守封建時代的古義。〈大匡〉寫成時代較晚，徒卒
曰「甲」是很可能的。《淮南子‧泰族》篇不也有「湯武革車三百
乘，甲卒三千人」之說嗎？因此，〈大匡〉篇的「甲」可能指徒卒，
非專指車上的甲士。

　　王引之《經義述聞》論「虎賁」也看到古代有「一車十人」的兵
制，唯十人是十士或是十徒，沒有說明。他雖肯定虎賁是卒而非士，
但在論證中，對於士、徒的資料並未細加甄別。十士之說猶值得討
論，最強力的證據有二，一是《左傳》閔公二年，齊桓公「使公子無
虧帥車三百乘，甲士三千人以伐曹。」杜《注》云：「車甲之賦異於
常，故《傳》別見之。」可見對古來兵法素有研究的征南將軍依然相
信一車三士是常經，十士乃權宜，這條資料可以置之不論。另外一條

證據是《周禮‧小司徒》鄭玄《注》引《司馬法》曰：「革車一乘，
士十人，徒二十人。」然而一車配備十士，是否合理或可能呢？就考
古出土的戰車遺跡來說，是不可能的；就車戰特性而論，也不見得合
理。這問題涉及上文車徒一與十的比率，對於那十位戰士身分的認
定，關鍵在於戰車。

　　安陽小屯C區墓二十車馬坑出土一輿、四馬、三人和三套武器
（石璋如 1947，1952）（圖 2.4）。據報告，除一些雜件外，第一套有馬頭刀
一把，石戈一件，石鏃十個，銅戈一件，銅鏃十個；第二套獸頭刀一
把，銅戈一件，銅鏃二十個；第三套僅有獸頭刀一把。可見這三位
戰士隨身各佩帶一把短兵，一人御車，故再無其他兵器；第一套出

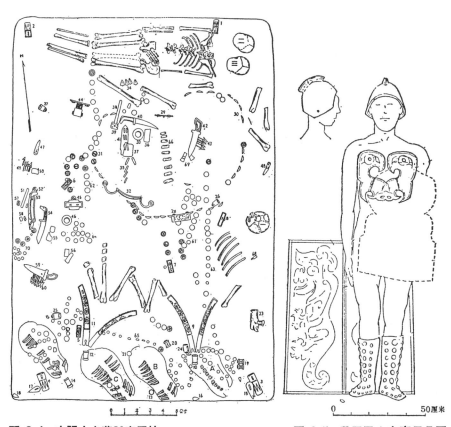

圖 2.4　安陽小屯墓20車馬坑　　　　　圖 2.5　殷周甲士身寬示意圖

二戈，或卽持戈主擊刺的武士；第二套銅鏃最多，可能是持弓矢的射士。此與舊說一車三士：中御、右擊、左射，基本符合。所以殷代的戰車，一車不可能配置十位甲士。周代亦然。近年考古發掘的殷周車馬坑戰車遺存約二十餘件，大都可以丈量其尺寸（楊泓1986），車箱寬度一三〇至一六〇公分，進深八〇至一〇〇公分不等。這種規格自殷商以至春秋戰國基本上沒有改變。這二十餘件遺存中，以山東膠縣西庵西周車馬坑出土的戰車車箱一六四公分最寬。如以人體平均寬度四二公分計算（圖2.5），卽使最寬的車箱也容納不下四人並列，一般只能站立三人而已，而且要前後參差才好作戰。古籍記載也可以說明。晉楚邲之戰，趙旃棄車而逃，遇逢大夫與其二子乘。旃命逢氏二子下車以讓自己登乘，因爲一車不能容四人故也（《左·宣十二》）。所以《春秋》成公元年《注》引述周禮的一車三士當是殷周的通制。這點清儒金鶚雖承認，但對於《司馬法》「革車一乘，甲士十人」的「十士」，仍別有解釋。他說車上甲士三人，「餘甲士七人蓋在車之左右」（《求古錄禮說》卷十五〈軍制車乘士卒考〉）。不過，古代戰車的特點，多採用一線橫列作戰，兩車遙遠則箭射，相錯則戈戟橫擊。這種方式甲士如何在車左右，亦不無可疑。何況甲士隨在車後作戰，與徒卒無殊，他們還能稱得上封建武士嗎？前引〈禹鼎〉云：「戎車百乘，廝馭二百。」一車有兩名御者，其中一名大概是預備隊。那麼，另外七名甲士是否預備武士？現在無從考證，暫時存疑。然而歷史上卽使有過一車配十名甲士的制度，也不能排除一車十徒的事實。

上文說過殷代軍隊的基本單位是「什」，其編制皆十進位；周人未曾變革，故屬王時代猶十徒供一車。不過，春秋的軍制習見「伍」而鮮見「什」[13]，所謂「不死伍乘，軍之大刑」（《左·昭二十一》）。

[13] 《左傳》襄公十三年曰：「新軍無帥，晉侯難其人，使其什吏率其卒乘官屬，以從於下軍。」什添光鴻《會箋》云：「軍尉、司馬、司空、輿射、侯奄爲五吏，合其佐則爲什吏。什蓋無十人爲什之意。」《周禮》軍制有伍無什，伍之上是二十五人的兩。《國語·齊語》和《管子·小匡》論軍政編制也以伍作基礎，都沒有什，和《左傳》可以互相發明。鄭國大夫子產使「城下之人伍列登城」（《左·昭十八》）。又楚沈尹戍論政，亦謂「親其民人，明其伍候」（《左·昭二十三》）。

這並不是說五人供一乘，而是指步卒與車乘，隨車步卒以五人爲伍來編組。伍爲春秋以下軍隊的基本單位，其制始於何時，不敢臆斷，今見最早的文獻記載在鄭莊公。西元前七〇七年周、鄭繻葛之戰，鄭莊公「爲魚麗之陳，先偏後伍，伍承彌縫」（《左·桓五》）。杜《注》云：「《司馬法》：車戰二十五乘爲偏。以車居前，以伍次之，承偏之隙，而彌縫闕漏也。五人爲伍。此蓋魚麗陳法。」按杜氏推斷，魚麗陳是以二十五輛戰車爲一作戰單位，車後跟隨步兵，車間空隙也以步兵塡補。步兵五人一組，同進同退。江永則不以爲然，他說「伍」是車伍，卽《周禮·司右》賈《疏》引《司馬法》「百二十五乘爲伍」之「伍」，「蓋以二十五乘居前，以百二十五乘承其後而彌縫之，若魚之相麗而進」（《羣經補義》〈春秋〉）。一百二十五輛戰車如何彌二十五輛之縫，違背常識，不可從。伍的解釋當以杜《注》爲是。

　　繻葛之戰鄭軍一車配多少伍呢？史無明文，無從臆測，唯《左傳》宣公十二年「卒偏之兩」杜《注》引《司馬法》曰：「百人爲卒，二十五人爲兩。」這原是徒兵編制。兩同輛，因爲二十五人共一乘，故名作「兩」。金鶚《求古錄禮說》曰「《周官》言五伍爲兩，兩者，車一乘也」（〈軍制車乘士卒考〉），是對的。如果二十五人包括三士，則共乘之徒兵當有二十二人；若不包括，甲士徒兵便有二十八人，這兩個數目和上引《司馬法》的徒二十人或士徒三十人分別略有出入。《魯頌·閟宮》曰：「公車千乘，公徒三萬。」孔穎達《疏》云：「公徒三萬，自謂鄉之所出，非千乘之衆；公車千乘，自謂計地出兵，非三軍之事。」黃以周駁之，引戴震「一車士卒共三十人」立說，而謂分言曰士、曰徒，合言則皆公徒（《禮書通故》卷四十〈軍禮通故〉）。一軍士徒合計三十人，則徒兵二十七，和《管子·山至數》「二十七人而奉一乘」不謀而合。但《管子·乘馬》曰：「一乘者、四馬也，白徒三十人，奉車兩」⑭，則稍稍不同。《魯頌》是魯僖公之詩，這

⑭　〈乘馬〉原文作「一乘者，四馬也。一馬，其甲七，其蔽五；四乘，其甲二十有八，其蔽二十，白徒三十人，奉車兩」。四乘之「乘」當作「馬」。參《管子集校》。甲是甲胄，與車蔽對言，安井衡《纂詁》作甲士，而謂「戎車一乘，馬四匹，甲士二十八人，牌兵二十人，白徒三十人」。一乘甲士二十八人，又有牌兵，皆非典要，不可從。

階段大概在春秋前期就發展完成了，故《呂氏春秋·簡選》曰：「齊桓良車三百乘，教卒萬人，以爲兵首。」一車三十三人，和當時魯軍的編制相差不遠。

總之，一車配置的徒卒有二十、二十二、二十五、二十七、二十八、三十以至三十三人各種說法，比西周末期以前的十徒更進一步，屬於車徒組合的第二階段。諸說中當以二十五人較可取，除《司馬法》二十五人爲輛的根據外，《左傳》隱公十年云：「鄭伯使卒出豭，行出鷄以詛射潁考叔者。」杜《注》：「百人爲卒，二十五人爲行。」二十五人是一個作戰單位，在車戰時代，當然是以車乘爲中心的戰鬥體。

古代兵制發展的大致趨勢是車徒比數愈來愈大。徒卒增加，顯示車戰技術有所改變，（譬如鄭莊公的魚麗陣法），也顯示兵源之擴充，是和政治社會的變革互相配合的。沒有適度的改制相呼應，雖戰爭技術產生新突破，亦難普遍推行。據說「晉文公造五兩之士五乘，銳卒千人，先以接敵，諸侯莫之能難」（《呂氏春秋·簡選》）。五乘千人，則一車竟或有二百徒卒之衆[15]。然而卽使此說可信，也只說明這是晉文公的特殊部隊，並非當時晉軍的通制。

車徒比數第三階段是一比七十二，外加甲士三人，計一車七十五人。此制起於何時亦不可考，大概不會早於春秋中葉。《春秋》成公元年「作丘甲」，杜《注》一車七十五人。杜氏非不知有一車三十人之制，而注作七十五人，或許相信這是「作丘甲」以後的新兵制吧。

---

[15] 「五兩之士五乘，銳卒千人」，按上下文理當與「武王虎賁三千人，簡車三百乘」，「齊桓公良車三百乘，教卒萬人」，同指車乘士卒，兩卽車輛。但五乘千卒的編制很難導其典據，故高誘釋「兩」作「技」，五兩之士卽「五技之人」，而曰「兵車五乘，七十五人也」。然而七十五人與下文「銳卒千人」明顯抵觸，雖俞樾讀「兩」爲「而」，（而，能也），亦無法圓其說。（參許維遹，《呂氏春秋集釋》）畢沅校「五乘下當疊一乘字」，李經彝《高注補正》從之，則一乘卽千卒，較車徒比率發展到顛峯的百人高出十倍，恐無是理，也與上下文理不符。蔣維喬、楊寬、沈延國、趙善詒合著的《彙校》，郭沫林《補校》，馬敍倫《讀記》，王叔岷《校補》皆無說。唯于省吾《新證》讀「五」作「伍」近之，「伍兩」卽卒乘。五乘千人，故一乘約有徒卒二百人。

時值西元前五九〇年，當春秋中期。這是擴大征兵，起用大批野人及國人子弟服兵役的結果。原來車上三士仍然未變，新增的兵源都充作步兵。此一轉變的痕跡頗能從春秋晚葉的史事獲得比證。《左傳》定公十年曰：

> 初，衛侯伐邯鄲午於寒氏，城其西北而守之，宵熸（杜《注》：午衆宵散）。及晉圍衛，午以徒七十人門於衛西門，殺人於門中，曰：「請報寒氏之役。」涉佗曰：「夫子則勇矣；然我往，必不敢啓門。」亦以徒七十人旦門焉，步左右，皆至而立，如植。日中不啓門，乃退。

邯鄲午和涉佗的七十徒卽是他們戎車所屬的徒卒，二人先後驅馳自乘的戰車到衛城門下示威。又西元前五三一年，楚靈王召蔡靈侯，「伏甲而饗蔡侯於申，醉而執之。夏四月丁巳，殺之。刑其士七十人」（《左·昭十一》）。七十人蓋蔡侯戎車之徒卒，因爲是蔡侯的護衛，身分高於普通隨車徒卒，故稱「士」；但就軍隊組織而言，一車七十人則是一致的。十年後，宋華氏內亂，兵敗被圍，「華登如楚乞師，華貙以車十五乘，徒七十人犯師而出，食於睢上，哭而送之，乃復入」（《左·昭二十一》）。這七十徒可能也是一乘徒卒之數，而非十五乘共七十徒，否則一乘便不及五徒了。上舉《左傳》之「徒七十人」或卽七十二人的約數，一車七十二徒無疑是春秋中晚期以後的新制⑯。

　另外有一車百人之說。《管子》〈海王〉篇曰：「萬乘之國，正（征）人百萬也。」〈揆度〉亦曰：「百乘，爲戶萬戶，爲分者萬人。」則一乘百夫似爲戰國車卒的常數了。《韓非子·十過》述秦穆公佐重耳復國，以「革車五百乘，疇騎二千，步卒五萬」輔之入晉，蓋以戰國兵制來說春秋的故事。然而所謂一車百人，其實還是七十五人而

---

⑯　藍永蔚論春秋時期攻車的編制，認爲一車由二十五人變爲七十五人大體在春秋初期完成。他輕信《周禮·大司馬》五伍爲兩是西周制度，忽視一乘十徒的事實，又將《左傳》幾條「徒七十人」的晚期資料當作春秋初期的證據來用，所以有此誤解。其說詳見所著《春秋時期的步兵》頁89-102。本文以爲兩周之際固有變革，從一車十徒改作二十五人左右，但春秋中晚期的改制幅度更大，增爲一車七十二徒，連同重車補給役夫達到一乘百人之數，過此以往就非通制了。

已。車分輕重，輕車作戰，重車補給，每一輛輕車必配備一輛重車。所以剩餘的二十五人卽追隨重車的後勤役夫，〈揆度〉「百乘」之下再言「輕車百乘」，卽是這道理。

《孫子‧作戰》吉天保《集注》引杜牧曰：「《司馬法》曰：一車，甲士三人，步卒七十二人，炊家子十人，固守衣裝五人，廝養五人，樵汲五人——輕車七十五人，重車二十五人。」按杜牧所謂輕車乃戰車，重車亦稱輜車，載器械、財貨、衣裝，卽補給軍需的輜重。重車又稱大車，西元前五五五年，晉伐齊，齊侯禦諸平陰，敗退，「夙沙衞連大車以塞隧而殿」（《左‧襄十八》）。卽以輜重車阻險。近年陝西扶風縣古周原地區出土的師同鼎，銘文敍述師同戰功曰：「俘車馬五乘，大車二十」（《文物》1982：12，頁45）。大車不是車乘，而是「小人之所將」（《小雅‧無將大車‧傳》）的輜重。

早期每輛戰車後勤補給配置多少人，今尚難考查，世傳二十五人是春秋晚期之制，蓋配合輕車的七十五人，所以戰國有些文獻說一車百人在作戰編制上還是和七十五人一樣。《孫子‧作戰》曰：「凡用兵之法，馳車千駟，革車千乘，帶甲十萬。」馳車卽戰車，革車是重車。以戰車徒卒比例的變化來看，西周或春秋前期載運重車的車夫數目也應隨時代而有所變化的。

戰車的徒兵隨時代累增，從一車十徒，二十五徒左右，到第三階段的七十二徒，外加後勤二十五人，車士三人，共計百人，達到車徒聯合作戰最飽和的境界。終戰國之世，大概皆維持百人之率不變。由於徒兵增加，旣促進齊民階層之出現，也提高齊民在軍隊組織中的重要地位。但車徒比數飽和之時，正是車徒聯合作戰功成身退之日，大量的徒兵逐漸不依傍戰車而獨立作戰了。

二　獨立步兵的形成

梁啓超根據戰國遊士條列各國軍備，論斷當時兵制，以爲有車一乘、騎十匹者，則配卒千人（1936）。所謂「配」者云云，是不妥當

的。古來從無一車配千徒之說，其實步卒人數之驟增，正顯示步兵脫離車乘而成爲獨立的作戰單位。

　　封建城邦時代戰爭主力是車乘，徒卒功能雖然日益加重，依然居於附屬的地位，談不上獨立作戰。當時除戎狄擁有純步兵部隊外，華夏諸國使用徒兵單獨作戰者只有鄭國[17]。據《左傳》記載，西元前七一九年和五七二年鄭之徒兵二度爲諸侯之師所敗（〈隱四〉、〈襄元〉）。看來徒兵攻伐萑苻沼澤之盜賊雖然有餘（《左・昭二十》），對付車陣還是束手無策的，但在戎狄所居的崇山深谷卻又當別論。華夏國家戰鬥主力是車，戎狄則爲徒，故曰「彼徒我車」。車的特點穩重，徒的特點輕疾，優劣俱在其中。穩重則易遭「侵軼」，被凌越包抄；輕疾則失之不整，終於潰散無法收拾（《左・隱九》）。狄人自魯莊公三十二年伐邢始，至宣公十三年侵晉，及清，六十餘年之間，黃河中下游諸國幾乎無不遭受蹂躪〔附錄四〕，正如《公羊傳》所謂「南夷與北狄交，中國不絕若線」（〈僖四〉）。然而戎狄氣焰雖盛，並不能在中原立足；及勢塞退居今日表裏山河的山西，晉雖挾六世霸主之餘威，魏絳猶不敢輕易啓釁，力主和戎（《左・襄五》）。其中緣故當與車乘徒兵的戰術和平原山谷的地形有密切的關係。

　　華夏諸侯之中，晉居深山，與戎狄爲鄰，誠有可能較早發展完整的純步兵。早先竹添光鴻（《左氏會箋》僖二十八）與近人藍永蔚根據文獻記載的「行」字，都論斷早在西元前六三二年晉國就有純步兵部隊了──藍氏稱作「建制步兵」（1979，頁46），但其說可商。

　　誠如藍氏所說，封建時代車戰多採方陣（1979，頁161），謂之「拒」（《左・桓五》）。大方陣中的基本單位曰「行」，鄭莊公使行出犬以詛（《左・隱十一》），卽上文所論一車及其徒卒的作戰單位。排開的正面曰「列」，宋襄公所謂「不鼓不成列」（《左・僖二十二》）者也。大方

---

[17] 西元前645年秦晉戰于韓原，秦繆公爲晉軍所圍，有三百餘人冒馳晉軍，奮力爲繆公疾鬥於車下，反敗爲勝，俘獲晉惠公。此事見於《呂氏春秋・愛士》和《史記・秦本紀》。這三百餘人是岐山之陽的野人，繆公嘗亡駿馬，他們得而食之，繆公不責，見繆公之危故來報恩。他們應屬步兵式的作戰，唯爲一時特例，非長期性建制。

陣尚未整頓成功，正面的列未排成時，宋襄公絕不乘人未備發動攻擊。《說苑‧指武》曰：

> 楚莊王伐陳，吳救之。雨十日十夜，晴。左史倚相曰：「吳必夜至，甲列（裂）壘壞，彼必薄（迫）我，何不行列，鼓出待之？」吳師至楚，見成陳而還。

經過十晝夜雨水的沖刷，壁壘破壞，故倚相主張去壘，結陣以待敵。

方陣的標準運動是「行」進而「列」不變，《司馬法》故曰：「古者逐奔不過百步，縱綏不過三舍」（〈仁本〉）。又曰：「逐奔不遠，縱綏不及；不遠則難誘，不及則難陷」（〈天子之義〉）。《穀梁傳》亦曰：「戰不逐奔」（〈隱五〉）。其所以不敢放手追逐奔亡敗北的敵人，因爲怕自己的陣容散亂；行列一旦不整，方陣就很容易被擊破。《司馬法‧天子之義》篇講得很透徹：

> 軍旅以舒爲主，舒則民力足，雖交兵致刃，徒不趨，車不馳，逐奔不踰列，是以不亂軍旅之固，不失行列之政，不絕人馬之力。遲速不過誡命。

不驅、不馳、不踰列所以「舒」也，舒以求「固」，皆本乎方陣運作之理。故春秋時代的「行」不單指徒兵而言。《詩‧魏風‧汾沮洳》曰：「彼其之子，美無度；美無度，殊異乎公路。」次、三兩章云：「殊異乎公行」，「殊異乎公族」。國風有一唱三疊的詩句，求歌詞之變化，意思相去無幾。「公行」和「公路」、「公族」都指封建城邦的軍隊長官，鄭玄《箋》云「主君兵車之行列」，是對的。晉成公即位，「乃宦卿之適而爲之田，以爲公族；又宦其餘子，亦爲餘子；其庶子爲公行，晉於是有公族、餘子、公行。」杜《注》：「公行，掌公之戎行。」「行」明白是以戎車爲主，徒兵爲附的部隊。

杜預說：「百人爲卒，二十五人爲行」（《左‧隱十一‧注》）。上引《司馬法》曰：「百人爲卒，二十五人爲兩」《周禮‧夏官‧敍官》。也說二十五人爲兩。西周銅器〈盠方彝〉銘云盠「用司六師王行」，「攝司六師暨八師藝」（郭沫若 1957a）（圖 2.6）。王行與六師、八師連

圖 2.6　盉方彝甲蓋銘

言，不能說西周時代天子有獨立的步兵。可見封建時期的軍隊編制，「行」也就是「輛」。晉國七輿大夫中的「左行」和「右行」（《左·僖十》）也都是這種性質的軍官。輿者車也，所以「行」並非脫離車乘而獨立作戰的步兵部隊。

《左傳》僖公二十八年曰：「晉侯作三行以禦狄，荀林父將中行，屠擊將右行，先蔑將左行。」這年值西元前六三二年，晉文公作「三行」，是否真如竹添光鴻《會箋》所云「戎狄無車，難以車戰取勝，故為徒兵以禦之」，是獨立的步兵？或如藍永蔚說的「建置步兵」（獨立步兵）？上文僅就「行」字考證，現在再從史事來剖析，檢查「作三行」以後晉狄戰爭的歷史，對於晉國在春秋中葉以前有無獨立步兵部隊的爭議，便可一目瞭然。

我們知道戎狄居處深山谿谷，一向以機動性高的步兵騷擾穩重遲緩的華夏車兵，如果三行指三支獨立步兵，而與另外的三軍有別，往後晉對戎狄作戰，當以輕疾見長的純步兵克制狄人才是，然而事實並不如此。春秋中期，晉對狄人最致命的打擊有四次：第一次，西元前六二七年敗狄於箕，郤缺獲白狄子；第二次，西元前五九四年滅赤狄潞氏；第三次，翌年滅赤狄甲氏；最後，西元前五八八年伐廧咎如，討赤狄之餘。以上分別見於《左傳》僖公三十三年、宣公十五年、十六年和成公三年。這四次戰役上距「作三行」，近者五年，遠者不過三十五年，然而我們看不出晉國有任何純步兵部隊投入戰場的痕跡。箕之戰，晉軍主帥（中軍帥）是先軫。他在西元前六二九年蒐于清原之前，已從下軍佐升任中軍帥（《國語·晉語四》），兩年後對狄之戰，

仍爲主帥，「免胄入狄師」而殉職（《左・僖三十三》）。而這次戰役，
俘虜白狄子的郤缺是下軍大夫。第二次滅潞之戰由荀林父統率。早在
三年前晉楚邲之戰時，荀林父已經是中軍帥（《左・宣十二》），此役所
領之軍自然不是三十八年前的中行。第二年（西元前五九三年）晉滅
甲氏，統帥換了士會。按晉楚邲之戰時士會官拜上軍帥，孔穎達推測
荀林父死於滅潞後不久，其職位由士會升補（《左・成二・疏》）。至於
征伐廧咎如的主將郤克，四年前已代范武子爲政，擔任中軍帥了《（左
・宣十七）》。從這四次決定性的戰爭看來，每次晉軍無不傾盡全力，
由中軍帥指揮傳統的車乘殲狄，沒有運用所謂的純步兵部隊。所以晉
文公「作三行以禦狄」，和「蒐于清原，作五軍以禦狄」（《左・僖三
十一》）的性質是一樣的，只增加武備，並未創制新的兵種或發展出新
的戰術。杜預注「作三行」曰「晉置上中下三軍（在前一年），復增置
三行，以辟天子六軍之名」，是可信的。他說「三行無佐，疑大夫
帥」，應是編制比較小的隊伍，依然是傳統的「卒乘」。

　　還有一層，如果晉早在文公時就建置步兵部隊以禦狄，「以子之
矛，攻子之盾」，何以百餘年內，晉既主華夏之盟，卻對戎狄極盡容
忍之能事，以維持和平共存的局面？這也是不好理解的。晉「作三
行」以下近三十年內，狄數侵伐齊、魯、宋、衞，晉爲盟主，卻只在
西元前六二七年，因被狄患而發動箕之戰。自西元前六〇三年以下，
晉數有狄難，當時晉國有識之士多力主撫綏政策。該年，赤狄伐晉，
圍懷，及邢丘。晉侯欲伐之，中行桓子曰：「使疾其民，以盈其貫，
將可殪也。《周書》曰：殪戎殷」（《左・宣六》）。等狄君罪惡滿貫，
他的人民自然起來反抗。第二年，「赤狄侵晉，取向陰之禾」（《左・
宣七》），晉同樣忍讓。四年後，「晉郤成子求成于衆狄」，主動要求
和平共存，晉、狄於是會於攢函。這次講和，「諸大夫欲召狄」，郤
成子說，唯勤與德能服人，以周文王自勉（《左・宣十一》）。晉侯還沒
有能力作「周武王」，於是屈駕往會於狄地。爾後，晉景公姊潞子嬰
兒之夫人被赤狄權臣酆舒所殺，景公將伐之，晉諸大夫皆曰：「不

可。酆舒有三才，不如待之後人」(《左·宣十五》)。到此地步已非忍讓，而是忍辱了。從這年起，晉傾全力，三滅赤狄，但對其餘衆狄猶採綏靖，最有名的是魏絳的「和戎論」。

西元前五六九年山戎無終子嘉父使孟樂如晉，以請和諸戎。悼公曰：「戎狄無親而貪，不如伐之。」戎狄主動提出和平共存，當時的客觀情勢今天已無法追究，可能是諸戎不和吧(「無親」)，晉悼公欲乘機撻伐，但魏絳深表不可。他爲悼公分析華夏與戎狄的形勢，歸結曰：

> 和戎有五利焉。戎狄薦居，貴貨易土，土可賈焉，一也；邊鄙不聳，民狎其野，穡人成功，二也；戎狄事晉，四鄰振動，諸侯威懷，三也；以德綏戎，師徒不勤，甲兵不頓(壞也)，四也；鑒于后羿，而用德度，遠至邇安，五也。(《左·襄四》)

第一點屬於經濟利益，雙方和平共存，晉可以貨物交換戎狄的土地；三、四兩點說明軍事利益——和戎狄則晉可威震華夏，長執會盟之牛耳；和戎狄則軍隊不疲，甲兵不敗。第二點兼具經濟和軍事利益，和戎狄則晉國不遭侵略，人民能安心耕作，增加生產。就二、三、四三點來說，戎狄對晉所構成的威脅躍然紙上。最後一點警告悼公不可好戰輕敵，舉后羿作鑒鏡〔附錄五〕。總之，此時戎狄的土地只宜財誘，尚不能力取，雙方和平共存，晉的農作生產才不被蹂躪，也才有餘力與楚爭霸中原。這套政策美其名曰「以德綏戎」，骨子裏不過是忍讓罷了。否則，前有荊楚，背有山戎，而欲耀武揚威於中原，晉軍卽使如后羿之善射，澆豷之強悍，也難保不喪國亡家。

魏絳「和戎論」表面固冠冕堂皇，說穿了只一句話：戎狄還不是晉國打得倒的。晉悼公聞說，改變主戰的態度，而「使魏絳盟諸戎」。七年後鄭來納貢，晉侯以貢品中女樂之半賜魏絳曰：「子敎寡人和諸戎狄，以正諸華，八年之中，九合諸侯，如樂之和，無所不諧」(《左·襄十一》)。和綏政策確實生效。晉國挾數世霸主之尊，對付戎狄，可和不可戰，其故安在哉？在於兵制和戰術。兵車專擅馳騁於黃

淮平原，卻無所用其長於山陵深谷。晉之國力雄厚，當然不懼戎狄，唯獅子搏鼠，亦竟全能，妨礙中原爭霸，不值得。要徹底征服戎狄，只有「師夷之長技以制夷」，改變戰術，毀車作徒，也就是建立純步兵部隊，以抗狄徒。不過終悼公時代（前五七二至五五八年）晉仍然沒有獨立作戰的步兵，這項歷史任務有待魏絳的兒子魏舒⑲來完成。

魏絳和戎之後二十八年，卽西元前五四一年，晉與無終山戎及羣狄有大原之戰。將戰，魏舒向中軍帥中行穆子獻議曰：

> 彼徒我車，所遇又阨，以什共車，必克。困諸阨，又克。請皆卒，自我始。乃毀車以爲行，五乘爲三伍。（《左·昭元》）

崎嶇險阨之地不利車乘，只會暴露晉短，增益狄長。晉國長期忍讓於戎狄的主因在此，至魏舒得其家學，深知此中奧義，於是「壯士斷腕」，臨陣提出徹底改革軍隊結構，使用步卒作戰的主張。從他自己率領的下軍帶頭改造起（他在西元前五五五年任下軍帥），毀車爲行，卽杜《注》「改車兵爲步陣」。原來車上三士，隨車步兵的編制以伍爲單位，如今不用車乘，甲士乃按步伍改組，五乘十五人變更成三個伍，此之謂「五乘爲三伍」。戰鬥的主力於是落在步卒的什伍；而「以什共車」，竹添《會箋》亦云「什者，步卒之稱也。」崎嶇之地，唯有以步卒代車乘，以十人共一車之地而與敵鬥，勇者必克。如果又在險阨困地設伏，更增加勝算（參用《會箋》說）。

《左傳》云新陣法是「爲五陳以相離：兩於前，伍於後，專爲右角，參爲左角，偏爲前拒。」所謂五陣卽兩、伍、專、參、偏。服虔引《司馬法》云「五十乘爲兩、百二十乘爲伍、八十一乘爲專、二十九乘爲參、二十五乘爲偏」（孔穎達《疏》引），原來都是車陣術語，而今改作步陣，《會箋》說「蓋以人數多少，什伍係屬爲名，其詳雖不

---

⑲ 魏絳世系《左傳》與《史記》不同。陳厚耀《春秋世族譜》排列的世系，魏武子犨生莊子絳，絳生獻子舒。但犨在《左傳》始見於僖二十三（前637），絳始見於成十八（前573），父子在史籍上的出現相差六十四年，殊不合理，故以《史記·魏世家》武子生悼子，悼子生絳，絳是犨之孫爲是。〈魏世家〉云，絳生嬴，嬴生獻子舒。《左傳》，舒始見於襄二十三（前550），卒於定元（前509），舒是絳之子似比孫還合理。故本文從《春秋世族譜》。

可知，仍用舊名，以爲卒號也，非臨時立名。」這是陣前改制的自然現象，《會箋》引阮逸所謂「雖舍車而法在其中」是也。這種陣法以前所未見，故狄人笑其失常，但晉乘戎狄尚未佈陣之際，以步卒疾走迫之，終於大獲全勝。此乃晉國純步兵部隊首次獨立作戰，並且旗開得勝。《左傳》歸納致勝原因說「崇卒也」，杜《注》「崇，聚也」，聚卒卽是將原先附屬於戰車的徒兵集攏起來，重新加以編組。

晉狄地形和車乘徒兵的長短，不待魏舒才明白，然而必等到西元前六世紀後半葉才改制，就和時代與社會基礎息息相關了。封建城邦時代甲士乘車，徒卒跑腿，《詩經》所謂「君子所依，小人所腓」（〈采薇〉）。一君子，一小人，有嚴格的差別身分。要甲士下車與步卒共同行伍，等於剝奪他們統治貴族的身分，以及伴隨身分的所有榮耀，自然遭到抵制。故魏舒改制，「荀吳（中行穆子）之嬖人不肯卽卒，斬以徇」（《左·昭元》），而後能成大功。可是在春秋中晚期以後，人民的身分逐漸齊等，附屬車乘的徒卒增多，他們在戰場上的地位日益重要。傳統甲士與徒卒的距離於是縮短，爲魏舒「毀車以爲行」提供可行的基礎。

然而魏舒的改革毋寧是個別事件，晉國並不因此而捨棄車戰，代以步兵；爾後仍舊是車徒聯合作戰的（參《會箋》）。西元前五三七年楚大夫蔿啓彊數晉軍容，「十家九縣，長轂九百，其餘四十縣遺守四千」（《左·昭五》）。仍然以車乘來計算。越八年，晉「治兵於邾南，甲車四千乘」（《左·昭十三》）。亦全無純步兵部隊的痕跡。其他列國亦然，雖春秋末年，論賦則必稱乘，《左傳》比比可證，玆不逐錄。

幾千年的傳統非一朝一夕所能移易，而傳統文化愈濃厚，歷史包袱愈重的地方，改制愈困難。獨立步兵之成爲建制中的正規軍隊（圖2.7），並不在與戎狄爲鄰的晉國，反而在封建文化較淺的吳越；類似的道理，不先作於國家正規軍，而先起於貴族私屬。《呂氏春秋·簡選》曰：「闔廬選多力者五百人，利趾者三千人，以爲前陳。」利趾者善走，《墨子》謂之「奉甲執兵奔三百里而舍焉」（〈非攻中〉）。根

圖 2.7　山彪鎭戰國銅鑑花文的步兵

據上文車徒性能的分析，此三千利趾必是獨立作戰的步兵無疑。而越王句踐的「私卒君子六千人」作爲中軍，參與舟戰（《國語‧吳語》），也是步兵。西元前四八二年句踐伐吳，吳王孫彌庸以「屬徒五千」克之（《左‧哀十三》）。此五千屬徒當係步兵，而且是作戰主力的正規軍隊。闔廬的利趾者使他「令行中國」，句踐的私卒君子使他克吳稱霸，獨立步兵的有效運用，前有戎狄，後有吳越，要之皆非封建武士盤踞的華夏。卽使在中原，他們也先起於卿大夫之家。趙簡子的「徒五百人」（《左‧哀二》），和魯大夫微虎的「私屬徒七百人」（《左‧哀八》），大概都是步兵部隊。簡子之徒「宵攻鄭師，取蠭旗於子姚之幕下」；微虎遴選私徒，亦欲「宵攻」吳王夫差的營舍。二者皆取步兵輕疾之長，以便奇襲，不必是決定勝負的關鍵，但因此亦可見早期獨立步兵部隊的特徵。

我國戰車的起源現在還沒解決，殷商及其以前也許有獨立作戰的步兵[19]，但當以車戰爲主導時，步兵就成爲附屬了，本節所論獨立步

[19]　殷商卜辭就有「行」字，其辭例若「唯某行用昃某方」，「用某行遘某方」，此「行」字皆指軍隊。也有「福（？）行」「袒行」「向行」「枻行」「義行」，可能是由某地或某族組成的軍隊（見寒峰，〈甲骨文所見的商代軍制數則〉）。以西周或春秋時代「行」的意義而言，這種軍隊當近於周之正規車兵，不好認作殷商的純步兵部隊。卜辭還有「步」字，如《甲》2277「步衆伐首」的「步」，有人釋爲「步行着去征伐」，又說：「步行者，對車騎而言」，「不駕車，不騎馬，以步卒征伐之也」（胡厚宣，〈殷代舌方考〉、〈甲骨文虎字說〉）。恐怕也不恰當。「步」或如《尚書‧洛誥》「王步自周」之「步」，周王從宗周到洛陽視察，旣不可能自己徒步走來，也不會帶着步兵的。同樣的，《通纂》592：「甲午王卜，貞乍余酒，朕舉百，余步从侯喜征人方。」此紂王卜辭。商紂征討人方，不可能步行，也不可能帶步兵而不帶車兵。

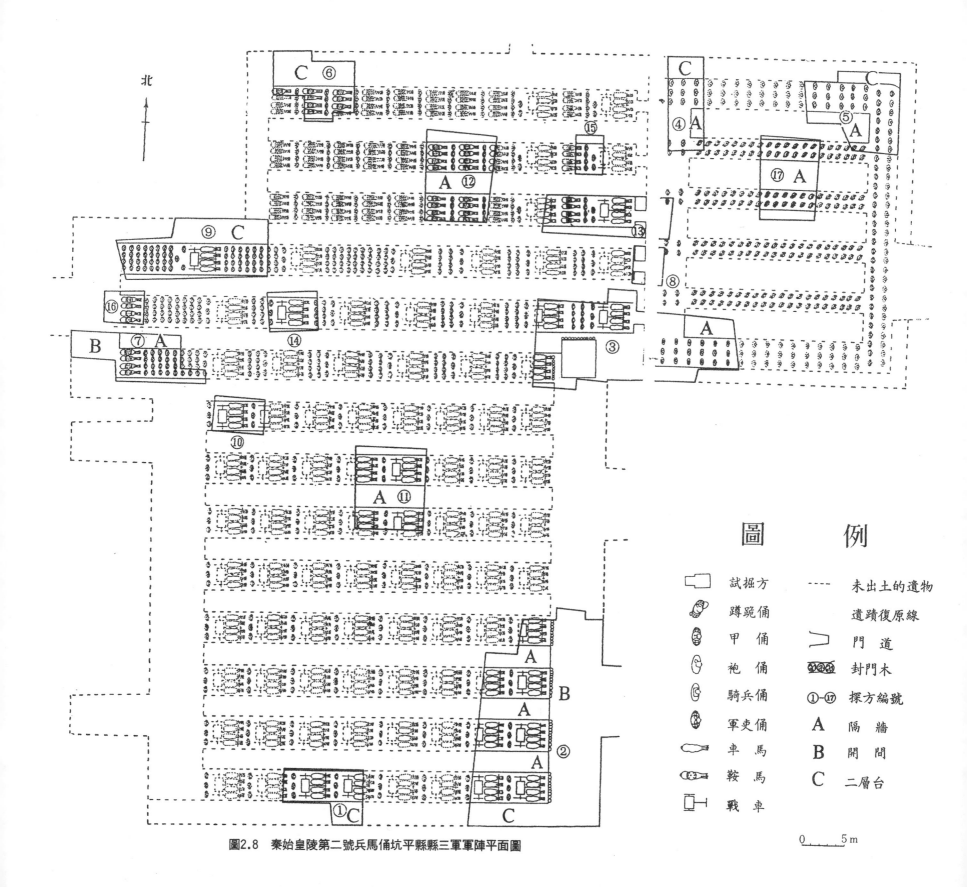

北

圖　　例

試掘方　　　　- - - - 未出土的遺物

蹲跪俑　　　　　　　遺蹟復原線

甲俑　　　　　　　門道

袍俑　　　　　　封門木

騎兵俑　　①-⑰ 探方編號

軍吏俑　　　A　隔　牆

車馬　　　　B　開　間

鞍馬　　　　C　二層台

戰車

0 _____ 5 m

圖2.8　秦始皇陵第二號兵馬俑坑平縣縣三軍軍陣平面圖

兵是春秋晚期以下的新兵制，是「編戶」以後的結果，也可說是「編戶齊民」的軍隊，與車戰以前之徒卒的歷史意義截然不同。如果附屬於車乘的徒卒比例增加表示人民身分逐漸齊等，獨立步兵之形成則顯示齊民已是歷史的重心了。

三、新戰術：步兵為主的三軍聯合作戰

　　戰國說客如蘇秦、張儀之流馳騁其合從或連橫之說時，往往借箸代籌，分析敵我軍備，條舉列強車乘、騎兵和步卒的三軍總數。按諸文獻，列國軍力如下：

　　　　秦虎賁之士百餘萬，車千乘，騎萬疋。（《戰國策·楚一》）
　　　　楚帶甲百萬，車千乘，騎萬匹。（《戰國策·楚一》）
　　　　魏武力二十萬，蒼頭二十萬，奮擊二十萬，廝徒十萬，車六
　　　　百乘，騎五千疋。（《史記·蘇秦列傳》）
　　　　趙帶甲數十萬，車千乘，騎萬匹。（《戰國策·趙二》）
　　　　燕帶甲數十萬，車七百乘，騎六千疋。（《戰國策·燕一》）

上文說卒乘編制以一車七十五人，附加補給和勤務共百人，達到飽和顛峰。用此標準衡量戰國時代的軍隊組織，益可證明封建武士的車戰已屆「功成身退」。張儀說秦車千乘，按舊制頂多十萬徒卒，但竟有虎賁之士百餘萬；蘇秦說魏車六百乘，徒卒最多六萬，實際則有七十萬之巨；楚國、趙國車各千乘，當有徒十萬人，卻帶甲百萬或數十萬。超出傳統車乘士徒比例的軍力絕大多數是獨立步兵，另外加入新兵種騎兵，構成以步兵為攻擊主力的車騎步聯合戰術（圖2.8）。

　　軍隊成員結構不同，當然會帶動戰術或戰略的改變，而二者之間也是互為因果的。封建城邦時代，作戰主力靠兵車，一車載三士、穿戴盔甲，故稱「甲士」。甲士之外的隨車徒卒裝束比較簡便，穿著練袍以利奔走。車乘士徒之比數即使到春秋晚期增至一車七十二徒，步卒在戰場上仍居附屬地位，論國力還是舉車乘之數。因為戰爭的成敗

還是靠車上三士，卽「左人持弓矢主射，右人持矛主擊刺，中人主
御」（金鶚，《求古錄禮說》卷十五）的三位武士。

　　車戰時代有所謂「致師」的習俗，在會戰前遣勇士挑釁，先擊奪
人，最能表現決定戰爭勝負在於甲士的象徵意義。據說致師者：

　　　　御靡旌摩壘而還。

　　　　左射以菆，代御執轡，御下兩馬掉鞅而還。

　　　　右入壘折馘執俘而還。（《左·宣十二》）

御者疾馳，速度之快使車上的載旗傾斜近似披靡，迫近敵人營壘。
車右衝入敵營取敵人首級或生俘敵虜，這時射手備好弓箭，代御控韁
繩，而御則下車整飾兩服兩驂，等車右回來便掉頭返營。所有過程是
那麼神速，那麼利落，那麼勇猛，又那麼氣定神閒，眞是封建武士英
雄主義的典範。卽使隨車徒兵增加到甲士的二十四倍，這樣的甲士猶
如鶴立鷄羣，戰車和車上的旌旗仍然是戰鬥進退的核心。而事實上，
軍隊的編制，徒兵雖多，依然附屬於戰車的。

　　西元前五七三年晉悼公卽位，整頓軍政，《左傳》說他使

　　　　弃糾御戎，校正屬焉，使訓諸御知義。荀賓爲右，司士屬
　　　　焉，使訓勇力之士時使。卿無共御，立軍尉以攝之。祁奚爲
　　　　中軍尉，羊舌職佐之；魏絳爲司馬，張老爲候奄。鐸遏寇爲
　　　　上軍尉，籍偃爲之司馬，使訓卒乘，親以聽命。程鄭爲乘馬
　　　　御，六騶屬焉，使訓羣騶知禮（〈成十八〉）。

御戎、騶馬都屬於戰車，右是甲士車右，只有籍偃負責訓練「卒乘」
的「卒」，才是隨車徒兵。這是春秋中期軍隊兵種編制的大概，重心
當然在革車甲士。

　　然而自春秋晚期獨立步兵成爲正規軍隊後，地位日益重要，終於
成爲沙場決定勝負的主力。關於戰車沒落，步卒竄興這一大變革，可
以從不同角度提出多樣性的解釋，陳漢章《歷代車戰考》認爲與田間
道路有關。他說「車戰實與井田相表裏」，井田制破壞，車戰於是不
行。因爲「古者從畛涂道路，涂容兵車一軌，道容二軌，路容三軌，

故車可通行無礙。至商子開阡陌，田間止容牛馬之從」，車無所施，故車戰廢弛。其實封建時代會戰在平疇曠野，若行車之道路，青川〈爲田律〉云，阡陌寬皆三步（《文物》1982：1），超過四公尺，對車身寬不及二公尺的戰車（楊泓1986）猶綽綽有餘。車戰之沒落有比田間道路改變還更深刻的政治社會問題在。

夏商周三代歷史舞臺在黃淮中下游的中原，春秋時代中原地區聚集的國家都淪爲二三流的小國，備受蹂躪，爲晉楚爭奪的目標。當時無數次的爭霸戰爭都在這裏廝殺，原因雖複雜萬端，但戰術與地理的配合確實是極重要的因素。黃淮平原似乎是上天專爲兵車馳騁和封建武士揚威而舖陳的好戰場。當時晉楚二霸雄踞南北，晉車不走於楚地，楚馬也不馳於晉土，蓋由於戰車是戰爭主要手段的緣故。表裏山河的晉，森林廣川、大澤塗泥的楚都不利於車戰；同樣的道理，晉國之介胄得以躍武於中原，對鄰近的戎狄卻也無可奈何，等到易車爲徒後才改觀。而此時天下的政治局勢也與封建城邦截然不同，小國消滅，強國擴張。疆土拓廣，局面開濶了，戰爭都針對攻擊目標致力殲滅，再也沒有供給大國在自己土地上爭霸的魚肉。

所以戰國時代的戰爭條件和春秋不同，第一、由於列國疆域伸張，連境接壤，攻擊若深入敵國，「師行千里」（《孫子·作戰》）戰線拉長，地形隨之複雜；第二、進入敵境，隨時可能發生戰爭，所以作戰時間延長，天候變化的因素也必須考慮。這兩個條件皆不利於車戰。《吳子·應變》設問「天久連雨，馬陷車止，四面受敵」的情況，對曰：「凡用車者，陰濕則停，陽燥則起，貴高賤下。」陰濕的天候，低下的地形，皆使戰車不易發揮其優越性。《六韜·戰車》對用車之道說得更透徹。有利的條件叫作「勝地」，不利的條件叫作「死地」。「凡車之戰，死地有十，勝地有八」。十個不利條件是：

> 往而無還者，車之死地也。越絕險阻，乘敵遠行〔者〕，車
> 之竭地也。前易後險者，車之困地也。陷之險阻而難出者，
> 車之絕地也。圮下漸澤，黑土黏埴者，車之勞地也。左險右

易，上陵仰阪者，車之逆地也。殷車橫歕，犯歷（深波也）之
澤者，車之拂（拂通弗，違也）地也。車少地易，與步不敵者，
車之敗地也。後有溝瀆，左有深水，右有峻阪者，車之壞地
也。日夜霖雨，旬日不止，通路潰陷，前不能進，後不能解
者，車之陷地也。

大抵險阻崎嶇、山陵丘阪、沼澤泥淖、河湖溝洫、森林草叢和連綿霖
雨都是戰車的剋星；相對的，卻正是步兵發揮機動性能的好條件。銀
雀山漢簡《孫臏兵法·十問》故曰：「易則利車，險則利徒。」《周
禮·大司馬》亦曰：「險野，人爲主；易野，車爲主。」都是這意
思。可見車戰式微是整個政治社會變革的結果。

　　車戰至遲起於殷商，到戰國早期已有將近千年的傳統，所謂車戰
沒落並不是說戰車完全退出戰場，而是指它喪失了主導地位，不再成
爲決戰的主力。此時增添了一種新兵種，就是騎兵。

　　騎兵的原始大概可以追溯到春秋戰國之際〔附錄六〕。知伯欲圍晉
陽，趙襄子「召延陵生，令將⑳車騎先至晉陽，君因從之」（《韓非子·
十過》）。這是騎兵最早用於戰場的記載，時間在西元前五世紀中葉。
騎兵比起車乘或徒卒，特點是輕疾，然其弱點和車乘也有某些共通
處，《六韜·戰騎》謂騎有九敗，其中敗地、圍地、死地、沒地、困
地五敗皆因輕疾深入而引起；另外四敗是：

大澗深谷，翳茂林木，此騎之竭地也；左右有水，前有大
阜，後有高山，三軍戰於兩水之間，敵居表裏，此騎之艱地
也；汙下沮澤，進退漸洳，此騎之患地也；左有深溝，右有
坑（尤？）阜，高下如平地，進退誘敵，此騎之陷地也。

相對於步卒而言，騎之四敗正是步的四勝，故《六韜·戰步》說：
「步兵與車、騎戰者，必依險阻。」

----

⑳　「將」下原有「車」字，盧文弨曰：「車字衍。」顧廣圻曰：「《策》無。」松皋
　　圓曰：「《史記·游俠傳·集解》引無車字。」陳奇猷曰：「車字卽車字譌衍。」
　　參見陳氏《韓非子集釋》頁182，注19。

　　騎兵出現在戰場上和騎射的戰術運用並不是同一回事，劉向說：
「戰國有騎，無騎射。騎射，胡兵也。趙武靈王用之」（《七國考》卷十
一〈趙兵制〉）。而從騎馬遠射到馬上持重兵肉搏，也不是一回事；在發
明、使用馬鐙之前，騎馬近戰也幾乎絕無可能。戰國或西漢尚無馬鐙
（圖2.9）。根據戰國兵書，騎兵的主要作用是追擊，並不作爲殲敵的攻
擊主力。《六韜・戰騎》論「騎有十勝」，一乘敵人行陳未定，擊其
左右。二當行陳堅固，士有鬥志，騎兵則「翼而勿去」，忽來忽往，
擾其心志。三當行陳不固，士卒不鬥時則「薄其前後，獵其左右，翼
而擊之。」四則乘敵人暮欲歸舍，「翼其兩旁，疾擊其後，薄其壘
口，使無得入」。五是敵無險阻則「深入長驅，絕其糧道。」六在平易
開曠處，衝陷敵陣。七乘敵人奔走，「或翼其兩旁，或掩其前後。」
八是敵人暮返，與車配合，亦作左右或前後的側擊。今本《六韜》只
存八勝，另外兩勝，疑已脫簡。但此八勝，一言以蔽之，皆利用騎兵
「其疾如風，其暴如雷」的特性從事輕擊而已。《通典》卷一四九引
孫臏曰：用騎有十利，

　　　　一曰迎敵始至，二曰乘敵虛背，三曰追散亂擊，四曰迎敵擊
　　　　後，使敵奔走，五曰遮其糧食，絕其軍道，六曰敗其津關，
　　　　發其橋梁，七曰掩其不備，卒（猝）擊其未整旅，八曰攻其
　　　　懈怠，出其不意，九曰燒其積聚，虛其市里，十曰掠其田

圖 2.9　咸陽楊家灣西漢墓騎俑摹本

野，係累其子弟。

此蓋《孫臏兵法》的遺文。論騎戰之利亦基於騎兵之飄忽突擊，所以
孫臏又說：「騎者能離能合，能散能集，百里為期，千里而赴，出入
無間，故名離合之兵也。」觀點與《六韜》完全雷同，當然不是巧
合。戰國時代戰場主力既非傳統革車，也非新興騎兵，而是改頭換面
的徒卒。游客列舉七雄軍力，步兵佔絕大多數，從當時的戰術來分
析，固非浮辭誇言。

　　戰國時代發展成功的新戰術是以步兵為攻擊主力的車、騎、步三
軍聯合作戰。古有「三軍」，但春秋與戰國的含義截然不同。《周
禮·大司馬》曰：「王六軍，大國三軍，次國二軍，小國一軍。」
《左傳》記晉國兵制，分中、上、下三軍；《周禮》說一軍萬二千五
百人，則三軍係指大國的軍隊數。這是古制。戰國時代的三軍卻指兵
種而言，無關乎人數，卽車乘、騎兵和步卒，故遊士說客論國力必條
舉車、騎、步。當時兵書的「三軍」也都秉此新義。臨沂竹簡《孫臏
兵法·十問》假設十種可能發生的情況，析論各種攻守要領，和傳世
的《六韜》、《吳子》相似，其中所謂「三軍」都是指車、騎、步三
者而言。如果說戰國兵書是總結三軍聯合作戰的經驗，又以三軍為基
礎而設計的戰術指導原理，似亦不為過。《吳子·勵士》曰：「車不
得車，騎不得騎，徒不得徒，雖破軍皆無功。」顯然車、騎、步三種
兵種具備才構成完整的作戰單位，三者配合無間，才能發揮高度的戰
鬥力量。

　　車乘、騎兵和步卒因不同地理條件而發揮不同的功能，鼂錯論
兵，引《兵法》曰：

　　　　丈五之溝，漸車之水，山林積石，經川丘阜，中木所在，此
　　　　步兵之地也，車騎二不當一。土山丘陵，曼衍相屬，平原廣
　　　　野，此車、騎之地，步兵十不當一。（《漢書·鼂錯傳》）

故善戰者貴因地宜，調配兵種，《孫臏兵法·八陳》篇論將帥佈陣之
法曰：

用八陳戰者，因地之利，用八陳之宜。易則多其車，險則多
其騎，厄則多其弩。險易必知生地、死地，居生擊死。(《孫
臏兵法》頁59-60)

弩 (圖2.10) 指步兵㉑。《六韜·戰車》篇亦云：「步貴知變動，車貴
知地形，騎貴知別徑奇道。」總結曰「三軍同名而異用」，再精當不
過了。

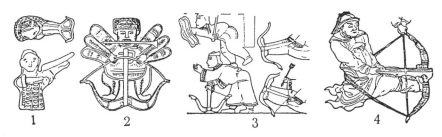

圖 2.10　強弩圖
　　　　1.漢代擘張弩（河南陝縣劉家渠）
　　　　2.漢代蹶張弩（山東沂南）
　　　　3.漢代腰引弩（武氏祠）
　　　　4.《武備志》腰絆上弩弦圖

車、騎、步三者各有特殊的攻擊能力。《六韜·均兵》曰：

車者，軍之羽翼也，所以陷堅陳，要強敵，遮走北也。騎
者，軍之伺候也，所以踵敗軍，絕糧道，擊便寇也。

這段文字在〈戰車〉和〈戰騎〉兩篇分別有所說明。大抵車的功能是

㉑　弩是重弓，以手拉者曰「擘張」，以足蹶者曰「蹶張」（《漢書·申屠嘉傳·
　　注》）。近年出土文物頗可證明，長沙南郊掃把塘墓138（屬於戰國中期）出土的
　　弩是擘張，參見高至喜〈記長沙常德出土弩機的戰國墓〉。據文獻記載，戰國蹶張
　　之弩是很普遍的。《史記·蘇秦列傳》謂：「韓卒超足而射，百發不暇止。」《正
　　義》曰：「夫欲放弩，皆坐，舉足踏弩，兩手捵機，然始放之。」像荀子所說的十
　　二石之弩單靠手是無法操作的（〈議兵〉），必須用腳踏。坐而舉足的姿勢保存在
　　漢代畫象中，四川、山東皆有發現，參見閱宥《四川漢代畫象選集》六九圖，及
　　曾昭燏《沂南古畫象石墓發掘報告》，拓片四。雖《六韜·戰騎》篇謂騎兵「雜以
　　強弩」，蓋即「馬弩」（見《通典》卷一四九）；但坐操之弩當是步兵的武器無
　　疑。《呂氏春秋·簡選》曰：「吳闔廬選多力者五百人，利趾者三千人以為前陳，
　　與荆戰。」利趾除善走外，當亦能踏強弩。高至喜從考古文物推測弩之興蓋在春秋
　　戰國之際，和我們論春秋中晚期擴大征兵及戰國以下步兵變成戰鬥主力可以互相發
　　明。圖2.10關於早期弩機之使用，引自孫機〈床弩考略〉。

陷陣。敵陣未定，旌旗擾亂，人馬數動，士卒前後左右不整，行陣不堅，士卒疑怯，三軍猝驚，在平坦之地暮戰不解，遠行暮舍，三軍恐懼，等等都是戰車陷陣的良機。騎兵的主要功能如上所言是側擊或偷襲。敵陣發生類似以上的情況，出動騎兵馳掠奇襲，所謂「或擊其兩旁，或絕其前後也」。然而大軍會戰，殲敵是務，則非步兵莫屬，車騎不過輔助而已。每戰之後，殺人盈野，動輒數萬、數十萬，恐怕多是步兵的功績，而非擾亂敵陣的車或旁敲側擊的騎。此乃步兵在戰場上的主要功能是攻擊之故。即使我軍遭受包圍，也要靠步兵的攻擊力突圍，《六韜》的「四武衝陣」即是最好的例子。《六韜》自〈疾戰〉以下假設許多情況，分析車騎步的妙用。四武衝陣據說是以武士結爲四陣，併力衝擊的陣法。〈疾戰〉設問，「敵人圍我，斷我前後，絕我糧道，爲之奈何？」破法曰「爲四武衝陣，以武車、驍騎驚亂其軍而疾擊之，可以橫行。」同樣的，車騎只用於擾亂敵人陣營，「疾擊之」者要靠步兵。〈必出〉設問，「引兵深入諸侯之地，敵人四合而圍我，斷我歸道，絕我糧食，敵人既衆，糧食甚多，險阻又固，我欲必出，爲之奈何？」破法曰：

> 銜枚夜出。勇力、飛走、冒將之士居前平壘，爲軍開道；材
> 士、強弩爲伏兵，居後；弱卒、車騎居中，陳畢徐行，愼無
> 驚駭；以武衝、扶胥前後拒守，武翼、大櫓以蔽左右。

所謂勇力、飛走、材士、強弩都是步卒。其他如越廣塹深坑，渡深溪大谷，穿森林叢草等情況，步兵都佔主導的地位。

　　古代戰爭不外攻城與野戰二端，以上分析野戰，至於攻城，更非仰賴步兵不可。封建城邦時代的車戰，野戰用車，攻城主要是隨車徒卒的任務。雖然執蝥弧之旗以先登於許城的潁考叔是車上武士（《左·隱十一》），他可不能因車而登。又譬如晏弱之攻萊，「堙之環城，傅於堞」（《左·襄六》）。齊軍環繞萊城築土山，使徒卒能夠爬上城堞而入。由於封建時代貴族是歷史的主導，戰爭方式以封建武士爲主的車戰，雖間有攻人之國，入人之城的情形，最普遍的情形則採用「圍」

的方式，（其實也只能圍而已，）故春秋時期圍城的記載史不勝書㉒。
那時城下之盟已屬奇恥大辱（《左·宣十五》、《左·哀八》），至戰國，攻
人之城，非「取」則「拔」，詳載於《史記》、〈秦本紀〉、列國
〈世家〉及〈六國年表〉。孟子故曰：「攻城以戰，殺人盈城。」此
固與封建城邦轉爲集權中央的政治社會型態息息相關，但若非戰爭方
式改變，步兵成爲新的戰鬥主力，亦無以致之。《墨子·備城門》述
當代十三種攻城方法曰：

> 今之世常所以攻者：臨、鈎、衝、梯、堙、水、穴、突、空
> 洞、蟻傅、轒輼、軒車。

臨，或積土，或乘蒙蔽之車以窺城內敵情；鈎是鈎梯，用以攀牆；衝
是衝車，用以破門；梯卽雲梯；堙如上言之堙土；水，導水灌城；
穴，在城牆下挖土以壞城；突，鬆城門下之土；空洞當亦穴突之類；
蟻傅，攀城；轒輼，車有蔽藩，載卒近城；軒車蓋亦藩車之屬（孫詒讓
《墨子閒詁》）（圖2.11）。操作這些器用或採取這些攻城方式者皆步卒，
卽使衝車、轒輼和軒車也與戰車無關。所以我們說戰國時代攻城的主
力和野戰一樣，都是步兵。

圖 2.11　山彪鎭戰國銅鑑花文戰爭圖

㉒　《春秋》三《傳》圍城的記載不下百十條，原書可以復按，茲不備錄。《春秋經》
　　「圍」字的用法，《公羊》、《穀梁》二家皆有所討論。《春秋》隱公五年曰：
　　「宋人伐鄭，圍長葛。」長葛，鄭邑也。《公羊傳》曰：「邑不言圍，此其言圍
　　何？彊也。」封建城邦時代，邑雖有護牆，比國或都簡陋，容易攻入，故《公羊
　　傳》莊公十年曰：「戰不言伐，圍不言戰，入不言圍，滅不言入——書其重者也。」
　　邑而够得稱「圍」，城牆必定高大，所謂「彊」也。從公羊家解經的觀點看，春秋
　　時代具備規模的城邑是不易攻入的，只能圍而已，這和《左傳》多圍城的記載吻
　　合。另外《穀梁傳》解「圍長葛」曰：「伐國不言圍邑，此其言圍何也？久之
　　也。」久攻不下故曰「圍」。其所以曠日費時者，因爲城高牆厚；城高牆厚之不易
　　攻，因爲當時的戰術是以車乘爲攻擊主力的緣故。

戰國時期的戰爭雖然主要靠步兵殲滅敵人，由於坐騎裝備未發展成熟，騎兵攻擊性還不強；戰車則如春蠶吐絲，傳統習慣尚存，在此過渡期間於是形成車、騎、步聯合作戰的戰略和戰術。但在我國戰史上，也只是這二百餘年的現象，所以帶有極其濃厚的過渡性。秦漢以下車乘的功能多作爲輜重，不是決勝負，爭雌雄的利器。楚漢之際，劉邦問酈食其魏之大將、騎將和步卒將誰（《漢書·高帝紀上》）。大將如今言總司令（《史記·淮陰侯列傳》）。騎將、步卒將明白易解，但不及車將。曾公亮對這個轉變趨勢論述得很精當，他說：「車戰三代用之，秦漢而下寖以騎兵爲便，故車制湮滅，世莫得詳」（《武經總要》前集卷四〈用車〉）。後世戰爭間有用車，多當作營衛而已[23]。

近年秦始皇陵東側出土兵馬俑坑，其軍陣規模頗可與以上所論互相印證。兵馬俑坑三座（《文物》1975:11、1978:5、1979:12，秦鳴1975，袁仲一1979），一號坑居南，二號、三號兩坑居北，二號偏於東端，三號偏於西端（圖2.12）。根據出土情況推斷，一號坑是以戰車和步兵相間排列的長方形軍陣，戰車前後分別站立步兵，其前又有每列七十名的步兵，共計三列，應屬於獨立步兵部隊（圖2.13）。二號坑分作四個單元，第一單元出土的均是步兵武士俑，第二單元皆駟馬戰車，第三單元有戰車、徒兵和騎兵，第四單元主要是騎兵和陶鞍馬，也有駟馬戰車。（本書頁82，圖2.8）三號坑可能是統帥的軍幕，出土駟馬戰車一件，武士俑六十八件。這三座兵馬俑坑佔地超過二萬平方公尺，有機地聯

---

[23]　《漢書》所記以戰車爲營最有名者見於〈衛青傳〉和〈李陵傳〉。衛青擊匈奴，以武剛車自環爲營衛；李陵遭受匈奴圍攻，衆寡不敵，最後以大車作營，等於今日的臨時工事。晉馬隆討樹機能，中伏，亦以車爲陣，故曾氏總結秦漢以下戰車之用曰：「行則載兵甲，止則爲營壘，或塞險以遏奇衝。」只有唐代房琯繫安祿山，用春秋車戰之法，結果大敗。琯不但不知今，亦不知古也。詳見《武經總要》前集卷四〈用車〉。後來明末孫承宗用兵關東，以車爲營，挾護步、騎攻擊。麾下謀士鹿善繼〈車營總記〉曰：「夫車於兵爲樊垣，微獨遏衝衝突爲守也，守以車柵，發以應往，握奇於中，運奇於外。」發揮車營的積極作用，攻擊主力當然不是戰車。其說見於《車營扣答合編》。（按同治八年高陽縣師儉堂孫藏板扉頁題《車陣扣答合編》，而內文「車陣」多作「車營」，或以車營爲是。）明代曾有都御史李公賓建議製造戰車以行車戰，陸容《菽園雜記》卷五批評曰：「今中國擊胡，欲用車戰，此最不通時宜者。」

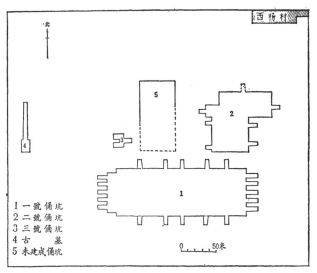

圖 2.12　秦始皇陵一、二、三號兵馬俑坑位置示意圖

繫，形成車騎步三軍混合編制的軍陣體系，足以證明基於車乘、騎兵和步卒而發展的軍事理論，如上引的《吳子》、《六韜》等書，都是戰國的作品。

兵馬俑坑尚未完全揭露出來，就已出土者估計，步卒和車騎的比例不如文獻所傳述者懸殊。秦始皇陵的兵馬俑坑具有宿衛的性質，不是一般的野戰部隊，步兵較少是可以理解的。不過，由於當時攻城會戰皆以步兵爲主力，故國家愈強，步兵的人數愈多，與車騎的比例也愈懸殊。而且不論車乘、戰騎或步兵，各有妙用，沙場上互相濟助，以長補短，他們之間沒有身分區別，和封建時期士徒的差別截然不同。此即《六韜・戰車》所謂「三軍同名而異用」，才是名符其實的編戶齊民的軍隊。

本書第一章討論過戶口登錄，國家於是能夠掌握全國的人力資源；而且這些登記於戶籍的人口隸屬同一統治者之下，脫離原先的封建臣屬，成爲法律身分平等的齊民。不論「編戶」或「齊民」皆與當時的軍政改革息息相關，尤其是兵制革新，恐怕是很根本的刺激因素。由於戰爭的需要，配屬車乘的步卒增加；由於戰爭的需要，步兵

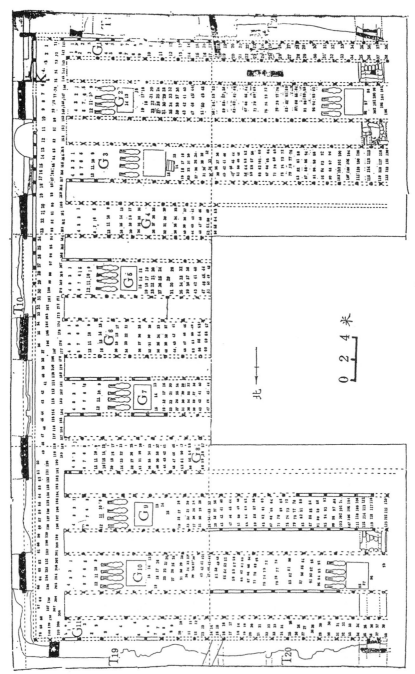

圖 2.13　秦始皇陵一號坑陶俑、陶馬出土位置示意圖

終於離開車乘而獨立作戰；由於戰爭的需要，三軍聯合作戰，攻擊主力則寄託在步卒身上，而非封建時期的武士。這些軍隊都是編戶的齊民，他們成為新時代的歷史重心。

　　編戶齊民絕大多數是農人。大體而言，西元前六世紀中葉以後，政府一方面整軍約民，一方面授民以田（本書頁182），造成全國性亦兵亦農的社會。鈎勒《左傳》的片斷記載，不難發現此一趨勢。譬如西元前五四三年鄭子產的新政，「田有封洫」和「廬井有伍」同時進行。他經理田界，非法者削，無地者予，有人痛恨他取其田疇而伍之，發誓要殺他。三年後新政上軌道，受益之人於是頌曰：「我有田疇，子產殖之；子產而死，誰其嗣之」（《左・襄三十》）？人民受田則該服兵役，越二年鄭乃「作丘賦」，普遍征兵。又西元前五四八年楚國蔿掩治賦，數甲兵，《左傳》卻說「書土田」（〈襄二十五〉）。三十年後沈尹戌論政，主張先「正其疆場，脩其土田」（《左・昭二十三》），亦《周禮・遂人》「以田里安甿」之意。齊國律令，閱民索家之餘，還要「比地」定伍（《管子・度地》）。這些都說明整軍約民的新政造就了兵農合一的社會。

　　《管子・禁藏》論「為國之本」，「什伍以為行列」，即是講耕戰一體之道。曰：

> 繕農具當器械，耕農當攻戰，推引銚耨以當劍戟，被蓑以當鎧鑐，𥱻（苙）笠以當盾櫓。故耕器具則戰器備，農事習則功（攻）戰巧矣。

平昔是農人，戰時是士卒，農功當作軍事操練，耕種器具也可以作為攻守戰備（圖2.14）。《六韜・農戰》對這個社會有非常具體而深刻的描述，抄錄下來與《管子・禁藏》互相印證。

> 耒耜者、其行馬蒺藜也，馬牛車輿者、其營壘蔽櫓也，鋤耰之具，其矛戟也，簑薜簦笠、其甲冑，钁鍤斧鋸杵臼、其攻城器也。牛馬，所以轉輸糧也；雞犬，其伺候也；婦人織紝，其旌旗也；丈夫平壤，其攻城也。春鏺草棘，其戰車騎也；夏耨田疇，其戰步兵也；秋刈禾薪，其糧食儲備也；冬

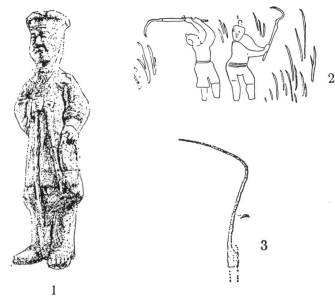

圖 2.14　農具武器合一圖
1.持耒漢俑（成都天廻山）
2.鐁（成都揚子山）
3.鐁（新繁牧馬山）

實倉廩，其堅守也。田里相伍，其約束符信也；里有吏，官
有長，其將帥也；里有周垣不得相過，其隊分也；輸粟取
芻，其廩庫也；春秋治城郭，修溝渠，其塹壘也。

《太公金匱》也說：

守戰之具皆在民間：耒耜者是其弓弩也，鋤爬者是其矛戟
也，簦笠者是其兜也，鐮斧者是其攻戰之具也，雞狗者是其
鉦鼓也。（《太平御覽》卷三三九引）

戰國時代的武器相當進步了，雖謂「守戰之具，皆在民間」，農
具真能派上用場的情況並不太多；但如果把上引《管子》、《六韜》
和《太公金匱》當作平時農民的軍訓，也非常合理的。當時的里閭村
社一動員起來，立刻可以成為作戰部隊，這種社會真是人人枕戈，家
家待旦，今日的術語叫作全國總動員。這是春秋晚期以下至戰國之農
民生活最好的寫照。

第三章　地方行政系統的建立

　　不論秦漢的統一國家，卽使戰國七雄也頗稱得上廣土衆民了。政府雖有戶籍檔案以掌握人力資源，但人民散佈全國各地，非建立適度的區域管轄和階層隸屬，戶籍制度亦無法發揮作用。這種區域管轄和階層隸屬就是地方行政系統。

　　封建城邦蛻變爲郡縣帝國，建立地方制度，先後承襲的痕跡相當顯著。基層的聚落邑里大抵未變，縣如封建之小國，郡近乎大國，只有介在縣里之間的鄉是新發展出來的行政階層。然而地方行政系統的新義尙不止於此，什伍制度之影響中國社會，同樣久遠。本章討論郡縣鄉里地方制度的出現和封建崩潰後聚落什伍的內涵，但還是要從封建城邦的聚落談起才容易明白。

一、古代聚落之邑、里

　　從地理景觀上說，典型城邦具備兩道界線，裏圈是城垣，外圈是封疆。城垣以內謂之「國」，以外謂之「野」；封疆所包括的大範圍就是整個城邦的領域，也是廣義的國。城內固有國人社區，城外也散佈著野人居住的農莊（杜正勝1979a，1986）。

　　封建城邦時代聚落的四周一般多有牆壁等防衞設施，大聚落圍著夯土城牆，次等的也構建簡單工事。《左傳》認爲《春秋經》對於大小工程使用不同的筆法，大者曰「城」，小者曰「築」（〈莊二十八〉）。

聚落依其主人的封建身分而有不同的名稱，諸侯駐居者謂之「國」；屬於卿大夫，又有宗廟先君之主者謂之「都」。國和都的範圍依封建秩序而遞減，據說西周的制度，「大都不過參國之一，中、五之一，小、九之一」（《左·隱元》）。「都」大到足以與「國」匹敵，便是動亂根源之一，將爲國害（《左·桓十八》）。沒有宗廟先君之主的聚落稱爲「邑」，推測當比「都」還小。「國」的城牆之外是「郊」，按照距國之遠近分別爲近郊和遠郊。郊外是野，郊、野都有人居，用《周禮》的系統來說，國和郊謂之「鄉」，以外謂之「遂」（楊寬1964，頁36）。遂上之地，《逸周書》分作「野」和「采」（〈嘗麥〉），《周禮》更細緻，分作公邑、家邑、小都、大都（〈載師〉），其實都是一些分佈在野上的大小聚落。《周禮·遂人》職掌邦之野，鄭玄《注》云「郊外曰野，此野謂甸、稍、縣、都，」是對的。總之，國也好，都也好，采也好，邑也好，由於統屬不同而具備相對的政治社會差別意義，但都有圍牆，西周及以前則通稱作「邑」。

邑字甲骨文和金文皆作邑，「从囗从人」。囗或作〇，表示城牆，人居牆下曰邑。按六書體例是會意字，許慎卻說从卪，是不明字源之誤。《易·升》卦九三曰：「升虛邑。」升者登也，邑有城牆故登。〈泰〉卦上六：「城復於隍，勿用師，自邑告命。」城牆之外且有護城河。〈謙〉卦上六：「鳴謙，利用行師，征邑國。」則邑又與國連言了。可見西周時代邑可指大城，甚至指國都，如周公營建的東都，《尙書》〈召誥〉、〈康誥〉和〈多士〉各篇皆云「新邑」，卽是〈臣卿鼎〉與〈敔尊〉的「新邑」（《三代》，3.4.1；《善齋》，131）。記載周公東征建侯衞的「沬司土逺簋」稱殷之舊都爲「商邑」（《錄遺》，157），卽是卜辭習見的「茲邑」，譬如第一期卜辭所云：「洹其乍茲邑禍。」（《續》，4.28.4），足徵殷人稱呼他們的王都爲邑。而卜辭的天邑商，可能是成湯龍興的商丘。然而一般方國的聚落也稱爲邑，故有「戈卅邑」，「取卅邑」等等的記錄（陳夢家1956，頁321-322）。所以從殷商到西周，小自農莊聚落，大至天下名都，皆可以稱作「邑」。《論語》

有「十室之邑」和「千室之邑」（〈公冶長〉）的差別，《穀梁傳》也有
「十室之邑」和「百室之邑」之異（〈莊九〉），《易經》有三百戶之
邑（〈訟〉九二），可見邑所表示的聚落大小甚為懸殊。

　　然而農莊之邑大抵都是小邑。我們認定小邑是農莊，主要理由之
一是西周金文田、邑每每連言，〈曶鼎〉（《三代》4.45.2）的判決詞裁
定曶的家臣「弋（必）卣卑（俾）處厥邑，田□（厥）田。」此或如春秋
時期魯國施氏付與其家宰的百室之邑（《左·成十七》），是農莊，不會
是太大的城池。〈鬲从盨〉記載田邑關係更加清楚。銘曰：

　　章厥會夫吕鬲从田，其邑旃、菼、□；復友（賄）鬲从其田，
　　其邑復、憖言二邑鬲从。暨厥小宮邑鬲从田，其邑彶及句
　　商兒及鮭哉。復限余鬲从田，其邑競、樹、才三邑，州、瀘
　　二邑，凡復友。復友鬲从□（田）十又三邑。

本銘也是訴訟文獻，鬲从與章、暨二人訟，贏得十三個邑之田。鬲从
另有一鼎，著錄作〈鬲攸从鼎〉，根據銘文推測，大概攸衛牧與鬲从
訴訟，攸衛敗訴，但未履行賠償，鬲从乃復向周王控告，王派史南與
虢旅裁決。銘云：

　　虢旅廼使攸衛牧誓曰：「我弗具付鬲从其且（祖），射分
　　田邑，則放。」攸衛牧則誓。（《三代》4.35.2）

鬲从得到攸衛牧的田邑，故又稱鬲攸从。攸地和鬲从盨的十三邑一
樣，都是田邑連言的。西周中晚期有一位克，據我考定可能是上引曶
的子侄輩（杜正勝1979C），周王賜給他的田分散在埜、淠、畛、康、
匽、陶原和寒山各地（〈大克鼎〉，《三代》，4.40.1）。埜、淠等地都是農
莊。

　　這種農莊小邑人家的多寡大抵有個準則，不可能太過懸殊。這可
從當時的分封制度推度得知。春秋時代貴族擁有的采邑數量往往和他
的身分、官階或功勞成正比。譬如西元前五四七年：

　　鄭伯賞入陳之功，三月甲寅朔，享子展，賜之先路三命之
　　服，先八邑；賜子產次路再命之服，先六邑。子產辭邑，

曰：「自上以下，降①殺以兩，禮也。臣之位在四，且子展
之功也，臣不敢及賞禮，請辭邑。」公固予之，乃受三邑。
（《左·襄二十六》）

鄭入陳在前年，子展爲帥，子產副之。簡公行賞，子展三命之服，賜
八邑；子產二命之服，六邑。邑之多寡隨命服而異。子產於執政衆卿
中排位第四，在他之上者猶有子西和良霄，按「降殺以兩」之禮，受
六邑的是子西，子產只能接受二邑，最後折衷，勉強受三邑。次年，
衞國公孫免餘因佐獻公剷除專政的寧喜：

公與免餘邑六十，辭曰：「唯卿備百邑，臣六十矣，下有上
祿，亂也，臣弗敢聞。」（《左·襄二十七》）

衞國執政之卿可以擁有百邑采地，免餘非卿，而且已有六十邑，雖參
與政變有功，亦不敢再受六十邑之賜。「公固與之，受其半，」免餘
共有九十邑，依然不敢亂上下祿邑之禮。如果農莊的田地廣狹不一，
人口多寡不等，可有十倍以上的差別，那麼命服與邑數的比例，「降
殺以兩」之禮，和卿備百邑，下有上祿曰亂的說法，就毫無意義了。

　　普通農莊的田地和人口雖有大致的標準，並無刻板規定，還是容
有出入的。杜預註解上面兩段《左傳》的文字，邑的範圍便不統一。
他說子產的邑四井，而免餘的邑是「一乘之邑，非四井之邑。」一邑
四井，本於《司馬法》和《周禮》。《春秋經》成公元年「作丘甲」，
杜《注》引《司馬法》曰「夫三爲屋，屋三爲井，四井爲邑」。一邑
計三十六家。《周禮·大司徒》「九夫爲井，四井爲邑」之說同。
另外所謂「一乘之邑」呢？《左傳》孔穎達《疏》別引《司馬法》曰
「方十里出革車一乘」，邑之範圍方十里。方里爲井，則一邑十井，
計有九十家之多。十井共出一乘之賦，包咸、何休皆有此說②，其來
源可能不盡出於這則《司馬法》。然而《管子·乘馬》卻說「方六里

---

① 降，原作「隆」，從石經、宋本、金澤文庫本等校正，參見阮元《校勘記》。
② 見《論語》「道千乘之國」包《注》及《公羊傳》袁公十二年何《注》。

為一乘之地」，同篇云「方一里，九夫之田，」那麼一乘之邑是五十戶人家的聚落了。綜合這些說法，一邑分別為三十六、五十四、或九十家。如果依照孟子八家共一井來計算，一邑又分別為三十二、四十八或八十家。邑之大小至少有這六種分歧意見，所以劉炫駁杜預，乾脆說：「邑之為名，大小無定」（《左・襄二十六・疏》引）。但就上述鄭伯賞賜子產采邑而論，劉炫是錯的，他誤將農莊的邑作通名之邑，故以為是「大小無定」的聚落。作為農莊的邑在同一國家或同一地理區若漫無標準，田邑之轉移或錫賞怎能數邑以計呢？

　　然而中國的幅員廣大，地理複雜。邑以聚人，人以食土，土視地形。地理環境不同，聚落大小自然不一致，再加上千百年演變的結果，古人說邑，小有參差，反而合理。古代農莊經濟自主性極高，食糧固出於本聚落的耕土，舉凡養生送死之器用也不假外求，因此農莊範圍內的生態環境與資源供應和它的人口自然維持平衡。人口加速增長，其地不足以養人，勢非另建新邑不可。農莊的範圍不可能太擴大延伸，因為它受了生產勞動形態的制約。古人日出而作，日入而息，聚落太大，耕地延伸太遠，往返里程必定躭誤田作。清儒金鶚《求古錄禮說》已說過：「農夫之耕必與其家相近，若去家甚遠，朝夕往來，田且荒蕪矣。」他在主張邑「大小不等，未可枚舉」之餘，而折衷於「四井為邑卽居民之法」，民必以田井之邑而聚居，不以六十四井的丘聚居，因為「農民居此治田自便，婦女小子亦可饋餉，若一丘之民皆居一處，」則出入、饋餉都有困難（卷九〈邑考〉、卷十四〈井田考〉）。金氏也是從耕作、生態立說的。《逸周書・作雒》故曰：「都鄙不過百室，以便野事」，封建農莊大概以百戶人家，約五百口為極限。

　　那麼，西周或春秋時期普通的農莊聚落有多大呢？春秋末葉到戰國時代有一批知識人關心世務，草擬建國藍圖。他們的計議或本乎西周先王法度，或追循前賢規模，或根據列國舊法，斟酌損益，而完成理想與事實相參的巨著，最具代表性的是《周禮》和《管子》。他們

的意見對我們探討古代基層聚落提供某種程度的參考價值。《周禮·
小司徒》論井牧田野曰「九夫爲井，四井爲邑，」一邑三十六家，與
前引《司馬法》同。《司馬法》經過數度增補闡釋，到戰國初才完成，
但保留不少早期的制度，《漢書·藝文志》列於禮部，屬王官之學，
恐怕是有道理的（本書頁63）。《管子·小匡》傳述管仲仿西周制度，
立伍鄙之法，「制五家爲軌，六軌爲邑」，一邑三十家，與《國語·
齊語》同，不論三十家或三十六家，資料都見於後人規模擘畫之作，
不可全信；全國的聚落當然也不可能一律大小，但作者的規畫設計必
不違背現實太遠，他們的「制」作或許適度地反映西周以來農莊範圍
的普遍現象。大概在鐵製農具廣泛使用、盡地力之教大力推行以前，
中原地區的農莊聚落是以三、四十戶人家爲常法的。這是推測，在更
多、更強有力的新材料出土以前，上述六說或許是不同地區的現象或
不同時代演變的結果，不能以偏概全。而從春秋以前的生態、資料、
耕作、錫賞制度，以及《周禮》、《司馬法》、《管子》等典籍看
來，封建城邦時代郊野聚落多名作「邑」，城內的社區則稱爲「里」。
成王時期周公子明保

> 朝至于成周，出令舍三事令，及卿事寮，及諸尹，及里君，
> 及百工，及諸侯：侯、甸、男，舍四方命。（〈令彝〉，《三代》
> 6.56.2）

故知成周有「里」。又康叔封於衞，〈酒誥〉云，衞的內服有「里
居」。居或君之誤，和成周里君一樣，皆屬內服。周中期有一位史
頌，周王

> 令史頌省穌𤔲友里君百姓，帥𤔲盩于成周，休有成事。（〈史
> 頌𣪘〉，《三代》9.7.1.）

穌，卽蘇，是殷商的諸侯，周初蘇公曾任周的司寇（《尚書·立政》），
其地在河內，今河南省溫縣一帶。史頌遹省蘇國，率其法友、里君、
百姓朝於成周（楊樹達1959，頁68），可見蘇國也有里的。傳世著錄有
一件叚𣪘，屬西周晚期，謂王命𣪘「司成周里人及諸侯大亞」（《三

代》9.4.1)。終西周之世，東都成周皆有里的社區。根據以上西周史料
所顯示的，里是屬於成周、衞、蘇等大城內的社區，推測其他國都或
大城也都有里。

春秋時代新建外城，沿襲西周的傳統，其社區也多以里命名。
《左傳》僖公十九年曰：

> 初，梁伯好土功，亟城而弗處，民罷而弗堪，則曰：「某寇
> 將至」。乃溝公宮，曰：「秦將襲我」。民懼而潰，秦遂取
> 梁。

梁伯「亟城」即「益其國」，擴建的外城「命曰新里」，缺乏人口來
充實，終被秦國所滅（《左·僖十八》）。前引鄭國南里也在外郭之內，
楚人入里而墮城，所墮的是外郭（《左·襄二十六》）。宋國春秋時也有
南里、新里和公里等地名，據《左傳》所載西元前五二一年內戰的情
勢分析（〈昭二十一〉），這些里都在內城與外郭之間。齊有東閭，適在
東郭之內，東門之外（《左·襄十八》）。東閭即東里。崔杼弒齊君，「
側莊公於北郭，丁亥，葬諸士孫之里」（《左·襄二十五》）。士孫之里
也可能在北郭內。

西周與春秋時代基層社會人羣的聚居形態主要有邑、里兩類，大
體而言，邑是獨立的聚落，里則是國或都內的社區。《國語·齊語》
和《管子·小匡》的參國伍鄙法，國有里而鄙有邑，是符合史實的。
關於城內社區的分布，一則由於文獻不足，再則考古成果也尚未能提
供作精密分析的資料③，暫且存而不論。不過，根據《左傳》，即使
到春秋末期，城內仍然是車兵爭勝的好戰場，可以想見當時仍有許多

---

③ 日人宮崎市定根據戰國午汲古城的發掘簡報（參見孟浩1957），復原一幅古城圖。
城呈長方形，四城門，中間東西走向一條大馬路將全城隔成南北兩等分，分十個
里，南北各五個，範圍各380×170平方公尺，里里比鄰（〈漢代の里制と唐代の坊
制〉）。這幅復原圖想像大於事實。第一、原簡報絕無足夠資料可以作為社區復原
的基礎；第二、春秋戰國之城外圍很少方整的，詳見拙作〈周秦城市的發展與特
質〉附圖，城內社區難求其方整；第三、春秋戰國的城市多是經過長期發展而成
的，不是計劃城市，若以唐代長安城的觀念來推測，必有所失。當然若只就社區圍
墙而言，漢里唐坊大抵是一脈通貫的。

空地，房舍不是連綴櫛比的；戰國時代的資料顯示，城內之擁擠喧囂亦只限於市區而已——「市」是城內的特定區域，只佔全城極小的部分。因此，里雖在城內，多少猶有獨立聚落的性質。

前文推測農莊的邑一般約有三、四十戶人家，里的戶口問題與邑相似，只能說其概略。《周禮》〈遂人〉曰：「五家爲鄰，五鄰爲里」；〈大司徒〉亦曰：「五家爲比，五比爲閭」，里閭皆二十五家。《周禮》系統，里屬於遂，閭屬於鄉，一在城外，一在城內。就常情推斷，城內人口比較密集，單位社區的家戶口數可能比較高，鄉遂的基礎社羣應有差別才對。《國語·齊語》和《管子·小匡》說齊國都城內的社區制度是「五家爲軌，十軌爲里，」一里有五十家。山東臨沂銀雀山西漢墓出土的竹書〈田法〉明白說「五十家而爲里」（《文物》1985：4，頁 35），與〈齊語〉、〈小匡〉符合。總而言之，城內之里五十家，城外之邑三十家，大概是古代聚落社區的通相吧。

城內里閭的家戶口數會隨著城市發展而逐漸提高，尤其春秋中期以後，人口大量集中於城市，每個社區必不止五十戶。蘇秦說「臨淄七萬戶」，（《史記·蘇秦列傳》）《說苑·奉使》篇謂「臨淄三百閭」。《說苑》這則故事雖託於管仲、桓公，其實與蘇秦的話一樣，可以說明戰國社會的情景。七萬戶人家分住於三百閭，平均每閭超過二百戶。臨淄是天下第一等大城，工商、政治和學術文化中心，人口密度高是可能的（圖3.1）。《韓非子·十過》云晉文公伐曹，不犯釐負羈之閭，「曹人聞之，率其親戚而保釐負羈之閭者七百餘家。」但《左傳》只說「令無入僖負羈之宮」（〈僖二十八〉），韓非子可能也是以戰國背景說春秋故事。唯平時居住二百家的社區，戰亂之際臨時擠上七百家，亦不無可能。可是臨淄是一流大都會，釐負羈之閭乃戰亂特例，都不足以反映一般里居的通相。考諸文獻，春秋末葉以後，城內社區一般只約有百戶人家左右。《管子·度地》曰：「百家爲里」，《禮記·雜記下》鄭玄《注》引《王度記》亦曰「百戶爲里」，《續漢書·百官志》司馬彪原《注》亦曰「一里百家」。〈度地〉的寫作

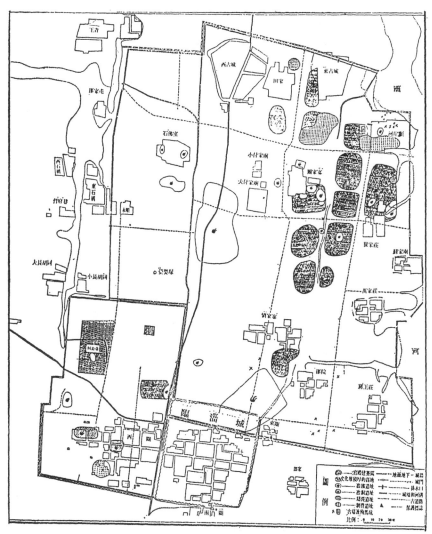

圖 3.1　戰國臨淄城

年代大概不晚於秦始皇④，百家之里或許是戰國到秦漢城市社區頗為普遍的現象，故漢代詔令的里每稱作「百戶」⑤。

---

④　《管子·度地》引〈令〉曰「常以秋，歲末之時，閱其民」云云，「歲末之時」四字很可能是註解竄入正文的。秋為歲末，必是秦曆，而必須加註者，也必在始皇二十六年改曆之後不久，所以本篇寫作當在此時，其內容可以反映戰國時代的現象。友于〈管子度地篇探微〉斷於漢武帝晚年，恐怕值得商榷。

⑤　漢帝賜天下吏民爵，女子百戶牛酒，鰥寡孤獨高年帛，詳見於《漢書》宣、元、成、哀諸〈紀〉。賞賜百戶牛酒，所以使閭里之民共同宴飲也。

　　附帶一提的，西周時代城外的聚落，與邑很類似，卻也叫作「里」。近年陝西岐山董家村出土的裘衞銅器（龐懷清1976），〈九年衞鼎〉銘云，裘衞以一輛好車，附帶車旁的鈎子、車前橫木有裝飾的把手、虎皮罩子、長毛狸皮車幔、彩畫軡套、皮鞭、大皮索、四套雪白韁繩、銅馬嚼和六卷帛交換矩白的采地林䢁里（唐蘭1976a）。該里接交，勘履疆界，「則乃成封四封」。林䢁里其地四封，當非城內社區，而是野上的農莊，或比農莊更大的邑。後來《國語・齊語》記載管仲勸桓公歸還衞國的「臺、原、姑與漆里，使海於有蔽，渠弭於有渚，環山於有牢」。漆里等地有山水屏蔽，在郊野是無疑的。《周禮・里宰》云：「掌比其邑之衆寡。」官銜稱「里宰」，職掌卻是「邑」，鄭玄《注》云：「邑猶里也」。又如鄭國南里在外郭以內（《左・襄二十六》、《左・哀二十七》），杜預《注》也作「鄭邑」。

　　關於城外的住居，里邑之爲聚落誠然無疑，比較有爭議的是廬。《詩・大雅・公劉》曰：「逝彼百泉，瞻彼溥原，迺陟南岡，乃覯于京，京師之野，于時處處，于時廬旅，于時言言，于時語語。」這是公劉族人初來豳地的情景，在溥原的田野上暫居，故毛《傳》曰：「廬寄也。」《左傳》述狄滅衞，「衞之遺民男女七百三十人，益之以共滕之民爲五千人，立戴公，以廬于曹。」在曹之野廬居，戴公連門板都沒有，人民之簡陋更不用說了（〈閟二〉）。兩年後，諸侯「城楚丘而封衞」（《左・僖二》），衞才有國。周族廬旅于京師之野和衞人廬于曹國之野時，構不構成聚落呢？按《周禮・遺人》曰：「凡國野之道，十里有廬，廬有飲食；三十里有宿，宿有路室，路室有委。」鄭玄《注》：「廬，若今野候，徒有序也。」漢代野候規模，今不可曉，鄭玄說只有廡序，或如孫詒讓《正義》所云：「廬制最疏略，唯爲長廣之周屋以便晝息。」廬的構築比較簡陋，所以不能視爲聚落。

　　不過，說廬不是聚落，主要不因建構，而是從分佈的情形來說。《小雅・信南山》云「中田有廬」。孔穎達《疏》曰：「古者宅在都邑，田於外野，農時則出而就田，須有廬舍。」則廬是田中屋舍，秦

漢謂之田舍，平常亦過夜，不止白天休息而已。《居延漢簡》有一條：
「☑田舍再宿，又七月□私歸遮虜田舍一宿」（《釋文》2628）；《史記·
李將軍列傳》云「廣嘗夜從人田間飲，」則這些田舍都是可以過夜的。
但田舍大概如《韓詩外傳》所說，分散在每家耕耘的田間，沒有左鄰
右舍。《外傳》本諸孟子「五畝之宅」，分判每戶住家用地為廬、舍
兩部分，各得二畝半（卷四）。應該不是脫離實際的空想。秦簡《封診
式》〈賊死〉爰書有「男子死所到某亭百步，到某里士伍丙田舍二百
步」（《睡簡》頁265），可見田舍確是分散在田中的個別居處，與里邑之
比鄰不同。所以《漢書·食貨志上》說：「在壄曰廬，在邑曰里。」
野、邑皆有屋舍，只是一分散，一集聚；一暫時，一永久而已。睡虎
地秦簡附〈魏戶律〉，記魏安釐王命令相邦注意「民或棄邑居壄」，
為非作歹（《睡簡》頁292）。政府對散居田舍的人民是比較不容易控制
的。秦簡〈田律〉曰：「百姓居田舍者毋敢酤酒，田嗇夫、部佐謹禁
御之，有不從令者有罪」（《睡簡》頁30），可能也是針對散居田野者的
特殊防範措施。

　　但中國古代聚落形態，農村並非如有些人所說由田野中的廬舍逐
漸發展而成的（劉興唐1936）。國、都以外的里或邑即是城外聚落，類似
後世的農村，絕非如日本一派學者所主張的，古代中國城外無聚落。
這派意見以宮崎市定為首。他是研究中國聚落發展自成體系的學者，
認為古代人民的聚落保持城郭都市的形式，城郭以外的空地幾乎沒有
人居。要到東漢、三國之際以後，人民才開始往城外定居，於是形成
新的村落（宮崎1960、1965）。雖然封建城邦時代的聚落多有城牆的防禦
設施，即使連小聚落也構築簡單的工事（本書198頁），但不能說城郭之
外沒有農莊。上文舉證文獻與金文的邑當可證明春秋以前城外是有聚
落的。戰國時代的證據則見於《墨子·號令》。〈號令〉論守城之道
曰：

　　　諸卒民居城上者，各葆其左右。城下里中家人各葆其左右前
　　　後，如城上。

同篇又有「寇在城下」云云，城下卽城外。城外的里卽是聚落。〈號
令〉復論堅壁清野之法曰：

　　　去郭百步，墙垣、樹木、小大盡伐除之，外空井盡窒之，令

　　　無得汲也，外空室盡廢之，木盡伐之。

距離城郭百步的墙垣、屋室及水井，卽是城外有聚落的明證。當然堅
持城外無聚落者猶可將上段文獻解釋作廬舍，但當馬王堆三號漢墓的
〈地形圖〉（圖3.2）和〈駐軍圖〉（圖3.3）發表後，漢代縣城之外有農莊
應該可以成爲定論了。〈地形圖〉標明里名之聚落有四十三處，以圓圈

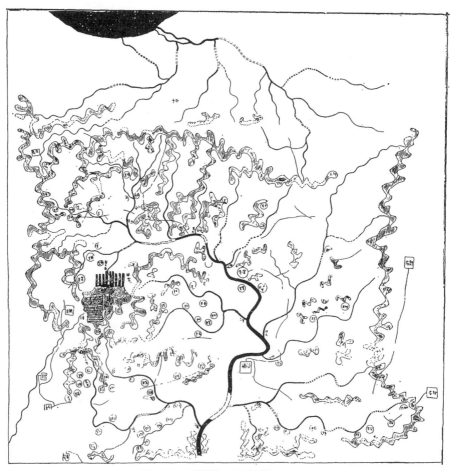

圖 3.2　馬王堆三號漢墓地形圖

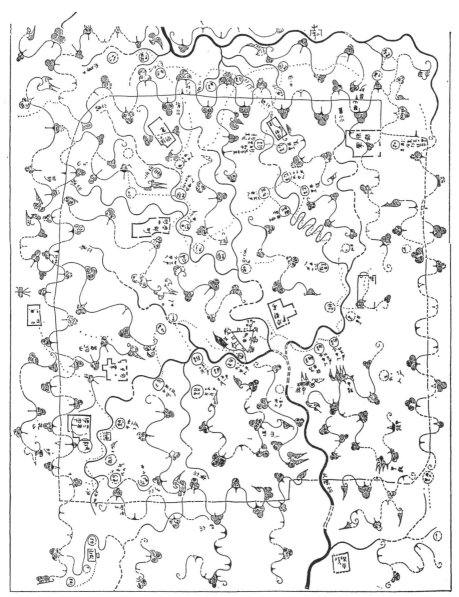

圖 3.3　馬王堆三號漢墓駐軍圖

表示，和方形的縣（道）城有別（《文物》1975：2）。〈駐軍圖〉的里名四十一，亦圓形，和長方形的都尉軍、都尉別軍，正方形的深平城，三角形而具備亭樓的箭道皆不同（《文物》1976：1）。這兩張地圖八十四個里都散

置在城外。〈駐軍圖〉並且注明各里的今昔戶口數,一般是四、五十戶,小者十餘戶,大者不到七十戶(《文物》1976:1,頁23),當爲農莊無疑。

這種農莊亦卽所謂的「自然聚落」,唯日本學者因唐朝制度的先入之見,用來講漢代文獻,便扞隔難通。唐朝武德七年和開元七年的律令都明言「百戶爲里」,但實際情形當以開元二十五年〈令〉爲準。〈令〉曰:

> 諸戶以百戶爲里,……每里置正一人。(若山谷阻險,地遠人稀之處,聽隨便量置)。……在邑居者爲坊,別置正一人……;在田野者爲村,村別置村正一人。其村滿百家增置一人,掌同坊正;其村居如〔不〕滿十家者,隸入大村,不得別置村正。(仁井田陞1934,頁215)

唐代的里是行政單位,坊和村是自然聚落,二者有重疊,也有出入。秦漢無坊和村之名⑥,不論城內社區或城外農莊都稱作里,兼具自然聚落和行政單位兩種性質。上文說戰國秦漢文獻多稱里爲「百戶」,這只是大里的約數,非每里必定一百戶也。明乎此,漢代之里是行政村或自然村的爭議(池田雄一1969)當可止息。

總之,從封建制到郡縣制,聚落景觀大概沒有大變化,發生變化的是地方行政系統的建立。有人論商鞅「集小鄉、邑、聚,爲大縣」(《史記·商君列傳》),以爲是聚落的改造(古賀登1980,頁92),恐怕是絕大的誤解。商鞅改革的重點在重組地方行政制度,而非遷徙人戶,另造聚落⑦。我們的看法在下節詳細說明。

二、地方行政系統的鄉、縣

封建城邦時代,大小聚落散置,或屬於天子,或屬於諸侯,或屬

---

⑥ 「村」之名宮崎市定以爲起於屯田,三國之後才逐漸普遍(〈中國における村制の成立〉)。從名稱而言,其說頗有理致。《居延漢簡·釋文》956云:「陽夏南安里左復村。」據文例「左復村」當係人名,而非不足百戶之里的散村。今核對原簡,疑係「左餘樹」之誤釋,則漢簡似尚未有「村」字。

⑦ 馬王堆漢墓〈駐軍圖〉各里戶數注明「今冊人」、「不反」、「并某里」等字樣,如胡里并路里,某里并某里,某里并乘陽里,弇里并波里,廉里并虘里,埼里并波里,封里并解里。被廉并的路里皆云「今冊人」。〈駐軍圖〉是邊疆地區,對外用兵的前哨,鄉里合併或有特殊緣故,不是常態。

於卿大夫。天子統治區域曰王畿，諸侯統治區域曰封國。王畿之內有
世族貴卿的采邑，或謂之都，或謂之邑；列國封疆內也莫不皆然。諸
侯對天子只有朝覲、會同、勤勞、納貢等義務，他們的封疆並非王畿
下的一環行政區，卿大夫之采邑對於諸侯亦然。從行政管理的觀點而
言，各級統治者統轄的土地人民既犬牙相錯，也星羅棋布。當然，這
些大小聚落對於統治者，只有個別的封建臣屬；它們相互間，並沒有
行政階層的統隸關係。據今日資料所見，早在西周建國之初大概就呈
現這種局面。

　　一九五四年江蘇丹徒縣出土極負盛名的宜侯夨殷，屬於西周初期
（《通釋》52）。銘文記載周王册封宜侯曰：

　　錫土：厥川三百□、厥□百又□，厥□邑卅又五、厥□百又
　　卅。錫在宜王人□（十）又七姓，錫鄭七伯、厥廬〔千〕又
　　五十夫，錫宜庶人六百又□六夫。（圖3.4）

錫土四項，因農民掘土時破損，只剩下「川」「邑」兩項可辨。川，
郭沫若讀作甽，即畎（郭沫若1956）。唐蘭從之（唐蘭1956），但釋作山下
肥沃土地。這四項涉及田土和邑居，互有一定關係，第四項字壞，只
存「百又四十」，郭氏補了「井」
字，三十五邑計百四十井，符合
「四井爲邑」，可備一說。其他
三項錫土和聚落的關係，由於關
鍵文字損毀遂成懸案，但周王賜
予宜侯三十五邑仍非常明確。銘
文既錄周王册命，辭曰「侯于
宜」，則所封的田地和各階級人
口必在宜，宜地的三十五個聚落
顯然不似後世的鄉里地方行政系
統，在聚落之上並沒有較高層次
的行政機構來統攝。

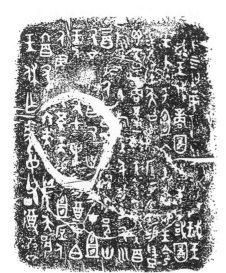

圖 3.4　宜侯夨殷銘文

　　周初封邑不相隸屬，直到春秋中晚期，農莊聚落缺乏階層架構的
獨立形態仍然非常普遍。傳世著錄的齊器〈𪓑鎛〉銘曰：

　　　𪓑叔又成榮于齊邦，𠊱氏錫之邑二百又九十又九邑，與鄩[8]
　　　之民人都鄙。（《大系》頁251）

𪓑叔，《山西通志‧金石記》引楊篤云，卽鮑叔（郭沫若《考釋》）。《史
記‧管晏列傳》曰：「鮑叔既進管仲，以身下之，子孫世祿於齊，有
封邑者十餘世，常爲名大夫。」楊說似可信。春秋時代齊國（至少貴
族的封地）似無階層的地方行政系統，否則鮑氏領地不至於有錫賞二
百九十九邑之煩瑣；同樣的情形亦見於西元前五四五年齊景公取「邶
殿其鄙六十」賞晏嬰（《左‧襄二十八》）。上文引述《左傳》襄公二十
七年，衞國的公孫免餘原有采地六十邑，獻公再賜予六十邑，他僅受
三十，計擁有九十邑。同時另一支貴族懿氏在衞的西鄙也有六十邑
（《左‧襄二十六》）。西元前五三七年，魯國叔孫氏家臣豎牛「取東鄙
三十邑以與（季孫家臣）南遺」（《左‧昭五》）。這三十邑是叔孫氏的
采邑，在魯國東鄙。不論齊國邶殿之鄙晏氏的六十個農莊，魯國東鄙
叔孫氏的三十個農莊或衞國公孫免餘的六十或九十個農莊，在每個農
莊之上都沒有更高一級的行政機構以資統轄管理，所以才會出現這種
零散而獨立的采邑形態。

　　或許有人以爲封建貴族的采邑不一定毗鄰，故封賞才產生二百九
十九邑或六十、九十等零碎割裂的現象。這樣的看法亦正說明封建體
制下，類似後世的地方行政階層系統難以存在。地方行政系統原爲方
便掌握人力，徵收賦役而生，而封建采邑則對所屬封建領主提供租稅
和力役，如果毗鄰的聚落皆分屬不同領主，更可證明這些聚落無法形
成一個更大的行政單位。事實上，除周初建國之時，曾有大片疆域的
分封，後來册封的采邑多相當零散。上述〈鬲从盨〉說鬲从分別從兩
個貴族得到十三個農莊，而〈大克鼎〉記述周王賞賜給克的田至少分

―――――――――――――――――――――
　　[8]　鄩、古文奇字，《大系考釋》無說，李孝定從唐蘭說釋作「鄩」。參見周法高《金
　　　　文詁林‧附錄》3259條。

散在七個農莊。〈敔毀〉云，敔以抵禦南淮夷入逼成周有功，得賞田于敔五十田，于早五十田（《大系》頁92）。類似這樣，一邑之田分屬不同封建貴族的例子還很多，而在封建體制下，種田的人口隨田附屬於領主，向領主納租稅，輸勞役；那麼，則連同一農莊似亦無法構成統一的行政單位。

　　春秋齊器〈叔夷鐘〉所涉封邑的記述與文獻或其他器銘略異，值得分析。銘曰齊侯錫賞叔夷，「釐都藭劀，其縣三百」（《大系》頁244）。釐，孫詒讓《古籀拾遺》疑卽萊（卷上〈齊侯鎛鐘〉），諸家從之。《春秋》襄公六年有「十有二月，齊侯滅萊」，時當齊靈公十五年，西元前五六七年。鐘銘開頭說「師於淄淮」，公曰：「余命汝政于朕三軍，肅成朕師旟之政德。」又說叔夷「虔恤厥尸事，戮龢三軍徒旟，與厥行師，愼中厥罰。」可能滅萊之邑，叔夷統帥三軍，建立大功，故賞以三百縣之巨的采地。萊國之「縣」非後世郡縣之縣，而是東夷聚落的名稱，實質當近於中原農莊之邑。從銘文看來，這三百個農莊似乎隸屬於兩個都，萊國「都」與「縣」的關係是否已經具備郡縣制地方行政系統的形式呢？而有大功如叔夷者，其大片采地上的農莊是不是也建構了簡單的階層制？不過，二都包含三百個聚落，平均每都一百五十個。以後世的地方制度來衡量，離階層制尚遠，仍然不脫離封建貴族采邑的體制。中原封建貴族主要的采邑稱作都，譬如魯季氏的費，衞孫氏的戚，他們各領許多農莊小邑，就像萊之二都，「其縣三百」。

　　不過檢讀戰國著述，不少談到地方行政系統，階層結構卻相當規整精密。它們的來源可能不一，上溯封建時代，向來多被視作不曾認眞付諸實行的擬議。其實仔細分辨，這些著述可能也反映一部分的史實。

　　《國語‧齊語》云：制國，五家為軌，十軌為里，四里為連，十連為鄉。誠如上節所論，五十家的里是社區，其內有五家為單位的軌，其上有二百家的連和二千家的鄉，都是行政單位。同篇制鄙之

法，三十家爲邑是聚落，其上「十邑爲卒，十卒爲鄉，三鄉爲縣，十
縣爲屬。」三百家、三千家九千家以至九萬家，也都是行政單位。
《管子・小匡》大同小異。據說這是管仲爲齊國制定的地方行政系
統，限於齊侯直轄的「國」和「野」。〈齊語〉說管仲修昭王、穆王
之舊法，行參國伍鄙的制度，基本精神頗與《周禮》的鄉遂系統相
通。〈大司徒〉曰：五家爲比，五比爲閭，四閭爲族，五族爲黨，五
黨爲州，五州爲鄉。二十五家共一閭門出入，成爲一小社區，百家之
族，也許合四小社區爲一大社區，但五百家的黨，二千五百家的州，
和一萬二千五百家的鄉就應是行政區而非社區了。〈遂人〉曰：「五
家爲鄰，五鄰爲里，四里爲酇，五酇爲鄙，五鄙爲縣，五縣爲遂。」
野上聚落以二十五家之「里」爲常，再大便只可能是百家的酇，過此
以上的鄙、縣與遂亦爲行政單位。據《周禮・載師》，王畿挿花式地
分佈了不少家邑、小都與大都，都是貴族采地，從常理推測，涵蓋渭
河流域的千里王畿，範圍遼濶，各個農莊似乎不可能皆與天子朝廷直
接連繫；所以在農莊聚落上設置一些行政單位也是可能的。這種情形
對諸侯直轄地亦然。《管子》〈立政〉的地方行政體系是游、里、州
與鄉，〈乘馬〉的邑制爲暴、鄉與都，單位的名稱、大小儘管不同，
立意則與《周禮》、《國語》接近。

　　如以城外的農莊或城內的社區爲基點，舊籍所載的地方行政系
統，《國語・齊語》的城內社區之上有二級，城外聚落之上有四級；
《周禮》城內外都可能有三或四級；《管子》〈立政〉和〈乘馬〉只
見二級。從中央政府到最基層的聚落之間，設置兩級行政機構，雖無
其他有力佐證，但也不宜輕易斥爲空談。近年臨沂銀雀山漢初墓出土
的竹書〈田法〉有一條說：「五十家而爲里，十里而爲州，十州而爲
鄉⑨」（《文物》1985：4，頁35）。邑里聚落之上也有兩級行政單位。雖然

⑨　原簡作「十鄉而爲州」，鄉州二字當乙誤。

我們不知道〈田法〉代表的時代，也無法判斷《周禮》鄉遂制度包含多少封建舊規，但若說封建城邦時代，天子以及大小國君所統治的聚落都如貴族采邑之零碎分散而不相隸屬，也不見得合理吧。

　　《周禮‧小司徒》說：「九夫爲井，四井爲邑，四邑爲丘，四丘爲甸，四甸爲縣，四縣爲都。」鄭玄《注》云：「此爲造都鄙也。」似相對於邦國鄉遂的另一種制度。基本聚落稱邑，其上爲丘、甸、縣與都。《司馬法》，邑丘甸之制與〈小司徒〉同，其述人民的賦役負擔曰：「丘有戎馬一匹，牛三頭，甸出長轂一乘，馬四匹，牛十二頭，甲士三人、步卒七十二人，戈楯具。」丘甸既爲賦役單位，金鶚《求古錄禮說》云「亦皆爲邑」（卷九〈邑考〉），即把它們當作個別獨立的聚落。按聚落大小擔負輕重不同之賦役，不失爲一種合理的推測。但若當作上下階層的行政單位，也不矛盾，《周禮》系統便是如此。甸上爲縣，春秋時代有些國家開發或佔領了新土地，離「國」較遠，往往置縣統治。縣固不可能只是一座孤伶伶的城堡，也必統攝附近農莊，所以縣和農莊具有階層隸屬的關係。都統轄縣，可能是齊制，下文有所分析。

　　縣和鄉都是春秋時代的制度，舊籍文獻會同並觀，參證我們對於春秋時代社會轉型的理解，關於中國地方行政系統的形成似乎可得其端倪梗概。秦漢統一政府的地方行政系統可能是從封建時代天子或諸侯直轄地的行政組織蛻變而來，其間或名同實異，或名異實同；但基層聚落古今無大差異，值得討論的是郡縣和鄉的由來。先說鄉。

　　上舉《周禮》、《國語》、《管子》、竹書〈田法〉以及《鶡冠子‧王鈇》的鄉，最少二千家，大則超過萬戶。這樣的行政單位絕非秦漢之鄉。春秋時代可能有千家的鄉，上推西周，有沒有稱作「鄉」的聚落或行政區都成問題。

　　根據今日所見的西周史料，尚無任何關於鄉里之「鄉」的痕跡。金文鄉字作「卿」（圖3.5），義同公卿之卿，饗食之饗，方向之向

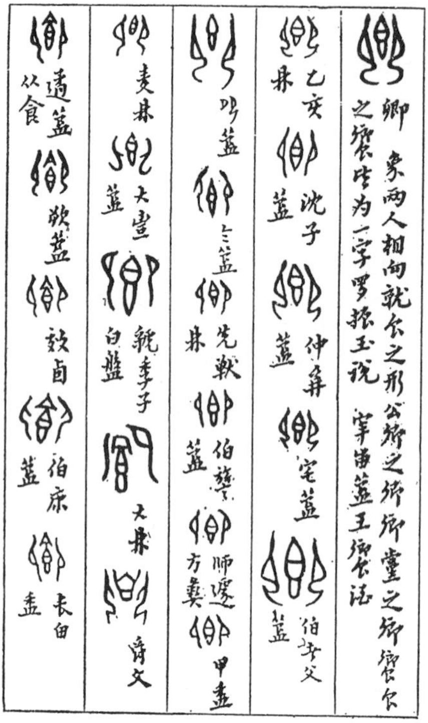

圖 3.5　金文的「鄉」字

（嚮），卻無鄉里之「鄉」⑩。上面提到的〈令彝〉、〈史頌段〉和〈齰段〉，只見「里君」、「里人」，而未見任何鄉之長官；〈酒誥〉記述衞國內服的臣工，有「百姓里君」，也沒有鄉長之流的人物。明公、矢令、史頌與齰皆天子特派大員，或來宣令，或來會事，或來治理，故召見當地百僚以及地方領袖。如果西周有高於里的鄉，像漢代的鄉三老、有秩等長官，在這麼重要而隆重的場合不露面，只讓比他地位還低的里君受命，豈非怪事？

《詩經》的「鄉」，或作向，或作嚮，也非鄉里之「鄉」。《小雅·采芑》曰「薄言采芑，于役新田，于此中鄉」，和上章「于役新田，于此菑畝」對稱。毛《傳》

---

⑩ 參見周法高《金文詁林》；與《金文詁林補》，卷九「卿」字條。楊寬說鄉、饗與卿原本一字，鄉邑之稱「鄉」原指共食的氏族聚落，其長官卽是卿。周分六鄉，置六卿，領六軍。其說詳見〈鄉飲酒禮與饗禮新探〉及〈試論西周春秋間的鄉遂制度和社會結構〉，皆收入《古史新探》。楊氏努力彌縫《周禮》歧異，但並不成功。《儀禮》鄉飲酒禮可能起源於聚落會食，但能夠會食的聚落必不可能有一萬家以上《金文詁林》的另一位編者林潔明舖陳其說，認為金文之饗有鄉人飲酒和饗（享）禮之別，似乎西周金文已有鄉里之鄉了。(頁5618-5623) 我們檢查他列舉的證據，斷定他的推測是錯誤的。現在分別辨證如下。〈大豐段〉曰「王卿（饗）大宜」(《三代》9.13.2)，這是祭祀武王顧考文王的典禮，非鄉飲。〈沈子段〉「乍玆段，用載卿（饗）己公」(《三代》9.38.1)，明言其父己公，非鄉飲。〈遹段〉「穆王才在荼京，呼漁于大池。王卿（饗）酒，遹御，亡譴」(《三代》8.52.2)，其非鄉飲，至為明顯。至如〈宰亩段〉之「王饗酒」(《三代》8.19.1)，係王狩于豆麓後享賜參與狩獵的臣工將士；〈虢季子白盤〉之「王格周廟宣榭爰饗」(《三代》17.19.1)，是虢季子白征伐玁狁的慶功宴；〈乙亥父丁鼎〉云「王在葉陳」，又云「王征人方」(《三代》4.10.10)，銘云「王饗酒」，也必是賜宴慶功，皆非平常的鄉飲。所以我們認為西周金文尚未見鄉里之「鄉」。

云：「鄉、所也」；鄭《箋》曰「中鄉，美地名，」都不當作鄉里講。
唯《鄘風・桑中》云「沬之鄉」，與「沬之北」、「沬之東」對稱，
亦指沬之某地或方位。一般認爲〈史頌毀〉屬於西周中期，〈龖毀〉
已到晚期，可見西周時代大概沒有鄉里之「鄉」這一層行政機構或社
羣聚落。《儀禮》有鄉射禮和鄉飲酒禮，雖然這部經典是比較早的著
作，難免使人懷疑西周有鄉制；但俞正燮取《左傳》記載與《儀禮》
相證，認爲所述是春秋時代的禮儀（《癸巳類稿》卷二），則《儀禮》的鄉
應是春秋的制度。

根據現有文獻，春秋才始有關於鄉制的記載。《左傳》莊公十
年，曹劌的「鄉人」勸阻他參與政事。這年值西元前六八四年，是
《左傳》最早提到的鄉。然而春秋時代的鄉還很幼稚，行政功能不
高，西元前五六四年宋大火，司城樂喜兼任執政，督導救災備患：

> 使伯氏司里，火所未至，徹小屋，塗大屋，陳畚挶，具綆
> 缶，備水器，量輕重，蓄水潦，積土塗，巡丈城，繕守備，
> 表火道。令隧正納郊保，奔火所。二師令四鄉正敬享，祝宗
> 用馬于四墉，祀盤庚于西門之外。（《左・襄九》）

在這麼緊急的時刻，司里指導里有司率其里居民徹屋開道，蓄水積
土，而四鄉正卻跑到西門外祭祀盤庚。可見晚到六世紀中葉，宋國的
鄉正猶非親民長官，鄉的重要性尚不及里。但宋之國都分作四鄉，鄉
比里大，已具後世鄉之雛型。西元前五九八年楚莊王滅陳，「復封
陳，鄉取一人焉以歸，謂之夏州」（《左・宣十一》）。州者聚也，陳人
羣聚之地故名曰夏州。陳非大國，鄉取一人而可以成爲聚落，所取之
人必定不少，而陳的鄉也不可能太大。鄭國也有鄉，《左傳》說子產
不欲毀鄉校，好讓鄉人悠遊論政（《左・襄三十一》），恐怕也不是太遼
濶的行政區域。

《左傳》所見之鄉多設於城內，不在城外。魯國有鄉（《左・莊
十》），也有遂（《左・襄七》），宋國的鄉、遂對稱（《左・襄九》），尤
其明白。可見《周禮・地官》的鄉遂系統，《秋官》〈鄉士〉、〈遂

士〉分掌國中與四郊，原則上是有根據的，或以春秋史實爲藍本，亦未可知。西周無鄉，春秋始有鄉，其中緣由因爲史籍殘闕，我們不敢強作解人；但不妨提出一點推測，也說明鄉之初現，只在國、不在野的原因。

《國語・越語下》曰，越王祝曰：「後世子孫有敢侵（范）蠡之封地者，使無終沒於越國，皇天后土、四鄉地主正之。」韋昭《解》云：「鄉，方也。」按古有四方百物之祭，鄉里之「鄉」的本義或取於方，四鄉原指國（首都）之四方，故直到漢代，鄉猶多以左、右、東、西、南、北等方位命名。

春秋以來人口逐漸向城市集中，諸侯相繼興建外城，外城往往比內城擴大三、五倍以上。我在〈周秦城市的發展與特質〉一文中已有所論述，這裏從略。傳統的內城區域小，劃分的社區（里）不至於太繁夥；城裏的國人身分高於城外野人一等（杜正勝 1979 a，頁 76），與國君的關係也比較密切。但城的範圍擴大後，里的數目增加了，基層社區和國君的距離無形中拉遠，行政系統上乃必要增置一層中介，那就是鄉。《墨子・尚同》的行政秩序，由里而鄉，由鄉而國，由國而天下，當是早期鄉制的反映。鄉是人爲的行政區域，《國語・齊語》與《管子・小匡》透露這點信息。這兩篇文獻都說管仲「制國以爲二十一鄉」，齊國的鄉若出自管仲的擘劃，最早可推到西元前六八〇年左右，與魯國相當。其他各國想必也相繼「制鄉」，可惜文獻不傳。然而，如果中央政府的權力尚未強壯，基層社區的功能尚未減弱，中介的鄉往往流於架空，這也說明宋四鄉正在救災備患的工作中只負責享祀鬼神而已。當然，鄉漸成熟，它的功能乃相對提高；唯其發展進程各國並不一致，大概春秋中期以後，鄉逐漸兼具政治和社會功能，既是行政區，也是社區了。春秋晚年，南蒯適費謀反，將行，「飲鄉人酒」，鄉人哀嘆「非吾黨之士」（《左・昭十二》）。《論語・鄉黨》云：孔子於鄉黨，「恂恂如也」。這種鄉都具備了社區聚落的性質，故公山不狃說：「人之行也，不以所惡廢鄉」（《左・哀八》）。

　　秦漢時期城內社區與城外農莊藉縣、鄉與里的行政系統來收束統御，如網在綱，操縱自如。封建時代王畿或諸侯直轄地也許已有類似的行政系統，但列國整個封建疆域之內，因為貴族采邑零散分佈，犬牙相錯，是無法建置全面的地方制度的。不過春秋（尤其中晚期）以來，封建采邑以不同因素紛紛納歸於國君（本書頁45），同時列國勤於料民，控制戶口，以便掌握兵源，擴大徵兵。於是整頓行政區域，零散的農莊乃逐漸凝聚，階層性的地方行政系統遂推展開來，在鄙野乃有凌駕於邑里之上的鄉。封建城邦時代分散於國外的鄙野，乃在中央政府治下，設鄉統隸。這也是封建貴族沒落，采邑歸「公」後應有的措施。這番改制過程或如商鞅在秦的改革，「集小鄉邑聚為縣」（《史記·商君列傳》），將正趨沒落之封建世族采邑逐漸納入中央權力管轄之內，隸屬於中央設置的縣。邑和縣之間仿效城內制鄉的辦法，增設一層行政機構，以便治理，於是城外也有鄉。許慎《說文》云：「鄉，國離邑」，應用在這個階段才算正確。戰國以下有所謂「離鄉」，即縣城的鄉里。國都以外的鄉大概從春秋中晚期到戰國逐漸完成，城邦意義的「國」被縣取代，而封建時代具有獨立意味的「邑」，也紛紛改作「里」，全國散置的聚落於是產生普遍的階層隸屬關係。

　　在封建制的崩壞過程中，地方基層有鄉里的建立，再上則是郡縣普及化。學者或根據文獻出現的「縣」字論斷縣制的起源，有的主張秦，有的主張楚，都推到春秋早、中期。春秋秦縣的性質雖不清楚，當時並沒有制度化，楚國文獻比較豐富，我們知道楚縣的性質與秦漢郡縣制之縣相當不同。

　　《史記·秦本紀》關於「縣」的資料有以下三條：

　　秦武公　十年　（前六八八年）　伐冀、邽戎，初縣之。

　　　　　　十一年　（前六八七年）　初縣杜、鄭。

　　屬公二十一年　（前四五六年）　初縣頻陽。

前兩條在春秋初葉，後一條在戰國初期。如果早在春秋時代之初，秦國已普遍實行縣制，事隔二百三十年，猶曰「初縣」，是不可解的；

非但屬公「初縣」，四百七十五年後《史記》，還說秦始皇「初縣」。
〈秦始皇本紀〉云，始皇三十三年（前二一四年），

> 自榆中並河以東屬之陰山，以爲四十四縣，城河上爲塞。又
> 使蒙恬渡河取高闕、陽山、北假中，築亭障以逐戎人。徙謫
> 實之，初縣。

蒙恬渡河逐胡，佔有其地而設縣。可見《史記》說「初縣」是個別對
某些地方而言，意指其地初屬中央統治，設官管理。

縣之爲名，或取義於懸繫（《說文解字》）。其地與中央政府直接統
治之地區不相接壤，如以線繫懸於國都。賈誼說：「今淮南地遠者或
數千里，越兩諸侯而縣屬於漢」，（《漢書·賈誼傳》）恰當地指出「縣」
的本義。所以征服之後佔有其地，或爲保持戰果，或爲防患敵人捲土
重來而築城鎮戍，並控制附近農莊，這種城邑遠離中央政府，乃予以
特別名稱曰「縣」。邽冀之戎在甘肅東部，杜、鄭在陝西東部，皆去
秦武公所居平陽甚遠。屬公所縣的頻陽也在陝東，與首都鳳翔之雍並
不接壤⑪。這些縣既因征服而生，基本上都是個別的，尚不成爲普遍
的制度。

西元前六○一年，周定王使單襄公聘於楚，假道於陳，見陳國無
寄寓，縣無施舍（《國語·周語中》）。而感慨論周制，「國有班事，縣有
序民」。「縣」與「國」連言對稱，顯然是國都以外的一種重要行政
區。早在春秋前期，中原小國有「縣」，縣似乎如《周禮》所述，是
封建時代的舊制。《周禮·地官》有縣師、縣正，《秋官》有縣士。
〈縣師〉曰：「掌邦國都鄙稍甸郊里之地域。」鄭玄《注》云：「自
邦國以及四郊之內，是所主數周天下也。」則縣師職掌之地域無所不
包。但〈縣士〉云「掌野」，鄭《注》則曰：距王城三百里曰野，三

---

⑪ 《史記集解》引〈地理志〉云隴西有上邽縣，應劭曰：「即邽戎邑也。」冀縣屬天水
郡。《正義》引〈括地志〉：「下杜故城在雍州長安縣東南九里，古杜伯國。」鄭，
「華州鄭縣也。《毛詩譜》云鄭國者，周畿內之地。宣王封其弟於咸林之地，是爲
鄭桓公。」平陽，《正義》云：「在岐州平陽。」《集解》引〈地理志〉馮翊有頻
陽縣。《正義》引〈括地志〉云：「頻陽故城在雍州同官縣界，古頻陽縣城也。」

百里以外至四百里曰縣，四百里以外至五百里曰都。「都縣野之地，其邑非王子弟、公卿大夫之采地，則皆公邑也。」故孫詒讓《周禮正義‧縣師》條引江永、金榜說云，縣師實不掌邦國，亦不及郊里，只管理甸、稍、縣、都。可見縣也就是遠離國都的公邑，遠屬王官，與大夫采地不同。《周禮》此義固與秦史符合，也和楚國的縣有共通之處。

　　楚在征服地也往往設縣，武王（前七四〇至六九〇）「克權，尹之，」（《左‧莊十八》）文王（六八七至六七七）「實縣申息」，（《左‧哀十七》）都是比較早的事。到春秋中期的莊王，楚人滅國置縣為數已經不少，時人謂之「夷於九縣」（《左‧宣十二》）。楊寬最近考出春秋楚縣十七個，其中滅小國而為縣者，如權、那處、申、息、鄖、蔡、陳；小國舊都改為縣者六，如商、期思、葉、沈、寢、白；邊境別都改建為縣者四，如武城、析、東西二不羹。所以說楚縣主要從「國」或「都」的制度轉化而來（楊寬1981）。楚縣首長稱「公」，雖多由強大氏族出任，但不能世襲，也有非貴族出身者。縣似須向中央政府繳稅賦稅，但自主性仍然相當高。這種縣雖直屬於國君，性質與秦漢的「縣」還是不同（杜正勝，1979 a 頁 144-145）。

　　當時另一大國晉，到春秋晚期據楚大夫遠啟疆說，有四十縣之多（《左‧昭五》）。這些縣的形成過程今頗難論，晉國可能與秦、楚一樣，有些侵略併吞的土地很早就由晉君直接統治或支配。西元前六二七年襄公賞郤缺先茅之縣（《左‧僖三十三》），五九四年景公「賞士伯以瓜衍之縣」（《左‧宣十五》）。先茅、瓜衍兩縣因為是晉君直轄之地，遠離國都，故用以賞賜給有功的貴族作采邑。春秋早期晉得溫原，文公以狐溱和趙衰為大夫，管理其地。《左傳》說，文公因為流亡時，「趙衰以壺飧從徑，餒而弗食。」看上趙衰誠信可靠，故使為原守（〈僖二十五〉）。原當是晉侯直轄之地，而非趙衰的采邑，因遠離國都，故可以稱作「縣」。以溫來說，歷任首長從狐氏轉為陽氏，又

轉於郤氏⑫；雖多在大族手中，到底不是貴族的私邑，這點與楚縣頗
爲相近。

　　遙啓彊說：「韓賦七邑皆成縣也，羊舌四族皆彊家也」(《左·昭
五》)。晉縣出得起百乘戰車，貴族大家的采邑也能出百乘，實力與縣
等埒。而在舊族沒落的過程中，如祁氏和羊舌氏，西元前五一四年魏
獻子「分祁氏之田以爲七縣，分羊舌氏之田以爲三縣」(《左·昭二十
八》)。晉縣當有一部分是從沒落貴族的采邑轉化而來的。誠如本書
第一章所述，晉國欒、郤、胥、原、狐、續、慶、伯諸族「降在皂
隸」，早在遙啓彊析論之前，他們的采邑當亦遭到祁氏和羊舌氏的同
一命運。

　　總之，根據秦、楚、晉三國史事分析，春秋之縣原是小邦國都或
貴族都邑，經過征服或沒收，而成爲大國國君的直領地。當時國際間
以大吞小者，「何國蔑有」(《左·成八》)？而封建貴族之淪落者亦無
代號之。首先這種國軍領地與國都附近的君主直轄地之間充斥著貴族
采邑，故國君派官治理，「如縣（懸）物然」(席世昌《讀說文記》)。逮及
時代愈下，內外新併的土地愈多，縣便愈普遍。上文說《墨子·尚同》
的行政秩序是里——鄉——國——天下(本書頁118)，對建城邦的「國」
改制作「縣」，到戰國中期商鞅在秦變法，西元前三五○年「初聚小
邑爲三十一縣」，次年「初爲縣，有秩史」(《史記·六國年表》)。秩史
是百石以下有斗食、佐史之秩的少吏，如鄉三老、有秩、嗇夫、游徼

⑫　西元前580年晉郤至與周爭溫的別邑，王命劉康公、單襄公訟諸晉。劉、單說，襄
　　王勞文公而賜之溫，狐氏、陽氏先處之，而後及郤氏。(《左·成十一》)《左
　　傳》所載溫的行政首長，茲按年代條列如下。西元前635年，晉文公「使狐溱爲溫
　　大夫。」(〈僖二十五年〉)不知何時改爲陽處父。西元前622年，「陽處父聘于衛、
　　及，過寧，寧嬴從之，及溫而還。」(〈文五〉)次年春晉蒐于夷，舍二軍，使狐
　　射姑將中軍。陽處父至自溫，改蒐于董，易中軍。(〈文六〉)可見陽氏爲溫大夫
　　在西元前622年以前。因爲621年之改蒐，陽處父成爲中軍將，狐射姑怨之，九月使
　　人殺處父。爾後不知何時，郤氏爲溫大夫，故郤至又稱溫季。(《左·成十六》)
　　及西元前574年郤氏滅後，溫大夫才易人。溫邑首長從狐氏轉於陽氏，考諸史籍，
　　狐氏未滅，亦未遭譴責，但溫大夫卻換人，可見溫不是世襲采邑，其首長係由中央
　　選派的。關於晉文公以前的溫原歷史，參見增淵龍夫，《中國古代の社會と國家》，
　　第三篇第二章。

之流（《漢書·百官公卿表》）。這樣的縣才具備郡縣制的性質，地方行政系統才制度化。但論縣制的根源仍不得不從封建城邦的地理和歷史因素去查考。以地理景觀而言，小農莊和大國都都是具體聚落，前者轉為秦漢的里，後者轉為秦漢的縣，構成地方制度的基本骨幹；不像郡與鄉，只是行政區域而已。

　　《逸周書·作雒》曰：西土「分以為縣，縣有四郡，郡有四鄙。」郡這種行政單位，不但金文所無，亦《周禮》所未及，姑且不論。《左傳》言郡始於春秋末期。西元前四九三年晉國公卿分派鬥爭，執政趙簡子挾晉君之令攻擊范氏、中行氏，軍前誓師曰：「克敵者，上大夫受縣，下大夫受郡，士田十萬」（《左·哀二》）。春秋末年晉雖有郡，猶比縣輕。當時晉郡的地位之低於縣，可能如姚鼐所說，郡荒陋而縣富庶，而與區域大小無關（《日知錄集釋》卷二十二〈郡縣〉條引），但其武備也不一定超過遺守百乘的縣。商鞅變法，史書只說「集小鄉、聚、邑，為縣」或「集為大縣」（〈秦本紀〉），亦不及郡。可見直到西元前四世紀中葉，秦國最大的地方行政單位是縣，還沒有後世的郡。

　　後世意義的郡可能始於戰國初期的魏國。《史記·秦本紀》曰：「魏築長城，自鄭濱洛以北，有上郡。」這是追溯西元前三六一年秦孝公即位以前的情勢，非謂此年魏始置上郡也。戰國初期秦魏相持於河西，中期以後魏漸敗退（杜正勝1980，表四）。上郡之設當在秦孝公以前。《史記·六國年表》云，西元前四〇八年「魏伐秦至鄭，還築洛陰、合陽」。建置上郡可能離此年不久。楚國之郡也是比較早的，范蜎謂楚懷王曰：「越國亂，故楚南塞厲門而郡江東」（《史記·甘茂列傳》）。越亂，當指越王無彊死後的分裂，約在西元前四世紀後半之中，楚人於江東設郡當比魏之上郡為晚。

　　郡者羣也，人所羣聚謂之郡（《釋名》）。郡或許是特殊的大縣城，兵強馬壯，人口眾多，始初多從邊疆軍事區設起，魏之上郡，楚之漢中，趙之雲中、雁門、代郡，燕之上谷、漁陽、右北平、遼西、遼東，皆是典型的例子。國際戰爭日亟，列強在邊境建大城、置重兵，由於

國內殘餘的貴族勢力式微，中央權力伸張，故無封建時期「尾大不掉」的顧忌。這種邊區大城就是郡。城渾爲新城公籌策，說楚王曰：

> 今邊邑之所恃者非江南、泗上也，故楚王何不以新城爲主郡，邊邑甚利之。（《戰國策·楚一》）

新城在今河南密縣，值楚北疆通中原的要衝，其地無長江、泗水之險，故設郡以守邊邑。楚國體制，縣長稱公，新城原來是縣，要求改制爲郡。郡縣之別安在？上引〈楚策〉鮑彪《注》曰：「主，猶守也，爲郡則士馬盛，可以備秦。」吳師道《補正》引呂祖謙《大事記》曰：「郡者縣之主，故謂之主郡。」改制爲郡，兵備增盛，所以郡的基本性質是軍事性的。黃歇謂楚孝烈王，「淮北地邊齊，其事急，請以爲郡便」（《史記·春申君列傳》）。其意義亦如此。

主郡，緣義命名，稱爲「主縣」或更得當。因爲郡原是大縣城，駐紮重兵以保衞附近縣城。這些縣城就隸屬於郡了。有些大城有郡之實而無其名，譬如宜陽，甘茂謂「名爲縣，其實郡也」（《戰國策·秦二》），晚到西元前四世紀末，韓仍未有以郡轄縣的制度。魏在河西只設上郡，及河西亡，內地並沒有再置郡，魏無忌曰：「所亡於秦者，山（華山）南山北，河（黃河）外河內，大縣數十，名都數百」（《史記·魏世家》），沒有提到郡。梁大夫須賈曰：「魏氏悉其百縣勝甲以上戍大梁」（《史記·穰侯列傳》）。這是西元前二七五年的話，值魏之季世，也只舉述縣而已。

列國並未普遍設郡，卽使有郡，其實是軍事特區，性質與統一帝國的郡不類，比較近乎後世之郡者是齊國的「都」。西元前三一五年燕國內戰，齊宣王「令章子將五都之兵，以因北地之衆以伐燕」（《戰國策·燕一》）。《史記·燕召公世家》同。《索隱》曰：「五都，卽齊也。」孟子見齊宣王，曰：「王之爲都者，臣知五人焉」（《公孫丑下》）。此五人卽五都之大夫。後來樂毅伐齊，湣王走死於莒，樂毅徇齊，「齊皆城守」，五年之內，「下齊七十餘城，皆爲郡縣以屬燕，唯獨

莒、卽墨未服」(《史記‧樂毅列傳》)。今按五十年前齊威王時代,齊已有
百二十城 (《戰國策‧齊一》) ,樂毅尚未征服者至少還有四、五十城,
分屬於莒與卽墨。而田單縱反間乃曰:「齊城不下者兩城耳」。實是
誇張的煽動辭令,非眞只剩下兩城,應說「兩都」;但都亦城也,田
單的話並非完全不通。問題是齊有百二十以上的縣城,何以說只有五
都?而齊城未下者四、五十,何以只說兩都?比較合理的解釋是齊國
的「都」統轄有數十縣。早在春秋中葉齊靈公征服萊夷,萊地兩個都
統縣三百,都縣就有隸屬關係了;後來齊縣漸大,每縣包含數邑,於
是威王時期有百二十縣,其上又有五都。《管子‧山至數》曰:

> 守大夫以縣之策,守一縣以一鄉之策,守一鄉以一家之策,
> 守〔一〕家以一人之策。

大夫是都的長官(《孟子‧公孫丑下》),以都轄縣,通齊國皆然,與魏、
楚、趙、燕只在邊區置郡以轄縣者不同。如果這個推測不差,那麼秦
漢的郡縣制可能淵源於齊國的「都縣制」。

秦國在統一戰爭中不斷置郡,如秦王政五年取魏二十城,初置東
郡;十七年滅韓,夷爲潁川郡。以郡管轄原有的縣。秦始皇二十六
年,統一六國,乃「分天下爲三十六郡」(《史記‧秦始皇本紀》)。中國
地方行政系統的模型:郡——縣——鄉——里於是確立。以後在郡之
上或設州,或設道, 或設行省, 在郡、縣之間或設府, 萬變不離其
宗,基本架構都在此時完成。

秦漢郡縣首長由中央政府簡派,縣以下的鄉里佐吏則選任當地人
士。《漢書‧百官公卿表》曰:「鄉有三老、有秩、嗇夫、游徼。三老
掌教化,嗇夫職聽訟,收賦稅,游徼徼循禁賊盜。」《續漢書‧百官
表》本注云:「大鄉設有秩,小鄉設嗇夫。」故知鄉吏是三老、有秩
(嗇夫)和游徼三人。里有里正,秦簡避諱稱作「里典」,《漢書》
無職掌,《續漢書》曰:「里有里魁,民有什伍,善惡以告。」就行
政組織而言,鄉比里重要。但里爲戶籍所繫,秦漢署明人民籍貫的簿

册可以無鄉貫、縣貫或郡（國）貫，絕不能缺少里貫⑬，也因爲里是
具體聚落的緣故。

三、以軍領政和閭里什伍

中央政府掌握人力資源，利用地方行政體系，下達於閭里每家每
戶。在此過程中灌輸兩點精神，一是以軍領政，一是什伍連坐。前者
只見於地方制度形成之初，後者則通貫傳統兩千年的社會。

一　以軍領政

先秦文獻凡論及地方行政系統者，多與軍隊組織配合。這些文獻
包含經典、子書及史傳，來自多源的資料，恐怕反映一些實情，不是
純粹私家議論。後世地方行政系統雖與軍隊組織分離，但在某些特殊
地區仍能發現其連繫的痕跡。最顯著者莫過於鼂錯的邊縣之法。漢文
帝對鼂錯上疏建言守邊備塞，政府於是「募民徙塞下」，鼂錯援引
「古之制邊縣」，以兵部勒平民。他說：

> 使五家爲伍，伍有長；十長一里，里有假士；四里一連，連
> 有假五百；十連一邑，邑有假候；皆擇其邑之賢材有護、習
> 地形和民心者，居則習民於射法，出則教民於應敵。故卒伍
> 成於內，則軍正定於外。（《漢書·鼂錯傳》）

行政系統和軍隊組織密切配合。理論上，行政系統有一戶，軍隊組織
有一丁，集鄉里之民而成軍，戰時，鄉里長官卽是軍隊各級首長，故
曰：「卒伍成於內，則軍正定於外」。對正夫來說，軍政一體，兵農

---

⑬ 勞榦《居延漢簡考釋》〈名籍類〉籍貫登錄齊全者約一百七十條，或寫明郡縣里，
如「淮陽郡苦中都里公士薛寬年二十七」；或署國縣里，如「戍卒趙國邯鄲縣蒲里
董平」；或省郡，只署縣里，如「昭武騎士樂成里羊田」；或省縣，只署郡里，如
「水門燧長張掖下郡里公乘江□客年卅」諸如此類，不勝枚舉。但卻難得發現署錄
鄉貫的例子。署明鄉貫之例甚少，如《居延漢簡·考釋之郡》1256號：「魏郡繁陽
北鄉佐左里公乘張世」，及1257號：「河南郡雒陽北鄉昌里公乘□□」。正史著錄鄉
貫者有陳平，陽武戶牖鄉人；老子苦縣屬鄉曲仁里人，具見於《史記》本傳。近年
武威磨咀子漢墓四、十五出土的柩銘，書死者籍貫曰：「姑臧西鄉閭導里壺子梁」，
「姑臧北鄉西柩里女子某」（《武威漢簡》頁149）。大概漢代的鄉多以左、右、
東、西、南、北、中方位命名（王毓銓 1983，頁17），鄉名雷同，故區別籍貫主
要靠郡國縣里，一般鄉名多可省略。

不分是很古老的制度，但作為普及全國的制度則必待「編戶齊民」出現，普遍征兵後，才真正的全民皆兵（本書第二章）。就在這時候，地方行政系統也逐漸形成。

　　鼂錯所做之「古制」分別見於《國語》、《管子》和《周禮》等書，根本精神在於「作內政而寄軍令」（《國語‧齊語》），於是「事有所隱而政有所寓」，「卒伍政定於里，軍旅政定於郊」（《管子‧小匡》），成為全民皆兵的社會。現將《國語‧齊語》的「制國」、《管子‧小匡》的「伍鄙」、《周禮》〈大司徒〉的「鄉」、〈遂人〉的「遂」、〈大司馬〉的兵制，和《鶡冠子‧王鈇》的「制邑」列表於下，以資比較。

家／人		五	二五	三〇	五〇	一〇〇	二〇〇	三〇〇	五〇〇	二〇〇〇	二五〇〇	三〇〇〇	九〇〇〇	一〇〇〇〇	一二五〇〇	一〇〇〇〇〇
齊語	政	軌			里		連			鄉				國		
	軍	伍			小戎		卒			旅				軍		
	長官	軌長			里有司		連長			鄉良人				帥		
小匡	政／軍	軌		邑				率				鄉	屬			
	長官	軌長		邑有司				率長				鄉良人	屬帥			
大司徒	鄉政	比	閭			族			黨		州				鄉	
遂人	遂政	鄰	里			酇			鄙		縣				遂	
大司馬	軍	伍	兩			卒			旅		師				軍	
	軍官		兩司馬			卒長			旅帥		師帥				將	
	爵		中士			上士			下大夫		上大夫				命卿	
王鈇	政	伍			里		扁			鄉				縣		郡
	長官	伍長			里有司		扁長			鄉師				嗇夫		大夫

圖 3.6　山彪鎮戰國銅鑑花文　軍隊組織之什伍

單就兵制而言，如此規整的階層不但可能，而且必要。戰國兵書頗可佐證。《孫子·謀攻》篇把軍隊分作伍、卒、旅、軍四級，曹操《注》云：「五人爲伍，百人爲卒，五百人爲旅」（吉天保《集注》）。《尉繚子·攻權》則分「五人之伍」、「十人之什」、「百人之卒」、「千人之率」和「萬人之將」五級。《商君書·境內》有伍、百人、五百、二五百，但千人軍隊在戰國時代不可能單獨完成戰役任務，秦軍當不止此四級而已。可見上表的軍隊組織階層絕非嚮壁虛造。唯各國軍隊組織的名目容有不同，階層繁簡可能不一，但軍隊最主要的組成不外三環，卽基本的伍、百人之卒和統率全軍的將（圖3.6）。《司馬法·定爵》有一個巧喩，曰：「將軍、身也，卒、支也，伍、指拇也。」以人喩軍，軍隊行動如身之使臂，臂之使指。

　　由於軍事的需要，軍隊的階層結構趨於精密規整是可能的，但行政系統要求對應地精密劃一則扞格難通。事實上有困難，第一、戶有罷癃，免除兵役；第二、春秋中晚期以下普遍擴大征兵，每戶不只出一兵丁，戰國苛政，征發壯丁尤甚⑭。不論免役或多征，行政系統和

---

⑭　《左傳》襄公二十六年宋國的向戍追述西元前573年的晉楚彭城之役，雍子臨陣發命曰：「歸老幼，反孤疾，二人役，歸一人。」則當時晉軍已有兄弟同赴戰場者。《國語·吳語》記越王勾踐徇於軍曰：「有兄弟四五人皆在軍者，擇所欲歸者一人。」蘇秦說齊王曰：「臨菑之中七萬戶，不下戶三男子，三七、二十一萬，不待發於遠縣，而臨菑之卒固已二十一萬矣。」可見戰事愈烈，家中壯丁都要當兵的，故信陵君救趙時，下令軍中曰：「父子俱在軍中，父歸；兄弟俱在軍中，兄歸；獨子無兄弟，歸養。」（《史記·魏公子列傳》）

軍隊組織是不易吻合的；何況層層行政單位的戶數要符合非五即十的倍數，古今中外恐難找出實例。不過《尉繚子·伍制令》述「軍中之制」曰：「五人為伍，伍相保也；十人為什，什相保也；五十人為屬，屬相保也；百人為閭，閭相保也。」屬、閭都是行政區域的單位，人數雖然不盡相同，倒也透露了軍政關係的一些痕跡。尤其我們不能因文獻記載過於整齊刻板而忽視以軍統政的實質意義，封建制到郡縣制轉型之際，軍隊長官亦兼民政首長，具有文武雙重身分和任務。《周禮·夏官司馬·敍官》鄭玄《注》曰：「凡軍帥不特置選於六官，六鄉之吏自鄉以下德任者兼官焉。」孫詒讓《正義》云：「兼官者，在鄉為鄉官，在軍為軍吏」（卷五十四）。軍政一體本是封建城邦時代的傳統，封建貴族皆文武全才，主政的卿大夫即是軍隊統帥，列國謀元帥也就是選執政，《左傳》記載甚明[15]。軍將以下的中下級軍官，史書鮮有記錄，恐亦不例外。晉國的縣有輿尉，其職責之一是徵發人民徭役（《左·襄三十》），然而他也是一種軍官〔附錄三〕，可見軍務和民政是相通的。《周禮·地官》很有系統地說明這問題。〈州長〉曰：「若國作民而師田行役之事，則帥而致之，掌其戒令與其賞罰。」〈黨正〉曰：「凡作民而師田行役，則以灋治其政事。」〈族師〉亦曰：「若作民而師田行役，則合其卒伍，簡其兵器，以鼓鐸旗物帥而至，掌其治令戒禁刑罰。」所以凡是征伐、田獵、巡狩和行役等軍事活動，州長、黨正、族長等地方首長就成為軍隊長官。鄭玄說，在軍則為師帥、旅帥、卒長者也。賈公彥云：「在鄉為州長已管其民，在軍還領己民為師帥，即是因內政寄軍令也」（《周禮·州長·疏》）。《周禮》的州、黨與族屬於鄉的系統，即城邦時代的國，國人有當兵的權利和義務，故軍政一體。一旦擴大征兵，及於野人，而野

---

⑮ 《左傳》僖公二十七年，楚王子玉治兵，蒍賈曰：「子玉剛而無禮，不可以治民。」既云「治兵」，復云「治民」，軍政一體故也。同《傳》，晉文公蒐于被廬，作三軍而謀元帥，趙衰曰：「郤縠可，臣亟聞其言矣，說禮樂而敦詩書，詩書、義之府也，禮樂、德之則也，德義，利之本也。」《國語·晉語四》記同一事曰：「夫德義，生民之本也。」元帥是執政，所以責其能「生民」。《左傳》成公六年，欒書為中軍帥，有人說他「為大政」。國家將帥也就是執政的例子詳見《左傳》，不臚列。

上的邑也作適度的行政系統規劃，此傳統不但未消失，反而被因襲，上表所引《管子·小匡》和《周禮·遂人》卽此現象的反映。然而比百人之「族」還小的里與比，《周禮》經文皆未明言里胥、比長主「師田行役」之事，所以他們不必定是統兵的兩司馬和伍長。

兼官雖具文武雙重身分，實則以武職爲主，文職爲輔，也卽是以軍統政。《荀子·富國》曰：

> 兼足天下之道在明分：撩⑯地表畝，刺屮殖穀，多糞肥田，是農夫衆庶之事也；守時力民，進事長功，和齊百姓，使人不偷，是將率之事也。

明分之「分」卽分辨治人者與治於人者的職責，治人的將帥管理受治於人的農夫衆庶；他所守之「時」是農時，所力之「民」是農民，所進之「事」、所長之「功」是撩地表畝、刺草殖穀、多糞肥田的農事農功，而所和齊的百姓也就是編戶齊民。王先謙《集解》引俞樾曰：「蓋古之爲將率者，其平時卽州長、黨正之官」。山東臨沂銀雀山新出《孫臏兵法·官一》亦曰：

> 凡處卒、利陳、體甲兵者，立官則以身宜，賤（踐）令以采章，制卒以州閭，授正以鄉曲。（《孫臏兵法》頁74）

按地方行政單位編組士卒，任命鄉里行政長官爲軍正，以旌旗伸張政令，以軍法部勒人民，軍政一體，故曰「立官以身宜」。孫臏認爲唯有如此，將領才能帶好兵，打好仗。這在戰國時期並非徒託空言的理想，而是見諸行事的事實。鄒君向孟子抱怨鄒、魯交戰時，鄒「有司死者三十三人，而民莫之死」（《孟子·梁惠王下》）。孟子親見的齊平陸大夫，旣有「持戟之士」，亦受齊王之命而牧其民（《孟子·公孫丑下》）。鄒有司和平陸大夫皆平時治民而戰時領兵。戰國的郡縣首長或稱「守」，或稱「長」，守者守土，長者長兵，都是軍職兼治民事的。《六韜·農器》曰：「里有吏，官有長，其將帥也。」應是當代的實錄。

---

⑯　撩，原作撩，據王先謙《荀子集解》引王引之說改。

上引《荀子・富國》楊倞《注》「將率」云「若今宰守」，俞樾譏刺他「曲爲之說」，未達作內政寄軍令之旨（王先謙《集解》引）。其實楊氏非不知以軍統政之道，他所謂的「今」若限於戰國，是完全正確的。而鼂錯師法「古之制邊縣以備敵」，部勒臨邊居民，遠雖可上溯三代之古，近則承紹春秋中晚期至戰國發展成功的新制。

二　閭里什伍

「什」和「伍」原是軍隊的組織，西周時一車十徒謂之「什」，至春秋以下二十五徒供一車，分成五個單位，每一單位卽是「伍」（本書頁64）。在兵制與行政制度改革過程中，「作內政而寄軍令」，以軍法部勒民政，軍隊組成單位遂變成閭里組織的細胞。唯從秦漢簡牘來看，閭里之中「伍」的組織更重於「什」，也許沒有「什」也說不定。不過「什伍」既然成爲慣用詞語，爲行文方便，我們仍然沿用。

睡虎地秦簡《律說》有一條曰：「何謂四鄰？四鄰卽伍人謂也。」（《睡簡》頁194）自家和前後左右鄰居合成一個政治社會單位，就是「伍」，《急就篇》名作「伍鄰」（第二十七）。伍鄰互相保任，《墨子・備城門》曰：

> 諸〔吏〕、卒、民居城上者，各葆（保）其左右〔前後〕。左右〔前後〕有罪而不智（知）也，其次伍有罪，若能身捕罪人若告之吏，皆構（購）之。若非伍而先知他伍之罪，皆倍其構（購）賞。城下里中家人各葆（保）其左右前後，如城上。[17]

又曰：「官府城下吏、卒、民，皆前後左右相傳保火。」前後左右合成一伍，比比相扣如環。所謂城上吏民各保其左右，當據下文城下里中云云補「前後」二字，才符合「伍」的意義。這種五家的單位典籍異名，《國語・齊語》和《管子・小匡》稱曰「軌」，《周禮》《大

---

⑰　「城下里中」一條據岑仲勉《墨子城守各篇簡注》（頁110）移於此。

司徒》曰「比」，〈遂人〉曰「鄰」，《管子‧乘馬》和《鶡冠子‧
王鈇》稱作「伍」，其實一也。然而除卻〈乘馬〉與〈王鈇〉之外，
諸書論述行政系統只有伍而無什。什是二伍，雖仍可能是軍隊組織之
一種，從雲夢秦簡遺留的律令及解說來看，並無什的政治社會單位；
《史記‧司馬穰苴列傳》亦云，穰苴自謂出身「閭伍之中」，不言
「什」。文獻雖然經常什伍連言，重點則在於伍。

誠如上言，什伍起於兵制，當以兵法部勒人民時，閭里的什伍組
織首先只在有服兵役之權利（也是義務）的地區推行。譬如齊國，五
家構成一基本單位的軌是在「國」，不在「都」。《史記‧齊太公世
家》曰：桓公得管仲，「連五家之兵」。五家爲伍的行政組織不是一
開始就普及到全封域之內的。

閭里居民五家爲伍的編組，起初大概根據田地，其次根據住家，
田有四至，宅有四鄰，合爲同伍。《春秋繁露‧王道》曰：「梁內役
民無已，其民不堪，使民比地爲伍，一家亡，五家殺刑。」比地爲
伍，《周禮》謂之「地比」。〈小司徒〉曰：「凡民訟，以地比正
之」，鄭司農云：「以田畔所與比正斷其訟」。蓋指耕地相近之人。
唯賈公彥《疏》與孫詒讓《正義》都不取先鄭之義，認爲「地比」就
是比居。不過，先鄭的解釋是有所本的。春秋末年，陳國依違於吳楚
之間，左右爲難，陳侯詢國人，從吳者居左，從楚者居右；列隊方
式，則「陳人從田，無田從黨」（《左‧哀元》）。田，耕田；黨，里
居。二者有別，而且以田地爲先。稍前，鄭子產推行的新政，有「廬
井有伍」一項（《左‧襄三十》）。廬是「田中有廬」之廬，草棚之類的
房子。廬井雖含田舍，卻以耕地爲主，凡田地相鄰近的五家（即自己與
己田四至的耕者），合成一伍。所以人民責罵子產「取我田疇而伍之」。

臨沂銀雀山漢初墓出土竹簡，可能屬於〈田法〉的篇簡中有云：
「五十家而爲里，十里而爲州，十州（原誤作鄉）而爲鄉（原誤作州）。州
鄉以地次受（授）田於野，百人爲區，千人爲或（域）。人不舉或（域）
中之田，以地次相……五人爲伍，十人爲連，貧富相……」（《文物》

1985：4，頁35）。可見閭里「比地爲伍」和田界很有關係。

　　但古代田制破壞後，政府控制人力的憑藉，里宅就更重於田地了，《周禮》謂之「國比」。〈鄉師〉曰：「以國比之灋，以時稽其夫家衆寡，辨其老幼、貴賤、廢疾。」無田之人也納入編制，相伍之次以里宅爲原則，卽《左傳》所謂的「無田從黨」。此趨勢逐漸發展，終至於捨田而從里，秦律的「四鄰」就完全根據居宅而制伍的。何休曰：「梁君隆刑峻法，一家犯罪，四家坐之。一國之中無不被刑者」（《公羊傳·僖十九·注》）。而《鹽鐵論·周秦》的「比地於伍」，亦取比居之義。

　　隨著兵源之擴充，軍隊的什伍制也逐漸滲入閭里行政組織中。戰國以降，平民編伍大體以居宅爲基準，舉凡編戶之民都被納入伍制。雖然梁國早在春秋中葉以前就超前地實行「比地爲伍」，但因不適合時代要求，旋卽亡國。各國閭里什伍制大抵是春秋中晚期以下軍政改革的結果。西元前五四三年鄭子產使「廬井有伍」，以什伍部署人民；不久隨之「作丘賦」（《左·昭四》）。而五年前楚國蒍掩治賦，「量入脩賦，賦車籍馬」（《左·襄二十五》），在此前後恐怕亦實行什伍約束的。故西元前五一九年楚沈尹戌論政就提到「親其民人，明其伍候」（《左·昭二十三》）。杜預《注》云：「使民有部伍，相爲候望。」

　　大凡國家擴充軍隊，爲掌握兵源而清查戶口，整頓戶籍，大概多先後編組什伍以約束人民。所以吳起《敎戰法》講述兵械行陣之同時亦說：「鄉里相比，什伍相保」（《通典》卷一四九引）。《管子》還保留不少此類材料。〈幼官〉曰：「戒秋事，修鄉閭之什伍，」與〈度地〉徵引〈令〉曰：「常以秋，案家人，比地，家什伍口數」吻合。〈五行〉亦曰：「涼風至，白露下，天子出令，命左右司馬衍組甲，屬兵，合什爲伍，以修於四境之內。」所部勒者主要是農人，〈輕重乙〉故曰「什伍農夫」。齊國的什伍制在春秋晚期以前已建立，司馬穰苴乃謂齊景公曰：「臣素卑賤，君擢之閭伍之中，加之大夫之上」（《史記·司馬穰苴列傳》）。逮乎戰國時代，各國的閭里普遍都部署什伍了。

　　閭里制伍之後，聚落的人羣結構發生很大的改變。古代里邑合族聚居，形成休戚與共的一體感，可以稱作「共同體」。其根本精神卽《周禮·族師》的「聯」。聚居是聯，共耕是聯，合飲也是聯（本書第五章）。《國語·齊語》描述其情狀曰：

> 人與人相疇，家與家相疇，世同居，少同遊。故夜戰聲相聞足以不乖，晝戰目相見足以相識，其歡欣足以相死，居同樂，行同和，死同哀。是故，守則同固，戰則同彊。

然而閭里原本是相保、相受、相葬、相救、相賙、相賓的溫暖人間（《周禮·大司徒》），什伍制一旦形成，一變而爲相伺、相糾、相察的冷酷社會。《韓詩外傳》有很鮮明的對照，曰：

> 古者八家而井。八家相保，出入更守，疾病相憂，患難相救，有無相貸，飲食相召，嫁娶相謀，漁獵分得，仁恩施行，是以其民和親而相好。今或不然。令民相伍，有罪相伺，有刑相舉，使構造怨仇而民相殘，傷和睦之心，賊仁恩，害士化，所和者寡，欲敗者巨，於仁道泯焉。（卷四）

韓生鈎勒兩個時代聚落的面貌，著實捕捉到某些獨特的時代精神。按照他的見解，關鍵在於「令民相伍」。後來馬端臨也作類似的比較，他說：

> 周之法則欲其出入相友，守望相助，疾病相扶持，是教其相率而爲仁厚輯睦之君子也；秦之法，一人有姦，鄰里告之，一人犯罪，鄰里坐之，是教其相率而爲暴戾刻核之小人也。
>
> （《文獻通考》卷十二〈職役考〉一）

什伍連坐固不始於商鞅，向來都把春秋戰國的轉變歸之於秦，這是中國傳統論史的表達方式，不必深究。

　　里居之什伍旣緣乎兵制，其連坐也出於軍法，春秋末葉宋國干犫所謂「不死伍乘，軍之大刑」（《左·昭二十一》），卽是。《商君書·畫策》曰：「行間之治連以五，辨之以章，束之以令。」〈境內〉曰：「其戰也，五人來薄（東簿）爲伍，一人羽（逃）而輕（剄）其四

人⑱。」此皆軍隊同伍的連坐。《尉繚子・伍制令》亦曰：「伍有干令犯禁者，揭之，免於罪；知而弗揭，全伍有誅。」民政的什伍是否如此嚴酷，我們還缺乏直接證據；不過，軍事地區如圍城中居民的連坐是不減於軍伍的。其律令見諸《墨子・號令》者有以下數則：

1.失火以為亂事者車裂，伍人不得，斬；得之，除。

2.圍城之重禁：敵人卒（猝）而至，嚴令吏民無敢讙囂，三冣（聚），並行，相視坐泣，流涕若視，舉手相探、相指、相呼、相麾、相踵、相投、相擊、相靡（以身及衣也），訟駁言語，及非令也而視敵動移者，斬；伍人不得，斬；得之，除。

3.伍人踰城歸敵，伍人不得，斬。

4.當術需敵，離地，斬；伍人不得，斬；得之，除。

〈號令〉可能是秦墨之作（李學勤1981），對戰亂頻仍的東方列國，凡有圍城，其禁令恐怕也同樣的嚴酷。

　　我們根據殘存的資料，發現什伍制連坐似乎也有一段發展過程。據《管子・立政》，小自個人和家長，大及什伍、游宗、里尉、州長、鄉師以至於士師，層層行政系統中，在上位的長官要為所屬人民負連帶責任。〈立政・首憲〉曰：

凡過，黨（儻）其在家屬，及于長家；其在長家，及于什伍之長；其在什伍之長，及于游宗；其在游宗，及于里尉；其在里尉，及于州長；其在州長，及于鄉師；其在鄉師，及于士師。三月一復，六月一計，十二月一著。凡上賢不過等，使能不兼官，罰有罪不獨及，賞有功不專與。

惠士奇《禮說》〈刑罰慶賞相及相共〉條曰：「及者，坐也。下有辜，坐其上也」（卷三）。安井衡《管子纂詁》引趙光賢說同。上級長官對所屬人民的考核大概不可能那麼精密，連帶範圍波及州鄉全國，也是

---

⑱　孫詒讓說「來簿」係「東簿」之誤。高亨云「羽」當作「兆」，借為「逃」。朱師轍說「輕」當為「剄」。參見朱氏《商君書解詁》，高氏《商君書注釋》。

不易想像的。但〈首憲〉章至少透露什伍制有過上下連坐的階段。由於官長要對所屬人民的過錯負連帶責任，自然也有約束他們行爲的權力。唯範圍不可能太廣泛，故〈首憲〉章又曰：「若在長家子弟、臣妾、屬役、賓客，則里尉以譙于游宗，游宗以譙于什伍，什伍以譙于長家。」里以上則純屬官僚系統的連帶責任，與一般人民無關。

　　閭里什伍制從上下縱的連坐轉變成左右橫的連坐，是同伍之人互相擔負連帶責任，而非個人——家長——什伍之長——游宗——里尉等的直線連鎖。《周禮》自〈鄉大夫〉以下只有〈比長〉條曰：「各掌其比之治，五家相受，相和親，有皋奇衺則相及。」〈大司徒〉曰「五家爲比」，比長卽伍長。有皋相及的範圍限於同伍的五家，卽是橫的連坐。《史記·秦始皇本紀》附《秦紀》云：獻公十年（前三七五年），「爲戶籍相伍」。早在商鞅變法之前十六年，秦已制伍部勒人民了，但太史公傳述商鞅變秦之法，特別指出他「令民爲什伍，而相牧司（伺）連坐」（《史記·商君列傳》）。牧伺者，檢舉糾發也，卽我們所謂橫的連坐。人民戶籍有什伍，並不一定就有橫的連坐。秦國橫的連坐卽使非商君創制，也可能從他才開始厲行。

　　檢舉糾發的項目因時因地而異，如上引《墨子·號令》的圍城禁令是很極端的規定，在平常的情況，同伍連坐之罪有一定的範圍，伍人檢舉也非漫無限制。睡虎地秦簡《律說》有一條解說：

　　律曰「與盜同法」，有（又）曰「與同罪」，此二物其同居、
　　典、伍當坐之。云「與同罪」，云「反其罪」者，弗當坐。
　　（《睡簡》頁159）

觸犯律令「與盜同法」，又說「與同罪」者，同伍之人才連坐；只說「與同罪」，或說「反其罪」者，同伍不坐。此乃原則性規定，實際上必極複雜，《秦律雜抄·傅律》曰：

　　百姓不當老，至老時不用（以）請，敢爲詐僞者，貲二甲；
　　典、老弗告，貲各一甲；伍人，戶一盾，皆遷之。（《睡簡》
　　頁143)

「老」者免老，見《秦律十八種・倉律》（《睡簡》頁53），不服兵役和
徭役（本書頁13）。官吏審定人民課役之類別時作偽，未及「老」而虛
報作「老」，或已「老」反而不代為申報，里正、父老須受處分，同
伍之人每戶也罰一盾，而且皆加以流放。《律說》又曰：

> 賊入甲室，賊傷甲，甲號寇，其四鄰、典、老皆出不存，不
> 聞號寇，問當論不當？審不存，不當論；典、老雖不存，當
> 論。（《睡簡》頁193）

四鄰卽伍人。同伍之人在家爲賊所傷，伍人知而不救，須論罪；只有
外出才不論罪。

　　上引〈傅律〉和《律說》中的「典」是里典，卽里正，「老」是
父老。里正、父老的連帶責任重於伍人，可見卽使實行橫的連坐，縱
的連坐並未廢除。

　　秦簡《封診式・穴盜》爰書云，某乙一件複結衣（綿衣）遭竊，報
官。辦案的令史訊問里典丁和某乙伍人士伍某曰：「見乙有結複衣，
繆緣及殿（純），新也。不知其里□何物及亡狀」（《睡簡》頁271）。小
及衣物亦須伍人證實，同伍之間的關係眞洞若觀火，瞭如指掌矣。一
個人的一舉一動大概很難瞞過伍人，「牧伺」自然可能了。爲防範誣
攀，律令對於誣告有很明白的限制，《律說》曰：

> 伍人相告，且以辟罪，不審，以所辟罪罪之。有（又）曰：
> 「不能定罪人，而告他人，爲告不審。」今甲曰伍人乙賊殺
> 人，卽執乙，問不殺人，甲言不審，當以告不審論，且以所
> 辟？以所辟論當也。（《睡簡》頁192-193）

誣告，則以所告之罪論處之。有此限制，伍制才能健全運作。同伍雖
然伺察，也不見得皆爲「暴戾刻核之小人」，仍然保有一些守望相助
的溫情。《禮記・雜記下》曰：

> 姑姊妹其夫死，而夫黨無兄弟，使夫之族人主喪，妻之黨雖
> 親弗主。夫若無族，則前後家，東西家；無有，則里尹主
> 之。

民間禮俗，血親猶居首要地位，伍人次之，比妻族還重要。此亦反映什伍制不僅是律令和政制的規章，亦活生生地存在於人民日常生活中。後世俗話說的「遠親不如近鄰」，淵源是很古的。

察姦之外，什伍制最主要的目的是穩定戶口，禁止逃亡。《周禮·比長》曰：「徙于國中及郊則從而授之，若徙于他則爲之旌節而行之，若無授節則唯圜土內之。」五家之首的比長蓋以管制伍人遷徙爲職務。未獲旌節而遷移者，謂之「亡命」，據《周禮》是要坐牢的。但戰國以後亡命非一般罪犯可比，魏安陵君引述〈大府之憲〉曰：「國雖大赦，降城、亡子不得與焉」（《戰國策·魏四》）。亡子，亡命之人也，不在大赦之內。亡命之罪至於死，《史記·淮南厲王列傳》所謂「亡命棄市罪」者也。七謫之科，亡命列在第二（《漢書·武帝紀》天漢四年《注》引張晏曰），而首匿亡命，國有常刑。集權的中央政府對於逃亡者處分重刑（杜貴墀《漢律輯證》卷三），用意不外在控制人力，而什伍制則是達到此目的的極佳手段。故治理人民必自什伍的約束始，《管子·禁藏》說得很剴切，曰：

> 夫善牧民者，非以城郭也，輔之以什，司之以伍。伍無非其
> 人，人無非其里，里無非其家。

此論與沈尹戌反對城郢，主張「親其民人，明其伍候」（《左·昭二十三》），幾乎沒有二致。因爲能司輔以什伍，則

> 奔亡者無所匿，遷徙者無所容，不求而約，不召而來。故民
> 無流亡之意，吏無備追之憂。故主政可往於民，民心可繫於
> 主。（《管子·禁藏》）

人民不流亡，賦稅徭役的來源穩定，統治者於是乎可以高枕無憂，此之謂「爲國之本」（同上）。

根據秦律，橫的連坐範圍只以五家之伍爲限，未嘗擴大到里。韓非曰：「至治之國善以止姦爲務」，「去微姦之道」在於「務令之相規（闚）其情」，相關之法唯「蓋（盡）里相坐而已」（《韓非子·制分》）。其實閭里連坐是韓非的苛論，和《周禮·族師》所謂百家之族「刑罰

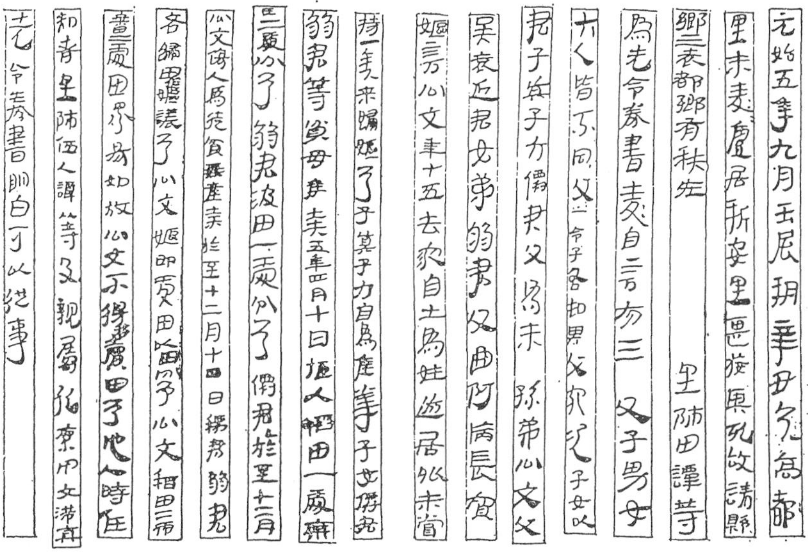

圖 3.7　漢簡先令券書摹本

慶賞，相及相共」一樣，尚停留在議論層面，不是史實，西漢初廢除不少嬴秦苛酷的律令，但五家爲伍的連坐法一直保留下來[19]。作於西元前一世紀的《急就篇》（沈元1962）曰：「變鬥殺傷捕伍鄰，亭長游徼共雜診。」同時的《鹽鐵論》亦曰：「自關內侯以下，比地於伍，居家相察，出入相司（伺）」（〈周秦〉）。江蘇儀徵胥浦西漢墓近出平帝元始五年（西元五年）的分產遺囑〈先令券書〉，見證人除縣鄉三老，都鄉有秩、佐、里師外，還有伍人（圖3.7）。終西漢之世，閭里什伍制依然非常活躍，它甚至變成死而不僵的百足之蟲，爲二千年來政府控制人民的工具。

⑲　《史記·高祖本紀》劉邦入關，與秦父老約法三章，「殺人者死，傷人及盜抵罪。」餘悉除去秦法。《集解》引張晏曰：「秦法，一人犯罪，舉家及鄰伍坐之，今但當其身坐。」當時什伍連坐似乎廢除了，但歷時不久。《漢書·刑法志》曰：「其後四夷未附，兵革未息，三章之法不足以禦姦，於是相國蕭何攈摭秦法，取其宜於時者，作律九章。」以後世歷史觀之，什伍連坐必在其中。西漢初期除三族罪、袄言令，廢肉刑《漢書·刑法志》，盡除收帑相坐律，皆未言及廢除什伍連坐。《漢書·文帝紀》及〈刑法志〉作「盡除收律、相坐法，」語意含混。

第四章 土地的權屬問題

　　土地的規劃、利用，和人口的清查、役使，並屬政治之大端，《管子》云「均地」（〈乘馬〉），《商君書》曰「算地」（〈算地〉），《漢書》記載提封田（〈地理志下〉），都是既重視人口，也重視土地的，與《周禮‧大司徒》「掌建邦之土地之圖與人民之數」相通。

　　早在周初封建諸侯，土地和人口的賜與已見諸册命文書，〈大盂鼎〉云：「受民受疆土」（《三代》4.42）。《左傳》追述衞建國，「聃季授土，陶叔授民」（〈定四〉），宜侯矢簋關於錫土與錫人，言之尤詳（《錄遺》167）。卽使到春秋中葉以後，國家投降，「司徒致民，司馬致節，司空致地」（《左‧襄二十五》），土地和人口還是同樣重要。難怪《禮記》說：「有人此有土，有土此有財」（《大學》）。孟子也說：「諸侯之寶三：土地、人民、政事」（〈盡心下〉）。《管子》甚至以爲「欲理其國者必先知其人，欲知其人，必先知其地」（《通典‧食貨三》注引）。關於人民，本書已有所討論（第一章），這裏專述土地。

　　我們探討古代社會的土地問題，主要想認識人民（尤其是耕者）與土地的關係，卽土地制度或其權屬。所謂土地權屬一般涉及所有權、佔有權和使用權。焦點則在於所有權，諸如公有、私有，或國有、王有等問題。從歷史宏觀的角度來看，耕者對其耕地之權屬與「編戶齊民」的形成同步，逐漸確立對土地的私有權。以此法權基礎，中國傳統精耕細作的農業技術（許倬雲1982，頁543）才獲得發展的溫床。

　　由於歷來權屬問題的研究，詞同義異，嚴重分歧，爲免糾紛，請

先從資料比較清楚的漢代說起。

一、漢代的土地所有制

　　不少歷史家斷定秦漢是土地國有制，農民對土地的權利頂多只是「佔有權」，其次是「使用權」，談不上「所有權」，因爲所有權控制在國家手中（侯外廬1956）。漢代固然存在著國有土地，但因爲人民對於所佔有或使用的土地已具備了私有權，稱其時土地制度爲國有制是不恰當的。根據常識與歷史實情，通常所謂人民的土地私有權至少必須具備兩項條件，一是土地登記在私人名下，古書稱作「名田」或「占田」；二是登記人可以賣買、贈與、交換、繼承，或以其他方式處置所登記的土地。這兩項更以第一項爲前提。按諸近代出土文物和傳世的當代文獻史籍，漢代平民對其田地確實擁有私有權。

　　考古文物有一種買地券。今日所見最早者始於漢代。早期買地券的內容多記載買賣雙方的姓名、土地來歷、行政區劃、四至、面積、地價、交割過程，以及證人和酬勞方式，與後期地券純作宗教儀式，不具現實意義者不同（吳天穎1982）。早期地券雖然也屬於明器，買賣墓地的券契（或其副本）之格式與生人土地買賣可能不殊（陳槃1981），可補漢代土地文書之不足，作爲討論當時土地所有制的參考〔附錄七〕。現在迻錄幾件公認的眞品於下，以見其大概。

　　㈠建初六年（西元八一）武孟男子廉嬰買地玉券①

　　　建初六年十一月十六日乙酉，武孟子男（男子）廉嬰買馬熙宜、朱大弟、少卿冢田。南廣九十四步，西長六十八步，北廣六十五，東長七十九步，爲田廿三畝奇百六十四步，值錢十萬二千。東陳田比界，北、西、南朱少比界。時知券約趙滿、何非，沽酒各二斗。

---

　① 原拓藏於北京圖書館，此依吳天穎〈漢代買地券考〉校改，「男子」原誤作「子男」，《漢書音義》曰「謂戶內之長也」（《後漢書·明帝記·注》），卽戶長。

（二）建武中元元年（西元五六）徐勝買地券（魯波1972）

　　建武中元元年丙辰四月甲午朔二十八日乙酉，廣陽太守官
　　大奴徐勝，從武邑男子高紀成賣（買）所名有黑石灘部羅佰
　　田一町，價錢二萬五千，錢卽日畢。田東比皇甫忠，南比
　　孫仲信，西比張淮，北比大道。根生土著毛物皆屬徐勝。
　　田中若有尸死，男卽為奴，女卽為婢，皆當徐勝給使。時
　　旁人姜同、許義皆知券約，沽酒各半。（圖4.1）

（三）建寧四年（西元一七一）孫成買地鉛券（羅振玉《蒿里遺珍》）

　　建寧四年九月戊午朔，二十八日乙酉，左駿廄官大奴孫成
　　從雒陽男子張伯始賣（買）所名有廣德亭部羅陌田一町，價
　　錢萬五千，錢卽日畢。田東比張長卿，南比許仲異，西盡
　　大道，北比張伯始。根生土著毛物，皆屬孫成。田中若有
　　尸死，男卽當為奴，女卽當為婢，皆當為孫成趨走給使。
　　田東西南北以大石為界，時旁人樊永、張義、孫龍，異姓
　　樊元祖，皆知張約，沽酒各半。

按《漢書·游俠傳》云，原涉父哀帝時為南陽太守，死於官，賻斂送
葬甚豐，涉盡奉還，行喪冢廬三年，由是顯名京師。涉以讓賻得名，
而先人墳墓儉約，深以為憾。「乃大治起冢舍，周閣重門，買地開
道」，立表署曰原氏阡。按秦國〈為田律〉（圖4.2），「百畝為頃，一
阡道」（《文物》1982：1），則原涉所買的墓地極其遼闊，大至百畝，非
一般買地券所見畝數可比，但其買賣過程當無二致。另外浙江紹興縣
富盛鎮東北跳山的東坡，今仍存一塊漢代摩崖地券，銘云：「昆弟六
人，共買山地，建初元年，造此冢地，直三萬錢」（勞伯敏1981）。可
見漢代買賣冢地是相當平常的。

　　徐勝和孫成的買地券皆有「所名有」一語，分別提到原屬於高記
成和張伯始「所名有」之田的範圍。另外光和七年（西元一八四）平陰
男子樊利家從雒陽男子杜詡子買地，券文曰：「若一旦田為吏民、秦
胡所名有，詡子自當解之」（羅振玉《貞松堂集古遺文》卷十五）。這是說樊

圖 4.1
徐勝買地券摹本

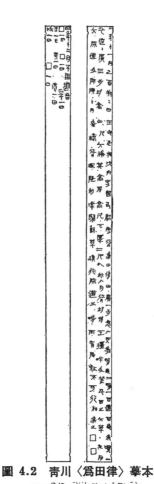

圖 4.2　青川〈爲田律〉摹本

圖 4.3　劉元臺買地券摹本

圖 4.4
王當買地券摹本

利家花錢買來的土地如果發現是別人「所名有」之田，杜謂子要負責解決。羅振玉校錄的《芒洛冢墓遺文》四編補遺也有一件〈孟叔買地券〉，殘闕特甚，幸好一些關鍵文字還保存下來。大意是孟叔（姓缺）從洛陽男子王孟山祖孫三人買田，該田是「王孟山、山子男元顯、顯子男富年所名有」的。

漢代買地券的「所名有」，即史籍和漢律的「名田」。董仲舒主張「限民名田，以贍不足，塞幷兼之路」（《漢書·食貨志》）。師丹建議限制私人田宅，丞相孔光等乃奏請「諸王、列侯得名田國中，列侯在長安及公主名田縣、道，關內侯、吏、民名田，皆無得過三十頃」（《漢書·哀帝紀》）。如淳曰：

> 名田國中者，自其所食國中也，既收其租稅，又自得有私田三十頃。名田縣、道者，〈令甲〉：「諸侯在國，名田他縣，罰金二兩。」今列侯有不之國者，雖遙食其國租稅，復自得田於他縣道，公主亦如之，不得過三十頃。（《漢書·食貨志·注》）

名田即登記的私有田產，和食稅的封邑截然不同。按此議，諸侯雖號稱封於某國，其私有田產至多不過三十頃而已。

田一旦被「名」，就為該名者所占有。所以「名田」又稱作「占田」。荀悅《前漢紀》引述董仲舒建議及孔光奏言，《漢書》作「名田」者皆寫作「占田」（卷十三、二十八）。因為「占」和「名」一樣，也有登記的意思，如占年，占籍②，上引《漢書·哀帝紀》王先謙《補註》曰：「名田，占田地，各以名自占」，是正確的。

---

② 《史記·秦始皇本紀》云，十六年，「初令男子書年」。卽命令國內男子申報年齡，而政府登記之。此事湖北雲夢睡虎地出土的秦簡《編年紀》作「自占年」。（頁7）《漢書·昭帝紀》始元六年秋七月，「令民得以律占租」。如淳曰：「律，諸當占租者，家長各以其物占，占不以實，家長不身自書，皆罰金二斤，沒入所不自占物及賣錢縣官也。」師古曰：「占謂自隱度其實，定其辭也。」凡申報者皆有記錄，故如淳「占」、「書」互文。又《漢書·宣帝紀》地節三年春三月詔曰：「流民自占，萬餘口。」師古曰：「謂自隱度其戶口而著名籍也。」（後漢書·明帝紀）永平八年詔罪人屯邊，「妻子自隨，便占著邊縣。」《注》云：「占謂附名籍。」所以「占」、「書」、「著」諸字散則可通的。占籍有時又稱作占繫，《風俗通義·十反》篇云，胡伊「出門名戶，占繫陳國。」

不論「名田」、「占田」或田「所名有」，皆表示土地的所有權
具備獨占性和排斥性。有些買地券雖未載明「所名有」，尋其文意也
是土地私有的，靡嬰券的二十三畝奇之田原係馬熙宜和朱大弟、朱少
卿分別所名有的。其餘如：

(一)王未卿買地券（《貞松堂集古遺文》卷十五）

河內懷男子王未卿從河南河南街郵部男子袁叔威買皁門亭
部什三陌西袁田三畝。

(二)曹仲成買地券（仁井田陞1938）

平陰都鄉市南里曹仲成從同縣男子陳胡奴買長谷亭部馬領
陌北冢田六畝。

(三)房桃枝買地券（《貞松堂集古遺文》卷十五）

雒陽大女房桃枝從同縣大女趙敬買廣德亭部羅西造步兵道
東冢下餘地一畝。

(四)劉元臺買地券（蔣華1980）

廣□鄉樂成里劉元臺從同縣劉文平妻□（買）代里弔冢地一
處。（圖4.3）

賣買之田原來都是袁叔威、陳胡奴、趙敬和劉文平妻所名有者，亦卽
是他們的私有田產。有些田地是集體名有的，如建初買地刻石，「昆
弟六人共買山地」，當係六人共同「名有」，〈王當買地券〉③是以
王當、當弟及父之名義從「河南男子左仲敬子孫等」買來的(圖4.4)。
〈樊利家買地券〉石梁亭部、桓阡東、比氏佰之北的田地是杜謂子
及其弟的，〈孟叔買地券〉王孟山在某處的田地權屬同歸他本人與
子元顯、孫富年所有。這些例子形似多人「共有」，但在法律意義
上還是「私有」的。唯政府田籍登錄是一人或多人，現在則無從考
查。

田地既為個人或家庭所私有，不論大小，必有疆界，以區分彼此

---

③　王當墓於1974年發現，見《文物》1980年6期。買地券文有殘，依上下文得知王當
　　等從左仲敬買田。此券年代在漢靈帝光和二年（西元179）。

權屬，亦卽是田籍的「四至。」〈孫成券〉，張伯始在羅陌的一町田，
「東比張長卿，南比許仲異，西盡大道，北比張伯始」。〈曹仲成
券〉，陳胡奴在馬領陌北之六畝田，東、北、西三面比胡奴，南盡松
道。〈房桃枝券〉，趙敬在羅西造步兵道東冢下的一畝餘地，「東、
西、南比舊□（可能亦趙敬田），北比樊漢昌」。〈樊利家券〉，杜謂子
兄弟在比氏陌北的五畝田，「南盡陌，北、東自比謂子，西比羽林
孟」。〈劉元臺券〉，劉文平妻在代市里之地，「南至官道，西盡坟
濱，東與房親，北與劉景□」。漢代田籍今雖未見，買地券的四至當
可參考。遠自西周中晚期、五年衛鼎所述裘衛新獲四田的疆界，晚至
唐代敦煌殘卷授田地段，都有四至，可見其源流傳承是一貫的。

　　田界的標識一是道路，二是土臺。青川秦牘〈爲田律〉曰：

　　　　田，廣一步，袤八則，爲畛。畝二畛，一陌道；百畝爲頃，

　　　　一阡道，道廣三步。（《文物》1982：1）（圖4.2）

三步寬一丈八尺，合四公尺餘。阡陌旣是車馬人畜行走的道路，也可
作爲田界，故〈徐勝券〉云「北比大道」，〈樊利家券〉云「東比是
陌北，田南盡陌北」，都是以道路爲田界之證。以土臺爲界者亦見於
〈爲田律〉，曰：

　　　　封，高四尺，大稱其高；埒，高尺，下厚二尺。

封的高寬各四尺，不及一公尺；埒高尺，基寬二尺。睡虎地秦簡《律
說》曰：「封卽田千佰頃半（畔）封也」（《睡簡》頁178）。崔豹《古今
注》也說：「畫界者於二封之間又爲牆埒以畫分界域。」埒在封間，
視封爲小，與秦牘符合。這兩種都是《古今注》所謂「封土爲臺以表
識疆境」者。土臺視道路爲簡，又有比土臺還簡陋的藩籬④，但作爲
私有權的標記則無二致。

---

④　魯迅輯《會稽典錄》卷上〈陳囂〉條曰：「囂與民紀伯爲鄰，伯夜竊囂地自益，囂
　　見之，伺伯去後，密拔其藩一丈以益伯，伯覺之，慚懼。旣還所侵，又卻一丈。」
　　（《御覽》157、491）又曰：「宗正劉向、黃門侍郎楊雄薦囂待義，可屬薄俗。孝
　　成皇帝特以公車徵，囂時年已七十。」（《御覽》474）則陳囂與紀伯爲鄰或在宣
　　帝、元帝年間。見《會稽郡故事雜集》。

　　土地私有權的表現除田界外，亦見於自由買賣，上舉買地券可
以證明。尤其是洛陽新出的東漢光和二年（西元一七九）〈王當買地鉛
券〉，所買穀郊亭部三陌西袁田十畝，「本曹奉祖田，賣與左仲敬
等，仲敬轉賣□□□（與王當）弟伎偷、父元興」。這塊十畝袁田作爲
王當陰宅，至少轉手兩次。《居延漢簡》曰：

　　　建平五年八月□□□□□廣明鄉嗇夫客，鄉佐玄敢言之，善
　　　居里男子丘張自言與家買客田居作都亭部……（《圖版》二三葉
　　　505.37A《釋文》465）

土地發生買賣行爲，於是有價格。據可信的買地券，東漢晚期洛陽附
近每畝田地大約價值三千錢⑤。此或爲一般地價，若西漢時代關中
鄠、鎬之間，「號爲土膏」（《漢書·東方朔傳》），畝值一金，即萬錢，
是地價之上限了。相反的，居延邊縣臨接沙漠，田價則很賤。《居延
漢簡》云：

　　　（上缺）置長樂里受（？）奴田卅五畝，賈錢九百錢，畢已，
　　　丈田，即不足，計畝數還錢。旁人淳于次孺、王兄、鄭少
　　　卿，沽酒旁，二斗，皆飲之。（《圖版》四八八葉，557.4《釋文》
　　　7671）

「畝」字難識，暫存疑。簡云價九百錢，不論是單價或總價，都顯示
地價相當低廉。總之，從京師到邊地，田畝貴賤雖殊，可按市價自由
買賣則一也。買賣雙方敦請中人作證，當時稱作「旁人」，如上引漢
簡及孫成、曹仲成、樊利家、房桃枝諸券；又稱「約者」或「知券
約」，見王未卿、靡嬰券。買酒宴請中人，酒錢由買賣雙方平分，錢
地兩訖，立契作證，〈王未卿買地券〉所謂「沽酒半，即日丹書鐵券
爲約」也。整個田地買賣過程沒有任何官吏參與，顯示人民對「所名
有」土地的所有權，較諸下文將討論的周代土地交易，就更清楚了。

------

　　⑤　〈王未卿券〉，畝價三千一百錢；〈樊利家券〉，畝三千錢；〈房桃枝券〉，畝值
　　　三千錢，唯〈孫成券〉一町值萬五千錢，町的大小不可考，大約每畝地價也在三百
　　　錢左右。

西漢土地買賣的資料，史書也保留不少片段的記載（李劍農1957，頁242-246）。漢元帝徵召貢禹爲諫大夫，禹「有田百三十畝，賣田百畝，以供車馬」（《漢書·貢禹傳》）。相反的，同時代的張禹「內殖貨財，家以田爲業。及富貴，多買田至四百頃，皆涇渭溉灌，極膏腴上買」（《漢書·張禹傳》）。卜式「以田畜爲事，田宅財物盡與弟，」獨取畜羊百餘，「入山牧，十餘年，羊致千餘頭，買田宅」（《漢書·卜式傳》）。《史記·魏其武安侯列傳》云，丞相武安侯田蚡「使籍福請魏其城南田」，魏其不許。按魏其侯竇嬰乃孝文竇太后從兄子，田蚡是孝景后同母弟、武帝之母舅；前者是孝景朝權臣，後者則在武帝朝得勢。田蚡「請田」，蓋挾勢強買，形同豪奪，難怪竇嬰吞不下這口氣，其實仍然是一椿田地買賣事件。武帝令「賈人有市籍者，及其家屬，皆無得籍名田，以便農。敢犯令，沒入田、僮」（《史記·平準書》）。因爲當時的豪富「以末致財，以本守之」（《史記·貨殖列傳》），田地經由買賣大量集中，故政府禁止著籍爲商賈者及其家屬不得購置田產。

田地既可買賣，具備私有性質，所以也可以傳給子孫。蕭何避禍，從說客之計，「多買田地，賤貰貸以自汙。」《史記·蕭相國世家》謂「何置田宅必居窮處」，以防後世子孫不肖，揮霍變賣，或被權勢之家覬覦而巧取豪奪。故知蕭何「賤彊買民田宅數千萬」，是可以傳給子孫的。疏廣的子孫請人勸廣「買田宅」（《漢書·疏廣傳》），也是因爲私有土地可以繼承。

漢代人民土地私有制最顯著有力的證明莫過於武帝買民田、置上林苑的事件了。武帝即位不久就喜歡微服出遊，《漢書·東方朔傳》說他

> 北至池陽，西至黃山，南獵長楊，東游宜春。旦明，入山下馳射鹿豕狐兔，手格熊羆，馳騖禾稼稻秔之地，民皆號呼罵詈。

爾後武帝

　　乃使太中大夫 吾丘壽王與待詔 能用算者二人 ，舉籍阿城以
　　南，盭厔以東，宜春以西，提封頃畝，及其賈直（價值），欲
　　除以爲上林苑，屬之南山。又詔中尉、左右內史表屬縣草
　　田，欲以償鄠杜之民。（《漢書·東方朔傳》）

計劃中的上林苑在阿城、盭厔、宜春和秦嶺之間，其地民有，皆著錄
於田籍，皇帝圍苑，計價償值，並不能任意沒收。而且又以左內史和
右內史屬縣待墾的草田償付鄠、杜農民。當吾丘壽王啓奏上林苑之規
劃時，東方朔大表反對，以爲「取民膏腴之地，又壞人冢墓，發人室
廬，」諸多不可。武帝非但不加罪責，反拜朔太中大夫·給事中，賜
黃金百斤。卽使不論買地墓券和簡牘等資料，單以置上林苑一事來
看，漢代平民對土地的私有權就無庸置疑了。

二、周代封建土地的所有權

一　封建土地之「王有」

　　漢代土地私有制大抵清楚明白，我們若再按循土地的占名、買
賣、繼承等屬性，以分析周代的土地制度，對向來糾纏不清的封建土
地所有制問題必有廓清作用。

　　周之封建土地制度是周人征服殖民的產物，抽離當時政治社會結
構便難理解。我在〈周代封建的建立〉一文中，曾將周初封建分作四
個類型：第一型是東征後新建的殖民封國，如魯、衞、齊等，主要集
中在今天的魯西、豫東一帶；第二型，襃封古聖先王之後，如神農之
焦、黃帝之祝、帝堯之薊、帝舜之陳和大禹之杞；第三型是奉戴周爲
天下共主而獲得周人承認的傳統古國；第四型則是東進征服過程中的
功臣，但他們獲致錫賞的田地還夠不上稱「國」。第三型除外，其餘
三類土地理論上都是周天子賞賜的（杜正勝1979 b）。

　　春秋晚期衞史祝佗說，魯國初封，「分之土田陪敦」（《左·定四》），
卽《魯頌·閟宮》所歌頌，「乃命魯公，俾侯于東，錫之山川，土田

附庸」。《左傳》的「陪敦」，可能是附庸之別讀或訛傳（郭沫若1973，頁28），土田附庸包括山林、川澤、田野，甚至封域內的小國也歸為附庸，譬如衛國自武父以南，圃田以北的「封畛土略」。其他封國亦然。至於小規模的錫田賞邑，傳統史書失載者，多可以由銅器銘文獲得一些端倪。譬如近年陝西扶風庄白新出的微史家族銅器，有一件〈墻盤〉曰：微史烈祖來見武王，武王令周公舍宇于周。同出的〈癲鐘〉稱「舍宇于周」的土地廣袤五十頌⑥（《文物》1978：3，頁7）。成王時的〈中甗〉則曰：

> 王令大史貺裏土。王曰：「中，茲裏人入史錫于武王作臣，
> 令貺畁汝裏土，作乃采。」（《大系》頁16）

此銘之「貺畁」即〈永盂〉之「錫畁」。《說文》云：「畁，相付與之。」裏土自武王時為周王所有，今賜予中作采邑。經西周之世，周王常以其畿甸之地錫賞功臣，譬如敔禦南淮夷有功，王「錫田于敔五十田，于早五十田」（〈敔毀〉，《大系》頁92）。而周王也在一次錫賞中賜給克七處采邑的田地，分散在埶和寒山等七地（〈大克鼎〉，《三代》4.40）。從周初建國以降，貴族的采邑食土莫不得自周天子，所以到了春秋晚葉，周勢雖蹇，卻仍能以東南西北四土的理念責讓諸侯（《左·昭九》）。《詩經·小雅·北山》曰：「普天之下，莫非王土；率土之濱，莫非王臣。」在西周王權伸張之世，當可徵信。楚大夫芋尹無宇亦曰：「天子經略，諸侯正封，古之制也。封略之內，何非君土？食土之毛，誰非君臣」（《左·昭七》）。與〈北山〉之義合。西周末年周的史伯和春秋晚期楚的觀射父盛言天子之田九畡（《國語》〈鄭語〉、〈楚語下〉），恐怕也是有根據的。

　　諸侯的封國和卿大夫的采邑得自於王，其土地之權屬或稱作王有

---

⑥　頌，當是單位面積之稱。唐蘭云，頌即通。項與誦同音通用，誦與通均从甬聲，引
　　《司馬法》曰：「井十為通。」（見「略論西周微史家族窖藏銅器群的重要意義」，
　　註七）按《周禮·小司徒·注》引《司馬法》曰：「畝百為夫，夫三為屋，屋三為
　　井，井十為通。」三屋即九夫，「九夫為井」《小雅·信南山·疏》、《禮記·祭
　　義·疏》與《左·成元·疏》同，五十頌則有五百井的耕地。

制（參何茲全 1982，頁 122）。我們從周金銘文發現不少田邑糾紛與轉移的
例子，多賴周王或其使臣裁決，也可作爲土地王有的旁證。〈散氏
盤〉曰：「用矢戱散邑，迺即散用田」⑦。由於矢國侵略散國，經裁
定以其眉井二邑之田賠償給散國。割田儀式中，矢有司十五人和散有
司十人來會事，盤銘曰：

> 唯王九月辰在乙卯，矢俾鮮、且獡旅誓曰：「我既付散氏田
> 器，有爽，實余有散氏心賊，則隱千罰千，傳棄之。」鮮、
> 且獡旅則誓。廼俾西宮襄、武父誓曰：「我既付散氏溼田、
> 牆田，余有爽變，隱千罰千。」西宮襄、武父則誓。厥授圖
> 矢王于豆新宮東廷，厥左執要史正中農。（《三代》17.20）

本銘之鮮、且、西宮襄、武父皆矢之有司，誓辭兩出，可能是他們分
別管理眉井二邑之故。

〈散氏盤〉最堪注意的人物是銘末的史正中農⑧。中農，一般讀
作仲農，可商。中是獄訟術語。《周禮》〈小司寇〉曰：「歲終則令羣
士計獄弊（斷）訟，登中于天府。」〈鄉士〉曰：「獄訟成，士師受
中。」鄭司農云：「士師受中，若今二千石受其獄也。」獄即斷獄讞
辭。孫詒讓《周禮正義》〈小司寇〉條參證《逸周書‧嘗麥》，曰：

> 王命大正正刑書及奠中、受中之事，而云大史乃藏之盟府以
> 爲歲典，彼歲典即歲終登中天府之典藏盟府者。

史正中農名曰農，官史正，以斷散矢爭訟，主撰獄詞，故稱「中」。
他是周天子的代表，訣讞帶回王庭存檔。這證明天子對貴族封地擁有

---

⑦ 楊樹達《積微居金文說》卷一〈散氏盤跋〉曰：「二用字皆當訓以。卽者，今言付
與。〈曶鼎〉云：『迺或卽曶用田二，……凡用卽曶田七田，人五夫。』卽字用法
與此銘同，卽曶用田，與此文卽散用田文句尤一律。」白川靜《金文通釋》〈散氏
盤〉條云：「『用矢戱散邑』之用雖與『以』同義，但具有辨濟、賠償之意。」見
《金文通釋》，頁139。

⑧ 〈散氏盤〉銘末「厥左執要史正中農」，諸家考釋皆連讀，幾無例外，蓋受行款暗
示故也。我認爲「厥左執要」連上讀，銘文倒句，當讀作「矢王于豆新宮東廷，厥
授圖，厥左執要。」蓋會事仲裁在豆新宮東庭，矢王於此授眉井二邑地圖；雙方立
契，矢王執其左券。訴訟兩造，勝者執石券，敗者執左券。史正中農是證人，其地
位類似〈曶从匜〉的膳夫克。王朝證人當無執左券之理。

最後的所有權。

〈鬲从匜〉亦記載土地糾紛，此銘前文曾經部分徵引(本書頁99)，因與本論攸關，再引證如下，以便討論。

> 王在永師田宮，令小臣成友(右)逆□□內史無䚕、大史籏曰：「章厥會夫呂鬲从田，其邑旆、竢、□，復友(賄)鬲从其田，其邑复、憖言二邑，畀鬲从。量叀小宮呂鬲从田，其邑彶及句商兒及雦哉，復限余(予)鬲从田，其邑競、檊、才三邑，州、瀘二邑。凡復友(賄)復友鬲从田(原作日，似筆誤)十又三邑」。厥右鬲从，膳夫克。(《三代》10.45)

兩云「章之夫呂鬲从田」，「量之小宮呂鬲从田」。呂字不識，白川靜云，通觀銘文，係指某種犯罪行爲之賠償(《金文通釋》179)，可從。計章賠償五邑之田，量賠償八邑之田，共十三邑。這項決定係經周天子的內史和大史裁奪，而由天子的膳夫作證的。另外〈鬲攸从鼎〉鼎銘也涉及土地問題，曰：

> 鬲从以攸衛牧告于王曰：「汝寬我田牧，弗能許鬲从。」王令省。史南以即虢旅。虢旅迺使攸衛牧誓曰：「我弗具付鬲从其租，射分田邑〔附錄八〕，則放。」攸衛牧則誓。(《三代》4.35)

按，本鼎的用語、文例和事件內容與〈曶鼎〉下半篇極相近，今一併討論。〈曶鼎〉曰：

> 昔饉歲，匡衆厥臣廿夫寇曶禾十秭。以匡季告東宮。東宮迺曰：「求乃人，乃(如)弗得，汝匡罰大。」匡迺稽首于曶，用五田，用衆一夫曰益，用臣曰疌、□(曰)䏌、曰奠，曰：「用兹四夫。」稽首。曰：「余無攸具寇，正□不□□余。」曶或(又)以匡季告東宮。曶曰：「弋(必)唯朕□(是)償。」東宮迺曰：「償曶禾十秭，遺十秭，爲廿秭。□(如)來歲弗償，則付卌秭。」迺或(又)即曶用田二，又臣□□(一夫)。凡用即曶田七田，人五夫。曶覓匡卅秭。(《三代》4.45)

〈曶攸从鼎〉和〈曶鼎〉的原告是曶从和曶，被告是攸衞牧和匡季；受理訴訟者是周王及其代表和東宮。東宮判決匡季償曶禾二十秭、若來歲不還，加倍賠償。結果付出三十秭。〈曶攸从鼎〉說，曶从謂攸衞牧「覓我田牧」，蓋追訴以前的判決，攸衞牧當付曶从田，但不曾履行裁決，故曶从再提控訴，銘文謂之「弗能許」也。「許」也是關於訴訟的術語，〈曶鼎〉前篇有「限許」、「效義廼許」（楊樹達1959，頁28）。由於曶从控告，天子乃命史南傳令虢旅裁判；曶訴於東宮，而由東宮直接定奪。結果，攸衞牧須分攸地之田邑給曶从，曶獲得匡季七田五夫及禾三十秭。東宮可能是太子（譚戒甫1962），與虢旅一樣，代表周王。

封建貴族的土地發生糾紛，最後訴之於天子，不僅因爲天子掌握最高司法權，也因爲貴族領地之最高和最後權屬是「王有」之故。然而所謂最高權屬實際上是有限度的，「王有」之下還容許相當程度的「私有」。

近年陝西岐山縣董家村出土一批裘衞銅器，其中〈五祀衞鼎〉銘（圖 4.5）也是一篇記錄田地糾紛的鴻文，縷述控訴、判決和執行的經過。由於關鍵字眼的考釋不一，學者據以論述西周的土地制度，意見就非常分歧了。茲節錄鼎銘於下：

> 唯正月初吉庚戌，衞以邦君厲告井（邢）白、白邑父、定白、
> 㻬白、白俗父，曰：「厲曰『余執恭王卹工于邵大室東逆，
> 營二川。曰：余舍汝田五田。』正廼訊厲曰：「汝寶田不？」
> 厲廼許曰：『余審寶田五田。』」井白、白邑父、定白、㻬
> 白、白俗父廼嬀，使厲誓。（龐懷清1976）

本案原告裘衞，被告邦君厲，受理訴訟者是周天子的重臣邢伯等人。這是第二次訴訟，與〈曶攸从鼎〉相近。第一次主持訟案的「正」當卽周王有司，如〈散氏盤〉的史正之流。那時候厲答應履行諾言。允許付給裘衞五田，結果卻食言，乃再興此次之訟。經邢伯等人協調，厲償付裘衞四田以結案。

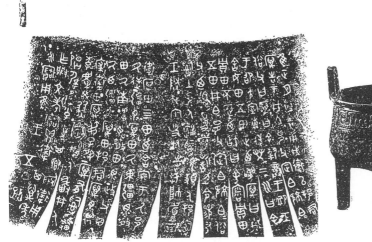

圖 4.5　岐山董家村五祀衛鼎及銘文

〈五祀衛鼎〉關乎西周封建土地制度甚大，論者意見分歧，主要在於「賓」字。一般的意見有二：一是租，即租田；另外是買（價），即買賣。有人反對買賣而必坐實租田，武斷地肯定所謂奴隸制社會不能有這樣的買賣行為；有的釋作給予，認為既非租賦，也非交換，而是補償，更創出「貯田」之說；有的釋為「物相當」，引此物為彼物之值，也就是等價交換⑨。不論給予或等價交換，就物權而言，和買賣並無二致，唯表現形式不同罷了。其實從整個案件的發展來看，「賓」的意義躍然紙上。銘文既云屬對衛「舍田」，又云有司問屬「賓田不」，最後屬承諾一定「賓田」，則「賓」當即是「舍」。裘衛諸器中的〈九年衛鼎〉曰：「迺舍裘衛林𣌾里」，「我舍顏陳大馬兩」，這些「舍」字都有給予的意思。〈鬲从盨〉記載內史裁定𨝮

---

⑨　主張「賓」為租田者，唐蘭最力，見〈陝西省岐山縣董家村新出西周重要銅器銘辭的譯文和注釋〉、〈用青銅器銘文來研究西周史〉；主張賣或價者如發掘簡報撰寫人龐懷清和周瑗，分別見於〈陝西省岐山縣董家村西周銅器窖穴發掘簡報〉及〈矩伯、裘衛兩家族的消息與周禮的崩壞〉。黃盛璋釋賓為予，可從，但引申貯田說，似無典據，見〈衛盉、鼎中「貯」與「貯田」及其牽涉的西周田制問題〉。戚桂宴釋作等價交換，見〈釋貯〉，周法高《金文詁林補》卷六「貯」字條從之。以上諸說大意亦見於周氏書。另外趙光賢也認為是貴族間的土地交易，見〈從裘衛諸器銘看西周的土地交易〉，收入《周代社會辨析》。

「余眾从田」，文例與〈五祀衛鼎〉雷同，吳闓生曰「余，當讀舍，予也」（《吉金文錄》卷四），正是。就本銘而言，付予或交換皆通。邦君屬從裘衛獲得邵大室東北二川的好處，最後以四田回報裘衛。整個案件是關乎土地交易的訴訟。由此可知，〈五祀衛鼎〉和〈散氏盤〉、〈眔从匜〉、〈眔攸从鼎〉，以及〈智鼎〉一樣，封建貴族的土地權屬理論上雖然「王有」，一旦錫賞之後就可以私有了。或私相授受，或經王朝裁判而轉移，或以土地贖罪。配合下節田籍的分析，封建土地的私有性質當可獲得進一步澄清。

二　圖典與券書——貴族領地之「私有」

　　春秋初期以前，魯在許有田邑，鄭亦擁有泰山下的祊田。祊近於魯，許鄰接鄭，魯隱公八年，鄭莊公提議互換許祊之田。當年，鄭歸祊於魯，魯則未歸許田於鄭。及魯桓公弒兄初立，「修好於鄭」，兩國才完成易田手續。鄭魯盟曰：「諭盟，無享國」（《左·桓元》）！鄭、魯兩國因換田而「盟」，此行為近似貴族土地糾紛裁定後的「誓」，如上節所舉諸器，〈五祀衛鼎〉使屬誓，〈眔攸从鼎〉攸衛牧則誓，〈散氏盤〉鮮、且、西宮襄與武父之誓。《周禮·司盟》曰：「凡民之有約劑者，其貳在司盟，有獄訟者則使之盟詛。」封建貴族間的土地訟案有盟誓，與司盟的職掌是相通的。

　　〈司盟〉的「約劑」何指呢？〈司約〉曰：「掌邦國及萬民之約劑。凡大約劑書於宗彝，小物劑書於丹圖。」鄭玄云：「約謂言語約束，劑謂券書。」司約的職掌有六類，第三是地約。鄭玄注曰：「謂經界所至，田萊之比也。」那麼封建貴族的田地疆界是有記錄可查的，一般鑄於青銅重器之上。最著名者，莫過於〈散氏盤〉。盤銘細述矢王給予散國的眉、井二邑之地界。

　　　　眉：自瀗涉以南至于大沽，一封。已陟，二封；至于邊柳，
　　　　　　復涉瀗。陟雩，祖墓陜，以西，封于敵城楮木，封于芻
　　　　　　述，封于芻道內。陟芻，登于厂泉，封諸拆、陜陵、剛

> 拆，封于東道，封于原道，封于周道。以東，封于□東
> 疆右；還，封于眉道；以南，封于□逨道；以西，至于
> 堆莫湄。
> 井：自根木道左至于井邑封道以東，一封。還，以西一封。
> 陟剛，三封，降以南，封于同道。陟州剛，登拆，降
> 棫，二封。（《三代》17.20）

二邑疆界經雙方有司會同勘定、盟誓後，矢王乃在豆新宮東庭將其
「圖」給予散氏。《周禮‧司書》有「土地之圖」，〈小司徒〉曰：
「地訟，以圖正之」。性質或皆如〈散氏盤〉的「圖」，無妨視同後
世地籍。

　　雙方勘定此疆彼界，全文謂之「履」。〈大簋〉云周天子代表與
原采邑主人「履大錫里」（《三代》9.25）。前述〈五祀衛鼎〉裘衛與邦
君厲的土地糾紛經過參有司等公證人之「帥（循）履裘衛厲田四田」而
定案。〈九年衛鼎〉云裘衛與矩伯交換土地，矩伯家臣「履付裘衛」
林㕓里（龐懷清1976）。〈永盂〉云天子賜永陰陽洛疆及師俗父田，付田
予永時，「厥率履厥疆」（吳鎮烽1981，唐蘭1972a）。秦漢以後田地丈量稱
作「步」，大小也以步畝爲單位，當係承襲周代的履田制度。

　　履田的目的在確定田界。〈五祀衛鼎〉帥循履四田之後，即定四
田疆界，「厥朔（北）疆逮厲田，厥東疆逮散田，厥南疆逮厲田暨政父
田，厥西疆逮厲田。」四界這麼清楚，我們相信應當是有圖爲據的，
否則厲與衛的有司如何辦理土地接受？由本鼎的啟示，我們知道曶從
匡得到七田的賠償，分在兩處，理當各有四至，唯銘文省略而已。
至於傳世著錄銅器所云賞賜某人之田亦然，如〈卯段〉賜卯「于乍一
田，于宮一田，于隊一田，于戲一田」；〈敔段〉賜敔「于敔五十田，
于早五十田」；〈不娶段〉錫不娶「田十田」。各田四至雖未鑄於重
器，當別有丹圖可以查考。

　　「圖」之外還有「典」。〈佣生段〉說，佣生付予格伯三十田，
立約之後，勘地，「厥到雹谷杜木，遝谷旅桑，涉東門，厥書史戠武

立寷成壘」（《三代》9.16）。立寷，涖盟也，（楊樹達1959，頁27）即上引諸器之誓。壘當即是鄙字，鄰道也（《大系考釋》頁82），亦作爲疆界。總之，這也是土地交易，勘定田界的事。銘曰書史戠武「用典格伯田」。典字从册，動詞是記錄，名詞是記錄的簿書，在此則類似田籍。戠武可能是倗生的家臣，主管檔案，不同於〈克盨〉「王令尹氏右史趛典膳夫克田人」（《三代》10.44）的史趛具備中央政府的史官身分，但他們所「典」的田是都有記錄的。

西周晚期，豪貴權門大肆擴張土地，紊亂田籍，傳世的《琱生簋》可資證明。琱生二器向來分別釋讀，意義不能盡曉，近年有人以爲兩器的形制、花紋和大小完全相同，斷爲銘文相續的一對作器⑩。由於這一發現，我們可據以討論封建土地權屬的蘊涵，對了解西周田制實有莫大的助益。其銘曰：

> 唯五年正月己丑，琱生有事，召來合事。余獻婦氏以壺，告曰：「以君氏令曰：『余老，止公僕庸土田多諫（刺），弋（必）伯氏從許：公宕其參，汝則宕其貳；公宕其貳，汝則宕其一。』」余惠于君氏大璋，報婦氏帛束、璜。召伯虎曰：「余既訊，㝨我考我母命，余弗敢亂，余或（又）致我考我母令。」琱生則瑾圭。（以上第一器，圖4.6）
>
> 唯六年四月甲子，王在葊，召伯虎告曰：「余告慶。」曰：「公厥稟貝，用獄諫，爲伯有甫（祗）有成；亦我考幽伯幽姜令。余告慶！余以邑訊有司：『余典勿敢封。』今余既訊有司曰：『㝨命。』今余既一名典，獻伯氏。」則報璧。琱生對揚朕宗君休，用作朕烈祖召公嘗𣪘，其萬年子子孫孫寶用享于宗。（以上第二器，圖4.7）

這是一篇關係土地糾紛的巨裁鴻文。銘云「余以邑訊有司」；又云

⑩ 〈琱生𣪘〉舊稱〈召伯虎𣪘〉，不符銘文屬題慣例，當更正。一器五年，流落美國；一器六年，私藏，近年捐贈給中國歷史博物館（北京），乃得公諸於世。林澐推斷二器一對，參〈琱生𣪘新釋〉。從銘文來看，五年𣪘止於「琱生則堇圭」，絕非完整的篇章，當有下文；合六年𣪘「其萬年子孫寶用享于宗」，始爲完璧。雖然有這麼多外部證據，我們將二𣪘連續，主要還是因爲內容一貫之故。

圖 4.6 琱生𣪘銘文之一

圖 4.4 琱生𣪘銘文之二

「余既訊有司」。訊，鞫也，告也（《金文通釋》194、195），問罪曰鞫，漢人謂之「鞫訊」。「琱生有事，召來合事」之「事」皆指訊鞫之事，即是「僕庸（附庸）土田」的訴訟案件。涉及此案之人有止公、琱生、召伯虎、婦氏、君氏和有司。銘文的幽伯即君氏，幽姜即婦氏，是召伯虎的父母；「必伯氏從許」和「爲伯有祗有成」之伯係止公，與「公宕其參」之公同屬一人。土田的主人是止公，參與訟案的主角則是琱生，封建時代家臣處理主人的訟案⑪。故知琱生當是止公的家臣。琱生者，琱氏之甥也，母琱氏女，娟姓⑫；其父是召氏，姬姓，第二器云鑄簋祀烈祖召公，用享于宗，可證。而他讚頌的宗君當即君氏，召伯虎之父，爲大宗族長，故琱生尊之曰宗君。召伯虎審理止公的土地訟案，琱生不但因家臣而爲主人應訟，也因爲他與召虎同宗，得賄賂召虎父母，以左右判決。

這宗田地糾紛案與前述幾宗不同，它不是平等兩造的訴訟，而是政府與貴族的糾紛，政府的代表是有司。若謂有司原告，止公被告，用詞雖不甚得體，意義猶相彷彿。何以政府與貴族之間會發生土地糾紛呢？這非從「厲革舊典」說起不可。

《國語・周語上》，芮良夫批評厲王寵信的權臣榮夷公「好專利而不知大難」。所謂專利即專「百物之所生，天地之所載」的利，也就是擴充領地。上行下效，豪貴擅更田籍，多佔田土，太子晉說的「革舊典」或指此而言。厲王雖不享國，革典的風氣恐怕依然存在，宣王即位以後試圖整頓，收回貴族非法占有的土地，於是有類似於琱

---

⑪ 家臣坐訟，《左傳》襄公十年曰：「王叔陳生與伯輿爭政，王右伯輿。王叔陳生怒而出奔，及河，王復之，殺史狃以說焉，不入，遂處之。晉侯使士匄平王室，王叔與伯輿訟焉，王叔之宰與伯輿之大夫瑕禽坐獄于王庭，士匄聽之。」宰、大夫皆家臣也。又《左傳》僖公二十八年：「衛侯與元咺訟，甯武子爲輔，鍼莊子爲坐，士榮爲大士。衛侯不勝，殺士榮。刖鍼莊子，謂甯俞忠而免之。」甯武子三人代表衛侯與元咺訟，身分雖非家臣，與家臣理訟的情況是一致的。至於田地訴訟由家臣出面的例子，銘文班班可考，〈散氏盤〉、〈曶从匜〉和裘衛諸器皆可證明，文繁不錄。

⑫ 〈函皇父簋〉（《三代》8.40）與〈函皇父匜〉（《三代》17.31）皆是皇父爲琱娟所作的媵器。〈周棘生簋〉（《三代》7.48）云：「周棘生乍辥娟媵賸簋。」琱是娟姓無疑。

生簋的訟案。銘曰：「止公僕庸土田多諫。」「諫」似借爲《周禮·司刺》之刺（孫詒讓《古籀餘論》，卷三），有偵訊之義，蓋指治獄鞫訊之事，止公的土地獄訟已非第一次，故云「多刺」。以前的裁斷止公必有所承諾——「許」，（如上論〈曶鼎〉和〈五祀衛鼎〉，「許」皆有認罪賠償之意。）大概他答應退還非法田地，然而猶不死心，企望敗部復活。止公要求原先他擴充侵佔三分者，讓他保留二分；侵佔二分者，保留一分。這要求當然不能公開，故令家臣琱生藉其與召伯虎之宗親關係，向召虎父母賄賂，請召虎之父代爲求情，而以「余老」要脅其子。（「余老」以下至「其一」這段話是琱生教君氏向召伯虎講的說詞。）召伯虎處理此案，面對有司，完全委之於父母的壓力[13]，而有司也體諒他的「苦衷」，同意君氏夫婦之請，止公的土地纏訟纔告結束。止公當然破財不少，計送君氏大璋，送婦氏壺、帛束、瑾，送召伯虎瑾圭和璧，此外也向政府納貝；然而他的收穫遠過於此，先前非法佔有的田地而今合法化，載之於「典」，成爲他名下的土地，故謂之「名典」。

　　根據以上的分析，「典」是我們考慮封建土地權屬的關鍵，「名典」關乎土地權屬，意義至深且巨。止公乘舊典變革，非法侵佔田地，雖然實際上佔有，以其非法，政治秩序恢復後，故多訟獄。及召伯虎審理此案，訊問有司關於止公田邑之事，手中握有止公非法佔有田地的田籍（卽藏於官府之典），作爲辦案的依據。唯召伯虎旣礙於父母之命，又身受琱生之賄，偏袒止公，故不據舊典釐定田界，銘文所謂「余典，勿敢封」是也。後來有司成全召伯虎父母之命，不再追究止公的非法佔有，乃盡將之合法化[14]，一一載於止公之田籍。銘文所言「今余旣一名典，獻伯氏，」卽指此。

13　吳命，白川靜云：吳，承順也。引孫詒讓曰，吳命，服命也，按本銘卽「順從我父母之命」（《金文通釋》33輯，頁852），可從。林澐〈琱生簋新釋〉說同。

14　楊樹達〈關涉周代史實之彝銘五篇〉釋〈六年琱生簋〉「一名典」之「一」曰：「盡也，皆也。」所有的田地盡皆登錄於典，似將止公非法占有的田地全部合法化了，遠超過止公原來期望的三分之二或二分之一。

〈瑚生設〉二銘記事的來龍去脈以及其中曲折，不啻是封建貴族土地私有權的最佳注腳。有「典」則有田，有「典」之田才是合法的田地；凡田土「名典」之後，名分才確立，權屬才清楚。就土地權屬而言，周代的「名典」和漢代的「名田」是一脈相承的。

由於封建貴族的田地藉約劑或圖典等文書維護相當程度的私有性，故直到春秋，雖遭到末年權勢貴族之侵蝕，還有人敢與抗爭，主要憑藉恐怕是在於圖典。《國語·晉語八》曰：「范宣子與和大夫爭田，久而無成。」宣子欲攻之，遍訪朝廷諸大夫，伯華、孫林甫、張老、祁奚、籍偃皆以「不在其位，不謀其政」婉拒，司馬侯和祁午直接反對，只有叔魚贊成，叔向則勸宣子請教家老訾祁。訾祁歷數范氏在晉國的歷史與范氏宗家采邑的發展，武子受隨、范，文子受郇、櫟，未曾有什麼和田，於是「宣子說，乃益和田而與之和。」韋昭《解》云「以所爭田益之，與之平和也，」卽不再蓄意侵佔和大夫之田。和大夫不過是地方性貴族，竟敢與晉國第一執政爭田，應有他所憑依之理；朝廷大臣皆不直宣子作為，也是肯定和大夫的理由。其理當是土地合法的權益證明，卽田籍。宣子家老說起范氏受邑的經過而不包含和氏之田，叔向要宣子「訪之訾祁」，是有深意的。朝臣只有叔魚贊成宣子奪田，但叔魚其人不直（《左·昭十四》），言不可信。

除圖典之外，土地的判決文書與交易券契都表示土地的歸屬，也可視同田籍。上節證明〈散氏盤〉史正中農的「中」是獄書，與「厥授圖」、「厥左執要」相符應。要，《周禮·鄉士》曰：「聽其獄訟，察其辭，辨其獄訟，異其死刑之罪而要之。」鄭玄《注》云：「要之，為其罪法之要辭，如今劾矣。」《尚書·呂刑》孔《疏》曰：「漢世斷獄謂之劾。」孫詒讓《周禮正義》云：「要辭卽獄訟之簿書。」〈散氏盤〉的「要」當是記錄疆界的判決簿書。《周禮·小宰》曰：「聽賣買以質劑。」舊《注》，兩書一札，同而別之，長曰質，短曰劑。總之不論訴訟或買賣，大抵同樣內容兩之，雙方各執其一，以為判決糾紛的憑據。銅器銘文又稱作「析」，卽析券成議之

謂。〈倗生敦〉曰：「格伯受良馬乘予倗生，厥賓卅田，則析。」
格伯付倗生良馬一乘，換得三十田，和平交易，雙方立契爲憑。析是
中分券契。〈散氏盤〉的矢王「左執要」，〈鬲从盨〉的鬲从「厥
右」，也都是析券的事。剖分的簿書或券契可能不如圖典之詳記田
界，但論其功用和田籍似無二致。另外像《禮記・檀弓下》說衛太史
柳莊死，公「與之邑裘氏與縣潘氏。書而納諸棺，曰：『世世萬子孫
無變也』」。則放在棺內的土地文書，可能也是田籍的另一種形式。

三　封建土地私有權的限度與私有的傳統

　　前文已論漢代「名田」的土地可以買賣，西周「名典」的田邑也
可以交換。唯討論古代田制的學者往往計較買賣與交換的分辨，其實
儘管形式有別，它們的性質倒是類似——皆顯示「所名有」者對該田
地具備了私有權。強調是交換而非買賣的人往往認爲「地主」對田地
只有使用權，沒有所有權，然而從裘衛獲田的例子來看，似不盡然。
裘衛諸器有一件衛盉，銘曰：

　　矩伯庶人取瑾璋于裘衛，裁八十朋厥賓，其舍田十田；矩又
　　取赤琥兩，麀韐兩，賁鞶一，裁廿朋，其舍田三田。(厐懷
　　清1976)

裘衛以價值八十朋的瑾璋換得矩伯十田，以一雙赤琥，兩件鹿皮披
肩，一襲雜色橢圓圍裙換得矩伯三田。另外，〈九年衛鼎〉云，裘衛
以整套的馬車佩節，包括好車一輛，附帶車旁的鉤子、車前橫木有裝
飾的把手、虎皮罩子、長毛狸皮車幔、裹在車軝上的彩畫套子、鞭、
大皮索、四套白色繮繩、銅質馬嚼口等，和帛六卷，交換矩伯的林辜
里(參用唐蘭譯注)。這兩次田邑交換似未先徵求周天子同意，若貴族只
有田地使用權而無所有權，恐怕不敢這般自作主張。或有學者強調土
地交換是西周中晚期的變制，但我們從田籍肯定所有權來看，土地交
易是公開的行爲，載於官憲之典，交換是否「變制」，所謂「變制」
的上限是否發端於西周中晚期，由於史料闕乏，現在尚難遽下論斷。

　　就土地私有權的一項屬性——繼承而言，貴族封地一開始就具備
了私有的性質。〈伯晨鼎〉曰「王命伯晨嗣其祖考，侯于𩻡」（《三代》
4.36），是土地繼承。至於職司繼承，西周銘文經見，如〈曶鼎〉「更
乃祖考司卜事」（《三代》4.45），〈曶壺〉「更乃祖考乍冢司土于成周八
師」（《善齋》4.57），〈師酉簋〉「嗣乃祖啻官、邑人」（《三代》9.21）云
云，不一而足。封建貴族「世官」與「世祿」並行（杜正勝1979a，頁
93-121）。繼承祖考職事的貴族恐怕也繼承其采邑。

　　貴族封地獲自天子，可以再賞賜給他的臣屬。〈卯𣪘〉說卯的祖
父、父親歷任榮伯家臣，卯繼之，榮伯賞給他田四田，分散在四處
（《三代》9.37）。〈不𡢁𣪘〉說周王命令虢季子白征伐駿方獫狁，不𡢁在
子白麾下，伐戎有功，子白賞以「臣五家，田十田」（《三代》9.48）。
榮伯和虢季子白之田邑當為天子所賜，然而一經錫賞以後，他們便
有權利處理自己的土地了。像他們二人取部分田土錫給家臣或部屬，
有的人則用來交換物品，至於傳諸子孫更是天經地義的事。何玆全
氏說諸侯、貴族的土地所有是一種私有制（1982，頁129），是有道理
的。

　　然而封建土地的「私有制」並非絕對。諸侯或周王卿大夫之土地
得自天子，列國卿大夫的采邑得自國君，必要時，天子或國君可以收
回，轉賞給別人，〈大𣪘〉是最典型的例子。周王將原來賞給𧽚䂞的
里轉給大，䂞不敢貪，遵照王命而和膳夫豕按行地界（《三代》9.25）。
陝西藍田出土的永盂亦有類似的記載。銘曰：

　　益公內即命于天子，公廼出厥命：錫畀師永厥田陰陽洛疆及
　　師俗父田。（唐蘭1972a）

師永的錫田除直屬於天子的陰陽洛疆外，還有師俗父之田，後者應是
周王轉賞的。又陝西眉縣楊家村出土周初的〈旟鼎〉曰：「唯八月初
吉，王姜錫旟田三于待劇，師櫨酤貺」（史言1972）。待劇疑是地名。
酤，或以為與甜同，甘也。本銘大意是王姜取師櫨之三田賞旟，師櫨
樂於給予。旟是周初東進的將領，王姜是成王母后，亦東征統帥之一

（杜正勝1979b），地位視若天子。旗所獲三田也可算是周王轉賞給他的。至於〈大克鼎〉說天子錫克「井家絭田于畎與臣妾」（《三代》4.40），恐怕亦取自井氏。

　　周天子有權將已錫賞的田邑轉賜給別人，說明土地最高和最後的法權在於天子，卽使晚至春秋時期，王室權威廢弛，王土的傳統猶有痕迹可尋。《左傳》隱公十一年曰：

　　　王取鄔、劉、蒍、邘之田于鄭，而與鄭人蘇忿生之田——溫、
　　　原、絺、樊、隰、郕、欑茅、向、盟、州、陘、隤、懷。

春秋之初鄭最強，此年莊公瓜分許國，勢力如日中天，而周王竟能取田於鄭，可能沿襲西周王土的傳統。唯時代不同，強弱易勢，天子威令不行，乃以蘇田與鄭交換。蘇是殷商以來的古國，周初蘇公嘗爲司寇（《尚書·立政》），理論上蘇的田土得自周天子，而今桓王取溫原等十二邑之田予鄭，正說明天子對諸侯的田邑保有最高主權，故《左傳》引君子曰責備桓王，「己弗能有，而以與人。」以鄭之國力，一旦獲得天子口頭賞賜，是可以實際佔有的。唯所取蘇田並非十二邑的全部田地，或僅如西周銘文某地幾田而已，蘇國依然存在，故六十年後狄滅溫，蘇子乃奔衞（《左·僖十》）。蘇子去國，理論上土地收歸天子所有，所以十五年後晉文公平王子帶之亂，佐助襄王入居王城，王乃賜文公「南陽：陽樊、溫、原、州、陘、絺、組、欑茅之田」（《國語·晉語四》）。溫原田邑入晉後，又賞給貴族，幾度易手，郤至說溫是他的故邑，周卿劉康公和單襄公駁斥他，「若治其故則王官之邑也」（《左·成十一》），道理就在於王土的傳統，貴族封地追溯其源，皆出自周天子也。《小雅·北山》的「普天之下莫非王土」；《公羊傳》的「有天子存則諸侯不得專地」（〈桓元〉），是從此觀點立言。後來王莽食古不化，「更名天下田曰王田，不得賣買」（《漢書·王莽傳中》），就是想恢復和發揚西周「王土」的理想，嘗試周人都做不到的事。

　　國君與卿大夫之間的土地關係亦復如天子之於諸侯；列國貴族之領地得自諸侯，故理論上諸侯對領地的主權高於領主。譬如西元前五

三五年魯昭公朝于楚，晉人不滿，於是藉口整修杞之封疆，替杞國索回被魯侵佔的土地，季武子執政守國，將以孟孫氏之成予杞。時孟僖子從昭公於楚，成之守宰謝息不聽命。《左傳》記其事：

> 季孫曰：「君子在楚，於晉罪也，又不聽晉，魯罪重矣。晉師必至，吾無以待之，不如與之，間晉而取諸杞。吾與子桃，成反（返），誰敢有之？是得二成也。魯無憂而孟孫益邑，子何病焉？」辭以無山，與之萊、柞，乃遷于桃。晉人為杞取成。（昭七）

季孫執政，其決定卽是魯國國君的決策。孟孫之成旣然是魯君所封，必要時國君可以收回，不過魯君取回成，須要用桃邑和萊、柞二山作代價，亦可證明貴族封地之私有權是不能輕易抹殺的。

另外有一種國君直轄地，賞賜給貴族管理，其權屬性質更為複雜。上文提到蘇國之州邑，西元前六三五年襄王賜予晉文公，成為晉君的直轄地，謂之「州縣」。歷代晉君將其地賜給不同貴族，至西元前五三九年賞給鄭國的公孫段。《左傳》曰：

> 鄭伯如晉，公孫段相，甚敬而卑，禮無違者。晉侯嘉焉，授之以策，曰：「子豐（公孫段之父）有勞於晉國，余聞而弗忘，賜女州田，以胙乃舊勳。」伯石再拜稽首，受策以出。（昭三）

策是賜命之書，州縣之地當載於其上，表示公孫段及其家族擁有這塊土地的主權。此縣數度易主，《左傳》曰：

> 初州縣、欒豹之邑也，及欒氏亡，范宣子、趙文子、韓宣子皆欲之。文子曰：「溫，吾縣也。」二宣子曰：「自郤稱以別，三傳矣，晉之別縣不唯州，誰獲治之？」文子病之，乃舍之。二子曰：「吾不可以正議而自與也。」皆舍之。（昭三）

晉國大族都覬覦州的田地，四年後，鄭子產乃歸州田於晉，《左傳》曰：

> 子產為豐施歸州田於韓宣子，曰：「日，君以夫公孫段為能任其事而賜之州田，今無祿早世，不獲久享君德，其子弗敢

有，不敢以聞於君，私致諸子。」宣子辭。子產曰：「古人
有言曰：『其父析薪，其子弗克負荷。』施將懼不能任其先人
之祿，其況能任大國之賜？縱吾子為政而可，後之人若屬有
疆埸之言，敝邑獲戾，而豐氏受其大討，吾子取州，是免敝
邑於戾而建置豐氏也。敢以為請。」宣子受之，以告晉侯，
晉侯以與宣子。宣子為初言，病有之，以易原縣於樂大心。

從子產答辭知道，封建貴族統治國君的直轄地，是可以傳諸子孫的，
其所以不敢或不能，多半是政治的因素。如郤氏、欒氏是族滅，豐氏
則求免「懷璧之罪」。貴族之間也可以把這種直轄地作爲交換之資，
故韓宣子獲得州縣後，因爲從前說過義正詞嚴的大話，不好意思公開
據有，乃拿來和樂大心換原縣。國君直轄地是縣，與貴族私有的采邑
不同，但仍然可以傳給子孫或與人交易。這裏可能和封建貴族之坐大
有關，但亦可透露封建土地私有權的性質是相當濃厚的。

　綜觀封建土地的性質，「王有」和「私有」並存，而且互不排
斥；二者交錯，構成非常複雜的關係，是不能一概而論的。有人認爲
周初封建貴族沒有土地所有權，西周中期以後，在大臣認可下，才有
土地的交換轉讓（葉達雄1988）。但也有人認爲天子的土地一旦賞予貴
族，貴族的所有權就從「占有」轉爲「私有」了（趙光賢1980，頁60）。
西周二百五十年間，封建土地的權屬也許可能有所發展和轉變，唯目
前資料尚不足以建構或合理說明其過程。大體上，王土的思想雖然存
在，「私有性」也不可否認，天子或國君自貴族索回封地的情形並不
常見，強制奪回更屬稀罕；後者往往會爆發政治鬥爭，干戈相見。如
周惠王叔父王子頹作亂，導因於王取子頹師傅之圃，取邊伯之宮，奪
子禽、祝跪與詹父之田，於是「五大夫奉子頹以伐王」（《左·莊十九》）。
魯閔公之傅奪大夫卜齮田，閔公不處理，終爲卜齮所殺（《左·閔二》）。
晉厲公「奪諸大夫田」以「大其私暱而益婦人田」（《國語·晉語六》），
結果被欒書、中行偃所弑（《左·成十八》）。西元前五六三年鄭有五族
「聚羣不逞之人」叛變，其中四族係因執政的子駟「爲田洫」，使

「皆喪田」，於是懷恨作亂（《左‧襄十》）。而楚平王爲令尹時，「殺大司馬薳掩而取其室，及卽位，奪薳居田，又奪成然邑，」故薳氏之族「因羣喪職之族」作亂，平王乃自殺（《左‧昭十三》）。周、魯、晉、鄭、楚這幾次政變的因素雖然很複雜，但土地權屬無疑居極重要的地位。其背後根源是貴族對封賜土地私有權的傳統。

三、編戶齊民土地私有制之形成

一　封建制的「公田」、「私田」和「易田」

　　封建時代農民耕種的田地有「公田」和「私田」之別。所謂「私田」是其生產所得耕種者可以私有，相對於「公田」之生產完全歸於天子、諸侯或貴族等領主而言，和秦漢以後農民土地的私有權毫不相干。封建城邦時代農民與其耕地的關係雖然記載殘闕，不能詳論，但還有一些蛛絲馬跡可以推敲。

　　《詩‧豳風‧七月》描寫豳公領民一年到頭的勞動和生活，生產所得歸之領主，農民連最基本的生活資料亦不能保有，而必需取自豳公。《詩》曰：「七月流火，九月授衣。一之日觱發，二之日栗烈，無衣無褐，何以卒歲？」這是衣。又曰：「七月食瓜，八月斷壺，九月叔苴，采荼薪樗，食我農夫。」這是食。貴族領主所養農人者，主要當然是每日主食之五穀，《詩》雖未嘗明言，但「十月納禾稼，黍稷重穋，禾麻菽麥。嗟我農夫，我稼既同。」鄭玄《箋》云：「既同，言已聚也。」孔穎達《疏》曰：聚納於領主的囷倉。《詩經》別篇亦多言領主積聚糧食，如《小雅‧甫田》曰：「曾孫之稼，如茨如梁，曾孫之庾，如坻如京。乃求千斯倉，乃求萬斯箱，黍稷稻粱。」《周頌‧載芟》曰：「載穫濟濟，有實其積，萬億其秭。」〈良耜〉曰：「穫之挃挃，積之栗栗，其崇如墉，其比如櫛，以開百室。」《周頌》這兩篇描述田地的收穫，農人是否保有自己的收成，尚難斷言，但〈甫田〉卻是明言「我取其陳，食我農人」的。毛《傳》

曰：「曾者食新，農人食陳。」農人只配吃舊穀陳糧，而且還是領主發放的呢⑮。農作生產尚且無法私有，遑論田地的所有權。

在這種生產關係下，舉凡農民「于耜」、「舉趾」之田畝當然都是收成歸公的「公田」，毫無保留生產成果的「私田」。然而像這種農人徹底無產的田制，當時實行的程度多廣，不能無疑。封建城邦時代比較普及的恐怕是「公田」、「私田」並行的制度，通乎天子王畿、諸侯封國，以及卿大夫采邑皆然。公私田並行制最理想的模式莫過於孟子傳述的井田制。他說：「方里而井，井九百畝，其中為公田，八家皆私百畝，同養公田；公事畢，然後敢治私事」（〈滕文公上〉）。因為太刻板、太典型了，近世學者多不敢過信。其實孟子早說過「此其大略」而已，在他之前有過井田，則不必懷疑，否則滕文公問「為國」之餘，也不會再使畢戰問「井地」。就田地收成的歸屬而言，井田包含直歸領主的「公田」和農人自有的「私田」兩種成分，突出「公田」，確是西周的舊制，但不見得必百畝公田和八百畝私田的方格子也（錢穆1971，頁376）。《詩·小雅·大田》曰：「有渰萋萋，興雨祈祈，雨我公田，遂及我私。」次章云：「彼有不穫稺，此有不斂穧，彼有遺秉，此有滯穗，伊寡婦之利。」顯見〈大田〉的生產關係與上引〈甫田〉不同，而鄭《箋》謂「私」是私田，是可信的。《周頌·噫嘻》亦曰：「率時農夫，播厥百穀。駿發爾私，終三十里；亦服爾耕，十千維耦。」毛《傳》云：「私，民田也。」兩萬人共同耕作的大場面除耕種私田外，最主要還是在公田上勞動，否則恐怕不會列入周廟祭祀的頌歌。正如《詩序》所謂「籍田」的〈載芟〉曰：「千耦其耘，徂隰徂畛。侯主侯伯，侯亞侯旅，侯彊侯以。」毛《傳》說主是家長，伯是長子，亞是仲叔，旅是子弟，彊是彊力。如果《詩序》之說可信，那麼主、伯、亞、旅等等可能就是籍田禮中「終于千畝」的

---

⑮　〈甫田〉鄭《箋》云：「倉廩有餘，民得賒貸取食之，所以紓官之蓄滯，亦使民愛存新穀，自古者豐年之法。」孔《疏》引孫毓曰：「一家之中，尊長食新，農夫食陳，老壯之列，孝養之義也。」說皆迂曲，不及毛《傳》通達，且無增字解經之弊。

庶民（《國語‧周語上》），在天子的「公田」上舉行春耕。據虢文公說，籍田收成皆「廩于籍東南，鍾而藏之」（〈周語上〉）。韋《解》曰：廩，御廩也，一名神倉。謂爲廩以藏王籍田收成，以奉粢盛。這就是《禮記‧月令》〈季秋〉條所云：「乃命冢宰，農事備收，舉五穀之要，藏帝籍之收於神倉，祗敬必飭。」神倉五穀之出入是有簿籍記錄的。這種「公田」和神倉不限於周王畿，亦非西周晚期就廢弛。《春秋經》桓公十四年曰：「秋八月壬申，御廩災。」《公羊傳》釋御廩曰：「粢盛委之所藏」，卽是神倉。公田或不限於籍田，至少透過宗教的形式，我們還能看到一些公田的痕迹。

　　《夏小正》曰：正月，「農及雪澤，初服于公田。」澤，古通釋。雪一融化，農民必須到公田耕種。《管子‧乘馬》曰：「正月，令農始作，服于公田，農耕及雪釋，耕始焉，芸卒焉。」也是同樣的情形。以上是種穀的公田，另外也有植桑的，《呂氏春秋‧上農》篇云：「后妃率九嬪蠶於郊，桑於公田。」后妃桑於公田與帝王籍田同意，只是儀式，平昔勞動當然由農家婦女負責。

　　公田的耕耘、播種和收成都依賴農民的無償勞動，古書謂之「藉」。《孟子‧滕文公上》曰：「藉者，助也」，也就是助耕。孔子追述「周公之籍」曰：「先王制土，籍田以力而砥其遠邇」（《國語‧魯語下》）。黃以周《禮書通故‧職役》曰：「籍田以力，謂借民力以助公田。」孟子分析夏貢、商助和周徹三種稅制，引證〈大田〉詩章，而判斷「雖周亦助」，是對的。誠如孟子所說「唯助爲有公田」，而凡實行助法者，亦必有「私田」與「公田」相輔而行。《穀梁傳》曰：「私田稼不善則非吏，公田稼不善則非民」（〈宣十五〉）。因爲公田借民力助耕，生產所得歸諸領主，收成不好當然責備耕者怠工不力；而私田的生產既爲農民所有，不愁其不力，若收成還不好，便須怪罪田吏勸農無方了。農民分別在公田與私田上勞動，公田收成全歸領主，私田收穫則屬於自己。《禮記‧王制》曰：「古者公田藉而不稅」，鄭玄云：「古者謂殷時」。其實行助法、有公田的周代，農民

私田也是不抽稅的。故孔子說周公的制度是藉田以力，賦里以入，任力以夫，至於「歲收田一井，出稷禾、秉芻、缶米，」只當「有軍旅之出則徵之，無則已。」超過此標準便「犯法」（《國語・魯語下》）。《左傳》說「穀出不過藉」（〈宣十五〉），卽是此意。《公羊傳》把「什一」和「藉」混爲一談，當非古制。這派經學家甚至瓜分公田，作爲每戶農家的廬宅園圃，是否符合古制，亦頗可疑⑯。

封建時代農民對耕地之「私」只限於生產物，和地權無關。漢魏學者解釋古之「爰土易居」，雖然不一定符合實情，但對我們了解封建農民與田地的關係多少有些幫助。何休云，田分上中下三品，授予農民，「肥饒不得獨樂，墝埆不得獨苦，故三年一換土⑰易居，財均力平，兵車素定」（《公羊傳》宣十五《注》）。理論上，九年一輪，可以回到原來自己的耕地。許愼《說文》趄字條亦曰：「趄田，易居也。」張晏和孟康注解「轅田」，或曰：「周制三年一易，以同美惡。」或曰：「三年爰土易居，古制也」（《漢書・地理志・注》引）。都與許、何之說同。連孟子「死徙無出鄉」的「徙」，趙歧也用此觀念來注解。換土易居，我們尚無比較可信的資料來證實，如果古代果有此制，農人的耕地經常變更，當然談不上所有權的問題。

不過，我們從《左傳》記事可以推測封建城邦時代農民與土地的聯繫關係並不穩固。春秋時期經常見「遷人」或「出民」。《左傳》桓公七年曰：「夏，盟、向求成于鄭，既而背之。秋，鄭人、齊人、衞人伐盟、向，王遷盟、向之民於郟。」於是盟、向之民離開故土，

---

⑯　《公羊傳》宣公十五年曰：「古者什一而藉。」什一是稅，實物地租，藉則是勞役地租。孔子認爲若無戰爭，而在勞役地租之外又加上實物地租，便是亂世變制，非周公法度（《國語・魯語下》）。所謂聖王制度是不可能「什一而藉」的。何休《解》曰：「什一以借民力，以什與民，自取其一爲公田」，迂曲難通。《公羊》此說誠不如〈王制〉信實合理。《穀梁傳》謂「古者公田爲居，井竈蔥韭盡取焉」（〈宣公十五〉年）。這樣公田反而不是田地，儘是廬宅園圃而已，其與典籍不符，自不待辯。何休有每家「公田十畝，又廬舍二畝半」之說，范寗云「八家共居」於公田，楊士勛認爲何氏「記與聞乎，范氏《註》亦無所取」（《穀梁傳・宣十五・疏》）。誠具見識。

⑰　土，原作「主」，從阮元校勘改。

新墾於郊。《春秋經》莊公元年曰：「齊師遷紀郱、鄑、郚。」遷，
古本《竹書紀年》作「滅」，即滅紀國三邑。這三邑之人被趕走，或
散而之四方，其故土當有新人來耕作，如晉文公圍陽樊，「出其民」
（《左‧僖二十五》），杜《注》云「取其土而已」，是也。《春秋經》閔公
二年：「齊人遷陽。」即遷陽國人民。至於《左傳》襄公六年齊「遷
萊於郳，高厚、崔杼定其田」，杜《注》云只遷萊子，是否正確，尚
待考。

　　國家滅後，亡國之民往往任憑征服者擺佈，他們當然要爲征服者
耕田服役，但所耕田地則視征服者的需要和方便而定；這種遭遇有時
連附庸也不能免。茲以楚之於許等小國爲例來說明。西元前五七六
年，許畏鄭偪，請內徙，楚公子申乃遷許于葉（《左‧成十五》）。西元
前五三八年，楚滅賴，「遷賴於鄢，楚子欲遷許於賴」（《左‧昭四》）。
賴國人搬到鄢，許國人有沒有搬到賴，史未明言。但五年後，

> 楚公子棄疾遷許于夷，實城父，取州來、淮北之田以益之，
> 伍舉授許男田。然丹遷城父人於陳，以夷濮西田益之，遷方
> 城外人於許。（《左‧昭九》）

這年淮水中游人民大搬家，人口移植，耕者變易，無復以加。許國人
遷到夷的城父，城父人遷往陳國，再把方城外的人搬到許；城父的許
人又獲州來、淮北之田，在陳的城父人另外得到夷的濮西之田。越二
年，即西元前五三一年，當楚滅蔡時，「靈王遷許、胡、沈、道、
房、申於荊焉。平王即位（西元前五二八）既封陳蔡，而皆復之」（《左‧
昭十三》）。被遷到楚的許、胡諸國之人又回去了。西元前五二四年
多，「楚子使王子勝遷許於析，實白羽」（《左‧昭十八》）。又西元前
五〇六年，「許遷于容城」（《春秋‧定四》）。如此遷徙，不論該國人
民之全部或部分，都顯示耕種者與所耕地不存在任何所有權的關係。
以許國而言，三十年內至少四次大遷徙，所謂人民的土地私有怎可能
建立呢？蔡國的情況也類似，西元前四九四年，楚圍蔡，「蔡人男女
以辨，使疆于江汝之間而還；蔡於是乎請遷于吳」（《左‧哀元》）。蔡

國男女分別係纍而出降，楚準備把他們安置在江水之北，汝水之南的田間，蔡人自動請求遷到吳國。翌年多，楚「遷蔡于州來」（《左·哀二》），蔡人耕地的所有權關係亦可以思過半矣⑱。

以上所述遷人或出民雖不排除強奪的成分，亦非絕無封建禮法的根據。上文闡明土地在貴族之間轉移，卽使農民與田地穩固地連繫，隨之易主，該地的所有人還是貴族，而非農民，那麼土地所有者對他的土地亦擁有處置的法權。以晉文公對陽樊的案件來說，陽樊本來直屬於周王，西元前六三五年襄王把它賜給文公，陽樊人不服，晉圍之，終於「出其民」（《左·襄二十五》、《國語·周語中》）。陽樊人民長期以來卽使各有固定的耕地，而今在外力脅迫下，自己被趕走，田地被佔領；然而晉文之取陽樊，係得自周天子，完全合法。陽樊田土的主人從原來的周王變成今日的晉君，先前耕墾的陽樊人倒成爲「身外之物」了。卽使楚公子棄疾之大遷徙，人民搬家，土地卻是不動的，他之所爲恐怕只有土地主權屬於國君才好解釋。春秋列國經常「分田」或「疆田」⑲。亦充分顯示封建土地所有權的性質。大體而論，封建時代沒有統治權就沒有私有權，而且當封建貴族仍與國君分土治民，國家主權尚未觸及全民時，也談不上耕農的土地私有權。農民「私田」之「私」只能私有地上物，而不能私有地權，從春秋史例來看，當是非常明確的。等到土地私有制建立以後，漢武帝卽以帝王之尊，也非花錢購買民田不可了。

另外封建時代又有「易田」。當時農民耕作的田地受諸天子、諸侯或貴族領主，如何分配，如何轉換，今皆難考。據漢魏經、史學者

⑱　今考魯成公二年華夏諸侯與楚盟，《左傳》說：「蔡侯、許男不書，乘楚車也，謂之失位。」杜《解》：「乘楚王車，爲左右，則失位也。」《左傳》又引君子曰：「蔡、許之君，一失其位，不得列於諸侯」（成二）。蓋此時蔡國和許國皆淪爲楚之附庸，十三年後許要求內徙，五十年後一連串的大遷移，毋寧視作國內人口之移動比較得當，而非敵國侵略征服的形態。所以我們用這些事例討論農民無所謂土地所有權。

⑲　《左傳》僖公二十八年晉文公「執曹伯，分曹衛之田以畀宋人。」文公元年「晉圍咸，取之，晉侯疆咸田。」襄公八年「莒人伐我東鄙以疆鄆田。」襄公二十六年「公會晉趙武、宋向戌于澶淵，以討衛，疆戚田，取衛西鄙懿氏六十以與孫氏。」

說，古之農民輪流耕種貧瘠和肥腴的田地，上文述何休說，謂之「換土易居」，使「肥饒不得獨樂，墝埆不得獨苦，」以達成「財均力平」的目的。《漢書·地理志下》曰：商君「制轅田」。據顏師古引張晏和孟康說，爰土易居以同其美惡。可見漢魏儒者相信周代農民沒有固定的耕地，同一農莊內，按田地之肥瘠輪流耕作。

　　山東臨沂銀雀山漢墓新出竹書〈田法〉也說，邑嗇夫與田嗇夫

　　　循行立稼之狀而謹□□美亞（惡）之所在，以為地均之歲。

又曰：

　　　☑巧（考）參以為歲均計，二歲而均計定，三歲而壹更賦田，
　　　十歲而民畢易田，令皆受地美亞（惡）□均之數也。（《文物》
　　　1985：4，頁36）

與舊注參證，可知農民每分一塊田地，耕作三年才更易，田視美惡分三等，第十年又回來耕作原先第一次分配的田地。可見何休田分三品，三年一易，過九年一輪的說法是有根據的。如此田法，耕者對所耕的田地固不可能形成私有權。

　　據孟康的見解，商鞅轅田是使「上田不易，中田一易，下田再易，爰自在其處，不復易居也」。這顯然摻用《周禮·大司徒》不易之地家百畝，一易二百畝，再易三百畝之說，是另一種授田制度，與「易田」無涉。而且周制易田恐怕也不是「易居」，農民依然住在同一個農莊，唯耕地改變而已。不過孟康「不復易居」的誤解和張晏「令民各有常制」之說似乎指出一種歷史現象，即在易田制逐漸崩潰時，耕者所耕之地不再改易，田地遂成為其家永業，所有權便在此轉變中漸漸植根（錢穆1971，頁380）。

二　春秋中晚期以下的受田與私有

　　在中國土地制度史上，「受田」和「私有」似乎是兩種相反的概念，代表兩種截然不同的體制，前者是國有制，後者是私有制。不過，春秋中晚期以下之受田卻變成土地私有的基礎，名似相反，實則

相成，這需配合當時整個政治社會體制的改革才容易明白。

　　到春秋中期，已有耕作者稱爲「田主」了。《史記·陳杞世家》記載申叔時引述的鄙語有云：「牽牛徑人田，田主奪之牛。」〈楚世家〉略同。能在田中奪取走捷徑之牛的「田主」，恐怕非耕作者莫屬。申叔時講話的時間在西元前五九八年，《史記》此則如果是實錄[20]，而且已經成爲俗語，則農民之稱作「田主」可以早到西元前六百年以前。封建公田固爲領主所有，「私田」也在領主名下，農民「田主」之田或許是私墾田。然而這意味著至少在實質上，農民對某些土地已經具有所有權了。

　　申叔時講話後四年（前五九四），魯國改革稅制，農民於是產生新的土地權屬關係。《春秋經》宣公十五年曰：「初稅畝」。《左傳》曰：「初稅畝，非禮也，穀出不過藉；以豐財也。」誠如上論，公私田並行時，農民的正常負擔只有助耕公田的「藉」，不納私田生產的「稅」，而今採用「稅畝」之法，所稅者是什麼性質的田地？《公羊傳》解釋「稅畝」曰：「履畝而稅」。則凡農民現耕之田，不論傳統受田或新闢未嘗登記的田地，都一律踏勘丈量，以便徵稅，政府的收入於是乎增加，故《左傳》曰：「以豐財也」。

　　土地之丈量多見於西周文獻。上文引證陝西岐山縣董家村出土的裘衛銅器，〈五祀衛鼎〉記邦君厲四田予裘衛，乃令三有司等人「帥履裘衛厲田四田」，於是錄其四至。〈九年衛鼎〉矩伯家臣「履付裘衛林𤰈里」，而成四界封疆。〈永盂〉云，既「付永厥田，厥率履厥疆宋句」。「履」，踏勘也。經過踏勘丈量後，乃成爲裘衛或永名下的土地；同樣的，魯國「履畝而稅」的田地必也登記納稅人的名字。以往所「藉」和新制所「稅」，既然都是直接耕種的農民，該徵稅的田地，照理說，必也登記上農民的名字。雖然這種登記，原先只爲方

---

[20]　《左傳》宣公十一年申叔時引人言曰「牽牛以蹊人之田，而奪之牛，」無「田主」二字。唯金澤文庫本作「而田主奪之牛」，與〈陳杞世家〉、〈楚世家〉同。參見楊伯峻《春秋左傳注》，頁715。

便賦役和徵稅，並不表示農民對其耕地具備所有權。而且公田不可能
一夕之間取消，助耕也不會突然廢弛㉑。何況新制「稅畝」所登記的
田地恐怕也以私田和私墾田爲主。

　　「稅畝」是否只限於魯公領地，或亦包括貴族采邑，史籍無徵；
但貴族采邑既同有公、私田之分，魯公爲增加收入而採取的新剝削方
式，同樣也會在采邑傳播開來。歸根結底，統治者爲因應農民私墾田
面積擴大而採行新措施，收入是增加了，卻給封建土地所有制開了一
個大缺口。每塊田地既登記耕者名字，久假不歸，農民終於擁有耕地
主權，恐怕是統治者萬萬料想不到的吧。

　　繼魯國「初稅畝」之後不到半世紀，楚國使

　　　蔿掩書土、田：度山林，鳩藪澤，辨京陵，表淳鹵，數疆
　　　潦，規偃豬（堰渚），町原防，牧隰皋，井衍沃。量入脩賦：
　　　賦車籍馬，賦車兵、徒卒、甲楯之數。（《左‧襄二十五》）

「書土田」固然登錄全國資源，每戶的耕地恐怕也得登記，才能「脩
賦」。就土地所有權的發展來說，意義與「初稅畝」相同。又在蔿掩
書土田之後五年，鄭子產使「田有封洫，廬井有伍」。從政一年，輿
人埋怨他「取我田疇而伍之」；三年，輿人稱誦「我有田疇，子產殖
之」（《左‧襄三十》）。輿人即庶衆〔附錄三〕，論田則稱「我」，其土
地權屬是非常明確的了。此值西元前五四三年，約六世紀中葉。

　　然而農民土地所有權並非憑空產生，它是依傍在傳統的受田制上
蘊育苗壯的。唯從封建制到郡縣制的轉變過程中，受田產生新的意
義，農民便眞正成爲土地主權的所有人了。

㉑　《公羊》「履畝而稅」，何休《解》云，「時宣公無恩信於民，民不肯盡力於公
　　田，故履踐按行，擇其善畝穀最好者稅取之，」公田於是廢除。按何休的系統，即
　　使「聖人制井田之法而口分之」，一夫一婦受田百畝，另外公田十畝，廬舍二畝
　　半，「凡爲田一頃十二畝半」，似乎公田早就分散到每個農戶去了，此說與我們所
　　見古代公田的記載不符，不敢苟同。《穀梁傳》云「古者公田爲居」，不可信，上
　　面已經批評過了；但它說「初稅畝者，非公之去公田而履畝十取一也，以公之與民
　　爲已悉失」，公田並未撤銷。楊士勛《疏》引徐邈云，「除去公田之外，又稅私田
　　之十一」，楊氏以徐言爲是，似乎比較合理。

　　新時代的受田可以遠溯於晉惠公的「作爰田」。爰田了解，頗爲分歧，向來多從「換土易居」之說，與惠公本事不符；我們認爲爰田應解釋作賞田[22]，才比較適合當時情狀。

　　西元前六四五年晉、秦戰於韓原，惠公被俘，「使郤乞告瑕呂飴甥」，飴甥教郤乞爲惠公謀畫，以君命賞國人，「晉於是作爰田」（《左·僖十五》）。爰田，《國語》作「轅田」（〈晉語二〉）。杜預曰：「分公田之稅應入公者，爰之於所賞之衆。」按《左傳》本文，所賞的是田而非稅，故不可從。韋昭引或云曰：「以田出車賦」，俞樾從之（《茶香室經說》卷十四），其實是望文生義。今考漢儒注釋爰田或轅田，頗爲一致。服虔和孔晁皆曰：「爰，易也，賞衆以田，易其疆畔」（《左·僖十五》孔《疏》引）。賈逵亦曰：「轅、易也，爲易田之法，賞衆以田。易者，易其疆界也」（《國語·晉語三》韋《解》引）。爰、轅訓易，趄之假借，向來無異說（《說文解字詁林》趄字條），易者易其疆畔或疆界，當是舊解，值得重視。《說文》曰：「爰，引也，從爪從于，籀文以爲車轅字。」段《注》：「轅所以引車，故籀文車轅字祇用爰。」轅是車前伸出部分，用來引車，故「轅」與「爰」皆有「引而申之」之義（《詁林》引徐灝說）。《漢書·李廣傳》曰：廣「爲人長，爰臂，其善射亦天性。」爰臂謂臂特長，故善射。引伸爲延長田地，卽擴大田界的意思。田之擴大，則在於賞。晉惠以賞田給國人，賈逵、服虔與孔晁三家皆無異說，也唯有如此解釋才符合《左傳》和《國語》之旨。《說文》又云，爰字從爪，而「爪，物落上下相付也。」〈倗生殷〉曰：「格伯爪良馬乘于倗生。」爪卽付予。則爰也有付與之意。因由國君付與國人，故曰「賞」。總而言之，爰田也就是晉君賞給國人之田，其性質和封建時代天子、諸侯之錫賞田邑給貴族者似頗相近，故國人皆悅。

㉒　楊善羣〈「爰田」釋義辨正〉於古今諸家有所評論，而歸結於賞田，與本文看法不謀而合。趙光賢雖然認爲爰田是賞田，但他說晉惠所賞是貴族而非農民，卻是錯的。這是由於他誤解「國人」意義違成的，見〈晉「作爰田」解〉，收入《周代社會辨析》。

《周禮》有賞田。〈載師〉曰：以賞田任遠郊之地。鄭司農云，賞賜之田。〈司勳〉曰：「掌賞地之政令。凡賞無常，輕重眡功。凡頒賞地參之一食，唯加田無國正（征）。」鄭玄說：「賞地之稅，參分計稅，王食其一也，二全入於臣。」卽賞地納三分之一的稅，只有在賞田外又加賞的「加田」才不必納稅。賞田的性質與采邑不同，反而更近於人民受田於政府而向政府繳稅的情形。

西元前七世紀中葉，晉作爰田，只是討好國人的臨時措施，不是長久定制，尚未達到改變土地制度的功能，不宜太誇張它的歷史意義。然而爰田旣是賞田，一旦普遍、定期實施，卽全民受田，便可能形成一種新田制，對耕者的地權而言，是會與「初稅畝」異曲同工的。政府實行全民受田須具備兩個條件：一、掌握大量土地，二、直接統治全國人民。關於後者，第一章〈編戶齊民的出現〉已經論證，並推斷其時間在春秋中晚期以後逐漸完成；前者同章亦涉及，此時中央政府控制的土地也逐漸增加。

列國中央政府直轄地擴張的來源，除吞併弱小國家外，便是沒收沉淪封建貴族的采邑。當時貴族一流亡，采邑多收歸中央，孟子所謂「去之日，遂收其田里」者也（〈離婁下〉）。《左傳》說晉國舊族如欒、郤、胥、原、狐、續、慶、伯等淪落後，子孫「降在皂隸」（〈昭三〉），他們的采邑田里自然是充公的。族亡邑收的情形是春秋中晚期以後普遍的現象，中央政府掌握的土地於是日增，而與封建貴族淪落的程度成正比。

政府充「公」之外，有的貴族還主動繳奉采邑，《左傳》謂之「致邑」、「納邑」或「歸邑」。如西元前五七五年曹卿「子臧盡致其邑與卿」（《左·成十六》）。三十年後，齊高豎「致盧而出奔晉」（《左·襄二十九》）。《左傳》襄公二十二年記載鄭公孫黑肱臨終前夕，「歸邑於公」。他說：「吾聞之，生於亂世，貴而能貧，民無求焉，可以後亡。」只保留少數采邑以供子孫薄祭，「盡歸其餘邑」於中央。貴而求貧以免於亡，眞是春秋中晚期「亂世」的新局勢。故吳季

札勸晏嬰「速納邑」（《左・襄二十九》）；以陳桓子之專且強，聯合鮑氏瓜分欒、高之田邑後，還是聽從晏子之諫，「盡致諸公」（《左・昭十》）；又如齊大夫子雅受邑，「辭多受少」；子尾受邑，「稍（畫也）致之」，齊侯以為子尾忠，故有寵（《左・襄二十八》）；十餘年後猶為人所稱道（《左・昭十》）。公孫黑肱的確看出新時代的潮流。

　　列國政府累積大量土地，或賜功臣，或賞近倖㉓，但授與齊民所佔的比例更大。傳統論史者向來注目於封建時代一夫一婦百畝的受田，對封建制轉為郡縣制的「受田」反而不甚了了，唯馬端臨說過戰國「未嘗不授田」而已（《文獻通考・田賦考》）。參證新舊史料，馬氏之見是完全正確的。關於春秋晚期以降的授田，《孫子・吳問》謂之「制田」，孟子稱作「制產」或「分田」，《管子》稱作「分地」，《商君書》所謂「制土分民」或「為國分田」，《呂氏春秋》名曰「行田」或「分地」，至於銀雀山竹書和睡虎地秦簡的「受田」和「予田宅」，更明白了當，不煩索隱。

　　山東臨沂銀雀山漢墓竹簡《孫子兵法》有〈吳問〉篇，記載范、中行、智、韓、魏與趙六家之「制田」，而「伍稅之」。顯然是貴族授田給農民，再向人民徵稅。其實授田予民既非戰國少數士人的天真夢想，也非他們的思古幽情，而是活生生的現實。孟子明言，「今也制民之產，仰不足以事父母，俯不足以蓄妻子」（〈梁惠王上〉），可見當時政府的確「為民制產」，唯所制不足，而所求太多耳。孟子為滕文公籌策治國大計，「分田制祿」，平民「分田」，以供給統治者的「穀祿」。於是造出「野九一而助，國中什一使自賦」的制度（〈滕文公上〉）。城中之人採取稅法，係時代潮流；野地農民納入井田，恢

㉓ 史籍記載特殊個人的賞田比較明顯。《左傳》哀公二年，趙鞅誓師，「克敵者，士田十萬。」《史記・扁鵲倉公列傳》：「簡子賜扁鵲田四萬。」《戰國策・魏一》：「魏公叔痤為魏將而與韓趙戰澮北，禽（擒）樂祚，魏王說，迎郊，以賞田百萬祿之。痤宗吳起之後，賜之田二十萬，巴寧、爨襄田各十萬。故又與（痤）田四十萬，加之百萬之上，使百四十萬。」《史記・趙世家》：烈侯曰：「夫鄭歌者槍、石二人，吾賜之田，人萬畝。」《羣書治要》引《尸子・貴言》：「賜舟人清涓四萬畝。」這些資料皆顯示，春秋晚期至戰國，政府控制有大片的田地。

復藉法，卻是開倒車。但無論如何，「助」與「賦」的「分田」是有現實基礎的。

《管子・揆度》曰：「百乘，爲耕田萬頃，爲戶萬戶，爲開口十萬人，爲分者萬人，爲輕車百乘，爲馬四百匹。」安井衡《纂詁》曰：「分字上有『當』字，『當分』者謂當分與田畝。凡田：唯家長受之，爲戶萬戶，故當分田者亦萬人。」安井之說有《管子・國蓄》可資佐證。〈國蓄〉曰：「分地若一，彊者能守；分財若一，智者能收。」分地卽分田。又曰：「征⑳籍者，所以彊求也；租稅者，所慮而請也。」〈輕重乙〉亦曰：「租籍者，君之所宜得也；正籍者，君之所強求也。」安井衡說：「上始無所給，因事而藉之，故曰彊求；給民以田，度其所得而稅之，故曰慮請。農民因受田而納租稅，對國君而言，是「所宜得」。安井這兩段詮釋皆通達合理。

《管子》其他一些篇章也談到政府授田予民。〈禁藏〉曰：「富民有要，率三十畝，而足於卒歲。」三十畝者授田之數也。〈入國〉明言，政府合鰥寡，「予田宅，而家室之；三年，然後事之」。〈乘馬〉亦曰：

> 正月，令農始作，服于公田，農耕及雪釋，耕始焉，芸卒（畢）焉。士聞見博，學意察，而不爲君臣者，與功而不與分焉。賈知賈之貴賤，日至於市，而不爲官賈者，與功而不與分焉。工冶容貌功能，日至於市，而不爲官工者，與功而不與分焉。

功，當如同篇所云「距國門以外，窮四竟之內，丈夫二犂，童五尺一犂，以爲三日之功」的「功」，也就是人民向政府提供的勞役。士農工商四民之中，有「不爲君臣」之士，「不爲官賈」之商，「不爲官工」之工，而沒有不爲官農的農人。非官的士、商、工，仍須向政府服役或納稅，卻不能從政府方面獲得相對的報償，此之謂「與功不與分」。唯獨農民，理論上皆屬官農，故與功亦與分，農人所分者，也

----

⑳　征，一本作「租」，從《管子集校》改，見頁1051。

是田地。此段文字頗有復古傾向，和孟子「請野九一而助」云云相近。〈乘馬〉講經國治民之大法，雖染有理想色彩，恐怕還是有事實根據的。我們再查考「先事大功，政自小始」的〈問〉篇，頻頻關注人民田地問題。〈問〉曰：

> 問死事之孤，其未有田宅者有乎？
>
> 問理園圃而食者幾何家？
>
> 人之開田而耕者幾何家？
>
> 士之身耕者幾何家？
>
> 餘子仕而有田邑，今入者幾何人？
>
> 士之有田而不使者幾何人？吏惡何事？
>
> 士之有田而不耕者幾何人？身何事？
>
> 外人之來徙而未有田宅者幾何家？
>
> 鄉子弟力田為人率者幾何人？
>
> 問士之有田宅，身在陳（陣）列者幾何人？

了解戰國政府授田的事實，以上所問就不覺得奇怪了。

退一步說，如果孟子和《管子‧乘馬》帶有不切實的理想，崇尚後王的法家應該最現實了，但《商君書》亦論分田，而且不比其他各家遜色。〈徠民〉曰：

> 地方百里者，山陵處什一，藪澤處什一，谿谷流水處什一，
> 都邑蹊道處什一，惡田處什二，良田處什四。以此食作夫五
> 萬，其山陵藪澤谿谷可以給其材，都邑蹊道足以處其民，先
> 王制土分民之律也。

〈算地〉稱作「先王之正律」。該篇述「分田」可補〈徠民〉之不足，曰：「為國分田，數小，畝五百，足待一役，此地不任也。方土百里出戰卒萬人者，數小也。」按正常情形，地方百里可以養五萬個農人，故云「作夫五萬」。當時兵農合一，即五萬名戰卒。若百里之地只能出戰卒萬人，當然是「數小」。何以數小？因為土地貧瘠不任，每戶授田數增大，可至夫五百畝；相反的，如果土地肥沃，像李

悝爲魏文侯所作的盡地力之教，百里之地甚至可以爲田六百萬畝（《漢書·食貨志》），「食作夫」達六萬之衆呢！

《商君書》講「制土分民」，講「爲國分田」，而《漢書》謂商鞅「制轅田，開阡陌」，可見分田云云絕非虛言。誠如上文考證，轅田本義是賞田，全國性的賞田也就是授田了。政府按戶口授田，既要考慮當地田土與人口的比例，也要衡量地方肥瘠之不均。《商君書·算地》曰：「地狹而民衆者，民勝其地。民勝其地務開，開則行倍。」行，行田也，卽授田[25]。土地雖狹，人民離衆，努力開墾，授田便可加倍。《漢書·高帝紀》五年詔曰：「請以有功勞行田宅」，師古曰：「行，猶付與也」。《呂氏春秋·樂成》云：史起曰：「魏氏之行田也以百畝，鄴獨二百畝，是田惡也。」魏國農民受田或百畝，或二百畝，視地力差等而異。

臨沂銀雀山竹書〈田法〉曰：「州、鄉以地次受（授）田於野，百人爲區，千人爲或（域）」（《文物》1985：4）。睡虎地秦簡〈魏戶律〉曰：「叚（賈）門逆呂（旅），贅婿後父，勿令爲戶，力鼠（予）田宇」（《睡簡》頁293）。則除商賈之家，逆旅主人，贅婿後父以外的庶民，大概皆可授「予田宇」了。〈田法〉代表齊國制度（劉海年1987），〈魏戶律〉是魏安釐王二十五年公佈的律令，另外秦國的〈田律〉也規定根據人民「受田之數」，無論開墾與否，按頃畝課芻稾（《睡簡》頁27-28）。從新出簡牘文獻可以證明，傳統典籍中的授田之論確實不虛，而且可以肯定是伴隨著編戶齊民之形成而出現的新的土地分配制度。

錢穆氏引證江永之說，指出《周禮》的田制只有授田，沒有公田（1971，頁371）。這發現幫助我們研討戰國田制甚大。我們知道公田行助法，是西周舊制，當時農民雖也受百畝「私田」，但《周禮》的授田接近以上所論戰國授田，而較遠違於「井田制」中的受田。《周禮·大司徒》論都鄙之民的耕地曰：「不易之地家百畮，一易之地家

㉕　《呂氏春秋·孟夏紀》曰：「太尉行爵出祿。」行爵者賜爵也。《周禮》〈司裘〉
　　曰：「行羽物。」〈羅氏〉同。《注》云：「行謂賦賜也。」

二百晦，再易之地家三百晦。」〈遂人〉述野之耕地分配曰：

> 辨其野之土，上地、中地、下地，以頒田里。上地夫一廛，
> 田百晦，萊五十晦，餘夫亦如之；中地夫一廛，田百晦，萊
> 百晦，餘夫亦如之；下地夫一廛，田百晦，萊二百晦，餘夫
> 亦如之。

《周禮》田地三品，《管子·乘馬》亦採此數，可能卽《國語·齊語》「相地而衰征」之意。一旦分成三等，便非井田制的系統。何況餘夫和正夫一樣受田，應該都是春秋中晚期擴大征兵以後的新現象。

列國固對本國人民授田，新來定居者也不例外。《孟子·滕文公上》曰：

> 有為神農之言者許行，自楚之滕，踵門而告文公曰：「願受
> 一廛而為泯。」

按上引《周禮·遂人》，一廛是一夫受田的面積。《漢書·揚雄傳》曰：揚氏「處岷山之陽曰郫，有田一𤲧，有宅一區，世世以農桑為業。」孫詒讓曰：「𤲧卽廛字」（《周禮正義》卷二十九〈遂人〉）。《周禮·旅師》曰：「凡新甿之治，皆聽之，使無征役，以地之媺（美）惡為之等。」鄭《注》：「新甿、新徙來者也，治謂有所求乞也。」所求乞者，是田地，卽《管子·國蓄》的「所慮而請」。《管子·問》亦問：「外人之來徙而未有田宅者幾何家」。《商君書·算地》曰：「地廣而民少者，地勝其民。地勝其民者事徠。」徠，卽招來人民。《周禮·旅師》謂新甿「無征役」，《商君書·徠民》亦曰：

> 諸侯之士來歸義者，今使復之三世，無知軍事，秦四竟（境）
> 之內，陵阪丘隰，不起十年征，者（著）於律也。

新甿免服三世勞役，十年不征收租稅，在法律上規定得明明白白。授田宇，免租賦，都是對新移民的優待。

新時代農民之受田表面上雖是封建受田的延續，由於整個政治社會性質改變，受田的意義也大異其趣。從封建制轉成郡縣制的過程中，政府權力日益擴張，封建貴族紛紛崩潰，編戶齊民逐漸出現。這

些世變大概自春秋中晚期以下愈演愈烈，而農民所受之田逐漸具備類
似於封建貴族土地的法權，這是封建時代的農民作夢也想不到的。

在新受田制中，耕者對他的田地是有名分的。政府控制土地和人
民，於是征租稅、差徭役，調兵丁；人民直接向政府負責，盡粟米、
布帛、力役之征的義務。因此，政府對於墾田和人口的數目都有記
錄。《管子‧國蓄》曰：

> 君引錣量用，耕田發草，上得其數矣；民人所食，人有若干
> 步畝之數矣：計本量委則足矣。

尹知章云：「錣，籌也。」《荀子‧君道》曰：「探籌投鉤而公。」
《慎子‧君人》云：「分田用鉤，所以去私塞怨。」鉤籌量用當指分
田，分田而上得其數，必有簿書登記無疑。

登記田地權屬的簿書是田籍。《管子‧禁藏》曰：「戶籍田結者，
所以知貧富之不訾也，故善者必先知其田，乃知其人。」丁士涵云：
「結者，約也。」《周禮‧司約》云：「治地之約次之」。《注》：
「地約謂經界所至，田萊之比也。」即此所謂「田結」（《管子集校》
頁 861）。故田結即田籍。戶籍載人，田籍錄地，人與田，政府皆有檔
案可查，故《周禮‧小宰》曰：「聽閭里以版圖。」鄭玄以為版是戶
籍，圖是地圖。又按〈司會‧注〉，圖指地界分割、田地廣狹。閭里
人民有爭訟，則依戶籍、田籍斷之。《禮記‧曲禮上》曰：「獻田
宅者操書致。」書致也是田籍。戰國田籍之形式不可考。但前述西周
〈五祀衛鼎〉田既有四至，而唐代敦煌籍帳亦明載每塊田地的四至，
則戰國田籍形式似乎如第一章研究的戶籍一樣，可從唐朝資料推度一
些端倪（圖 4.8）。

《史記‧廉頗藺相如列傳》曰：「趙奢者，趙之田部吏也。收租
稅，而平原君家不肯出租，奢以法治之，殺平原君用事者九人。」田
吏收租，必有憑籍；主要的憑籍當是田籍。睡虎地秦簡《律說》亦
云：「部佐租諸民田」（《睡簡》頁 218）。部佐是鄉吏，「主民，收賦
稅」（《續漢書‧百官志》）。可見至晚在商鞅「名田宅」之後，秦民之

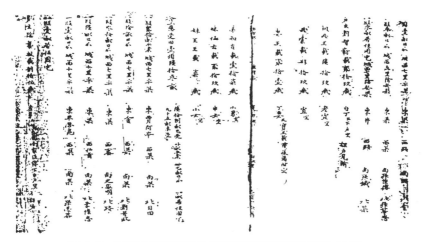

圖 4.8 天寶六載敦煌郡敦煌縣龍勒鄉都鄉里戶籍和田籍

田也有田籍了。

據《漢書‧食貨志》，封建時代，「民年二十受田，六十歸田。」新時代的受田有沒有歸還呢？恐怕沒有。《荀子‧議兵》謂魏國之武卒，「中試則復其戶，利其田宅，是數年而衰，而未可奪也。」楊倞《注》：「未可遽奪其優復」。勞役租稅且免，田宅當還保留，故荀子批評魏國的制度，「地雖大，其稅必寡。」政府制民之產孟子謂之「恆產」（〈梁惠王上〉），《管子》謂之「經產」（〈重令〉），都是不歸還的。

政府授田，著錄農人名字於田籍，謂之「名田」。這些田地雖然來自國家，但是既經授予，並不收回；而附上耕者的名字，就變成他們的私有財產了，故爾疆我界非常分明。〈秦律〉云：「盜徙封，贖耐。」（《睡簡》頁178）封是田界，這是法令對私有田產的保護，也是對土地私有權的最高肯定。同時農民土地既可買賣交易，也可傳諸子孫。韓非說：「中牟之人弃其田耘，賣宅圃」（〈外儲說左上〉）。《史記》記事可證戰國土地的繼承與買賣，如趙括「日視便利田宅，可買者買之」（〈廉頗藺相如列傳〉）；而王翦將兵六十萬人擊楚，「請美田宅園池甚衆，以爲子孫業」（〈白起王翦列傳〉），則田宅也是可以世襲繼承的。

以上分析戰國之授田，已涵蓋本章第一節所論漢代土地的性質，

所以我們認為，自春秋中晚期以下，編戶齊民受田，中
國農民的土地私有制就逐漸確立了。湖北江陵鳳凰山一
六七號漢初墓出土一長方形土塊，以絳紅絹包裹，據遣
策定名為「薄（薄）土」（圖4.9）；同墓亦出丈量土地的
步弓（《文物》1976：10，頁35）。關於「簿土」的遣策，
亦見於鳳凰山一六八號墓，八號墓遣策寫作「溥土」。
墓葬的絹裹土塊 蓋取法古代諸侯 始封受土的儀物 ，連
同步弓 ， 都是地主私人 占有土地 的直接象徵（《文物》
1976：10，頁41）。

　　總之，列國政府之授田措施，其始也闃然無聞，其
終也寂然無息，史籍未嘗特別記錄，或因與「編戶齊民」
一體的緣故。凡國家公民身分齊等，編入戶籍，同時亦
名田，（也許亦如敦煌籍帳戶籍和田籍並列，）所以授田
不成為一項單獨政策。人民受田之後，田地私有，不再
歸還政府。後來政府有餘田則授與無田之公民，餘田減
少，授田數也相對遞減，以至停止授予。於是人民獲得土
地的來源非繼承則買賣，或是其他途徑，而政府授田不在
其中，所以我們從史書上看不到授田政策終止的消息。
　　因為新的受田一開始就含私有的性質，透過買賣、
兼並等方式，地主自然改易。政府同時鼓勵開墾，「辟
草萊，任土地」，耕者所擁有的，也不限於正式受田所得的土地。百
數十年演變下來，田籍須要大加整頓。秦始皇三十一年（前二一六）乃
「使黔首自實田」（《史記集解》引徐廣曰）。這也是一條秦律。秦朝在這
一年令全國人民申報田地，正是人民土地私有制在法權上完全確立的
里程碑。不過此令對中國土地私有制之形成並沒有太大的實質意義，
農民土地私有制 早在三百年前 就蘊育成長了。 因為人民可以私有土
地，才有意願精耕細作，而中國傳統兩千年的社會基本上才是編戶齊
民，不是奴隸或農奴（許倬雲1988，第二講）。

圖 4.9
鳳凰山一六七
號漢墓「簿土
」遣策摹本

第五章　聚落的人羣結構

我們先前討論編戶齊民之出現時說，政府藉著戶籍掌握人力資源，而不再像以往之利用族羣關係；同時戶籍也使人羣地著化，故有階層的地方行政系統之建立。這只是政府統治人民的一面，基層社會裏的人羣結構，血緣仍然是鞏固此一結構的重要媒介。

《周禮・大司徒》云：以六種本俗安萬民，其中四項是族墳墓，聯兄弟，聯師儒和聯朋友。鄭玄《注》曰：「族，猶類也，同宗者生相近，死相迫。兄弟，婚姻嫁娶也。師儒，鄉里教以道藝者。同師曰朋，同志曰友。」這幾種關係只有「兄弟」一詞和今日的語意出入較大，須要說明。《儀禮・喪服傳》曰：「小功以下爲兄弟」，蓋指緦麻或無服的族人和較近的姻親。鄭注〈大司徒〉即取後義，他注〈喪服傳〉也說：「姑之子爲外兄弟，舅之子爲內兄弟」①。總之，《周禮》認爲聚落或社區成員的關係不外血親、姻親和朋友三類，這是構成古代聚落鄉里鄉黨的主要原素。

本章的「人羣結構」亦依古代聚落的特性從兩方面來分析，一是

---

① 兄弟是外親，〈大司徒〉賈公彥《疏》伸鄭義引《爾雅・釋親》曰：「父之黨爲宗族，母與妻黨爲兄弟。」孫詒讓《周禮正義》卷十九廣益此說。《公羊傳》僖公二十五年朝逆婦乃「兄弟辭也」。何休《注》：「宋魯之間名結婚姻爲兄弟。」《穀梁傳》宣公十年：「公娶齊，齊由以爲兄弟。」《儀禮・喪服傳》〈緦麻三月〉章鄭《注》：「姑之子是外兄弟，舅之子是內兄弟。」孫氏且云：「凡外親尊屬亦得稱兄弟，不必倫敍相當。」唯〈喪服傳〉曰：「小功以下爲兄弟。」則小功、緦麻之親皆可稱兄弟，包括同姓與異姓，但《周禮・大司徒》之「聯兄弟」當以鄭《注》爲長。

親族成員，以血親爲主，間及姻親；其次是社區成員，也就是鄰里、鄉黨或知識、朋友。

一、平民有姓與血緣團體

不論編戶齊民形成以前或以後，我國社會人羣結構親屬一環最居重要，以父系血親爲主，而其表徵則在於姓氏。中國早在秦漢時代平民就有姓，不但與鄰近民族顯然有別，引起古人的注意（徐復觀1975，頁340-342）；卽使在世界上，也是少有的現象（牟復禮1988）。然而封建城邦時代，中國的平民亦無姓氏可言，因此姓也是隨著編戶齊民的出現才逐漸普及化的，終於成爲中國文化的絕大特色。

中國人以姓氏作爲血緣集團的表徵，用來摶聚共祖的人羣，這種意義的「姓氏」兩千年來幾無異議，但在封建城邦時代並不如此。甚至更早的時候，有沒有姓氏也頗成問題，中文表達此一階段的人羣既非「姓」，也非「氏」，而是「族」。

族字甲骨、金文皆作旗下一矢之形，《說文》所謂「从㫃（斦）从矢」的象形會意字（圖 5.1）。㫃是人羣的標識，《周禮·司常》曰：

> 及國之大閱，贊司馬，頒旗物。王建大常，諸侯建旂，孤卿
> 建旜，大夫士建物，師都建旗，州里建旟，縣鄙建旐。

建旗以「致民」（〈司常〉），不同領主的領民或各行政地區的人口分別在所屬旗下，以旗表示他們的集團（圖 5.2），故段玉裁《說文解字注》說：「㫃所以標衆者」。矢則是這羣人謀生的工具和捍衞、攻擊的武器，用來狩獵或對付敵人。遠古時代一羣人共同打獵，共同作戰，弓箭是他們的武器，旌旗是他們的象徵，這羣人便是一「族」。所以族有聚集之義，《白虎通·宗族》曰：「族者湊也，聚也。」族也有連屬之義，《禮記·大傳》之「族屬」，卽以一人或少數人爲中心而連繫的一羣人。

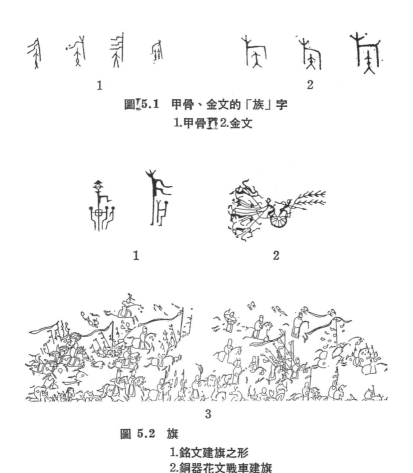

圖 5.1　甲骨、金文的「族」字
1.甲骨　2.金文

圖 5.2　旗
1.銘文建旗之形
2.銅器花文戰車建旗
3.和林格爾漢墓壁畫的旗幟

　　我們雖然不確知維繫遠古之「族」的媒介，但從人類進展的一般法則來看，恐怕是以最自然、也最原始的血緣，此卽是學界通稱的原始氏族社會。到後來，社羣日益擴大，對外戰爭日趨頻繁，族羣交往複雜，社羣的成員結構不但滲雜了非血緣成分，卽使原來同血緣者也產生貧富貴賤的分化，這時作爲領袖階層的人便採用另一標識來表示他們的特殊身分，根據早期文獻，那就是「姓」。

「姓」的字義複雜（楊希枚1952），我嘗試提出一種更原始的意義。（杜正勝1982a）雖然論證的資料嫌晚，但放在社會發展史的脈絡中，似乎還能構成一說。西元前七一五年魯大夫衆仲說：「天子建德，因生以賜姓」（《左‧隱八》），建德卽立爲諸侯（杜《注》）。成爲諸侯於是有姓，所以姓是統治階級的專利品，是人爲而不是天生的產物。大約七、八十年後，司空季子祖述黃帝諸子有姓的故事也說：

> 黃帝之子二十五人，其同姓者二人而已，唯青陽與夷鼓皆爲己姓。青陽，方雷氏之甥也；夷鼓，彤魚氏之甥也。其同生而異姓者，四母之子別爲十二姓。凡黃帝之子二十五宗，其得姓者十四人爲十二姓。姬、酉、祁、己、滕、箴、任、苟、僖、姞、儇、依是也。唯青陽與蒼林氏同于黃帝，故皆爲姬姓②。（《國語‧晉語四》）

青陽、夷鼓同父異母而同姓，我們可以理解。但他們同爲己姓，與其父之姬姓不同，便不可解；其次，黃帝有子二十五人，只十四人有姓，其中二人同姓，故其子有十二姓之多，也不了解。可見遠古之「姓」與後世截然不同，不但與父無關，抑且與母無涉。連黃帝之子尚多無姓，何況他人，蓋知古姓確是極少數人的專利。

古姓的作用當是上述統治者特殊身分的表徵，而其基礎則在於「德」。司空季子因此說到黃帝本身的故事，他說：

> 昔少典氏娶于有蟜氏，生黃帝、炎帝。黃帝以姬水成，炎帝以姜水成。成而異德，故黃帝爲姬，炎帝爲姜。二帝用師以相濟（擠）也，異德之故也。

黃帝、炎帝雖同父同母，因爲一個成於姬水，一個成於姜水，所以分別姓姬和姜。這過程卽如衆仲所說「天子建德，因生以賜姓」。黃、

---

② 《史記‧五帝本紀》曰：「黃帝二十五子，其得姓者十四人。」與《國語》同。但據《國語》實只有十三姓，舊來注解多改作得姓十三人，司馬貞《史記索隱》解釋說：「姬姓再稱青陽與蒼林，蓋《國語》文誤，所以致令前儒共疑。其姬姓青陽當爲玄囂，是帝嚳祖本與黃帝同姬姓。其《國語》上文青陽，卽是少昊金天氏爲己姓耳。旣理在不疑，無煩破四爲三。」

炎二帝各領姬、姜二流域的土地與人民，成爲二個不同的國家，所建之德於是乎異，因此也就發生二帝戰於阪泉的故事。不同國家則爲異類，否則便是同類，司空季子故曰：「異姓則異德，異德則異類；同姓則同德，同德則同心。」所以古姓基於德，也就是建立在所領有的土地、人民基礎之上③。周太子晉曰「唯有嘉功，以命姓受祀」（《國語‧周語下》），也得從這個角度來理解。顧亭林《日知錄‧氏族》引《路史》曰：「古之得姓者，未有不本乎始封者也」。沒有統治的土地人民就沒有姓，應是千古的正論。

　　姓既然是政治單位，理論上有新政治體便有新姓。但《尚書‧堯典》謂帝堯「平章百姓，協和萬邦」，姓並未隨邦之增長而無窮繁衍。這恐怕是政治集團另一種標識──「氏」產生的結果。上引衆仲也說：「因生以賜姓，胙之土而命之氏」（《左‧隱八》）。氏和土地人民的關係逐漸比姓還密切，姓的血緣意義相對地日趨成長，於是形成「女子有姓，男子有氏」的制度。譬如禹爲姒姓，而《史記‧夏本紀》所列的夏后、有扈、有男、斟尋等十二氏卽是由姒姓衍生出來的氏。湯爲子姓，《史記‧殷本紀》所列殷、來、宋等七氏也是衍由子生出來的。代表政治團體的氏隨著政治的發展不斷累增，代表血緣的姓卻趨於固定，顧亭林〈原姓〉故曰：「氏一再傳而可變，姓千萬

───────────

③　司空季子上距傳說中的黃帝至少一千八百年，就文獻學而言，用他的話來說明古姓淵義，證據似乎相當薄弱；但從他講述古事的背景來看，卻又值得重視。公子重耳流浪列國十五年，最後一站是秦，穆公「歸女五人，懷嬴與焉。」懷嬴是重耳姪子晉懷公之妻，故重耳不娶。然而流亡公子若得不到秦國支持，是無法返國的，故其從屬極力主張與秦聯婚，司空季子於是以遠古的習俗制度來說服重耳。遠古時代姓的基礎在「德」不在血緣，重耳與惠公旣同父不同母，以姓之淵義而言，固不同姓也，所以重耳娶惠公子懷公之妻便不算亂倫。按春秋禮俗，這種解釋是非常勉強的，唯其勉強但又深具現實作用，我們才更相信司空季子所傳述的制度相當可信。而在其他文獻亦可獲得印證。《大戴禮記‧帝繫》和《史記‧楚世家》敍述陸終娶于鬼方氏之女女隤氏產六子：昆吾己姓，參胡斟姓，彭祖彭姓，會人妘姓，安曹姓、季連羋姓，（參用《史記》三家注）別爲六姓。後又分己姓爲董，分彭姓爲禿，號稱「祝融八姓」，（李宗侗1954，頁16）正與司空季子所述黃帝之子異姓者相似。《漢書‧元后傳》王莽自述其本系先祖曰：「黃帝姓姚氏，八世生虞舜。舜起媯汭，以媯爲姓。」媯姓的來由一如黃帝以姬水成而姓姬，炎帝以姜水成，而姓姜。

年而不變」(《亭林文集》卷一)。

　　封建城邦時代的氏固爲領有土地和人民的封建貴族所專利,那時的姓也只限於貴族女子才得擁有,平民階級以下的人物是沒有姓氏可言的。西周以前,史籍殘闕難考,到了春秋時代,逐漸有些沒有姓氏的平民冒上政治舞臺,像虢國的舟之僑,晉國的介之推,齊國的夏之御寇、燭庸之越,楚國的耿之不比,鄭國的燭之武(陳厚耀,《春秋世族譜》)。這些人無姓氏,故冠其鄉國如舟、介、夏等以資標識。《穀梁傳》莊公十二年曰:「宋萬,宋之卑者。卑者以國爲氏。」春秋以國爲氏者可能都是沒有姓氏而竄升或出仕之人,故《春秋》莊公二十四年的曹國大夫曹覊,襄公二十三年的邾婁鼻我,與昭公二十七年的邾婁快,大概都是無氏的卑者(《公羊‧莊二十四‧注》)。戰國時代編戶齊民獲姓之道雖然比春秋複雜,以國爲氏的傳統仍是其中之一。

　　姓氏普及化與封建末期命氏的浮濫也很有關係。衆仲說胙土命氏,最早唯擁有土地和人民者才得有氏,但後來「諸侯以字爲謚,因以爲族;官有世功,則有官族」(《左‧隱八》)。也可以字、官命氏,不一定嚴格限於土地。春秋以來命氏的標準日益鬆弛,應劭《風俗通義》〈姓氏〉條列舉號、謚、爵、國、官、字、居、事、職九種(王利器《校注》,頁495),封土建國唯一二種而已;鄭樵《通志略‧氏族略‧序》分疏出三十二種,屬於先秦者將近三十種,絕大部分也與封賜領土無關。春秋早期以後,貴族名氏之途既然多端,又不必經過天子或諸侯的批准,命氏制度乃趨於泛濫,可以說是嚴格姓氏制度到編戶齊民普遍有姓的過渡或前奏。

　　因爲封建時代男子稱氏不稱姓,古姓只剩下區別婚姻的作用;而據《禮記‧大傳》說:「雖百世而昏姻不通者,周道然也」,似乎是周人特別的禮法。但是到了春秋晚期,連最講究周禮的魯國國君都娶了同姓(《論語‧述而》),亦可見古姓之式微矣。戰國以下,三代之姓如姒、子、姬、媿等,完全絕跡,有姓氏者都以氏作姓。

　　然而平民著錄姓氏的過程今日已難考查追究了。誠如本書討論的

其他歷史現象，春秋中晚期至漢初是轉型期，以制度比較穩固的西漢來說，我們發現人民普遍有姓，而且多是後世所熟悉的。從居延出土漢簡士卒名籍，可以得到充分證明。《風俗通義·姓氏》、《潛夫論·志氏姓》所抄錄的姓氏，恐怕多根據《世本·氏姓》篇或類似的古籍，是古來姓氏之撮記，不能反映漢代社會的實情。漢簡所見常姓如王、高、李、鄭、孫、黃、趙、張等，固非三代古姓，也很少是《風俗通義》和《潛夫論》羅列的氏。這現象似乎說明編戶齊民之姓不但和古姓無關，與封建的氏也有差別。

　　在戶籍制度初期，平民是否都已普遍著錄姓氏？從零散史料判斷，恐不盡然。江陵鳳凰山十號漢墓出土西漢初期簡牘（裘錫圭1974），有不少人名記錄。根據分類，記出錢人名的木牘十八人，皆有姓；A類竹簡三十四位戶人皆無姓；B類竹簡十算一簡，共十一簡，完整者七簡，每簡四或五人，無姓者至少約十四人；C類竹簡十七簡，一般每簡二戶，所列似皆人名而無姓；D類竹簡是簡單的名籍，至少三十六條，一般皆有姓，可以肯定無姓者約十人。B、D兩類尤其值得注意。B類算賦記錄，卽使非官方檔案，亦當屬於比較正式的資料。如（圖 5.3）：

　　　　晨一說一不害二□伏（？）三□三 ●凡十算徙一男一女 ●男□
　　　女辨

晨、說、不害三人肯定皆無姓。而

　　　　（上缺）四倀（張）伯三翁□一楊□二 ●凡十算徙一男一女 ●男
　　　慶女某□

張伯、翁某、楊某三人都是有姓的。

　　卽使同一簡中，有姓與無姓並陳，如：

　　　　鄧得二、任甲二、宋財二、野人四，●凡十算徙一男一女，
　　　●男野人女惠。

鄧、任、宋是姓，野人無姓。D類竹簡只是簡單的人名，用途不明，像楊人、郭貞、楊累、王終古、張時、杜留等人有姓，但澤之、毋

戍、婧喜、送等則只有名而無姓。同批資料
既然有無姓相參,可見西漢初期平民之採用姓
氏,雖然逐漸蔚成風氣,但仍有相當一部分的
人未冠姓氏。有姓無姓並存,應當是姓氏普及
化前期的自然現象。A類竹簡是貸穀帳,C類
竹簡可能是服徭簿冊,其人大概多是鄉里比較
貧困的農民。這兩份記錄一律無姓,似乎暗示
貧困之人卽使是國家的自由民,由於社會經濟
地位較低,在戶籍形成初期,仍沿襲有名無姓
的舊貫。因爲戶籍繫於縣里行政系統,漢代的
籍貫絕不能省略里(本書頁126),里貫旣明,政
府對於有名無姓的庶民仍能有效地控制。

　　戰國以下三百年是平民姓氏形成的階段,
姓的血緣意義還未若後世之絕對。這點可從春
秋時代找尋根源。當時各國氏族名稱多有雷
同,洪邁《容齋隨筆》說申氏見於周、鄭、楚、
魯、晉、齊等國,孔氏見於衞、宋、鄭、陳、
齊,晉、齊皆有賈氏、慶氏,晉、楚與魯皆有
陽氏。諸如此類,不繁枚舉(卷六〈姓氏不可考〉)。
一旦三代古姓取消,貴族之氏變成姓,不同族
系和血緣的人反而同姓,難怪洪邁感歎「千載
之下,遙遙世祚,將安所質究」?

　　平民命姓之道我們雖然不太清楚,有些形
式與貴族之名氏相當近似。太史公說:「爲吏
者長子孫,居官者以爲姓號」(《史記·平準書》)。
照哀帝時代的王嘉解釋,如倉氏、庫氏就是倉
庫吏的後裔(《漢書·王嘉傳》)。如此貴族之以
官爲氏,而人民這樣命姓就可能發生兄弟不同

圖 5.3　江陵鳳凰山十
　　　　號漢墓算賦簡
左:晨簡,右:鄧得簡

姓的情形。有時姓是人家叫出來的，譬如王莽這支王氏，《漢書・元后傳》云，出自田齊。田齊末代二世稱王，項羽又封王建之孫安爲濟北王，至漢興，安失國，齊人謂之「王家」，子孫因以王爲氏。原本該姓田，人家稱他們王家，遂姓王。那位謀刺秦王未成的荊軻，《史記・刺客列傳》說：「其先乃齊人，徙於衞，衞人謂之慶卿；而之燕，燕人謂之荊卿。」齊有慶氏，軻可能是其後裔，雖「荊」、「慶」聲近，卻隨所在之國而異姓，可見戰國時代平民取姓，標識區別的意義或大於血緣的神聖性，所以因旁人的共稱而改易。卽使到西漢後期，貴如丞相田千秋，以皇帝禮遇，「朝見得乘小車入宮殿中」，時人因號「車丞相」（《漢書・田千秋傳》），後世子孫遂以「車」爲姓（《風俗通義・姓氏》）。

　　漢人不以改姓爲恥辱。《史記・酷吏列傳》曰：周陽由之父趙兼，因爲是淮南王的舅父，得封於周陽爲侯，於是改姓周陽氏。〈魏其武安侯列傳〉曰：灌夫之父張孟嘗爲潁陰侯灌嬰舍人，得幸、進官至二千石，「故蒙灌氏姓，爲灌孟。」漢的從龍功臣汝陰侯夏侯嬰傳至曾孫夏侯頗，值武帝時，尙平陽公主，公主隨外家姓孫，夏侯氏子孫於是改姓孫氏（《漢書》本傳）。像韓國公室的張良，搏擊秦始皇不成，「良乃更名姓，亡匿下邳」（《史記・留侯世家》），「變姓爲張」（《潛夫論・志氏姓》）。秦亡漢立，張良封爲留侯，並沒有恢復本宗姓氏。此亦可證上言姓氏普及之初，姓的血緣意義是不強烈的，所以漢人才有吹律定姓的習俗[4]。易學大家京房原本姓李，卻「推律自定爲京氏」（《漢書》本傳）。《論衡・詰術》曰：「五音之家用口調姓名及字」，《潛夫論・卜列》謂之「妄傅姓於五音」。王符感慨「今俗人不能推紀本祖，而反欲以聲音言語定五行，」因五行而傅姓名，

----

④　《白虎通・姓名》曰：「古者聖人吹律定姓以記其族。人含五常而生，正聲有五，宮商角徵羽，轉而相離，五五二十五，轉生四時，異氣殊音悉備，故姓有萬也。」《太平御覽》卷16引《易是類謀》曰：「聖人興起，不知姓名，當吹律聽聲，以別其族。」漢人傳說黃帝吹律以定姓（《御覽》卷362引《易是類謀》），孔子也因吹律而自知殷後（《論衡・奇怪》）傳說正可反映當代的實情。

「誤莫甚焉」（〈卜列〉）。漢代民間旣流行以音律定姓名，則姓的血緣意義當不如後世固定。

　　不過，姓氏旣經選擇，一般會逐漸趨於穩定；尤其在國家戶籍著錄後，終究不宜輕易改變，姓的血緣意義於是乎滋生苗長。再配合《儀禮·喪服》服制的深入和推廣，同高祖的族人遂構成聚落血緣羣體的重心（杜正勝1982 a）。秦漢統一政府建立地方行政系統，以地緣因素掌握人力資源，但基層社區仍然存在著封建城邦時代親族聚居的情形，卽是這緣故。近年河南偃師縣發現漢代〈侍廷里僤買田約束石券〉（黃士斌1982，寧可1982，俞偉超1988），以祭尊于季和主疏左巨爲首，合約者二十五人，除一人因石券殘損不識外，計有單、尹、錡、周、于、左、王七姓，其中于氏最多，九人，單、尹、周、錡、各三人，左氏二人，王氏一人（圖5.4）。推緣中國人命名傳統，于中山和于中程，于伯先和于伯和，于季、于程和于稚是三組親兄弟，他們之間也許是比較疏的族人。同樣的，錡初卿和錡季卿如果是親兄弟，他們與錡中都可能也是宗族的關係（邢義田1987，頁215）。

　　因爲平民命姓早在郡縣制初期就開始推展，姓氏逐漸固定，而成爲血緣族羣的象徵。在中國不論地方行政組織如何細密，統治機能如何有效，基層社會的秩序仍多仰賴血緣族羣來維繫。對有些迷信社會組織從血緣到地緣刻板的轉變規律的人，中國傳統基層社會的這種特性是值得他們深思的。

二、聚落「共同體」

　　偃師〈買田約束石券〉名字可考者二十四人，于姓一支雖有九人之多，但全部至少仍有七姓，可見侍廷里的人羣結構不能以血緣一項因素涵蓋。類似的證據，四川郫縣犀浦出土一件東漢殘碑（謝雁翔1974）（圖 5.5），學者考證可能是「貲簿」文書（蔡歐1980），刊載鄉里編戶齊民之貲產，以爲政府徵賦的依據。這件殘碑經過校讀苴補，大抵得

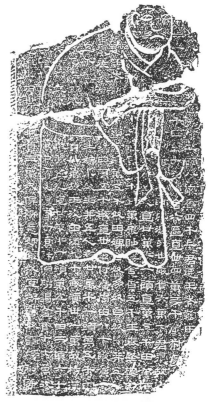

圖 5.4　偃師侍廷里僤買田約束石券　　圖 5.5　犀浦東漢殘碑簿書

出十八戶，有姓名可考的戶主十一人，王姓四戶，其餘都是單雜姓氏（秦暉1987）。這些數據固難有統計學上的意義，但印證〈買田石券〉，至少反映漢代基層聚落的成員關係，血緣因素不能估計太高。

　　本章開篇引述《周禮》，推測社區成員除親族之外，鄰里鄉黨的知識、朋友是另一重要成分。這不限於《周禮》，其他文獻亦可獲得證明。《呂氏春秋・論人》有六戚四隱，六戚者，父母兄弟妻子；四隱者，交友、故舊、邑里、門郭。《逸周書・大武》說四戚，一內外，二外婚，三友朋，四同里。「戚」字用法雖然不同，論述聚落人羣結構基本上都是分爲親族和鄉黨兩大部分。

　　聚落人羣沒有血緣關係者，藉著里邑的建構和標幟，以及成員的

生產、賦役、社交、祭祀等活動，也凝結爲一緊密的共同體。

邑里建築牆垣，以範圍內外，而且使同聚落的成員產生認同意識，區別不同聚落的族羣。《詩‧鄭風‧將仲子》第一章曰：

將仲子兮，無踰我里，無折我樹杞。豈敢愛之？畏我父母。

仲可懷也，父母之言亦可畏也。

第二章：「無踰我牆」，第三章：「無踰我園」。里牆劃分內外，不得任意踰越，不限於偷情幽會而已。《逸周書‧文政》曰：「閭不通徑。」《管子‧八觀》曰：「里域不可以橫通。」《六韜‧農器》亦曰：「里有周垣，不得相過。」睡虎地秦簡《律說》有一條曰：

越里中之與它里界者垣爲「完」（院）不爲？巷相直爲「完」，

宇相直不爲「完」。（《睡簡》頁 231）

兩巷相對，其間的垣牆法律上才叫作「院」，兩屋相對者則否。推測秦律，踰院有罰，才有這條解釋。《孝經釋文》引鄭玄《孝經注》云：「踰垣牆，開人關鬨者臏」[5]。秦簡出現的刑罰，臏等肉刑已很少見（本書頁266），此律可能是封建城邦時代遺留的舊規範。

據說馬王堆三號漢墓出土一幅〈街坊圖〉（曉菡1974），尚未發表；而遼陽三道壕漢代遺址[6]範圍太小，皆不足以建構古代聚落景觀的具體知識。現在根據文獻，只知巷是里邑內的主要街道，兩邊排列房舍（圖5.6）。《說文》所謂「里中道，从㗊从共，皆在邑中所共也。」巷既爲同聚落之人所共，故又可代表里邑。《詩‧鄭風‧叔于田》曰「巷無居人」，「巷無飲酒」，「巷無服馬」，讚美這位青年才俊瀟灑，飲酒御馬，全里之人無出其右。《戰國策‧東周策》云：「溫人之周，周不納客，客卽對曰：『主人也。』問其巷而不知也，吏因囚之」。問巷卽問里，《韓非子‧說林上》作「問其巷人」，巷人卽里

⑤ 丁晏，《孝經徵文》「踰」作「壞人」。

⑥ 1955年遼陽市北郊三道壕發現西漢遺址，佔地約100四平方米，發掘面積只佔百分之一。由於發掘工作有限，我們尚無法用來討論西漢里邑的佈局。原發掘者李文信以爲這是一處村落遺址（〈遼陽三道壕漢村落遺址〉），但出土「千秋萬歲」瓦當、兵器和農器，高煒推測是屯戍據點（高煒1984）。

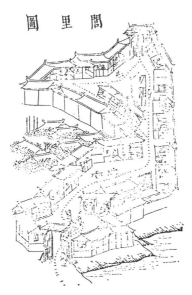

圖 5.6　《三才圖會》閭里圖

人也。同聚落的居民應該都是認識的，《墨子·號令》叫做「知識」。
里邑居民當時又叫作「巷族」，《韓非子·說難》所謂「構黨與，聚
巷族」，「外接巷族以爲警」者也。

　　巷道兩端設置門閉，稱爲「閭」。《周禮·脩閭氏》曰：「掌比
國中宿互木欐者。」互謂障禁的行馬，欐是夜行巡更敲擊的梆子。里
閭對內的認同性和對外的排他性是很強的。《墨子·公輸》述墨翟奔
楚，請止攻宋，「歸，過宋，天雨，庇其閭中，守閭者不內。」禁絕
陌生人之出入。《晏子春秋·內》篇曰：「急門閭之政而淫民惡之，
緩門閭之政而淫民說。」里閭門禁不嚴，姦慝之人自然容易爲非作
歹。睡虎地秦簡《律說》云：「燧火延燔里門，當貲一盾；其邑邦
門，貲一甲」（《睡簡》頁219）。里門和城門的性質是一樣的。

　　里門爲里邑居民出入必經之處，有專人坐鎮門房（塾），管理開
闔。何休曰：「父老及里正旦開門，坐塾上，晏出後時者不得出；莫
（暮）不持樵者不得入」（《公羊傳·宣十五·注》）。農作季節里邑居民早

出晚歸，必經閭門。《漢書·食貨志》也說：「里胥平旦坐於右塾，鄰長坐於左塾，畢出然後歸。夕亦如之。」似乎還清點人數呢。

牆垣和門閭將每個里邑與外界隔開，也使每個里邑自成共同體。《管子八觀》曰：「州里不鬲（隔），閭閈不設，出入無時，早晏不禁，則攘奪竊盜，攻擊殘賊之民毋自勝矣。」是對內認同爲一體。里邑居民平昔聚集在巷道內休閒議論，共同體的成員若發生糾紛，則「訟於巷」⑦，以博公評仲裁。里巷公評若今之輿論，造成社會壓力，故「鄙人不能巷言面違」（《鹽鐵論·相刺》）。面違巷言公議，在社區內就無法立足。《漢書·藝文志》曰：「小說家者流蓋出於稗官，街談巷語，道聽塗說者之所造也。」里邑風評，聽於街道，說於巷塗，「道聽塗說」四字把古代聚落之巷議刻劃得淋漓盡致，原無貶抑之意。民間議論足以左右人心，李斯建議焚書，謂「私學而相與非法教，人聞令下，則各以其學議之。入則心非，出則巷議，夸主以爲名，異取以爲高，率群下以造謗」（《史記·秦始皇本紀》），他想以政治力量摧毀基層社會的風評傳統，然而若不能徹底剷除里邑共同體，巷議還是會伺機生長。

邑里各有旌旗作它們的標幟，長官利用旌旗部勒屬民。以旗幟標示人羣是中國很古老的傳統，上文說過，比「姓」、「氏」還悠久的「族」，即用旌旗區別不同的羣體（圖5.2）。《周禮》還保留不少這方面的資料，應當可信。〈鄉師〉曰：

> 凡四時之田，前期出田灋于州里。簡其鼓鐸、旗物、兵器，脩其卒伍。及期，以司徒大旗致眾庶而陳之，以旗物辨鄉邑而治其政令刑禁。

眾庶會聚，鄉邑自成單位，各樹旗物以資分辨。《周禮·司常》亦曰：「師都建旗，州里建旟，縣鄙建旐。」族幟上「皆畫其象焉，官

---

⑦　陸賈《新語·至德》：「君子爲治也，閭里不訟於巷，老幼不愁於亭，近者無所議，遠者無所聽。」《周禮·調人》：「凡過而殺傷人者，以民成之；鳥獸亦如之。」即以閭里之民共同和解之。

府各象其事，州里各象其名，家各象其號。」象是旗幟之圖象，卽旗物之「物」（林巴奈夫1966）。官府以其職事，貴族以其家號，州里的旗幟則象徵全州里之名，〈大司馬〉講述會衆振旅亦曰：「鄉以州名，野以邑名。鄉遂載物，郊野載旐」。族師、縣師皆備旗物以帥其民，也都因爲里邑聚落是共同體的緣故。

里邑共同體的成員共耕均賦，同祭合飲。《周頌・良耜》曰「以開百室」，鄭玄《箋》云：「百室者出必共洫間而耕，入必共族中而居，又有祭醻合醵之歡」。百室人家用《周禮》的話說卽是「族」，春秋以前，算是極大的聚落。《漢書・食貨志》和《公羊傳》何休《注》皆說里閭按時開闔，卽是共耕同居的絕好說明。漢朝人寫的《春秋井田記》論井田之義，何休注《公羊傳》（〈宣十五年〉）、應劭作《風俗通義》（《後漢書・劉寵傳・注》引佚文）都曾引述過，可以代表漢時對古代聚落生產和分配的看法，或許是有根據的。《春秋井田記》曰：

> 一曰無泄地氣，二曰無費一家，三曰同風俗，四曰合巧拙，
> 五曰通財貨。

何休和徐彥都認爲，前四義謂其多前相助犂，田器相通，同耕相習，共治耒耜；最後一義云，「井地相交，遂生恩義，貨財有無，可以相通。」由於生產條件的限制，農具仍以木製、石製的耒耜爲主，個體小農戶的生產力不高，乃採取互助勞動的生產方式；然而與聚落整合一體的特性也是息息相關的。所謂互助勞動和「千耦其耘，徂隰徂畛」（《周頌・載芟》）或「亦服爾耕，十千維耦」（《周頌・噫嘻》）的集體勞動不同，數十戶人家的小聚落是談不上那種大場面的。農莊互助勞動的基本意義是「合耦」，視各家勞動力之強弱多寡、公平合理地調配，以協助耦耕。《周禮・里宰》曰：「以歲時合耦於鋤，以治稼穡。」鋤者，助也。〈遂人〉曰：「凡治野以興鋤利甿」，鄭玄《注》云：「杜子春讀鋤爲助，謂起民人，令相佐助」。《說文・耒部》有「鋤，商人七十而鋤」云云，據《孟子》之文，鋤卽助之別寫，

也就是合耦，杜子春之說可從。反之，合耦之處也可以叫作「耡」，
故〈里宰〉鄭《注》曰：「耡者里宰治處也，若今街彈之室，於此合
耦，使相佐助」。合耦是里內的事務，在里宰辦公之地舉行。周代的
耡，漢代叫作「街彈」，彈也有耡或助之義。《逸周書・大聚》所言
「興彈相庸，耦耕俱耘」，即是〈遂人〉的「興耡利甿」。所以這種
「彈」是一種農作協助團體。除上文引述的〈侍廷里僤買田約束石
券〉外，漢石及漢印常見單、墠、僤之類的文獻（俞偉超1988），我認
為這是各種不同性質的結社（杜正勝1989）。街即如前文的巷，義同於
里，農莊里閭之人合耦，故可謂之「街彈」⑧。

　　耡或街彈不獨合耦，而且平徭，使勞逸得均。漢〈酸棗令劉熊
碑〉云：「憫念烝民，勞苦不均，為作正彈，造設門更。富者不獨逸
樂，貧者□順四時」（《隸釋》卷五）。此猶有古代聚落共同體的成員均
賦的遺義，古代聚落之得以均賦，因為賦役是以整個聚落作徵發單位
的。《管子・乘馬》曰：

　　　一乘者四馬也，一馬其甲七、蔽五。四馬（原誤作乘）其甲二

　　　十有八，其蔽二十，白徒三十人。

一乘之地，方六里五十四家共同負擔甲冑二十八件，車蔽二十件，兵
士三十人。《周禮・小司徒》曰：

　　　上地家七人，可任也者家三人；中地家六人，可任也者二家

　　　五人；下地家五人，可任也者家二人。

任者，力役也。〈小司徒〉所言是比率，按聚落內各家的實際情況調
配負擔。孔子故曰：

---

⑧　《水經注》〈比水注〉：平氏縣故城內有南陽都鄉正衛彈耡碑。〈溳水注〉：舂陽
　　故城內有南陽都鄉正衛彈碑。王應麟《困學紀聞》卷四認為「衛」乃「街」之誤。
　　洪适云：趙明誠《金石錄》卷十八昆陽城有中平二年正月都鄉正街彈碑，趙氏誤
　　「衛」為「街」。（《隸釋》卷十五〈都鄉正衛彈碑〉）。這些碑所記的「彈」皆
　　關於納錢代役之事，當以「衛彈」為是。但一般認為賈公彥《周禮疏》的「街彈」
　　是傳抄之誤也有問題。街彈可能是合耦協作的結社（杜正勝1989），不過賈氏所謂
　　「漢時在街置室，撿彈一里之民」（〈里宰・疏〉），把「彈」解作「撿彈」，顯
　　然望文生義，對漢代的「彈」已隔膜了。

> 先王制土，籍田以力而砥其遠邇，賦里以入而量其有無，任
> 力以夫而議其老幼。（《國語·魯語下》）

賦役徵發的對象是聚落，不是個人，足證《管子·乘馬》是有憑據
的。春秋戰國之際，趙簡子使尹鐸治晉陽，尹鐸「損其戶數」以保利
人民（《國語·晉語九》），也是基於聚落均賦的辦法。

鄭玄註釋《周頌·良耜》「百室」聚落的特色，同居、共耕之餘
就是「祭醑合醵」，即同祭共飲。聚落人民之祭祀、社交和娛樂皆出
於此。主要的祭祀活動有春秋祭醑、祭禜、祭州社，以及歲末十二月
索祭鬼神。《周禮》把這些活動分別安排在族師、黨正和州長之下，
恐怕太機械了，不必合乎事實。譬如社是每個聚落都有的，祭土地神
，故聚落亦名社，先秦文獻或稱作「書社」，不會是太大的聚落，不
必如《周禮》所謂二千五百家的州才有社。《禮記·祭法》曰：「大
夫以下成羣立社曰置社。」鄭玄《注》：大夫「與民族居，百家以上則
共立一社，今時里社是也。」其實不限於百家，《漢書·五行志中之
下·注》引臣瓚說，漢代小至十家、五家的小聚落也可以共同立社。
這種民間之社與大社、王社、國社、侯社不同（《禮記·祭法》），《禮
記·月令》謂之「民社」，漢代也稱作「私社」，蓋相對於國家所立
之社，臣瓚所謂民間田社者也。張晏說私社祭於三月、九月，即春秋
之祠社，淵源很早（《漢書·五行志中之下·注》）。其他如祭禜與索鬼神
不待五百家之黨，祭醑也不待百家之族。凡人民羣萃的聚落就祭醑、
祭禜、祭神和索鬼神。祭祀花費由聚落人民分攤，備置酒肉供神；祭
畢，用這些酒肉合飲，即是「醵」。《禮記·禮器》鄭《注》曰：
「合錢飲酒為醵」。戰國初期李悝估計百畝小農每年開支，有一項
「社閭嘗新春秋之祠，用錢三百」（《漢書·食貨志》）。漢代叫作「社
錢」，《居延漢簡》有「九百郭吏社錢」（《釋文》5029），即部吏出社錢
九百也，皆是禮書的「醵」。孫詒讓以為醑主於祭神，醵則專為會飲
（《周禮正義》卷二十二）。唯歛錢飲酒亦需有名目，直到漢代，無故羣飲
猶懸為禁令。漢律規定「三人以上無故羣飲酒，罰金四兩」（《漢書·

文帝紀‧注》）。祭畢宴飲是平民喝酒合歡的機會。酺、釀固不相離，其實里邑祭祀皆有釀的，不獨祭酺而已，李悝統稱作「社閭嘗新春秋之祠」。

基層社區每年按時舉行各種農事祭祀，如酺、禜、大蜡、社祭等等。《周禮‧族師》曰：「春秋祭酺」，鄭玄《注》：「酺者爲人物裁害之神」。大概是作弄牲畜的鬼魅和蝕害秋禾的蝝螟，對農人而言，後者尤其嚴重。《小雅‧大田》曰：「去其螟螣，及其蟊賊，無害我田穉，田祖有神，秉畀炎火」，卽是春秋的酺祭。《周禮‧黨正》曰：「春秋祭禜」。禜祭祈求風調雨順，鄭子產說：

　　山川之神，則水旱癘疫之災於是乎禜；日月星辰之神，則雪
　　霜風雨之不時，於是乎禜之。（《左‧昭元》）

農民沒有資格祭祀日月山川，但水旱風雨關係他們至大，亦得祭之。《禮記‧祭法》曰：「雩禜（原作「宗」，據鄭玄改正）祭水旱也。」鄭玄注〈黨正〉云，禜是水旱之神，可從。〈黨正〉之「國索鬼神而祭祀」，在十二月大蜡之時，《禮記‧郊特牲》所謂「合聚萬物而索饗之」。大蜡也就是遍祭衆鬼神的意思。其神八類，據鄭玄說是先嗇、司嗇、農、郵表畷、貓、虎、坊、水庸和昆蟲。前四種包括大小農神（郵表畷謂田畯，亦農神也），後四種是物。貓神主食田鼠，虎神主食田豕（〈郊特牲〉），皆於農功有益；坊所以畜水，亦以鄣水，庸所以受水，亦以泄水，故祭其神（〈郊特牲‧疏〉）。八神都和農事密切相關，應是農莊聚落祭祀的對象。

同社區之人按戶攤付祭祀費用，祭後以供品同宴會飲，漢代也叫做「酺」。酺有祭祀與羣飲二義，可知古代祭、飲關係的密切[9]。古代社區的詛盟雖然不是祭祀，但在聚落的作用則亦近似。《周禮‧司

───────────

⑨　《史記‧孝文本紀》後元元年「令天下大酺」，《正義》曰：「古者祭酺，聚錢飲酒，故後世聽民聚飲，皆謂之酺。」孫詒讓《周禮正義》〈族師〉「春秋祭酺」云，祭酺與漢代賜酺不同，「聚飲之酺乃後起之義，周制酺爲祭名，釀乃爲飲酒，事雖相因，實則異也」。但他並不否認祭酺聚錢飲酒的習俗或制度。關於祭酺與賜酺可參西嶋定生《中國古代帝國の形成と構造》，頁420。

盟》曰：「凡盟詛各以其地域之衆庶共其牲而致焉，既盟則爲司盟共祈酒脯。」鄭玄《注》云：

> 使其邑閭出牲而來盟，已，又使出酒脯，司盟爲之祈明神，
> 使不信者必凶。

盟牲是要殺的，連同酒醴和乾肉束，最後大概也多歸里邑的衆庶共同享用。

然而各種祭祀中，社祭最重要，《禮記・郊特牲》說：

> 唯爲社事，單（殫）出里；唯爲社、田，國人畢作；唯社，
> 丘乘共粢盛。

共粢盛即是合醵。祭社之後，邑里居民羣飲，按照長幼次序獻旅酬酢，「叩盆拊瓴，相和而歌」（《淮南子・精神訓》），場面是熱鬧而融洽的。淳于髡所述州閭之會的盛況：

> 男女雜坐，行酒稽留，六博投壺，相引爲曹，握手無罰，目
> 眙不禁，前有墮珥，後有遺簪。（《史記・滑稽列傳》）

可能自古已然。據說曾參看到周祭「旅酬六尸」，於是慨嘆「周禮其猶醵與」（《禮記・禮器》）！因爲周禮祫祭，聚羣廟之主於太祖后稷廟中，六尸皆飲，旅酬相酌，毫「不偏頗」，很像聚落成員會飲也。

古代聚落共同體的根本精神在於「聯」（《周禮・族師》），聚居是聯，合耦是聯，會醵也是聯。我們討論過地方行政系統之建立（本書第三章），雖然不敢全信《周禮・大司徒》「五家爲比，五比爲閭，四閭爲族，五族爲黨，五黨爲州，五州爲鄉」那套模式，但它所說的「相保」、「相受」、「相葬」、「相救」、「相賙」與「相賓」，倒很生動地刻劃了古代聚落生活的情態。佐助曰相，各家仍保有私財產，但互相救濟，《春秋井田記》謂之「通財貨」。眞正共產的項目很少，據《周禮・鄉師》，聚落只共凶喪器服而已。

邑里共同體的成員，不論宗親、外姻或朋友鄰里，最重要的品德是輯睦相處。〈大司徒〉有孝、友、睦、婣、任、恤等「六行」，按對象而異名，孝友宗親，睦婣姻親，任恤朋友（鄭玄《注》），其致一

也。〈大司徒〉的八刑除第七項「造謠」，第八項「亂民」外，皆針對違反「六行」而發。這是日常行爲的「聯」。推廣到行軍作戰，莫不皆然。在軍隊中，同里居民：

> 人與人相疇，家與家相疇，世同居，少同遊。故夜戰聲相聞足以不乖，晝戰目相見足以相識，其歡欣足以相死；居同樂，行同和，死同哀。是故，守則同固，戰則同彊。（《國語·齊語》）

這樣的聚落一體性，不是單純由血緣因素造成的，聚落本身尤佔決定性作用。由於里閭圍墻的範圍和街巷之共通，以及合耦協作與祭祀同飲，遂凝結成一個有機體，其一體性也不能只從地緣因素來解釋。

聚落共同體功能之發揮端賴於社會秩序的持續穩定。據說管仲制參國伍鄙之法，「定民之居，成民之事」。勿使四民雜處，而且職業世襲，士工商農之子恒爲士工商農（《國語·齊語》）。雖不一定完全可信，不過類似的言論春秋時人也多有過，大概就是他們所謂的「先王之制」吧！西元前五六四年秦乞師於楚以伐晉，楚令尹子囊認爲不能與晉爭，因爲晉悼公：

> 類能而使之，舉不失選，官不易方，其卿讓於善，其大夫不失守，其士競於教，其庶人力於農穡，商工皁隸不知遷業。
> （《左·襄九》）

階級職業分明，故晉國國富民強。春秋末葉晏嬰也認爲「民不遷，農不移，工賈不變」才合乎「禮」（《左·昭二十六》）。不遷、不移、不變，里邑聚落的成員便能相知、相識，於是可治。封建城邦時代國內里居按封建身分而有固定區域，貴賤不容混雜。魯國孟文子曰：「宅，章之次也，」與位署、車服、功祿並重（《國語·魯語上》）。然而這樣穩定的社會自從春秋以下已不易維持，戰爭吞併，遷徙轉業，城市發展，使基層社會不斷重整。執政與輓工毗鄰（宋司城子罕，見《呂氏春秋·召類》），國相之宅近於湫市（齊晏嬰《左·昭三》），里居逐漸不分貴賤。

春秋中葉以後，新富階級迅速發展，聚落於是有「閭左」、「豪右」之別⑩。聚落成員的階級與財富懸殊太大，便可能破壞共同體的精神。

　　改變古代聚落共同精神最甚者，莫過於閭里什伍制，這是西漢以下傳統學者的共同看法。按照漢人論史的模式，同樣歸罪於商鞅變法。但本書第三章說過，什伍原是軍隊編組的基層單位，早在春秋中晚期以後，山東各國紛紛擴大軍備，軍政合一，人民的戶籍仿照軍隊組織，一伍一什地編組，軍吏與鄉官合而爲一。《孫臏兵法·官一》云：「制卒以州閭，授正以鄉曲，」就是「在鄉爲鄉官，在軍爲軍吏」的兼官（孫詒讓《周禮正義》〈夏官敍官〉）。以軍統政，於是把軍隊的什伍連坐移植到社區聚落來。商鞅在秦變法，模倣東方經驗，「令民爲什伍，而相牧司連坐」（《史記·商君列傳》），「有姦必告之」（《商君書·說民》）。每家前後左右的「四鄰」成爲互相監視、檢舉並連坐之伍。《淮南子·泰族》說：

　　使民居處相司，有罪相覺，於以舉姦，非不掇也；然而傷和
　　睦之心，而構仇讎之怨。

原來相保、相受、相救與相賙的聚落，所重視的德行是孝友、睦婣任

---

⑩　《史記·陳涉世家》：「二世元年七月發閭左，適戍漁陽。」《索隱》：「閭左，謂居閭里之左也。秦時復除者居閭左。」又云：「凡居，以富強爲右，貧弱爲左。」《漢書·鼂錯傳·注》引孟康曰：「秦時復除者居閭之左，後發役不供，復役之也。」又云：「直先發取其左。」可見孟康、司馬貞對閭左兩項存其說，不敢定奪。今考《周禮·鄉大夫》云：「其舍者，國中貴者、賢者、能者、服公事者、老者、疾者。」鄭司農曰：「舍者謂有復除，舍不收、役事也。」免田租（收）和徭役（役）。鄉大夫復除之對象除老疾兩項是一般民衆外，皆是地方上具有較高身分的人。宋徐天麟《西漢會要》卷四十七〈復除〉條羅列西漢復除的範圍，漢初從高祖打天下者、豐沛地方人民、三老、孝弟力田、八十九十高年、徙邊守塞者、博士弟子、功臣之後、宗室、通經、買復、流民、宮人、貞婦等，大抵也是較有地位的人復除。按《史記索隱》說，他們可能住在閭左。但不論《周禮》或史傳所記的復除，都包含一種救濟精神。政府既對特別貧困者免稅或免役，所以司馬貞說貧弱者居閭之左，也是可從的。應劭、顏師古於這一派。《漢書食貨志·注》引應劭曰：「戍者曹輩盡，復入閭，取其左發之，未及取右而秦亡。」顏師古從之。單從復除而論，很難確定閭左居民是富是貧。但據鼂錯的議論，謫戍苦役，人人求避，可能以閭左爲貧民區較宜，與「豪右」對稱。但貧弱的法律身分仍是齊民，而不是所謂的「賤民」。

恤，現在則一變而爲猜忌、監視、防範、告姦，表面上古代聚落的「聯」依然存在，實際已經變質。這是韓嬰感嘆的緣故吧（《韓詩外傳》卷四）！

　　不過，戰國及秦漢的里居還保留不少古代聚落共同體的痕迹。第一、里閻建構持續未改。《史記·張耳陳餘列傳》曰，秦始皇滅魏，購求張耳、陳餘，二人「乃變名姓，俱之陳，爲里監門以自食。」史云「兩人相對」，似《漢書·食貨志》所述坐於兩塾的里胥。〈萬石張叔列傳〉說萬石君石奮徙居陵里，其少子內史慶醉歸，「入外門不下車，里中長老皆走匿」。萬石君切責之，從此以後，「慶及諸子弟入里門，趨至家」。外門卽里門，卽閻也。《戰國策·齊六》，王孫賈之母曰：「女朝出而晚來，則吾倚門而望；女暮出而不還，則吾倚閭而望。」門指家門，閭指里門。家門與里門之間還有一種門，稱作閻，《說文》云：「里中門也」。《居延漢簡》有一條說：「觻得富里張公子所舍在里中二門東入」（《釋文》4587）。里中第二門，卽是閻。《漢書·于定國傳》曰：

　　始定國父于公，其閭門壞，父老方共治之。于公謂曰：「少
　　高大閭門，令容駟馬高蓋車。」

父老、長老皆同里閭之人，閭門壞，故大家共同修護。又《漢書·張敞傳》謂敞守京兆尹，治長安偷盜，以盜酋爲吏，計謀羅捕諸盜。盜酋休假回家

　　置酒，小偷悉來賀，且飲醉，偷長以赭汙其衣裾。吏坐里閭
　　閱出者，汙赭輒收縛之，一日捕得數百人。

這故事也是里閭圈圍垣牆，只能從閭門出入作背景而產生的。《後漢書》述汝南薛包孝行云：

　　及父娶後妻而憎包，分出之，包日夜號泣，不能去，至被歐
　　（毆）杖。不得已，廬於舍外，旦入而灑掃，父怒，又逐之。
　　乃廬於里門，昏晨不廢。（〈劉趙淳于江劉周趙列傳〉）

薛包先住在自己家門外，後遷住於里門。里閭圍牆，有門供里人出

入，古代聚落建構的形式終兩漢之世猶維持不變。

第二是里閭祭祀與合飲的風俗。據《史記‧封禪書》，高祖十年春，有司請令「民里社各自財以祠」。這是新政權對里閭公共祭祀活動的認可，不是到這時民始有社。秦簡《封診式‧毒言》爰書云：「里卽有祠，丙與里人及甲等會飲，皆莫肯與所共桮（杯）器」（《睡簡》頁276）。秦里祠之後是會飲的，陳平未達之時，「里中社，平爲宰，分肉食甚均」（《史記‧陳丞相世家》），亦古代旅酬會飲不偏頗之遺義。上文說過，合里斂錢聚飲，古代稱作「醵」，秦漢則多作「酺」，凡國有喜慶則令天下大酺，不必祭酺然後會飲。如秦王政二十五年，旣平韓趙魏燕楚五國，「天下大酺」；二十六年天下一統，「大酺」（《史記‧秦始皇本紀》）。如果會飲的酒肉食品有些是政府賞賜的，便稱爲「賜酺」。秦漢賜酺多以里（或稱「百戶」）爲單位。秦始皇三十一年，「賜黔首里六石米、二羊」（〈秦始皇本紀〉）。米羊歸全里人民共享。賜酺之舉，漢代屢見不鮮，如文帝卽位時，「賜民爵一級，女子百戶牛酒，酺五日」（《漢書‧文帝紀》）。女子卽主婦，百戶卽里。文帝旣賜每里家長爵一級，又賜每里牛酒，所以稱女子者，因爲主婦主中饋之故；牛酒並不直接分賜給各家各戶，文帝三年行幸太原時，「諸民里賜牛酒」（〈文帝紀〉），卽可證明。合里之人接受政府的賞賜，加上自己出錢購買的酒肉，會聚共飲，此之謂「酺」。

最後是均賦的問題。秦漢賦役，「頭會箕斂」，是以個人爲單位的，但還有通鄉合計的「鄉算」，顯示古代聚落均賦的遺留。《九章算術‧衰分》有一題曰：

> 今有北鄉算八千七百五十八，西鄉算七千二百三十六，南鄉
> 算八千三百五十六，凡三鄉發傜三百七十八人，欲以算數多
> 少衰出之，問各幾何？

雖然是算術習題，當有事實背景。《續漢書‧百官志》曰：有秩之職，「爲役先後，知民貧富，爲賦多少，平其差品」。政府徵斂的賦役以鄉爲單位，再由鄉有秩按鄉民貧富，等差負擔。《三國志‧魏

志・曹洪傳・注》引《魏略》曰：「初太祖爲司空時，以己率下，每歲發調，使本縣平貲。」曹操的平貲政策係沿襲兩漢以來的傳統。計貲出賦當然與古代聚落之均賦頗有出入，但聚落共同體的一些精神還是可以尋繹的。

　　古代邑里從其物質建構到日常生活，結合成自身完整的一體性，聚落人羣結構的特性在此，不是單靠血緣或地緣因素可以造成的。

三、聚落的領導階層

一　邑人、里君與聚落的老人

　　春秋以前邑里聚落的領導人物，《周禮・地官》提供一套系統，城內的里從掌五家的「比長」至一萬二千五百家的「鄉師」，城外的邑從領五家的「鄰長」至一萬二千五百家的「遂人」，體系周詳完備。但大家都懷疑西周的行政制度會這麼細密，不可採信。

　　本書第三章說過，當時大小聚落只有封建的臣屬，沒有行政階層的統隸。如果整個邑里歸於一位領主，它的領導人物自然是領主或領主派來的邑宰；如果邑里的土地和人民分屬於多位領主，它的領導人物可能是里人或邑人，直接歸天子或諸侯派遣的官員節制。〈師酉𣪘〉云，王冊命師酉「嫡官邑人、虎臣」（《三代》9.22.1）。〈師𤞷𣪘〉：「官司邑人、師氏」（《文物》1964：7，頁 23-7）。〈訇𣪘〉：「嫡官司邑人，先虎臣後庸」（郭沫若1960）。嫡官、官司皆統轄管理之義，周天子冊命師酉、師𤞷和訇管理邑人。〈師晨鼎〉云：「王呼作冊尹冊令師晨疋師俗父司邑人」⑪（《大系》頁 99）。師晨輔佐師俗父治邑人。岐山董家村裘衞銅器羣有一件〈此鼎〉，銘云王命此「旅邑人、膳

────────────

⑪　「邑」字原殘，依陳夢家補，見〈西周銅器斷代（六）〉《考古學報》1956 年 4 期。

夫」（龎懷清1976）。旅或亦近於嫡官、官司⑫。以上各器邑人分別與
虎臣、師氏、膳夫並稱，當是農莊的管理者，類似《周禮·遂大夫》
的「爲邑者」⑬。〈遂大夫〉曰：

> 令爲邑者歲終則會政致事，正歲簡稼器，脩嫁政。三歲大比
> 則帥其吏而興氓，明其有功者，屬其地治者。凡爲邑者以四
> 達戒其功事，而誅賞廢興之。

邑人歲末向中央「會政致事」，所報告者不外農政：農事是否失時，
封疆是否失脩，田間道路是否整治，五穀播種是否適合土宜（鄭玄
《注》）。政府三年一次人口普查，邑人須呈報本邑的模範農人。上司
對邑人的考核以四項治民大事爲準則，據鄭玄說，四事是夫家衆寡、
六畜車輦、稼穡耕耨和旗鼓兵革。政績劣者誅廢，優者勞賞、擢升。
遂大夫在《周禮》鄉遂系統中官職甚高，直接命令「爲邑者」，和周
天子册命以官司邑人的重臣很相似，所以我們推測〈遂大夫〉記載邑
人的職責是相當可靠的。

　　因爲邑人掌治土地人民，天子錫田和貴族田邑轉移每有邑人或其
屬官在場，或是隨同勘踏。據〈倗生段〉銘文，跟隨格伯勘察交換的
三十田田界者有仡、殷二邑的邑人。〈永盂〉記載周王賜永陰陽洛疆
及師俗父田，付田程序中有邑人奎父及畢人師同（唐蘭1972）。邑、畢
都是地名。〈五祀衞鼎〉云，邦君屬付裘衞田，參與其事者除屬之有
司外，還有荊人敢和井人倡屖（龎懷清1976）。荊、井也是邑名。傳世
著名的〈散氏盤〉銘文記錄散、矢二國變更疆界，其中提到小門人、
豆人、原人，恐與上引某人一樣，都是那個地方的邑人，也就是管理
該邑的官吏或家臣。

---

⑫　白川靜《金文通釋》四九輯《補釋》。按《周禮·宰夫》八職，「四曰旅，掌官常
　　以治數。」鄭《注》：「旅，羣下士也。」孔《疏》，「下士稱旅，理衆事。」
⑬　《左·襄三十一》：「子皮欲使尹何爲邑」，或卽《周禮·遂大夫》的「爲邑者」，
　　一動詞，一名詞也。爲邑，杜《注》云：爲邑大夫。按《左·文十五》：「卞人以
　　告」，杜《注》：「魯卞邑大夫。」孔《疏》：「治邑大夫例呼爲人，孔子父爲鄹
　　邑大夫，謂之鄹人。」故「爲邑者」卽「邑人」。

　　西周時代里的長官稱爲「里君」。根據銅器銘文記載，或與卿事
寮、諸尹、百工並舉（〈令彝〉），或與百姓同列（〈史頌段〉）。但文獻
多誤作「里居」，《尚書·酒誥》云：「越在內服，百僚、庶尹、惟
亞、惟服、宗工，越百姓里居。」所舉僚吏與〈令彝〉、〈史頌段〉
吻合，故「里居」當更正作「里君」。《逸周書·商誓》也說：「百
官、里居、獻民」及「百姓、里居、君子」，恐皆後世傳抄之誤。但
《逸周書·嘗麥》曰：「乃命百姓遂享於家，無思民疾，供百享，歸
祭閭率、里君，」就正確了。有的又稱爲「里人」，〈鬲段〉云，王冊
命鬲「司成周里人及諸侯大亞」，那麼鬲便是「司里」之長。司里及
其所屬的里人管理城內住宅，魯文公欲更換孟文子宅邸，文子不從，
曰：「若罪也，則請納祿與車服而違署，唯里人所命次」（《國語·魯語
上》）。貴族如果犯罪，剝奪其特殊身分，里人便另外安排他的居宅。
同時郤敬子也說，他們的房屋受之於司里。司里又負責國賓的館次，
周之《秩官》曰：「司里授館」（《國語·周語中》）。齊國的里人叫作
「宅人」。齊景公爲晏嬰擴建屋舍，責令鄰里搬遷，晏子「使宅人反
之，卒復其舊宅」（《左·昭三》）。

　　司里及里人的職守不止管理居宅屋舍而已，上文說到宋國火炎，
執政樂喜使伯氏爲司里，主持徹屋、備水、積土與巡城，權責甚大
（本書頁117）。單襄公引述先王築城之〈令〉亦曰：

　　收而場功，待而畚梮，營室之中，土功其始，火之初現，期
　　於司里。（《國語·周語中》）

夏曆九月，大火心星出現，令人民準備築城器械，會於司里。邑里長
官既分配聚落之住宅，又主管土功，他們應職掌人口和徭役。

　　邑里居民主要是農人，因此有一種教導農事的小吏，稱作「田
畯」，他們的地位不及邑宰里君，但接近農民，也可算是聚落的領導
人物。《豳風·七月》所描述的典型農莊，指揮農作的人便是田畯。
《詩》曰：

三之日于耜，四之日舉趾，同我婦子，饁彼南畝，田畯至
喜。

夏曆正月脩耒耜，二月農民蹠耜而耕，田畯巡視領主的田野。《小
雅·甫田》曰：

曾孫來止，以其婦子，饁彼南畝，田畯至喜，攘其左右，嘗
其旨否。

田畯陪伴領主巡視耕作，並努力親近農夫。田畯的身分，據〈七月〉
毛《傳》說是田大夫，〈甫田〉鄭《箋》說是司嗇，「猶漢之嗇夫」。
春秋時代晉有「稼人」（《左·襄四》），視民田野，當近於田畯或司嗇。
秦漢嗇夫義涵甚廣，職事繁多，各有所司（裘錫圭 1981），推溯其原
義，恐與基層社會的農事有關。《禮記·郊特牲》有司嗇、農及郵表
畷，屬蜡祭八神之三神；《周禮·籥章》有田畯，亦是神。按鄭玄
《注》農及郵表畷皆是田畯，反映在人世上，凡教導人民農事者也稱
爲司嗇或田畯。故鄭司農說「田畯，古之先教田者，」教訓百姓農作
⑭。不過漢代嗇夫主要的職務是「收賦稅」（《漢書·百官表》），「爲役
先後，平其差品」（《續漢書·百官志》），而不在於「教田」。漢代地方
官吏有一種勸農掾，「考察有毋四時」⑮。或更近於周之田畯。田畯
的職責單從《詩經》來看，還不夠清楚。他們巡視農作，故可能教
田。若〈甫田〉之「我取其陳，食我農人」，〈七月〉之「九月授
衣」，「采荼薪樗，食我農夫」，收成全歸領主，農人衣食之資再取

---

⑭　《禮記·郊特牲》：「蜡之祭也，主先嗇而祭司嗇也，饗農及郵表畷、禽獸，仁之
　　至，義之盡也。」鄭玄《注》：「先嗇，若神農者；司嗇，后稷是也；農、田畯；
　　郵表畷，謂田畯，所以督約百姓於井田之處也。」《周禮·籥章》：「凡國祈年于
　　田祖，龡豳雅，擊土鼓，以樂田畯。」鄭玄《注》：「田祖，始耕田者，謂神農
　　也。」又引鄭司農云：「田畯，古之先教田者。」《爾雅》曰：「畯，農夫也。」
⑮　《居延漢簡》《釋文》5073：「十一月丙戌宣德將單張掖太守芑、長史丞旗告督郵
　　掾□□謂部農都尉官，寫移書到肩水，視亭市里顯見處，令吏民盡知之，商縣考察
　　有毋四時，言如治所書律令。」《釋文》5062：「五年正月癸未守張掖居延都尉
　　賭、行丞事騎司馬敬告兼勸農掾美到得（缺）書到宣，考察有毋四時如守府治所書
　　律令兼掾丹守（下缺）。」《圖版》叁零叁葉。

自領主，當然無所謂賦稅；但像〈大田〉之「雨我公田，遂及我私」，
大概就要靠田畯來收稅了。《周禮》將這兩種類型的田畯混合一起，
寫成「司稼」，其職掌是：

> 巡野之稼而辨穜稑之種，周知其名與其所宜地，以為灋，而
> 縣于邑閭。巡野觀稼，以年之上下出斂灋。掌均萬民之食而
> 賙其急，而平其興。

興謂興徭，起力役。司稼敎導農民耕種，視年成而徵斂，賙急濟困，
平均賦役，上文所論聚落共同體的功能大半要靠司稼或田畯來推動。
田畯應是貴族采邑的管家或里邑的農作督導，可能提拔俊秀農民來擔
任，〈甫田〉所謂「烝我髦士」者也⑯。他本身也是農人，故能辨認
五穀，知地之宜；但身分地位高出農人一等，故能分配邑里居民的徵
賦，大概屬於《禮記·王制》所謂「庶人在官者」也。

　　里君、邑人、有司皆屬官方的領導階層，田畯若是在官庶人，照
《禮記·王制》說，是有俸祿的，也應算半官方人物。除此之外，古
代聚落還有一種非官方的領導人物，卽是父老。父老中特別有權威勢
力的人，政府委以教化里邑居民的責任，但不食官祿，稱爲「三老」
(蘇瑩輝1960)。三老見於記載者，以晏嬰責讓齊景公「公聚朽蠹而三
老凍餒」(《左·昭三》)，最早，已在春秋末期。《逸周書·大匡》也
有「三老」，其成書年代恐怕不會早於春秋中晚期之間⑰。當然，政
府選置三老必在此前，而三老所出的父老在基層社會發生力量，更有
長遠的傳統。

---

⑯　《小雅·甫田》曰：「今適南畝，或耘或耔，黍稷薿薿，攸介攸止，烝我髦士。」毛
　　《傳》：髦，俊也。治田得穀，俊士以進。提拔生產成績最好的農民作田畯，給予
　　免繇役的優待。《禮記·王制》曰：「命鄉論秀士，升之司徒曰選士；司徒論選士
　　之秀者而升之學，曰俊士。升於司徒者不征於鄉。」或有所本。關於田畯的出身參
　　見周谷城，〈農夫田民兩級考〉，收入《古史零證》。但周氏說田畯與農旺有主奴
　　關係，一是統治、剝削階級，一是被統治、被剝削階級，是不正確的。

⑰　〈大匡〉談到「什伍相保」，「農廩分鄉，鄉命受糧，」以及「賦洒其幣，鄉正保
　　貸。」軍隊的什伍制引入民政，鄉成為地方行政制度重要的一環，都是春秋新制，
　　參看本書第三章。

　　《禮記》〈王制〉和〈內則〉兩篇傳述夏商的養老故事，據說當時「天下之盛，王未有遺年者」（《禮記‧祭義》）。到周代，尊重老人的文獻是歷歷可考的。周公封康叔於衞，告誡他「遠惟商耇成人，宅心知訓」（《尚書‧康誥》）。以老成人為自己的典範。春秋時代幾件有名的故事，都可以看出敬老的風尚。宋襄公說古人治軍有四個原則，一不重傷，二不擒二毛，三不阻隘，四不鼓不成列（《左‧僖二十二》）。頭髮灰白二色相間的老者在戰場上，雖敗猶不被俘虜。吳太宰嚭也說「古之侵伐者，不斬祀，不殺厲，不獲二毛」（《禮記‧檀弓下》），可與宋襄公的話互相印證。西元前五四四年諸侯城杞，絳縣老人無子而往。次年，晉悼夫人賜食城杞者，有人問其年，他說：

> 臣小人也，不知紀年，臣生之歲，正月甲子朔，四百又四十
> 五甲子矣。

經師曠推算，其齡七十又三矣。執政趙武問老人的屬縣，卻是他管下的人民，趙武於是

> 召之而謝過焉，曰：「武不才，任君之大事，以晉國之多虞
> 不能由（用）吾子，使吾子辱在泥塗久矣，武之罪也，敢謝
> 不才。」遂仕之，使助為政，辭以老。與之田，使為君復
> 陶，以為絳縣師，而廢其輿尉。（《左‧襄三十》）

七十三高齡應免勞役，因為有司疏忽，使盟主之國的執政向一介平民賠罪，還罷免「主發衆，使民於時」的軍尉。當時魯使在晉，回國後向季武子報告說：「晉未可媮也」。敬老確是政事之大端啊！第三件故事發生在春秋末年，齊魯戰于郎，

> 公叔禺人遇負杖入保（堡）者息，曰：「使之雖（唯）病也，
> 任之雖（唯）重也。君子不能為謀也，士弗能死也，不可。
> 我則既言矣。」與其鄰重（童）汪踦往，皆死焉。（《禮記‧檀
> 弓下》）

據說，古禮「五十杖於家，六十杖於鄉，七十杖於國，八十杖於

朝」（《禮記》〈王制〉、〈內則〉）。負杖者所負之杖是年老表徵，他至少有五十歲，猶參戰，魯大夫公叔禺人深爲執政與軍士恥，故陷陣而死。

　　周人尊老有其歷史根源，和西周政治社會結構之轉變頗有關係。我在〈周代封建制度的社會結構〉（杜正勝1979ｃ）一文中曾經討論過周人初爲天下共主時，以少數的部族統御廣濶東土，大量起用同族之人在東方封建殖民，適度恢復昭穆制，於是「凡周之士，不（丕）顯亦世」。他們固希望「文王孫子，本支百世」（《大雅·文王》），然而征服殖民運動一旦停止，凡周之士就不可能傳諸百世了。政權結構乃由昭穆制轉爲大小宗；有土地的封侯，嫡系子孫可以傳諸久遠，百世猶能不遷；沒有土地，沒有官守的支庶，五世就遷爲庶人了。《禮記·大傳》謂之「有百世不遷之宗，有五世則遷之宗。」大小宗制係應當時政治情況而生，但此制一行，同宗不過幾代就夷爲路人，難免有戚戚之感，統治者也顯得孤伶而少扶助。於是以祭祀燕飲來收族，稍稍變通昭穆制，以濟大小宗之不足。凡祭祀，同宗族人羣聚於祖廟，按昭穆輩分排列，《禮記·祭統》曰：「有事於大廟，則羣昭羣穆咸在而不失其倫。」祭畢燕飲，依年齒爲序，不分貴賤合飲，《禮記·中庸》謂之「旅酬下爲上，所以逮賤也；燕毛，所以序齒也」。《詩序》說：《大雅·行葦》「祭畢而燕父兄耆老之詩」。詩云「酌以大斗，以祈黃耇」，「黃耇台背，以引以翼」，可見年長老者之受禮遇。

　　周的統治，封建與宗法結合，「尊祖」、「敬宗」之餘，還要「收族」，收族之道在於禮遇疏屬老者。推而對異姓老者亦然，崇老成爲周朝統治的一種重要手段。據說管仲追述西周先王之制，「合羣叟，比校民之有道者，設象以爲民紀，班序顚毛，以爲民紀統」（《國語·齊語》）。民間秩序於是乎以年齒爲依據。在鄉邑里聚中，只要年高，德則必劭，形成地方的父老，具有高度的發言權威。西元前六三二年晉楚城濮之戰，楚敗，申息之師損失尤重，楚成王謂統帥子

玉曰：「大夫若入，其若申息之老何？」子玉遂自殺（《左·僖二十八》）。
父老地位之尊是可以肯定的。孟子說：

> 天下有達尊三：爵一，齒一，德一。朝廷莫如爵，鄉黨莫如
> 齒，輔世長民莫如德。（〈公孫丑下〉）

鄉黨尚齒。《荀子·大略》亦曰：「一命齒於鄉，再命齒於族，三命
族人雖七十不敢先。」齒是會飲時依長幼安排坐立的次序。一命命官
鄉里燕會時不敢以其爵先鄉人，再命命官不敢先同宗長老，唯三命上
卿不受年齡限制。普通聚落難得見三命之貴人，自然而然以年齡爲
尚。鄭玄說：「鄉禮：春秋射、國蜡，而飲酒養老」（《禮記·王制·
注》）。就是我們通常所謂的鄉飲酒禮。孔穎達說：「令老者居上，故
云上齒」（《禮記·王制·疏》）。鄉射飲酒，見於《儀禮·鄉射禮》，但
那程序只是節目單，射前先飲。《周禮·州長》曰：「春秋以禮會民
而射于州序。」孔穎達《疏》：先行鄉飲酒之禮然後射叫作「以禮」。
國蜡即《禮記·郊特牲》的蜡祭八神，歲末祭祀關係農作收成的鬼神。
《周禮·黨正》曰：「國索鬼神而祭祀，則以禮屬民而飲酒于序，以
正齒位。」《禮記·月令》孟多之月「大飲烝，勞農以休息之」，也
與大蜡一樣，正鄉民的齒位[18]。按《禮記·鄉飲酒義》，「鄉飲酒之
禮，六十者坐，五十者立侍」，謂之「尊長」；肴饌有別，「六十者
三豆，七十者四豆，八十者五豆，九十者六豆」，謂之「養老」。按
照禮經，鄉飲、國蜡諸禮皆不見於基層小聚落，唯如上文所論，聚落
有會飲（本書頁 203），其秩序也是以年齡作基準的。鄉里會聚飲酒因
老者之臨而開始，也隨著老者之離去而結束，《論語·鄉黨》故曰：
「鄉人飲酒，杖者出，斯出矣。」人民出孝入悌的行爲表現規範就在
鄉里飲酒中培養起來。

　　高年、老者在聚落共同體中的地位，除上述正式禮儀外，日常生

---

[18] 此用《禮記·月令》鄭玄《注》之說，但金鶚《求古錄禮說》〈蜡臘辨〉認爲蜡祭
索神，臘以息民，雖同一日，性質有別，大飲烝是臘而非蜡。分別蜡臘之義是對
的，不過鄉里索鬼神而祭，祭而飲，同日會飲，即使有兩種儀式，其宴飲恐怕不容
易截然劃分。

活也處處受到敬重。據《禮記‧祭義》所說，第一、「五十不爲甸
徒」。甸徒指力役之事，前引春秋故事可以說明。第二、「頒禽隆諸
長者」。春蒐多狩，老者多分獵獲物。第三、「行，肩而不并，不錯
則隨，見老者則車徒辟」。與長老行，不敢比肩齊步，必隨其後；乘
車、徒步皆避開老人。第四、「斑白者不以其任行乎道路」，《漢
書‧食貨志》謂之「斑白不提挈」。此外，《禮記‧曲禮上》云：
「入國不馳，入里必式」，也是敬老的生活準則。《周禮‧大司寇》
有一種「未麗於灋而害於州里」的不大不小罪過，處以勞役之罰。據
孔穎達說是「語言無忌，侮慢長老」（〈大司寇‧疏〉）。則政府甚至要
以法律來維護敬老的習俗。

二　新行政系統中的里正、父老與長者

　　西周及春秋的零散聚落自春秋晚期之後紛紛改革，雖形成里、鄉
與縣的地方行政系統，傳統的領導角色依然未變，唯里邑在龐大的
行政階層中變得渺小，地方的領導者在整個官僚體系裏隨著微不足道
了。新行政系統中，鄉吏地位既高於里吏；一方面鄉吏也吸收了傳統
邑里小吏的部分職務。《漢書‧百官公卿表》曰：「鄉有三老、有
秩、嗇夫、游徼。」有秩和嗇夫的性質、職掌相同，皆「聽訟，收賦
稅」。按《續漢書‧百官志》大鄉置有秩，小鄉置嗇夫，「皆主知民
善惡，爲役先後，知民貧富，爲賦多少，平其差品。」〈百官表〉云，
游徼，徼循禁賊盜。〈百官表〉的佐史少吏只提到鄉，而不及里，不
是里無吏；事實上，戰國以來里吏的功能依然相當活躍。

　　戰國時代治里的小吏通稱作「里正」，秦在王政即位後，避諱，
改作「里典」，睡虎地秦簡有不少關於里典和父老的律令與律說。
《秦律雜抄》〈傅律〉曰：

　　　　匿敖童，及占癃不審，典、老贖耐。百姓不當老，至老時不
　　　　用請，敢爲詐偽者，貲二甲；典、老弗告，貲各一甲；伍
　　　　人，戶一盾，皆遷之。（《睡簡》頁143）

秦國人民身高六尺五寸者傅籍成爲國家公民，盡各種義務（本書頁10）。
身長到達傅的標準而年齡未到者，謂之「敖童」。癃是疲癃，長不滿
六尺二寸（《漢書·高帝紀·注》引漢律），可以免役。戶口普查，當傅籍
不傅，不當著爲疲癃而著，里正父老皆判二歲以上刑，完其髮膚，可
以錢糧贖罪。《漢舊儀》述秦制云：「民年六十乃免老」。超過六十
歲曰老，免除徭役負擔。人民之始傅、疲癃、免老關乎國家賦役，秦
簡謂之「戶賦」（《睡簡》頁 222），里正、父老皆擔待干係，不當，則
或判刑或罰戰衣革甲。秦簡《律說》有一條曰：

> 賊入甲室，賊傷甲，甲號寇，其四鄰、典、老皆出不存，不
> 聞號寇。問當論不當？審不存，不當論；典、老雖不存，當
> 論。（《睡簡》頁193）

里正、父老比連坐的同伍責任還大，賊傷里人，他們即使外出不在，
仍應論罪。秦簡所記里正父老的責任可於《韓非子》和《墨子》得到
印證。《韓非子·外儲說右下》曰：「秦襄王病，百姓爲之禱，病愈，
殺牛塞禱。」襄王知道了，非社臘之時而擅自殺牛，問明何里，「訾
其里正與伍老屯（出）二甲」。伍老蓋即父老。如果是圍城，里正父老
的責任更大。據《墨子·號令》，他們「皆守宿里門」，里中姦民謀
通敵者，里正父老「不得，皆斬；得之，除，又賞之黃金人二鎰」。

　　按新出秦律及傳世文獻來看，里正、父老似皆由政府派任，何休
說：

> 一里八十戶，選其耆老有高德者名曰父老，其有辯護伉健者
> 爲里正。（《公羊傳·宣十五·注》）

不是任何「辯護伉健」皆可任里正，秦簡說「銜敖」，里典之謂也
（《睡簡》頁 237）。銜即率，通帥；敖讀作豪。里正由地方豪帥之流的
人物來擔任的。耆年高德「能帥衆爲善」（《漢書·高帝紀上》），是擔任
父老的必要條件，但不是充分條件，並非鄉里之老人皆爲父老。如遮
說漢王爲義帝發喪的三老董公（《史記·高祖本紀》）和感悟武帝的壺關三
老茂（《漢書·武五子傳》），皆可見漢代父老社會地位之高。武威磨咀子

第十三號漢墓出土的王杖簡云，先年七十受王杖，游徼吳賞使從者毆
擊先，廷尉判決吳賞棄市(本書頁14)。先當係父老之流，與一般年過六
十免役的老人有別。父老在鄉里地位之重，漢也是承襲秦制而來的。

　　前文引述過的漢代〈侍延里僤買田約束石券〉(本書頁196)，券文
云該里于季、巨左等二十五人。

　　　以永平十五年六月中造起僤，歛錢共有六萬一千五百，買田
　　　八十二畝。僤中其有訾(貲)次當給為里父老者，共以客田
　　　借與，得收田上毛物穀實自給。即訾(貲)下不中，還田轉
　　　與當為父老者，傳後子孫以為常。其有物故，得傳後代戶者
　　　一人。即僤中皆訾(貲)下不中父老，季、巨等共假賃田，
　　　它如約束。

僤是一種互助的結社，石券三言「父老」，特言訾中不中，即結社中
訾產夠上父老條件者，乃得耕種這二十五人歛錢共買之田。可見漢代
里父老需富有者才能擔任。

　　《居延漢簡》有兩條談到父老收納賦錢的資料，分別見於《釋
文》七四九八與七四一三：

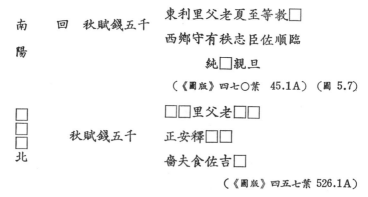

　　　南　　回　秋賦錢五千　東利里父老夏至等教□
　　　陽　　　　　　　　　　西鄉守有秩志臣佐順臨
　　　　　　　　　　　　　　純□親旦
　　　　　　　　　　　　　　(《圖版》四七〇葉　45.1A)　(圖 5.7)

　　　□　　　　　　　　　　□□里父老□□
　　　□　　秋賦錢五千　　　正安釋□□
　　　□　　　　　　　　　　嗇夫食佐吉□
　　　北
　　　　　　　　　　　　　　(《圖版》四五七葉 526.1A)

某里父老與鄉有秩或嗇夫同列一簡，負責秋賦，可見里父老是由專人
擔任的。漢制，置三老，鄉一人；擇鄉三老一人為縣三老(〈高帝紀
上〉)。我們懷疑里父老也是一里一人，而擇里父老一人為鄉三老。
漢承秦制，地方父老之選擇可能也不例外。

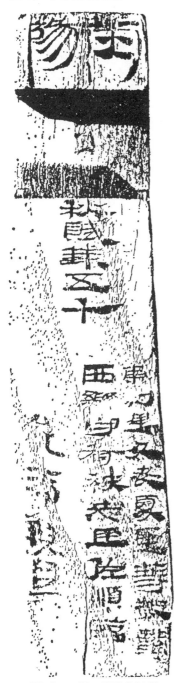

圖 5.7　居延漢簡秋賦錢

里正的職責比父老重。秦律「廐苑律」云，每年四、七、十、正月鄉里考課田牛，「最者，賜田（里）典日旬；殿，笞卅」（《睡簡》頁 31）。可見里正須督導里中田牛之飼養。他也負責通知徭役，「當徭，吏、典已令之，卽亡弗會，爲逋事」（《睡簡》頁 221）。查封里人某甲，鄉吏「幾訊」里正，保證「甲封具此，毋它封者」（《睡簡》頁 249）。似亦須考察里人之動產與不動產。凡判決讞詞，引用律令有「與盜同法」、「與同罪」者，里正要連坐（《睡簡》頁159）。而這些職責都不涉及父老，因爲里正屬於地方僚吏，而父老不是。不過，戰國以來猶當推父老爲里閭權威人物，他們通達里閭人情事故，地方長官往往要借重他們以了解民隱。據說魏文侯時，西門豹爲鄴令。初到鄴，「會長老，問人民所疾苦」（《史記·滑稽列傳》褚先生補）。《墨子·號令》曰：

> 守入臨城，必謹問父老、吏大夫，諸有怨仇讐不相解者，召其人，明白爲之解之。

因爲身處圍城，內部必須團結和諧，故守城者入城第一要務便是向父老探問里閭仇怨，加以化解。長老可能是

長者通稱⑲，不如父老或三老之具備法定意義，但其社會作用是相近的。總之地方父老向來受到禮遇敬重，戰國時代二百多年的戰亂更使這一階層成為地方首領，〈號令〉曰，城守「傳令里中者以羽，羽在三老所」。守城主官透過三老而命令里民。

父老無吏職，卻負起吏的責任，對鄉里成員自然具有約束力量，一旦有亂，官方維繫秩序的機構失調，這股非官方力量馬上填補官府空缺，成為地方上的主導力量。秦漢之際，父老發揮高度社會功能，就是這個緣故。陳涉、劉邦等人的發跡無不與父老有關。《史記・陳涉世家》說，陳涉起兵入陳，

> 數日，號召三老、豪傑與皆來會計事。三老、豪傑皆曰：
> 「將軍身披堅執銳，伐無道，誅暴秦，復立楚國之社稷，功
> 宜為王。」陳涉乃立為王，號為「張楚」。

三老豪傑，《張耳・陳餘列傳》作「豪傑父老」。誠如前文所言，三老乃父老之尤，同是地方領導階層人物。陳涉號召父老等計事，卽戰國時代城守召三老與計事得失的傳統（《墨子・號令》），他之稱王可說是陳之父老擁戴出來的。

劉邦一生幾件大事，根據〈高祖本紀〉的記載，更與父老息息相關。陳涉發難後，劉邦攻沛，「乃書帛射城上」，鼓勵「沛父老」誅縣令，「父老乃率子弟共殺沛令，開城門迎劉季」。「諸父老」共「立季為沛公」，開始革秦之命，時在二世元年九月。子嬰元年十月劉邦入關，「與秦諸縣父老約法三章」，秦人「唯恐沛公不為秦王」。劉邦得到關中父老的擁戴，種下他以後從漢中返回關中，破三秦，「撫關外父老」，建立與項羽爭衡的基礎。漢二年三月，劉邦到雒陽，「新城三老董公遮說漢王以義帝死故」。劉邦之聲討項羽，於是有法理的根據，這是楚漢相爭政治戰的轉捩點。漢四年，楚漢相持於廣

---

⑲ 《漢書・文帝紀》元年三月詔：「老者非帛不煖，非肉不飽。今歲首，不時使人存問長老，又無布帛酒肉之賜，將何以佐天下子孫孝養其親？」有司請令縣道年八十已上賜本人月一石，肉二十斤，酒五斗；其九十已上，又賜帛人二疋，絮三斤。漢帝存問之長老單憑年齡作準。

武，劉邦爲項羽伏弩所傷，「病愈，西入關，至櫟陽，存問父老，置
酒，梟故塞王欣頭櫟陽市。留四日，復如軍，軍廣武。關中兵益出」。
名爲存問櫟陽父老，其實是討救兵。先前，司馬欣率領秦卒降項羽，在
新安城南被項羽坑殺二十餘萬人，劉邦縣其首示衆以討好關中父老，
故「關中兵益出」，翌年而項羽敗亡。項羽曾封魯公，雖死，而「魯
爲楚堅守不下」。漢王「示魯父老項羽頭，魯乃降」。結束將近五年
楚漢戰爭。從社會層面來看，劉項成敗繫於民心向背，而民心向背則
取決於各地方父老。

　　父老雖屬於基層，但全國尊老，地方上身爲耆老代表的父老每每
通天，直接進諫君主，其功能不是正統官僚所能比擬的。新城三老
之於漢王，壺關三老之於武帝（《漢書‧武五子傳》），商山四皓之定嫡
（《史記‧留侯世家》），皆是這種歷史背景下的產物。地方主政者也無不
求問當地長老或父老。曹參相齊，「盡召長老諸先生，問所以安集百
姓」（《漢書‧蕭何曹參傳》）；張敞治長安羣盜，「求問長安父老」（《漢
書》本傳）；韓延壽守潁川，「歷召郡中長老爲鄉里所信向者數十人，
問以謠俗，民所疾苦」（《漢書》本傳）。中國所謂國之大老備顧問咨
諏的傳統是長遠深厚的。《說苑‧善說》傳述社山父老閭丘先生諫齊
宣王審吏治，平稅賦，敬長老，正是戰國至漢代地方父老地位與功能
的絕好說明。

　　誠如前文所論，西周時代的聚落並不單靠血緣因素來聯繫，戰國
以來個別的現象雖見頗強的宗族結合[20]，總體看來，由於人口流動，
遷徙無常，聚落成員經常改變，關係益加複雜。然而靠著聚落共同體
的完整性，再配合什伍制，「比地於伍」（《鹽鐵論‧周秦》），把新舊成員
又摶凝在一起，納入共同體的軌道，照常運作。萬石君石奮的歷史很

---

[20]　《史記‧酷吏列傳》云：「濟南瞯氏宗人三百餘家，豪猾。」景帝拜郅都爲濟南太
守，誅其首惡。《漢書‧酷吏傳》：涿郡「大姓西高氏、東高氏，自郡吏以下莫敢與
避之，莫敢與牾。」《漢書‧趙廣漢傳》云潁川「郡大姓原、褚宗族橫恣」；又云
「潁川豪傑大姓相與爲婚姻，吏俗朋黨」。此單人大概就是《史記‧游俠列傳》所
謂「朋黨宗彊比周」者，宗族的聯繫還相當強。他們有可能是六國貴族之後，《漢
書‧劉敬傳》曰「六國之族宗彊」，其宗族血緣結合當比一般農人強靭。

可以說明我們的看法。《史記》本傳說,石奮,趙人,原居邯鄲。趙亡,徙居溫。劉邦來擊項羽,奮爲小吏,進其姊,乃徙居長安戚里。孝景末年歸老,子孫每有過失,對案不食,「諸子相責,因長老肉袒固謝罪,改之,乃許」。長老卽戚里的耆老。武帝建武二年以後徙居陵里,上文說過他的少子內史慶入閭里長趨,「里中長老皆走匿」,萬石君切責之,乃罷。這些長老當然是陵里的居民。萬石君的出身不但族薄,而且經常遷徙,但他以新遷之人納入里邑生活,猶如故習,可見聚落共同體自有連繫的動力,也不單靠土著的地緣因素。

　　戰國以降,遷徙異地定居的情形更普遍,譬如秦國且大規模移民(孫楷《秦會要·民政》)。自然會削弱里閭的血緣或地緣的聯繫性,雲夢睡虎地新出史料足資證明。睡虎地四號墓主大概叫作衷,該墓出土兩件木牘,一片是黑夫和惊聯名寫給衷的信,另一片是惊個人寫的(《雲夢睡虎地秦墓》頁325)。從內容推測,衷是黑夫和惊的兄長。兩封信都提到問侯的人,母、姑姊、姑姊子產、康樂孝須、東室季須、嬰記季、夕陽呂嬰、**匼**里閻爭丈人、新負、嫛。可以肯定有親屬關係者只有母、姑姊及姑姊子,其他大概多是鄰里。木牘說「聞新地城多空不實者」,又說「新地人盜,衷唯毋方行新地,急急急。」他們這家可能原是秦人,秦征服雲夢後遷來定居,故曰「新地」(圖5.8)。

　　新來的異鄉人只要有才能,在這種既不全基於血緣,也不全基於地緣的聚落共同體中,自然而然脫穎而出,成爲地方父老階層以外的另一種領導人物。劉邦的先祖是屢次遷徙之人,《漢書·高帝紀》引劉向云:「戰國時劉氏自秦獲於魏,秦滅魏,遷大梁,都於豐。」班固說:「其遷日淺,墳墓在豐鮮焉」,故其「骨肉同姓少」(《史記·漢興以來諸侯王年表》)。按大梁之破在秦王政二十二年,劉家自大梁徙豐,劉邦至少已經二十餘歲[21],則在沛縣豐邑,他可謂純粹異鄉人,卻能

----

[21]　《史記集解》引皇甫謐曰,高帝「以秦昭王五十一年(前256)生。至漢十二年(前195),年六十二」。但《漢書·高帝紀·注》引臣瓚曰,「帝年四十二卽位,卽位十二年,壽五十三。」二說相差九歲。若據臣瓚,劉邦至遲生於西元前247年,梁滅時他二十二歲,若據皇甫謐之說,他去梁時已三十歲。

圖 5.8　黑夫信札

當上泗水亭長，結交一批縣府僚吏和地方少年，成爲當地父老輩以外
的另一種社會力量。同時代的項梁亦然。《史記·項羽本紀》說：

> 項梁殺人，與籍避仇於吳中。吳中賢士大夫皆出項梁下。每
> 吳中有大繇役及喪，項梁常爲主辦，陰以兵法部勒賓客及子
> 弟，以是知其能。

及陳涉起事，項梁斬守吏，招兵八千人，即爲聞名的江東子弟兵。其
實項梁旣非吳中地著，在那裏也沒有宗族力量作後盾，僅憑個人才
能，而成爲當地領袖。班固的祖先班壹，始皇末年自晉、代之間避地
鴈門，畜牧致富。漢初，以財雄邊，百餘歲，壽終。北方多以「壹」
爲字者（《漢書·敘傳》）。他可能也是當地父老之流，其子孺，「爲任
俠，州郡歌之，」頗類於劉、項。當時的風氣大抵不分南北。

　　漢武帝時代的任安聞名鄉里，大半也是這種里閭的典型產物。褚
先生補〈田叔列傳〉曰：

> 任安，榮陽人也。少孤貧困，爲人將車之長安，留，求事爲
> 小吏，未有因緣也，因占著名數。安留，代人爲求盜、亭
> 父，後爲亭長。邑中人民俱出獵，任安常爲人分麋鹿雉兔，
> 部署老小當壯劇易處，衆人皆喜。曰：「無傷也，任少卿分
> 別平，有智略。」明日復合會，會者數百人。任少卿曰：
> 「某子甲何爲不來乎？」諸人皆怪其見之疾也。其後除爲三
> 老，舉爲親民，出爲三百石長，治民。

任安的前半生充滿傳奇。以一個外來窮措大在長安落籍，先替人擔任
逐捕盜賊的求盜和關閉灑掃鄉亭的亭父，這兩種都是里邑小吏，後來
升爲亭長。任安才能之顯露是表現在里邑人民全體圍獵上，攤派任務
之輕重勞逸，視人老小強弱而得其均；分配獵物，能得其平。後者尤
其困難。瓜分獵物不但要依老少壯年三等人勞逸不同有差，並且每人
爵位高低亦互有異，《九章算術·差分》第一題即以大夫、不更、簪
裏、上造、公士五人分共獵之五鹿爲題，問按爵次如何平分（陳直1979
a，頁 161-162）。分別平均眞不容易，難怪陳平爲里中社祭之宰，分肉

食甚均，而以宰天下自許（《史記・陳丞相世家》）。陳平家居「負郭窮巷，以弊席爲門，然門外多有長者車轍，」得與父老豪傑交際。他恐怕是在里社活動中獲得了社會地位，和任安非常相似。任安自亭長而三老，最後作到小縣的縣長，豈可以說和當時邑里族羣結構的特色沒有關係？執著里閭的血緣性或地緣性都無法圓滿地解釋。

　　外來的異鄉人在聚落中所以會很快嶄露頭角，和春秋晚期以後聚落的性質有密切關係。一方面聚落變質了，任何人皆納入什伍編制中，抹除新舊成分，只要有能力，在里閭中自然會脫穎而出。另一方面聚落卻沿襲相當部分的古代傳統，邑里獨立完整性並未消失，像劉邦、項梁、任安與班壹都是有能力的長者，他們的力量是靠里閭結構與人羣活動發揮出來的。誠如柳詒徵氏所說，西漢是長者的時代（柳詒徵1944），我們可以看出古代聚落共同體在封建崩解後數百年內，猶見其生機，雖然與封建城邦時代聚落的本質不盡相同。

　　春秋以前零散的聚落經過整頓，造成郡縣鄉里的行政體系後，已爲中央政府權力下達地方，鋪好一條條暢通的管道。然而中央的實際力量只達到縣這一層，縣以下的鄉里凝聚性仍相當強靭，它們自成爲完整的有機體。

　　聚落中民間的主導力量是父老階層，他們的身分和權威係基於社會敬老的傳統；而敬老在祭祀燕飲等社區活動表現出來。荀子說：「吾觀於鄉，而知王道之易易也」（〈樂論〉）。王道的根本在於孝悌，舉凡同里邑的老者都待之如父，長者都待之如兄，凡同里邑之年輕人都視同子或弟，於是有孝悌，於是有敬老，這是古代聚落一體感和認同意識促成的。故《禮記・鄉飲酒義》曰：

　　　　君子之所謂「孝」者，非家至而日見之也，合諸鄉射，教之
　　　　鄉飲酒之禮，而孝弟之行立矣。

就統治者而言，鄉里長幼秩序井然才是孝，不僅止於個體家庭父子之

親情而已。《管子》說「民有善，本於父，薦㉒之於長老，是治本也」（〈君臣上〉），卽是此義。

《漢書·文帝紀》十二年〈詔〉曰：

> 孝悌，天下之大順也。力田，爲生之本也。三老，衆民之師
> 也。廉吏，民之表也。朕甚嘉此二三大夫之行。

文帝將政府的基礎寄放在三種人身上，卽力田、三老和廉吏，而總歸於孝悌，這是整個漢朝的立國政策。《後漢書·章帝紀》元和二年二月帝耕於定陶，詔曰：「三老，尊年也；孝悌，淑行也；力田，勤勞也，國家甚休之。」卽沿襲祖宗之家法。因爲統治者知道，人民孝悌於鄉里，自然會作國家的順民，政權必定穩固。《禮記·祭義》乃曰：

> 立教自長始，教民順也。教以敬長則民貴用命，順以聽命，
> 錯諸天下，無所不行。

這些話把「大順」的深義揭露無遺，我們於是知道漢帝經常下詔申明孝悌的重要性，那是關係他們政權的安定啊！

漢帝襃揚聚落領導階層父老，讓他們適度地自治，但須效忠政權，維護現實政治秩序。這是漢朝統治巧妙地利用古代聚落一體性和自主性的結果。同樣的特性，在春秋以前可以作爲貴族分治的基礎，在戰國以下也可以成爲地方豪傑的溫床。所以漢帝在襃揚父老之餘也要壓抑閭里少年，政府雖敬老，並不喜歡能夠聳動少年的長者。長老與少年的結合，亦與聚落結構密切相關。西周至秦漢八九百年的基層社會非無變遷，然而古代聚落的社會功能仍以不同的形態維持不懈。傳統中國社會的一些特質也不難從這裏尋繹出一些端倪。

㉒ 薦，今本作「慶」，依《管子集校》引王念孫說改。

第六章　傳統法典之始原

　　《晉書‧刑法志》說：曹魏「承用秦漢舊律」，祖本是魏文侯師李悝撰次諸國法而成的《法經》。《唐律疏議‧名例》亦曰：「里悝集諸國刑典，造《法經》六篇。商鞅傳授，改灋爲律；漢相蕭何更加悝所造，〈戶〉、〈興〉、〈廄〉三篇，謂《九章之律》。」由漢而魏，由魏而晉，中間雖經南北朝之分歧，終滙集成隋律，作爲唐律的藍本，而開啓宋、明、清千年律法的基本規模。

　　歷來國人考論兩千年律法之沿革者，追本溯源，皆以李悝《法經》爲濫觴（沈家本《歷代刑法考‧律目考》）；直到近現代才有學者開始懷疑李悝造《法經》的故事〔附錄九〕。雖然傳述李悝結集《法經》的文獻偏晚，持懷疑之論者的辯證猶不足以打倒舊說，在新資料出土之前，從政治社會的變局來審視這場辯論，倒覺得舊說尚有可信之處。

　　大凡國家律令之公布或法典之結集，皆非孤特事件，而與政治、社會和經濟的變革息息相關，有的是對既成事實的追認，有的是對未來發展的規範。根據前文對封建制到郡縣制變革過程的理解，春秋中晚期以降，中國社會急遽改變，全國戶籍開始整編，全民身分趨於齊等，兵源擴充，軍制革新，行政系統建立，土地私有權普及，凡此諸端皆是國家人民的大計，若有人結集歷來的改制而成完整的新典，毋寧是水到渠成而且必要之事。何況商鞅改制，多擷擇東方的先進經驗（本書第八章），他既是衞之庶公子，少好刑名之學，仕宦於魏，携《法經》入秦亦不無可能。這是《法經》入秦而成爲漢律張本的始末。

　　當然，目前還缺乏《法經》的直接證據，不過我們從封建之法與刑與春秋末期成文法典之公布，配合社會發展，再參證雲夢睡虎地秦簡的法律文書，對漢魏時人傳述的《法經》要義是能合理說明的。這或許可爲李悝著經之論辯，在文獻學外，提供另一途徑。

一、封建的「法」和「刑」

　　封建城邦有「法」，也有「刑」。法泛指國家的制度，近於當時所謂的「禮」，而非後世狹隘的法律意義而已；與後世法律之法比較相似者，倒是「刑」（沈剛伯1982，頁87）。

　　封建的「法」包羅萬象，內容博雜，按諸春秋史事，大抵涵蓋下列諸義。第一、法指諸侯朝聘之禮。西元前六七一年魯莊公「如齊觀社」，曹劌批評說，齊國觀社於民是「棄太公之法」，社必有祀，魯公往觀則「諸侯相會祀」，是「不法」的。據先王之制，諸侯「五年四王一相朝，終則講於會以正班爵之義，帥長幼之序，訓上下之則，制財用之節」，才算合乎禮法（《國語·魯語上》）。第二、法以封建禮典作骨幹。西元前五九三年周定王享士會餚燕，士會私問其故於相禮之原公，周王爲之說明「享有體薦，宴有折俎」之禮，士會於是「歸而講求典禮，以脩晉國之法」（《左·宣十六》）。第三、封建階級秩序是法。春秋末葉晉鑄刑鼎，孔子評論曰：「夫晉國將守唐叔之所受法度以經緯其民，卿大夫以序守之，民是以能尊其貴，貴是以能守其業，貴賤不愆，所謂度也」（《左·昭二十九》）。第四、封建君臣體制是法。西元前五一九年晉滅鼓，俘其君，「令鼓人各復其行，非僚勿從」。鼓子之臣夙沙釐將其妻子而行，他的理由是「委質爲臣，無有二心；委質而策死，古之法也。君有烈名，臣無叛質」；否則，卽是「亂舊法」（《國語·晉語九》）。第五、軍賦亦屬於法。西元前五三八年鄭子產作丘賦，渾罕斥曰：「政不率法」（《左·昭四》）。五十餘年後魯季康子「欲以田賦」，訪諸仲尼。仲尼曰：「季孫欲行而法，則周公之典在；若欲苟而行，又何訪焉」（《左·哀十一》）？丘賦和田賦皆軍賦

也。第六、甚至連封疆郊鄙之管理與田野土地之經營也算是法。《國
語》云，周定王時單襄公過陳，見「道路若塞，野場若棄，澤不陂
障，川無舟梁」，乃責陳國「棄先王之法制」（〈周語中〉）。所謂「法
制」當亦包括單襄公引證的周制：「列樹以表道，立鄙食以守路，國
有郊牧，疆有寓望，藪有圃草，囿有林池」；和「民無懸耜，野無奧
草，不奪民時，不蔑民功，有優無匱，有逸無罷，國有班事，縣有序
民」等政事。

　　總之，舉凡封建城邦時代的政治結構、軍政措施、貴族禮儀、
平民農事無不含蓋在「法」的範圍內。所以法也叫作「制度」或「法
度」。西元前六一二年趙盾「始爲國政」，《左傳》曰：

> 制事典，正法罪，辟刑獄，董逋逃，由質要，治舊洿，本秩
> 禮，續常職，出滯淹。旣成，以授大傅陽子與大師賈佗，使
> 行諸晉國，以爲常法。（〈文六〉）

某位執政所推行的善政史書往往稱作某人或某事之法，如楚大夫芉尹
無宇引述過「周文王之法」和楚文王的「僕區之法」①，晉悼公「使
士渥濁爲大傅，使脩范武子之法；右行辛爲司空，使脩士蒍之法」
（《左・成十八》）。這些政治措施記錄下來，便是「法志」，趙衰所謂
「先王之法志，德義之府也」。晉文公謀元帥，趙衰推薦郤縠，因爲
他「行年五十，守學彌惇」，嫻熟先王法志之故（《國語・晉語四》）。
後來荀罃稱美趙衰有文，亦由於他能「導前志以佐先君，導法而卒以
政」（〈晉語六〉）。前志也就是先王之法志。

　　封建的「刑」義涵亦甚廣，大到動用武力都可以叫作「刑」。臧
文仲論五刑曰：「大刑用甲兵，其次用斧鉞；中刑用刀鋸，其次用鑽
笮；薄刑用鞭扑」（《國語・魯語上》）。甲兵或斧鉞之大刑用於國際間

----

① 《左傳》昭公七年，周文王之法曰：「有亡荒閱。」所以得天下也。吾先君文王作
僕區之法曰：「盜所隱器，與盜同罪。」所以封汝也。無宇欲向楚靈王要回逃入王
宮的閽者，所引二王之法顏似於後世的法律，不過，仍不單限於法律的意義。譬如
《春秋經》文公九年曰：「毛伯來求金。」《公羊傳》曰：「王者無求。曰是子
也，繼文王之體，守文王之法度，文王之法無求，而求，故譏之。」這裏的文王之
法則指葬禮。

之征伐，臧文仲所謂「大者陳之原野」者也。賈逵云「諸夏不式，王
命以六師移之」（韋昭《解》），是對的②。不過，通常論刑不及大刑，
多指「致之市朝」的小者，用以「威民」，包括臧文仲所說的中刑和
薄刑。周穆王時祭公謀父說五服的義務，屬於邦內的甸服則祭，邦外
侯服則祀，侯衛賓服則享，夷蠻只服貢，戎狄荒服則來王。不盡義務，
王乃「刑不祭，伐不祀，征不享，讓不貢，告不王」。周王朝「於是
乎有刑罰之辟，有攻伐之兵，有征討之備，有威讓之令，有文告之
辭」（〈周語上〉）。所以刑民之罰只施於甸服而已，古人所謂「刑以正
邪」（《左‧僖二十八》、《左‧隱十一》），即以刑罰約束國家的統治秩序。

周內史過云，古者先王既有天下，封建政法禮制之餘，「猶有散
遷懈慢，而著在刑辟，」以補不足（〈周語上〉）。刑辟就是刑書。封
建時代早有刑書，歷代損益，各地亦頗有異同，《左傳》可以按考。
如晉韓宣子之刑邢侯，問罪於叔向，後來孔子贊美叔向「以正刑書，
晉不為頗」（《左‧昭十四》）。而衛大祝佗也自稱其「展四體以率舊
職，猶懼不給而煩刑書」（《左‧定四》）。因為罪犯按刑書量刑，故當
時常說「國有常刑」或「常刑不赦」之類的話。周穆公時，祭公謀父
臨終，誡三公曰：「康子之攸保，勖教誨之，世祀無絕。不，我周有
常刑」（《逸周書‧祭公》）。春秋時，宋仲幾對元公曰：「宋國之法，死
生之度，先君有命矣，羣臣以死守之，弗敢失隊（墜）。臣之失職，常
刑不赦」（《左‧昭二十五》）。

常刑的警告在春秋末年魯宮一次大火災中看得更具體。火起於司
鐸宮，踰公宮，波及桓僖之廟。救火者都趕著搶救錢財，然而

> 南宮敬叔至，命周人出御書，俟於宮，曰：「庀。女（汝）而不
> 在，死。」子服景伯至，命宰人出禮書，以待命，命不共，
> 有常刑。校人乘車，巾車脂轄，百官官備，府庫慎守，官人

② 韋昭以為「甲兵朝臣有大逆則披甲聚兵而誅之，若今陳軍也。」蓋亦認為大刑用以
威民。然而王者不論威臣或威民，對於本國的臣民絕不致於大動干戈，陳之原野，
故以賈逵之說，比較合理。班固《漢書‧刑法志》引《魯語》這段話，刪節「以威
民也」四字。

肅給。濟濡帷幕，鬱攸從之。蒙茸公屋，自大廟始，外內以

俊，助所不給，有不用命，則有常刑，無赦。（《左・襄三》）

據說封建城邦時代，每年官民觀讀象法──以圖畫說明的法律，主事
者搖木鐸通告曰：「不用灋者，國有常刑」（《周禮》〈小宰〉、〈小司徒〉）。

　　這些刑書又稱爲「刑器」。西元前五六四年宋國火災，司城樂喜
分派救災任務，「使樂遄庀刑器」（《左・襄九》）。杜預《注》云：「樂
遄任司寇，刑器卽刑書。」按《周禮・司約》曰：「凡大約劑，書於宗
彝；小約劑，書於丹圖。」刑典可能也多鑄在重器上，故有「刑器」
之稱。唯孔穎達推測「或書之於版，號此版爲刑器」（《左・襄九・疏》）。
雖可備爲一說，不一定通達。因爲《逸周書・大聚》講周公追述夏禹之
〈野禁〉曰：「春三月山林不登斧，夏三月川澤不入網罟。」武王善之，
「乃召昆吾，冶而銘之金版，藏府而朔之。」此刑版顯然不是木牘。

　　各國刑書之根源不一，成分也很複雜，遠古刑典固可作爲判案依
據，歷代先君之命也是構成刑法的基礎。上言韓宣子殺邢侯，此事的
始末是這樣的。《左傳》昭公十四年曰：

　　晉邢侯與雍子爭鄐田，久而無成。士景伯如楚，叔魚攝理，
　　韓宣子命斷舊獄，罪在雍子。雍子納其女於叔魚，叔魚蔽罪
　　邢侯，邢侯怒，殺叔魚與雍子於朝。韓宣子問其罪於叔向，
　　叔向曰：「三人同罪，施（肔）生戮死可也。雍子自知其罪
　　而賂以買直，鮒（叔魚）也鬻獄，邢侯專殺，其罪一也。己惡
　　而掠美爲昏，貪以敗官爲墨，殺人不忌爲賊。《夏書》曰：
　　『昏、墨、賊，殺。』臯陶之刑也。請從之。」乃施（肔）
　　邢侯而尸雍子與叔魚於市。

邢侯與雍子之訟，罪在雍子，由於理官士景伯出使於楚，叔向之弟叔
魚代攝之，受雍子之賂而判邢侯罪，招致邢侯當朝殺二大夫。叔向斷
定三人同罪，雍子賄賂以買直，其罪「昏」；叔魚賣獄以敗官，其罪
「墨」；邢侯擅殺，不顧刑典，其罪「賊」。按臯陶之刑典，凡犯昏、
墨或賊者，其刑殺。他援引一千五百年前的法典來判當代的案件。

　　叔向在反對子產鑄刑書的信函中曾提到夏有〈禹刑〉，商有〈湯刑〉，周有〈九刑〉（本書頁241）。不同場合中，這些古代刑典是隨時可能被利用的。譬如春秋中葉莒大子僕弒紀公，以其寶玉奔魯，宣公初卽位，納僕，並賜予采邑。季文子爲司寇，主張驅逐出境。文子使大史克答復宣公逐僕的道理，根據則在〈九刑〉。大史克曰：

　　　　先君周公作〈誓命〉曰：「毀則爲賊，掩賊爲藏，竊賄爲盜，
　　　　盜器爲姦。主藏之名，賴姦之用，爲大凶德，有常無赦，在
　　　　〈九刑〉不忘。」（《左·文十八》）

〈九刑〉，惠棟以爲卽《逸周書·嘗麥》篇太史所筴的九篇刑書（《春秋左傳補註》卷二），已佚亡無考。不過，周公誓命卻也成爲春秋時人斷獄的依據。這種引用古代或先王法典處理刑獄的風氣，據今日可考文獻而論，早在西周初期已經如此。《尙書·康誥》云，周公封康叔於衞，告誡他說，「陳時臬司，師茲殷罰有倫。罰蔽殷彝，用其義刑義殺」。卽是援引殷商舊刑，處分殷人的罪行。周公又說，凡不孝、不慈、不友、不恭者，「乃其速由文王作罰，刑茲無赦」，則用周文王之法。如是輾轉相傳，歷代徵引，封建刑書的內容乃顯得既古老又博雜。終至於先王之訓，前賢之言，有關刑獄者，也都成爲刑書的一部分了。如果我們擷取《尙書·酒誥》的片言隻語，仿後世律令體裁，可得〈酒律〉如下：

　　　　小子、有正、有事，無彝酒。
　　　　越庶國，飲惟祀，德將無醉。
　　　　妹土，厥父母慶，自洗腆，致用酒。
　　　　剛制予酒。（制，斷也，按《墨子·號令》，斷卽殺的意思。）
　　　　羣飲，勿佚，盡執拘以歸于周，殺。
　　　　惟殷之迪，諸臣惟工，乃湎于酒，勿庸殺之，姑惟敎之。
酒律若徹底執行，周公的告誡便是刑獄的根據，也就是「國有常刑」的刑書。

　　不必如周公之賢，歷代君王的命書亦等同法令。〈曶鼎〉曰：

勿使暴虐縱獄，受奪廞行道，厥非正命，迺敢庆③訊人，則

唯輔天降喪，不廷，唯死。（《大系》132）

〈兮甲盤〉曰：

淮夷舊我貟晦人，毋敢不出其貟、其賣、其進人、其貯，毋

敢不卽鍊（次）卽市。敢不用令，則刑僕伐。其唯我諸侯百姓，

厥貯毋不卽市，毋敢或入蠻宄貯，則亦刑。（《三代》17.20）

其他如楚文王的僕區法（《左·昭七》），或晉國的「文（公）之典刑」、

「景（公）之敎訓」，還有「趙氏之典刑」（《國語·晉語九》），范宣子

刑書（《左·昭二十九》）等等，史籍雖失載，今莫得其詳，但其性質與

功用當與上述刑書沒有二致。

　根據以上的分析，我們知道封建斷獄，近古之典可用，遠古之典

亦可用；本國舊事可引，外國之法亦可徵。所以我們說封建刑書既博

雜又缺乏固定的內容。追究其成分，大概不外「遺訓」和「故實」兩方

面。樊穆仲所謂「賦事行刑亦問於遺訓而咨於故實」者也（〈周語上〉）。

就性質而言，封建刑書既近似秦漢的法典律令，也類似判例的「故

事」（邢義田1987，頁334）。

　封建城邦時代「刑」、「法」有時雖亦連言，且近似後世之法律

④，通常卻分得很清楚。但自戰國以後，法度之「法」的古典意義逐

漸消失，刑罰之「法」的後世意義逐漸普及，故又稱作「法禁」。法

遂成爲刑的依據，刑變成法的手段。韓非論「公孫鞅爲法」曰：「法

者，憲令著於官府，刑罰必於民心，賞存乎愼法，而罰加乎姦令者

也」（《韓非子·定法》）。這是春秋晚期以後發展成功的情勢。

---

③　庆，李平心云：「从广夫聲，卽古之捕字。」捕字見于《莊子·秋水》；亦作搏，
　　見于《左傳》莊公十一年。說見《李平心史論集》，頁166。

④　《國語·晉語八》，嘗祐曰：士會「居太傅，端刑法，緝訓典，國無姦民。」〈晉
　　語上〉，展禽曰：「堯能單均刑法以儀民。」又〈周語下〉，太子晉曰：「啓先王
　　之遺訓，省其典圖刑法而觀其廢興。」《尚書·呂刑》曰：「惟作五虐之刑曰法。」
　　皆刑、法連稱，法卽刑也。

二、春秋晚期成文法典之意義

封建刑書內容既然龐雜,主事者有權也有機會自由裁量;而且當時貴族據說還有不受刑的禮遇,所以封建城邦時代的刑典是缺乏法律最基本的精神——公開性和一致性的。

自由裁量,借用《左傳》晉大夫叔向的話說,就是「議事以制」(〈昭六〉)。孔穎達《正義》講得很清楚,他說:

> 臨其時事,議其重輕,雖依舊條而斷有出入,不豫設定法告示下民,令不測其淺深,常畏威而懼罪。

唯有公布明文法典才能改變自由出入,上下其手的議罪方式,才能建立法律公開的基本精神。

另外是法律之前人人平等的一致性,封建之禮有所謂的「刑不上大夫」,此說須先分析,才容易了解從封建到郡縣轉變過程中法典形成的意義。

《穀梁傳》襄公二十九年曰:

> 閽殺吳子餘祭。閽,門者也,寺人也。不稱名姓,閽不得齊於人;不稱其居,閽不得君其君也。禮,君不使無恥,不近刑人,不狎敵,不邇怨。賤人非所貴也,貴人非所刑也,刑人非所近也。

楊士勛《疏》云:「貴人非所刑,謂刑不上大夫,故不可刑之。」「刑不上大夫」,出自《禮記·曲禮》。鄭玄《注》曰:「不與賢者犯法,其犯法在八議,輕重不在刑書。」然而封建貴族真的都不受刑罰嗎?似乎不盡然。

「議事以制」既是封建時代斷獄的基本方式,量刑之輕重以「臨事而制議」議決之,並不排除貴族有罪,不據刑書處分,上舉文獻所謂「國有常刑」實多包括貴族而言。《逸周書·祭公》篇,祭公臨終之誡:「不違道,不亂政,陳善言,閉邪辟」(參用朱右曾《校釋》),

豈是對平民所講的話？宋仲幾說「臣之失職，常刑不赦」(《左·昭二十五》)，當然亦指卿大夫而言。大夫受刑，《左傳》記事，歷歷可數。如春秋初期，鄭厲公出奔，十八年後，因傅瑕內應，殺鄭君子嬰及其二子，乃得以返國。厲公入國，卽刻殺傅瑕，謂人曰：「傅瑕貳，周有常刑，旣伏其罪矣」(《左·莊十四》)。春秋末年，魯昭公因季氏之逼而出奔，季孫意如會晉卿荀躒于適歷，荀躒曰：「寡君使躒謂吾子何故出君？有君不事，周有常刑」(《左·昭三十一》)。故知按周之法典，事君有貳心或有君不事者，皆常刑不赦，豈得謂大夫犯法「輕重不在刑書」？鄭公孫黑將爲亂，子產使吏數其三死罪，曰：「不速死，大刑將至。不速死，司寇將至」(《左·昭二》)。《國語·周語上》，祭公謀父述西周封建制之五服曰：「序成而有不至則修刑，於是乎有刑不祭。」按，「甸服者祭」，韋昭《注》云：「此采地之君」。則連采地之君亦無不受刑矣。

　　刑不上大夫之議，漢儒已發現與經傳頗有抵觸。許愼《五經異義》曰：

　　　　禮，戴說「刑不上大夫」；古周禮說「士尸肆諸市，大夫尸諸朝，」是大夫有刑。謹案《易》曰：「鼎折足，覆公餗，其刑渥。凶。」無刑不上大夫之事。(《禮記·曲禮·疏》)

鄭玄《駮異義》云：凡有爵者與王同族大夫以上適甸師氏，令人不見，是以云「刑不上大夫」(〈曲禮·疏〉)。許愼所說《易·鼎》九四爻辭之受刑者倒不必爲大夫，但他引的古周禮說是值得重視的。《禮記·檀弓》曰：「君之臣不免於罪，則將肆諸市朝，」可資佐證。鄭說雖委婉，猶與經傳所記不合。故張逸別作解釋曰：「謂所犯之罪不在夏三千，周二千五百之科，不使賢者犯法，非謂都不刑其身也」(〈曲禮·疏〉)，實際上等於承認許愼「無刑不上大夫」的論斷。

　　然而先秦所謂「刑」是指黥、劓、刖、宮及大辟之五刑，尤其特指前四種肉刑(本書第七章)。荀子所謂「殺人者死，傷人者刑，是百王之所同也」(〈正論〉)。對傷害人者施以肉刑。考查封建時代史事，

大夫受肉刑的例子的確不多見。最特出者莫過於鍼莊子之刖。西元前
六三二年，衛侯誤殺守國之叔武，元咺奔晉，向霸主晉國控告。《左
傳》僖公二十八年曰：

> 衛侯與元咺訟，甯武子為輔，鍼莊子為坐，士榮為大士。衛
> 侯不勝，殺士榮，刖鍼莊子，謂甯俞忠而免。

鍼莊子係代衛侯受刑。其他如鄭厲公之刖強鉏（《左·莊十六》），齊懿
公之刖鮑牽（《左·文十八》），都是很罕有的事例；至於鬻拳因持兵器
逼諫楚王而自刖（《左·莊十九》），是不能與刑罰一般看待的。至於劓
與黥之肉刑，《易·睽》六三爻辭曰：「見輿曳，其牛掣，其人天且
劓」。黥額為天（李鼎祚《周易集解》引虞翻說），截鼻為劓。這位受刑人既曳
輿掣牛，自然不屬於大夫以上的階級。上引〈鼎〉九四「其刑渥」，
渥，本作剭，刺臉之黥刑。受刑者是服侍貴族膳食的奴僕。近年陝西
岐山董家庄出土的裘衛銅器窖藏有一件〈䑲匜〉，記載䑲與其部屬牧
牛之訟事（圖6.1）。首先判牧牛以千鞭和驥羃之刑，再則減為千鞭黜羃
之刑，最後以五百鞭與三百鋝之罰鍰結案⑤。驥羃與黜羃都是黥刑，
其中當有些區別，今難詳考。這位牧牛的身分階級未及大夫，或黥或
鞭是可以理解的。至於宮刑、封建史料尚未見大夫受此刑戮的。即使
大辟，在當時通乎上下，甚為普遍，但貴族知死刑之不免，也都盡可
能地自殺。魯慶父殺二君而奔莒，莒人歸之於魯，「及密，使公子魚

---

⑤ 匜銘曰：「惟三月既死霸甲申，王在葊上宮，伯揚父乃成勅曰：『牧牛！廏乃苟
勘。汝敢以乃師訟。汝上代先誓，今汝亦既又御誓，專徸鲁睦僙周亦茲五夫，亦既
御乃誓，汝亦既從辭從誓。式苟，我宜鞭汝千，幭羃汝。今我赦汝，宜鞭汝千，黜
羃汝。今大赦汝，鞭汝五百，罰汝三百鋝。』伯揚父乃又使牧牛誓曰：『自今余敢
援乃小大事。』『乃師或以汝告，則到，乃鞭千，幭羃。』牧牛則誓。乃以告吏
䚔、吏自于會。牧牛辭誓成，罰金。䑲用作旅盉。」（古文奇字多據龐懷清等改作
今字，見《文物》1976年5期，頁31、32、42）羃，墨刑。幭羃，黥之餘又以黑巾
蒙面，黜羃，可能是另一種黥刑。凡牧牛不還僙五夫，不從誓辭而膽敢再興訟者，
則依所誓以杖千杖與蒙巾黥刑之刑。本銘考釋多家，除龐懷清的報告附証外，有唐
蘭的譯文和注釋，見文物1976年5期頁58-59。研究論文則參見田昌五，「一篇重
要的法律史文獻」，原刊《文物》1976年5期，修訂稿收入《古代社會形態研
究》；及威張（黃威瑋），「岐山新出䑲匜若干問題探索」，《文物》1976年6
期，收入《歷史地理與考古論叢》。

圖 6.1　岐山縣董家村出土關於西周刑法的牆匜

請，不許。哭而往，共仲（慶父）曰：『奚斯（公子魚）之聲也。』乃縊」（《左·閔二》）。上面說到鄭厲入國，殺傅瑕後，又責備原繁說：「寡人出，伯父無裏言；入，又不念寡人，寡人憾焉。」眞所謂欲加之罪，何患無辭。原繁曰：「臣聞命矣」，乃縊而死（《左·莊十四》）。卽使以慶鄭之有死罪四，也希望晉惠公讓他自殺了斷（《國語·晉語三》），由此可見封建貴族大抵抱持有死無辱的態度。

　　《左傳》襄公十九年曰：「婦人無刑，雖有刑，不在朝市。」杜《注》：「無黥刖之刑。」孔《疏》以爲亦含劓刑。所以「婦人無刑」卽指無黥、劓、刖等三種肉刑。循此義，所謂大夫無刑，恐怕也指無肉刑而言。這樣說與史實比較符合。《白虎通·五刑》釋「刑不上大夫」云：「或曰撻笞之刑」，未免太作賤封建貴族了。

　　然而封建貴族不受刑辱的尊嚴隨著大時代的變動而動搖，在法律方面就是春秋晚期成文法典的公布。見諸文獻者是西元前五三六年鄭鑄刑書和前五一三年晉鑄刑鼎；晉國的原委難考，鄭國的來龍去脈則歷歷可數。

　　西元前五四三年鄭子產整頓戶籍和田籍，《左傳》云：「使都鄙有章，上下有服，田有封洫，廬井有伍」（〈襄三十〉）。五年後，修訂賦役，普遍徵兵，左傳謂之「作丘賦」（〈昭四〉），過兩年，子產乃「鑄刑書」（〈昭六〉）。誠如本書前頭幾章所論，這些措施皆以全民作對象，形成編戶齊民，所以子產所鑄刑書便是編戶齊民的法律。春秋中晚期以下，編戶齊民既然成爲國家政權的新基礎，他們也須要具備新的法律地位。此一刑典不再是貴族可以自由裁量的刑書，也不再特別優待禮遇貴族。新形式的法律不但反映了新的政治社會秩序，也作爲新秩序的依據，反過來規範、指導政治社會的發展。因此，鑄刑書就成爲破天荒的大事件了。子產前兩回改革，晉國古典貴族代表者叔向尚能容忍，等到第三次關於法典的新政，就不再沉默了，寫信給子產，充滿著封建社會崩潰的「危機意識」。

　　叔向的書信著錄在《左傳》昭公六年，這是關乎世變的珍貴文獻，

值得全文徵引，以便分析。書信說：

> 始吾有虞（度也）於子，今則已矣。昔先王議事以制，不爲刑
> 辟，懼民之有爭心也；猶不可禁禦，故閑（防也）之以義，糾
> 之以政，行之以禮，守之以信，奉之以仁，制爲祿位以勸其
> 從，嚴斷刑罰以威其淫；懼其未也，故誨之以忠，聳之以
> 行，教之以務，使之以和，臨之以敬，涖之以彊，斷之以
> 剛；猶求聖哲之上，明察之官，忠信之長，慈惠之師。民於
> 是乎可任使也而不生禍亂。民知有辟則不忌於上，並有爭
> 心，以徵於書，而徼幸以成之，弗可爲矣。夏有亂政而作
> 〈禹刑〉，商有亂政而作〈湯刑〉，周有亂政而作〈九刑〉，
> 三辟之興皆叔世也。今吾子相鄭國，作封洫、立謗政、制參
> 辟、鑄刑書，將以靖民，不亦難乎？《詩》曰：「儀式刑文
> 王之德，日靖四方」；又曰：「儀刑文王，萬邦作孚」。如
> 是，何辟之有？民知爭端矣，將棄禮而徵於書，錐刀之末將
> 盡爭之，亂獄滋豐，賄賂並行，終子之世，鄭其敗乎！肹
> （叔向）聞之：「國將亡，必多制。」其此之謂乎？

一信開頭就表示對子產的失望：我先前奉你爲典範，今日不了！鑄刑
書是一件什麼事件，何以如此動人視聽？此須從封建城邦「刑」的運
用說起，才易明白。

叔向說：「先王議事以制，不爲刑辟。」上文已經證明封建時代
是有刑書的，連叔向自己也承認三代有所謂〈禹刑〉、〈湯刑〉和
〈九刑〉；然則他所謂「不爲刑辟」者，是刑書掌握在統治貴族手
中，未曾公布，不讓人民知道法律的內容。孔穎達曰：

> 鄭鑄刑書而叔向責之，晉鑄刑鼎而仲尼譏之，彼鑄之於鼎以
> 示下民，故譏其使民知之。（《左・襄九・疏》）

所以鑄刑書的重要意義在於法典之公布，而不在於制訂。法律未公開
以前如何審理獄訟呢？援用叔向的話，即是「議事以制」。封建的刑
書、法律只作爲統治者裁決定奪的參考，而非兩造申辯的客觀依據，

因爲它沒有公布。不公布的緣故是害怕人民有「爭心」，誠如鄭大夫
渾罕所謂「民各有心，何上之有」矣（《左‧昭四》）。

　　叔向理想的政治與社會是穩固的封建秩序。班爵制祿，有爵者管
理無爵者，高爵者領袖低爵者，階級秩序井然不紊，人民對這套政治
社會秩序心服口服；一旦發現人民萌蘖異心，立刻「嚴斷刑罰」，不
容許放任漫延。當然，小民是不知道他干犯那條刑法的，也不能預測
刑罰的輕重。此猶不足，還必須時時刻刻教誨人民，叮嚀忠君的道
理，偶爾也施捨一點甜頭讓人民嚐嚐（使之以和）；但切記，不可和人
民打成一片，巡視時要端起架子（臨之以敬），顯出威風剛毅、凜然不
可侵犯的樣子（涖之以彊），處理事務也該明斷果決（斷之以剛）。此外，
作爲官長宜明察，作爲老師宜慈惠，人民自然聽任驅使，「而不生禍
亂」。一言以蔽之，封建貴族統治人民的訣竅是要講究「威儀」。衞
大夫北宮文子說過：

> 君子在位可畏，施舍可愛，進退可度，周旋可則，容止可
> 觀，作事可法，德行可象，聲氣可樂，動作有文，言語有
> 章，以臨其下，謂之有威儀也。（《左‧襄三十一》）

他和叔向都認爲周文王是他們的楷模典型。而今子產不出此「正途」，
卻鑄刑書，行新政，公布法典，那就壞事了。敗國亡家，當肇端於
此。

　　從傳統體制看來，叔向對子產的責備並不過分。《周禮‧大司
寇》曰：

> 凡諸侯之獄訟，以邦典定之；凡卿大夫之獄訟，以邦灋斷
> 之；凡庶民之獄訟，以邦成弊之。

鄭司農云：「邦成，謂若今時決事比也」；賈公彥《疏》：「其有斷
事皆依舊事斷之，其無條取，比類以決之，故云決事比」。決事比即
判例。封建時代庶民獄訟之判決出於議制，根據已行「故事」而裁
奪，現在頒布法律給他們，使他們與有法典的貴族等倫，已經是封建
階段秩序之大陵替了。何況惡法猶勝乎無法，人民一旦有了成文法典

作憑藉，「徵於書」而和統治者爭論，不像從前申辯無門，任人擺佈，結果必「不忌於上」，「亂獄滋豐」。叔向料得不錯，稍後鄭國出了一位鄧析，便是「不忌於上」而「有爭心」之人民的代表。戰國時代傳說鄧析專愛跟子產作對，結果被子產所殺（《呂氏春秋・離謂》）。這是誤傳。子產死於西元前五二二年，二十一年後鄧析爲駟歂所殺，駟歂「用其竹刑」（《左・定九》）。竹刑可能是寫在竹簡上的刑法，轉錄鑄在鼎上的刑書，或整理歷來的判例，可以說是成文法典的普及本。竹刑之出現正可說明刑法一經公布，很快便在民間傳開了。

　　子產鑄刑書之後二十三年，晉國也「鑄刑鼎，著范宣子所爲刑書焉」（《左・昭二十九》）。晉鑄刑鼎的意義與鄭國相同，此時距范宣子去世已三十四年，是公布宣子執政時的法律。孔子評其失「度」曰：

> 晉國將守唐叔之所受法度以經緯其民，卿大夫以序守之，民
> 是以能尊其貴，貴是以能守其業。貴賤不愆，所謂度也。今
> 棄是度也而爲刑鼎，民在鼎矣，何以尊貴？貴何業之守？貴
> 賤無序，何以爲國？（《左・昭二十九》）

孔子嚮往的，也是「貴賤不愆」的封建秩序；擔心的，也是鑄刑鼎可能引發「貴賤無序」的新社會，其理想與心態和叔向沒有二致。

　　子產未嘗沒有叔向和孔子的「危機意識」，他們發掘的問題子產亦非不知，但子產答復叔向說：「吾以救世也」（《左・昭六》），顯然對世變有更深的體認。沈剛伯氏從古代禮與刑的運用指出子產鑄刑書、晉鑄刑鼎以及反對評論的歷史意義，以爲自此之後，法律於是產生公開性和一致性，人民可以據法而爭其權益，貴族也不能獲得寬宥（沈剛伯1982，頁95-96），於是開啓編戶齊民社會的法律基礎。

　　總之，到了春秋晚期，各國的編戶齊民逐漸完成，仗要靠他們來打，財稅要靠他們來納，政權要靠他們來支持，爲政者亦不能不正視這個作爲政權基礎的新興基層。所以當時有遠見的政治家如子產者流便頒布刑書，公開承認人民的法律地位，而不再像封建時代那樣，將他們排除在外。刑書之公布卽象徵編戶齊民法律的誕生，不論在法制

史或社會史，都具有劃時代的意義。

　　編戶齊民時代的法律，誠如韓非所說：「法者，編著之圖籍，設之於官府，而布之於百姓者也」（《韓非子·難三》）。法律之執行以公平為尚，故太子犯法，商鞅不能刑嗣君而刑其師傅（《史記·商君列傳》）。正因為法律之前人人平等，雖國之重臣亦見侵於獄吏，賈誼才再提出「刑不上大夫」的命題，但到底不能再恢復封建的舊觀了⑥。

三、李悝《法經》與盜、賊

　　舊史說李悝撰諸國法而著《法經》，蓋編集春秋晚期至戰國早期各國公布的法律。我們之相信舊說，因為《法經》特別重視盜賊，與當時社會的轉變吻合。

　　《晉書·刑法志》曰：李悝著《法經》，

> 以為王者之政莫急於盜賊，故其律始於〈盜〉、〈賊〉；
> 盜、賊須劾捕，故著〈囚〉、〈捕〉二篇。其輕狡、越城、
> 博戲、借假不廉、淫侈踰制，以為〈雜律〉一篇，又以〈具
> 律〉具其加減。是故所著六篇而已，然皆眾名之制也。

《法經》最關切的是盜與賊，盜、賊止則「王者之政」立，故六篇中占了四篇。唐朝以前，〈盜〉、〈賊〉二律截然分開，沈家本考論得甚為詳盡（《歷代刑法考·律目考》），北齊合為〈賊盜律〉，隋、唐律因

---

⑥　西漢開國功臣的絕大部分都是縣鄉小吏或閭里細民，未嘗感染封建文化之氣息，所
　　見所知則是戰國以來的齊民法，故不知「刑不上大夫」為何物。以周勃地位之尊
　　崇，見侵於獄吏，猶歎「吾嘗將百萬軍，安知獄吏之貴！」（《漢書》本傳）賈誼有
　　見於此，乃提倡大臣「有賜死而亡戮辱」，「黥劓之辠不及大夫」。他用堂、陛、
　　地比喻人主、羣臣和庶眾。「陛九級上，廉遠地，則堂高；陛亡級，廉近地，則堂
　　卑。高者難攀，卑者易陵。」人君尊重大臣，目的在使小民不敢輕易神器，否則，
　　「令〔大臣〕與眾庶同黥劓髡刖刵笞傌棄市之法」，堂而無陛，是容易再發生類似秦
　　二世望夷宮之事件的。（《漢書》本傳）《文選》司馬遷〈報任少卿書〉李善《注》
　　引《東方朔別傳》，武帝問曰「刑不上大夫何？」朔曰：「刑者所以止暴亂，誅不
　　義也。大夫者天下表儀，萬人法則，所以共承宗廟而安社稷也。」意與賈誼相通，
　　都從羣國政權，尊崇君主來說明「刑不上大夫」的道理，與封建時代的真實是有差
　　別的。

之，遂失《法經》原意。自此以後，歷代法典沿襲未改，中國成文法典初期的社會現象於是堙晦不彰。

　　「盜」、「賊」之義先秦典籍有別，絕不混淆。魯太史克引周公〈誓命〉曰：「毀則爲賊，掩賊爲藏，竊賄爲盜，盜器爲姦」（《左・文十八》）。杜預認爲毀則是壞法，竊賄是偷財。「法」如上文所論，指封建秩序。叔向曰：「殺人不忌爲賊」，並引《夏書》之「昏、墨、賊，殺」（《左・昭十四》）。傷害他人、破壞既定秩序者與掠奪、貪汙者同處死刑。《春秋》三《傳》所謂的「賊」多半就危害封建秩序而言，而其中以下弒上，以臣弒君，爲「賊」之大尤。如魯莊公去世，子般即位，莊公庶兄公子慶父使「圉人犖賊子般于黨氏」（《左・莊三十二》）；越一年，慶父又「使卜齮賊〔閔〕公於武闈」（《左・閔二》）。西元前六〇七年趙穿殺晉靈公，太史董狐書曰：「趙盾弒其君。」盾不服，董狐責備他「反（返）不討賊」（《左・宣二》）。此事件《穀梁傳》作「史狐書賊」（〈宣二〉），《公羊傳》作「晉史書賊」（〈宣六〉）。故知殺害國君是爲賊。殘害貴族，破壞秩序也是賊，如春秋末年周「鞏氏之羣弟子賊簡公」（《左・定二》），即是。稍前，衞靈公之兄「公孟縶狎齊豹，奪之司寇與鄄，有役則反之，無則取之」（《左・昭二十》）。孟縶輕侮齊豹，奪其職官和采邑，中央政府要采地貴族輸役時，便將鄄邑還給齊豹，平時卻佔爲已有。欺人太甚。孟縶又準備除掉北宮喜和褚師圃，終於在西元前五二二年被齊豹所刺殺。孔子評孟縶爲「賊」，亦因爲他破壞封建秩序的緣故。

　　「盜」的義涵比「賊」廣。《穀梁傳》哀公四年曰：

　　　《春秋》有三盜：微殺大夫謂之盜，非所取而取之謂之盜，
　　　辟中國之正道以襲利謂之盜。

此三義涵蓋《春秋經》所有的「盜」。《春秋經》「盜」凡五見：

　　1.襄公十年　　　　盜殺鄭公子騑、公子發、公子輒。

　　2.昭公二十年　　　盜殺衞侯之兄縶。

　　3.定公八年　　　　盜竊寶玉、大弓。

4.哀公四年　　　　盜殺蔡侯申。

5.哀公十三年　　　盜殺陳夏區夫。

這五個「盜」字，第二條指齊豹，卽上文齊豹殺孟縶事件，孔子所謂
「齊豹之盜而孟縶之賊」者也（《左·昭二十》）。《穀梁傳》解釋曰
「盜，賤也，」並不適用於齊豹。據《左傳》，齊豹官拜司寇，有采
邑，實非賤者，故杜預注經文云：「齊豹作而不義，故書曰盜，所謂
求名而不得」，稍近於《穀梁傳》第三意義的盜。楊士勛《穀梁傳
疏》釋「辟中國之正道」云云，取齊豹作例，或本諸杜預。第三條指
陽虎。陽虎是季氏家臣，《公羊傳》釋曰「微者，故曰盜」，但也可
以用《穀梁傳》的第二義。陽虎和齊豹之稱作「盜」，《公羊傳》直
曰「微者」，《穀梁傳》或稱作「賤」，可見盜和微賤有很密切的關
係，卽上引《穀梁傳》的第一義。我們再分析另外三條《春秋經》的
資料就更清楚了。

《春秋經》資料第四條的「盜」指公孫翩。《左傳》曰：

蔡昭侯時如吳，諸大夫恐其又遷也，承（懲）。公孫翩逐而
射之，入於家人而卒。（〈哀四〉）

公孫翩固非凡庶，因爲追殺蔡侯而入平民之家[7]，故《春秋》貶曰
「盜」。第五條三《傳》皆無說，杜預注《經》曰：「稱盜，非大
夫。」殺夏區夫者的身分皆在大夫以下，蓋亦「微賤」之流，與第一
條可能相似。第一條發生在西元前五六三年，《左傳》曰：

初，子駟爲田洫，司氏、堵氏、侯氏、子師氏皆喪田焉，故
五族（以上四族加尉止）聚羣不逞之人因公子之徒以作亂。

《春秋經》謂之「盜」者，蓋卽《左傳》的「羣不逞之人」和「公子
之徒」，都是名不見經傳的微賤之輩。公孫翩等貴族之逐射蔡昭侯恐

───────────

⑦　「家人」指平民，帶有輕賤的意味。《史記·高祖本紀》謂劉季「常有大度，不事
家人生產作業。」《漢書·儒林傳》云，轅固生在竇太后面前批評老子書是「家人言
耳」，太后大怒，令他「入圈擊彘」。《史記·魯周公世家》云頃公「二十四年，楚
考烈王伐魯。頃公亡，遷於下邑，爲家人，魯絕祀。」《史記·晉世家》：「靜公
二年，魏武侯、韓哀侯、趙敬侯滅晉後而三分其地。靜公遷爲家人，晉絕不祀。」

怕也有這類人物參加，若然，書法曰「盜」就更名正言順了。按《公羊傳》文公十六年的說法：「大夫弒君稱名氏，賤者窮諸人；大夫相殺稱人，賤者窮諸盜。」政變殘殺，若平民殺國君，《春秋》書法寫作「人」，如〈文公十六年〉「宋人弒其君處曰」。平民殺大夫則稱曰「盜」。《春秋》書法不但因殺者身分而別，也因所殺對象的身分而異。所殺的身分愈高，自己的身分也愈被抬舉。但是公孫翩殺蔡昭侯不僅未書「名氏」，也不稱「人」，竟稱之曰「盜」，其故安在呢？《公羊傳》說：「賤乎賤者也」（〈哀四〉），口誅筆伐之甚矣。《鹽鐵論・周秦》御史曰：「春秋罪人無名號，謂之云盜，所以賤刑人而絕之人倫也。」說雖不同，義則相通。

　　綜合以上的分析得之：封建城邦時代的政爭，殺害事件一般稱作「賊」，特殊場合才叫做「盜」。盜或指平民，或指家臣，即使貴族，也是甚爲《春秋》所不齒者才書以「盜」字。微賤小民犯上只合稱「盜」，不夠資格曰「賊」。說穿了，「賊」還是帶有濃厚貴族色彩的字眼呢！戰國以下，一般殺傷便可判作「賊」，這也是一項巨大的世變[8]。

　　盜的另外意義是偷竊財貨，《左傳》所謂「竊賄」，《穀梁》所謂「非所取而取之」者也。介之推也說：「竊人之財謂之盜」（《左・僖二十四》）。此義是後世的通義，但與上論亦有關連。統治階級不會有餓肚子的問題，小民窮途困厄乃出之以偷竊搶劫，故盜多指下層階級。西元前五五二年邾庶其以漆閭丘奔魯，「季武子以公姑、姊妻之，皆有賜於其從者，於是魯國多盜」（《左・襄二十一》）。盜當係跟隨邾庶其奔魯的漆閭丘之人。因爲古代社會「有土此有財」，異鄉人謀生不易，故靠偷竊，甚至搶劫渡日。盜經常和異鄉人分不開，所以逃亡者也稱作「盜」[9]。楚芊尹無宇的閽者逃入王宮，靈王或稱之

────────────

⑧　《左傳》襄公十七年：「宋華閱卒，華臣（閱弟）弱皋比（閱子）之室，使賊殺其宰華吳，賊六人以鈹殺諸盧門合左師之後。」這裏的「賊」便無貴族色彩，適合戰國以下「賊」的意義。

⑨　《詩・小雅・巧言》：「君子信盜，亂是用暴。」毛《傳》：「盜，逃也。」《疏》曰：「《風俗通》亦云：盜、逃也。」

「臣」，或謂之「盜」（《左‧昭七》）卽是。又鄭子產有疾，囑咐繼任執政的子大叔曰：

> 唯有德者能以寬服民，其次莫如猛。火烈，民望而畏之，故鮮
>
> 死焉；水懦弱，民狎而翫之，則多死難，故寬難。（《左‧昭二十》）

由於子大叔「不忍猛而寬」，結果「鄭國多盜」，聚於萑苻之澤。此鄭國之盜，當然是指逃亡的人民。

逃亡的人民聚集一起便是「羣盜」，靠著打家劫舍或搶奪過客商旅謀生。古語說：「小人懷璧，不可以越鄉」（《左‧襄十五》）。怕遭搶劫也。到春秋末年連國君也不敢懷寶，以免招致強盜⑩，盜之公行已構成政治社會秩序的嚴重威脅。回顧整個春秋時代，這種羣盜都存在著，統治者偶爾也跟他們打交道，收買他們爲自己除去政敵或眼中釘⑪，但碰到強毅果決的統治者，他們就不容易立足了。譬如西元前五九三年晉士會擔任首席執政，「於是晉國之盜逃于秦」（《左‧宣十六》）。

總而言之，「盜」字含義多端，或是竊貨，或是逃亡，皆下層民衆窮極無聊的下策；卽使連殺傷破壞也特指下層階級而言。在封建時代，它和「賊」字有很顯著的階級差別意義。然而不論「盜」或「賊」，其破壞既成之秩序，危害社會之安全並不因封建制度崩潰而停止；只因破壞和危害的對象不同，「盜」、「賊」的意義遂產生轉變。階級性的差別意義泯除了，大體上，盜專指對人民財產權的破壞，賊專指對人民生命權的危害；當然，威脅旣定政治秩序謂之「賊」的傳統意義是依舊的。

《荀子‧脩身》曰：「害良曰賊」，良是良民。又曰：「竊貨曰盜」，貨是財貨。〈樂論〉謂亂世「貧則爲盜，富則爲賊。」不論貧

---

⑩ 《左傳》哀公二十五年，褚師彌曰：「衛盜不可知也，請速，自我始。乃載寶以歸。」杜《注》：「欺衛君。言君以寶自隨，將致衛盜。」然而衛君之可欺亦必有盜徒猖獗的背景。

⑪ 《左傳》桓公十六年，衛宣公「使盜待諸莘，將殺」急子。僖公二十四年，「鄭子華之弟子臧出奔宋，好聚鷸冠，鄭伯聞而惡之，使盜誘之。八月，盜殺之于陳宋之間」。宣公三年略同。

盜或富賊，皆對別人有所損傷，也間接腐蝕既成的政治社會秩序。往昔封建時代固然也有生命財產的損失，唯就整個體制的維繫而言，基本動力在「禮」，不在「刑」。而今禮的力量逐漸消退，更多的功能爲「法」所取代，法典特別突出盜律和賊律是順理成章的事，這是社會以編戶齊民爲主體的必然結果，也是以編戶齊民作基礎之政府必然採取的措施。秦律有「公室告」與「非公室告」之分，睡虎地秦簡兩條《律說》，可以推測它們的區別。《睡虎地秦墓竹簡》⑫曰：

> (1)「公室告」，〔何〕也？「非公室告」，何也？賊殺傷、盜它人爲「公室」；子盜父母，父母擅殺、刑、髡子及奴妾，不爲「公室告」。(頁195)

> (2)「子告父母，臣妾告主，非公室告，勿聽。」何謂「非公室告」？主擅殺、刑、髡其子、臣妾，是謂「非公室告」，勿聽。而行告，告者罪。告〔者〕罪已行，它人有（又）襲其告之，亦不當聽。(頁196)

則凡殺、傷其他平民，或竊盜他人之財貨者，皆屬「公室告」的範圍，不但政府主動糾彈，人人亦得以提出控訴。《晉書·刑法志》說：李悝「以爲王者之政莫急於盜、賊」，秦簡這兩條可以窺其大略。

《法經》第六篇〈具法〉，可能如後世之〈名例〉，與刑名內容較無關涉。除第五篇〈雜法〉外，三、四兩篇之〈囚法〉與〈捕法〉，是針對以盜賊爲主的罪犯而設的。如果說，《法經》六篇繫於〈盜〉〈賊〉二篇似亦不過分，套用鄭子產的話，這是爲的「應世」。

四、睡虎地秦簡與《法經》

《晉書·刑法志》或《七國考》引桓譚《新論》所提供關於《法

---

⑫　本章所引秦律資料未特別標明者，皆是1978年出版《睡虎地秦墓竹簡》的頁碼。

經》的資料都非常簡單，但根據其綱領，參證睡虎地新出的秦律，
尤其是《律說》部分，我們可以了解初期成文法典的一些具體內容
（圖6.2）。依序先述〈盜律〉。它所涉及的臟物不外牛羊、桑葉、公
祠祭品、金錢等貨賄，大多數關係民生的物資。茲引證《睡虎地秦墓
竹簡·律說》如下：

　　(1)甲盜牛，盜牛時高六尺，繫一歲，復丈，高六尺七寸。
　　　　問：甲何論？當完城旦。（頁153）

　　(2)士伍甲盜一羊，羊頸有索，索值一錢。問：何論？甲意所
　　　　盜羊也，而索繫羊，甲卽牽羊去，議不為過羊。（頁163）

　　(3)或盜採人桑葉，臟不盈一錢，何論？貲徭三旬。（頁154）

　　(4)「公祠未闋，盜其具，當貲以下耐為隸臣。」（律文）（頁161）

　　(5)告人盜千錢，問盜六百七十，告者何論？毋論。（頁168）

　　(6)士伍甲盜，以得時值臟，臟值過六百六十，吏弗值，其獄
　　　　鞫乃值臟，臟值百一十，以耐論，問甲及吏何論？甲當黥
　　　　為城旦；吏為失刑罪，或端為，為不直。（頁165）

竊盜之物都是平民百姓的動產，至於公祠祀物，簡文所舉如犧牲的
腎、心和肢體，也是平民可能接觸到的東西。秦律曰「盜徙封，贖
耐」；釋曰：「封卽田阡陌頃畔封也」（頁178）。所盜之田地則屬於不
動產。一言以蔽之，皆屬平民之事物。所以《法經》的〈盜法〉或
〈盜律〉顯然是適用於編戶齊民的法律。

　　盜律牽涉的社會關係，一是家庭成員，二是閭里什伍，三是知識
故人，皆如上章所論聚落族羣結構的成員。《律說》引秦律曰：「父
盜子，不為盜」；釋曰：「假父盜假子，當為盜」（頁159）。親生父子
共財，故無所謂竊盜行為，義父義子則以凡人論。家族成員，丈夫
盜，視所盜財物之多寡和知與不知，對其妻、子處以適當的刑罰，可
見犯竊盜罪，夫妻子女要連坐。《律說》曰：

　　律曰「與盜同法」，又曰「與同罪」，此二物其同居、典、
　　伍當坐之。云「與同罪」，云「反其罪」者，弗當坐。（頁159）

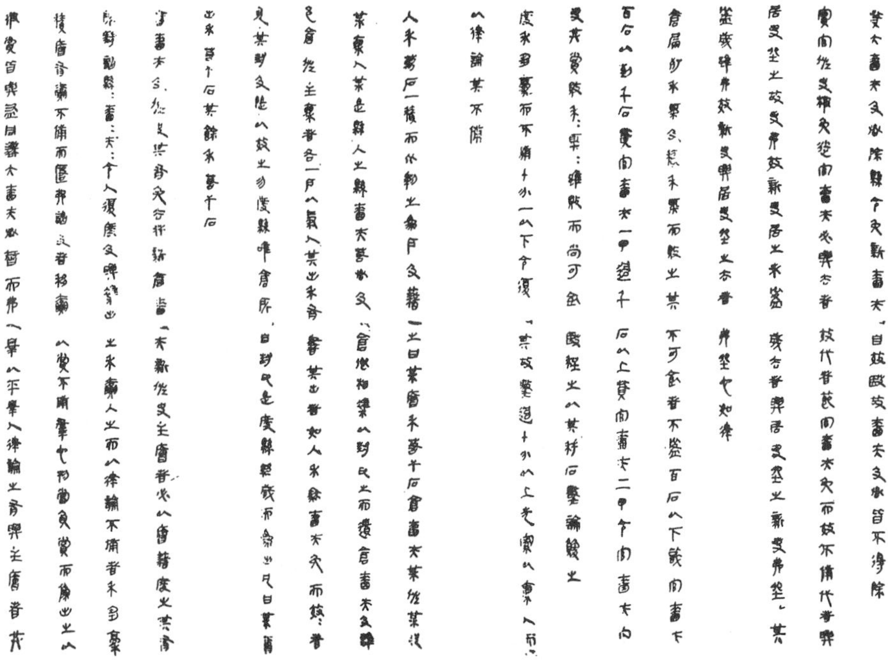

圖 6.2　睡虎地秦律竹簡

凡觸犯的法律有「與盜同法」及「與同罪」之條文者，同居、里正與同伍之人須連坐。同居，《律說》曰：「戶爲同居」（頁160），又曰：「同居，獨戶母之謂也」（頁238），結合此二簡，知同居是指同門戶中的同母之人。犯竊盜罪，同居者連坐，與上文的妻、子皆屬於家庭成員。至於里閭什伍卽秦簡的「典、伍」。避秦王政之諱，里正改作里典。伍，秦簡曰「何謂四鄰？四鄰，卽伍人謂也」（頁194）。竊盜罪者的同伍鄰居和里長也要連坐。《律說》又設譬有甲乙二人，「甲盜不盈一錢，行乙室，乙弗覺；」及「甲盜錢以買絲，寄乙，乙受，弗知盜，」則在這兩種情況下，乙當論何罪（頁155）？《律說》的解釋，一般作「毋論」，只有第一種情況附加但書：「其見知之而弗捕，當貲一盾。」按設問與解答來看，甲乙應是知識故人。從家庭而伍里，而朋友，都在基層聚落社區內。

其次是〈賊律〉。〈賊律〉的內容比較複雜,論手段有賊、鬥、戲之分,張斐〈上律表〉曰:「兩訟相趣謂之鬥,兩和相害謂之戲,無變斬擊謂之賊」(《晉書·刑法志》)。論結果有殺、傷、痕痏之別。死謂之「殺」,有創見血謂之「傷」(《周禮·禁殺戮·注》),毆人皮膚腫起曰「痕」,毆傷曰「痏」(顏師古,《急就篇·注》)。這些分辨早在秦律已經完成。各種罪行以殺人最重,雖秦律猶有一點氏族社會父權之遺留,一旦殺人,法律決不寬恕。秦律曰:「擅殺、刑、髡其後子,讞之」。《律說》解釋曰:

> 何謂「後子」?官其男為爵後,及臣邦君長所置為後大子,皆為後子。(頁182)

後子即繼承人。秦之軍功授爵,有爵者亦多平民(本書第八章),所謂「官其男為爵後」者,當然也指編戶齊民。秦律禁止人民擅自殺、刑或髡其嗣子,違者依法論處。對於嗣子以外之諸子呢?秦律又曰:「擅殺子,黥為城旦、舂。其子新生而有怪物其身及不全而殺之,勿罪」(頁181)。因為新生嬰兒身長「怪物」以及肢體不全,殺之無罪,這是例外;否則,「直以多子故,不欲其生,即弗舉而殺之,」當以「殺子」論(頁181)。對於入繼的兒子,擅殺之罪更重。《律說》曰:「士伍甲無子,其弟子以為後,與同居,而擅殺之,當棄市」(頁181-182)。立姪為後嗣,同居而擅殺之,處棄市之死刑。以上的律令與解釋充分說明在集權的中央政府之下,家長或族長對其子弟已無刑殺之權,和封建城邦宗人有罪,「首其請於寡君,而以戮於宗」者截然不同(《左·成三》)。人身最後和最高的控制權操在中央政府手中,家長之於子弟亦不例外。但從另一觀點來看,國民的生命權則有基本的保障。

因打鬥而傷人或殺人,秦律有刑,「鬥」與「賊」量刑的輕重非常懸殊。《律說》曰:

> 鬥以箴、鉥、錐,若箴、鉥、錐傷人,各何論?鬥,當貲二甲;賊,當黥為城旦。(頁188)

使用同樣利器，判爲鬥傷人，僅罰甲二件；若判爲賊傷人，則刺面，並服城旦的勞役，是最重的徒刑。鬥，是雙方互相毆打；賊則爲一方加害於不反抗或無力反抗的另一方，《荀子·脩身》所謂「害良曰賊」是也。所以《律說》有一條說：

> 求盜追捕罪人，罪人格殺求盜，問殺人者爲賊殺人，且斷
> （鬥）殺人？斷（鬥）殺人，廷行事爲賊。（頁179-180）

《史記·高祖本紀·集解》引應劭曰：「求盜者，舊時亭有兩卒：其一爲亭父，掌開閉埽除；一爲求盜，掌逐捕盜賊。」《索隱》又引應劭曰：「舊亭卒名弩父，陳楚謂之亭父，或云亭部，淮泗謂之求盜也。」總之，求盜是地方上逐捕盜、賊的小吏，逐捕時難免發生格鬥，或罪犯因而殺求盜，按理說是兩方互鬥，該判「鬥殺人」，但成例卻以「賊殺人」論處。用今天的話說就是妨害公務，刑罰加重多了。

「賊」危害人民的生命權，故法律特別重視，由以下兩條秦律釋文可以窺見之。

> (1)賊入甲室，賊傷甲，甲號寇；其四鄰、典、老皆不存，不
> 聞號寇，問當論不當？審不存，不當論；典、老雖不存，
> 當論。（頁193）

> (2)有賊殺傷人衝術，偕旁人不援，百步中比壄，當貲二甲。
> （頁194）

賊侵入某甲室屋，殺傷甲，甲呼救，同伍的鄰居皆外出不在，可以免罪；但里正與父老雖不在家，仍應論罪。至於在通衢大路，眼睜睜看賊殺傷人，若距離百步之內與在郊野者同樣論處，罰二甲。法律之所以明確分別「賊」與「鬥」，而且賊罪嚴酷，大概爲著保護善良小民，因爲他們是集權中央政府的基礎。漢代有一條〈賊律〉曰：「無故入人室宅廬舍，上人車船，牽引人欲犯法者，其時格殺之，無罪」（《周禮·朝士》鄭司農注）。當亦因此而設。

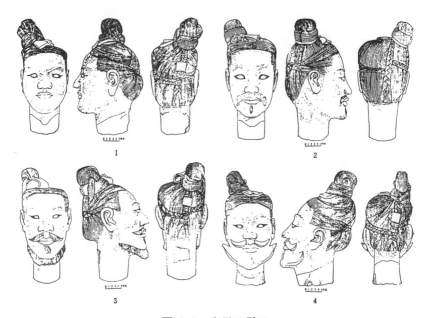

圖 6.3　秦俑的髮髻

　　至於鬥的刑罰，視其所傷，如割掉頭髮、鬍鬚，拔掉眉毛，嚙斷鼻子、耳朵、手指和嘴唇，打得青腫破傷，處分各有輕重。秦簡《律說》有不少關於毆鬥律令的解釋，茲舉數條於下，以見其一般。

　　(1)或與人鬥，縛而盡拔其須麋（眉），論何也？當完城旦。

　　(2)或鬥，嚙斷人鼻，若耳，若指，若唇，論各何也？議皆當耐。

　　(3)士伍甲鬥，拔劍伐，斬人髮結（髻），何論？當完為城旦。

　　　　(圖6.3)

　　(4)鈹、戟、矛有室者，拔以鬥，未有傷也，論比劍。

　　(5)或與人鬥，決人唇，論何也？比疻痏。

　　(6)或鬥，嚙人顤若顏，其大方一寸，深寸半，何論？比疻痏。

　　(7)鬥，為人毆也，無疻痏，毆者顧折齒，何論？各以其律論之。

以上是凡人。關於家人者有兩條：

> (8)「毆大父母，黥爲城旦舂」。今毆高大父母，何論？比大
> 　　父母。

> (9)妻悍，夫毆笞之，決其耳，若折肢指、膚體，問夫何論？
> 　　當耐。(以上九條見頁185-189)

總之，這些都是編戶齊民可能發生的行徑，叫興動干戈、弑君犯上的封建之「賊」看來，難免嗤之以鼻，還不配稱爲「賊」呢！

　　關於囚與捕。囚，《晉書‧刑法志》作「網」，當從《唐律疏議‧名例》、《唐六典‧注》與《御覽》卷六三八引《唐書》改作「囚」。〈刑法志〉曰：「盜、賊須劾捕，故著〈囚〉〈捕〉二篇。」當然所囚所捕不限於盜賊，《律說》曰：

> 論獄〔何謂〕不直？何謂縱囚？罪當重而端輕之，當輕而端
> 重之，是謂不直。當論而端弗論，及傷(輕也)其獄，端令不
> 致，論出之，是謂縱囚。(頁191)

應論罪而故意不論罪，以及減輕案情，故意使犯人達不到判罪標準，因而宣判無罪，是謂「縱囚」；相反的則謂「不直」。這可能是對某條〈囚律〉條文的解釋。《封診式》〈封守〉爰書，查封某里士伍甲之財產，囚其家人後，責成里人看守。爰書曰：

> 幾訊典某某，甲伍公士某某：「甲儻有〔它〕當封守而某等
> 脫弗占書，且有罪。」某等皆言曰：「甲封具此，無它當封
> 者。」卽以甲封付某等，與里人更守之，侍(待)令。(頁249)

里正、士伍甲所屬之伍的公士和里人所輪流看守者，按本條設況當有某甲、女、子和臣、妾，共五人。此或本諸〈囚律〉。

　　睡虎地秦簡關於〈囚律〉的資料甚少，但〈捕律〉保存得相當多。通常捕與逃亡很密切，又稱作「捕亡」，若捕偷渡出境者則曰「捕闌亡」。逃亡之人大概以刑徒或嫌犯居多數，故《律說》有「鬼薪亡」，「隸臣妾繫城旦去亡」，「捕亡完城旦」，「當刑城旦亡」諸目(頁206-209)。負責追捕罪犯者一般是官吏，如《封診式》〈盜

馬〉爰書的市南街亭求盜某甲捕獲盜竊馬匹與衣服的某丙（頁253），
〈羣盜〉爰書某亭校長甲、求盜乙和丙捕羣盜丁、戊（頁255）。但凡人
亦可追捕囚犯，秦律曰：「將司人而亡，能自捕及親所知爲捕，除無
罪」（頁205）。將司人者當屬小吏，而其親人朋友可能是凡人。《律
說》曰：

> 有秩吏捕闌亡者，以畀乙，令詣，約分購，問吏及乙論何
> 也？當貲各二甲，勿購。（頁210）

捕亡是有秩吏的責任，今竟將亡人送給平民乙去報官領賞，兩人再瓜
分賞錢，是不合法的。由此可見凡人亦捕亡，而且政府特別鼓勵，懸
賞金錢，律文謂之「購」。《墨子·號令》曰：

> 伍有罪，若能身捕罪人，若告之吏，皆構（購）之；若非伍，
> 而先知他伍之罪，皆倍其構（購）賞。

據睡虎地秦簡，捕「羣盜」，人購二兩；捕亡完城旦，購二兩（頁209）；
捕耐罪以上之罪人，當購；貲罪不購。捕告人奴妾，由公家付賞錢
（頁211）。秦律曰：「捕亡，亡人操錢，捕得取錢」（頁207）。《律說》
云：「所捕耐罪以上得取。」雖捕者得以合法取罪犯隨身携帶的金錢，
限於耐罪以上比較嚴重的罪犯，亦不外鼓勵凡人追捕亡命也。

　　刑事犯要捕，逃避徭役之罪名亦曰「亡」，也要捕，《律說》所
謂「罷癃守官府，亡而得」云云，卽是一例（頁208）。編戶齊民一旦流
亡，則賦稅無所出，兵源也將匱乏，統治者不能不防範。秦律稱這種
行爲曰「逋事」或「乏徭」，《律說》詮釋曰：

> 何謂逋事及乏徭？律所謂者，當徭，吏、典已令之，卽亡弗
> 會，爲逋事；已閱及敦（屯）車食若行到徭所乃亡，皆爲乏
> 徭。（頁221）

接到命令，不報到而立刻逃亡者，謂之「逋事」；已報到，參加過檢
閱，或半途開溜者，皆謂之「乏徭」。對於二者，政府皆發令通緝。
一旦有此類事情發生，地方官吏必須記錄，滙報上級，其公文形式見
於秦簡《封診式》的一篇〈覆〉爰書：

圖 6.4　居延漢簡捕律

敢告某縣主：男子某辭曰：「士
伍，居某縣某里，去亡。」可定
名事里，所坐論云何，何罪赦，
〔或〕覆問無有，幾籍亡，亡及
逋事各幾何日，遣識者當騰，騰
皆為報，敢告主。（頁250）

在逃亡者的名籍上記錄逃亡的次數、日數
和不赴徭役的日數。

　　逋律對官吏或凡人之逐捕頗有限制，
《律說》曰：

捕貲罪，即端以劍及兵刃刺殺
之，何論？殺之，完為城旦；傷
之，耐為隸臣。（頁204）

判贖貲未能償付而逃亡者，並非窮凶極
惡，逐捕時若故意殺傷之，捕者嚴懲。
《居延漢簡・釋文》2132條曰：

〈捕律〉：禁吏毋或入人廬舍捕
人，犯者，其室毆傷之，以「毋
故入人室律」從事。（《圖版》一○
四葉，395.11）（圖6.4）

「毋故入人室律」即上文鄭司農所引述的
〈賊律〉（本書頁253），主人得以格殺勿論。
此亦防範吏員或刁民假借〈捕律〉而擾民
也。

　　〈雜律〉包括「輕狡、越城、博戲、
借假不廉、淫侈踰制」諸項目（《晉書・刑法志》）。輕狡可能指輕言狡
詐，秦律謂之「誣」。商鞅雖然鼓勵告姦，卻非漫無限制地誣告。
按秦律，無中生有之告姦，「端為，為誣人；不端為，為告不審」

（頁169）。故意誣告，告者須受處分。譬如

> 甲告乙盜值□□，問乙盜卅，甲誣加乙五十，其卅不審，問
> 甲當論不當？廷行事貲二甲。（頁168-169）

盜少而誣多，成例罰告者二甲。其餘盜小物而誣大物，盜賤值而誣貴
值，皆以「告盜加臧」論（頁170-171）。但若盜六百七十錢，超過秦律
六百六十之大關，雖誣告以千錢，亦不論罪。罪人誣告，加重量刑，
以防投機抵罪也。如

> 上造甲盜一羊，獄未斷，誣人曰盜一豬，當完城旦。（頁173）
> 當耐司寇而以耐隸臣誣人，當耐為隸臣。（頁202）

其他當完城旦者改判黥，當黥城旦者改判黥劓，皆罪囚誣人之故。

　　越城，睡虎地秦簡無具文，《律說》有一條「越里中之與它里界
者」（頁231），可能屬於「越城」。秦律曰：「貸人贏律及介人」；
「氣（餼）人贏律及介人」（頁241）。介，予也（《廣雅·釋詁三》）。這兩
條可能屬於「假借不廉」。秦律也有「毋敢履錦履」的規定（頁220），
當屬於「淫侈踰制」。博戲，睡虎地秦簡無文。

　　〈具律〉包括正名和減刑，尤其前者，秦簡斑斑可考，因為關乎
人民的權利甚大也。如上引禁穿錦履之律，《律說》曰：

> 「履錦履」之狀何如？律所謂者，以絲雜織履，履有文，乃
> 為「錦履」；以錦緱履不為。然而行事比焉。（頁220）

鞋上有花紋，才算錦履，用錦做鞋幫不算，但成例亦當錦履論。秦重
連坐，「同居」或「室人」的身分很容易被牽連，秦律也規定得極其
明白。《律說》曰：

> 何謂「室人」？何謂「同居」？同居，獨戶母之謂也。「室
> 人」者，一室，盡當坐罪人之謂也。（頁238）

一戶中同母之人才叫作「同居」，與「室人」有別。其他如「肢或未
斷，及將長令二人扶出之」的「大痍」（頁242），或「人戶、馬牛及諸
貨材值過六百六十錢」的「大誤」（頁242），義涵亦固定明確，以便作
為判刑之依據。否則名不正言不順，人民真無所措手足矣。

　　總之，《晉書・刑法志》傳述李悝《法經》六篇之篇目為〈盜〉、〈賊〉、〈囚〉、〈捕〉、〈雜〉、〈具〉，我們從睡虎地秦簡的律令與《律說》，都可找到相應的注腳。這也是我們推測舊說李悝撰法，商鞅傳經可信的間接證據。

　　自春秋晚期以下，各國相繼公佈的法律是全民性的，必求人民知曉，而不像封建城邦的刑典秘而不宣，所以各有示民以知之道。《商君書・定分》曰：

> 諸官吏及民有問法令之所謂也於主法令之吏，皆各以其故所欲問之法令明告之。各為尺六寸之符，明書年、月、日、時，所問法令之名以告吏民。主法令之吏不告，及之罪，而法令之所謂也，皆以吏民之所問法令之罪，各罪主法令之吏。即以左券予吏〔民〕之問法令者，主法令之吏謹藏其右券木柙，以室藏之，封以法令之長印。

政府設置掌管解釋法令之官吏，吏民皆可申請解釋；如果有司不告訴吏民法令，吏民一旦犯法，正是他所申請解釋的條款，便以犯該條款的刑罰處分有司。此時人民已經有權利知道法律，和叔向的「先王之制」不啻天壤之別。解釋或告知之法令分左右二券，左券予問者，右券歸有司存檔。睡虎地的秦簡可能是墓主喜生前問法令的滙篇，我們今日所見最早的「竹刑」。

　　睡虎地秦簡〈內史雜律〉曰：「縣各告都官在其縣者，寫其官之用律」（頁104）。又據〈編年紀〉，墓主喜最高之職「治獄鄢」（頁7），可能是鄢的獄掾。由於職守，故涉及的律令甚廣，涵蓋《法經》的範圍。睡虎地秦律很大一部分是關於各種有司的規範，唯《律說》部分係以凡民為主。我們不難發現自子產鑄刑書以後，經李悝集諸國法撰次《法經》，至睡虎地秦律，有一貫的發展趨勢。法律為編戶齊民而設，保障他們財產的完整與生命的安全，也就是以盜、賊兩律構成法典的骨幹。李悝固看出「王者之政莫急於盜賊」，二百餘年後，劉邦

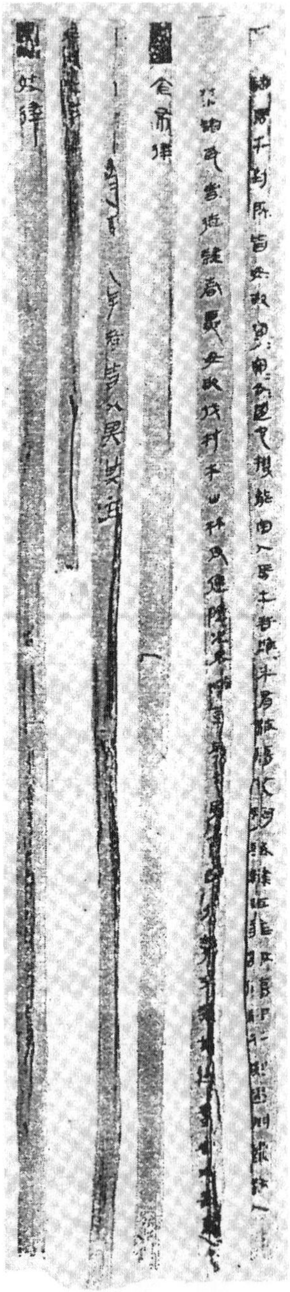

圖 6.5　江陵張家山漢律竹簡

西入秦，刪其苛法，也與秦父老約法三章：「殺人者死，傷人及盜抵罪。」（《史記·高祖本紀》）三章之法即是〈盜〉、〈賊〉二律。雖紛擾之際，無暇他令，但法典最根本的部分絕不可放鬆。爾後蕭何加〈戶〉、〈興〉、〈廐〉三篇而作《九章》（《晉書·刑法志》），成爲漢律的骨架，也成爲兩千年來傳統法典的基本模式。

最近江陵張家山發現的漢初墓，葉二四七出土漢律竹簡五百餘支（圖6.5），有《呂后二年律令》、《律令二十六種》、《律關令》、《奏讞書》等數篇。（《文物》1985：1，陳耀均 1985）《律令二十六種》的主要內容與睡虎地《秦律十八種》相似，包含〈盜律〉和〈賊律〉的律文。這批資料一旦公佈，我們對秦漢政權所關注的盜賊法令就比從睡虎地《律說》的間接認識更具體切實。

第七章　刑法的轉變：從肉刑到徒刑

　　沈剛伯氏說：中國古時的法原包括禮和刑，從《尚書·舜典》所見，我們老祖宗理想中的聖王實是看得刑比禮重。西周春秋以後，他們所其恃以治國的「法」，實單指刑而言。刑又是專用來鎮壓小百姓的（1982，頁614-615）。這眞是研究中國法制史一針見血之論，故我們討論編戶齊民的法律問題必須仔細分析刑法。

　　封建刑制，魯大夫臧文仲說得很扼要。他說：

　　　大刑用甲兵，其次用斧鉞；中刑用刀鋸，其次用鑽笮；薄刑
　　　用鞭扑：以威民也。故大者陳之原野，小者致之市朝。（《國
　　　語·魯語上》）

這些刑罰輕重不同，方式各異，臧文仲總結曰「五刑三次」，也就是《尚書·舜典》所謂的「五刑有服，五服三就」。

　　在封建體制中，列國名義上奉戴周天子爲共主，內政則獨立自專；若有不服，天子乃興動干戈，以征以伐，所謂伐不祀之侯服，征不享之賓服（《國語·周語上》），「故大者陳之原野」。大刑雖稱爲刑，與統治畿內「以威民」、「小者致之市朝」的刑罰是應該分別看待的。至於薄刑鞭扑，若以「刑者侀也，一成而不可變」（《禮記·王制》）的嚴格定義來說，毋寧更近於「罰」。於是先秦「五刑」眞正的刑戮便只指利用斧鉞、刀鋸和鑽笮（鑿）施行的處分而已，除斧鉞執行的腰斬或棄市爲死刑外，刀鋸、鑽鑿虧人之體，即是肉刑，而以肉刑爲主。

秦漢以下的刑制卻和封建時代有很大的區別。雖然代有損益，大要不出北朝末期至隋唐形成的笞、杖、徒、流與死五種刑罰，亦謂之「五刑」，再加贖罪（沈家本《歷代刑法考·總考》）。贖罪古已有之，〈舜典〉謂之「金作贖刑」，〈呂刑〉及新出〈𩁅匜〉皆可為證；死刑乃古今之通典，笞杖近乎鞭扑；〈舜典〉云：「鞭作官刑，扑作敎刑」；流刑即舜典之「流宥五刑」，春秋經見。若就刑罰之全貌看，後世的五刑多可指陳其源流，唯獨秦漢已下刑名體系中佔極重要的徒刑卻為先秦所罕見。

「徒刑」作為一種刑名雖晚至北周保定三年（西元五六三）才出現（《隋書·刑法志》），但秦漢的城旦舂，鬼薪白粲、隸臣妾（《漢書·刑法志》），魏律的髡、完、作刑（《晉書·刑法志》），晉律的五歲、四歲、三歲、二歲刑（《太平御覽》卷六四二），梁的耐罪和北齊的刑罪（《隋書·刑法志》）皆是徒刑。徒刑者，剝奪罪犯的人身自由，並課以特定時限的無償勞役，與對罪犯肢體器官施以毀傷的肉刑有本質性的差異。若謂秦漢以後中國刑制的重要刑罰是徒刑，其地位與封建肉刑相當，亦不為過。其他各刑源流未絕，唯獨這兩種性質迥異的刑戮分居嬴秦前後，作為懲罰罪犯的重要手段，它們的轉變與當時政治社會結構之變異若合符節，恐怕不是偶然的。讀史者或亦不難於此窺覘世變。

漢文帝十三年（前一六七），廢除肉刑法（《漢書·文帝記》），此事通常歸之於緹縈的孝心與文帝的仁慈。文帝詔令有司更定新律，以取代原來的肉刑，丞相張蒼乃奏曰：

> 諸當完者，完為城旦舂；當黥者，髡鉗為城旦舂；當劓者，笞三百；當斬左止者，笞五百；當斬右止者，及殺人先自告，及吏主受賕枉法，守縣官財物而即盜之，已論命復有笞罪者，皆棄市。罪人獄已決，完為城旦舂，滿三歲為鬼薪白粲。鬼薪白粲一歲，為隸臣妾。隸臣妾一歲，免為庶人。隸臣妾滿二歲，為司寇。司寇一歲，及作如司寇二歲，皆免為庶人。其亡逃及有罪耐以上，不用此令。（《漢書·刑法志》）

代替肉刑的是徒刑。雖然班固、崔寔諸輩批評此番改制名爲輕刑，實則加重，其歷史意義仍不容抹殺。唯從肉刑變爲徒刑並不這麼單純、或戲劇化。去文帝不及二百年的王充早已提出懷疑。他問法律之家「《九章》誰所作」？或曰皋陶。但「唐虞之刑五刑，案今律無五刑之文」，顯非出自皋陶。或曰蕭何作《九章》。他詰問道，蕭何高祖時人，文帝痛緹縈之言，「乃改肉刑」，固在蕭何之後也，而

> 案今《九章》，象刑（即徒刑，詳下文），非肉刑也。文帝在蕭何後，知時肉刑也，蕭何所造，反具肉刑也？而云《九章》蕭何所造乎？（《論衡・謝短》）

然而，蕭何作律《九章》是明確史實，《九章》不是肉刑的法律也不待深辯，其公佈實施既在文帝之前，肉刑何待文帝而後廢？相對的，文帝除肉刑亦千眞萬確，不容置疑。所以蕭何既制非肉刑之《九章》於前，文帝又止肉刑之法於後，二者似乎矛盾，總該有所解釋。這位博雅風趣的王仲任給自命爲法律之家的儒生出了個不大不小的難題。

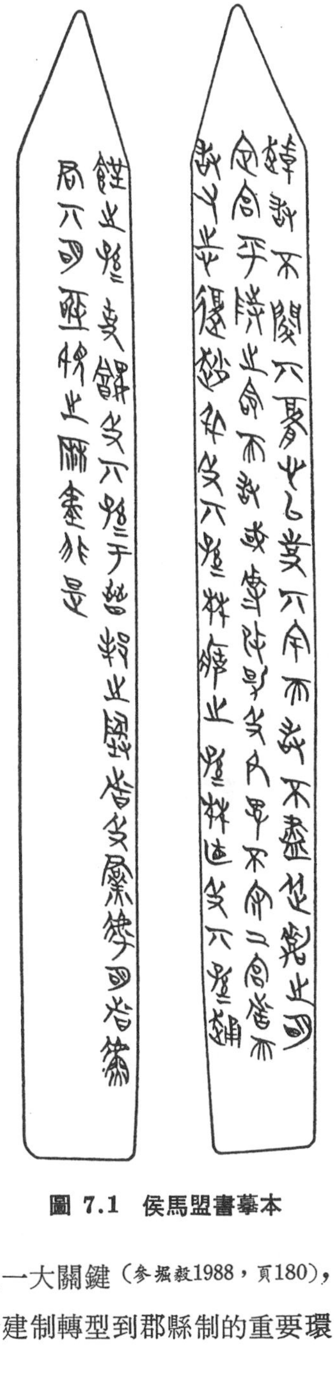

圖 7.1　侯馬盟書摹本

　　唯秦漢法律之轉變，文帝改制的確是一大關鍵（參蒐毅1988，頁180），王充這個難題正標識我國刑法史也是從封建制轉型到郡縣制的重要環

節，新制確定此後兩千年編戶齊民犯法的基本處分模式，影響非常深遠。此後只有夷三族之誅還保留封建時代如「虣夷非是」〔附錄一〇〕（圖7.1）等具五種肉刑的酷刑，別的處分大抵是不採用肉刑了。但漢文改革法律並非直承封建之舊，早在戰國之秦已為其先驅，現在且從封建的肉刑談起。

一、肉刑考辨

臧文仲所說斧鉞、刀鋸與鑽笮之刑，韋昭《注》云：斧鉞，軍戮；刀鋸，割鼻用刀，截斷用鋸，亦有大辟；鑽，臏刑；笮，黥刑。這幾種刑具包含古書所謂墨、劓、刖、宮與死之「五刑」。

五刑刑名古書傳述略有出入，輕重次第亦不盡一致。《尚書·呂刑》謂苗民五虐之刑是殺、劓、耴、椓與黥，而周之五刑則為墨辟、劓辟、剕辟、宮辟和大辟。《周禮·司刑》掌「以麗萬民之罪」的五刑之法是墨罪、劓罪、宮罪、刖罪和殺罪。以上都是先秦經文。大辟即殺；黥即墨；椓即宮；耴當是割耳，金文作職，文獻作馘，通常是對俘虜的刑戮。五刑有割耳，除〈呂刑〉引述苗民五虐外，他書未見，兩漢經師亦無說。關於五刑的內容，漢代經說又與先秦經典有些出入。伏生《尚書大傳·呂刑傳》以臏、宮觸①、劓、墨、死為五刑，鄭玄以臏、宮割、劓、墨以及大辟為五刑（《孝經釋文》），《春秋元命包》（《公羊傳》襄二十九《注》、《疏》）同之。

文獻所載五刑律文以《尚書大傳》最稱完備，它說：

決關梁，踰城郭而略盜者，其刑臏。男女不以義交者，其刑宮觸。易君命（不行君命），革輿服制度，姦軌盜攘傷人者，其刑劓。非事而事之（為所不當為），出入不以道義而誦不詳之

① 觸，或作「謂」，據阮元校勘改正。「宮觸」連讀，從楊樹達說。楊氏《小學金石論叢》卷五〈讀周禮司刑注引尚書大傳書後〉曰，觸同斀、劅。《說文》攴部云：「斀，去陰之刑也。《周書》曰，刖劓斀黥。」宮斀亦即《禮記·文王世子》的「宮割」，《白虎通·五刑》曰：「宮者，女子淫，執置宮中，不得出也。割者，（二字據王引之校補）丈夫淫，割去其勢也。」

辭者，其刑墨。降畔寇賊，刦略奪攘撟虔者^{（刦奪人物以相撟撓）}

其刑死。

《孝經・五刑》章《釋文》引鄭玄《注》亦曰：

踰垣墻，開人關鑰者臏，男女不與^{（以）}禮交者宮割，穿窬盜

竊者劓，刦賊傷人者墨，手殺人者大辟。

這些條目比起〈呂刑〉的罰屬三千，或《周禮・司刑》的罪屬二千五

百，直如九牛一毛；和新出秦簡比較亦顯粗疏，當非刑書原文，而是

經過整理的提要。即使如此，報復主義的氣息在先秦刑制中依然濃郁

得嚇人，報復的手段就是殘傷身體。

　何休雖然說過「古者肉刑，墨、劓、臏、宮與大辟而五」（《公羊

傳》襄二十九《注》）。「肉刑」和「五刑」這兩個概念也高度地重合，

但其間猶有不同。一般分別刑與殺，而將死刑排除在肉刑之外。《晏

子春秋・雜下》曰：「弛刑罰：若死者刑，若刑者罰，若罰者免。」

同書〈諫下〉曰：「犯槐者刑，傷之者死」。《荀子正論》曰：「殺

人者死，傷人者刑」。《呂氏春秋・去私》引墨者之法亦同。刑與死

截然分屬兩個範疇，所以嚴格說，「刑」專指肉刑而言。唐人陳叔達

云：「古之肉刑乃在死刑之外」（《舊唐書・刑法志》），是正確的。故五

刑之中，肉刑居四；唯其中的宮刑又比較特殊。孝文十三年廢止的肉

刑並不包括宮，爾後可能除宮，但旋又恢復，兩漢尤多募下蠶室以代

死。本文討論肉刑到徒刑的演變乃暫將宮刑撇開，以符合文帝詔令所

謂「今法有肉刑三」的實情②。當時所廢除的三種肉刑現在分別予以

考辨。

─────────────

②　五刑除死刑外，其餘四種是肉刑，文帝時代，可能一度廢止。景帝即位詔才說「除
宮刑」，（《漢書》本紀　）文帝十五年，錯鼉對策也說「除去陰刑」。（《漢書・
本傳》）但景帝又復宮刑，爾後多以宮贖死。不過文帝十三年除肉刑之詔明言三
種，恐怕是不包括宮刑的。肉刑尤以墨、劓、刖三種為著，淵源甚遠。《左傳》襄
公十九年曰：「婦人無刑。」按杜《注》孔《疏》，刑即指墨、劓、刖三等。若鼂
錯說的「陰刑」即師古《注》引張晏曰之「宮刑」，那麼文帝廢宮刑當在十三年至
十五年之間。

臏、刖、剕

　　三種肉刑是墨、劓、刖，比較上述經說和經典本文，刖刑最不一致，兩漢經說多以「臏」取代「剕」或「刖」，三者摻雜混淆，現在先說臏與刖。

　　臏字又作髕，《說文》云：「厀耑也」。卽《急就篇》顏《注》的膝蓋。刖字或作跀，《說文》云：「斷足」。漢代足趾可通③。據《說文》，跀或從兀，《一切經音義》也說刖古文有「跀」、「跐」（卷二）。而《莊子釋文》釋「兀者」，引李頤曰：「刖足曰兀」，又引崔譔曰：「無趾故踵行」（〈德充符〉），所以段玉裁認爲「跀形卽漢之斬趾，無足指，故以足跟行也」（《說文解字注》）。這麼說來，臏碎膝蓋，刖斷腳趾，是兩種不同的刑戮。前者足腿之形雖全，卻無力支柱，不能行走；後者斷趾，腳跟尚能著力，猶可藉踊助行。段氏謂「跀輕於髕」，是合理的推測。

　　然而臏與刖之區別不見得如此規整，五刑刑名舉臏則略刖，有刖則無臏，二者似乎又可通用。《史記·孫子列傳》謂孫臏被龐涓「以法刑斷其兩足而黥之」，如上所論，斷足屬於刖刑，卻稱作「臏」。太史公所謂「孫臏臏腳」者也（《文選》卷四十一〈報任少卿書〉）。鄒陽獄中上書云：「司馬喜髕腳於宋，卒相中山」（《史記》本傳）。臏腳在此卽指刖刑。

　　剕刑的爭訟更複雜。鄭玄《駁五經異義》曰：「皋陶改臏爲剕，〈呂刑〉有剕，周改剕爲刖」（《公羊傳·襄二十九·疏》引）。賈公彥從之，更肯定臏本於苗民之虐刑（《周禮·司刑·疏》）。如是說，則臏刑最早出；刖刑最晚起；而在皋陶之後，穆王之前，這漫長的千年是實行剕刑的時代。其實鄭、賈三階段之說不無可議。按先秦史傳常見刖，兩漢經說多作臏，剕除〈呂刑〉之外絕無僅有。賈公彥彌縫經說，謂

---

③　《史記·司馬相如列傳》引〈大人賦〉曰：「亦幸有三足烏爲之使。」《正義》曰：「三足烏，青鳥也。主爲西王母取食，在昆墟之北。」《說文》四上〈烏部〉烏字段《注》引《靈憲》曰：「烏有三趾，陽之類，故數奇。」《春秋元命包》曰：「日中有三足烏。」按馬王堆帛畫日中之烏兩腳而三指，可見足可作趾。

「《書傳》云臏者舉其本名」（〈司刑‧疏〉）；然而臏刑並未因皋陶而絕，荀子且以「臏腳」與捶笞、斬斷、枯磔等刑名並舉（〈正論〉），上舉孫臏、司馬喜都是戰國的例子。臏刑的時代既有問題，剕作為獨立刑戮而且用於夏商的說法便被沈家本判定為徒生「糾紛」了（《歷代刑法考‧分考六》，以下簡稱「分考」）。

剕的解釋也非常混淆。《白虎通‧五刑》曰：「腓者，脫其臏也。」腓，《太平御覽》引作「臏」，《尚書刑德放》「臏者脫去人之臏」，符合《風俗通》所說「去其臏骨」也（《御覽》卷六四八）。按〈呂刑〉古文作剕，今文作臏；《漢書‧百官表》「正五刑」，顏《注》云：「剕，去髕骨也，」與〈刑法志‧注〉髕相同。這是剕、臏混淆。另外有些意見又將剕與刖同等看待。孔穎達〈呂刑‧正義〉曰：

> 《釋詁》云：剕，刖也；李巡云：斷足曰刖；《說文》云：
> 刖，絕也。是刖者斷絕之名，故刖足曰剕。

何況剕或作跰，刖或作䠔，《說文》云：「跰，䠔也。」於是剕與刖又摻雜混一了。沈家本根據人體部位斷然主張剕又名刖，但與髕絕不相干。他說：

> 《釋名‧釋形體》曰：足、續也，言續脛也。足在脛以下，
> 故跰字以斷足訓之。若脛以上之字，其見于許書者，如脛、
> 腓、胻、腳、股、胯皆从月，骹、骭、髀、髕、䯏、髖、髀
> 皆从骨，無从足者。知跰之當為䠔，不得合髕剕為一事也。
> （〈分考六〉）

脛以上曰臏髕，脛以下曰刖足，足在脛之下，是續脛的，那麼脛部獨無刑乎？《韓非子‧外儲說左下》曰：

> 齊有狗盜之子與刖危子戲而相誇，盜子曰：「吾父之裘獨有
> 尾。」危子曰：「吾父獨冬不失袴」。

按同篇䠔危，俞樾以為即跀跪，引孫星衍曰：「跪，足也」（陳奇猷《集釋》，頁679）。袴同絝，《說文》曰：「絝，脛衣也。」段《注》：「今所謂套袴也，左右各一，分衣兩脛。」刖跪多不失袴，因為無脛

《前》6.30.6　　　　　　《前》6.55.5　　　　　　《前》7.9.4

圖 7.2　卜辭荆刑的文字

不衣故也。

　　暫時不論「刖」的名稱問題，至少是有截脛之刑的。脛是小腿骨，小腿肚稱作腓。脛與腓合言雖有別，如所謂「腓無胈，脛無毛」（《莊子・天下》），合言還是可通的。《小雅・采薇》曰：「駕彼四牡，四牡騤騤，君子所依，小人所腓。」雄壯的戰車爲君子所乘，小人只能隨車行走。此腓當指小腿而言。作爲刑名，腓與荆是通的。《白虎通・五刑》、賈公彥《周禮司刑・疏》引鄭玄《駁異義》，荆皆作腓。可見鋸截腿骨之刑嚴格說是「荆」。甲骨文有一字，作一手持鋸鋸掉一足，多家隸定，頗不相同，然而都釋作斷足之刑④（圖7.2）。按此字象手執鋸截斷人腿，當是韋昭所謂「截斷用鋸」之刑。鄭玄說夏

────────────────

④　此字羅振玉《釋》作「陵」，各家多從之。後來丁山釋爲趴，曰：「象用刀鋸去罪人一隻足趾形」（《中國古代宗教與神話考》頁131-132）。趙佩馨釋作刉，曰：「斷足之刑」（〈甲骨文中所見的商代五刑〉）。張政烺隸定作俄，云：「人裁去一隻腳」（〈甲骨文俄、隸、蘊三字〉）。胡厚宣以爲卽《說文》尤字的古文，卽荆也（〈殷代的荆刑〉）。我們以爲當作荆。關於荆、刖的異同，詳見正文；而安陽後岡1971年殷墓16之殉葬者「少一下肢骨」（《考古》1972：3），似也可以作爲佐證。

商用剕，恐怕亦不無典據。剕刑鋸斷小腿，與斬趾不同，何況斬趾也用不著鋸吧？黃以周推衍鄭意曰：「臏者脫其髕也，剕者斷其趾也，刖者斷其足也」（《禮書通故》卷四五）。他雖弄錯剕與刖，但肯定「剕」是獨立的刑名，不是「臏」之訛誤，也不是「刖」之假借，是值得重視的。

　　總之，臏、剕、刖分別而言，或碎膝蓋，或截腿骨，或斷腳趾，各毀傷下肢的特定部位，也許還有時代或地域的差異；合而言之，皆五刑中斷下肢之刑，屬於同一範疇。文獻中這三種刑名往往互用，界限並不嚴格，而在先秦，一般通稱作「刖」（圖 7.3）。

圖 7.3　西周刖刑刑徒守門鼎

　　但單就文獻看，刖刑的部位很難斷定。譬如鄭厲公報復參與雍糾謀反的貴族，殺公子閼，刖強鉏。《左傳》曰：「君子謂強鉏不能衞其足」（〈莊十六〉）。春秋末年，衞出公築靈臺於藉圃，與諸大夫飲，「褚師聲子韤而登席」，衞侯屈其手臂作戟形，曰「必斷而足」（《左·哀二十五》）。又楚人和氏獻玉璞，厲、武二王再刖其左、右足（《韓非子·和氏》）。以上的「足」究指小腿或腳趾，無法肯定。其餘單言刖的例證甚多，如鬻拳持兵強諫楚子而自刖（《左·莊十九》），鍼莊子代衞侯坐訟而受刖（《左·僖二十八》），齊懿公掘邴歜父親的墓而刖之（《左·文十八》），齊靈公聽婦人言而刖鮑牽（《左·成十七》），以及「衞國之法：竊駕君車者罪刖」（《韓非子·說難》），是否必限於腳趾而不及於臏或脛腓，也很難說。

　　比較可以肯定斬腳趾的是兀或介。《莊子·德充符》講三位兀者，魯的王駘、叔山無趾，與申徒嘉。「叔山無趾踵見仲尼」，無趾踵行，上文已說明，肯定既未碎膝頭骨，也未截斷脛骨。正如齊景公之淫行，使得「屨賤踊貴」（《左·昭三》），斷趾，不能穿屨，靠著踊小步跳躍似地行走⑤。《莊子·養生主》說宋右師介，《釋文》云：「一音兀，崔本作兀，又作跀」。則介似乎也是斬趾之刖刑。

　　劓

　　劓刑割鼻，向無異說。其起源甚早。《尚書·盤庚》篇，盤庚警告眾民曰：

---

⑤　踊，跳也。《左·僖二十八》：「距躍三百，曲踊三百。」《左·哀八》：「私屬徒七百人三踊於幕庭。」杜《注》：「於帳前設格，令士試躍之。」踊作名詞，便指刖者之屨。《說文通訓定聲》曰：「刖者躄而行，故謂之踊。」走路若只靠足跟著力，便像小步跳躍。長沙馬王堆三號漢墓出土的帛畫《五十二病方》，治癰之一方是「令斬足者清明東鄉（向），以莆（踊）斯之二七」（頁76）。《說文》斯字條曰：「距也。」引漢令「斯張百人。」《左傳》云：「距躍三百。」（〈僖二十八〉）《史記》云：「投石超距。」（〈王翦列傳〉）皆指以腳後跟著地的跳距。按《說文》，距的本義是雞距，鬥雞者「為之金距」（《左·昭二十五》），乃公雞的後爪。故劉楨、應瑒的〈鬥雞詩〉分別曰：「丹雞被華采，雙距如鋒芒。」「雙距解長縲，飛踊超敵倫。」正常的雞只有雙距，超乎此則為異物，《寰宇記》云循州有五距碧雞；《龍魚河圖》曰雞有四距者殺人（閒引自《說文解字詁林》距字條「義證」）。距既是雞的後爪，引申於人便指足跟。所以《五十二病方》斬足者踊斯，即穿踊而跳也。

乃有不吉不廸，顛越不恭，暫遇（漸偶）姦宄，我乃劓殄滅
之，無遺育，無俾易種于茲新邑。

《左傳》，伍子胥引述〈盤庚之誥〉略同（〈哀十一〉）。如果懷疑〈盤
庚〉非殷商實錄，至少《周易》爻辭與〈康誥〉是可以肯定周初有劓
刑的。《易・困》卦九五：「劓刖，困于赤紱。」〈睽〉卦六三：「
見輿曳，其牛掣，其人天且劓，无初有終。」牽牛拉車者可能是受過
劓刑的平民。〈康誥〉亦曰：「非汝封又曰劓刵人，無或劓刵人。」
周公誡其弟康叔不得擅與劓劅之刑以逞。

　　關於劓刑的文獻不多，《左傳》記載楚貴族叛靈王，公子棄疾使
觀從警告勤王軍衆曰：「先歸復所，後者劓」（〈昭十三〉）。後離開靈
王者處以劓刑。《史記・田單列傳》，燕師圍即墨，中田單反間之
計，劓齊降卒，「城中人見齊諸降者盡劓，皆怒，堅守，唯恐見得」。
《楚漢春秋》曰：

　　　　王（原誤作正，下同）疆數言事而當，上使參乘，解玉劍以佩
　　　　之。天下定，出以爲守。有告之者，上曰：「天下方急，汝
　　　　何在？」曰：「亡。」上曰：「王疆沐浴霜露與我從軍，而
　　　　汝亡，告之何也？」下廷尉，劓。（《御覽》卷六四八）

亡者軍亡，處以劓刑。近年青海大通縣上孫家寨出土西漢晚期關於軍
令的殘簡曰：「諸誅者皆劓之，以別死皋。」（《文物》1981：2，頁25）
由於殘缺太甚，不易理解，但劓之爲軍刑是很顯著的。當然，劓決不
限於軍刑，楚懷王劓美人（《韓非子・內儲說下六微》，《戰國策・楚四》），公
子虔再犯法而商鞅劓之（《史記・商君列傳》），皆不關乎軍刑。

　　墨黥

　　墨，通稱作黥。《尚書・呂刑》孔安國《傳》曰：「刻其額而涅
之曰墨刑。」《周禮・司刑》鄭玄《注》云：「墨，黥也，先刻其
面，以墨窒之。」額是額頭，面是臉部，然則墨、黥有別乎？《尚書
刑德放》曰：「涿鹿者，竿（《酉陽雜俎》作鑿）人額也，黥者、馬羈竿
（《酉陽雜俎》作笮）人面也」（《御覽》卷六四八，參沈家本〈分考七〉）。《周

易‧睽》卦六三：「天且劓」，李鼎祚《集解》引虞翻曰：「黥額爲天」，孔穎達《疏》同。這是額頟的墨刑。《鼎》卦九四：「其形渥」，形渥，熹平石經作「刑劓」。晁說之《易詁訓傳》引京房曰：「刑在頄爲劓」（唐蘭1976a）。頄，頟也，顴也，夾面（《說文解字詁林後編》）。這是臉面的墨刑。然而實際上刻額、刻臉往往合言，《睡簡》有「黥顏頟」（頁183）。《說文》云：顏，眉目之間；頟，顴也，通頟，卽面顴頰間骨（段《注》）。亦包含額面兩部分。凡刑墨者，皆如鄭玄所說，「先次刀鋸傷人，墨布其中」（《御覽》卷六四八《尚書刑德放‧注》，沈家本〈分考七〉）。韋昭亦謂先刀刻後窒墨，故周內史過稱作「刀墨之民」（《國語‧周語上》）。

雖然同屬墨黥之刑，似乎依不同罪行而有不同的黥法，主要分別或在於刻墨部位之異，睡虎地秦簡乃有「城旦黥之」一詞（《睡簡》頁152），卽按黥城旦的方式而黥之。陝西岐山縣董家村出土的裘衞窖藏銅器，有一件𤷑匜，時值西周中晚期，記錄刑訟案件（本書頁239，圖6.1）。茲將涉及墨刑的銘文迻錄如下：

> 我宜伐（鞭，同下）汝千，劓𩾏
>
> 汝，今我赦女，宜伐汝千，黜𩾏女，今大赦
>
> 汝，伐女五百，罰三百寽（龐懷清1976）。

劓𩾏、黜𩾏，古文奇字，唐蘭隸定作劓䵳與黜䵳（唐蘭1976a），或有其他隸定方式，但都肯定屬於墨黥之刑。根據銘文內容，先處以劓䵳，一赦而改處以黜䵳，再赦而准其贖金，可見這兩種墨刑有輕重之別。

肉刑的起源或出自素樸的報復主義，戰國時代流行的「殺人者死，傷人者刑」的說法（《荀子‧正論》，《呂氏春秋》〈去私〉、〈正名〉），也是這種精神的反映。從殘存的條目來看，猶可尋得一絲痕迹。據上引五刑之刑墨，決關梁，踰城郭而略盜者，或踰垣墻，開人關鑰者，其刑臏；男女不以義或禮交者，其刑宮。《管子‧地數》述齊之山禁曰：「有犯令者，左足入，左足斷；右足入，右足斷。」報復色彩都是非常濃厚的。《韓非子》記載楚懷王劓美人的故事（〈內儲說下〉），

以其掩口鼻禦臭，故劓之，應是肉刑表現報復主義最生動的說明。晉朝劉頌說：「亡者刖足，無所用復亡；盜者截手，無所用復盜；淫者割其勢，理亦如之。」此「非徒懲其畏剝割之痛而不爲也，乃去其爲惡之具，使夫姦人無用復肆其志」（《晉書・刑法志》）。正本清源，先除掉作惡的「工具」，應是肉刑論的素樸理論基礎。

但時代愈下，社會愈雜，罪行煩複，刑戮便不容易單純地報復，《尚書大傳》、《孝經釋文》、鄭《注》所舉劓墨的刑律就不符合刑名了。同時刑目內容也趨於分歧。譬如處墨刑者，除《尚書大傳》所說：「非事而事之，出入不以道義而誦不詳（祥）之辭」外，「刦賊傷人」（《孝經釋文》鄭《注》）、不符合約書（《周禮・司約》）、「棄灰於道」（《漢書・五行志中之下》），皆罪以黥。相反的，有些性質相近的罪行卻處以不同類別的刑戮。鄭玄說：「刦賊傷人者墨」，伏生則以爲「姦軌盜攘傷人者，其刑劓」，同是傷人而有墨刑與劓刑之異。劉向《孟子注》曰：「楚文王墨小盜而國不拾遺，不宵行」（董說《七國考・楚刑法》）。這裏盜罪刑墨，但伏生、鄭玄則歸於劓（《尚書大傳》、《孝經釋文》）。這些歧異矛盾的現象是基於報復思想，而以幾款簡單刑制規範日益複雜社會的必然結果。睡虎地出土秦律肉刑雖然尚有殘存，已非主要懲罰的手段。江陵張家山漢初墓發現景帝以前的漢律，簡報說尚存大量肉刑（陳耀均1985），恐亦不出秦律的範圍。

二、肉刑之式微

一 象　刑

《管子・侈靡》曰：「今用法，斷指滿稽，斷首滿稽，斷足滿稽，而民死不服」[6]。斷首者，死刑也；斷手指之刑文獻未見，指或卽腳趾，那麼，斷指、斷足可能是刖與刵，統屬於刖刑。可見春秋戰國時，肉刑仍然存在。《荀子・正論》曰：「殺人者死，傷人者刑，

---

[6]　「用法」今本作「周公」，從俞樾改。參見《管子集校》；頁541。

是百王之所同也。」《商君書·賞刑》亦曰：「先王之禁：刺殺，斷人之族，黥人之面，非求傷民也，以禁奸止過也。」當時統治者威制人民，「禁奸止過」之道，捨死刑與肉刑外，似乎還沒有更滿意的辦法。

然而等到體制改變時，肉刑已不太能適應現實，於是醞釀改制，思想界表現得最突出者莫過於「象刑論」的誕生以及流行。戰國不少士人把象刑推始於唐虞五帝。《尚書·舜典》謂之「象以典刑」，《慎子》傳述的有虞之誅（《御覽》卷六四五），《管子·侈靡》所謂「偓堯之時，其獄一踦腓、一踦屨而當死」。一腳穿草鞋，一腳穿布鞋，以代死刑。至於伏生《大傳》所論「唐虞象刑」當然也是戰國諸子的餘緒。這些議論主張象刑止於五帝，而肉刑始乎三代。三代即夏、商、周之青銅時代，有青銅之斧、鉞、刀、鋸、鑽、鑿，而後肉刑才推廣，今日看來，尚不失為一種合理的推測。但在肉刑之前是否施行過象刑，目前資料不足，最好矜慎闕疑⑦。我們如果不認其「唐虞象刑」是史實，而當作戰國私說，或許還能發現新的意義。

象刑論經過戰國諸子、兩漢經說（《尚書大傳》、《白虎通》），甚至緯書的渲染（《周禮·司圜·疏》引《孝經緯》），雖然熱鬧，卻經不起荀子一句話的棒喝。荀子說，這是「世俗為說」（〈正論〉），沒有典據的。班固〈答人書〉曾說：「昔戰國之時，大梁之法，得罪小者劓以丹巾，漆其領，有畫衣冠之心」（《七國考·魏刑法》）。上引《韓非子·外儲說左下》，齊狗盜者之裘有尾，恐怕如魏之象刑或如燕王噲之禪讓，都是時代風潮的特殊現象；然而象刑論確是廢除肉刑的先聲，對我們研究肉刑之衰替有很大的助益。

荀子轉述世俗象刑之說曰：

　　墨黥，慅嬰（深纓）；共（宮），艾畢（韠）；菲（剕），對（刖）屨；殺，赭衣而不純（緣也）。（〈正論〉）

_____

⑦　近人如呂思勉者相信唐虞象刑是史實。他認為肉刑先施於異族，而後擴及本族，在肉刑將施於本族而猶未忍遽施時，「乃立象刑以耻之」。見《讀史札記》甲帙〈象刑〉條。這恐怕也只能當作一種議論而已。

這段文字假借、訛誤太多，可能還有脫文（王念孫說），不易索解，幸賴歷代學者共同努力，才大致可以通讀。憍嬰，楊倞《注》謂「繰纓」，《禮記・雜記上》所謂「緦冠繰（添）纓」者也。澡麻為纓，小功以下的喪服，令罪人服之。或讀作《慎子》的「草纓」，結草為纓飾，蓋儀禮喪服斬衰之「冠繩纓」，是遠比繰纓更重之喪服，亦通。共，楊《注》未詳，王先謙《集解》引劉台拱說當作「宮」。畢，楊《注》作韠。艾韠，可能是以艾草織成圍裙以蔽前。菲即荊，從劉台拱說。楊《注》「對」乃「封」之訛，封則樲之假，枲也。樲屨即粗麻鞋子。於是按世俗之說，上古之治，犯墨刑罪者結麻或草為纓，犯宮刑罪者圍艾草織的蔽前，犯刖刑罪者穿粗麻布鞋，而殺人者則穿不鑲邊的赭色衣服——其刑罰如此而已。

　　戰國象刑論雖同時流行，內容並不一致，這也是造說的證據之一。慎子曰：

>　　以幪布當墨，以畫跪當劓（此句據《北堂書鈔》卷44補），以草纓
>　　當劓，以菲履當刖，以艾韠當宮，布衣無領當大辟。（《御
>　　覽》卷645）

《管子・侈靡》曰：「一踦腓，一踦屨而當死。」《集校》引王引之云，腓讀為扉，草屨之名。犯死罪者罰一隻腳穿草鞋，一隻腳穿布鞋。儒家系統則推《尚書大傳》，曰：

>　　犯墨者蒙帛巾，犯劓者赭其衣，犯臏者以墨幪（幪）其臏，犯
>　　大辟者布衣無領。（《北堂書鈔》卷44）

《白虎通》從之。唯云「犯臏者以墨蒙其臏處而畫之，犯宮者履雜扉」（《後漢書・酷吏列傳・注》），略有不同。《大傳》另有一說：「上刑赭衣不純，中刑雜屨，下刑墨幪」（《公羊傳》襄二十九徐《疏》）。此說《孝經緯》近之，但也有點差別。曰：「上罪墨象（幪？）、赭衣、雜屨，中罪赭衣、雜屨，下罪雜屨而已」（《周禮・司圜・疏》《通典》卷一六三〈刑制上〉）。

　　象形論固與荀子所謂百王所同之刑制（〈正論〉）背道而馳，也與

《呂氏春秋》述墨者之法（〈去私〉）毫不相容，完全脫離傳統刑戮軌
道，既未顧及政治實際，也不考慮社會人情。如果殺人者只需穿穿無
領、無緣的衣服就可結案，強姦或通姦者只圍條艾草蔽膝，賊傷人身
體者只是蒙布巾或披草纓，略盜財貨者只穿粗布鞋就算刑罰，人間豈
有公理正義？而其寬恕凶殘，卽苛待善良，豈能持平人心？姑息作
奸，鼓勵爲惡，破壞社會秩序，莫此爲甚。荀子根本不相信唐虞時代
有什麼象刑。他批評得好，

> 以爲人或觸罪矣而直輕其刑，然則是殺人者不死，傷人者不
> 刑也。罪至重而刑至輕，庸人不知惡矣，亂莫大焉！（〈正論〉）

後世儒者過度尊經，明知不合情理，卻盡量彌縫，反不如朱子通達。
《朱子語類》卷七八云：「象如『懸象魏』之『象』。象以典刑蓋畫
象而示民以墨、劓、荆、宮、大辟五等肉刑之常法也。」卽宣傳、敎
化、警示作用，眞正施行還是五種肉刑。

　　然而象刑論到底是時代的產物。由於文明發展，對殘酷肉刑不
忍。但他們的設計仍然不出報復主義的精神，故大辟者衣無領，宮者
蔽前特殊化，劓者著麻鞋，黥劓者或蒙布，或結麻、草之纓飾，比發
展後的肉刑還素朴。《荀子》、《愼子》所載的象刑論還有什麼實際
基礎，今不可考；兩漢經師所述者卻有一些現實依據。賈山說秦時
「赭衣半道」（《漢書》本傳），《史記》說秦始皇赭湘山（〈秦始皇本紀〉）
可能皆與象刑論的赭衣有關係。睡虎地秦律〈司空律〉曰：

> (1)城旦舂衣赤衣，冒赤氈（氈），枸櫝欙杕之。（《睡簡》頁89，
> 以下只徵引頁碼）

城旦舂是重徒刑犯，勞役時身穿紅衣，頭戴紅巾，又施加刑械。紅色
是具有高度象徵意義的。〈金布律〉曰：

> (2)囚有寒者爲褐衣，爲懷布一，用枲三斤。爲褐以稟衣：大
> 褐一，用枲十八斤，值六十錢；中褐一，用枲十四斤，值
> 卅六錢；小褐一，用枲十一斤，值卅六錢。（頁66）

懷布、褐衣皆以粗麻之枲製成，象刑論的墨懷或與之有關。(1)條城

且、舂之衣巾皆染赭色，次等徒刑如鬼薪、白粲以下的衣巾何色，秦
簡無明文，但其質地則皆是粗麻布料。〈金布律〉說政府授衣（頁66），
〈司空律〉謂囚犯以勞役抵償衣價，雖亦有自備衣服之囚，但凡囚衣
恐怕皆用皁，以示與庶民衣服有別，增益其不齒之意，與象刑論立意
相通。

　　象刑論雖不能證明唐虞確實是無刑的盛世，倒提示我們中國傳統
兩千年主刑之一——徒刑的興起。王充所謂「象刑」實卽是徒刑。《
論衡・謝短》曰：「案今《九章》象刑，非肉刑也。」〈四諱〉曰：

　　　方今象刑，象刑重者髡鉗之法也，若完城旦以下施行，絲
　　　衣、糸（繫）躬、冠帶，與俗人殊。

當然，從肉刑到徒刑之轉變過程相當複雜，有肉刑加徒刑，也有肉刑
的象徵加徒刑。茲先檢討睡虎地秦簡所見的肉刑，它至少可以代表戰
國晚期秦國的現象。

二　睡虎地秦簡所見以黥爲主的肉刑

　　上論黥、刖、劓三種肉刑最常加於徒刑者，是黥。《史記》云，
李斯建議焚《詩》《書》百家語，「令下三十日不燒，黥爲城旦」（〈秦
始皇本紀〉）。犯者受墨刑，且服城旦的勞役。〈黥布列傳〉云：「布坐
法黥，已論，輸麗山。」《正義》云：「布論決受黥竟，麗山作陵
也。」卽受黥之後，再到酈山築始皇陵墓。

　　《睡簡》關於黥爲城旦舂的資料非常豐富，判黥刑的罪名甚爲複
雜。茲先說盜罪。《律說》曰：

　　　(3)士伍甲盜，以得時值贓，贓值過六百六十，吏弗值，其獄
　　　　鞠乃贓值，贓值百一十，以耐論。問甲及吏何論？甲當黥
　　　　爲城旦；吏爲失刑罪，或端爲，爲不直。（頁165）

另外一條與本條互爲表裏，甲盜時值百一十，起訴時值過六百六十，
論甲黥城旦，《律說》以爲當論耐隸臣，吏爲失刑罪（頁166）。這兩條
《律說》，我們知道凡價值超過六百六十錢者，當刑黥爲城旦。唯此乃

指凡人個別犯法，若求盜等小吏或五人以上結夥的羣盜，刑罰更重：

　　(4)「害盜別徼而盜，加辠之。」何謂「加辠」？五人盜，贓一
　　　　錢以上，斬左止，又黥以為城旦。不盈五人，盜過六百六
　　　　十錢，黥劓以為城旦；不盈六百六十到二百二十錢，黥為
　　　　城旦；不盈二百二十以下到一錢，遷之。求盜比此。（頁150）

害盜別徼當是亭長、游徼之類的小吏，比諸凡人須加罪。凡人的盜
罪，除個人外，分五人以上與一人以上至四人兩類，再按盜時贓值多
寡處分。求盜亦比害盜論刑。本條除了刑黥，又有斬左止、劓等肉
刑，但依然以黥刑為主。

　　其次是賊：

　　(5)「擅殺子，黥為城旦舂。其子新生而有怪物其身及不全而
　　　　殺之，勿辠。」今生子，子身全也，無怪物，直以多子
　　　　故，不欲其生，即弗舉而殺之，何論？為殺子。（頁181）

擅者專擅，係未經政府許可的行為。按秦律，父母對子女如臣妾主人
對其臣妾，擁有某種程度的生命權，唯只准「謁殺」，不准「擅殺」
⑧。然而此律附有但書：生子身有怪物或肢體器官不全者，殺之勿
罪；否則，論「擅殺子」，刑「黥為城旦舂」。

　　(6)毆大父母，黥為城旦舂。（頁184）

按本條律說，毆高大父母（曾祖父母），比大父母（祖父母）。

　　(7)鬥以箴、鋣、錐、若箴、鋣、錐傷人，各何論？鬥，當貲
　　　　二甲；賊，當黥為城旦。（頁188）

---

⑧　如第五條擅殺子之刑亦適用於奴隸，《律說》曰：「人奴擅殺子，城旦黥之，畀
　　主」（頁182）。因為奴隸是奴隸主人的財產，故施肉刑之後，不剝削其勞力，而交
　　還其主人。若擅殺他人之子，罪不止黥城旦而已。《律說》曰：「士伍甲冊（無）
　　子，其弟子以為後，與同居，而擅殺之，當棄市」（頁181）。過繼其弟之子為繼承
　　人，而且同居，擅殺者棄市，可見父母對親生子女還是保存古代父權的一點痕迹。
　　奴隸主對其奴隸亦然。《律說》曰：「主擅殺、刑、髡其子、臣妾，是謂非公室
　　告」（頁196）。又曰：「父母擅殺、刑、髡子及奴妾，不為公室告」（頁195）。謁
　　殺，秦簡《封診式》〈告子〉爰書曰：「某里士伍甲告曰：甲親子同里士伍丙不孝，
　　謁殺，敢告」（頁263）。這是父母謁殺親生子女。對於臣妾，《史記·田儋列傳》
　　云，陳涉初起，「田儋詳（佯）為縛其奴，從少年之廷，欲謁殺奴」。《集解》引
　　服虔曰：「古殺奴婢皆當告官。」所謂「古」疑始於秦或戰國。

《晉書・刑法志》，明法掾張斐〈上律表〉曰：「兩訟相趣謂之鬥，無變斬擊謂之賊」。賊重於鬥，〈晉律〉劃分甚明，本條可證，其他例證甚多，不煩索檢。所謂「傷」亦有特定的義涵，《周禮・禁殺戮》「傷人見血」鄭玄《注》曰：「見血乃爲傷人耳」。則凡一方以針、長針或錐等利器傷害無反抗之另一方而見血者，論黥城旦之刑。

　　第三，關於亡命：

　　(8)告人曰邦亡，未出徼闌亡，告不審。論爲告黥城旦不審。
　　　　（頁171）

徼者邊境也，「無符傳出入爲闌」（《漢書・汲黯傳・注》），故「出徼闌亡」卽是非法偷渡出境，秦律又稱作「闌亡」。亡命者尚未出境，而告其出境，爲「告不審」。按本條，則「邦亡」刑黥爲城旦，若女子則刑黥爲舂，下條可證：

　　(9)女子甲去夫亡，男子乙亦闌亡，相夫妻，甲弗告請（情），
　　　　居二歲，生子，乃告請（情），乙卽弗棄，而得。論當黥城
　　　　旦舂。（頁223）

　　第四，關於賄賂：

　　(10)甲誣乙通一錢黥城旦辠，問甲同居、典、老當論不當？不
　　　　當。（頁230）

本條《律說》原解釋誣告罪連坐的問題，但「通一錢黥城旦」當是秦律正文。通錢者，賄賂也，漢律謂之「行賕」，其罪重者或國除，或處死，輕者且論髡鉗城旦（杜貴墀《漢律輯證》卷三），可見漢法行賕罪之嚴厲。秦律計貲，通常以百一十、二百二十、六百六十、千一百、二千二百爲級距（〈效律〉）。一錢至小，〈金布律〉規定：「有買及買（賣）也，各嬰其價；小物不能各一錢者，勿嬰」（頁57）。一錢小物，准予不標識價格。然而行賄一錢，罪至於黥爲城旦，屬於極重之徒刑，故知漢律承襲秦法。

　　以上十條《律說》，黥爲城旦之刑涉及竊盜、賊傷、毆鬥、逃亡和行賄諸罪行，其範圍之廣遠超出古典肉刑報復主義所能含攝者。對

於奴隸亦然。《律說》曰：

> 人臣甲謀遣人妾乙盜主牛，買（賣），把錢偕邦亡，出徼，
> 得。論當黥城旦之，各畀主。（頁152）
>
> 人奴擅殺子，城旦黥之，畀主。（頁183）
>
> 人奴妾笞子，以肕死，黥顏頯，畀主。（同上）

亡命，擅殺，說具詳上。肕，讀爲枯，卽辜，漢律有保辜罪（程樹德《九朝律考》卷四），《急就篇》顏師古《注》：「保辜者，各隨其狀輕重，令毆者以日數保之，限內至死則坐重辜也。」由於奴隸是主人的財產，他們笞打子女致使在一定期限內死亡，犯了黥爲城旦之罪，政府只按黥城旦的方式施以墨刑，便斥還原主，未再科以勞役。

考諸睡虎地秦簡，三種肉刑中劓、刖之刑寥寥無幾，不如黥之數見。第四條，一人以上至四人爲盜，贓值超過六百六十錢，黥之外再加劓；小吏爲盜，比之。犯人誣告，加罪，也可能採用劓刑，如：

> ⑾當黥城旦而以完城旦誣人，何論？當黥劓（劓）。（頁203）

刖刑多關於五人以上的羣盜罪，除上引(4)外，亦見於：

> ⑿羣盜赦爲庶人，將盜戒（械）囚刑罪以上，亡，以故罪論：
> 斬左止爲城旦。（頁205）

「以故罪論」，知羣盜當斬左止爲城旦，但據(4)，似乎還有黥刑，所以黥依然是基本肉刑。此外，《律說》曰：「夫妻子五人共盜，皆當刑爲城旦」（頁209）。又「夫妻子十人共盜，皆當刑爲城旦」（同上）。這兩個刑字顯然指斬左止的刖刑以及黥刑。

《睡簡》或籠統言「刑」，如「刑隸臣」、「刑鬼薪」、「刑城旦」。此刑字因循肉刑之古義，到底指刖或劓，或墨，則須視實際情形而定；不過，就律令與《律說》來分析，當以黥爲主。〈游士律〉曰：

> ⒀有爲故秦人出，削籍，上造以上爲鬼薪，公士以下刑爲城
> 旦。（頁130）

游士多山東人，協助秦人出境者削其游士名籍，秦人則依其爵等科以不同刑罰。按(8)條，「邦亡」之主犯論黥爲城旦，秦法可以減爵抵

罪，而故本條之「刑」當是黥刑。《律說》曰：

⒁「葆子獲未斷而誣告人，其罪當刑為隸臣，勿刑，行其
　　耐，有繫城旦六歲。」何謂「當刑為隸臣」？有收當耐未
　　斷，以當刑隸臣罪誣告人，是謂當刑隸臣。（頁198）

又有葆子當刑鬼薪者（頁199）。張政烺氏說，葆子可能是包括三老、父
老、豪傑與富民的親屬，以及城守司馬以上、諸吏、勇士等的父母妻
子，是秦國社會的一個特殊階層（1980）。按〈司空律〉，「葆子以上
居贖刑以上至贖死」的待遇，比凡人居作優厚得多（頁84），秦律的階
級差別待遇甚為顯著，睡虎地法律文書可以復按（本書頁357），故此處
「刑隸臣」、「刑鬼薪」之肉刑也不可能比黥刑更重。有人以為葆子
「耐以為鬼薪而淼足」（頁198），係受刖刑，這是誤解，淼足乃加腳
鐐，張氏已經辨正過了。

　　另外，〈秦始皇本紀〉云：「隱宮徒刑七十餘萬人，分作阿房
宮，或作麗山」。《正義》云：「隱宮，受宮刑者」，沈家本從之
（〈分考六〉）。其實舊說不可從，「隱宮」可能是《睡簡》「隱官」之
誤，與宮刑無涉⑨。

　　至於刖劓，或認為秦代是很淫濫的。《史記·張耳陳餘列傳》蒯
通謂范陽令曰：

秦法重，足下為范陽令十年矣，殺人之父，孤人之子，斷人
之足，黥人之首，不可勝數。

---

⑨　秦王朝卽使殘酷，恐不至於對七十餘萬人同時刑宮；黥布受宮刑？麗山刑徒亦皆受
　　宮刑麼？若說章邯編組宮刑犯人萬抵禦東方革命軍，大敗陳勝之將周文，又破項
　　梁於定陶，周項分別戰死，真會成為歷史上的大奇聞。《睡簡》有「隱官」。《律
　　說》曰：「『將司人而亡，能自捕及親所智（知）為捕，除毋（無）罪；已刑者處
　　隱官。』何辠得『處隱官』？羣盜赦為庶人，將盜賊（械）囚刑辠以上，亡，以故
　　罪論，斬左止為城旦，後自捕所亡，是謂『處隱官』。它辠比羣盜者皆如此。」
　　（頁205）。秦律及《律說》極明白，凡辠領囚徒，囚徒逃亡，論罪，已刑，而捕
　　得亡命者，是謂『處隱官』。〈軍爵律〉曰：「欲歸爵二級以免親父母為隸臣妾者
　　一人，及隸臣斬首為公士，謂歸公士而免故妻隸妾一人者，許之，免以為庶人。工
　　隸臣斬首及人為斬首以免者，皆令為工。其不完者，以為『隱官工』」（頁93）。
　　肢體曰不完，以其為工匠，故稱「隱官工」。則隱官者分明是受過肉刑而遂赦免的
　　人。

《漢書·賈誼傳》，趙高傅胡亥而敎之獄，胡亥「所習者非斬劓人，
則夷人之三族」，《鹽鐵論·詔聖》文學謂秦「上無德敎，下無法
則，任刑必誅，劓鼻盈蔂，斷足盈車」，這些話用來形容秦末亂政，
或稍近之，但如果把誇張性的描述太認眞，恐怕會扭曲歷史眞相的。

如果細檢睡虎地秦簡，我們不難發現，凡原先處以其他較殘酷之
肉刑者，到戰國中期以後多改處以最輕之肉刑黥。如春秋末葉，齊人
逃於陳氏，景公乃濫施刖刑（《左·昭三》），而《尚書大傳》「略盜者
其刑臏」。盜者亡也（本書頁247），但秦之「邦亡」罪卻改刖爲黥。
《尚書大傳》曰：「姦軌盜攘傷人者，其刑劓」，鄭玄曰：「穿窬盜
竊者劓」。然而不論竊盜或賊傷，秦律除羣盜外，基本上亦只以刑墨
爲極限，很少劓的。銀雀山〈田法〉曰：

> 卒歲少入百斗者，罰爲公人一歲；卒歲少入二百斗者，罰爲
> 公人二歲；卒歲少入三百斗者，黥刑以爲公人。（《文物》
> 1985：4，頁35）

罰爲公人卽徒刑罰作。如果這是齊國的法令，那麼齊亦與秦一樣，肉
刑化約成以黥爲主了。所以至戰國，黥刑範圍擴大，複雜化，相對
的，其他肉刑也逐漸衰落。

古代的肉刑到戰國晚期雖未完全消失，但只靠最輕的黥墨獨撐場
面，豈非肉刑陵替的絕好證明？這時殘存的肉刑大概不再作爲獨立的
刑戮，多與徒刑配合，如上引《睡簡》所示城旦舂、鬼薪白粲、隸臣妾
等刑。秦律或單述某肉刑，其實是省文，多包含徒刑的。大抵到戰國
晚期，徒刑已取代大部分的肉刑，作爲懲罰罪行的手段了。我們現在
再進一步考查象徵性的肉刑，對肉刑消而徒刑長的趨勢當更能明白。

三　象徵性的肉刑——髡、完、耐釋義

文帝改制刑律，《漢書·刑法志》提到

> 諸當完者，完爲城旦舂；當黥者，髡鉗爲城旦舂。隸臣妾滿
> 二歲爲司寇，司寇一歲及作如司寇二歲皆免爲庶人。其亡逃
> 及有罪耐以上，不用此令。

髡、完、耐等術語漢史習見，而且往往加上城旦舂、鬼薪白粲、**隸臣**妾或司寇，構成一種特定的刑名。

此類刑名，《漢書》所在多有，茲據〈王子侯表〉（卷十五上、下）、〈功臣表〉（卷十六、十七）和〈恩澤表〉（卷十八）擇列數條於下：

甲、髡爲城旦

　　樂侯劉義建昭四年坐使人殺人，髡爲城旦。（卷十五下）

　　汾淖侯周意孝文後二年坐行賕，髡爲城旦。（卷十六）

　　邔嚴侯黃遂元鼎元年坐掩博奪公主馬，髡爲城旦。（卷十六）

乙、完爲城旦

　　平城侯劉禮元狩三年坐恐猲取雞以令買償，免；復謾，**完爲**城旦。（卷十五）

　　宜春侯衛伉天漢二年闌入宮，完爲城旦。（卷十八）

　　牧丘侯石德天漢元年坐爲太常失法困上，祠不如令，完爲城旦。（卷十八）

丙、耐爲鬼薪

　　涉侯劉綰坐上書謾，耐爲鬼新（薪）。（卷十五上）

　　成侯董朝坐爲濟南太守與城陽王女通，耐爲鬼薪。（卷十六）

　　朝陽侯華當元狩二年坐教人上書枉法，耏爲鬼薪。（卷十六）

丁、耐爲隸臣

　　武陽侯蕭勝元朔二年坐不齋，耐爲隸臣。（卷十六）

　　襄城侯韓嬰元朔四年坐詐疾不從，耐爲隸臣。（卷十六）

戊、耐爲司寇

　　楊丘侯劉偃孝景四年坐出國界，耐爲司寇。（卷十五上）

　　深澤侯趙脩孝景中三年有罪，耐爲司寇。（卷十六）

　　衍侯翟不疑元朔元年坐挾詔書，論耐爲司寇。（卷十六）

這五種刑名除「髡爲城旦」外，皆見於睡虎地秦簡，而且刑名格式與《睡簡》的「刑爲城旦」、「黥爲城旦」、「刑爲鬼薪」、「刑爲隸臣」基本雷同。兩相比對，髡、完、耐是否具有古代肉刑懲罰性質？

此其一。漢〈表〉有的只標徒刑名，如畢梁侯劉嬰坐首匿罪人，爲鬼薪；柏至侯許福坐爲姦，爲鬼薪；戚圉侯季信成坐爲太常縱丞相侵神道，爲隸臣（卷十六）。它們與耐爲鬼薪、耐爲隸臣有無區別？此其二。凡言「髡」或「完」者，只附於城旦舂，不及鬼薪白粲以下之刑名；相對的，「耐」也只加於鬼薪白粲以下，絕未及於城旦。張蒼定律奏議云「有罪耐以上」，《睡簡》且有「耐罪」之名，而衞宏《漢舊儀》舉「完」與司寇、鬼薪等徒刑刑名並列，又該如何解釋？此其三。這些問題要先從象徵性的肉刑——髡完耐去看，才容易理解。

　　髡與完

　　剃髮曰髡。睡虎地秦簡《律說》引〈律〉曰：「擅殺、刑、髡其後子，瀆之」。《律說》云：「官其男爲爵後，及臣邦君長所置爲後大子，皆爲後子」（頁182）。卽官府認定的爵位繼承人及臣屬於秦的少數民族酋長之太子，爲父者凡擅殺、刑、髡之，以律論。至於無爵庶民或奴隸，「父母擅殺、刑、髡子及奴妾」，或「主擅殺、刑、髡其子、臣妾」，皆爲「非公室告」，雖與「賊殺傷、盜它人爲公室（告）」者不同科（頁195），父母或主人也要受法律制裁的。髡卽使只剃除頭髮，在「身體髮膚不敢毀傷」的時代，和剝奪生命的「殺」，虧殘肢體的「刑」同具有嚴肅的懲罰意義。

　　然而睡虎地秦簡包羅那麼多的律文與律說，卻未見「髡」作爲刑名；先秦文獻亦然。髡之成爲正式刑名當自孝文十三年始⑩。在此之前，多與奴僮有關，最早可以推到春秋晚期。《左傳》昭公三十年，吳滅徐，「徐子章禹斷其髮，携其夫人以逆吳子」。這種投降儀式與

────────────────

⑩　日本的中國法制史大家仁井田陞以爲秦代已有髡刑，漢係承秦制（增訂《中國法制史研究‧刑法篇》，頁76）。他舉戚夫人與豫讓爲證。據《漢書‧外戚傳》，呂后「乃令永巷囚戚夫人，髡鉗衣赭衣，令舂。」顏似刑徒。但這是權力鬥爭，不應與司法混作一談。至於豫讓，《戰國策》說他「漆身爲厲，滅鬚去眉，自刑以變其容，爲乞人而往乞」（〈趙一〉）。旣不及髡髮，而且是乞人，非刑徒。仁井田又引惠帝卽位詔，顯然誤引。〈惠紀〉曰：「上造以上及內外公孫、耳孫有罪當爲城旦舂者，皆耐爲鬼薪白粲；民年七十以上若不滿十歲有罪當刑者，皆完之。」詔令只及「完」，沒有「髡」。《睡簡》曰：父母擅髡子，主擅髡臣妾，不爲「公室告」（頁195-196）。此髡乃私刑，非國家的刑罰手段。

傳統的面縛銜璧，衰絰輿櫬（《左·僖六》、〈昭四〉），或肉袒牽羊（《左·宣十二》），頗不相同。面縛肉袒，表示服從，自夷爲臣僕，而今徐國國君卻「斷髮自刑以示懼」（杜《注》），是否顯示髡首與臣僕奴僮有關連呢？秦漢之際不少奴隸是髡首的，漢五年周氏「髡鉗季布，衣褐衣，置廣柳車中，並與其家僮數十人，之魯朱家所賣之」（《史記·季布列傳》）。七年，「孟舒、田叔等十餘人，赭衣，自髡鉗，稱王家奴，隨趙王敖至長安」（《史記·田叔列傳》）。當然，奴隸不必定髡首，否則，上引秦律規定主人不可擅髡臣妾，就沒有意義了。

　　髡與鉗、褐衣、赭衣連言，似乎又近於一種刑名。《周禮·掌戮》曰：「髡者使守積」。與墨者之守門，劓者之守關，宮者之守內，刖者之守囿並稱。鄭玄《注》：

　　　　此出五刑之中，而髡者必王之同族不宮者，宮之爲翦其類，
　　　　髡頭而已。守積，積在隱者宜也。

積蓋積聚倉廩，但「千斯倉，萬斯廂」、「其崇如墉，其比如櫛」的糧倉如何隱奧，其不能從一也。孫詒讓《正義》引王應電《周官義疏》評鄭《注》曰：

　　　　公族不翦其類，但可減爲刖以下耳，苟降用髡，則應劓刖者
　　　　不獲減刑，乃反重邪？

其不能從二也。按，「公族無宮刑」是《禮記·文王世子》的說法，經師舖陳，至謂以髡代宮，忽略宮乃最酷之肉刑。據〈呂刑〉贖科，罰鍰六百，比四百鍰的剕、二百鍰的劓和百鍰的墨爲重。鬚髮雖然寶貴，當不貴於足鼻。故鄭司農讀「髡」爲「完」，「謂但居作三年，不虧體者也」（〈掌戮·注〉）。那麼，髡便在五刑之外，而非五刑之中了。

　　其實讀「髡」爲「完」是有音韻與版本之根據的。《說文》曰：「髡，從髟，兀聲，或從元」。《禮記·王制》：「公家不畜刑人」。鄭《注》引〈掌戮〉髡者云云，《釋文》云：「本又作完」，徐仙民音戶官反（《周禮正義》引臧庸說）。《漢書·刑法志》徵引〈掌戮〉之文便作「完者使守積」。然則「髡」等於「完」乎？誠如孫詒讓《周

禮正義》所云「先鄭以周時無髡刑明文」，今日我們從睡虎地《秦簡》所見者，亦無作爲刑名的髡，但「完」倒非常普遍。

秦簡《律說》曰：

　　⒂女子爲隸臣妻，有子焉，今隸臣死，女子北（別也）其子，以爲非隸臣子也，問女子論何也？或黥顏頯爲隸妾，或曰完。完之當也。（頁225）

擅改隸臣之子的身分，其母論完，而非黥爲隸妾。按秦法，「完城旦以黥城旦誣人，當黥」（頁203）。可見完是肉刑以外的刑罰，所謂完其體膚者也。〈軍爵律〉云：「工隸臣斬首及人爲斬首以免者，皆令爲工。其不完者，以爲隱官工」（頁93）。不完者是指受過「刑」的隸臣，秦律所謂「刑爲隸臣」者也，用鄭司農的話來說，他們已經「虧體」了。

上條之「完」係「完城旦」之省。《律說》曰：

　　⒃甲盜牛，盜牛時高六尺，繫一歲，復丈，高六尺六寸。問甲何論？當完城旦。（頁153）

　　⒄或與人鬥，縛而盡拔其須麋（鬢眉）。當完爲城旦。（頁186）

　　⒅士伍甲鬥，拔劍伐，斬人髮結（髻）。當完爲城旦。（頁187）

　　⒆捕貲皋，卽端以劍及兵刃刺殺之。殺之，完爲城旦；傷之，耐爲隸臣。（頁204）

　　⒇上造甲盜一羊，獄未斷，誣人曰盜一豬。當完城旦。（頁173）

⒃屬盜律。身高六尺七寸約合一公尺五四，是已經傅籍的成年，盜牛論完城旦。⒄、⒅屬於賊律，⒆屬捕律。貲罪判罰款，既非肉刑，也非徒刑，是屬於輕微的罪行。官吏逮捕貲罪犯，故意以劍或兵刃殺人者，論完城旦。⒇誣告罪，犯人誣告，從重量刑，雖爵爲上造亦不能免。

所謂「完城旦」，除服城旦之勞役刑外，還要「完」。完者何？上文說漢代有人讀「髡」爲「完」，那麼完是否等於髡呢？《漢書·惠帝紀》卽位詔曰：「民年七十以上若不滿十歲有罪當刑者，皆完之。」

圖 7.4　山東諸城漢畫像石髡刑圖

圖 7.5　秦俑的鬍鬚

完，孟康云：「不加肉刑髡鬄也。」由於句讀不同，孟康的詮釋乃有兩解。如果在「刑」字斷，則完是髡，沈家本認為孟康是這麼讀的（〈分考十一〉）；如果不中斷，完便非髡，王先謙、程樹德如此讀。王曰：「不加髡鬄則謂之完」（《漢書補註》〈刑法志〉），程曰：「完者完其髮」（《九朝律考》卷二）。沈家本也主張完絕非髡。這派意見可以上推李賢，甚至江遂。李賢說：「完者不加髡鉗而築城」（《後漢書·明紀》中元二年十二月《注》），就漢律而論，完與髡確實分屬兩種不同的刑罰範疇。江遂曰：「漢令稱完而不髡曰耐」（《史記·廉頗列傳·索隱》）。完是否為耐，下文再論；但江遂所認識的漢令，完、髡不同，則可從文帝新制完城旦與髡鉗城旦之不同獲得證實。東漢幾次贖罪詔，令民入縑贖刑，雖縑數不一，罪行之等級差距卻不變：死罪一級，右趾至髡鉗城旦舂一級（《後漢書》〈明紀〉、〈章紀〉），完城旦舂至司寇一級。第二級即古之肉刑，第三級是當代的徒刑。《晉書·刑法志》述魏律五刑，其中「髡刑有四，完刑有三」。沈家本說：「髡、完分為二等，魏亦因於漢」，（〈分考十一〉）是正確的(圖7.4)。

然則「完」是否即完護其頭髮呢？仍然值得計較。《周禮·司圜》曰：「罷民凡害人者弗使冠飾。」鄭玄《注》：「著黑（原作墨，依阮元校改）幪。」本章所引的第一條秦簡「城旦舂衣赤衣，冒赤氈」（本書頁276），赤氈是赭色蒙布，雖顏色不同，其為蒙頭巾則一也。秦律城旦舂即完城旦舂之省，則判「完」者頭蒙巾。幪布有多大？第二條云「用枲三斤」，當大褐之六分一，比中褐五分一或小褐四分一稍大，估計是足以覆蓋整個頭顱的。我們知道古代極重視頭髮，秦人亦不例外。秦始皇陵東側車馬兵俑，髮髻編結之複雜達到不可思議的程度（本書頁254圖6.3）。據十八條，互鬥而拔劍斬人髮髻，論完城旦。罪不可謂不重，可見秦人護髮的苦心。秦代服「完為城旦」之刑者，即使未髡頭，既不得冠飾，而必以粗褐蒙頭，亦夠奇恥大辱，為人所「不齒」矣。

頭髮之外，還有髭鬚的問題。秦人也重視髭鬚，始皇陵士兵俑絕大部分都蓄鬚的(圖7.5)。史傳說劉邦「美須髯」（《漢書·高帝紀》），豫

讓「滅鬚去眉」，自淪爲街頭之乞人（《戰國策・趙一》），故髭鬚也可能與頭髮一樣，具有身分的象徵意義。上引秦簡(17)條說盡拔人鬚眉，論完城旦，比「嚙斷人鼻，若耳，若指，若唇」之「當耐」者（頁186），遠爲苛重，此中固有拔劍與不拔劍的區別，然而以剃鬚去眉爲重罰是很明顯的。

今日所見秦律刑名有「完」無「髡」。完不虧膚體，不折肢指，是絕對無疑的。至於是剃髮而蒙褐巾，或蒙褐巾而只去鬚不剃髮，現在資料尚難十分肯定。漢文改制後，以髡鉗城旦代替黥刑，完城旦不變⑬，髡與完必有更細致的區別。沈家本所言「髡者鬎髮，完者僅去鬚鬚」（〈分考十一〉），可備一說。唯與「耐」相比，也許完只剃除一部分髮鬚而已。

耐

果如江遂所說「完而不髡曰耐」，那麼耐卽是完了。沈家本《歷代刑法考・分考》卷十一〈完祔〉合條，段玉裁完、耐同義（《說文解字注》），皆持這種看法。其實不然。漢代刑名，完與城旦（舂）配合，耐則與鬼薪（白粲）、隸臣（妾）或司寇相配，絕不混淆。從未見耐爲城旦或完爲鬼薪之類的刑名，可見漢代耐與完是分得很明白的。此乃承襲秦的傳統，上引（19）條捕貲罪，故意以劍及兵刃殺之者，論完爲城旦；傷之者，論耐爲隸臣。古代殺傷截然有別，所以完與耐也絕不相同。

上述秦法對葆子有所優待，當耐爲隸臣或鬼薪者，「勿刑，行其耐。」故知耐非肉刑。又葆子「其罪當刑城旦，耐以爲鬼薪而盩足」（頁198），所以耐也不帶腳鐐。那麼，耐是怎樣的刑罰呢？自漢以下有兩種說法，一是剃鬢鬚，一是任役事。《漢書・高帝紀下》，七年春，「令郎中有罪耐以上請之」。應劭曰：

---

⑬　漢律髡、完固有別，但張蒼定律，「諸當完者，完爲城旦舂。」首「完」字臣瓚改作「髡」，並不可靠。他的理由是「文帝除肉刑皆有以易之，故以完易髡。今旣曰完矣，不復云以完代完也。」其實文帝只除肉刑，保留秦律的完城旦舂亦不足怪；除非有新證據，否則，當以不改字爲宜。

輕罪不至于髡，完其彤鬢，故曰耐。古耐字從彡，髮膚之意
也。

師古曰：「彤謂頰旁毛，彡、毛髮貌」；或謂耐、彤，从而，而、須
也（《說文》段《注》）。《禮記·禮運》孔穎達《疏》亦曰：「按《說
文》，耐者鬢也，鬢謂頤下之毛。」至於任役事之說本諸如淳，他
說：「耐猶任也，任其事也」（《漢書·高紀下》七年詔《注》）。《漢書·
文帝紀》元年三月詔，蘇林〈注〉曰：「二歲刑以上爲耐。耐，能任
其罪也。」《史記·淮南王安列傳·集解》引如淳與蘇林說同。孔穎
達調和二說，曰：「古者犯罪以髡其鬢，謂之耐罪。不虧形體，猶堪
其事，故謂之耐。古之能字爲此耐字，取堪能之義，故古之能字皆作
耐字」（《禮記·禮運·疏》）。耐罪能任役事，完罪豈不必任役事哉？
我們說過髡完或耐附加徒刑刑名，不能把它們當作單純的徒刑，故「
耐」當從應劭一派之說，以剃鬢或鬢爲長。

上舉漢代刑名「耐爲鬼薪」、「耐爲隸臣」和「耐爲司寇」，皆
見於睡虎地秦簡。當耐司寇，加罪，乃耐爲隸臣（頁202）；當耐隸臣，
加罪仍論耐爲隸臣，但繫城且六歲（同上）；若耐爲鬼薪加罪，便論
「當刑鬼薪」（頁199）。此外還有「耐爲候」，如「除弟子籍不得，置
任不審」（頁130），「矯聽命書，廢弗行」（頁129），皆論此罪。候者，
斥候伺望，可能是派出去刺探敵情的刑徒。〈軍爵律〉還有一種「耐
遷」（頁92），當是耐而後流徙之刑。

與「完」一樣，《秦簡》單言「耐」之刑名皆耐爲某種徒刑之
省。否則，像《律說》云：

(21)律曰：「鬥，決人耳，耐。」今決耳故不穿，所決非珥所
　　入也，何論？律所謂，非必珥所入乃爲決，決裂男若女
　　耳，皆當耐。（頁185）

(22)或鬥，齧斷人鼻，若耳，若指，若唇，議皆當耐。（頁186）

(23)妻悍，夫毆笞之，決其耳，若折肢指膚體，問夫何論？當
　　耐。（頁185）

鬢髮雖貴，豈有傷害人體，而單單剃掉鬢鬢就可結案的便宜事？丈夫
毆笞悍妻，卽使在夫權高張的時代也不可能這麼不公平。故知論耐必
再科以某種勞役徒刑，唯鬼薪、白粲以下的刑名多級，不似「完」必
等於完城旦舂，當視案情輕重而定，此外《律說》又云：「卜、史當
耐者皆耐以爲卜、史隸」（頁234）。
隸者罪耐，是耐後再服卜、史之雜役也。

　　秦律耐刑涉及的範圍甚廣，除上引(21)至(22)條鬥毆外，舉凡竊盜、
軍蒐、囚捕和逃亡等罪行都有處耐的。(23)條，竊盜贓值百一十錢者，
論耐。唯竊盜特定物品，罪刑加重。《律說》曰：

　　(24)「公祠未闋（関？），盜其具，當貲以下耐爲隸臣。」今或
　　　　盜一腎，贓不盈一錢，何論？祠固用心、腎及它肢物，皆
　　　　各爲一具，一具之贓不盈一錢，盜之當耐；或值二十錢而
　　　　被盜之，不盡一具，及盜不直（置）者，以律論。（頁161）

具者供物（《禮記・祭統・注》），一具是一分供物。貲指貲罪，是比較
輕微的罪刑。公室祭禮未畢而盜供物，其物值雖在貲罪以下，仍論耐
爲隸臣之罪，比之盜他物是加重多了。譬如盜一腎，雖不值一錢，因
爲一腎構成「一具」，故論耐。然而卽使值二十錢之供物，由於只盜
其中一部分，未構成一具，或所盜之物非作爲祭品陳放者，依一般法
律論。

　　其次是軍蒐。〈敦表律〉曰：

　　(25)軍新論攻城，城陷，尚（倘）有樓（遲）未到戰所，告曰：
　　　　「戰圍以折亡。」叚（假）者，耐。（頁145）

攻城，城陷後，論功行賞，若有人未赴戰場，官長卻報稱陣亡，查明
虛假者，論耐。受刑之人當是官長，至於當事人犯臨陣逃脫之罪是要
判死刑的（《商君書・畫策》）。又

　　(26)分甲以爲二甲蒐者，耐。（頁131）

大蒐時以一支軍隊分作兩支者，論耐。其詳不可考。

　　最後關於囚捕和逃亡。〈捕盜律〉曰：

(27)捕人相移以受爵者，耐。(頁147)

將所捕之人交與他人以謀取爵位購賞者，論耐。此律或專門針對有捕盜責任的官吏，防止他們營私舞弊。逃亡者耐，見於《律說》，曰：

(28)有稟菽麥，當出未出，卽出禾以當菽麥，菽麥賤禾貴。當貲一甲。會赦未論，有亡，赦期已盡六月而得，當耐。(頁216)

(29)大夫甲堅鬼薪，鬼薪亡，〔甲〕當從事官府，須亡者得。今甲從事，有去亡，一月得。當貲一盾，復從事。從事有亡，卒歲得，當耐。(頁206)

這兩條皆關乎官吏，故量刑從輕，平民逃亡罪當不止耐而已。

在秦漢刑名系統中，耐是一條分界線，故習見「耐以上」云云的術語。耐以上之罪，包括死刑、肉刑，或象徵性之肉刑，再加勞役；耐以下則為貲罪，卽判罰鍰，不受「刑」，也不必服勞役。（當然，繳不起罰款，可以「居貲贖作」來償還，正如死刑或死刑以下也可以居贖，但那是另一問題。）《律說》對此分別有很好的說明：

(30)「盜出珠玉邦關及賣（賣）于客者，上珠玉內史，內史材（裁）䑕（予）購。」何以購之？其耐辠以上，購如捕它辠人；貲辠，不購。(頁211)

秦律曰：「捕亡，亡人操錢，捕得取錢。」《律說》云：「所捕耐辠以上得取」(頁207)。可見耐罪以上的權益更得不到保障。由於耐以上是重罪，若官吏因為行政的錯失而致民於此罪者，「當貲二甲」(頁213)。秦律曰：「眞、臣邦君公有辠，致耐辠以上，令贖」，《律說》云：「臣邦父母產子及產它邦而是謂『眞』」(頁227)。這是秦對少數民族及東方游士的優待，近似漢代「令郎中有罪耐以上，請之」(《漢書·高紀》)。先請，冀獲赦免也。相對的，庶民「刑者及有罪耐以上」，不得受養老之禮(《漢書·文紀》元年詔)；而漢文改制，某些徒刑之赦免，也明白規定「其亡逃及有罪耐以上，不用此令」(《漢書·刑法志》)。所以我們認為耐罪在秦漢刑法中猶如一座分水嶺。

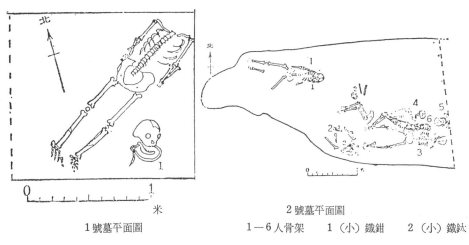

1號墓平面圖　　　　　　　　2號墓平面圖　　1―6人骨架　　1（小）鐵鉗　　2（小）鐵鈦

圖 7.6　咸陽後溝村西漢鉗徒墓

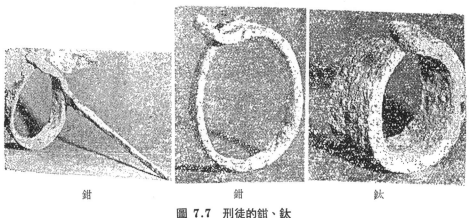

鉗　　　　　　　　鉗　　　　　　　　鈦

圖 7.7　刑徒的鉗、鈦

　　總之，髡、完、耐雖不虧體，但剃掉毛髮，在重視髮膚的時代，猶有肉刑的象徵意義，亦可謂是古代肉刑之殘餘。故「耐爲鬼薪」和「爲鬼薪」，或「耐爲隸臣」和「爲隸臣」應當有所區別。這些象徵性肉刑，髡者剃髮，明確無疑；完或謂剃髮，或可能只剃髭鬚，而耐則剃除鬢或鬚，要之皆不虧體。從睡虎地秦簡所見者，古之肉刑雖然尚未全泯，卻以不影響體力勞動的黥刑爲主，而發展出象徵性的肉刑，如髡、耐等。罪犯重者以鐵束頸爲「鉗」，械足爲「鈦」。最嚴重的徒刑髡鉗城旦舂，除剔髮、束頸外，大概還要械足的。漢陽陵附

近出土的刑徒墓葬可以說明（秦中行1972）（圖7.6與7.7）。這種轉變或許是中國文明進步的結果，但最現實的意義還是在於政府之役使罪犯從事無償勞動，故不論黥刑或象徵性肉刑，都連帶著徒刑，而且後者的比重日益增加。

三、秦漢的徒刑及勞役

肉刑懲罰罪犯，既虧其體，是否再科以勞役呢？《周禮·掌戮》曰：「墨者使守門，劓者使守關，宮者使守內，刖者使守囿。」按鄭玄《注》，黥者無妨於禁御，故使守門；劓者貌醜，故遠使守關；宮者絕人道，故使守宮內；刖者不良於行，乃使之趨衛禽獸。準此，肉刑刑人似乎也有役事的。

不過，〈掌戮〉這般劃分符合多少實際情況，很難斷言。僅從《周禮》系統來說，《天官·敍官》，酒人、漿人、籩人、醢人、醯人、鹽人、冪人、內小臣、內司服和縫人諸有司皆設置奄人供驅使，員額從一至十人不等。酒人供酒，漿人供醴，籩人饋果實，醢人備各色菹醢，醯人供醯醬，鹽人掌鹽，冪人供祭祀覆巾，內小臣服侍王后，內司服掌王后與命婦之服，縫人則掌王宮針黹之事。諸司奄人可能大部分來自宮刑的刑徒，那麼宮者就不僅「守內」而已了。至若刖者，既不良於行卻趨衛禽獸，於理已經難通，而且守囿之說與史實出入頗大。《左傳》莊公十九年，鬻拳強諫楚王，「臨之以兵，遂自刖，楚人以為大閽，謂之大伯」。大閽，杜《注》謂「若今城門校尉官」。刖者亦守宮門，如楚靈王欲「以韓起為閽」，以辱晉（《左·昭五》）。《韓非子·內儲說下·六微》講齊中大夫夷射的故事，「刖跪因捐水郎門霤下，類溺者之狀」，以誣夷射。郎門當在宮中。《呂氏春秋·音初》所述孔甲之養子，斧斬其足，「遂為守門者」。似亦宮中門。從春秋史傳及戰國著述來看，刖者多守門而不守囿。至於墨者守門之說卻絕無僅有；劓者守關，也無別證。

　　然而肉刑刑人之守門、守內，是一種職事，與役使罪犯勞動力的
徒刑頗有本質上的差別。以肉刑爲主的時代，亦有科以勞役的徒刑，
不過，當時卻認爲是懲罰相當輕微罪行的手段。《周禮・司圜》曰：

> 掌收教罷民。凡害人者，弗使冠飾而加明刑焉，任之以事而
> 收教之。能改者，上罪三年而舍，中罪二年而舍，下罪一年
> 而舍；其不能改而出圜土者，殺。雖出，三年不齒。

凡囚禁於圜土者，一「不虧體」，二「不虧財」，但任以勞役之事。
鄭司農云「若今時罰作」，卽〈大司寇〉所謂「施職事焉，以明刑恥
之。」勞役時間從三年到一年不等。沈家本說「圜土之制實爲後來徒
罪之所自昉」（〈分考十三〉），是對的。

　　另有一種拘執罪犯的地方叫作嘉石。鄭玄云，圜土者獄城，嘉石
在外朝之門左，使犯者坐，以恥辱之（《周禮・司救・注》）。按《周禮・
司救》曰：

> 凡民之有衺惡者，三讓三罰而士加明刑，恥諸嘉石，役諸司
> 空。其有過失者，三讓三罰，三罰而歸於圜土。

則囚於圜土比坐諸嘉石嚴重。〈大司寇〉云：「凡萬民之有罪過而未
麗於法而害於州里者，桎梏而坐諸嘉石，役諸司空。」害於州里，賈
公彥《疏》：「謂語言無忌，侮慢長老。」睡虎地秦簡有「不仁邑里
者」（頁178），或近之。坐諸嘉石之罪罰更輕，勞役期在一年以下。
〈大司寇〉謂「重罪」，

> 旬有二⑫日，坐朞（期）役；其次九日，坐九月役，其次七
> 日，坐七月役，其次五日，坐五月役；其下罪三日，坐三月
> 役。

勞役期限從一年至三月不等，每月勞動日數分別爲十二日、九日、七
日、五日和三日。《漢舊儀》曰：「男爲戍、罰作，女爲復作，皆一
歲到三月。」漢代罰作的前身是嘉石和圜土，就勞役期限而言，近於

---

　⑫　「二」原作「三」，《周禮正義》引王念孫說改。

嘉石；但就拘作而言，則與圜土相似。

一　睡虎地秦簡徒刑的作務

　　漢代的徒刑有城旦舂、鬼薪白粲、隸臣妾和司寇等名目，它們的直接來源既非周禮的圜土或嘉石，亦非戰國時代東方的胥靡，而是直承秦制的。這些刑名具見於睡虎地秦簡及秦的文物，漢人試圖解說各種刑名的內容或其本義，但從秦律看來，並不可靠。

　　城旦舂

　　男爲城旦，女爲舂。應劭曰：「城旦者，旦起行治城；舂者，婦人不豫外徭，但舂作米」（《漢書·惠紀·注》）。《漢舊儀》亦云治城與治米；但如淳還加上伺察敵情的任務，曰：「律說：論決爲髡鉗，輸邊築長城，晝日伺寇虜，夜暮築長城」（《史記·秦始皇本紀·集解》）。按秦律，城旦的確從事土木工程，〈司空律〉有「城旦傅堅」之名（頁89），注釋者疑「傅」讀爲「搏」，拍擊也；堅，《九章算術·注》云「築土」，故城旦傅堅當是專作勞築的城旦，當然也有非傅堅之城旦，不事土木勞役。

　　〈倉律〉曰：

　　　(31)城旦之垣及它事而勞與垣等者，旦半夕參；其守署及爲它
　　　事者，參食之。（頁51）

　　　(32)城旦爲安事而益其食，以犯令律論吏主者。（頁52）

垣是牆垣，包括城牆、官舍與囷倉的牆壁。如〈內史雜〉云：「其實官高其垣牆，它垣屬焉者，獨高其置鈞廥及倉茅蓋者」（頁108）。故知城旦任夯土築牆或其他勞力相當的工作。〈徭律〉曰，縣政府雖未經上級允許，也可役使城旦「益爲公舍官府及補繕之」（頁77）。即屬於垣事。然而有的城旦也「守署」或類似比較輕鬆的工作，蓋即所謂「安事」。《居延漢簡·釋文》頁曰：「□□主須徒復作爲職居延芟徒髡鉗城旦大男斷𩇵署作府中寺舍」（頁726，《圖版》三六葉，560.2A）。判髡鉗城旦之重刑而在官府聽差。有的擔任工藝勞作，〈司空律〉曰：

㉝城旦舂毀折瓦器、鐵器、木器，為大車折轅(辂)，輒笞
　之。(頁90)

即在瓦器、鐵器、木器等手工作坊服役。作車折轅，輒加箠楚；工作
不力，成績評定末等者，笞一百(頁137)。這種城旦的工作與一般工匠
大概無異，故又稱作「工城旦」。〈三年上郡戈〉曰：

　三年上郡守□

　造。漆工師□、

　丞□、工城旦□ (《錄遺》583)

工城旦某在上郡漆垣的兵工廠勞作，負責製造兵器。他的身分與自由
人工匠當然是不同的。

　　應劭謂服舂刑之婦女「不豫外徭」，亦不可一概而論，秦律所見
舂刑婦人有參與外徭的。〈司空律〉曰：

㉞舂城旦出徭者，毋敢之市及留舍闠外，當行市中者，回
　(迴)，勿行。(頁90)

〈司空律〉再言「繫城旦舂」，判刑為舂之女性罪犯繫以繩索，恐怕
也是外徭的緣故。

鬼薪白粲

　《漢舊儀》曰：「鬼薪者，男當為祠祀鬼神，伐山之薪蒸也；女
為白粲者，以為祠祀擇米也。」應劭亦曰：「取薪給宗廟為鬼薪，坐
擇米使正白為白粲」(《漢書·惠紀·注》)。沈家本根據漢人之說，相信
秦制男女分役，女以舂當城旦，以白粲當鬼薪，進而懷疑女子顧山⑬
之說(分考十一)。其實刑徒勞役，男外女內之分並不絕對。上文城旦
舂節已說明，而且鬼薪白粲的勞役也不限於伐薪擇米而已。〈倉律〉
曰：

㉟城旦舂、舂司寇、白粲操土功，參食之；不操土功，以律
　食之。(頁51)

---

⑬　《漢書·平帝紀》元始元年詔：「天下女徒已論，歸家，顧山錢月三百。」如淳
　曰：「〈令甲〉，女子犯罪，作如徒六月，顧山遣歸。說(勝按，律說也)以為當
　於山伐木，聽使入錢顧功直，故謂之顧山。」

白粲甚至操土功，鬼薪之從事土木工程自不在話下。此律操不操土功
之分，猶如上述城旦舂之爲垣事及爲安事。〈司空律〉說鬼薪白粲若
欠公家債務，亦服城旦之役以居貲贖債（頁84）。和城旦舂一樣，鬼薪
白粲也從事工藝勞勤，朝鮮平壤曾發現一件銅戈，銘云：

　　　二十五年上郡守廟

　　　造，高奴工師竈、

　　　丞申、工鬼薪𢦏。（張政烺1958）

造此戈之工人服鬼薪之刑。《律說》有一條曰：

　　　(36)餽遺，亡鬼薪於外，一以上，論何也？毋論。（頁206）

則鬼薪亦任輸送糧食之雜役，比起伐木、築垣、冶兵是安逸多了。

　　隸臣妾

　　漢人無說。顏師古曰：「男子爲隸臣，女子爲隸妾」（《漢書·刑法
志·注》），亦不及其作務內容。沈家本據《漢舊儀》所言秦制刑名無
隸臣妾，而論斷此名爲漢新增（〈分考十一〉），對照睡虎地秦簡已知其
非。今考秦律，隸臣妾的作務複雜多端，勞逸不等，是當時非常普遍
的刑罰。

　　隸臣妾之勞役重可比於城旦之築牆垣，〈倉律〉曰：

　　　(37)免隸臣妾、隸臣妾垣及爲它事與垣等者食，男子旦半夕

　　　　參，女子參。（頁53）

免者免老，秦制，「無爵爲士伍，年六十乃免老」（《漢舊儀》）。免隸
臣妾卽年齡超過六十歲的隸臣妾。〈工人程〉曰：

　　　(38)隸臣、下吏、城旦與工從事者冬作，爲矢程，賦之三日而

　　　　當夏二日。（頁73）

矢，弛也；程，員程。弛程卽放鬆工程進度。冬天日短，故三日當夏
之二日。員程，多指土木工程而言。隸臣也在政府經營的田地上耕
種。〈倉律〉曰：

　　　(39)隸臣田者，以二月，月稟二石半石，到九月盡而止其半

　　　　石。（頁49）

二月至九月農作，故月廩較農閒期多半石。〈厩苑律〉有一條「將牧
公馬牛」，並提到「其小隸臣疾死者」云云（頁53），則隸臣妾可能也
擔任官馬牛放牧的勞役，故〈金布律〉曰，「隸臣妾有亡畜生者，以
其日月減其衣食」來賠償。（頁60）

　　有些隸臣從事比較技術性的勞作，稱爲「工隸臣」，其立名大概
與「工城旦」一樣。北京故宮博物院收藏兩件上郡戈，其一銘曰：

　　　二十七年上守趞造，

　　漆工師道，丞

　　恢，工隸臣積。（張政烺，1958）

另一銘曰：

　　　卅年上郡守趞□（造）。

　　　圖工帀（師）趬，丞秦，□（工）

　　隸臣庚。（張政烺1958）

這兩位工隸臣都是製造兵器的囚徒工匠。西安阿房宮遺址出土的高奴
禾石銅權銘曰：「三年，漆工𨸏，丞詘造，工隸臣牟。禾石，高奴」
（《文物》 1964：9）。牟是冶造衡權的囚徒。〈軍爵律〉曰：

　　　⑷工隸臣斬首及人爲斬首以免者，皆令爲工。（頁93）

工隸臣免爲庶人之後便是自由工匠，職稱曰「工」，而不再是「工隸
臣」了⑭。至於隸妾的工藝勞作蓋以文繡女紅爲主。〈倉律〉曰：

　　　⑷隸妾欲以丁粼（齡）者一人贖，許之。女子操文紅及服者，

　　　　不得贖。（頁54）

具備女紅技藝的隸妾甚至不許以丁男贖代，〈工人程〉曰：「隸妾及女
子用箴爲緡（文）繡它物，女子一人當男子一人」（頁74），可以互證。

　　這些有特殊技術的囚徒秦律稱作「有巧」，分派在各種作坊勞
動，不准官吏役使他們從事趕車、燒飯等雜役。〈均工律〉曰：

　　　⑷隸臣有巧可以爲工者，勿以爲人僕、養。（頁76）

───────────

⑭　秦器相邦戈，十三年戈「工儥」，十四年戈「工𢂿」，五年戈「工寅」，某年戈
　　「工武」（參李學勤〈戰國時代的秦國銅器〉），與上郡戈相對勘，「工隸臣」顯
　　然是囚徒從事冶鑄者，與自由民之工不同。

相對的，無技藝的隸臣妾由於他們在徒刑中是屬於較輕的犯人，當有不少人在官府中供差使（下詳）。〈行書律〉規定「隸臣妾老弱及不可誠仁者，勿令」（頁104）。反證平昔地方官廨派遣強壯可靠的隸臣妾傳遞文書。

《睡簡》《封診式》有五種爰書提到隸臣妾的任務，當亦屬雜役範圍。㈠告子。某甲控告其子丙不孝，請官處死。官府派令史往執，令史爰書曰：「與牢隸臣某執丙，得某室」（頁263）。㈡穴盜。某乙告官，夜裏在房內遺失一件綿裾衣。令史往診，爰書曰：「與鄉□□、隸臣某卽乙、典（里典）丁診乙房內」（頁270）。㈢賊死。某甲被殺，令史往診，爰書曰：「與牢隸臣某卽甲診」（頁264）。㈣經死。里典甲告官，某丙在家中吊死。令史往診，爰書曰：「與牢隸臣某卽甲、丙妻女診丙」（頁267）。㈤出子。某甲懷孕六月，與同里大女子丙毆鬥，丙摔倒甲，經某丁拉開。甲回到家卽腹痛，當晚流產，於是控告丙。令史「卽診嬰兒男女，生髮及保（胞衣也）之狀，又令隸妾數字者診甲前血出及癥狀」（頁274）。牢隸臣當是隸臣而執獄卒之役事者。㈠、㈡類似今之警察，㈢至㈤類似今之法醫，當然這些隸臣妾皆居於助理的地位。

司寇

《漢舊儀》曰：「司寇，男備守，女爲作如司寇。」沈家本引《周禮·師氏·注》「司猶察也」，而推斷伺察寇盜（〈分考十一〉）。〈司空律〉曰：

> (43)司寇勿以爲僕、養、守官府及除有爲也，有上令除之必復請之。（頁91）

注釋者以爲司寇職專「備守」，故不得充任其他職役。秦律還有「城旦司寇」和「舂司寇」之刑名，可能是城旦舂減刑爲司寇，或服滿相當年限的勞役而服司寇刑者，秦律所謂「免城旦勞三歲以上者以爲城旦司寇」（頁89）。其勞役性質卻不單純，〈司空律〉曰：

> (44)居貲贖債當與城旦舂作者，及城旦傅堅、城旦舂當將司

　　者，二十人，城旦司寇一人將。(頁89)

城旦司寇作爲城旦舂外徭的領班，一人監督二十人，此或猶有「備守」之意。但(35)條〈倉律〉舂司寇操土功，則司寇亦築墻垣；若居貲贖債而繫城旦舂(頁87)，更不在話下。

　　根據早期徒刑資料——睡虎地秦簡來分析，城旦舂、鬼薪白粲、隸臣妾與司寇的勞役，是不能如漢人之望文生義的。也許隸臣妾和司寇擔任的「安事」成分居多，但就秦律來看，刑名與勞役類別無必然關聯，它們的區別大概在於年限之長短吧。《律說》云，繫城旦六歲(頁198、199、202)，六歲是否爲城旦舂之刑期也不能肯定，至於其他刑名的役期，秦簡無說。漢代各種徒刑雖有期限，漢人本身的說法已經不盡相同了。據《漢舊儀》，髡鉗城旦舂作五歲，完城旦舂四歲，鬼薪白粲三歲，司寇與作如司寇皆二歲。應劭(《漢書·惠紀·注》)與如淳(《秦始皇本紀·集解》)所謂的城旦舂皆四歲刑，當指完城旦而言。然而《漢書·刑法志》曰：

　　　完爲城旦舂、滿三歲爲鬼薪白粲，鬼薪白粲一歲爲隸臣妾，
　　　隸臣妾一歲免爲庶人。

似完城旦舂五歲刑，鬼薪白粲二歲刑，隸臣妾一歲刑。〈金布律〉曰：

　　　(45)隸臣妾有亡公器、畜生者，以其日月減其衣食，毋過三分
　　　取一。其所亡衆，計之，終歲衣食不足以賞(價)，令居
　　　之。(頁60)

隸臣妾賠償公物，取其終年衣食之三分一，不足，則延長其勞役時間，如「居作」者。可見隸臣妾刑期應爲一年。程樹德比之於一歲刑的罰作(《九朝律考》卷二)，似乎可取。然而〈刑法志〉又曰：

　　　隸臣妾滿二歲爲司寇，司寇一歲及作如司寇二歲，皆免爲庶
　　　人。

則隸臣妾似爲三歲刑，司寇一歲刑。如淳曰：「罪降爲司寇，故一歲；正司寇，故二歲也」(〈刑法志·注〉)。但是《漢舊儀》云「男稱司寇，女爲作如司寇」，作如司寇是女性罪犯之專稱，正名問題既然

如此歧異，隸臣妾的年限尚難解決。

二　「徒」身分的轉變及漢代官府的徒隸

　　封建時代「徒」的身分是自由民，即司徒所掌的平民大衆，也是軍隊的大多數成員。這種自由民除服兵役外，還負擔各色徭役，最常見於史傳者是築城垣，建臺榭和作園囿。《春秋》《左傳》記載築城六十餘次，由於春秋時代舊城擴建，以邑興城，蔚爲一股潮流，眞正築城的次數當遠過於此。而時人盛言「使民以時」，不妨農功。因爲這些徒役都是由人民負擔的緣故。

　　每次築城，就發動這種亦兵亦民的自由人，不論霸主之徵召或本國的興作多如此。譬如西元前六五九年諸侯城邢於夷儀（《左·僖元》）；次年，諸侯爲衞築城於楚丘（《左·僖二》）；越十年，諸侯城楚丘之外郭（《左·僖十二》）；過兩年，諸侯城杞城於緣陵（《左·僖十四》）；再過兩年，諸侯城鄫（《左·僖十六》）。這幾次築城勞役都在霸主齊桓公率領或命令下，徵集各國之士卒而完成的。晉爲霸主，亦率諸侯作城，最有名的是城成周。西元前五一〇年魏舒使

> 士彌牟營成周，計丈數，揣高卑，度厚薄，仞溝洫，物土
> 方，議遠邇，計徒庸，慮財用，書餱糧，以令役於諸侯，屬
> 役賦丈，書以授帥。（《左·昭三十二》）

每國一個地段，讓各國統帥負責完成。列國築城，如西元前六〇七年，宋華元爲「巡植功」，監督工程。因爲他新被鄭國俘虜逃回，故築城的「役人」編唱歌謠嘲弄他（《左·宣二》）。而西元前五五〇年，「陳人城，板墜而殺人，役人相命各殺其長」（《左·襄二十三》）。宋、陳之「役人」即士彌牟「計徒庸」的徒，其身分都是自由民。《呂氏春秋·似順論》曰：「夫陳小國也，而城郭高，溝洫深，則民力罷矣」，亦是謂平民築城。

　　封建平民另一宗大徭役是爲統治者築臺榭，作園囿。孟子見梁惠王於沼上，誦《詩經》：「經始靈臺，經之營之，庶民攻之，不日成

之。」釋曰：「文王以民力爲臺、爲沼」（〈梁惠王上〉）。西元前五三三年，魯築郎囿，季平子欲速成，叔孫昭子亦引《詩經》「經始勿亟，庶民子來，」主張徭役從緩。因爲速成則「勩民」，「無囿猶可，無民其可乎」（《左·昭九》）？所以爲統治者興建園囿臺榭是人民的義務。據說齊景公過分役使民力築路寢之臺，作長庲之室，晏嬰一再諫阻（《晏子春秋·內篇諫下》），因爲妨礙農功之故。這些勞役和作垣一樣，也是「徒役」。

築城、作臺的勞役蓋歸司空調度（沈長雲1983）。宋以武公私名而廢司空之官銜（《左·桓六》），改稱「司城」，則司空之職可以思過半矣。晉獻公九年春以士蔿爲大司空，同年夏，命他城絳（《左·莊二十六》），亦因爲司空監管城邑建築事宜。當然，司空之職事不限於此，子產所謂「以時平易道路」（《左·襄三十一》），唯大要不出水土工事的範圍。《管子·立政》曰：

　　決水潦，通溝瀆，修障防，安水藏，使時水雖過度，無害于
　　五穀，歲雖凶旱，有所秎穫，司空之事也。

《荀子·王制》序官「司空」之職，《呂氏春秋·季春紀》命司空之事略同。可見道路之修易，溝渠之開鑿，隄防之營作都在司空指揮下動員民力興治的。在以肉刑爲主的時代，刑徒罪隸之運用卽或有之，恐怕也非主要。

近年四川青川縣秦墓出土〈爲田律〉木牘，亦涉及道路、橋檝和隄防的修治與維護。律曰：

　　以秋八月，脩封埒，正疆畔，及發阡陌之大草。九月，大除
　　道及阪險。十月爲橋，脩陂隄，利津梁鮮草離。非除道之
　　時，而有陷敗不可行，輙爲之。（《文物》1982：1）

《呂氏春秋》〈孟春紀〉曰：「皆修封疆，審端徑術，善相丘陵、阪險、原隰」；〈季春紀〉曰：「修利隄防，導達溝瀆，開通道路，無有障塞」；〈孟秋紀〉曰：「完隄防，謹壅塞，以備水潦」，皆可以互證。《呂紀》十二月的行事曆既非爲囚徒而設，秦律所發的勞動力

也不可能是刑徒。

　　睡虎地秦簡〈徭律〉所規定「徒」的義務，正承襲古來的傳統。
〈徭律〉曰：

　　⑷御中發徵，乏弗行，貲二甲。失期三日到五日，誶，六日
　　　到旬，貲一盾；過旬，貲一甲。其得也，及詣。水雨，除
　　　興。興徒以爲邑中之功者，令結（葺）堵卒歲。未卒堵壞，
　　　司空將功及君子主堵者有辠，令其徒復垣之，勿計爲徭。
　　　縣葆禁苑、公馬牛苑興徒以塹垣離散及補繕之，輒以效苑
　　　吏，苑吏循之。未卒歲或壞決，令縣復興徒爲之，而勿計
　　　爲徭。卒歲而或決壞，過三堵以上，縣葆者補繕之；三堵
　　　以下，及雖未盈卒歲而或盜決道出入，令苑輒自補繕之。
　　　縣所葆禁苑之傅山、遠山，其土惡不能雨，夏有壞者，勿
　　　稍補繕，至秋毋雨時而以徭爲之。其近田恐獸及馬牛出食
　　　稼者，縣嗇夫材（裁）興有田其旁者，無貴賤，以田少多出
　　　人以垣繕之，不得爲徭。（頁76-77）

徭役之工事保證一年不損，否則再責徭者補完其事，所費時日不能扣
除其他徭役。故知上引〈爲田律〉「非除道之時而有陷敗不可行」
者，也是徵發原役民丁來修補的。惟如封建時代「啓塞從時」的傳
統，凡門關、橋樑、通路、城垣、壕塹一旦損毀，宜隨時整治，但秦
律更有切實督責之意。至於禁苑的遠山近山，夏雨崩塌，鄰近田主按
面積出人繕治禁苑的垣籬，以防苑獸牛馬出食民稼，故不能算作徭
役。本條服役者，〈徭律〉或曰「徒」，或曰「徭徒」，而與同條刑
徒城旦舂之修繕公舍官府截然區別，他們和封建時代的「徒庸」、「徒
役」之「徒」一樣，皆指自由民，他們提供的義務勞動卽孟子所謂的
「力役之征」。

　　沈家本說「古者未聞罪人以徒爲名」（〈分考十三〉），是對的；罪
隸名作「徒」，係漢朝以下的事。至戰國或秦，傳統的肉刑雖逐漸被
勞役刑所取代，許多原屬民役的工事也投入罪隸勞動，但罪人猶不單

稱「徒」，而稱作「刑徒」、「黥徒」或「徒隸」，以與自由身分之「徒」有別。「刑徒」是指受過肉刑（可能以黥刑為主）而從事勞役的罪人，據《史記・秦始皇本紀》，始皇「浮江，至湘山祠，逢大風，幾不得渡」，以爲湘妃作祟，乃「使刑徒三千人皆伐湘山樹，赭其山。」〈孫子列傳〉謂「孫臏以刑徒陰見，說齊使。」臏受刖黥之刑，大概混入外賓館舍服役。「黥徒」見於〈范睢列傳〉。范睢「坐須賈於堂下，置莝豆其前，令兩黥徒夾而馬食之。」這兩位黥徒蓋黥刑而在官衙聽差者。至於「徒隸」，古代罪犯稱作隸人，睡虎地秦簡〈爲吏之道〉曰：「徒隸攻丈，作務員程」（頁286）。攻丈卽「計丈數」。此「徒隸」可能指自由民與罪隸，但參證《管子》，也許指城旦舂之流的罪人，因爲以隸人任徒役，故曰「徒隸」。《管子・度地》論渠道之治理，平時責成全民，若「非其時而敗，有毀作，大雨，各葆其所，可治者趣治，以徒隸給。」此「徒隸」當與〈爲吏之道〉的徒隸同屬一種身分，〈輕重乙〉議鑄鐵曰：「發徒隸而作之，則逃亡而不守；發民，則下疾怨之。」則徒隸與民是截然有別的。

　　直到秦代仍單稱「徒」或「隸」，劃分依然非常清楚，徒是自由民，隸是罪犯[15]。不但秦簡可證，傳統文獻亦透露一些信息。二者之

---

[15] 睡虎地秦簡〈廄苑律〉曰：「今課縣、都官公服牛各一課，卒歲，十牛以上而三分一死；不〔盈〕十牛以下，及受服牛者卒歲死三牛以上，吏主者、徒食牛者及令、丞皆有罪」（頁33）。注釋者以爲徒是服徭役的人，誠是。〈工律〉曰：「邦中之縣（徭）及公事官舍，其叚（假，下同）公，叚而有死亡者，亦令其徒、舍人任其叚，如從興戍然」（頁70-71）。徒服徭役，律文自明。秦律又曰：「徒卒不止宿，署君子、敦（屯）長、僕射不告，貲各一盾」（頁144）。徒卒宿衛，當然是自由民。《律說》解釋「邦徒」曰：「徒、吏與偕使而弗爲私舍人，是謂邦徒」（頁229）。〈徭律〉的「徒」，正文已說明，茲略。至於「省殿，徒絡組廿給。省三歲比殿，徒絡組五十給」（頁136），「大車殿，徒治（笞）五十」（頁137），被處罰的徒當是平民服役於官營作坊者。隸則不然，加上「隸」字是判定的罪人。〈金布律〉府隸與隸臣、城旦一同臬衣（頁67），蓋卽官府眂使的罪隸。秦律有「耐卜隸」、「耐史隸」（頁234）和「宦隸」（頁232），注釋者以隸爲奴隸，恐誤。秦簡稱奴隸爲臣妾或奴妾，但隸臣妾則是罪犯，故知隸是隸臣之省。不少人論隸臣妾卽卽奴隸（如黃展岳1980），不可信。《三國志・魏志》卷三十〈烏桓鮮卑東夷傳・辰韓傳〉曰：「其耆老傳世，自言古之亡人避秦役來適韓國，馬韓割其東界地與之，有城柵。其言語不與馬韓同，名國爲邦，弓爲弧，賊爲寇，行酒爲行觴，相呼皆爲徒，有似秦人，非但燕齊之名物也。」邦、弧、寇等確是古詞，非漢代通語。他們旣「相呼爲徒」，亦卽證明秦代「徒」是自由民，絕非罪隸。

混淆發生於西漢初期,那可能是勞役刑普及,罪隸多擔任古代徒之役
事的結果。《史記》述酈山刑徒,往往只寫作「徒」。〈秦始皇本
紀〉曰:「隱宮(官)徒刑者七十餘萬人,乃分作阿房宮,或作麗
山。」同〈紀〉又曰:「始皇初卽位,穿治酈山。及幷天下,天下徒
送詣七十餘萬人,穿三泉。」所謂「天下徒」是指自由民或是罪隸
呢?據〈高祖本紀〉,劉邦「以亭長爲縣送徒酈山,徒多道亡。自度
比至皆亡之。到豐西澤中,止飲,夜乃解縱所送徒。」按睡虎地秦簡
《律說》,「將上不仁邑里者而縱之,當繫作如其所縱,以須其得;有
爵,作官府」(頁178)。身爲亭長的劉邦顯然犯下「當繫作如其所縱」
的罪,他亦只好「從此逝矣」!如果他所送的徒不是罪隸,殊無「解
縱」的必要。〈秦始皇本紀〉又云少府章邯請二世「赦」酈山徒以抵
禦山東革命軍;〈陳涉世家〉亦曰「章邯免酈山徒」。赦、免云云,
用在自由民身上總不恰當。故酈山勞作的七十萬人中,雖也有自由
民,如黥布之刑人或完、耐罪隸恐怕居多數,然而在太史公筆下,他
們的身分卻可稱作「徒」。此時,徒爲自由民的古典意義喪失,轉而
指罪隸;爾後,王充更清楚說:「被刑謂之徒」(《論衡・四諱》)。此義
乃先漢所未見。

　　漢人習慣上呼罪犯爲「徒」,歷代詔書之「赦徒作」、「赦天下
徒」、或赦某地之徒,〈蜀郡太守何君閣道碑〉的「將徒治道」(《隸
釋》卷四),孔融〈肉刑論〉的「洛陽道橋作徒」(《御覽》卷642),《三
輔黃圖》云,維護橫橋及其南北隄,京兆尹與左馮翊「各領徒千五百
人」(《水經注・渭水注》),以至於鐵官徒、三輔太常徒、中都官徒、女
徒、復作徒、弛刑徒等見於史籍與漢簡,不一而足。漢代許多縣皆設
有「徒府」(《考古》1972:4,頁14)和「徒丞」(陳直1979 b,頁136-137),是
專管囚徒之官。然而漢律卻沿襲秦制,從未以「徒」字作爲正式的刑
名。

　　封建平民的徭役又有在官府聽差、供驅使的,荀子論王者之政,
「使衣服有制,宮室有度,人徒有數,喪祭械用皆有等宜」(〈王霸〉)。

楊倞《注》云：「人徒謂胥徒給徭役者也。」楊《注》當本乎《周禮》。《周禮》立官，各司職事大抵皆有府、史、胥、徒這四種人。據《天官·宰夫》，胥「掌官敘以治敘」，徒「掌官令以徵令」。鄭《注》：治敘如漢之侍曹、伍伯，傳吏朝也；徵令，趨走給召呼。總之，他們都是官府差役，是執行徭役義務的平民。孔穎達說：

> 《周禮》上下文有胥必有徒，胥為什長故也。腊人之類，空
> 有徒無胥者，得徒則足，不假長帥故也；食醫之類，胥徒並
> 無者，以其專官行事，不假胥徒也。（《天官·敘官·疏》）

專業知識部門不設胥或徒，並可旁證胥徒是由平民輪流當差的。另外天官的酒人、漿人、籩人、醢人、醯人、女祝、女史、內司服、縫人，地官的舂人、饎人、槀人，春官的守祧等，皆有奚而無徒，也因為徒是輪值徭役，非長期供奉內庭之奴婢可比。

　　然而當時官府或貴族之家恐怕也有罪隸供差遣的，他們的任務多是「煩辱之事」（《周禮·司隸》），為自由人之徒所不願為者，譬如浴冰或涅廁。魯大夫申豐曰：「大夫、命婦喪浴用冰」；又曰：「自命婦至於老疾，無不受冰」（《左·昭四》）。據鄭玄《禮記·喪大記·注》云：自仲春之後，尸既襲，既小斂，先內冰盤中，乃設床於其上，不施席而遷尸焉，秋涼而止。這些凍屍的冰是怎麼取得的呢？申豐曰：自深山窮谷中，

> 山人取之，縣人傳之，輿人納之，隸人藏之。

取冰而藏用有時，當「日在北陸」（《左·昭四》），即夏正十二月。山人鑿取，縣人傳送，輿人接納，最後轉予隸人收藏使用。天寒地凍，取、傳、納誠為苦役，尚不如藏之賤。按《儀禮·士喪禮》，人死，當日襲，次日小斂，第三日大斂而殯。大斂之日依階級高低而異，據說天子七日，諸侯五日，大夫士庶人三日（《禮記·王制》）。始死之日夷（ㄕ）槃造冰，大斂以前，若在夏秋之月，是非有冰不可的，故《周禮·凌人》曰：「大喪共夷槃冰，夏頒冰掌事」。這三天內浴冰之事乃歸罪隸照料，斯所謂「煩辱」矣。涅廁亦然。《儀禮》云始死之日

「隸人涅厠」（〈既夕禮·記〉）。涅者，塞也，示不復用。鄭玄《注》：
「隸人，罪人也，今之徒役作者也。」不僅死者用過的厠所，活人的
也讓罪隸去清除。如豫讓「變名姓，爲刑人，入宮塗厠」（《戰國策·
趙一》）。《墨子·號令》曰：「城下五十步一厠，厠與上同圂；諸
有罪過而無可斷（殺也）者令抒厠罰之。」罪不及斬殺之犯人當卽徒
刑。此雖爲圍城情況，不是官府大家，但與古代的慣例恐怕是有關連
的。

　　睡虎地秦律與《律說》也有罪隸在官寺「趨走給召呼」，上引(31)
條，城旦「守署」卽是。〈行書律〉曰：

　　(47)行傳書，受書必書其起及到日月夙暮，以輒相報也。書有
　　　　亡者，亟告官。隸臣妾老弱及不可誠仁者，勿令。書廷辟
　　　　有曰報，宜到不來者，追之。（頁104）

可見至少服隸臣妾之徒刑者負有傳遞公文的任務。上引(42)條反證無特
殊技藝的隸臣妾爲人僕養，蓋徒刑爲都官有秩等小官吏炊飯趕車。
〈金布律〉曰：

　　(48)都官有秩吏及離官嗇夫，養各一人，其佐、史與共養；十
　　　　人，車牛一輛，見牛者一人。都官之佐、史冗者，十人，
　　　　養一人；十五人，車牛一輛，見牛者一人；不盈十人者，
　　　　各與其官長共養、車牛，都官佐、史不盈十五人者，七人
　　　　以上鼠（予）車牛、僕；不盈七人者，三人以上鼠（予）養
　　　　一人；小官無嗇夫者，以此鼠（予）僕、車牛。（頁58-59）

此外，上引《封診式》〈告子〉、〈賊死〉諸爰書，也透露隸臣妾在
官府執役的部分情況。〈徭律〉曰：

　　(49)縣毋敢擅壞更公舍官府及廷，其有欲壞更也，必𤺋之，欲
　　　　以城旦舂益爲公舍官府及補繕爲之，勿𤺋。（頁77）

凡興平民徭役，必須上級許可，但地方官吏則可以隨時役使城旦舂擴
建或繕修官舍。可見官府是可以任意支配這些無償勞力的。

　　漢代官寺的刑徒承襲秦制而更加發展《史記·淮陰侯列傳》曰：

「信乃謀與家臣夜詐詔赦諸官徒、奴，欲發以襲呂后、太子。」此在高帝十一年，官徒是秦的傳統。罪者入官，官徒日增，如武帝行告緡，「諸官益雜置多，徒、奴婢衆」（《史記·平準書》）。貢禹主張解放官奴婢爲庶人（《漢書》本傳），但他並未主張赦免官徒，因爲徒是罪隸，而且有時間性，不如奴婢之終身衣食縣官。官徒往往可以從軍或戍邊的方式獲得赦免，當時稱作「弛刑徒」，亦稱「弛刑」[16]。

中央和地方的官府都設置監獄，據說長安一地就有二三十所之多[17]，謂之「中都官獄」。《漢書·伍被傳》曰：「僞爲左右都司空、上林、中都官詔獄書」，師古曰：「中都官，京師諸官府」。《漢書·宣帝紀》：

　　望氣者言長安獄中有天子氣，上（武帝）遣使者分條中都官
　　獄，輕重皆殺之。

按皇曾孫收繫於郡邸獄，《漢舊儀》云：「郡邸獄，治天下郡國上計者，屬大鴻臚」（〈補遺〉卷上）。則凡在首都之獄皆可稱作中都官獄。都司空，據〈百官表〉，屬宗正。如淳引〈律〉曰：「司空主水及罪人。」晉灼所謂主囚徒官也（〈伍被傳·注〉），上林，《漢書·成帝紀》建始元年：「罷上林詔獄」，《注》引《漢舊儀》曰：「上林詔獄主治苑中禽獸宮館事，屬水衡」。從〈伍被傳〉看來，都司空詔獄與上林詔獄皆與中都官獄有別，那麼，三輔地區之官獄眞不知凡幾矣。

官獄的徒隸往往各有特定工作，他們的貢獻不少，但歷史上很少人注意到。茲略考漢代官寺徒隸之作務於後，還給他們一個公平的歷

[16]　弛刑從軍早見於章邯之發驪山刑徒，漢高祖十一年秋七月，淮南王布反，「上赦天下死罪以下，皆令從軍」（《漢書·高紀下》）。《漢書·宣紀》神爵元年：「西羌反，發三輔、中都官徒弛刑，詣金城。」〈昭紀〉元鳳元年：「武都氐人反，遣執金吾馬適建將三輔、太常徒，免刑，擊之。」弛刑，漢簡寫作「施刑」。《居延漢簡》：「元康四年二月己未朔乙亥，使護鄯善以西校尉吉、副衛司馬富昌、丞慶都、尉寫遠都通，元康二年五月癸未，以使都護檄書遣尉、丞敕將施刑士五十人，送致將軍所發」（《圖版》九五葉，118·17，《釋文》1970）。

[17]　《漢書·宣紀》神爵元年《注》引《漢儀注》曰：「長安諸官獄三十六所。」〈張湯傳·注〉蘇林曰引同書，謂二十六所。「二」、「三」必有一誤。《續漢書·百官志》延尉本注曰：「孝武帝以下置中都官獄二十六所。」則以「二」爲是。《三輔黃圖》曰：二十四所，是另一說。

史評價。

㈠若盧　《漢書·王商傳》：「詔謁者召商詣若盧詔獄」；〈王吉傳〉：「補若盧右丞」。〈百官表〉云若盧屬少府，如淳曰：「若盧，官名也，藏兵器。《漢儀注》有若盧獄令，主治庫兵，將相大臣。」所謂治將相大臣，「主鞫將相大臣」也（《後漢書·和紀·注》引《漢舊儀》）。而治庫兵，卽治鑄兵器。《後漢書·龐參傳》曰：「坐法輸作若盧」。則在若盧左右丞治下的囚徒是要治鑄兵刃器械的，猶如秦兵三年上郡戈的工城旦，二十五年上郡戈的工鬼薪、和二十七年上郡戈的工隸臣。

㈡都船　《漢書》〈王嘉傳〉：「廷尉收嘉丞相新甫侯印綬，縛嘉載致都船詔獄」；〈薛宣傳〉：「少爲廷尉書佐、都船獄史。」〈百官表〉曰：「中尉屬官有中壘、寺互、武庫、都船四令丞；都船、武庫有三丞」。如淳曰：「都船獄令，治水官也」。按〈地理志〉京兆尹轄十二縣，其一曰船司空，疑卽都船詔獄所在地，其徒以造船爲務。

㈢共工　《漢書》〈劉輔傳〉：「繫掖庭祕獄。徙繫輔共工獄，減死罪一等，論爲鬼薪，終於家。」共工，蘇林曰：「考工也」。師古曰：「少府之屬官，亦有詔獄」。按〈百官表〉稱作考工室，臣瓚曰：「主作器械」。

㈣暴室　《漢書·宣帝紀》，應劭曰：「暴室，宮人獄也；今日薄室」。師古曰：

> 暴室者，掖庭織作染練之署，故謂之暴室，取暴曬爲名耳。
> 或云薄室，薄亦暴也。今俗語亦云薄曬。蓋暴室職務旣多，
> 因爲置獄主治其罪人，故往往云暴室獄耳。

沈家本〈獄考〉不從顏說，以爲漢之東西織室作文繡郊廟之服，考工令主織綬諸雜工，平準令主練染作采色，皆與暴室無涉。然暴室旣屬掖庭，而掖庭爲官獄，考工室也有詔獄，則女囚所在之獄主織作也是很自然的。

㈤導官　《漢書》〈張湯傳〉：「謁居病死，事連其弟，弟繫導官，湯亦治它囚導官，見謁居弟。」蘇林曰：「導官無獄」；師古引〈百官表〉駁蘇林，又曰：「導，擇也。以主擇米，故曰導官」。按《續漢書・百官志三》導官令本注：「主舂御米及作乾糧。」則舊說白粲之義近於導官徒隸的役事。

㈥別火　〈百官表〉：「典客，漢更名大鴻臚，屬官有行人、譯官、別火三令丞。」如淳曰：「《漢儀注》：別火，獄令官，主治改火之事。」沈欽韓曰：「《論語集解》引馬融曰：『《周書・月令》有更火令』」（《漢書補註・百官表》）。《淮南子・時則訓》記鑽燧改火事，春燧其，夏秋燧柘，冬燧松。別火之徒隸或在各官寺負責改火。

㈦廄　《漢舊儀》：「天子六廄，未央廄、丞華廄、……馬皆萬匹。」〈補遺〉上：「未央廄主理大廄三署，屬太僕。」孫星衍校曰：「《北堂書鈔》引作主治獄五署郎」。《初學記》卷二十〈政理部〉作「未央廄獄」，然六廄養馬之勞役係驅使罪隸無疑。

㈧掌畜　《漢書・尹翁歸傳》曰：

> 入守右扶風，緩於小弱，急於豪彊。豪彊有論罪，輸掌畜
> 官，使斫莝，責以員程，不得取代；不中程，輒笞督，極者
> 至以鐵自剄而死。

師古曰：「扶風所在，有苑師之屬，故曰掌畜官」，王先謙《補註》引錢大昭曰：「〈百官表〉，右扶風有掌畜令丞」。〈東方朔傳〉亦曰：「益為右扶風」，師古曰：「諸苑多在右扶風」。此或與上述上林詔獄有別，但勞役性質大抵是一致的。

㈨司隸校尉　〈百官表〉：「武帝征和四年初置，從中都官徒千二百人，捕巫蠱，督大奸猾。」上論《睡簡》隸臣妾擔任類似警察的雜役，或為漢司隸校尉之囚徒隨捕的前身。《周禮・秋官敘官・司隸》條鄭玄《注》曰：「漢始置司隸，亦使將徒治道溝渠之役，後稍尊之，使主官府及近郡。」故知司隸校尉率領的囚徒也要服「勞辱之役」的。《隸釋》收錄〈司隸校尉楊孟文石門頌〉（卷四），開鑿石門

道的工程可能有司隸校尉之徒參與。

㈩將作大匠　〈百官表〉：「屬官有石庫、東園主章、左右前後中校七令丞。」《續漢書·百官志四》本注：「掌修作守廟、路寢、宮室、陵園木土之功，並樹桐梓之類列於道側。」秦始皇以天下刑徒七十餘萬人分作酈山陵與阿房宮。爾後漢代諸帝的陵寢也都發動徒隸興建。如〈景帝紀〉中元四年：「赦徒作陽陵者死罪。」近年考古家還在楊陵附近發現鉗徒墓（《文物》1972：7）。〈宣帝紀〉五鳳元年：「赦徒作杜陵者。」〈成帝紀〉鴻嘉元年：「行幸初陵，赦作徒。」將作大匠的屬官尤以左校最有名，史書盛言「輸作左校」，皆論爲徒隸，從事土木工程；這些工徒有時且被權貴非法地役使（《後漢書·楊震傳》）。

沈家本說：「漢時京師諸官府皆有徒隸以供役」（〈分考十二〉）。按上文疏證，沈說正確無疑，不但京師，地方亦然。上引《居延漢簡》云：「居延芝徒髡鉗城旦大男所厥署作府中寺舍」（本書頁296）。內地地方政府之役使徒隸，除「署作府中寺舍」外，還從事開礦、造路等艱苦的工作。《鹽鐵論·復古》曰：「卒徒衣食縣官，作鑄鐵器」。〈食貨志下〉曰：「私鑄錢，輸之鍾官」，鍾官大概擁有不少囚徒主鑄錢事。貢禹合兩事而論之曰：「今漢家鑄錢及諸鐵官皆置吏、卒、徒，攻山取銅鐵，一歲功十萬人已上」（《漢書》本傳）。西漢曾發生兩次鐵官徒大暴動，遍歷郡縣，攻殺長吏，其燎原之速，響應之廣，正可證明各地普遍存在著大量的徒隸（張政烺1951）。

《急就篇》曰：「鬼薪白粲鉗釱髡，輸屬詔作谿山谷。」此乃指開路架橋之事，《鹽鐵論·水旱》篇賢良所謂「縣官以徒復作繕治道橋諸發」者也。《隸釋》〈蜀郡太守何君閣道碑〉曰：「將徒治道，造尊楗閣」（卷四）。有名的〈漢鄐君開通碑〉記述褒斜道之開闢曰：

永平六年，漢中郡以詔書受廣漢郡、蜀郡、巴郡徒三千六百九十人，開通褒斜道，作橋格（閣）六百三十二間，□大橋五，爲道二百五十八里，郵亭驛置徒司空，褒中縣官寺幷六十四所。凡用功七十六萬六千八百餘人，用錢百四十九萬九

千四百餘。（《金石粹編》卷五）

褒斜天險，〈漢楊君石門頌〉（《金石粹編》卷八）與〈北魏石門銘〉（《金石粹編》卷二十七）極窮其狀。這麼遙遠的路途，這麼艱巨的工程，豈是七十六萬餘工次可以完成的。作道始於永平六年，至「九年四月成就」，平均一日大概只有七百人，所以有人推測碑文記錄的用工人數只是雇工的工作日，（去非 1963）褒斜道的功臣當數那兩千六百九十位囚徒。又〈青衣尉趙孟麟羊竇道碑〉言及「蜀鐵官長」（《隸釋》卷四），〈廣漢長王君治石路碑〉有「右部」（《隸釋》卷四），〈李翕西狹頌〉有「衡官」（《金石粹編》卷十四），疑其工程有該官寺的徒隸參與。

封建時代自由民的徭役工事到了秦漢逐漸驅使徒隸來完成，所以古之司空也逐漸變成主管囚徒之官，賈誼所謂「輸之司空，編之徒官」（《百官表・注》引如淳曰）。「司空」和「城旦」甚至連成一詞〔附錄一一〕我們可以說，罪隸的實質貢獻比肉刑時代多了，有人說：

> 他們負擔了替帝王貴族修建陵墓，蓋造宮苑、府第、太學，築城，治水挖河，開鑿棧道，修路架橋，冶鐵採銅，造瓦，伐木，漕運等重體力勞動。有的則沒入鍾官等官府手工業，有的更遠戍邊塞，屯田築障。（《考古》1972：4；陳直1958，頁259）

囚徒從事重體力勞動不比自由民徭役之時間短暫，徒刑通常雖五年為上限，若再累作，可長達十一年（《御覽》卷六四二引張斐〈漢律序・注〉），生活條件又差，故多有死者，近年出土的磚錄資料可以證明[18]，這也是我們討論從肉刑到徒刑的轉變，不應該忽略的事實。

本文涉及不少比較細緻的考證與分析，有幾點值得在此復述。

㈠肉刑之刖，文獻或作剕，或作臏。嚴格說，臏者鑽碎膝蓋骨，剕者截鋸脛骨，刖則斬斷腳指。此或有時代與地域之差別，唯古書所

[18] 東漢洛陽南郊刑徒墓碑，據一九六四年發掘資料，記有刑名者共273塊，髡鉗占56％，完城旦33％，鬼薪7.4％，司寇3.6％。五歲和四歲刑占百分之九十（〈東漢洛陽城南郊的刑徒墓地〉）。此數據與羅振玉《恒農專錄》相近。按不完全的統計，《恒農專錄》髡鉗38塊，完城旦28，鬼薪6，司寇2。五歲與四歲刑的比率比前者還高。據張政烺氏說，羅氏的《恒農磚》其實亦在洛陽漢魏故城附近出土（〈秦漢刑徒的考古資料〉），與近年的考古發掘當同一來源。

見刖、剕、臏之文不見得必定整齊區分；正如墨與黥，或因施刑部位
不一而刑名亦異，但二者也往往同義。

　　㈡戰國的象刑論 是時人議論 ， 不能當作肉刑 以前的刑罰實體看
待。其設計亦脫離不了報復主義的影響，這點與肉刑倒很相近，而赭
衣墨幪之說是有現實基礎的。

　　㈢睡虎地秦律與 《律說》 雖非秦國律令之全璧 ， 唯因將近六百
簡，內容相當豐碩。我們發現關於肉刑的律令與律說雖有刖、劓，絕
大多數卻以黥為主，這是肉刑式微的明顯表徵。

　　㈣肉刑雖衰，然其象徵意義仍在，即從虧其膚體變成虧其毛髮。
其別有三，曰髡、完、耐。自漢以來就有異說，大抵上，髡剃頭髮，
完可能割髭鬚，至於耐恐怕是剃鬢或鬍的。

　　㈤秦漢刑名有城旦舂、鬼薪白粲、隸臣妾、司寇諸目，漢人欲窮
其本原，多據字面演義，以秦簡來衡量，他們的說法不盡可信。一般
說來，刑名與作務沒有絕對分別，即使同一工作也有勞逸之不同，刑
罰之輕重主要在於服刑年限的長短。

　　㈥先漢的「徒」指自由身分的平民，漢以下乃逐漸當作罪隸講，
然而漢律正式刑名始終未用「徒」字。

　　肉刑不是封建時代 的唯一刑戮 ， 徒刑也不是郡縣 時代的不二刑
罰，不過它們都足夠表現其所屬歷史階段刑制的特色。中國古來之刑
罰手段多矣，或死或流，或杖或贖，前後相承，一脈貫通；唯獨肉刑
與徒刑不然，在刑制上，它們擔負相同的任務；但論性質，卻截然異
趣。漢代徒刑係繼先秦之肉刑地位，在文帝改制，張蒼定律的〈詔〉、
〈議〉中可見其承襲關係⑲；然而它們性質之差異，卻亦反映封建制

---

⑲　據張蒼所定之律，秦律的完城旦舂不變，黥改作髡鉗城旦舂，劓改笞三百，斬左止
　　改笞五百。由於秦時肉刑以黥為主，故文帝詔書有「易之」之指令，肉刑當以改易
　　為髡鉗城旦舂為主。笞數景帝時連續減少，爾後也很少用，所以實際上死刑之下便
　　是髡鉗城旦的五歲徒刑，死生輕重過於懸殊，頗為人所詬病。魏王朗反對復肉刑，
　　以「倍其居作之歲數」增重其罰（《三國志·鍾繇傳》）。晉劉頌主張復肉刑，
　　曰：「應四五歲刑者，皆髡笞，笞至一百，稍行，使各有差，惡不復居作。然後刑
　　不復生刑，徒不復生徒，而殘體為戮，終身作誡。」（《晉書·刑法志》）從這兩
　　派人的觀點，在中國刑名格局中，徒刑繼承了肉刑的地位，當無可疑。

與郡縣制的一些面貌。所以從肉刑到徒刑，不僅是法制史，也是社會
史的重要課題。

　　漢代以降偶或實施肉刑，如宋明帝之定黥刖之制，梁有黥面之
刑，唐太宗嘗行斷趾之法（沈家本〈總考〉、〈分考五〉），但爲時皆不久。
不過恢復肉刑的駁議卻代有其人，未曾或絕（參沈家本〈分考五〉，劉公任
1937）。大體上主張恢復肉刑者多針對文帝改制之不合理處批評，一是
笞刑殺人，二是輕重無品，三是生罪入死。按張蒼原來的設計，死刑
與髡鉗城旦之間還有笞三百與五百兩等，但笞人每至於死，景帝再減
爲笞一百與二百，而且對行刑工具、部位與執刑者都有規定。《漢
書・刑法志》曰：「自是笞者得全，然酷吏猶以爲威。」雖同爲笞
刑，是很靈活的，可使人死，也可使人生。酷吏重笞則死，陳羣故批
評文帝以笞代替劓刖，「是重人支體而輕人軀命」（《三國志》本傳）。
相反的，輕笞得全，缺乏警惕作用。事實上景帝以後笞刑大概很少
用，故史書多謂減死一等輸作云云，則死刑以下就是髡鉗徒刑了。仲
長統《昌言》曰：「肉刑之廢，輕重無品。」即指此而言。另外，文
帝新制，原當斬右止者改論棄市，鍾繇說：「惜斬趾可以禁惡，恨入
死之無辜」（《三國志》本傳），是反對生罪而入死的。然而肉刑之廢是
人類文明發展的必然趨勢，王朗駁鍾繇，特重「不忍肉刑之慘酷」，
以免「駭耳之聲」。據說「議者百餘人，與朗同者多」（《三國志・鍾繇
傳》），可見這是公論。東晉初年，王敦也以爲「百姓習俗日久，忽
復肉刑，必駭遠近」（《晉書・刑法志》）。

　　我們以爲無償勞役的徒刑取代肉刑，恐怕還有更現實的意義，非
僅僅「不忍」而已。當編戶齊民形成後，作爲中央集權政府的基礎，
個人與政府的關係調整了，中央政府更懂得善用人民的無償勞力。到
此時，肉刑即使是三代聖王的古制，必也注定要隨封建制之崩潰而消
逝。

第八章　平民爵制與秦國的新社會

　　《鹽鐵論・險固》文學引《傳》曰：「庶人之有爵祿，非升平之興，蓋自戰國始也」。漢初經學家認爲平民具有爵位是亂世的結果，這種爵一般稱作「軍功爵」。其始於戰國，嚴格說是秦國商鞅變法後創立的。

　　山東列國自春秋中晚期以下浸浴於改革浪潮之中，唯獨「僻在雍州」的秦國多仍舊貫，未行新政。獻公雖嘗「爲戶籍相伍」（《史記・秦本紀》），但若論嬴秦的改革，當自其子孝公始；時值西元前四世紀中葉，比東方慢了將近二百五十年。孝公下令求賢，「將修繆公之業」，衞之庶孽公孫鞅「廼遂西入秦」（《史記・商君列傳》），干求孝公，多本李克、吳起之遺教（錢穆1935，頁227），發動有名的「商鞅變法」。

　　考諸《史記》，變法分作兩期，前期始於孝公六年（前三五六），後期約從十二至十四年〔附錄一二〕，二期新政之內容雖然一貫，但重點不同。前者推行軍功授爵制，著重培養秦的社會中堅階層；後者則全面整頓行政系統，從事土地和兵役改革。改革的內容涉及戶籍什伍、行政體系、土地政策和軍功授爵等項目①，多已在山東行之有年，本書前面各章均有所論述；唯按軍功授爵以定平民身分的二十等

①　兹據《史記》〈秦本紀〉、〈商君列傳〉和〈六國年表〉條列商鞅改革項目如下：㈠前期：⑴什伍連坐，⑵賞告姦，罰匿姦，⑶鼓勵兄弟分居異財，⑷按軍功授爵，建立新階級，⑸嚴禁私鬥，⑹獎農抑商。㈡後期：⑴禁止已婚兄弟同居，⑵整編地方行政系統，⑶實施土地改革，擴大畝制，授民以田，⑷統一度量衡，⑸按照戶口徵收軍賦。

爵制，卻出於商鞅的創意。因而改造秦國的社會，建樹堅靭而有活力
的齊民階層，建立耕戰合一的社會和國家，爲以後百餘年征服戰爭的
資本。這是商鞅變法的眞正特質〔附錄一三〕，也爲中國歷史上造就了
平民有爵的社會，雖然漢代亦有民爵，但實際功用不能與嬴秦的軍功
爵相提並論。

本章以商鞅新政中最具特色的爵制爲核心，闡明秦國新爵制的特
質，比較其與封建爵祿之異同，考證授爵的條件，辨析歷來的誤解，
論述爵制關係於秦的政治社會結構至重且大，進而結合其他改制以解
釋秦國新社會之形成。

一、封建爵位與秦二十等爵

不論周、秦，爵都是身分的指標，但它們的內容既異，功能與意
義也有很大的差別。不過，作爲社會結構的成分，周與秦的爵制不妨
並觀，或有助於進一層了解封建至郡縣的轉變過程。封建爵位關係整
個封建制度至深且巨，這裏不能細論；作者有些意見在本書第一章論
齊民時也已經陳述，現在唯撮述大意，以彰顯二十等爵之特性而已。

一　五等爵

《國語・晉語八》叔向曰：「爵以建事，祿以食爵」，韋昭解
「事」云：「職事也」。封建時代有職事、有食祿者，多屬於貴族階
級。雖然孟子說過庶人在官者亦食祿，恐怕是相當卑微之官祿，一般
講封建之爵是沒有低於士階級以下的。《儀禮・喪服傳・斬衰》章
曰：「杖者何？爵也。無爵而杖者何？擔主也。」鄭玄《注》：「爵
謂天子、諸侯、卿、大夫、士也，無爵謂庶人也。」故封建爵位爲貴
族所獨享，與庶人無涉，與開放給全民的秦爵截然不同。

關於封建爵位的內容，孟子綜結成五等和六等兩種。他說：

　　天子一位，公一位，侯一位，伯一位，子男同一位，凡五等

也。

> 君一位，卿一位，大夫一位，上士一位，中士一位，下士一
> 位，凡六等。（〈萬章下〉）

五等爵有封地，天子王畿千里之外，公侯方百里爲大國，伯七十里爲
次國，子男五十里爲小國。六等爵，天子之卿、大夫、元士亦受地，
分別視侯、伯、子男依次爲差；至若列國之卿士，則僅食祿而已。這
是孟子的說法，實際情形並不盡然。從西周銅器銘文看來，王畿內的
貴族多有封地的，春秋時代列國之卿大夫也自有其領地，《左傳》記
載斑斑可考。總而言之，五等是國際關係，六等是各國的內部秩序，
後者《白虎通》謂之「內爵」（卷一上〈爵〉）。賈誼《新書·階級》亦
曰：「古者聖王制爲列等，內有公卿大夫士，外有公侯伯子男。」與
孟子的說法可以呼應。內外之分是有根據的。《尙書·酒誥》曰：

> 越在外服：侯、甸、男、衞邦伯，越在內服：百僚、庶尹、
> 唯亞、唯服、宗工，越百姓里居（君）。

〈令方彝〉曰：「舍三事令：及卿寮，及諸尹，及里君，及百工；及
諸侯，侯、田（甸）、男，舍四方令」（《三代》6.56.2）。三事是內服，
四方是外服。內服、外服旣含蓋整套政治格局，所謂五等和六等的封
建爵位事實上關係整個體制，與秦爵只偏於個人身分一環者有大小巨
細之異。

五等爵，《禮記·王制》並不包括天子，而分子男爲二，與孟子
略有出入。然而不論那一系統，近人對公、侯、伯、子、男的序列是
頗懷疑的（傅斯年1930）。與其他史料相校，疑者認爲同一個人，爵稱
並不一致（楊樹達1954，頁249）；而且自公侯以下的等級差別也不存在。
我們的看法略有不同。所謂爵稱不一致，主要有兩種情形，一是國君
在本國自稱公，二是葬時加諡爲公；故毋論爲侯，爲伯，或爲子男，
都有可能稱最高爵的「公」。杜預《春秋釋例》早就說過：

> 內稱公而書薨，所以自尊其君。至於旣葬，雖邾許子男之君
> 皆稱諡而言公，各順臣子之辭。（卷三〈崩薨卒例〉第十四）

這種羨尊既非僭越，更非意味爵制沒有差序。另外，降爵和居喪謙抑也會增益爵秩表面上的混亂。譬如杞君，入春秋稱侯，魯莊二十七年絀稱伯，魯僖二十三年貶稱子。薛原稱侯，魯莊三十一年改稱伯。或絀，或貶，是經天子之宣命，或僅是《春秋》的書法？權且勿論。至於先君未葬，新君則往往稱「子」，《左傳》曰：「凡在喪，王曰小童，公、侯曰子」（〈僖九〉）。雖有少數例外，論《春秋》義例者亦嘗試作圓滿的解釋；不過，即使少數的變異或混淆仍不妨礙爵位固定一致的大量史實，故可存而不論。

五等爵名固定以表身分尊卑，西周銅器班段的一段鑄銘足資佐證（圖8.1）。銘曰：

> 唯八月初吉，在宗周。甲戌，王令毛伯更虢城公服，屏王位，作四方望，秉、緐、蜀、巢。令錫鈴勒，咸。王令毛公以邦冢君、徒馭、戎人伐東國瘠戎，咸。（《文物》1972：9，頁12）

這位率軍東征的毛公原爵是「伯」，因繼任虢城公的職位，新受策命，乃升作公。本銘先稱「毛伯」，後稱「毛公」，中間夾著周王冊命，可見公、伯的分別是很明確的；正如同銘下文天子命吳（虞）伯、呂伯佐助毛公東征，不能任意改稱作虞公或呂公。

各國國君爵有定稱，在會盟時尤其明白。按《春秋經》，凡宋必稱公，齊、晉、衛、蔡、陳必稱侯，魯亦當稱侯，但因爲《春秋》是魯史，臣子尊其君，故書作公。鄭、秦、曹、杞、薛稱伯，楚、莒、邾、吳必稱子，許必稱男（瞿同祖 1937，頁 61-68）。

再者，譬如齊桓公的召陵之盟：

> 公（魯侯）會齊侯、宋公、陳侯、衛侯、鄭伯、許男、曹伯侵蔡。（僖四）

晉文公的踐土之盟：

> 公（魯侯）會晉侯、齊侯、宋公、蔡侯、鄭伯、衛子、莒子盟於踐土。（僖二十八）

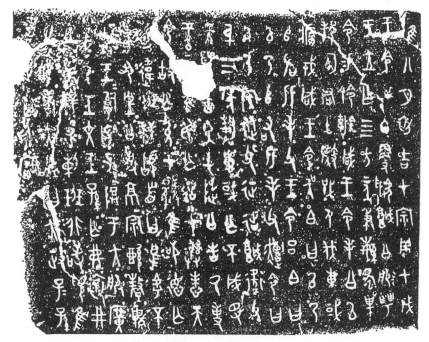

圖 8.1　班敦銘文

衞侯稱子，因先君未葬之故 。 終春秋之世，列國國君的爵位幾乎不變，卽使有少數例外，也不難解釋。

　　我們相信舊說的五等爵，是因爲春秋列國爵次與西周情勢相當符合，反而與春秋時局有些扞隔。列國稱公者只有宋，但宋在春秋時代已屈居二三流的國家，何以能獨享最高而且唯一的爵銜？我們知道，在周封建制中， 宋「爲周客」（《憲齋》4.20，《左‧僖二十四》）， 不是臣，不與其他諸侯等齒（杜正勝1982b）， 故地位高於列國一等 。 侯爵的齊、魯、衞、晉、蔡、陳，前三者是西周封建的一等大國，且爲王室近親；後三者實力雖較差，但晉是成王之弟，蔡是文王之子，陳乃武王元女太姬所配，論血親和姻親的關係與魯、衞、齊同樣接近。次一級的鄭、秦、曹等伯爵，鄭是周末王畿內的封國，秦乃東遷後的新邦，自宗周觀之，皆不足與齊、魯等倫；曹雖是文王之後，但蕞爾小國，淪爲第三等是可以理解的。子爵之國，大抵皆蠻夷，於周有鄙薄

之意；男卽是甸，屬於附庸，地位更等而下之。宗周這套班爵系統便
成爲春秋會盟時安排差序位置的客觀標準，使羣聚一堂的封君歃血告
神有先後尊卑之次。終春秋二百餘年，爵銜固定而且一致，或與此有
莫大的關係。當然，會盟名次還涉及當時國力之大小，如召陵之盟齊
侯爲先，這是另一問題，與爵位無關，暫時不論。

　　以爵位定秩序，鄭太子忽的故事最好說明。西元前七〇六年北戎
伐齊，鄭太子忽救齊，大敗戎師。

　　　　於是（時）諸侯之大夫戍齊，齊人饋之餼，使魯爲班。後鄭，
　　　　鄭忽以其有功也，怒，故有郎之師。（《左·桓六》）

齊犒勞禦戎聯軍，請魯安排各國統帥的位次。鄭雖伐戎有功，因爵位
不高，致居卑位，於是四年後鄭以齊、衞之師伐魯，戰於郎，以報班
位之辱（《左·桓十》）。《左傳》桓公六年之「班」，十年作「周班」，
孟子所謂「周室班爵祿」者也（〈萬章下〉）。齊請「周禮盡在」的魯
國代爲安排犒師先後；尤其當時鄭乃中原新興強國，六年前瓜分許
（《左·隱十一》），去年射桓王中肩（《左·桓五》），而魯之饋餼後鄭，
當有西周禮制作依據的，那就是爵位。犒師尚且論班次之先後，何況
會盟！可見《春秋》的五等爵制是宗周舊禮無疑。春秋末年的黃池之
會，晉、吳爭爲盟主，吳的藉口是祖先泰伯長於王季，而晉人則以文
公受周策命爲「侯伯」（諸侯之長）作根據（《左·哀十三》）。按五等爵
制，吳是子爵，遠在晉下。當時，晉霸已衰，然而崛起之夫差仍不能
無視於周室的班爵。

　　爵列尊卑還牽涉到貢賦，與會盟名次同樣實際。同在黃池之會，
吳王夫差欲帶魯哀公去見晉君，魯大夫子服景伯對使者曰：

　　　　王合諸侯，則伯（侯伯也，下同）帥侯牧以見於王；伯合諸侯，
　　　　則侯帥子男以見於伯。自王以下，朝聘玉帛不同。故敝邑之
　　　　職貢於吳，有豐於晉，無不及焉，以爲伯也。今諸侯會，而
　　　　君將以寡君見晉君，則晉成爲伯矣。敝邑將改職貢、魯賦於
　　　　吳八百乘，若爲子男，則將半邾以屬於吳，而如邾以事晉。

　　且執事以伯召諸侯,而以侯終之,何利之有焉。(《左・哀十三》)
晉於爵爲侯伯,吳以魯見之,雖把魯當作自己的附庸看待,但同時吳
也自降爲侯,屈居晉下。魯旣是附庸,爵同子男,原來貢吳的八百乘
就應該削減如邾賦之半, 即三百乘 (杜《注》),才符合身分。對吳而
言,都不划算。夫差果爲所動而止。

　　西元前五二九年平丘會盟,鄭子產力爭減輕貢賦負擔,他說:

　　　昔天子班貢, 輕重以列, 列尊貢重, 周之制也。卑而貢重

　　　者,甸服也。 鄭、 伯男也, 而使從公侯之貢, 懼弗給也。

　　　(《左・昭十三》)

天子畿內甸服的貢賦重,屬於另一問題,此處不論;若外服諸侯之負
擔,爵尊者貢重,卑者貢輕。鄭是伯爵,屬於伯子男那一等級,不能
服公侯那一等級的貢賦②。爭論自日中以至於昏,子產終於獲勝。

　　子產說的周制正是子服景伯所以說服夫差的根據,當時小國還能
在列強間苟延殘喘者,周禮是一大力量,而爵制實關鍵性之一環。五
等爵制在西周和春秋確實存在過, 由上引鄭、 魯幾件事例, 當可證
明。附帶說的,外服的五等爵位雖國君一人頂戴,其實代表整個國家
在封建秩序中的地位,非單純表示個人的身分而已。五等爵的這種性
質固爲秦爵所未有。

二　內爵:卿、大夫

　　封建爵位另一系統是孟子所謂的六等爵 , 一般通稱卿、 大夫和
士,構成封建階級秩序的基本骨架。楚無宇論「人有十等」曰:

　　　王臣公,公臣大夫,大夫臣士,士臣皁,皁臣輿,輿臣隸,

　　　隸臣僚,僚臣僕,僕臣臺,馬有圉,牛有牧。(《左・昭七》)

---

② 爵位雖有五等,實際應用大概不如此精細,粗略劃分或三級或二級,孟子謂公侯地
　方百里,爲大國;伯七十里,爲次國;子男五十里,爲小國,即三等級。《左傳》
　僖公四年曰:「凡諸侯薨於朝會,加一等;死王事,加二等。」杜預《注》:「諸
　侯命有三等:公爲上等,侯、伯中等,子男爲下等。」亦三等級。《左傳》僖公九
　年曰:「公侯位尊,上連王者,下絕伯子男。」僖公二十九年又曰:「在禮,卿不
　會公侯,會伯子男。」這是兩等級,合伯子男爲一。

阜輿以下不關爵位，存而不論，王公至士才是有爵者。唯無宇就楚制而言，楚君稱王，擬於天子，天子之卿稱公，故他所說的「公」一般叫作「卿」。士的爵位問題禮家有異說，與天子一樣，或包括在五等爵中，或不包括。有的禮家認爲士是有爵者，有的將之排除在爵制以外。就本節所述爵與車服器用的關係而言，士的確較少涉及。茲從《白虎通》的分類；內爵卿大夫，以便討論。

　　卿大夫與五等爵不同，只代表貴族個人的身分，所領采邑並不隨其爵級有所升降。然而列國卿大夫之爵名雖同，往往因其本國的封建地位而分尊卑。如《左傳》僖公二十九年曰：

　　　公會王子虎、晉狐偃、宋公孫固、齊國歸父、陳轅濤塗、秦
　　　小子憖，盟於翟泉。

王子虎等人是卿，但《春秋》皆稱作「人」，《左傳》解釋曰：「卿不書，罪之也。在禮，卿不會公侯，會伯子男可也。」魯僖公侯爵，列國之卿不足以匹敵；相對的，若伯爵以下的次小國，卿是可以與之相當的。誠如魯卿叔孫婼曰：「列國之卿當小國之君」（《左‧昭二十五》）。臧宣叔說得更明白精密，曰：

　　　次國之卿當大國之中，中當其下，下當其上大夫。小國之卿
　　　當大國之下卿，中當其上大夫，下當其下大夫。（《左‧成三》）

叔孫婼答晉人問魯邾之罪，臧宣叔安排晉、衞使臣會盟之次序，一個引「周制」，一個引「古制」，以爲外交折衝之憑據，可見所述都是存在過的周禮，而非徒託空言。

　　封建制中，周王室的地位最高，其臣工的身分亦陵駕列國同爵者之上。《禮記‧曲禮下》曰：「列國之大夫入天子之國曰某士。」大國的大夫只等於周王之士而已。故西元前五四七年晉大夫韓起聘於周，對天子自稱曰「士」，周靈王稱讚他「辭不失舊」（《左‧襄二十六》）。而列國臣工未親受天子冊命者則自稱「陪臣」。陪者，重也（〈曲禮下〉鄭《注》），即低一層的意思。故雖爲卿或大夫，並不能與周王的卿大夫等齒。

　　然而春秋以來，天子權威崩墜，列國大小尊卑的秩序亦不盡如西周之舊觀。所以周靈王贊嘆韓起能守古禮，大國之叔孫婼終使其位列大夫的副介與小國邾之大夫坐獄，臧宣叔也將衛的上卿孫良夫安排於晉國「其位在三」的荀庚之後。春秋末期，秦后子鍼來仕於晉，其車千乘；楚公子干亦來仕，車唯五乘而已。《國語》曰：

> 叔向為太傅，實賦祿，韓宣子問二公子之祿焉。對曰：「大國之卿，一旅之田，上大夫一卒之田。夫二公子者，上大夫也，皆一卒可也。」（〈晉語八〉）

按五等爵制，秦伯楚子，皆非大國；春秋以來都變成大國了，所以上大夫仕於異國可食百頃之祿。以上事例顯示，卿大夫之爵名即使相同，實際身分是隨本國之強弱大小而異的，這是內爵表示個人身分而與秦爵不一樣的地方。

　　封建爵位除了具備身分，也有官祿的意義。文獻上，「官爵」（《左·莊十四》）或「祿位」（《左·閔二》）往往連言。上引叔向所謂「爵以建事，祿以食爵」。《禮記·王制》亦曰：「任事然後爵之，位定然後祿之。」職事、官位、食祿與爵等的具體連繫在於策命。《周禮·大行人》曰：「以九儀辨諸侯之命，等諸臣之爵。」「爵」與「命」，文散則通。命是命其官職，宗周銘文經見，不煩羅列，茲舉數例以考其通相而已。

> 〈揚殷〉：作司工，官司量田甸，司空（居），司茨（普），及司寇，及司工司（事）。錫汝赤師市、鑾旂。（《三代》9.25）
>
> 〈載殷〉：命汝作司土，官司藉田。錫汝織玄衣、赤師市、鑾旂。（《大系》143）
>
> 〈免簠〉：命免作司土，司奠（鄭）還嗷（林），及吳（虞），及牧。錫織衣、鑾。（《三代》6.25）
>
> 〈盠尊〉：王冊命尹，錫盠赤市、幽亢、攸勒，曰：「用司六師、王行、參有司：司土、司馬、司工。」王令

盨曰：「攝司六師及八師藝。」（《考古學報》1975：

2，《圖版》叄）

司工、司土、司寇是官，量田甸、藉田、司林虞牧或六師、八師是
職。有的策命銘文只籠統說「用型乃祖考」，「用嗣乃祖考」或「更
乃祖考」，更簡略者則只記「敬夙夕」或「用事」而已，當然也都有
特定的官與職，唯銘文省略耳。

　　封建城邦時代服飾是官爵的表徵，命官必錫服，上引銘文的赤
市、幽亢、鑾斾、攸勒就是服。金文的例子不勝枚舉，或多或寡，蓋
因其爵級之尊卑、官位之高低、寵任之厚薄而異。〈毛公鼎〉的毛公
因在王廷地位最高故禮服最稱完備，計有朱市、恩黃（蒼珩）、玉環、
玉瑲、金車、夲繇較、朱虢靱靳、虎冪熏裏、右軛、畫轉、畫輯、金
𦙃、䢐（錯）衡、金踵、金軛、朿□、金𥳑第、魚箙、四馬、攸勒、金
□、金膺、朱斾二鈴。一般最常見的只是玄衣黹屯、赤市、朱黃、赤
舄、攸勒和鑾斾。玄衣黹屯者，用黹形花紋鑲飾邊緣的玄色袞衣（屈萬
里1984，頁348），市者蔽膝，黃卽佩玉串（郭沫若1954，頁174、255），攸乃
彎首銅，勒是馬首絡銜（《大系考釋》頁85），鑾是馬鑣的鈴，斾是有鈴
的旌旗（《左·桓二·疏》）。大要不外服飾、車馬飾和旗幟，統稱為
「服」。

　　從宗周器銘看來，天子在不同情況賞賜臣工金、玉、貝、馬、牛、
羊，或田地人夫，皆不必然賦予官爵職掌，而凡予以官職者，必賞服；
二者相須，鮮有例外。誠如《大雅·韓奕》歌頌「韓侯受命」曰：

　　王親命之：纘戎祖考，無廢朕命，夙夜匪解，虔共爾位。朕
　　命不易，榦不庭方，以佐戎辟。……王錫韓侯，淑斾綏章，
　　簟茀錯衡，玄袞赤舄，鉤膺鏤錫，鞹鞃淺幭，鞗革金厄。

在任命職官之後，便賜服，策命格式和金文的記載完全符合。據《小
雅·采菽》曰，君子來朝，天子錫予路車乘馬、玄袞及黼，而在股之
赤市，在下之邪幅（行縢），亦天子所予，此外當亦包括鑾斾。天子賜
給這些服，必定還有官職之命，唯詩省文耳。此亦可與周初封建，分

魯公以大路、大旂、夏后氏之璜，分康叔以大路、少帛、綪茷、旃
旌、大呂，分唐叔以大路、密須之鼓、闕鞏、沽洗（《左·定四》），或
春秋周襄王命晉文公爲侯伯，「賜之大輅之服、戎輅之服」（《左·僖二
十八》），互相參校，伯禽等人都是有爵位的，那麼宗周銘文所記命官
賜服者自然也必予之爵位。

　　因爲有官才有服，服以表爵位，爵以別身分，其爲卿或大夫則在
服上表現出來。《周禮·典命》曰：「上公九命爲伯，其國家、宮室、
車旗、衣服、禮儀皆以九爲節。」侯伯以七爲節，子男以五爲節。王
之三公、卿大夫分別是八命、六命及四命，「及其出封，皆加一等，
其國家、宮室、車旗、衣服禮儀亦如之。」諸侯之卿大夫的「宮室、
車旗、衣服禮儀各眡其命之數。」〈大行人〉述服飾禮儀更加細密，
諸如執圭、繅藉、冕服、常旂、樊纓、貳車、副介等皆有定數。這些
記錄雖不敢必信爲西周的制度，但服爵關連及其差序格局，立意大致
是不差的。魯大夫臧哀伯也從這方面論述封建紀律，他說：

> 袞冕黻珽，帶裳幅舄，衡紞紘綖，昭其度也；藻率鞞鞛，鞶
> 厲游纓，昭其數也；火龍黼黻，昭其文也；五色比象，昭其
> 物也；錫鸞和鈴，昭其聲也；三辰旂旗，昭其明也。（《左·
> 桓二》）

所有表示身分的車服器物皆按階級等差而異，才能使尊卑有制度，上
下有名數，也才能分辨貴賤。然而當春秋晚期以降，無爵之富民多
「能金玉其車，文錯其服」時（《國語·晉語八》），這套以服表爵的制度
就注定非衰落解體不可了。尤其經過戰國的變動，賈人衣絲乘車，後
來甚至庶人婢妾「繡衣絲履偏諸緣」，富人大賈被牆之布不但「白縠
之表，薄紈之裏」，而且「緁以偏諸，美者黼繡」（《漢書·賈誼傳》）。
這在封建時代都算是命服的。相對的，當時官吏的車駕衣服不稱其
官，漢景帝特詔糾察（《漢書·景帝紀》）。此雖爲漢初風氣，恐怕多承嬴
秦舊習。秦爵尊卑雖也影響衣服之差次（《史記·商君列傳》），但可能
不像封建爵制那麼藉重服飾作爲身分的表徵。

　　不過，封建爵制「以官爵人」（《儀禮·士冠記》），官爵不分的傳統，在秦爵第五等的大夫以上也如此。但封建官爵的準繩是「德」，《儀禮·士冠記》所謂「德之殺」也。叔向說：「德以賦之，功庸以稱之」（《國語·晉語八》）。德的意義雖然複雜，大抵是貴族階級的專利品，非後世道德之義，要先有此充分條件才計較必要條件的功庸，與秦爵之以功庸爲充分而且必要之條件者截然異趣。不過封建爵制與秦爵最根本的差別還是如上文所說，封建爵位爲貴族所獨享，秦二十等爵是爲全民而設。

三　秦二十等爵

　　按西周器銘，有權賞賜命服者似乎只天子一人③，當時諸侯對其臣工是否有權命爵，今苦無證，但據春秋史事，東遷以後列國錫命就相當普遍了。孔子的祖先「正考父佐戴、武、宣，三命玆益共」（《左·昭七》）。正考父值東遷前後，錫命者當是宋公，三朝三命，蓋如宗周銘文天子曰：「今余唯帥型先王令，令女」云云。其他如晉襄公以三命命先且居，以再命命胥臣，以一命命郤缺（《左·僖三十三》），魯成公賜晉三帥三命之服，司馬等人一命之服（《左·成二》）；鄭伯賜子展先路三命之服等（《左·襄二十六》），不一而足。春秋普遍錫命授爵，戰國承之；不過，山東列國的爵制大抵沿襲封建「內爵」的傳統，卽命官而後授爵的「官爵」。開放爵位給庶民士卒，而且循序以進，由卑而尊，由下而上者，恐怕始於商鞅制定的秦爵。

　　秦爵發展成功二十等，玆據《漢書·百官公卿表》分類如下：

甲　組	乙　組	丙　組	丁　組
(1)公士	(5)大夫	(10)左庶長	(19)關內侯

③　西周非王之賞盡以金貝爲主，卽使鄭重地賞予田地人夫，譬如〈卯毁〉，榮伯賞卯玉器、銅器、馬牛和田土（《三代》9.37）；〈不嬰毁〉，伯氏賞不嬰弓矢臣田（《三代》9.47），皆不及命服。〈夆尊〉，天子賜邢侯命服，邢侯所賞予夆者只是金（《大系》20）唯〈師毀毁〉（《大系》98）的伯龢父和〈戒鼎〉一（《文物》1976：6）的王劃姜以非王的身分而賞賜臣工命服。郭沫若《大系考釋》（頁114）和楊樹達《金文說》（頁138-139；255-256）俱考定伯龢父卽共伯龢，屬王流亡，宣王卽位以前的國家領袖，具有王的身分。至於王劃姜疑是周天子的王后或太后之流，身分也比較特殊。他們之賞賜命服是可以理解的。

(2)上造	(6)官大夫	(11)右庶長	(20)徹侯（列侯）
(3)簪裊	(7)公大夫	(12)左更	
(4)不更	(8)公乘	(13)中更	
	(9)五大夫	(14)右更	
		(15)少上造	
		(16)大上造	
		(17)駟車庶長	
		(18)大庶長	

以上四組之分本於劉劭，《續漢書·百官志五·注》引劉劭〈爵制〉
曰：

> 自一爵以上至不更四等，皆士也。大夫以上至五大夫五等，
> 比大夫也。九等，依九命之義也；自左庶長以上至大庶長，
> 九卿之義也。關內侯者依古圻內子男之義也。列（徹）侯者依
> 古列國諸侯之義也。

《周禮·大宗伯》曰：「九命作伯」，與公士至五大夫的九等固不相
干；而左庶長至大庶長是上下的九等階級，和分司專職的九卿也是兩
回事。不過，二十等爵粗分成四大等級，比於封建時代的士、大夫、
卿和諸侯，尚不失為合理的分類，和商鞅制爵的本意亦頗符合④。

《商君書·境內》曰：

> 軍爵。自一級已下至小夫，命曰校、徒、操，出公爵。自二
> 級已上至不更，命曰卒。……吏自操及校以上，大將盡賞。
> 行間之吏也，故爵公士也，就為上造也；故爵上造，就為簪
> 裊；就為不更。故爵為大夫，爵吏而縣尉，則賜虜六，加
> （賞）五千六百。爵大夫而為國治，就為〔官〕大士；故爵

---

④　鐮田重雄論西漢爵制，據漢高祖五年夏五月詔，「七大夫、公乘以上皆高爵也」，
「秦民爵公大夫以上令丞與亢禮」，認為實際上士階級相當於一級公士至六級官大
夫，卿大夫相當於七級公大夫至十八級大庶長。附注云卿與大夫之爵不易區別（《
漢代史研究》頁54）。其實四級與五級之間的差別甚大，詳見下文，不能認為一級
至六級同屬於一類也。由於五級難得，七級也就變成高爵了。

〔官〕大夫，就為公大夫；就為公乘；就為五大夫，則稅邑
三百家。故爵五大夫，〔就為左右庶長；故左右庶長，就為
左更；故四（三）更也就為大良造。〕皆有賜邑三百家，有
賜稅三百家。爵五大夫（衍文）有稅邑六百家者，受客⑤。

以與劉劭〈爵制〉互校，四大等級之分的確相當明顯。一級公士至四
級不更，包括當時所謂的校、徒、操和卒，統屬於「吏」，即劉劭所
謂古代的「士」。最高階之吏四級不更進爵而為大夫，可以任職縣
尉，可能是低層的軍將，得賜俘虜，賞錢。從五級大夫至九級的五大
夫，屬於劉劭所謂「大夫」的階級。上文論述封建爵位，我們知道卿
大夫是官爵合一的，秦爵猶承此傳統，反而與漢爵不類。譬如商鞅
任左庶長，定變法之令，為大良造而將兵圍安邑，推行第二次改革
（〈商君列傳〉），樗里子爵右更而伐曲沃（〈樗里子甘茂列傳〉），中更胡
陽攻趙閼與（〈秦本紀〉昭王三十八年），皆可說明秦制有官爵合一的現象。
最顯著者莫過於白起，昭王十三年為左庶長，明年為左更，明年為大
良造（〈白起列傳〉），只記其爵而未及其官，因為爵可表官的緣故。
「大夫」這等級是否為官呢？王先謙《漢書補注》引錢大昭曰：「自
公士至公乘，民之爵也。自五大夫至徹侯，官之爵也」（卷十九上）。
所謂「官爵」並不包含大夫至公乘四級，這是就漢制而言。若秦爵則
甚嚴格，「公大夫以上，令丞與亢禮」（《漢書·高紀下》五年詔），如《商
君書·境內》所述，五爵大夫可以出任縣尉，公乘則可能為小縣之
長。所以我們認為秦爵大夫以上，爵就可以表官了，劉劭比於古之大
夫，的確有其實質意義。乙組這一類最高爵的五大夫，地位很特殊，
不論秦、漢，皆居官階系統的轉捩地位〔附錄一四〕，由此再晉升則屬

⑤　「校、徒、操」句讀從朱師轍《商君書解詁》。「加」疑當作化，借為貨，參高亨
　　《商君書新箋》〈官大夫〉條。「官」字原脫，從朱師轍《解詁》補。「就為左右
　　庶長」至「就為大良造」，錯簡，據俞樾《平議》移於此。左右庶長，原作「大庶
　　長」，高亨《商君書注釋》云，大乃十又（左右）合文，形似而誤。按睡虎地《日
　　書》簡1051，「日中午，日晨未，下市申」（《雲夢睡虎地秦墓》）。日晨合文成一
　　晨字，所以秦人習慣十又合文可以寫成「大」字。俞樾說，四更之「四」疑「三」
　　之誤。高亨云，最後的「爵五大夫」四字，涉上文而衍。

於另一類丙組，比之封建時代的卿，從左庶長至大庶長共九爵，或可總稱作庶長⑥。按〈境內〉篇，十六級的大上造得稅邑六百家，有資格養客，而五大夫稅邑三百家，那麼所有的庶長應當都稅邑或賜邑的。最後，封建五等爵之諸侯在秦爵只存兩級，正因為封建時代已經過去，稍留餘緒而已。

關於秦爵爵名的意義，異說紛紜，莫衷一是。舊說如衞宏、劉劭、傅玄多少都想從車兵制度來解釋爵名的溯義。茲綜合三家之說，得其與車兵有關的界說如下：

上造：乘兵車也。（《漢舊儀》）

簪裊：御駟馬者，駕駟馬者其形似簪，故名。（〈爵制〉；《傅子》略同，董說《七國考》卷一引）

不更：主一車四馬（《漢舊儀》），或曰為車右，不復與凡更卒同。（〈爵制〉）

大夫：主一車，屬三十六人（《漢舊儀》），或曰在車左者，（〈爵制〉）或曰在車右。（《傅子》）

公乘：與國君同車。（《漢舊儀》）

這些爵名的眞義今已難以深入追求，不過，戰國時代，車兵在戰術的運用已退居次要地位（本書第二章），而軍人的身分名稱似乎還和封建傳

---

⑥　1948年陝西鄠縣出土秦右庶長封邑陶券有「大良造庶長游」云云（陳直，〈秦陶券與秦陵文物〉），又世傳大良造鞅鐓亦曰「大良造庶長鞅」云云（于省吾《雙劍誃古器物圖錄》卷上），則大良造乃大良造庶長之省。二十等爵之大上造、少上造皆省略「庶長」二字，而且左、中、右三更上下皆稱庶長，全名可能也當是左更庶長之類。楊寬推斷從第十級到第十八級是庶長（《商鞅變法》頁29），頗為合理。孝公之後，史載爵稱庶長者不乏其人，《史記》云：

惠文王七年　　義渠內亂，庶長操將兵定之。（〈六國年表〉）

後七年　　韓、趙、魏、燕、齊帥匈奴共攻秦，秦使庶長疾與戰修魚。（〈秦本紀〉，下同）

後十二年　　庶長疾攻趙。

後十三年　　庶長章擊楚於丹陽。（〈六國年表〉云：斬首八萬）

武王三年　　使甘茂、庶長封伐宜陽。

昭王二年　　庶長壯與大臣、諸公子為逆，皆誅。

六年　　庶長奐伐楚，取新市。

這些庶長可能是那九級庶長的省稱，否則商鞅旣嘗為左庶長，又為大良造庶長，在他之後，似不可能只存攏統的庶長一爵而已。

統有某種程度的聯繫。

　　二十等爵有不少爵名顯然沿用秦制舊名，有些則可能酌採山東爵
位，融會成一個系統。如不更、庶長原是秦產。春秋中葉，晉率諸侯
與秦戰於麻隧，《左傳》曰：「秦師敗績，獲秦成差及不更女父」（〈成
十三〉）。杜預《注》：「不更，秦爵。」然其地位絕非二十等爵中四
級之不更而已。同時秦的「庶長」亦經常見。《左傳》曰：「庶長鮑、
庶長武帥師伐晉以救鄭」（〈襄十一〉）。又曰：「庶長無地伐宋」（〈襄
十二〉）。按《史記》〈秦本紀〉，圍攻懷公，逼使自殺的是庶長；弒
出子，改立獻公的也是庶長。〈六國年表〉謂厲共公十年庶長將兵拔
魏城，二十六年左庶長城南鄭，則秦早有庶長與左庶長之分，故孝
公「以衞鞅爲左庶長，卒定變法之令」（〈商君列傳〉）。既有左庶長，
亦必有右庶長。春秋時代秦有大庶長。〈秦本紀〉謂憲（原誤作寧）公
卒，「大庶長弗忌、威壘、三父廢太子而立出子爲君。」可見不更和
庶長都是秦在變法之前就有的爵名。《呂氏春秋·當賞》云，秦獻公
賜菌改爲官大夫，則六級的官大夫似亦沿用秦之舊名。山東方面，齊
有列大夫，《史記·孟子荀卿列傳》：「自如淳于髡以下，皆命曰列大
夫。」《管子·輕重乙》：「令大夫藏五百鍾，列大夫藏百鍾。」趙
有上大夫，《史記·廉頗藺相如列傳》：「相如既歸，趙王以爲賢大
夫使不辱於諸侯，稱相如爲上大夫。」魏有公大夫，《韓非子·內儲
說上》：「龐敬，縣令也，遣市者行，而召公大夫而還之。」韓與中山
皆有公乘。《韓非子·說林上》：「張譴相韓，病將死，公乘無正懷
三十金而問其疾。」河北平山縣三汲戰國古城遺址出土石刻。銘曰：

　　　監罟尤（囿）臣公乘得、守丘兀（其）白（舊）痭（將）曼敢謁後
　　　卡（俶）賢者⑦。（圖8.2）

楚、魏、趙皆有五大夫。《呂氏春秋·長見》云：「荊文王爵莧譆以

　　⑦　李學勤釋文，見《文物》1979年1期1頁。唯黃盛璋隸定有異，釋義亦別。黃氏隸
　　　　定作「監罟有（囿）臣公乘导（得）守丘其白（柩）將最（敗）敢謁後先賢者」。
　　　　以爲刻石必與守丘和防柩棺毀敗有關。他引戰國古印「公乘畫」、「公乘高」證明
　　　　此公乘是複姓，不過即使這是戰國印的公乘，亦不能證明必非爵稱也。黃文見《古
　　　　文字研究》第八輯〈平山戰國石刻初步研究〉。

圖 8.2　中山國刻
字河光石銘文

五大夫。」《戰國策》〈楚一〉：「楚杜赫說楚王以取趙，王且予之五大夫。」〈魏四〉：信陵君將仕縮高五大夫，使爲持節尉。〈趙三〉：建信君曰：「秦使人來仕，僕官之丞相，爵五大夫。」《呂氏春秋‧無義》：「續經以仕趙五大夫，人莫與同朝。」此外，齊的令大夫、中大夫，魏的國大夫，趙的上大夫等與秦爵名相去較遠，可以不論。以上的爵名比商鞅或早或晚，對於二十等爵之名的影響不是絕對的，但商鞅既將山東改革的 經驗移植於秦， 斟酌損益 山東的爵名，也是很可能的。

最後，秦二十等爵制在商鞅時代是否如劉劭所謂已「備其法品」呢？《商君書‧境內》只講到大良造，所謂大庶長乃左右庶長的合文，非第十八爵的大庶長。雲夢秦簡的「顯大夫」或卽五大夫，「官士大夫」如果是一個爵名，則未見於二十等爵；〈傳食律〉 規定爵食，分「上造以下」與「不更以下到謀人」，參照廩食內容，所謂「謀人」之爵當屬第三級的簪褭，但這名目也是二十等爵所未見的。不過根據〈境內〉，一級到十六級都已完備。二十等爵卽使在商鞅時代尚未定形，其較大的等級分野及基本體系成於商君之手，大概是不必懷疑的。

總之，秦爵與封建爵位互有異同，它們各給當時社會樹立一套身分制度，然而秦爵以軍功作爲全民身分階級準繩的根本精神卻是嶄新的創制，前四級尤關乎編戶齊民，在平民中設定身分，更爲前古所未有。秦雖嘗因民納粟而拜爵（〈秦始皇本紀〉四年，〈六國表〉始皇二十八年、三十六年），但基本上以軍功授爵爲主，故《商君書‧境內》論爵制乃逐

稱作「軍爵」⑧。

二、軍功授爵：爵位之獲得和人口之役隸的分析

　　古之世卿雖隨著封建制度的崩潰而衰亡，但直到戰國末葉，山東列國仍多無功而位尊者。吳起在楚，努力摧抑貴族，「衰楚國之爵而平其制祿」（《淮南子·道應》），「廢公族疏遠者」（《史記》本傳），消極的成分較重，不若商鞅在秦建立「以賞功勞」的爵制來得徹底（《漢書·百官表》）。軍功授爵，既不議親，也不議故，雖「宗室，非有軍功論，不得為屬籍」（〈商君列傳〉）。無功的宗室一旦除其宗籍，便與庶民等倫，不待「三世」而疏遠了（《戰國策·趙四》）。

　　《史記·商君列傳》曰：

　　有軍功者，各以率受上爵。明尊卑爵秩等級，各以差次名田宅，臣妾衣服以家次。有功者顯榮，無功者雖富無所芬華。

按個人作戰立功所獲得的爵級，依次田畝有廣狹，家宅有大小，奴婢有多寡，服飾排場也有區別。封建制度的君子小人分野取消了，萬民同站在一條起跑線上，憑藉個人在戰場上的表現締造自己的身分地

---

⑧　由於文獻解讀之不同，秦的爵制發生一些混清，有「軍爵」、「公爵」和「出公爵」等名目。為討論方便，茲先引述基本史料於下。《商君書·境內》曰：「軍爵自一級巳下至小夫命曰校徒操出公爵自二級巳上至不更命曰卒。」「校徒操出」，俞樾《平議》讀作「校徒操士」。他說「古書士出字多互誤」。依此讀法，秦爵是有「軍爵」和「公爵」之分的。朱師轍《解詁》在操字頓，出字屬下，讀「自一級巳下」至「出公爵」為句，而曰「出公爵，謂在軍爵之外」，即一級巳下的校、徒、操三者皆軍職，但不屬於軍爵，然而他並沒有意思將「公爵」獨立起來，作為與「軍爵」相對的名稱。今人朱紹侯所著《軍功爵試探》，句讀從《解詁》。取義不同，他駁「在軍爵之外」，認為公士以下至小夫的校、徒、操三級叫作「出公爵」（《試探》頁24）。高敏則反對「軍功爵」的用法，寧願稱作賜爵制，維持軍爵與公爵二分。參〈秦的賜爵制度試探〉（《秦漢史論集》）與〈從雲夢秦簡看秦的賜爵制度〉（《雲夢秦簡初探》）。我們的理解，句讀當從朱師轍。但「出公爵」當謂校、徒、操無軍功而得獲爵公士，其爵乃公所頒給。公爵二字不構成一個術語。如此則上引〈境內〉篇那段文字乃豁然可解。故商鞅制定的秦爵只有「軍爵」一種而已。再者，〈境內〉的「勞爵」當讀為「勞」與「爵」，據《商君書》本文、《墨子》和睡虎地秦律來看，勞也關乎軍事的功勞，詳見下文。附帶說明的，朱紹侯用「軍功爵制」表示二十等爵，對秦代雖然合適，但將它延伸到漢朝就不一定妥當了。

位，此乃上文所謂空前嶄新的意義。唯商鞅雖然開創一個新社會，他並不要打破階級制度，只想改變封建階級的內容而已。此新社會、新階級的面貌尚未見比較精確的論述，本文專就「上首功」與「隸五家」這兩個問題分析，以期探索秦爵的特質。

一　首功與爵勞

戰國游士魯仲連義不帝秦，以秦「上首功」也（《戰國策·趙三》）。首功如何尚法？向來多根據韓非的話敷衍鋪陳。《韓非子·定法》曰：

> 商君之法曰：「斬一首者爵一級，欲為官者為五十石之官；斬二首者爵二級，欲為官者為百石之官。」官爵之遷與斬首之功相稱也。

此或《淮南子》概稱的「斬首拜爵」（〈氾論〉）。當然，韓非所引商君之法，只是關係爵制的一條或少數法令而已，若當作唯一的原則加以引伸，便難免與史實抵觸。秦尚首功，每次戰役斬首無數，史籍所載者估計不下一百七十萬人（本書頁396），史缺不書者尚不知凡幾，如斬一首獲爵一級，累積遞升，不僅人人爵高品極，二十等爵的制度也無法消化無盡的首功。何況事實上，秦代高爵是很少的。劉邦初定天下，下詔曰：

> 七大夫、公乘以上，皆高爵也。異日，秦民爵公大夫以上，令、丞與亢禮。（《漢書·高帝紀下》）

七大夫即公大夫，第七級；公乘，第八級。秦爵得至第七或八級者已難能可貴，縣令、縣丞與之平禮。第九級的五大夫「稅邑三百家」（《商君書·境內》），自此開始就可以食封邑了。其實不待於第九級，或第七、第八級，五級的大夫在秦代可以「為縣尉」（同上），如果一首一爵，豈非人人優官，戶戶高爵？因此，韓非所引商君之法實有進一步解釋的必要。

關鍵問題在於能否以「一首爵一級」的原則累進計算？〈商君列傳〉曰：「有軍功者，各以率受上爵。」率，即是秦人論功行賞的計

算方法，《商君書》提供我們一些線索。〈境內〉曰：

> 軍爵。自一級已下至小夫，命曰校、徒、操，出公爵。自二
> 級已上至不更，命曰卒。其戰也，五人來薄（東薄）為伍，一
> 人羽（逃）而輕（剄）其四人，能人得一首則復⑨。五〔十〕
> 人一屯長，百人一將。其戰，百將、屯長不得斬首；得三十
> 三首以上，盈論，百將、屯長賜爵一級。

校、徒和操這三種軍人包含一級公士與無爵的小夫，他們之爵位是秦
公頒授的，不必一定靠戰功，故曰「出公爵」。爵名公士，《漢舊
儀》所謂國君列士也。二級上造以上至四級不更，既稱作「卒」，大
概便是軍隊的成員，非有首功是不可能晉升的，〈境內〉曰：「故爵
公士也，就為上造也；故爵上造，就為簪裊；就為不更」。韓非所引
斬一首爵一級、斬二首爵二級的商子之法可能只指這三等爵而言，從
四級不更到五級大夫，這個原則是不適用的。〈境內〉說：「故爵為
大夫，爵吏而為縣尉」，大夫可以出任縣尉，已相當尊崇。這一關不
是普通士卒的首功可以獲得，只有身為軍吏者才有資格。說詳下文。

據〈境內〉「五人一屯長」，則屯長即伍長。日人守屋美都雄校
正此篇，疑「五」下脫「十」，當作「五十人一屯長」。以意改之，
無說（守屋1968，頁18），我們認為可從。睡虎地秦律有「敦長」，註釋
者逕作「屯長」。敦、屯音近之故。屯長的地位，秦律頗可見其大
略。《秦律雜抄》曰：

> 不當稟軍中而稟者，皆貲二甲，廢；非吏也，戍二歲。徒
> 食、敦長、僕射弗告，貲戍一歲；令、尉、士吏弗得，貲一
> 甲。（《睡簡》頁133-134，以下引《睡簡》不特標明，只記頁碼。）

軍吏冒領軍糧者罰二甲，撤職，永不錄用；非吏，則戍邊二歲。同伙
食的士卒、屯長和僕射不報告，戍邊一歲，縣令、縣尉及士吏未察

---

⑨ 此下今本有「夫勞爵」等十七字，孫詒讓云係錯簡，擦刪。「來薄」疑「東薄」之
　誤，見孫詒讓《札迻》（卷五）；「羽」疑作「兆」，借為「逃」，見高亨《新
　義》；「輕」當為「剄」，孫詒讓說（同上）。

覺，罰一甲。《秦律雜抄》又曰：「軍人買（賣）稟稾所及過縣，貲戍
二歲；同車食、敦長、僕射弗告，戍一歲；縣司空、司空佐史、士吏
將者弗得，貲一甲；邦司空一盾」（頁134）。這是關於軍人販賣軍糧的
連坐處分。以上兩則律令，屯長皆介於同食者與僕射之間。徒食，同
伙士卒，單位人數不明；自春秋晚期以下大概一車作戰士卒七十五
人，後勤補給二十五人（本書頁62），同車之食者或卽百人隊伍。僕射，
《孫子‧作戰》曹操《注》：「五車爲隊，僕射一人」，則僕射率領
五車。屯長所率領的士卒可能百人以下，其地位在縣級長官與士吏之
下。《秦律雜抄》曰：「徒卒不上宿，署君子、敦長、僕射不告，貲
各一盾」（頁144）。署君子或卽登記徒卒上宿的小吏，敦長地位在他與
僕射之間。〈敦表律〉曰：

> 軍新論攻城，城陷，尚有棲未到戰所，告曰戰圍以折亡，叚
> （假）者，耐；敦長、什伍知弗告，貲一甲；伍二甲。（頁
> 145）

攻城，士卒偷生不敢赴戰場，假報陣亡，查明不實，報告者應處耐
刑；屯長，同什之人知情不報，罰一甲；同伍之人，罰二甲。按〈境
內〉，屯長在「百人一將」的百將之下，證以秦律律文，屯長當較近
於五十人之軍吏，而非僅領四卒的伍長。《史記》載陳勝、吳廣爲漁
陽戍卒之屯長，平昔「士卒多爲用」，革命之頃，登高一呼，衆人影
從，說他們是五十人的軍吏當比五人之伍長更合理。

　　屯長和百將屬於何等爵位呢？史籍未明言，但約略可以推求。繼
上引《商君書‧境內》「盈論」云云又曰：

> 五百主，短兵五十人；二五百主，將之主，短兵百人。千石
> 之令，短兵百人；八百之令，短兵八十人；七百之令，短兵
> 七十人；六百之令，短兵六十人。

短兵大概是侍衞，其人數與俸祿成正比。《漢書‧百官公卿表》述秦
縣官之制曰：

> 縣令、長，掌治其縣。萬戶以上爲令，秩千石至六百石；減

> 萬戶為長，秩五百石至三百石。皆有丞、尉，秩四百石至二
> 百石，是為長吏。

五百主短兵五十人，食祿五百石，可任不及萬戶的縣長。秦漢之際六
百石吏既與九爵五大夫地位相當，七、八爵的公大夫和公乘，縣令、
縣丞與之亢禮，那麼五百石的縣長（或五百主）便可能具備第七爵或第
八爵的身分，四百石的縣丞大約是第六爵的官大夫。據〈境內〉之論
述，百將在五百主之下，可能是大夫，或稍低。那麼，屯長大概可
以具有不更的身分。上節闡述大夫與不更分屬二十等爵的兩大不同級
類，約若古之「大夫」與「士」的差別。如果大夫是最低層的軍官，
則不更當是最高級的軍吏。所以〈境內〉說：「故爵〔不更，就〕
（三字據俞樾《平議》補）為大夫，爵吏就為縣尉」。

　　當然，大夫與百將，不更與屯長不必然符合。官職視實缺會有高
低，但爵位的進退卻是嚴格的。《商君書》從四級進入五級，合屯長
與百將而言，即是這緣故。那麼這階段的晉升原則是什麼呢？〈境
內〉明言曰：

> 其戰，百將、屯長不得斬首，得三十三首以上，盈論，百
> 將、屯長爵一級。

朱師轍《解詁》曰：「百將、屯長責在指揮，故不得斬首。」雲夢秦
簡可以佐證，《秦律雜抄》曰：「故大夫斬首者，遷」（頁131）。本爵
為大夫，而在陣前斬首者，處以流放之刑。不斬首何來三十三個首
級？那是部隊作戰的總成績。此律屯長或亦適用。

　　根據以上的研究，對於秦國軍功授爵的辦法，我們獲得粗略的認
識。一級公士不必有軍功，是秦王的恩賜；二級上造、三級簪裊和四
級不更全憑個人戰功而晉升，原則上大概依照韓非所述的商君之法：
「斬一首者爵一級，斬二首者爵二級」。然而升到第四級就不能再按
這辦法上升，除非擔任屯長或百將，而所率領的部隊在一次戰役中能
獲得三十三首，才算滿數，才可以晉爵；否則永遠無法升級。一般士
卒靠個人猛勇，其爵容易晉升至不更，但若沒有機會擔任屯長，或當

上屯長而每次戰役未能率領部屬締造三十三首的大功，也不可能升爲大夫。百將亦然。可見四級至五級之間是一大門檻，不是輕易可以跨過的。

秦軍功授爵的細則必遠甚於此，由於文獻不足，難再推測。不過，近年青海大通縣上孫家寨一一五號漢墓出土大批漢簡（《文物》1981：2），記載漢代的軍功授爵制度，可供參考。下引簡文係據簡報整理的資料。

上孫家寨殘簡論軍功授爵曰：

> 斬首捕虜，拜爵各一級。車□□□□□斬首捕虜二級，拜爵各一級；斬捕五級，拜爵，各二級；斬捕八級，拜爵各三級；不滿數，賜錢級千。斬首捕虜，毋過人三級，拜爵皆毋過五大夫，必頗有主以驗不從法狀。

斬首之數與晉爵之級雖成正比，其差距是遞增的——斬一或二首，拜爵一級；五首，爵二級；八首，爵三級。而且還有兩條附帶限制：一是每人一次拜爵不得超過三級，也就是卽使斬九首以上，也只能拜爵三級而已；二是拜爵者的爵位如果到了五大夫，卽使斬首再多，也不能晉爵。這些限制規定極嚴，官設專司以驗不法。斬首和晉爵的比數遞增，商鞅之後，秦爵可能如此發展。一般士卒的軍功拜爵，漢代不過第九等的五大夫，因爲人民賜爵可以達到八等的公乘之故，秦的限制更嚴，毋過五等的大夫。

> 二級當一級；以爲五大夫者，三級當一級。首虜不滿數者，藉須復戰。軍罷而不滿數，賜錢級。

此或視斬首者的爵位計算首功的方法有所不同，如五大夫斬首三級，拜爵一級，意與前引同。相對的，亦視所斬者地位而有不同的計算方式。如：

> 可擊之，能斬捕君長有邑人者，及比二千石以上，賜爵各四級；其毋邑人者，及吏皆千石以下至六百石。

或因作戰任務而首功不同，所謂「城戰斬首捕虜，毋過」，蓋指此。

大通漢簡或曰「拜爵皆毋過五夫」，或曰「以爲五大夫者，三
級當一級」，或曰「從軍，斬首捕虜，爵禪行，至右更」。由於簡
殘，難以比較析論，大概也是不同爵等，首功晉爵方式不一的緣故
吧。

大通簡總言「斬首捕虜」，一般指斬首而言，但有一簡曰「虜什
二人以上，拜爵各一級；不滿」，可能指生捕的俘虜，而非首功。唯
秦律斬首和捕虜的分際，現在還不清楚。

譙周曰：

> 秦用衛鞅計，制爵二十等，以戰獲首級者而受爵。是以秦人
> 每戰勝，老弱婦人皆死，計功賞至萬數。天下謂之「上首功
> 之國」，皆以惡之也。（《史記·魯仲連列傳·集解》引）

秦人拜爵的首級連非士卒的「老弱婦人」也計算在內嗎？從爵制之嚴
格來看，是不太可能的。秦國建立一套檢驗首級的程序，相當嚴密。
《商君書·境內》曰：

> 以戰故，暴首〔日〕（從高亨補），乃校三日，將軍以不疑致
> 士大夫勞、爵。

高亨說：

> 暴首，把戰士所得敵人首級的數目公布出來；或是陳列耳
> 級。校，校閱，檢查，以此爲論功行賞的根據。

疑暴首是陳列首級，不僅耳朵而已。睡虎地秦簡〈奪首〉爰書以西元
前二六六年秦魏邢丘之戰爲背景，撰寫案例曰：

> 某里士伍甲縛詣男子丙，及斬首一，男子丁與偕。甲告曰：
> 「甲，尉某私吏，與戰邢丘城。今日見丙戲灢，直以劍伐痍
> 丁，奪此首，而捕來詣。」診首，已診丁，亦診其痍狀。
> （頁257）

邢丘之戰，某丁獲一首級。戰後，某丙奪此首，二人爭執，丙以劍傷
丁。爲某尉私吏甲所見，故縛丙詣官。另外一條爰書原題不識，情況

亦相似，細述診首，可名為〈診首〉爰書。曰：

> 某里士伍甲、公士鄭在某里曰丙，共詣斬首一，各告曰：
> 「甲、丙戰邢丘城，此甲、丙得首也，甲、丙相與爭，來詣
> 之。」診首□醫髮，右角痏一所，袤五寸，深到骨，類劍
> 迹；其頭所不齊脆脆然。以書讔首曰：「有失伍及菌（遁）不
> 來者，遣來識戲次。」（頁257-258）

邢丘之戰，甲丙爭一個首級，官方發布文書，徵求辨認首級說：「如
果有掉隊和遲到的，派人來軍戲駐地辨認。」前一案例的丙甘冒傷痍
同袍之罪而奪首級，為求首功也；後一案例，甲丙共爭一首，也是為
的首功。但在政府方面還要防備士卒以戰死同袍之首級冒充敵首來邀
功。首級之獲得如此困難，檢校又那麼嚴格，豈是可以隨意取「老弱
婦人」來計數的？上引大通簡曰「必頗有主以驗不從法狀」，可能也
包括驗查首級。

　　漢初，雲中太守魏尚坐「上首功虜差六級」，文帝下之吏。削其
爵，罰作之（《史記・馮唐列傳》）。虛報敵首六級，連太守也遭受刑罰。
此當承贏秦餘風，而秦國爵制之嚴格亦可見矣。拜爵的首級當然以敵
軍士卒為準，老弱婦孺不能充數。

　　首功的認定是在戰地軍營，秦簡的「軍戲」當是其中之一，經軍
隊長官呈報給中央，中央才賜爵，而且直接賜到士卒之家。睡虎地四
號墓出土的木牘，有一件家書。寫信的黑夫正參與攻打淮陽的戰役，
信中說：「書到皆為報，報必言相家爵來未來，告黑夫其未來狀」
（《文物》1976：9，頁61，圖版陸）。此信所押日期是「二月辛巳」，結合其
內容，當是秦始皇二十四年「取陳以南至平輿，虜荊王」的滅楚大戰
爭（黃盛璋1982，頁548）。黑夫的首功計於淮陽，爵由丞相賜給他在安陸
的家，書信謂「相家爵來未來」，即指此。不過《商君書・境內》於
暴首校功後曰：「將軍以不疑致士大夫勞、爵。」由將軍直接賜予官
兵，與黑夫信札（本書頁224）不同。《呂氏春秋・孟夏紀》曰：「命太尉

行爵出祿。」行者付與也，此太尉或即將軍⑩。根據黑夫的家書，爵從中央頒賜下來，當達於縣，再由縣廷直接致贈獲爵者之家。《商君書‧境內》曰：「其縣過三日有不致士大夫勞、爵，能。」能，讀作耐，是一種刑罰（本書頁289），可見中央對於軍功授爵的重視。

爵的限制既然如此嚴格，於是別有「勞」以補其不足。〈境內〉一再並稱「勞」「爵」，《居延漢簡》亦有「秋射二千石以令爵勞名籍」（《釋文》5022）。勞與爵的關係雖極密切，仍有所分別。上引大通漢簡，首虜不滿數者，賜錢級千。秦制或不如此，但對於有功而不能晉爵的人，當可能「致勞」。勞者何也？《睡簡‧中勞律》曰：「敢深益其勞歲數者，貲一甲，棄勞」（頁135）。此「勞」同於《墨子‧號令》所謂「數使人行勞、賜守邊城關塞、備蠻夷之勞苦者」所「行」之「勞」。「中勞」亦見於《居延漢簡》，如：

> 肩水候官並山隧長公乘司馬成，中勞，二歲八月十四日；能書，會計，治官民，頗知律令，武；年卅二歲，長七尺五寸；觻得成漢里，家去官六百里。（《圖版》三九葉13.7《釋文》790）

⑩　〈境內〉關於授爵還有兩句話，「其縣四尉，嘗由丞尉。」嘗者計量，《商君書‧墾令》所謂「嘗粟而稅」。嘗由丞尉，蓋謂丞尉計量首功。第一句值得討論。孫詒讓將「夫勞爵其縣過三日有一致士大夫爵能」十七字移於道兩句之上，朱師轍從之。高亨讀作「能其縣四尉」。能者耐也。就上下文句來看似可通，但問題出在「四尉」二字。高亨注云：「縣有四尉，他書無證，未詳。」按《續漢書‧百官志》，「尉，大縣二人，小縣一人」。但嚴耕望氏說，就漢碑所見，尉之員額多少與大小縣似無關係。一般縣皆有兩尉，惟京縣置員稍廣，《漢舊儀》云西漢長安縣凡四尉，《唐六典‧注》云後漢洛陽亦置四尉（《中國地方行政制度史》上編卷上《秦漢地方行政制度》，頁218-219）惟〈境內〉之縣必不限於京師而已。朱紹侯不認為錯簡，直接讀作「其縣四尉」，謂「縣」即「懸賞」，「四」即「國」之訛，「大意是勞爵由國尉縣裏的縣丞、縣尉執行」（《試探》頁31）「國尉縣裏」不詞，且與懸賞之解抵觸。不過國尉之說是可以考慮的。《呂氏春秋‧孟夏紀》「命太尉贊傑儁，遂賢良，舉長大，行爵出祿，必當其位」，則爵祿之賞賜由太尉掌理，而一說太尉即國尉。〈秦始皇本紀〉有「以尉繚為秦國尉」。《正義》云：「若漢太尉、大將軍之比也。」〈白起列傳〉曰昭王十四年，「起遷為國尉。」《正義》亦曰「言太尉」也。然而國尉並非太尉。白起次年為大良造，爵十六級，遷國尉以前是左更，爵十二級，國尉雖非二十等爵之爵名，而其地位在十二級至十六級之間是可以肯定的，不是全國最高的軍事長官。〈境內〉曰：「其攻城邑也，國司空嘗莫（冪）城之廣厚之數，國尉分地，以徒校分積尺而攻之。」此國尉亦非太尉。若〈境內〉原文是「其縣國尉，嘗由丞尉」，縣有懸係、聯繫之義，似可解作先由丞尉計量首功，中央頒賜的爵位經國尉而致賞，那麼，《呂氏春秋》所謂行爵之太尉與秦續的丞相，地位是比較相當的。

張掖居延甲渠塞有秩 士吏公乘段
尊，中勞，一歲八月二十日；能
書，會計，治官民，頗知律令，文。
（《圖版》一五七葉57.6，《釋文》3239）

中勞大概是「中功幾勞」之省，《居延漢簡》
類似的簿籍曰：

☐候官罷 虜隧長簪裊單玄中 功五
勞，三月；能書，會計，治官民，
頗知律令，文，年卅歲，長七尺五
寸，☐令居延中官里，家去官七十
五里，屬居延部。（《圖版》六〇五葉
89.42，《釋文》7930）

別簡又有「中功一勞，二歲二月」（《釋文》
22）。「中功二勞」（《釋文》4185），或稱
「功一勞」（《釋文》1020），甚至簡稱作「功
勞」（《釋文》505、514）。但從以上諸簡看來，
「功」與「勞」還是有區別的；雖然下舉的
〈功令簡〉，勞包含在功之中。

「勞」的確切義涵，從〈功令簡〉可以
體會得到。（圖 8.3）

功令第卅五：候長、士吏值試射，
射去埻，弮弩力如發弩，發十二
矢，中弮矢六為程，過六，矢賜勞
十五日（《圖版》一三一葉45.23《釋文》
2707）。

功令第卅五：士吏、候長、蓬隧長
常以令秋試射，以六為程，過六，
賜勞，矢十五日（《圖版》三七一葉285.17
《釋文》5885）。

圖 8.3　居延漢簡功令
第四十五

以秋射考課而言，發十二矢，中六矢及格，超過一矢，賜勞十五日，即賜給十五日之假期。漢簡的「賜勞名籍」（《釋文》4543），當是這種勞績的簿冊，而個人獲賜勞績的時日，據上列各簡，多有精確的數字。漢代人民自己申報勞績，地方官吏滙集成冊，轉呈上司，《居延漢簡》曰：士吏「謹移所自佔功勞□□名籍一編，敢言之」（《釋文》4597）。秦或亦然，故〈中勞律〉才有「敢深益其勞歲數」的懲罰法令。

　　據居延漢簡，勞與爵里、年齡、體徵、能力並列，也是個人身分的一端，愼重載於簿籍。所以秦的「賜勞」、「致勞」，或睡虎地秦簡〈軍爵律〉「從軍當以勞、論及賜」的「勞」（頁92），皆指勞績，雖不及爵之尊貴，也是身分的一種表徵。

　　總結以上所論，我們認爲商鞅的軍功授爵制度相當複雜，絕非「斬一首者爵一級」所能涵蓋。大體上爵等愈低者，愈易獲得；反之，愈難。一級可以無功而授，四級以前大概按首功拜爵，五級以上則非軍將不可。於是構成金字塔式的身分階級制，愈下層，人數愈多。個人身分之進階，難中有易，易中有難；雖難而不使人失望，易也不會流於浮濫。若未符合晉爵標準，有戰功者也可得到休假的勞賞。這是很能發揮鼓舞人心和刺激希望的制度。

　　士卒晉爵的限制雖嚴，還有兩種輔助辦法，不必以四級的不更終老一生。亦見於《商君書·境內》。第一、全軍建立大功、全軍盡賞。所謂「大功」，是指「能攻城圍邑，斬首八千已上則盈論；野戰，斬首二千則盈論」；於是「吏自操及校以上大將盡賞」，公士升爲上造，上造升爲簪裊，依次上推。第二、攻城圍邑，志願參加敢死隊者，立功亦破例晉爵。〈境內〉曰：

　　　陷隊之士，面十八人。陷隊之士知疾鬥，不得（退）[11]，斬
　　　首，隊五人，則陷隊之士人賜爵一級，死則一人後。

----

⑪　得，當作「退」，從朱師轍說，見《商君書解詁》。

敢死隊每十八人編成一組，能斬五首者，敢死之士每人晉爵一級；不幸戰死，每家一人繼承其爵位。但敢死隊賜爵的代價極高昂，誰先進城，誰後進城，背後都有將軍、國正監和正御史三人站在打造的木臺上瞭望、監督，看得一清二楚。城未陷又不能死，活著退下來也不好過，在千人環窺，眾目睽睽的圍城下，臉上刺青，並且割掉鼻子[12]。其賞重者，其刑也酷，是天經地義的道理。

二　甲首與役隸

　　商鞅變法的爵祿之賞，有一項也發生類似「斬一首者爵一級」的誤解，那就是斬甲首而錫賞役隸的問題。荀子與臨武君議兵於趙孝成王之前，論秦賞賜有功之軍人曰：「功賞相長也，五甲首而隸五家。」（《荀子·議兵》）這段話亦見引於《漢書·刑法志》，一般多和《商君書·境內》互相發明。〈境內〉曰：

　　　能得甲首一者，賞爵一級，益田一頃，益宅九畝，一（衍文）
　　　除庶子一人，乃得人（入）兵官之吏[13]。

何謂甲首？何謂隸家？何謂庶子？《漢書注》引服虔曰：「能得著甲者五人首，使得隸役五家也」。也就是砍得穿著鎧甲之兵士的首級五個，就能奴役五家人。楊倞注《荀子》亦採此說。然而「甲首」是否即是著甲者之頭，不無疑問。第一，到戰國中晚期，凡上戰場的戰士大概很少不著甲了，所謂「被甲蒙胄以會戰」者也（《史記·張儀列傳》）。秦攻山東六國，割山東披甲戰士之首無數，秦之士卒是否也增益無數田宅，役使無數家庭呢？第二，〈境內〉既通言斬首授爵，唯「能得甲首」者於賞爵之外，又益以田宅，可有庶子，所謂「得甲首」顯然與普通斬首不同。大通漢簡曰：「執者□□斬，能執之，賞如甲首」；

---

[12]　原文是「不能死之，千人環規（窺），（諫）縣劓於城下」。規讀作窺；諫似涉「縣」而重出。說本於高亨《商君書注釋》頁154。朱師轍《解詁》讀作「千（干）人環，規諫縣劓於城下」。干、犯也，環讀為轘，謂不死戰之罪犯轘裂之。先由眾人罵辱（規諫），刺青，劓鼻之刑，然後車裂之。如按此解，後退的敢死隊命運就更悲慘了。

[13]　朱師轍《解詁》云，「一」字疑衍，「人」當作「入」。

又曰：「□罪，能執之，賞如甲□（首）。」按大通新出漢簡多言「斬首捕虜」，這兩簡特言「甲首」，亦當與普通之「首」有別。然而甲首的義涵尚待析辨，隸家是否可以等同奴隸，所除之庶子是不是「即後世蔭子除官之類」（《商君書解詁》），這些問題不釐清，不但不能掌握商鞅軍功授爵的真相，對秦國社會性質的了解也是模糊的。

先從軍隊組織之改變論「甲首」。

第二章說過封建城邦的戰爭以兵車為主力，一車三士，穿戴盔甲，稱作「甲士」，另外還配置隨車徒卒，其員額因時而異，從十人發展至七十二人。《司馬法》有「革車一乘，士十人，徒二十人」之說，金鶚據以論定「甲首」。他說：「凡用兵，選其強壯有勇之尤者，使居車上，主射，主擊刺，主鄉，是謂『甲首』」（《求古錄禮說》卷十五〈軍制車乘士卒考〉）。這麼說，甲首也就是車上的三名甲士。既然如此，「甲士」之外何必再有「甲首」之名呢？金氏知道古代戰車只能載三人，於是安排其餘七名甲士在車的左右，作為預備隊。其根據是在「士十人」。我們對十士之說是存疑的。第一，封建時代甲士與徒卒的身分差別甚嚴，既在車左右，仍須徒行，與步兵無異，如何稱得上甲士？第二、甲士披組甲，行動到底不如穿練袍的徒卒輕疾，當時既以車乘為作戰主力，笨重的裝束是跟不上馬車的。第三、《左傳》記載無數次的戰役，車仰馬翻，甲士墜地，我們從未看出有任何預備隊的甲士來。所以金鶚分甲士是一車的十士，甲首是甲士中在車上的三士，所謂強壯有勇之尤者，恐怕不切實情。我們認為甲首只指三名甲士當中的一人，應該就是車右。古代也叫作「保介」，後世謂之「驂乘」（圖8.4與8.5）。

車戰時代，車右尤以勇力著聞。當時的習俗，會戰前遣勇士挑釁，先聲奪人，謂之「致師」。據說，致師者，「御靡旌摩壘」，「左射以菆，代御執轡，御下，兩（飾也）馬，掉（正也）鞅」，「右入壘，折馘，執俘」，完成後才回本壘（《左·宣十二》）。一乘出去致師，車右要深入敵人軍營，割敵人首級而切其左耳，生俘敵人，乃

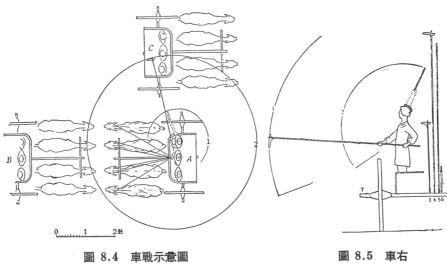

圖 8.4　車戰示意圖　　　　　　　　　圖 8.5　車右

還，較之御、左，非勇猛過人者絕無法勝任。國君或主帥的車乘要卜右，《左傳》比比可考。勇力之士當仁不讓，要求爲右；勇力不足者，也樂於讓賢致右⑭。《禮記・月令・孟春紀》鄭《注》：「保介，車右也，人君之車必使勇士衣甲居右而參乘，備非常也。」其實不止人君，權貴亦然，〈商君列傳〉謂商鞅之出也，「多力而騈脅者爲驂乘」。若在一般戰車，從三甲士中挑選最勇猛者爲首，當非車右莫屬，車右自然成爲甲首了。春秋時期晉國有一種官稱作「右」，「司士屬焉，使訓勇力之士」（《左・成十八》）。顯然是訓練勇士以充任車右的官司。

　　《周禮・司右》曰：「凡國之勇力之士能用五兵者屬焉。」鄭《注》引《司馬法》曰：「弓矢圉（圍）⑮，殳矛守，戈戟助。凡五兵

⑭　《左傳》文公二年，秦晉戰於彭衙，「晉襄公縛秦囚，使萊駒（車右也）以戈斬之，囚呼，萊駒失戈。狼瞫取戈以斬囚，禽之以從公乘，遂以爲右。」後來狼瞫還對人提起這件光榮事蹟，說「吾以勇求右」。這是求的例子，至於讓，見於《國語・晉語九》，少室周爲趙簡子之右，聞牛談有力，請與之戲，弗勝，致右焉。簡子許之，使少室周爲宰，曰：「知賢而讓，可以訓矣。」

⑮　《周禮・司右》阮元《校勘記》曰：「九經古義云，『圉』當作圍，字之誤也。古『圉』、『樂』通用，《管子》、《墨子》書皆然，今《司馬法》作『樂』是也。」

長以衞短，短以救長。」善用五兵乃能爲右。孫詒讓《正義》曰：

〈王制〉云：「凡執技論力，適四方，贏股肱，決射御。」

《大戴禮記‧千乘篇》亦云：「司馬司夏以教士車甲。」凡

士執技論功，修四衞，強股肱，質（主也）射御，才武聰慧，

治眾長卒，可以爲儀緩於國，出可以爲率誘於軍旅，並所謂

勇力之士。（卷十六，頁36）

右的膽識高，武藝好，故能「治眾長卒」，作一般士卒的表率，其稱
「甲首」固宜。

　　我們討論過春秋中晚期以降，兵制改變，徒兵逐漸取代車乘，成
爲戰場上決定勝負的主力，而傳統甲士與徒卒的身分差別也次第泯除
（本書第二章）。甲士與徒卒不再固定代表兩個階級，而是不同戰術的運
用。同時長射武器更銳利，不著鎧甲已很難衝鋒陷陣，幾乎所有士卒
都是著甲之士了（楊泓1986，頁8-18）（圖8.6）。這種改變，近年陝西臨潼秦
始皇陵東側出土的兵馬俑坑便是絕好的例證（《文物》1975：11，1978：5，
979：12；《秦始皇陵與馬俑坑一號坑發掘報告》）。

　　這個遺址是一座大型軍陣，由三坑組成，皆出土武士陶俑。一號
坑的武士俑分作兩類：一類身穿短褐，蓋即文獻所謂的「被練」；一
類短褐之外披以鎧甲，即文獻的「組甲」[16]。短褐俑在一號坑的東
端，排作三例，每列七十名；第三列後有六組縱行的車徒混合編制，
車後皆鎧甲俑，車前之俑或鎧甲，或短褐；另外五組縱行的純步兵也

---

[16]　《左傳》襄公三年：「楚子重伐吳，爲簡之師，克鳩茲，至於衡山。使鄧廖帥組甲
三百，被練三千以侵吳。」組甲與被練有二說。㈠賈逵曰「組甲，以組綴甲，車士
服之；被練，帛也，以帛綴甲，步卒服之。凡甲所以爲固者以盈竅也，帛盈竅而任
力者半，卑者所服；組盈竅而盡任力，尊者所服」（孔《疏》引）。如賈說，車士
之組甲與步卒之被練皆甲也，不過連綴甲片者不同而異名，組以組，被以帛，
以組者固，以帛者鬆。㈡馬融曰：「組甲以組爲甲裏，公族所服；被練以練爲甲
裏，卑者所服」（孔《疏》引）。如馬說，那是襯裏的不同，而非連綴甲片的繫
綫。檢驗臨潼秦始皇陵東側兵馬俑坑出土的武士俑，所穿的甲衣形式雖然不一，但
都是甲片連綴成的。據發表的照片來看，嚴格說甲衣都是用來披的，談不上穿。
賈、馬二說之異，當以賈說爲長。不過賈說組甲與被練都是甲衣，蓋本諸戰國以下
的故事，不能解釋春秋以前的情狀，杜預分別作甲衣與練袍才合春秋以前情狀。但
他說組甲漆甲成組文，似不可從。

1.弓箭手（秦始皇陵）

2.車御（秦始皇陵）

3.騎士（洛陽金村）

圖 8.6 戰國著甲士卒

包括這兩種衣著的武士（秦鳴1975）。二號坑，駟馬戰車之後的三名甲士，身穿戰袍，外披鎧甲，其餘隨車徒兵皆披鎧甲；騎兵俑的戰袍與鎧甲較短，下擺止於腰；步兵俑有的穿戰袍再披鎧甲，有的只著戰袍。二號坑報告的「戰袍」當即一號坑報告的「短褐」。三號坑出土的甲士與步兵俑，不論輕重裝備皆身披鎧甲。

　　根據兵俑手臂姿勢和身邊的兵器判斷，一號坑短褐武士有的手持弩機、弓箭，背負箭箙，箙內裝滿銅矢，當是弓弩手；有的手持長矛；有的腰掛彎刀。鎧甲武士有手把弩機、弓箭，腰佩銅劍者，也有持長矛的。二號坑的弓弩手步兵俑有的披鎧甲，有的只著短褐，而隨

車徒兵，如上所言，皆著甲。三號坑的步兵俑也都披甲。從這些武士
的裝束來看，著甲與否沒有明顯的身分差異，戰國的文獻多以「甲」
稱士卒，大概是這緣故。《戰國策‧魏三》，賈須曰：「魏氏悉其百
縣勝兵，以止戍大梁。」勝兵，《史記‧穰侯列傳》和長沙馬王堆新
出《戰國縱橫家書》（頁52）皆作「勝甲」。《戰國縱橫家書》言「宦
甲」，蘇秦自趙獻書於齊王，勸五「宦二萬甲自食以功（攻）宋，二萬
甲自食以功（攻）秦」（頁36）。宦甲猶後世言「養兵」。同書又見「具
甲」之詞（頁106）。這些甲蓋指以步兵為主的軍隊。而臨沂漢簡《孫臏
兵法‧十陣》的「甲」與「車」相對⑰，我已討論過戰國時代車騎步
聯合作戰的戰術（本書第二章第三節），甲指步兵是很顯然的。

綜合文獻記載和出土實物，大體上戰國時代的軍隊都可以稱作
「甲」。甲首者原取義於戰車的車右，「才武聰慧」，但亦符合新兵
制的實情；至若春秋時代車右之「治衆長卒」，《尉繚子‧兵敎上》
有很好的說明。兵之敎令，

> 前行者前行教之，後行者後行教之，左行者左行教之，右行
> 者右行教之。教舉五人，其甲首有賞；弗教，如犯教之罪。

劉寅《直解》云「甲首，即各行之長也。」也就是敎者。又曰：

> 凡伍臨陣，若一人有不進死於敵，則教者如犯法者之罪。凡
> 什保，什若亡一人，而九人不盡死於敵，則教者如犯法之罪。
> 自什以上至於裨將，有不若法者，則教者如犯法者之罪。

甲首平時是敎練，戰時是隊長，其權責既「作之君」又「作之師」。
領下的士卒有他的標幟，〈兵敎〉上曰：「卒異其章，書其章曰：
「某甲某士」。劉寅《直解》云：「某甲下某士」，稍近之，正確說
法應該是「某甲首下之某士」。考古出土的漢俑已經證明士卒服裝上
有徽識（孫機1988），《尉繚子》的甲首的才能和職責與孫詒讓所論勇

---

⑰　〈十陣〉疏陣之法，「其甲寡而人之少也，是故堅之。車毋馳，徒人毋趨。」數陣
之法，「甲恐則坐。」玄翼之陣，「甲亂則坐，車亂則行。」水戰之法，「必衆其
徒而寡其車。」可見甲即徒卒。

力之士「才武聰慧，治衆長卒」若合符節。

　　甲首既是各行伍的首腦，自然成爲戰爭成敗的關鍵。如西元前四八四年魯師及齊師戰於郊，冉有將左師，「獲甲首八十，齊人不能師」，宵遁（《左·哀十一》）。甲首的武藝高超，非輕易可以斬獲，卞莊子的故事可資證明。《新序·義勇》曰：

> 卞莊子好勇，養母，戰而三北，交遊非之，國君辱之。及母死，三年冬，與魯戰，卞莊子請從，見於魯將軍曰：「初與母處，是以北。今母死，請塞責而神有所歸。」遂赴敵，獲一甲首而獻之，曰：「此塞一北。」又入，獲一甲首而獻之，曰：「此塞再北。」又入，獲一甲首而獻之，曰：「此塞三北。」（《韓詩外傳》卷十同）

卞莊子素以勇聞，孔子讚美爲勇猛的典範，與臧武仲之知，公綽之不欲，和冉求之藝並稱（《論語·憲問》）；荀子也說齊人「忌卞莊子，不敢過卞」（〈大略〉）。勇武著名的卞莊子獲一甲首而抵一次敗北之辱，甲首之不易斬獲再也明顯不過了。

　　總之，封建車兵的「車右」和戰國徒卒的「甲首」，皆是勇猛有力的武士，它的義涵非常明確，絕非普通甲士或著甲步卒的首級[18]。斬獲甲首既如此之難，《商君書·境內》在授爵之外還有厚賞就容易理解了；然而荀子所謂「五甲首而隸五家」，是不是斬獲甲首者政府就授予奴隸呢？我們解析「隸家」的義涵後就可以明白。

　　次論隸家與庶子。

---

[18] 據《左傳》哀公十一年，吳魯聯軍，大敗齊師於艾陵，「獲國書、公孫夏、閭丘明、陳書、東郭書，革車八百乘，甲首三千」。國書是主帥，公孫夏等人皆是將領，齊之慘敗可以想見。大約同時的孫子曰：「凡用兵之法，馳車千駟，革車千乘，帶甲十萬。」（《孫子·作戰》）如果甲首只是一般士卒，主帥軍將被俘如此之多，士卒只有三千，未免太少；如果甲首是士卒的首級，獲甲首也是不詞的。此三千之甲首大概是行伍之被者的單士。先秦文獻的甲首與本文之論較不契合者，大概只有《戰國策》一條資料。不過，這條資料頗有問題。〈燕策二〉謂蘇子「與燕人戰於晉下，齊師敗，燕得甲首二萬人。蘇子收其餘兵以守陽城而報於閔王曰：『王過舉，今臣應燕，今軍敗亡二萬人，臣有斧質之罪。』」但下文云再戰於陽城，「燕人大勝，得首三萬」。故疑「得甲首二萬人」之「甲首」，「甲」字恐怕是衍文。

荀子云秦人「功賞相長也，五甲首而隸五家」（〈議兵〉）。《漢書·刑法志·注》引如淳曰：「役隸五家，是爲相君長。」役隸之家，近人多解釋作奴隸。其實現代意義的「奴隸」較近於古代的「臣妾」或漢代的「奴婢」，而與先秦的「隸」相違頗遠，後者多指服勞役的刑徒，引申爲服任賤役者（本書頁307）。當然，刑徒賤役和奴隸勞作實質上有時不易劃分，但論身分，一種是刑期期滿則自然恢復爲自由人，一種是終生爲非自由人，應該區別的。其次，主張隸家卽奴隸者，往往雜引「隸臣妾」；然而隸臣妾是一種較輕的徒刑，與今人所謂的奴隸無涉，作者在前面也已經說明（本書頁305）。

暫且不論「隸」字古義，所謂首功軍人賞以奴隸家庭之論與秦國征服統一的歷史也是不相符的。秦人東侵，佔一城卽鞏固一城，得一縣卽鞏固一縣；佔據的城縣累積到相當程度，便設郡治理[19]。他們就是如此向東擴充，先猶蠶食，後乃鯨吞。秦國在佔領地區設官治民，置兵鎭壓，也把被征服者作編戶齊民看待，而非秦人成爲奴役統治階級的征服王朝（勞榦1967、許倬雲1980）。所以我們從傳統史籍與新出資料很難發現秦對六國人民「係（累）操而歸，丈夫以爲僕圉、胥靡，婦人以爲舂酋」的痕迹（《墨子·天志下》）。相反的，秦往往驅逐原居民而佔有其地，如《史記》云：

> 惠文王八年　　　樗里子伐曲沃，盡出其人，取其城。（〈樗里子列傳〉）
>
> 十三年　　　使張儀伐取陝，出其人與魏。（〈秦本紀〉）
>
> 後十一年　　　拔魏曲沃，歸其人。（〈六國年表〉）

曲沃，魏地，樗里子取城而棄人，被趕出去的人民只好投奔到魏國別

---

[19]　秦統一前，在山東六國設置郡治年表如下：（參考《秦會要》卷二十三「郡縣」）

惠文三年（312BC）	漢中郡	莊襄元年（249BC）	三川郡
昭二十一年（286BC）	河東郡	王政元年（246BC）	上黨郡
昭二十九年（278BC）	南郡	王政五年（242BC）	東郡
昭三十年（277BC）	黔中郡	王政十一年（236BC）	河間郡
昭三十五年（272BC）	南陽郡		

處去，所以又稱作「歸其人」；張儀之取陝出人與魏，也是此意。原
居民被迫離開後，城空地曠，秦乃赦免罪人，解放奴僕，或召募自由
民來填補。此類遷徙昭襄王時代至少有過五次，皆見於〈秦本紀〉：

　　二十一年　　　魏獻安邑，秦出其人，募徙河東，賜爵；赦罪
　　　　　　　　　人遷之。

　　二十六年　　　赦罪人遷之穰。

　　二十七年　　　攻楚，赦罪人遷之南陽。

　　二十八年　　　攻楚鄢、鄧，赦罪人遷之。

　　三十四年　　　秦以魏、韓上庸地為一郡，南陽免臣遷居之。

從第一條文例來看，二條以下單言遷，首先也可能「出其人」的。盡
出其人，赦遷罪犯是相當特殊的情形，一般是個別的移徙。當然，通
常的征服並不出民遷人，而是盡收其地，入秦版圖；有其人而治其
民。《商君書・賞刑》說：「戰必覆人之軍，攻必凌人之城，盡城而
有之，盡賓而致之。」賓者賓萌，萌通氓，即民。盡賓而致之，是完
全統治其人民的意思。如果秦的政策驅使被征服者作為秦人奴隸，何
以到戰國晚期，正當秦軍戰果最輝煌之際，卻有人建議招徠三晉無田
之民，給予免租賦的優待呢[20]？

　　荀子「五甲首而隸五家」與《商君書・境內》「能得甲首一者除
庶子一人」蓋是相似的制度，故疏解庶子的身分對於了解役隸的義涵
也有所助益。

　　庶子原是封建朝廷的下層僚屬，其職司蓋如孔子所謂「吾少也
賤」者也。《儀禮・大射禮》述射箭比賽前之祭飲，「宰胥薦脯醢」，

---

[20]　《商君書・徠民》是戰國末年的作品，其中言及「周軍之勝，華軍之勝」，也提到
　　　長平之戰。按〈秦本紀〉，昭王三十四年（前237）白起擊魏華陽軍，即華軍之勝；
　　　四十七年（前260）長平之戰；五十二年（前255）秦滅西周，即周軍之勝。這是
　　　〈徠民〉出於戰國晚葉的鐵證，有曰「今王發明惠」云云，也許是莊襄或秦王政即
　　　位時，說士的建議。所謂「今使復之三世，無知軍事，秦四竟之內，陵阪丘隰，不
　　　起十年征，者（著）於律也。」不見得真實行，更非商鞅以來的事實。但不論建議
　　　或事實，〈徠民〉都可作為本文所謂秦不以六國被征服民為奴隸的旁證。馬非百
　　　《秦集史・人物傳》三之二〈公孫鞅傳〉亦主張誘晉民，但所本資料多《通典》、
　　　《通考》之晚說，更不足據。

「庶子設折俎」；賓的身分若爲公，庶子還要「贊授肺」以助祭，可見他是射禮中奔走服務的人。與之相當者，除宰胥外，亦有「請膢爵」的小臣。則庶子的身分和地位是可以想見的。鄭玄注《儀禮》〈大射〉和〈燕禮〉都說庶子掌正六牲之體，又正舞位，授舞器，與膳宰、樂正聯事；並且掌國子戒令，使國子脩德學道，乃教治世子之官。此說誤以《周禮·夏官》之諸子坐實庶子，前人已駁其非（孫詒讓《周禮正義》卷六十五〈朝大夫〉），和本注〈大射〉經文「設折俎」的雜役形象尤其相悖，不可從。考諸周禮，庶子地位都在士之下，〈象胥〉曰：

> 凡作事，王之大事諸侯，次事卿，次事大夫，次事上（上字衍文）士，下事庶子。

鄭《注》，作，使也。王之大事使諸侯，以次類推，下事則使庶子。相對的，扈從天子「巡守殷國」的隨員，庶子受到的招待也是他們之中最低等的（《周禮·掌客》）。

貴族采邑也有庶子。《周禮·秋官·敍官》曰：

> 朝大夫，每國上士二人，下士四人，府一人，史二人，庶子八人，徒二十人。都則，中士一人，下士二人，府一人，史二人，庶子四人，徒八十人。

據《周禮》敍官通例，士之下是府、史、胥、徒四種等級與職事，鄭玄說「府治藏，史掌書」，胥徒乃「民給徭役者，若今衞士」。胥是什長，大抵一胥領十徒，鄭玄比於漢代的「侍曹、伍伯、傳吏朝也，徵令趨走給召呼」（〈宰夫·注〉）。庶子不是什長，但地位介於府史和徒之間，與胥的身分相去或許不遠。孫詒讓《周禮正義》根據金榜《禮箋》，以爲王族及羣臣子弟卽命而有爵者稱作「士」，其未命者下士一等，與庶人在官者同，以其世家貴冑而殊異之。故不曰庶人，而曰庶子（卷七，〈宮伯〉），可備一說。

封建城邦時代庶子主要的職務是守衞，位居士之下，《周官》多「士庶子」連言，如鄭玄所謂的衞士。最主要的宿衞地區當然是王宮。〈宮伯〉曰：

掌王宮之士庶子凡在版者，掌其政令，行其秩敘，作其徒役
之事。授八次八舍之職事，若邦有大事，作宮衆則令之。月
終則均秩，歲終則均敘，以時頒其衣裘，掌其誅賞。

此士庶子乃宮廷衞士，職事「八次八舍」，王宮內爲「次」，宮外
爲「舍」（鄭衆說）。鄭玄《注》：「衞王宮者必居四角四中，於徼候
便也。」庶子備宿衞，在王宮四周往來巡察。他們著名籍，廩食祿衣
裘，有考績賞罪，但與一般軍隊不同，故邦有戎寇大事，要征發宮衆
時士庶子才當行，其地位是比士卒高的。由於接近周王、太子，故有
機會接受天子之享宴（〈外饗〉、〈酒正〉）；戰爭死傷，王則弔勞（〈大
司馬〉），此皆非普通士卒所敢盼企。另外城廓封疆有士庶子，「掌脩
城廓溝池樹渠之固」（〈掌固〉）；至於都的士庶子（〈都司馬〉），應是
守衞國以外之都邑的。

鄭玄說士是適子，庶是支庶（〈宮伯·注〉）。孫詒讓《周禮正義》
論曰：

綜校全經，士庶子內備宿衞，外從巡守，且歲時有饗，死傷
有弔勞，職任既覲，恩禮尤備，其爲貴游子弟殆無疑義（卷七
〈宮伯〉）。

庶子在封建體制的職位雖低，唯既備宿衞、供驅使，恐怕也不是一般
平民有機會擔任的。但從他們親而有恩的職務與地位來看，頗近於封
建家臣。

庶子這種身分的人並未隨著封建的崩潰而消失，其家臣性質反而
更形突顯。或稱爲「中庶子」，或稱曰「少庶子」，甚至叫作「門庭
庶子」（《墨子·尚賢上》）。劉向云，楚莊王的中庶子爲御郎，「尚衣
冠」（《新序·雜事第二》）。韓非說，晉平公觴客，使「少庶子進炙」
（《韓非子·內儲說下》）。庶子或典衣冠，或進飯菜，即使不是春秋實
情，也當是戰國通相，他們的職任蓋在後世奴僕之間。按《史記·扁
鵲倉公列傳》，扁鵲過虢，聞虢太子死，扁鵲乃問太子病情於懂得醫
方的中庶子。這位中庶子和今日的私人護士亦相去無幾。庶子之於主

人親則親矣，其言談大抵「內不及國家，外不及諸侯」，是「可富而不可貴」的人物（借用《新序‧雜事》楚莊王語）。雖然有的庶子也參與主人公務，但都是對私人負責。《韓非子‧內儲說上》記載兩則故事，一是商太宰使少庶子之市，問市場何所見，等於佈置耳目；另一件，卜皮爲縣令，上司派御史來監督，御史患皮膚病，卻有美妾，卜皮乃使少庶子佯愛御史之妾，以刺探御史隱私。卜皮的少庶子幾乎就是間諜了。

　　戰國的庶子雖然「職事卑褻」，卻非奴隸，當如孫詒讓《周禮正義》〈宮伯〉條所云：「蓋皆良家少年子弟爲家臣給使令者」。官僚制未建立以前，家臣之職是平民聰慧子弟接近政治圈的絕好管道，一旦獲得權貴主人的信任與青睞，便可重用，甚至推薦給國君，於是平步青雲而爲國臣。所以他們奉主人唯謹，呼之曰「君」，封建家臣的性格一直殘留在他們的身上。如中庶子衞鞅稱公叔痤曰「君」（〈商君列傳〉），少庶子甘羅稱呂不韋曰「君侯」（〈甘茂列傳〉），本來稱君，因呂氏封侯，故加尊稱爲「君侯」。職是之故，庶子雖非奴僕，卻帶點奴僕的色彩。封建城邦時代主人是「君」（杜正勝1979a，頁112），有地者亦曰「君」（《儀禮‧喪服傳》鄭《注》）。卽使到漢初，高帝詔書猶正式說「爵或人君，上所尊禮」（《漢書‧高帝紀下》），此卽如淳所謂「相君長」之「君」。《韓非子‧初見秦》曰：「今秦出號令而行賞罰，有功無功相事也」。「相君長」卽「相事」，庶子是要向主人供侍役的。

　　庶子所供之役，平時是雜差，戰時則隨侍主人左右。《商君書‧境內》所謂「其無役事也，其庶子役其大夫月六日；其役事也，隨而養之」。古代庶子的衞士性格還殘留一點痕迹，在軍中，庶子可能稱作「私卒」，秦漢時代有這種身分的人。

　　上引大通上孫家寨漢簡目錄有「私卒僕養數二十八　　從馬數使私卒三十六　　車」，私卒是「軍吏私除」的，殘簡云「私卒：六〔百〕石至三百石，率百石」，可能按官階高低規定私卒人數的上限。

他們隨主人征戰，苟且偷生者有刑，殘簡曰：「將長及死不出營，營私卒將吏皆耐爲鬼新（薪）」（《文物》1981：2，頁23）漢律或襲秦法，秦對偷生私卒的懲罰，「行間無所逃，遷徙無所入」（《商君書・畫策》），絕不比「耐爲鬼薪」輕。

不過，秦之君長對其庶子或私卒的人身支配，法律有很嚴格的限制。上引《商君書・境內》曰，平昔「庶子役其大夫月六日」，不似臣妾（如婢）可任意搾取勞力。而且睡虎地秦律規定，「吏自佐、史以上負從馬、守書私卒，令市取錢焉，皆遷」（頁133）。「從馬」、「私卒」連言，亦見於大通漢簡。軍吏主人使私卒看守文書，若支遣他們去貿易牟利，則處以流放之刑。可見政府有權適度干預個人間的人身支配，主人役使庶子過度則有刑。惜今尚缺乏資料，無法分析懲處細則㉑。

秦法規定，無爵位之人方可爲庶子或隸僕。〈境內〉曰：「其有爵者乞無爵者以爲庶子，級乞一人。」又曰：「無給有爵人隸僕。」因爲秦爵貴，有爵者卽是一種尊嚴身分，不准其爲庶子，也是維繫國家社會體制的措施。自一級公士至四級不更，可向政府申請無爵之人爲其庶子，爵一級申請一人。但自五級大夫以上而任官職者，大概不必申請，政府自動賜予。〈境內〉曰：「故爵爲大夫，爵吏而爲縣尉，則賜虜六」，虜或卽「僕虜」，隸僕也㉒。不過，若普通士卒能斬武藝高強的甲首，立下奇功，政府也賜予役隸之人，但以五爲限。荀子

㉑　睡虎地秦簡〈除弟子律〉曰：「當除弟子籍不得，置任不審，皆耐爲〔候〕。使其弟子贏律，及治（笞）之，貲一甲；決革，二甲。」又有一條曰：「縣毋敢包卒爲弟子，尉貲二甲，免；令，二甲。」弟子古義相當淸楚，是相對於師的一種身分；其職責詳載於《管子・弟子職》，可與《禮記・曲禮》和《呂氏春秋・尊師》互相發明。弟子早晚服侍老師，大抵和僕隸之待主人沒有太大差別。卒，《商君書・境內》曰：「自二級已上至不更，命曰卒。」秦法禁止以卒爲弟子，蓋亦〈境內〉「無給有爵人隸僕」之意。犯禁者，縣尉貲二甲，免職；縣令二甲。以有爵之人爲庶子或僕隸者的懲罰文獻未見，此條或可參考。〈境內〉規定庶子對其主人的役事有一定限度，超過卽是「贏」，其刑罰，或亦可以參照上引秦律。

㉒　《漢書・貨殖傳》：「其爲編戶齊民，同列而以財力相君，雖爲僕虜，猶亡慍色。」語本於《史記・貨殖列傳》：「凡編戶之民，富相什則卑下之，伯則畏憚，千則役，萬則僕。」僕虜當卽役僕之類，《商君書・境內》所謂「隸僕」。《漢書》說「相君」，如淳謂「相君長」，其義皆相同。這使我們解釋「賜虜六」的虜，比較傾向僕役，而不必是俘虜。

所謂「五甲首而隷五家」，可能應當如此解釋。然而「隷五家」以家庭爲單位而非以個人，也許家有一人爲庶子，全家隨之聽從其主人使喚的緣故吧！或是斬甲首者有權役使所隷者全家之人，乃特別優惠待遇。這些問題當待新資料來證實。不過，無論如何，隷家役隷的性質當如上文所論的庶子，而非奴隷。

三、軍爵塑造新社會

秦公室祖先自西周以來久竄於戎狄之間，兩周之際得到周王册命爲諸侯，以狄戎爲基礎，發展成爲大國。其民既多戎狄，統治階級亦雜染戎俗，春秋以降的秦國社會實具有深厚的「戎狄性」〔附錄一五〕。數百年來，整軍經武，開疆拓土，戰爭把人民磨鍊得彪悍堅忍、好勇鬥狠。勇猛成爲人生最高尚的德操，數千年已下我們吟頌《詩經·秦風》和《石鼓》殘文，猶能想見其氣概。商鞅軍爵制之樹立正因此勢而利導之，終於塑造成一個有別於封建階級的新階級社會。

晉朝庾峻曰：

> 秦時不知德，唯爵是聞，故閭閻以公乘侮其鄉人，郎中以上爵傲其父兄。(《晉書·庾峻傳》)

言或稍過其實，但爵制作爲秦國社會的骨幹卻是不勘之論。商君變法，按照軍功授爵，師法封建階級秩序的舊精神，灌注戰國編戶齊民的新生命，巧妙地融合爵祿與戰功，施用在能征慣戰，深具戎狄習性的秦人身上，建立了爵祿爲裏、戰功爲表的等級爵制。爵級變成軍隊組織的靈魂，社會階級的架構，和人生追求的目標。爵不僅是秦人的第二生命，甚至比生命還寶貴。它是個人社會地位的權衡，田宅產業的憑依，職官權力之所出，名譽榮辱之所繫，若欲出人頭地，則非具備高爵不可。

根據上文的分析，秦人「尚首功」自有其特殊的計算方式，按

「率」晉爵，而非「斬一首，爵一級」，一成不變地累積上去；所謂
「五甲首而隸五家」，也不是砍得任何著甲之士的頭顱就有奴僕供給
使役。秦國的軍爵制實在是最嚴格的金字塔式階級制度，比封建階級
有過之而無不及，最顯明的分界在四、五兩級之間。五級大夫以上大
抵屬於軍官，作戰不得斬首，其加爵則根據所率部隊的總成績而定。
四級不更以下才按個人的首功晉爵，但不能踰越第四級；除非以不更
擔任屯長，團體戰功達到標準數——百人之「卒」獲三十三首滿數——
才可能加一爵而爲大夫。在這套系統之下，絕大多數的有爵者都集中
在第一級至第四級之間，他們構成秦國社會的中堅基礎。另一方面五
級以上者可以說是秦國社會的領導階層。秦國規定，爵爲五級的大夫
就可以向政府乞請無爵者爲庶子，有限度地役使。若不及大夫者，作
戰斬獲甲首也能得到這種殊榮，但以五家爲度。斬甲首不易，晉爵爲
大夫亦難，所以有庶子供其差遣的特權階級總佔少數。

　　關於爵位在秦社會的實際功用，對個人的實質影響，傳統文獻語
焉不詳，近年睡虎地出土秦簡，我們乃有比較細致的認識，尤其刑罰
方面。秦法基本上是編戶齊民之法律，刑科施於全民（本書第六章）；事
實上秦是按軍爵劃分等級的社會，有爵者雖不能免於法律規範，在相
對程度內卻可以爵抵罪，享受免於刑罰的特權。

　　《商君書・境內》曰：

　　　其獄法，高爵訾下爵級。爵自二級以上，有刑罪則貶；爵自

　　　一級以下，有刑罪則已。

訾，毀也。觸犯刑章，高爵降爲下爵，視刑責輕重，所降級數而異。
上文討論過，一級公士只要身爲士卒，非必有軍功不可，而二級以上
之爵位非有軍功無由獲得，所謂自上造以上可以貶爵減罪，因爲這種
爵是自己獲得的之故。某些律令亦依不同爵級而量刑，睡虎地秦簡透
露一些信息。秦律曰：

　　　有爲故秦人出，削籍。上造以上爲鬼薪，公士以下刑爲城

　　　旦。（〈游士律〉，頁130）

有興，除守嗇夫、叚佐居守者，上造以上不從令，貲二甲，
（〈除吏律〉，頁127-128）

公士以下居贖刑罪、死罪者，居於城旦舂，毋赤其衣，勿枸
櫝欙杕。（〈司空律〉，頁84）

〈游士律〉云游士協助秦人出境，削其游士名籍，秦人則犯「邦亡」
之罪。按《律說》，邦亡論黥城旦（頁171）。秦律之「刑」大抵指黥刑
（本書頁 277）。故《律說》的「黥城旦」卽〈游士律〉的「刑爲城旦」，
係針對一級以下的罪人，二級以上不如此嚴酷。上引〈除吏律〉專指
上造以上不從代理嗇夫與代理佐之命令，理當亦有公士以下之不從令
者。〈司空律〉原文還有「鬼薪白粲、羣下吏毋耐者、人奴妾居贖貲
債於城旦，」及「葆子以上居贖刑以上到贖死」云云，上造以上雖貶
爵，可能也有如公士以下之贖刑或贖死，從律文看來，居作似乎也有
所不同的。《律說》曰：

臣邦真戎君長爵當上造以上有罪當贖者，其爲羣盜，令贖鬼
薪鋈足；其有腐罪，〔贖〕宮。其他罪比羣盜者亦如此。
（頁200）

凡人羣盜，贓一錢以上斬左趾，又黥爲城旦（頁150），而少數民族君長
爵當上造以上只判贖鬼薪鋈足（械足）。此雖對少數民族而言，秦人二
級以上也許亦有相對的優待[23]。《律說》又有一條曰：

上造甲盜一羊，獄未斷，誣人曰盜一豬，論何也？當完城
旦。（頁173）

特別言明上造，疑與一級以下二級以上之區別有關。

削爵以保身，細節難詳論，唯《墨子·號令》曰：

令、丞、尉亡，得入當。滿十人以上，令、丞、尉奪爵各二
級；百人以上，令、丞、尉免，以卒戍。諸取當者必取寇虜
乃聽之。

---

[23] 《後漢書·南蠻西南夷列傳》云巴郡南郡蠻「其民爵比不更，有罪得以爵除。」與
秦民之「爵自二級以上，有刑罪則貶」相似，故疑此條令亦相對地可用於秦人。

當，相當也，猶《尉繚子・束伍令》「亡伍而得伍，當之」之「當」
(岑仲勉1959，頁114) 。士卒逃亡超過十人，縣令、丞和尉各奪爵二
級；若逃亡百人以上，雖貶爵，亦不可除罪，不但免官，而且淪為戍
卒。當然捕虜相當於逃亡人數的敵人，可以抵罪，唯必須真正敵虜才
算數。不但是本人，秦簡〈軍爵律〉還規定歸以爵免除近親之刑罰，
律曰：

> 欲歸爵二級以免親父母為隸臣妾者一人；及隸臣斬首為公
> 士，謁歸公士而免故妻隸妾一人者，許之，免以為庶人。
> (頁93)

同為隸臣妾，但免父母歸爵二級，免妻一級而已。

　　秦爵既表個人身分，法律上又可享受優容。上文論爵二級以上之
貶削，和一級以下刑責之不同於二級以上，可資證明。至於有高爵者
所享優待，秦的律令相當明白。秦簡《律說》曰：「大夫寡，當伍人
不當？不當」(頁217) 。大夫第五級，可以為縣尉，於秦可算是高爵
了。不入伍籍就不必受什伍連坐之累，不與齊民等齒，活在以什伍約
束人羣的社會或時代，這真是很特別的身分。《律說》又曰：

> 大夫甲堅鬼薪，鬼薪亡，問甲何論？當從事官府，須亡者
> 得。今甲從事有(又)去亡，一月得，何論？當貲一盾，復從
> 事。從事有(又)亡，卒歲得，何論？當耐。(頁206)

大夫鞭打服鬼薪之刑徒，逼使逃亡，大夫當在官府服役，直到逃亡者
追回為止。如果大夫不服役，也跟著逃亡，一個月內捕獲，罰一盾，
又服役。如再逃亡，滿一年後被捕，則處以耐刑。按秦簡，貲一盾是
貲刑之最輕者(張銘新1982)；而耐猶完其體膚，夠不上肉刑。凡人亡
命，重者或棄市，屢犯加刑，而秦律卻對大夫以上之有爵者宥之再
三，可謂優容備至矣。而高爵者的連坐罪甚至也可以免刑，《律說》
曰：

> 嗇夫不以官為事，以姦為事，論何也？當遷。遷者妻當包不
> 當？不當包。(頁177)

嗇夫是地方官吏,指涉甚廣,高可至縣令長㉔。包,讀作保,猶今言
擔保。嗇夫作姦犯科,判決流放,其妻不必隨往於放逐地,但一般齊
民則不同,《律說》曰:「當遷,其妻先自告,當包」(頁178)。按理
自首減刑,然猶不免於隨遷,與上條立意厥異,可能一適用於平民,
一適用於官吏之故。《律說》有一條曰:

> 將上不仁邑里者而縱之,何論?當繫作如其所縱,以須其
> 得;有爵,作官府。(《睡簡》,頁178)

作官府,即不與外徭,可免於煩重的體力勞動,有爵者得享此優待。

　　秦有爵者才有資格當官,至於佐吏亦然。秦律〈內史雜〉曰:除
佐必當壯以上,毋除士伍、新傅」(頁106)。士伍是奪爵之人,新傅剛
剛著錄兵籍,也許尚未接受軍事訓練,都是無爵之人,不能任吏佐。
吏佐屬於低級幕僚,當係低爵者擔任。《商君書·境內》曰:「賞爵
一級,乃得人(入)兵官之吏。」《韓非子·定法》引商鞅之法亦
曰:

> 斬一首者爵一級,欲為官者五十石之官;斬二首者爵二級,
> 欲為官者為百石之官。

五十石、百石之官都是低級吏佐,蓋如《漢書·百官公卿表》所謂百
石以下有斗食、佐史之秩的少吏。少吏即小吏。

　　秦簡〈傳食律〉規定出差吏在傳舍的待遇,亦因爵等而異:

> 御史卒人使者,食粺米半斗,醬四公升一,菜羹,給之韭
> 葱。其有爵者,自官士大夫以上,爵食之。使者之從者,食
> 糲米半斗;僕,少半斗。(頁101)

㉔　秦簡《律說》曰:「何謂官長?何謂嗇夫?命都官曰官長,縣曰嗇夫。」(頁192)
同出〈語書〉曰:「南郡守騰謂縣、道嗇夫。」(頁15)道猶縣也,《漢書·百官
表》曰:「有蠻夷曰道。」按〈倉律〉,縣嗇夫位在丞之上(頁35),此嗇夫即縣
令長。但秦律很多職司的長官亦皆稱曰某嗇夫,如田嗇夫、司空嗇夫、庫嗇夫、倉
嗇夫、廄嗇夫、皂嗇夫等(裘錫圭〈嗇夫初探〉),爵品不一。若正文所引「嗇夫
不以官為事」之嗇夫,恐怕指縣嗇夫而言,其爵位在五級大夫以上。

官士大夫指五級大夫和六級官大夫，給食優待的內容律令雖然無文，但一定比御史卒人使者豐厚。御史卒人使者食粺米，其從者食粗糲，品質不同，何況還有醬、菜羹和韭葱呢！

> 不更以下到謀人，粺米一斗，醬半升，菜羹，芻稾各半石。
> 宦奄如不更。（頁102）

> 上造以下到官佐、史無爵者，及卜、史、司御、寺、府，糲
> 米一斗，有菜羹，鹽廿二分升二。（頁103）

謀人，疑即簪裊之別稱（《睡簡》注釋）。二級上造以下至無爵佐史食糲米，四級不更和三級簪裊食粺米。傳舍供食顯然按爵級而有差等的待遇，這種差別也可能推到四級以上。

　　總之，秦爵非空名，與社會、生活息息相關，以上所述只就今日的史料所及闡明其功能而已。歷史是整體的，秦爵的作用亦然。太史公概括商鞅所建的爵級社會曰：

> 明尊卑爵秩等級，各以差次名田宅，臣妾衣服以家次。有功
> 者顯榮，無功者雖富無所芬華。（〈商君列傳〉）

有爵位則有田宅、奴僕，按等級高低而差序，衣服之華麗亦有所限制。此時雖已是新時代、新社會，但傳統的階級觀念並不泯滅。不過，新階級繫於爵，爵出於軍功，只要能立戰功，人人都有希望，不愁沒有遠景。《荀子・議兵》所謂「使天下之民所以要利於上，非鬥無由」者也。《商君書》說得更透徹，〈算地〉曰：「名出於戰。」又謂政府「執名、利以制民」。名即是爵。〈常刑〉曰：「利祿官爵摶（專）出於兵。」又曰「富貴之門要存戰而已矣」，「富貴之門必出於兵」，「能戰者踐富貴之門」。富貴名利的途徑在於從軍，而作戰，而立功，而獲爵。

　　商鞅建爵制以培養勇於公戰的國民，使人生之榮辱一繫於爵。戰勝既有厚賞，另一方面，怯戰則必受重刑，欲求人民不好戰、不善戰亦不可能矣。秦律曰：

> 戰死事不出（屈），論其後。有後察不死，奪後爵，除伍人，

　　　不死者歸，以爲隸臣。（頁146）

戰死，其子襲爵，如果後來發現實在未死，不但褫奪其子之爵位，並
且懲罰同伍戰士。那位未死的戰士回來，刑爲隸臣，與降寇同等看待
（頁146、366）。逃兵不但連累同伍袍澤，也罪及父母妻子。《尉繚子·
兵令下》曰：

　　　亡軍，父母妻子知之，與同罪；弗知，赦之。卒逃歸至家一
　　　日，父母妻子弗捕執及不言，亦同罪。

劉向《別錄》云：「繚爲商君學」（《漢書·藝文志·注》引）。《尉繚子》
這兩條軍令可以視同秦律。《商君書》亦有類似的記載，〈畫策〉曰：

　　　強國之民，父遺其子，兄遺其弟，妻遺其夫，皆曰：「不
　　　得，無返！」又曰：「失法離法，若死，我死。鄉治之，行
　　　間無所逃，遷徙無所入。」

奮戰爵賞的誘惑是那麼大，怯戰懲罰的威脅又那麼嚴，同施於一身，
何人不用命？共施於一軍，何軍不勇戰？所以秦軍合則無堅不摧，散
猶能自鬥。秦人挾征服的傳統與戎狄之習俗，摒除私鬥，移於公戰，
在軍爵制度下塑造了全民皆兵的新社會。

　　　全民皆兵的新社會是春秋晚期以來的普遍現象，誠如本書所論，
新政以料民爲先，故《商君書·境內》論軍功爵制，開宗明義揭櫫戶
口。〈境內〉曰：

　　　四境之內，丈夫、女子皆有名於上，生者著，死者削。

生著死削，乃能「舉民衆口數」而知：「竟（境）內倉口之數，壯男壯
女之數，老弱之數，官士之數，以言說取食之數，利民之數，馬牛芻
藁之數」（《商君書·去彊》）。了解國內糧食、府庫、壯男、壯女、老
人、弱小、官吏、學士、說客、工商利民、馬、牛、芻藁等十三項
目，可以說是國力普查。十三項中，人力資源竟佔八項之多，真是爲
政莫急於料民了。

　　　人口調查工作完成後，才能全面實施什伍制，以軍令約束人民，
「令民爲什伍而相牧司連坐」（〈商君列傳〉）。這是用軍令來規律人

民，如徹底執行，則平時亦同戰時。什伍必連坐，連坐一定鼓勵告姦，使人民互相監視檢舉，〈商君列傳〉所謂「相牧司」也。《商君書·開塞》曰：「王者刑用於將過，賞施於告姦。」又曰：「立君之道莫廣於勝法，勝法之務莫急於去姦，去姦之本莫深於嚴刑。」去姦之道端賴於什伍的社會組織，政府以厚賞來鼓勵人民檢舉，以連坐之刑來迫使人民告發。〈商君列傳〉所謂「不告姦者腰斬，告姦者與斬敵首同賞，匿姦者與降敵同罰。」《索隱》云：「告姦一人，得爵一級」，又引律曰「降敵者誅其身，沒其家」。根據雲夢秦簡，我們知道「姦」的程度不同，刑罰亦有差異，太史公與司馬貞所言，特偏其重，但也取其大略而已。不過，在嚴格的什伍制中，為避免自己遭到無辜的牽連，幾乎人人都自然成為政府耳目，賈誼故曰「秦之俗，所上告訐也」(《新書·保傅》)。

　　《史記·六國年表》云孝公十二年「初取 (聚) 小邑為三十一縣，令」。十三年，「初為縣，有秩史」。〈商君列傳〉說得更明白：「集小鄉、邑、聚為縣，置令、丞，凡三十一縣。」〈秦本紀〉作四十一縣。原來的小鄉邑聚雖沒有打散或廢除，但設縣凌駕其上，中央派官員直接控制。於是在什伍連坐之外，政府利用節節而上的行政系統，更能有效地控制和運作人力資源。這些問題在前面幾章已論述。

　　商鞅變法除使全國皆兵外，亦使全民皆農，想要達到耕戰合一的編戶齊民社會。故授爵之外，也有授田措施。秦國授田同時包含田制改革，〈六國年表〉和〈秦本紀〉皆置於孝公十二年，曰「為田開阡陌封疆」，屬於第二期的新政。但歷來對此項改革頗有異說，關鍵在於對「開」字的詁訓不同，一云開置，即創置建立；一云破壞剷削。開置阡陌，本於漢人之說。《漢書》〈地理志下〉曰：「孝公用商君，制轅田，開阡陌。」〈食貨志上〉曰：「壞井田，開阡陌。」則阡陌隱然是與井田相對的一種田制，開是建置，即如王莽時區博所謂秦「滅廬井而置阡陌」(《漢書·王莽傳中》)。朱子〈開阡陌辨〉故曰：「說者之意皆以開為開置之開，言秦廢井田而始置阡陌也」。不過，

「以阡陌爲秦制，井田爲古法」者，朱子認爲「恐皆未得其事之實」。
他說，旣然舊以阡陌是「田間之道，因田之疆畔制其廣狹，辨其橫
從，以通人物之往來」，卽《周禮》所謂遂上之徑、溝上之畛、洫上
之涂、澮上之道，豈待商鞅而始置？溝洫徑涂，「水陸占地不得爲田
者頗多」，商君「但見田爲阡陌所束而耕者限於百畝，則病其人力之
不盡；但見阡陌之占地太廣而不得爲田者多，則病其地利之有遺」；
爲矯正隱姦陰據之弊，乃「盡開阡陌，悉爲田疇」，所以「所謂開者
乃破壞剗削之意，而非創置建立之名；所謂阡陌乃三代井田之舊，而
非秦之所置矣」。朱子破壞之說除引據《周官》外，亦本乎蔡澤。蔡
澤見范雎，說以商鞅故事，有云「決裂阡陌」（《史記》本傳）。他距商
鞅田制改革不及百年[25]，且同在秦國，當親見親聞變法的成果；何況
論商君新政的目的在諷諭范雎退讓，以代其位，言當有據。所以說
「開阡陌」是「決裂阡陌」，應無疑義。

　　然而考諸秦漢史實，阡陌並未剗除。陳涉少時與人傭耕，「輟仰
阡陌之中」（賈誼〈過秦論〉）；召信臣「躬勸耕農，出入阡陌」（《漢書·
循吏傳》）。此皆〈平準書〉所謂「衆庶街巷有馬，阡陌之閒成羣」的
阡陌，不是如朱子說的「千夫百夫之田」。雲夢秦簡《律說》釋「封」
曰：「卽田阡陌，頃畔封也」（頁178）。阡陌明言是田界。近年四川青
川縣出土秦武王二年〈爲田律〉曰：

> 田廣一步，袤八則，爲畛。畝二畛，一陌道。百畝爲頃，一
> 阡道。道廣三步。封，高四尺，大稱其高。埒，高尺，下厚
> 二尺。（《文物》1982：1）

阜陽殘簡云「三十步爲則」（胡平生1983），八則二百四十步。江陵張

㉕　蔡澤入秦說范雎，大概在昭王五十年。《史記·范雎蔡澤列傳》云昭王四十八年鄭
安平降趙，五十年河東守王稽「與諸侯通，坐法誅。」鄭王二人皆范雎所保任，按
「秦之法，任人而所任不善者，各以其罪罪之。於是應侯罪當收三族。」秦王優禮
不問，「而應侯日益以不懌」。燕人蔡澤聞知，「乃西入秦」。說范雎退讓。「范
雎免相，昭王新說蔡澤計畫，遂拜爲秦相，東收周室。」按〈秦本紀〉，收周室在
昭王五十一年，則蔡澤說范雎當在五十年左右，值西元前257年，故我們說距商鞅
在西元前350年的田地改革不及百年。

家山漢簡亦有〈爲田律〉，作「田廣一步，袤二百卌步」（《文物》
1985：1，頁11）。廣一步、長二四〇步的田區等於一畝，同時築一小路
謂之畛，每畝兩邊各有田界，故曰「畝二畛」。在畛的垂直線上築一
陌道，積百畝爲頃，又在陌的垂直線上築一阡道。律曰「道廣三步」，
卽十八尺，蓋指阡陌之道而言，畛寬無說。另外，還有封埒，封高寬
各四尺，埒高一尺，下寬二尺。〈爲田律〉又曰：

> 以秋八月脩封埒，正疆畔，及發阡陌之大草。九月，大除道
> 及阪險。十月爲橋，脩陂隄，利津梁，鮮草離。非除道之
> 時，而有陷敗不可行，輒爲之。

此卽雲夢睡虎地秦簡〈爲吏之道〉歷述官吏職務之一的「千佰津橋」
（頁285），那麼，把「開阡陌」講成破壞剗削阡陌，顯然不符合事
實。

其實關於「開」之二義，決裂與建置，並不矛盾。據說古者百步
爲畝，徐鍇本《說文》畮字條云：「秦田二百四十步爲畮。」漢人將
周代田畝改制推始於商鞅，但近年山東臨沂銀雀山《孫子兵法》出土
後，我們知道商君的畝制改革也本諸東方的經驗。據《孫子·吳問》，
晉國六卿畝制不同，范氏、中行氏制田以百六十步爲畝，智氏以百八
十步爲畝，韓氏、魏氏以二百步爲畝，趙氏獨大，以二百四十步爲畝
（《孫子兵法》頁94）。商鞅衞人，遊宦三晉，這些新田制必皆親見或親
聞，他又私淑於李悝，膺服「盡地力之教」，及西遊仕秦，自然而然
引進東方新制，改革原屬宗周舊法的秦國田畝制度。他選擇最大的田
畝單位，以二百四十步爲畝，授田予民，鼓勵力耕，增加生產，富殖
國力。在此改革過程中，必須先剗削舊封疆，而後建置新阡陌。「開
阡陌」之「開」乃兼有破壞與建設之二義，《史記·范雎蔡澤列傳》
的記載與雲夢秦簡、青川木牘並行不悖，都是可以理解的。張晏曰：
「商君始割裂田地，開立阡陌，令民各有常制」（《漢書·地理志下·
注》）。既云「割裂」，又云「開立」，實含至理，不是調人之言。向
來論「開阡陌」者，當以張晏最爲純正。

　　打破傳統的封彊、田界、道路，按戶口重新「受田」（頁27），再
建置新的阡陌。這是商鞅田制改革的大致過程，而其授田之目的則在
扶植小農戶，樹立耕戰合一的社會。秦民亦兵亦農，並不如某些學者
所論的兵歸兵，農歸農。這派意見主要的根據是《商君書・徠民》，
而此篇寫作時代相當晚，恐怕只是建議性質，未嘗實行，本書已經說
明過了（本書頁353注）。

　　秦國授田，不是要製造所謂的地主階級。誠如前論，全國有爵者
旣然集中在四級以下，而田宅之占名依爵秩等級各有差次，役隷的勞
動範圍又有官方限制，在這些條件下實不易形成兵者不農，農者養兵
的社會。秦國卽使有所謂軍功地主（田昌五1965），數量恐怕也相當有
限。董仲舒說商鞅「除井田，民得賣買，富者田連仟佰，貧者無立錐
之地」（《漢書・食貨志上》）。漢代經師習慣以商君爲箭垛，凡秦至西漢
天下之惡皆歸之，所謂土地兼幷買賣也是這樣史筆的反映。其實大地
主和整個變法的目的是不相容的，變法旣然要強化中央，最理想的社
會基礎是小農戶，而非大地主。商鞅及其信徒防範地主階級的言論，
在《商君書》中俯拾皆是。〈說民〉曰：「治國之舉，貴令貧者富，
富者貧。貧者富，富者貧，國強。」縮短貧富差距，無窮貧巨富則國
強。〈去彊〉、〈弱民〉兩篇主張使強民去，使強民弱，亦「令富者
貧」之意。因爲「民弱國強，國強民弱，故有道之國務在弱民。」所
謂弱民卽削弱豪彊地主。

　　商鞅變法企圖改造的社會是家家歸農，人人奮戰的社會。要使家
家歸農，除積極授田之餘，還設定種種消極的禁令。他的立意在《商
君書・墾令》表達得很明白——使民不貴學問；使辟淫游惰之民、庸
民、逆旅之民、惡農慢惰倍欲之民皆無所於食；使商不得糴，重關市
之賦，重酒肉之租，以商之口數使商，令商人的廝輿徒童必當名，令
商人自給甲兵以視軍興，又使軍市不得私輸糧。藉種種措施，導致各
色人等歸農墾草。同時人民旣編入國家戶籍，納入里閭什伍之中，授
予田地，令「無得擅徙」。於是他們的「愚心躁欲」自消，而能專心

圖 8.7　徐州漢畫像石耕農

「壹意」地耕種，於是「農民必靜」（圖8.7）。另一方面堵塞農民的耳目心智之欲，所謂「不見可欲則心不亂」。〈墾令〉說使「聲服無通於百縣」，使「國之大臣諸大夫，博聞、辯慧、游居之事無得居游於百縣，則農民無所聞變見方（方術也）」。用蔡澤的話說，就是「以靜生民之業而一其俗」。

《呂氏春秋・上農》的作者深達乎務農的治道，卽使非商君之私淑，也同屬一派思想的。〈上農〉曰：

> 古先聖王之所以導其民者，先務於農。民農非徒為地利也，貴其志也，民農則樸，樸則易用，易用則邊境安、主位尊。民農則重，重則少私義，少私義則公法立，力專一。民農則其產復，其產復則重徙，重徙則死處而無二慮。

民志能「樸」且「重」，一輩子唯政府之令是聽，別無見聞，這是中央集權政府最好統治的社會基礎。相反的，如果人民捨本而事末，則「不可以守，不可以戰」；則產約輕徙有遠志，好智而多詐。總之，不是「靜業一俗」的順民。

如果專事於農，專求其樸重且固，人民雖然聽話，但缺少活力，終不能為開創新局面者用；故商鞅既要求人民沈潛耕作，又誘發他們高明奮戰，一靜一動，一開一合，交織成功一個耕戰一體的社會。《商君書・算地》於此再三申論焉，或曰「聖人之為國也，入令民以屬農，出令民以計戰」；或曰「入使民屬於農，出使民壹於戰」；又

曰「兵出糧給而財有餘，兵休民作而畜（蓄）長足，此所謂任地待役之律也」。「任地」者農，「待役」者兵。〈外內〉亦曰：「出戰而強，入休而富。」這些主張大概都實行，而且產生顯著的效果，百年後蔡澤乃曰：

> 商君勸民耕農利土，一室無二事，力田稽積，習戰陳之事，
> 是以兵動而地廣，兵休而國富。故秦國無敵於天下，立威諸
> 侯，成秦國之業。（〈范睢蔡澤列傳〉）

故知商鞅變法摶造秦國成為亦兵亦農、兵農合一的社會，這是秦國社會的基本面貌，終秦之世，兵農未嘗分離。

耕戰之士在外作戰有首功之爵賞，在內耕田有豁免徭役的優待。〈商君列傳〉曰：「僇力本業，耕織致粟帛多者，復其身。」行則軍伍，居則耕地，這種人民是比較容易培養「國家意識」，不想四海為家的。所以商鞅一方面隆重耕戰齊民，另方面，排斥各種游食人口。他所禁絕的五民，說客資於口，處士資於意，劍客資於氣，藝人資於手，商賈資於身，「天下一宅而圜身資」（《商君書·算地》），靠著一身的本領到各國求售，價錢出得起的便是主人。這種思想傳染起來，軍不成軍，國不成國，故非禁絕不可。

總之，商君理想的社會以耕戰合一的小農為骨幹和基礎，從《商君書·墾令》所知，他們不准販賣剩餘生產，沒有雜技聲色之耳目娛樂，沒有酒肉美味的口腹嗜欲，（因為酒肉價錢十倍，買不起。）上山不可狩獵，入澤不可捕魚，重刑，連坐，不得擅自遷徙，既無知識，又不尊貴學問，性情不躁欲，心志不旁騖，人生目的只知出戰入耕，不知其他，真是名符其實的「愚農」。

小農誠信可欺，故新政特別留意整肅貪官污吏，〈墾令〉開宗明義曰：

> 無宿治，則邪官不及為私利於民，而百官之情不相稽，則農
> 有餘日；邪官不及為私利於民，則農不敗。

防範官吏利用職權，役使小農。秦簡保存的秦國律令，泰半針對官吏
而發，單看〈為吏之道〉一篇，對官吏品德、才能之要求，諸子百家
沒有比它談得更深刻入微、具體可行的。因為小農最忌貪官汙吏，官
吏欺民，直接破壞社會安定，間接腐蝕政府健全，二千年傳統中國吏
治的根本問題，商君早已看得一清二楚。

　　在蔡澤遊秦稍前，儒家健將荀卿也西入秦，見宰相范雎，時間大
約在西元前三世紀中葉，去商君變法不及百年㉖。范雎問他「入秦何
見」？荀卿曰：

> 其固塞險，形埶便，山林川谷美，天材之利多，是形勝也。
> 入境，觀其風俗，其百姓樸，其聲樂不流汙，其服不挑，甚
> 畏有司而順，古之民也。及都邑官府，其百吏肅然，莫不恭
> 儉敦敬，忠信而不楛（濫惡也），古之吏也。入其國，觀其士
> 大夫，出於其門，入於公門，出於公門，歸於其家，無有私
> 事也；不比周，不朋黨，偶然莫不明通而公也，古之士大夫
> 也。觀其朝廷，其間聽決百事不留，恬然如無治者，古之朝
> 也。故四世有勝，非幸也，數也。是所見也。（《荀子·彊國》）

荀卿之言應該是戰國後期秦政治社會最具體、最客觀和最深入的描
述，也是商鞅新政成果驗收的總評。秦國爵制雖仍有階級身分的殘
餘，但爵位之獲得唯憑軍功，不靠出身，絕大多數的人民亦兵亦農，
整體來說還是一個編戶齊民的社會。耕戰合一的編戶齊民始興於山
東，而收成於西秦，讓深具戎狄性的秦人來完成統一天下的歷史任
務，恐怕不是數百年前山東新政推行者所能逆料的；其關鍵，我們認
為在於秦國建立嚴格的軍功授爵的制度。

㉖　范雎相秦自昭王四十一年至五十一年（前 266-256），齊思和〈戰國宰相表〉（收
　　入《中國史探研》）及錢穆《先秦諸子繫年考辨》頁58。

第九章　戰亂中的編戶齊民

　　編戶齊民之形成是古代中國從封建制轉爲郡縣制的普遍現象，凡這個階級健全發展者，該國必定強盛。上章我們指出經由商鞅變法而締造的編戶齊民——耕戰的個體小農戶，是嬴秦統一六國的主力和主要因素。反觀山東列國，社會骨幹雖同爲編戶齊民，而其形成猶較秦早，最後卻落於敗亡。這不但是了解古代社會轉型有趣的課題，其中原委也可供闡述傳統政治社會結構興衰起落的參考。

一、戰國前期的新政府與齊民

　　我們研究編戶齊民之誕生曾指出這個階級是由於列國競相擴大徵兵而逼出來的（本書第二章），從歷史發展來看，齊民與戰爭如影隨形，具有解不開的關係。因此新的編戶齊民便繼承封建城邦時代正夫所負擔的賦役，而且變本加厲。傳統賦役或因時因地而異，唯原則上據《司馬法》與《管子》所示，徵召的甲士徒卒還須自備甲冑、車蔽戈盾，以及戎車馬匹和運輸糧食芻草的牛畜柴車①，大抵包括兵役和徭

---

① 《春秋·成公元年》「作丘甲」孔穎達《正義》引《司馬法》（《小雅·信南山》孔穎達《正義》云服虔注《左傳》引）曰：「六尺爲步，步百爲畝，畝百爲夫，夫三爲屋，屋三爲井，四井爲邑，四邑爲丘。丘有戎馬一匹、牛三頭，是曰匹馬丘牛。四丘爲甸，甸六十四井，出長轂一乘、馬四匹、牛十二頭、甲士三人，步卒七十二人，戈楯具，謂之乘馬。」即五百七十六戶人家負擔甲士三人，步卒七十二人，武器自備，再出長轂一輛，馬四匹，牛十二頭。但《周禮·小司徒》賈公彥《疏》引《司馬法》稍異，自「屋三爲井」以下云：「井十爲通，通爲匹馬。三十

役兩方面。這些負擔隨著戰爭之擴大、劇烈與頻繁而日益沉重，所以當人民身分由不齊而齊，城邦野人與領邑私民得到解放時，有識之士不喜反憂，因爲齊民解放的代價是有增無已的賦役②。

然而賦役煩重，各地情況不一，如果天下皆苛賦，積重不返，把齊民階層壓垮了，恐怕也沒有以下兩百多年七雄對峙的局面。我們檢討從封建到郡縣這過渡時期的歷史，不難發現凡留意於維護齊民的國家，不一味苛徵賦役者，在戰國政治舞臺上都還能佔有一席之地；否則，只是苟延度日，等待被遷夷爲「家人」而已。

春秋晚期齊國的「公」民已瀕臨破產邊緣，西元前五三九年晏嬰

家出士一人、徒二十人。通十成，成百井，三百家出革車一乘、士十人、徒二十人。十成爲終，終千井，三千家出革車十乘、士百人、徒二百人。十終爲同，同方百里，萬井，三萬家出革車百乘、士千人、徒二千人。」一成徒二十人、一終徒二百人、一同徒二千人，疑係二百、二千、二萬之誤。《魯頌‧閟宮》孔穎達《疏》所引《司馬法》曰「成方十里出革車一乘」，亦屬於此系統。但另有十井出一乘的賦役法，負擔比《司馬法》的規定增加十倍，參《論語》「道千乘之國」包咸注和哀公十二年《公羊傳》何休《解》。先秦資料另一系統是《管子‧乘馬》，曰：「方六里爲一乘之地。一乘者四馬也，一馬，其甲七，其蔽五。四乘（豬飼彥博云，乘當作馬），其甲二十有八，其蔽二十，白徒三十人，奉車兩。」按〈乘馬〉云「方一里，九夫之田」，則一乘之地有五十四戶人家，出甲胄二十八、蔽擇二十、兵士三十人，和一乘車。由於封建時代各國賦役之輕重並不一律，同一國家且有時代的差異，上述資料之分歧毋寧是非常自然的。

② 西元前五三八年鄭子產作「丘賦」，大夫渾罕曰：「君子作法於涼，其敝猶貪；作法於貪，敝將若何？」因而譏剌他「政不率法而制於心」。由於認爲子產爲政「偏而無法」，渾罕預卜「鄭先衛亡」（《左‧昭四》）。五十餘年後，季康子「欲以田賦」，派冉有請教孔子的意見，孔子說：「君子之行也，度於禮：施取其厚，事舉其中，歛從其薄。如是，則以丘亦足矣。若不度於禮而貪冒無厭，則雖以田賦，將又不足。且子季孫若欲行而法則，周公之典在；若欲苟而行，又何訪焉」（《左‧哀十一》）。渾罕所謂的「法」，孔子所謂的「法則」，大概都指傳統的徵收標準。魯國自周公定訂下來的舊典是：「籍田以力而砥其遠邇，賦里以入而量其有無，任力以夫而議其老幼」（《國語‧魯語下》）。季氏改經更張，凡有田者皆賦，出兵丁，徵戰備，比之「周公之典」沉重多了，故聖人斥之爲「貪冒無厭」。不過增加賦役是時勢逼出來的，子產答復渾罕的批評而曰「有濟」，顯見其不得已的苦衷。到春秋末年，不少地區的人民已承受不了重賦之奇擾。季康子「用田賦」之前一年，魯與齊戰於郎，公叔務人見守城壘者而泣曰：「事充政重，上不能謀，士不能死，何以治民」（《左‧襄十一》）？事者役事，政者征也。「事充政重」即《禮記‧檀弓下》所謂「使之雖（唯）病，任之雖（唯）重。」役使民力太過也。據〈檀弓下〉，公叔禺人（即務人）之鄰人汪踦尚未成年，也征調參戰。〈檀弓下〉又記載一則「苛政猛於虎」的故事，兩千多年來家喻戶曉。孔子過泰山之側，聞婦人哭於墓，聲甚哀。問知其家祖孫三代皆死於虎口，然猶不願徙居者，「以無苛政也」，即當地賦役尚不苛刻。此則故事正是這個時代的寫照。

對叔向說：「民參其力，二入於公，而衣食其一；公聚朽蠹，而三老凍餒」（《左·昭三》）。君富民貧，君逸民勞，然而齊侯之剝削人民有增無已，破壞法度，橫徵暴斂，十七年後晏嬰面責齊景公「淫君」。他總結地批判曰：

> 動作辟違，從欲厭私，高臺深池，撞鍾舞女，斬刈民力，輸掠其聚，以成其違，不恤後人；暴虐淫從，肆行非度，無所還忌。（《左·昭二十》）

統治者放縱其欲，塡滿私心，強役民力，刮搜民財。君民對立這麼尖銳，「民人苦痛，夫婦皆詛」，但齊君猶「不思謗讟，不憚鬼神，放辟邪侈，無所不爲」。然而正當齊侯窮極奢靡，剝削人民無度之時，田氏卻努力收攬人心，安頓小農。田氏的斗斛比齊侯的大四分之一，「以家量貸，而以公量收之」（《左·昭三》）；韓非謂之「大斗斛而施於百姓」（〈二柄〉）。齊侯直轄土地上，

> 山林之木，衡鹿守之；澤之萑蒲，舟鮫守之；藪之薪蒸，虞侯守之；海之鹽蜃，祈望守之。（《左·昭二十》）

山林澤藪的天然資源以及海濱的漁鹽之利，根據傳統習俗，人民有開發使用的權利，只要謹守時令，不破壞生態，是不會受到干涉的③，而今全歸政府管制，「不與民共」（杜預《注》）。但貴族采邑內之山澤，分封時原卽賞給領主私有的④，田氏並不挾其領地之資源而牟利，「山木如市，弗加於山；魚鹽蜃蛤，弗加於海」（《左·昭三》）。齊侯「痛疾」之，田氏「燠休」之，人民愛田氏如父母，而歸之如流

---

③ 古人講山林川澤之時禁，參見《國語·魯語上》里革斷宣公之罟、《逸周書·大聚》引〈禹之禁〉、《逸周書·文傳》、《孟子》、《禮記·王制》以及睡虎地《秦簡·田律》（頁26）。時禁以外的季節，山林川澤是開放給人民採集的。

④ 西周同毁記王命同「左右吳大父，司場林虞牧，自淲東至於河，厥朔至于玄水。世孫孫子子左右吳大父，毋汝有閑」（《兩周金文辭大系考釋》）。這片場林虞牧當是吳大父的領地。岐山董家村新出九年衛鼎的林晋里原是矩伯的采地，後來轉入裘衛手中（《文物》1976年5期，頁28）。這些都顯示封建時代貴族領地內的山林川澤是私有的。《史記·平準書》曰：「山川園池市井租稅之入，自天子以至于封君湯沐邑，皆各為私奉養焉，不領於天下之經費。」《索隱》：「不領入天子之常稅。」漢代山林川澤之稅收全屬封君所有，不向天子繳納，大概因襲了封建的慣例。

水，於是大批流亡，願附屬於田氏。而後田氏弒簡公，盡誅鮑氏、晏氏等舊族。《史記‧田敬仲完世家》曰：

> 田常既殺簡公，懼諸侯共誅己，乃盡歸魯、衛侵地，西約晉、韓、魏、趙氏，南通吳、越之使，脩功行賞，親於百姓，以故齊復定。

權臣僭越，到底名分不正，故更想以實際利益收買人心，力求內外關係之和平安定，以冀人民之支持。西元前五世紀中葉，田氏已「有齊國」（〈田敬仲完世家〉），人民所受於姜齊之壓迫可能暫時紓緩，在田氏「燠休」之下當有比較健全的發展。

　　西元前三八六年田和才正式成爲諸侯，於七雄中最後獲得正式名分。經侯剡、桓公午而至威王，已入戰國中期（楊寬1980，附錄三）。威王以前的田齊，史事不詳，但在名分未正式或初爲諸侯時，大概仍謹守收拾民心的家法，小農階層也可能得到比較多的照顧。

　　晉平公和齊景公並世，兩人之奢靡享受也齊名。西元前五三九年，齊景公九年，晉平公十九年，晏嬰與叔向論齊侯腐敗之餘，叔向也感嘆地說：

> 雖吾公室今亦季世也，戎馬不駕，卿無軍行，公乘無人，卒列無長。庶民罷敝而宮室滋侈，道殣相望而女富溢尤。民聞公命，如逃寇讎。政在家門，民無所依，君日不悛，以樂慆憂，公室之卑，其何日之有？（《左‧昭三》）

晉公豪奢，民不聊生，於是相率逃亡，大部分也投身爲私門的領民。和田氏在齊一樣，當權的六卿總比晉公懷柔小民，新出《孫子兵法‧吳問》記述孫武評爲「公家富，主喬（驕）臣奢」的范、中行和知氏，制田猶分別以百六十步和百八十步爲畝，領民實際獲得的耕種面積比直屬於晉公之人民大一半以上。韓、魏制田二百步爲畝，趙氏二百四十步，皆比晉侯「公」民大兩倍以上（《孫子兵法》頁94-95）。尤其趙氏，在春秋戰國之際是比較愛護人民的領主，趙簡子使尹鐸治采邑晉陽，尹鐸請示：「以爲繭絲乎，抑爲保鄣乎」？是要一味刮搜民脂民

膏呢，還是要扶植人民？簡子曰：「保鄣哉」！故尹鐸減損納稅的戶
數。簡子乃告誡其子襄子曰：「晉國有難，而無以尹鐸爲少，無以晉
陽爲遠，必以爲歸」（《國語・晉語九》）。西元前四五四年知伯率韓魏
攻趙，襄子不走長子或邯鄲，而走晉陽。因爲長子城厚且完，「民罷
力以完之」；邯鄲倉廩充實，「浚民之膏澤以實之」，皆不宜避難。
選擇晉陽，那裏是「尹鐸之所寬也，民必和矣」（〈晉語九〉）。愛民者
民恆愛之，知氏雖引汾水灌晉陽，「城不浸者三版，城中懸釜而炊，
易子而食」（《史記・趙世家》），「沉竈產鼃」而「民無叛意」（〈晉語
九〉）。孫武於六家獨推趙氏深得民心，「主歛（儉）臣□，以御富民，
……晉國歸焉」（《孫子兵法・吳問》），是有根據的。襄子之後十六年，
西元前四〇八年趙烈侯卽位，他的朝廷有「侍以仁義，約以王道」的
牛畜，「選練舉賢，任官使能」的荀欣，和「節財儉用，察度功德」
的徐越（〈趙世家〉）。我們不難想見，此時趙國小農階層當能獲得某
種程度的穩定。

　　西元前五世紀下半業，魏文侯任用李悝，結集法經，付諸實施
（本書第六章），又「作盡地力之教」，推行平糴法。後兩項關係全國
民生尤大，可使封建末期困厄的小農獲得復蘇的機會。《漢書・食貨
志》記載其遺法，首先提倡力田，要求農民增加生產，所謂「治田勤
謹則畝益三升，不勤則損亦如之。」再則政府善用平糴，以保護人
民。按照他的估計，小農百畝的收入不敷一家支出，非善理平糴，不
足以勸耕。平糴之法，

　　　必謹觀歲有上中下三孰（熟，下同）。上孰其收自四，餘四百
　　　石；中孰自三，餘三百石；下孰自倍，餘百石。小飢則收百
　　　石，中飢七十石，大飢三十石。故大孰則上糴三而舍一，中
　　　孰則糴二，下孰則糴一，使民適足，賈平則止。小飢則發小
　　　孰之所歛，中飢則發中孰之所歛，大飢則發大孰之所歛，故
　　　糴之。（《漢書・食貨志上》）

年成愈豐，政府收購的餘糧愈多，直到民糧充足，穀價平穩爲止，以

免「穀賤傷農」。反之，年成不好，政府乃散發往年收購的儲糧，以救民饑，免得「甚貴傷民」。班固論平糴政策的效果曰：

> 故雖遇饑饉水旱，糴不貴而民不散，取有餘以補不足也。行
> 之魏國，國以富強。

文侯（前四四五—三九六）、武侯（前三九五—三七〇）父子將近八十年間，七雄霸業以魏爲盛（錢穆1935，頁287、606-607），當與李悝的改革不可分，後來梁惠王能與齊威王在徐州相王，是承襲前代的成果。

魏文侯父子時代還有一人主張改革，即是吳起。起爲魏將，守西河，曾整頓軍制，公叔痤故曰：「夫使士卒不崩，直而不倚，撓揀而不辟者，此吳起之餘敎也」（《戰國策·魏一》）。有人推測《荀子·議兵》所謂魏氏武卒「中試則復其戶，利其田宅，」是吳起建立的制度（郭沫若1957b，頁211-212）。他曾告誡魏武侯爲政「在德不在險」（《史記》本傳）。德就是獲得民心，對於鞏固魏國耕戰合一的齊民階層，吳起的貢獻似不亞於李悝。後來吳起遭譖，南走於楚，爲楚悼王所用，推行新政。蔡澤論之曰：

> 吳起爲楚悼王立法，卑減大臣之賦重，罷無能，廢無用，捐
> 不急之官，塞私門之請，一楚國之俗，禁游客之民，精耕戰
> 之士。南收楊越，北幷陳蔡，破橫散從，使馳說之士無所開
> 其口，禁朋黨以勵百姓，定楚國之政，兵震天下，威服諸
> 侯。（《史記·范睢蔡澤列傳》）

吳起在楚如何培養耕戰合一的齊民階層，史無明文，唯《說苑》曰：「損其有餘而繼其不足」（〈指武〉），似亦維持小農基本的溫飽，至於採取的手段和李悝是否相近，就更難考證了。

山東六雄還有韓燕二國，西元前三五五年韓昭侯以申不害爲相，「脩術行道，國內以治」（《史記·韓世家》）。申氏素講君王馭下之術，無關於民生。燕在昭王（前三一一—二七九）以前未見重大改革，昭王「卑身厚幣以招賢者」，不外提高國際聲望和禮聘善戰的將領。以樂毅伐齊建立大功。《史記·燕召公世家》曰：「燕國殷富，士卒樂輕

戰。」大概以錢財刺激民氣，對軍政制度沒有什麼更新，故昭王崩，樂毅廢，伐齊之師隨即瓦解。

我們檢討山東六國的國勢，當戰國初期，新統治貴族剛剛取代舊統治貴族之後，大凡能延續奪權時收拾人心的惠政，推行改革，保護齊民階層者，在國際間便能發揮舉足輕重的作用，擺出爭霸的態勢，譬如魏、齊、趙、楚。否則，以韓、燕之大，也只好步武魯、衛、滕、鄒的後塵，苟延殘喘而已。

春秋和戰國兩個時代的劃分向來無定說，事實上當時人也沒有清楚的界限，今為討論方便，姑且以孔子《春秋》絕筆之年，西元前四八一年，作為戰國之始，至秦王政統一六國，西元前二二一年，前後共二百六十年。若約略分作早中晚三期，則西元前四〇〇年或稍早以前，屬於早期。戰國早期列國內部雖有貴族之內爭，牽涉最廣者當推晉國六家攻滅，最後剩下三家；至於國際間則尚稱和平。國際戰事據楊寬〈戰國大事年表〉（楊寬1980，頁553-584）所錄，除西元前四一九年以下數年秦爭魏國河西地外，大抵沒有太劇烈的戰事，而其規模也不能與中期以下相比。西元前四〇〇年以下的中期，按楊〈表〉，國際戰爭顯著增加，日趨頻繁，而戰況之酷烈早為讀史者的常識。〈大事年表〉記錄的史實正與本文的看法不謀而合。自此以後，稍得生養休息的齊民小農隨著國際戰爭之擴張和劇烈，開始經歷歷史上有數的苦難時代。他們的困厄和殘破是從中期開始的，此現象從孟子等人的議論可以透露無遺。

一般而言，戰國中葉以後，山東地區佔編戶齊民絕大多數的小農已瀕臨殘破，士人關切這一危機，呼籲得最懇切者，莫過於孟子。在商鞅推行新政之次年，即西元前三五七年，孟子以而立壯年始遊於齊。孟子旅居齊國超過三十年，正值齊威王盛世，齊將田忌和軍師孫臏兩度敗魏於桂陵和馬陵，齊將匡章亦敗秦軍。西元前三二五年去齊遊宋，兩年後過薛至魯，翌年，返鄉，又自鄒之滕。西元前三二〇年遊梁，見梁惠王，次年，梁惠王卒，再度適齊。這時齊宣王剛即位不

久。孟子亦見齊宣王。第二次旅居齊國期間，燕有子之之亂，齊兵入
燕。至西元前三一二年，孟子再度離開齊國，已垂垂暮年矣⑤。孟子
一生適值戰國中期，足跡所歷大概西起今日平漢鐵路，東至泰山山脈
之北，主要包括河南省東部和山東省西部，即古代中原地區。這範圍
內大國有齊、魏，小國有宋、魯、滕、鄒。

　　《史記·孟子荀卿列傳》論述孟子時代天下之大勢曰：

　　　　當是之時，秦用商君，富國彊兵；楚、魏用吳起，戰勝弱
　　　　敵，齊威王、宣王用孫子、田忌之徒，而諸侯東面朝齊。天
　　　　下方務於合縱連衡，以攻伐為賢。

班固亦謂這些「雄傑之士皆禽敵立勝，垂著篇籍」。列國刻意整頓武
備，「方爭於功利，而馳說者以孫、吳為宗」（《漢書·刑法志》）。在戰
亂殺伐之中孟子發現最嚴重的政治社會問題——百餘年前新興起的編
戶齊民快要破產了！孟子四處奔走呼號，「述唐虞三代之德」，提倡
仁心仁政，就是要挽救這垂危的階層。

　　所謂編戶齊民，基本以小農為主，關於他們的苦痛，我們且先聽
聽孟子的描述。孟子對梁惠王說，統治者「奪其民時，使不得耕耨以
養其父母。父母凍餓，兄弟妻子離散。」對齊宣王說：

　　　　今也制民之產，仰不足以事父母，俯不足以畜妻子，樂歲終
　　　　身苦，凶年不免於死亡。（〈梁惠王上〉）

更有甚者，貧富懸殊，統治者窮極奢侈，小農「救死而恐不瞻」。在
上者「狗彘食人食」，在下者「塗有餓莩」（同上）。齊魏大國如此，
挾在當中的小國也不例外。所謂

　　　　凶年飢歲，君之民老弱轉乎溝壑，壯者散而之四方者幾千人
　　　　矣，而君之倉廩實，府庫充，有司莫以告。（〈梁惠王下〉）

這是他對鄒穆公的批評。而

---

⑤　參見錢穆《孟子研究·孟子傳略》，亦見《先秦諸子繫年考辨》卷二〈孟子生年
　　考〉、卷三〈孟子在齊威王時先已遊齊考〉、〈孟子至宋過薛過鄒考〉、〈孟子遊
　　滕考〉、〈孟子遊梁考〉、〈孟子自梁返齊考〉、〈孟子去齊考〉各條。

為民父母使民盻盻然,將終歲勤動,不得以養其父母,又稱
貸而益之,使老稚轉乎溝壑, 惡在其為民父母也?(〈滕文公
上〉)

這是他面刺滕文公的話。孟子在齊對弟子公孫丑抒懣說:

王者之作,未有疏於此時者也;民之憔悴於虐政,未有甚於
此時者也。(〈公孫丑上〉)

不獨齊國如此,山東列國大抵皆然。

孟子企盼的仁政是什麼呢?從他對梁惠、齊宣以及鄒滕小諸侯的
告誡勸諫來看,不過希望統治者能安頓小農,讓他們守住百畝之田、
五畝之宅,按季節播種、耕耘和收成而已。他說:

五畝之宅,樹之以桑,五十者可以衣帛矣。鷄豚狗彘之畜,
無失其時,七十者可以食肉矣。百畝之田,勿奪其時,八口
之家可以無饑矣。謹庠序之教,申之以孝悌之義,頒白者不
負戴於道路矣。 老者衣帛食肉,黎民不飢不寒,然而不王
者,未之有也。(〈梁惠王上〉)

據說「五十非帛不煖,七十非肉不飽,不煖不飽謂之凍餒。」在孟子
想像中, 所謂善養老的周文王端在教民樹桑畜牲, 使「無凍餒之老
者」(〈盡心上〉)。這是孟子的理想國,與老子之「小國寡民」可以先
後輝映;然而說穿了,他的理想政治也只想使數口之家的小農獲得最
低限度的溫飽而已。孟子生逢魏齊盛世,竟連這點基本要求都成為奢
望,誰說山東的小農沒有破產的危機?

戰國時期與孟子相同觀察者猶大有人在。前乎孟子的墨翟說:

今天下為政者其所以寡人之道多,其使民窮,其籍斂厚,民
財不足,凍餓死者不可勝數也。(〈節用上〉)

較後的荀卿論「王事」仍不出孟子範圍──「家五畝宅,百畝田,務
其業而勿奪其時;」和「立大學,設庠序,脩六禮,明十教」而已
(〈大略〉)。墨翟南及楚越,北至魯齊,荀卿自趙之齊、 楚諸國,經
歷的地區比孟子廣,見聞也比孟子多,但所論略同,可見這不是孟子

的一家之言，而是當時有心人士的共同認識。

　　戰國初期魏文侯時，李悝估計小農戶的收支入不敷出。他說一家
五口，治田百畝，畝歲收一石半，扣除什一之稅，剩餘一百三十五
石。每人每月食一石半，一家年用九十石，剩餘四十五石。社祭費用
估計三百錢，衣服每人亦三百錢，若售粟一石三十錢，還不足四百五
十錢。「不幸疾病死喪之費及上賦斂，又未與此」。這樣的日子幾乎
無法過。雖然估計標準不同，可能得到不同的印象。譬如《管子·治
國》的估計和銀雀山新出竹簡〈田法〉的規定皆中田畝二石⑥，以此
爲準，按李悝估算，可剩九百錢供疾病死喪之費，但也相當拮据了。
難怪《管子·山國軌》曰：

　　春繰（縑）衣，夏單衣，捍、籠、㥄、箕、勝（媵）、
　　蠃、屑（筲）糒，無貲之家皆假之。械器勝（媵）、蠃、屑（筲）糒公
　　衣，功已而歸公，衣（衍文）折券⑦。

連農具、衣服和乾糧都向政府借貸，小農之赤貧可想而知，〈山國
軌〉的年代雖然較晚，但大致不遲於戰國晚期，與孟子所見小農云困
厄是一脈相通的。附帶說明者，〈山國軌〉在《管子·輕重》十九篇
中（今亡三篇），寫作年代衆說紛紜，我們考定爲戰國中期的作品（杜正
勝1988），下文還會用到這部分的資料，故特先申明。

　　山東編戶齊民之破產是多重因素互動的過程和結果，今試就爵祿
制度、戰亂和賦役等內、外因素加以解析，其中關於商人對農民剝削
的問題，詳見拙文別作《羨不足論》，這裏不贅述。

---

⑥　銀雀山竹簡〈田法〉曰：「歲收：中田小畝畝廿斗，中歲也。上田畝廿七斗，下田
　　畝十三斗，太上與太下相覆以爲率。」小畝中歲平均收成二石，與《管子·治國》
　　所云「中年畝二石」同。〈田法〉見銀雀山漢墓竹簡整理小組，〈銀雀山竹書守
　　法、守令等十三篇〉，《文物》1985：4。

⑦　繰，張佩綸、安井衡、聞一多皆讀作縑，縑衣郎袷衣。勝，王念孫云當爲□，叠
　　也。屑，張佩綸云當作筲，竹器飯筥也。「衣折券」之衣字衍文，從張佩綸與豬飼
　　彥博說。捍，王引之疑桿字之誤，盾屬農具；張佩綸不改字，以爲如糧之木梃，皆
　　田間械器也。㥄，王引之云籠屬。以上諸說見於《管子集校》，頁1081-1082。

二、列國的軍功與爵、祿

擴充兵源，造成耕戰合一的齊民社會，是西元前六世紀中葉以下山東列國紛紛實行的新政；商鞅移植於秦，已在二百年後。然而山東之齊民何以不如秦之堅強有活力？

上章探討秦國社會時特別指出軍功授爵之等爵制所起的關鍵性作用，我們說過這是一套激勵民心士氣的身分制，由於籌思細密，歷久而不廢弛。二十爵等分作四大等級，一至四爵劉劭〈爵制〉比作士，五至九爵比作大夫 ，十至十八爵比作卿， 最後二爵比作諸侯（《續漢書·百官志五·注》）。與編戶齊民關係最密切的是一至四爵，包括公士、上造、 簪裊和不更。 在這四級內按首功而晉爵， 五級大夫以上屬於官，不依各人首功晉升，除非擔任屯長或百將，並且率領的部隊在一次戰役中能斬首三十三，才可以晉爵。所以四級與五級之間是一大門檻，不能輕易跨越。由於四級之前，人人有升遷的機會，故這套身分制對人民有極大的吸引力；也由於五級以上升遷條件甚嚴，故使這套身分制不易流於浮濫，最後形同虛設。此身分制再配合土地改革，擴大授田面積，鼓勵生產，於是結合成功入耕出戰的編戶齊民，變成秦國社會的中堅，統一六國的主力。現在我們也從爵制的角度來分析山東的齊民，便不難發現六國之敗亡和他們未如秦國建立軍功的爵制很有關係。

戰國時期列國與秦都沒有因封建之崩壞而放棄爵位制度，二者之明顯差別是列國未建立嚴格依照軍功而授予爵位的身分制；然而由於列國直接承襲封建城邦的傳統，歷史包袱較重，表示階級身分的爵位反而更浮濫了。借用孟子的術語說，傳統爵位是「天爵」，新時代爵位為「人爵」。天爵是世襲身分，不能任意剝奪，也不能隨意頒授，一代一人世襲，有爵者終究少數。人爵則出自在上者之口，賜予賞奪無常，所謂「趙孟之所貴，趙孟能賤之」者也（《孟子·告子上》）。天爵

用以維持階級，人爵則在製造新身分。《墨子·尚賢上》曰：「高予之爵，重予之祿，任之以事，斷予之令。」授爵對象下及「農與工肆之人」。《禮記·王制》亦曰：「凡官民材必先論之，論辨然後使之，任事然後爵之，位定然後祿之。」即使是平民，有材任事，便可賜爵。這都不是封建城邦時代可能發生的現象，故弄權大臣常把爵祿當作扶植黨羽的工具。齊簡公時（前四八四—四八一年），田常上請爵祿而行之羣臣，下大斗斛而施於百姓（《韓非子·二柄》），就是最明顯的例子。不獨齊國如此，韓非批評的韓國亦然。他說：「父兄大臣上請爵祿於上而下賞之，以收財利及樹私黨」（〈八姦〉）。爵位浮濫大概是山東的普遍現象。

　　新時代獲爵之途多端，受官任事固可得爵，執法不阿權貴也能益爵[8]，博學辯智如稷下名流皆賜爵為列大夫（《史記·孟子荀卿列傳》）；下至於呂不韋推薦人當趙國丞相的僚屬也要求賜爵五大夫（《戰國策·趙三》）。而齊國進貢卜龜於王的北郭人家，由於龜卜靈驗，據說亦獲賜中大夫的爵服（《管子·山權數》）。在此風氣下，鬻爵是相當平常的事。或以金錢，或以糧食。《商君書·徠民》曰：

　　齊人有東郭敞者，猶多願，願有萬金，其徒請賕焉，不與，曰：「吾將以求封也」。

萬金求封，即捐官買爵也。韓非列舉亡國的徵兆，其中有一條云：

　　官職可以重求，爵祿可以貨得者，可亡也。（《韓非子·亡徵》）

這是事實，所以他感嘆「今世習之請行則官爵可買，官爵可買則商工不卑也。」商工業者多財賄，買官爵以提高自己的身分地位。至於捐粟買爵，商鞅和韓非都曾主張，《商君書·靳令》曰：「民有餘糧，使民以粟出官爵。」[9]《韓非子·飭令》亦曰：「民有餘食，使以粟出

----

[8]　《韓非·外儲說右上》曰：「楚王急召太子，楚國之法，車不得至於茆門。天雨，廷中有潦，太子驅車至於茆門。廷理舉殳而擊其馬，敗其駕。（王）乃益爵二級。」廷理即是不阿權貴的典型。

[9]　《韓非子·內儲說上·七術》引公孫鞅曰：「行刑，重其輕者，輕者不至，重者不來，是謂以刑去刑。」引文見於《商君書·靳令》，故高亨斷定〈靳令〉是商鞅的遺著，見〈商君書作者考〉，《商君書注釋》頁10。

圖 9.1　洛陽西漢壁畫「二桃殺三士」摹本

爵，必以其力，則震（農）不怠。」在《商君書》系統中，「粟爵」和「武爵」是相對的。〈去彊〉曰：「興兵而伐則武爵武任，必勝；按兵而農，粟爵粟任，則國富。」太史公敍述商鞅新法曰：「僇力本業，耕織致粟帛多者復其身」（《史記·商君列傳》），未明言出粟任爵。據《史記》記載，秦國只在秦王政四年，天下疫，令百姓納粟千石，拜爵一級（《秦始皇本紀》）。在嚴格的軍功爵制下，秦國卽使行過粟爵，恐怕也是特例，而且可能是政府爲紓解久戰財政困難的臨時措施；但在山東列國便不同，授爵旣濫，納粟拜爵的情形自然遠比秦國普遍得多。

　　春秋中晚期以下，山東關於士卒軍功授爵的資料極爲罕見。或說齊有「勇爵」，但據《左傳》文意，此爵似是酒器，嘉勇的禮物，近於勇士之食挑而非表示身分的爵位⑩（圖9.1）。楚國確實有軍功授爵之

---

⑩　《左傳》襄公二十一年曰：「州綽出奔齊。齊莊公朝，指州綽、郭最曰：『是寡人之雄也。』」州綽曰：「君以爲雄，誰敢不雄？然臣不敏，平陰之役先二子鳴。』莊公爲勇爵，殖綽、郭最欲與焉。州綽曰：『東閭之役，臣左驂迫還於門中，識其枚數，其可以與於此乎？』公曰：『子爲晉臣也。』對曰：『臣爲隸新。然二子譬於禽獸，臣食其肉而寢處其皮矣。』」原來在襄公十八年，晉伐齊，及平陰，州綽俘虜殖綽與郭最。後因晉國貴族內部鬥爭，襄公二十一年州綽出奔齊，在齊國朝廷上與齊士比勇。殖綽、郭最是齊國有名的勇士，皆欲得齊莊公所設的「勇爵」，州綽視其手下敗將而譏諷焉。勇爵，杜預《解》云：「設爵位以命勇士。」沈欽韓再進一步發揮，《春秋左氏傳補注》云：「勇爵猶漢武帝所置武功爵官首、樂卿之類。《商君書·境內》由丞尉能得甲首一者賞爵一級。」（卷七）他把「勇爵」視作秦漢時代表示身分的軍功爵。（按，沈氏誤以「武功爵」爲軍功爵）。楊伯峻《春秋左傳注》有云：「爵，古代飲酒器。勇爵所以觴勇士者也。」但他信之不堅，對於酒器和身分二說不敢斷定孰是。日人竹添光鴻《會箋》早就認爲勇爵是觴勇士的酒器而非爵位。他引證日本故事，「源將軍征東奧時，設勇怯坐以饗軍士，以屬之。似焉」。勇怯坐詳情待考，據字面推敲，似爲「勇坐」與「怯坐」；但在中國春秋戰國時代亦有類似事例可以佐證。《晏子春秋》有名的「二桃殺三士」的故事，公孫接、田開疆和古冶子三人比爭稱武勇以食桃（〈諫下〉第二），和州綽三人比賽英勇而飲酒是如出一轍的。

賞，據說法令規定，「覆軍殺將，官爲上柱國，爵爲上執珪」，尊貴僅次於令尹（《戰國策·齊二》）。但這條法令只適用於軍將，非但未如秦國一系列的軍功爵等，而且還是貴族的專利品，和一般士卒無關；性質更近封建之爵，而與秦國軍功爵不類。文獻所見，山東列國一般士卒的賜爵只有吳起一例。魏武侯時代，起爲西河守，欲攻奪鄰境秦亭，乃下令曰：「有能先登者，仕之國大夫，賜之上田宅」（《韓非子·內儲說上》）。國大夫當是一種官爵，是否爲系列爵等中的一環則不可考。此令應對所有兵士而言，但史籍僅此一見，吳起後來奔楚，他在魏亦未建立類似於商君的等爵制度。

山東列國鼓舞軍隊士氣的方法與秦不同，原則上爵祿分途，有爵者雖有祿，有祿者不必有爵，爵施於官吏大臣，行伍士卒有功則只能賞祿而已。從先秦文獻的記載來看，爵與祿的劃分非常顯著。

《孫子》〈計〉篇知勝負七事之七曰「賞罰孰明」，賞什麼？賞戰利品。〈作戰〉曰：「取敵之利者，貨也，故車戰得車十乘已上，賞其先得者。」臨沂新出《孫臏兵法·纂卒》曰：「勝在盡□，明賞，選卒，乘敵之□，是謂泰武之葆。」又曰：「（上缺）令，一曰信，二曰忠，三曰敢。安信？信賞。不信於賞，百姓弗聽」。我們尚無法確定所賞者是不是爵位。但《孫臏兵法·威王問》曰：

> 田忌曰：「賞罰者，兵之急者耶？」孫子曰：「非。夫賞者所以喜衆，令士忘死也；罰者所以正亂，令民畏上也。可以益勝，非其急者也。」

賞只是用兵過程中刺激士卒奮勇作戰的一種手段，而非致勝的根本之道。用來激發戰鬥意志者大概不外物質。孫臏以「必攻不守」爲「兵之急者」，誠然是軍事家從戰略、戰術觀點的考慮，沒有政治家善用民力的眼光，和秦國等爵制的立意實有天淵之別。《孫臏兵法·將敗》列舉將軍二十種可能敗北的因素，其中有「寡信」一項，即是〈纂卒〉的「不信於賞」。孫武祖孫論賞很少含有政治意義，而只是

戰術運作中的一種輔助，他們不曾利用軍功塑造身分階級制，再以這種身分階級制發揮戰鬥力量，因為他們到底是軍事家，不是政治家。唯有間諜例外。《孫子・用間》云：

> 相守數年，以爭一日之勝，而愛爵祿百金，不知敵之情者，
>
> 不仁之至也。非人之將也，非主之佐也，非勝之主也。

敵情是戰爭勝敗的契機，唯有「知彼知己」才能「百戰不殆」（《孫子・謀攻》）。間諜深入敵人，刺探敵情，危險性最高，非重賞不足以勵勇夫，故〈用間〉曰：「三軍之事，莫親於間，賞莫厚於間。」如果間諜有爵祿之賞，那是厚賞之尤，似亦可反證一般戰功是不賜爵的。

《荀子》記載一則軍功賞賜的故事。楚將子發伐蔡，克之，獲蔡侯，論功行賞，子發辭賞。荀卿批評曰：

> 古者明王之舉大事、立大功也，大事已博，大功已立，則君
>
> 享其成，羣臣享其功：士大夫益爵，官人益秩，庶人益祿。
>
> 是以為善者勸，為不善者沮。（〈彊國〉）

士大夫益爵，庶人益祿，爵祿分別得很清楚。士卒無爵賞，自古而然，山東地區直到戰國時代猶如此。戰國晚年韓國政府欲割上黨給秦，上黨太守暗通於趙，願舉上黨歸之。趙王派平原君去接收，封賜曰：

> 請以三萬戶之都封太守，千戶封縣令，諸吏皆益爵三級，民
>
> 能相集者賜眾六金。（《戰國策・趙一》）

官吏賜爵，平民賞金，截然分辨。《淮南子・泰族訓》曰：「吳起為楚張減爵之令而功臣畔。」楚國有爵者亦只限於貴族功臣，平民是無爵的。

官吏有治績，士卒立功勞，所賞不同，一者以爵，一者以祿，《管子》書中詳乎言之。〈八觀〉曰：

> 功多為上，祿賞為下，則積勞之臣不務盡力；治行為上，爵
>
> 列為下，則豪傑材臣不務竭能。彼積勞之人不務盡力，則兵
>
> 士不戰矣；豪傑材臣不務竭力，則內治不別矣。

士卒功多則賞祿，材臣治安則列爵。〈八觀〉又云：

豪傑不安其位而積勞之人不懷其祿。豪傑不安其位則良臣不
　出，積勞之人不懷其祿則兵士不用。

爵位和祿賞殊科，雖不必文武分途，但前者行於上層，後者行於下
層，應無疑義。〈重令〉曰：「爵人不論能，祿人不論功，則士無行
列死節，而羣臣必通外。」能與功的分野，〈法法〉講得很明白，
曰：「賢者食於能，鬥士食於功」；又曰：「君子食於道，小人食於
力」。統治階級有能則授爵，被統治者有功則賜祿。正如〈問〉篇所
云：「爵授有德則大臣興義，祿予有功則士輕死節。」行伍之間實無
賜爵可言，〈立政九敗解〉批評墨家兼愛之說曰：

　　兼愛之說勝，則射御勇力之士不厚祿，覆軍殺將之臣不貴
　　爵。彼以教士，我以毆衆；彼以良將，我以無能。

軍官人數少，故貴爵，士卒衆，只能厚祿而已。以上這些資料都明白
顯示齊國「列陳之士執於賞」（〈輕重甲〉）的賞是賞祿，而非賞爵，可
以和上引《孫臏兵法》之「信賞」互相印證。

　　所賞之祿大概以金錢財賄爲主。西元前三世紀中葉，荀卿與臨
武君議兵於趙孝成王（前二五六─二四五）前，評論齊國優待軍功的辦法
曰：

　　齊人隆技擊，其技也，得一首者則賜贖、錙金，無本賞矣。

　　（《荀子·議兵》）

齊國重視士卒之戰技，《管子·七法》論「爲兵之數（術）」有
八：聚財、論工、制器、選士、政敎、服習、遍知天下和明於機數。
財通材。聚精材，論百工，於是成銳器，卽求武器之精良，〈幼官〉
所謂「選士利械則霸」者也。器械成，於是訓練戰士，〈七法〉和
〈幼官〉都講述春秋角試以練士卒，和銀雀山新出竹簡的〈王兵〉
如出一轍[11]。齊國尊崇武士戰功的方法是贖免他人之罪或賜予黃金八

---

[11]　〈王兵〉曰：「取天下精材，論百工利器，收天下豪傑，有天下俊雄。春秋毃（角）
　　試，以關（練）精材。動（動）如雷神（電），起如鷙鳥，往如風雨，莫當其前，
　　莫害（遏也）其後，獨出獨入，莫能禁止。」這種要求和標準多少猶有封建武士的
　　傳統，陣前致師卽如〈王兵〉所述之英勇。

兩，《荀子》所說「本賞」蓋指如秦爵而言；在他看來，金錢財物不是本賞⑫。齊慣以金錢鼓舞士卒亦見於《管子》。〈輕重乙〉說政府一年收租稅四萬二千金，欲賞給軍士。能率領千人，陷陣破衆者，賜百金；兵接弩張，能得千人之長者，賜百金；聽旌旗之所指，得執將首者，賜千金；俘虜千人者，賜千金；出陣斬首者，賜十金。雖不一定全是事實，然而結合上文所論，齊軍立功賞金而不賜爵是可以斷然肯定的。所以，〈國蓄〉論政府控制金融就能控制人民，「予之在君，奪之在君，貧之在君，富之在君」；如果控制不了，「國多失利，則臣不盡其忠，士不盡其死矣。」這種軍隊必唯利是趨，難怪荀子批評曰：「亡國之兵，兵莫弱於是。」在上者原以爲錢財可以刺激作戰勇氣，俗語所謂「重賞之下必有勇夫」也，殊不知財富正是貪生怕死的根源，斫喪戰鬥意志的利器，荀子因此說齊軍和「賃市傭而戰」相去無幾（〈議兵〉），龐涓以爲「齊軍怯」（《孫子‧吳起列傳》），恐怕亦非虛言。

　　當然，山東列國軍隊重金賞者可能不限於齊國，趙李牧守備匈奴，斟選的勇士有「百金之士」，亦屬於賜金之類，但不論如何，士卒軍功而授爵在山東幾無所見。荀卿又分析魏國優待軍人的辦法，他說：

　　　魏氏之武卒，以度取之；衣三屬之甲，操十二石之弩，負服
　　　（箙）矢五十個，置戈其上，冠鞬（冑）帶劍，贏三日之糧，
　　　日中而趨百里。中試則復其戶，利其田宅。（〈議兵〉）

不須作戰，不必首功，只要通過極其嚴格的體能測驗，就可以獲得特權：士卒同戶之家人豁免徭役，自己之田宅免除租稅。測驗及格的武

---

⑫　王先謙《荀子集解》引郭嵩燾曰：「此與秦首虜之法同，以得首爲功賞，不問其戰事之勝敗，故曰：『無本賞。』漢世軍法，抵罪得贖免，當亦起於戰國之季。言荀得首者有罪當贖，僅納鍰金。」郭說不確。贖免亦見於秦，睡虎地秦簡〈軍爵律〉曰：「欲歸爵二級以免親父母爲隸臣妾者一人，及隸臣斬首爲公士，謁歸公士而免故妻隸妾一人者，許之，免以爲庶人」（頁93）。這是因軍功獲爵後，以軍爵換取親人自由身分的贖免。齊卒無爵，立功而獲的贖免蓋是一種特權，可用於他人或日後自己之罪。賜贖之外或也賜鍰金，贖免之特權與鍰金似不必然排斥，但二者皆非本賞之爵，這是齊秦錫賞戰功根本的差異。

卒可能是魏國軍隊的翹楚，雖年老力衰，仍能享受優待，荀子故曰：
「數年而衰，而未可奪也。」對政府而言，「地雖大，其稅必寡，是
危國之兵也；」對耕戰之士來說，豁免租稅徭役是當兵這條路的極
致，和齊國一樣，無爵可言，個人的前程還是沒有什麼指望的。

　　王粲〈爵論〉曰：

> 以貨財為賞者，不可供；以復除為賞者，租稅損減；以爵為
> 賞者，民勸而費省。（《藝文類聚》卷五一〈封爵部總載封爵〉引）

這三類其實卽荀子所述齊、魏、秦軍賞的辦法。

　　前文（本書頁363）曾經指出商鞅等爵制的特點是「利祿官爵摶（專）
出於兵」，「富貴之門必出於兵」（《商君書·賞刑》）。士卒不但有祿
有爵，而且以爵制祿，不但既富又貴，而且以貴制富。唯有像秦國徹
底勵行等爵制，授爵必以軍功，耕戰合一的齊民階層才有遠景、有生
氣。但在山東列國我們卻絲毫嗅察不出等爵制的氣息，根本原因是軍
功祿賞不能塑造身分制。何況山東列國賜爵之途多端，爵流於濫，戰
功卻不包括在內！以韓非受商鞅影響之深，既重耕戰之士[13]，又主張
功伐致爵祿，以成富貴之業（〈六反〉），卻極力反對「官爵之遷與斬
首之功相稱」，亦可見東方的風氣和傳統矣。韓非說：

> 今有法曰「斬首者令為醫、匠」，則屋不成而病不已。夫匠
> 者，手巧也；而醫者，齊藥也；而以斬首之功為之，則不當
> 其能。今治官者，智能也；今斬首者，勇力之所加也。以勇
> 力之所加而治智能之官，是以斬首之功為醫匠也。（〈定法〉）

秦國制度，立戰功則拜爵，獲爵則可以為吏。爵位與官職有時通稱，
並不限於「兵官之吏」而已（《商君書·境內》）[14]。韓非所批評的卽是

---

⑬　《韓非子·外儲說右上》斥隱士者流「不服兵革而顯，不親耕耨而名。」〈問辯〉
　　亦曰：「儒服帶劍者眾而耕戰之士寡。」

⑭　《史記·商君列傳》云孝公以「衛鞅為左庶長，卒定變法之令」；又曰「以衛鞅為大
　　良造，將兵圍魏安邑」。左庶長、大良造皆爵稱。〈白起列傳〉曰：「昭王十三
　　年白起為左庶長，擊韓之新城；明年，為左更，攻韓、魏於伊闕，遷為國尉；明
　　年，為大良造，攻魏取六十一城。」左庶長、左更、大良造等爵稱與國尉之官職相
　　間。軍爵雖多與軍職有關，但以衛鞅為左庶長而定變法令，此時鞅非軍將也。

這種不夠專業的制度，他主張官能士勇，文武分途，基本精神與上引
《管子》之論爵祿相通，應是山東政治社會結構的特色。這條管道沒
有打通，耕戰合一的齊民階層恐怕永遠處於被統治的「小人」之列，
很難成為社會的中堅，其社會地位也難以得到制度性的肯定和保障。

　　在山東地區，軍人的社會地位似乎不高，以齊國為例，《管子‧
山權數》曰：

> 君不高仁，則國不相被；君不高慈孝，則民簡其親而輕過，
> 此亂之至也。則君請以國策十分之一者，樹表置高，鄉之孝
> 子聘之幣，孝子之兄弟衆寡不與師旅之事。

國家所表彰的是孝慈仁者，政府以稅收的十分之一建立華表，高其門
閭，報以聘幣，孝子的兄弟不論衆寡皆免兵役。當兵卽使不是不光榮
的事情，至少也不是光榮的。故下文論教民之法，「置之黃金一斤，
直食八石，」鼓勵人民從事各種事業，有能明於農事者，能蓄育六畜
者，能樹藝者，能樹瓜瓠葷菜百果使蕃育者，能已民疾者，能知時歲
之良阨、預測五穀豐歉者，能通於蠶桑、使蠶不疾病者，形形色色，
不一而足，但軍旅的特殊才能卻不包括在內。非但不包括，這些具備
特殊才能的人民除黃金、糧食之賞以外，並且「使師旅之事無所與」。
則當兵至少是避之唯恐不及的事了。同篇亦論「君榇（柄）」，國君若
善於利用「五官技」，則物阜民康，不蹈禍亂。所謂五官技：

> 詩者所以記物也，時者所以記歲也，春秋者所以記成敗也，
> 行者道民之利害也，易者所以守凶吉成敗也，卜者卜凶吉利
> 害也。民之能此者，皆一馬之田，一金之衣，此使君不迷妄
> 之數也。（〈山權數〉）

五官之技所以輔佐國君者，軍人亦不與。這和秦國「富貴之門必出於
兵」，「富貴之門要存戰而已」，實有天淵之別。

　　在制度方面，士卒沒有出身的階梯；在社會上，軍人也不是光榮
的象徵。他們九死一生立下的戰功未能受到正面肯定，一旦死傷，撫
慰的權益也沒有保障。韓非比較韓國士卒與其他職事之人曰：

夫陳善田利宅所以戰士卒也，而斷頭裂腹播骨乎平（衍文）原
野者，無宅容身，身死田奪。而女妹有色，大臣左右無功
者，擇宅而受，擇田而食。賞利一從上出，所以擅削下也，
而戰介之士不得職，而閒居之士尊顯」。（〈詭使〉）

勇士戰死奪田宅，遺孤於是「饑餓乞於道」。反觀當時之人，優笑酒
徒之屬乘車衣絲，卜筮、視手理、狐蟲（蠱）為順辭於前者日賜，巧
言利辭行姦軌以倖偷世者數御，結果是「戰鬥有功之士貧賤，而便辟
優徒超級」（〈詭使〉）。韓非又說人民勞動耕田，盼能得富，冒險作
戰，企望得貴。「今修文學、習言談，則無耕之勞而有富之實；無戰
之危而有貴之尊，則人孰不為」（〈五蠹〉）。還有誰願意耕田打仗呢？
於是齊民逃匿，附託有威之門。耕戰之士的齊民階層一流亡，這個政
府的壽命便指日可待了。山東列國所以亡，秦所以勝，恐怕和是否施
行軍功授爵的等爵制息息相關。

三、戰爭與賦役之交煎

列國戰禍之烈影響於一般平民者，敵軍是破壞生產，殘害生命；
本國政府則是無窮無盡的驅役，包括兵役和徭役。先秦、秦漢子書描
寫得很深刻，簡要言之，墨子說「芟刈其禾稼，斬其樹木」（〈非攻下〉）；
孟子說「殺其父兄，係累其子弟」（〈梁惠王下〉），即指兵役。而《淮
南子》所述：

質壯輕足者為甲卒，千里之外家老羸弱，悽愴於內。廝徒馬
圉，軵車奉饟，道路遼遠，霜雪亟集，短褐不完，人羸車弊，
泥塗至膝，相攜於道，奮首於路，身枕格而死。（〈覽冥訓〉）

是指徭役。對於齊民，外國的敵人和本國的政府皆可置人於死地，二
者並無太大的差別。

一　戰爭的動員與傷亡

戰國早期政府照顧齊民，主要目的在於鞏固政權基礎，強化戰鬥

力量。當時小農雖然得到某種程度的休養生息，免於封建末期沒落貴族的超額剝削，但自戰國中期以後，由於戰爭規模擴張，人力動員更加龐大，兵卒傷亡益發慘烈，破壞物質，阻礙生產，每下愈況。山東列國又缺乏促使齊民恢復生機的制度，編戶齊民終於在綿延不斷的戰亂和永無止境的賦役中逐漸崩潰。

　　據孫子所說，春秋戰國之際每次戰役動用的兵力已達十萬（〈用間〉、〈作戰〉）。爾後由於戰事擴大加劇，動員人數有增無已，達到二十萬，故田單謂趙奢「必負十萬、二十萬衆乃用之」（《戰國策·趙三》）。《尉繚子·制談》亦曰：「今天下諸國士所率無不及二十萬之衆。」戰國中、晚期列強之間的戰役，單一方面至少有二十萬兵衆參戰，足見戰爭場面之壯烈，荀子遂說：「自四、五萬而往者，彊勝，非衆之力也，隆在信矣」（〈彊國〉）。靠四、五萬人如果勉強打了勝仗，必是特殊信賞的緣故。在荀子活動的戰國晚期，只運用這麼一點兵力是很少見的。難怪田單追述古代「帝王之兵，所用者不過三萬而天下服矣，」被趙奢斥爲「非徒不達於兵，又不明其時勢」（《戰國策·趙三》）。趙奢說時代不同了，古代萬國而今分以爲戰國七，

　　　能具數十萬之兵，曠日持久，數歲。齊以二十萬之衆攻荆，
　　　五年乃罷，趙以二十萬之兵攻中山，五年乃歸。

何況當時「千丈之城，萬家之邑相望，」若以三萬之衆圍千丈之城，不能存其一角，平原野戰更不必說了。戰爭規模之擴大是時勢造成的。

　　以守邊的李牧而言，他在趙國北疆防備匈奴，挑選精銳，組成一支善戰的隊伍。「具選車得千三百乘，選騎得萬三千匹，百金之士五萬人，彀者十萬人」（《史記·廉頗列傳》）。一乘若以七十五人計，則這支戰鬥兵團應超過二十六萬人。列國備邊的兵力恐怕也相當可觀。

　　如果是傾盡全力的大會戰，動員的軍隊就更多了。西元前三四一年齊魏馬陵之戰，孫臏設詐誘敵，「使齊軍入魏地爲十萬竈，明日爲五萬竈，又明日爲三萬竈」（《史記·孫子列傳》）。《孫子·作戰》杜牧《注》引《司馬法》，一隊百人，用炊家子十人，大約十人一竈，十萬

竈有百萬之衆,固然是欺敵手法;三萬竈三十萬人,也是誘敵的策略。
前者過;後者不及。如果估計此次戰役田忌帶領成員四、五十萬的軍
隊,似乎不算誇張。西元前二六〇年的長平之戰,趙卒四十五萬,秦
將白起圍降之,坑趙卒四十萬,秦軍總數恐亦在相對數目之上。故王
翦答復秦王政破楚所需兵力,「非六十萬不可」。李信年少氣盛,侈
言「不過用二十萬人」,結果落得兵敗身戮(《史記·王翦列傳》)。從動
員兵力來看,戰國中晚期的戰爭可以說是各國編戶齊民的戰爭。

　　作戰軍隊的陣容自春秋末期十萬之衆到戰國晚年擴充爲六十萬。
明瞭此一發展趨勢,則遊士說客所估計列國之軍備,亦可徵信。據說
秦、楚、趙三國皆奮擊或帶甲百萬,魏、齊、燕、趙四國帶甲數十
萬,車乘騎匹尚不在此數(本書頁83)。所謂帶甲係指正規軍,實際動
員的人力還須包含後勤補給。後勤與戰士的比例,《孫子·作戰》杜
牧《注》引《司馬法》曰:

　　　一車甲士三人,步卒七十二人,炊家子十人,固守衣裝五

　　　人,廄養五人,樵汲五人。(吉天保《十一家注孫子》)

七十五人的正規戰士要用伙夫十人,管衣裝者五人,飼養牛馬者五
人,採樵汲水者五人。卽以二十五人供奉戰士七十五人,二者比例爲
一比三。如果帶甲三十萬,實際動員的人力則達四十萬之衆。當然,
《司馬法》的比例只是大略,而且是車戰的制度,不一定完全符合戰
國步、車、騎聯合作戰的情況,但任何軍隊總得配備廄養雜役的人
員。據《史記·張耳陳餘列傳》,張耳、陳餘之軍有廄養卒。《集
解》引韋昭曰:「析薪爲廄,炊烹爲養」。《六韜·將盛》有「牛
豎、馬洗、廄養之徒」,飼牛餵馬似又各有專司。另外還有隨軍修補
損毀器械的工匠,《六韜·軍國》謂之「巧手」。據說甲士萬人,強
弩六千,戰櫓二千,矛楯二千,須配置修治攻具、砥礪兵器的巧手三
百人,則工匠與戰士之比爲一比六強。連同《司馬法》所列的廄徒負
養,戰士與勤務的比例幾乎是二比一。所以帶甲百萬,眞正動員的人
數就將近一百五十萬了。

　　然而動員人數猶不僅此，前線戰士必需補給，衣以蔽寒，糧以療飢，牛馬也要吃芻藁，都得派遣後方民衆來搬運。後勤支援不知道還要發動多少人力呢！如果守城，老幼婦孺皆徵集應召，編爲行伍，沒有一人能夠例外。《墨子・備城門》曰：

　　　　守法：五十步，丈夫十人、丁女二十人、老小十人，計之五
　　　　十步四十人。

《墨子・號令》曰：「諸男子有守於城上者，什，六弩，四兵。丁女子、老少、人一矛。」皆包含男女老少。《商君書・兵守》對於壯男、丁女、老弱之人力運用計議更詳：

　　　　三軍：壯男爲一軍，壯女爲一軍，男女之老弱者爲一軍。此
　　　　之謂三軍也。壯男之軍使盛食、屬兵，陳而待敵。壯女之軍
　　　　使盛食，負壘（纍），陳而待令，客至而作土以爲險阻及耕
　　　　格阱（三字疑當作「阱格」），廢梁撤屋，給從從（徙徙）之，不
　　　　洽（給）而燔之，使客無得以助攻備。老弱之軍使牧牛馬羊
　　　　彘，草木之可食者收而食之，以獲其壯男女之食⑮。

壯男列陣待敵；壯女修築防禦工事，佈置險阻，並且從事堅壁清野的任務；老弱趕牧牛馬羊豬入城，野外凡能吃的東西一概收拾淨盡。所謂全國總動員，大概就是這樣吧。

　　戰禍最觸目驚心者厥爲人命傷亡。《呂氏春秋・禁塞》描述春秋暴君無道不義，殘殺無罪之民，

　　　　壯佼老幼胎膜之死者，大實平原，廣堙深谿大谷，赴巨水，
　　　　積灰，填溝洫險阻，犯流矢，蹈白刃。

尤其至戰國之世，「爲之愈甚，故暴骸骨無量數，爲京丘若山陵。」屍骨堆積的京觀高大如山丘。綜觀戰國中期以後一百八十年間（前四〇〇一二二一），大小戰役何止千百次，士卒死亡人數不可勝數，大多失

---

⑮　壘當讀作纍，盛土籠也。「耕格阱」疑當作「阱格」，耕卽阱字之誤，阱重出。阱格
　　卽《周禮》的阱擭，《國語》的罦罭。格、擭、罭是一音的轉變。皆本高亨說。
　　「給從徙之，不給而燔之」，從孫星衍改。參見高亨《商君書註解》，頁101-102。

載，唯秦留下記錄。秦尚首功，戰爭一旦結束立刻檢校所獲敵人首級之數，作爲賞爵最主要的依據，故特別愼重其事（本書頁340），其記錄應相當可信。茲據《史記》所載秦軍斬首數目，列表如下。

秦軍斬首數

西元前	秦　君	交戰國	戰場	斬首數	資　料　出　處	補　　　註
364	獻　公	秦　魏	石門	60,000	〈秦本紀〉	〈秦本紀〉：「魏」作「晉」
354	孝　公	秦　魏	元里	7,000	〈六國表〉	
331	惠文王	秦　魏		80,000	〈秦本紀〉	虜魏將龍賈
330		秦　魏	雕陰	45,000	〈魏世家〉	
317		秦與韓趙魏燕齊	修魚	82,000	〈秦本紀〉、〈趙世家〉	
314		秦　韓	岸門	10,000	〈秦本紀〉	
312		秦　楚	丹陽	80,000	〈六國表〉、〈楚世家〉	
307	武　王	秦　韓	宜陽	60,000	〈秦本紀〉、〈六國表〉	
301	昭　王	秦　楚	重丘	20,000	〈秦本紀〉、〈六國表〉〈楚世家〉	
300		秦　楚	新城	30,000	〈秦本紀〉、〈六國表〉〈楚世家〉	
293		秦與韓魏	伊闕	240,000	〈秦本紀〉、〈六國表〉	
280		秦　趙	代光狼城	30,000	〈秦本紀〉	
275		秦與魏韓	大梁	40,000	〈秦本紀〉	秦破暴鳶。鳶、韓將也
274		秦　魏		40,000	〈六國表〉、〈魏世家〉	
273		秦與魏韓趙	華陽	150,000	〈六國表〉、〈魏世家〉	〈秦本紀〉置於前一年
264		秦　韓		50,000	〈秦本紀〉	
260		秦　趙	長平	450,000	〈六國表〉、〈白起列傳〉	
257		秦與魏楚		26,000	〈秦本紀〉	〈秦本紀〉：「魏」作「晉」。二萬流死於河
256		秦　韓	陽城負黍	40,000	〈秦本紀〉	
256		秦　趙		90,000	〈秦本紀〉	
245	王　政	秦　魏	卷	30,000	〈秦始皇本紀〉	
234		秦　趙	平陽	100,000	〈秦始皇本紀〉	

以上秦軍斬首（包括坑殺和沉河）共計一百七十六萬。這只是戰國中期以後秦與山東列國交戰斬首的部分實錄，其他多數戰役的斬首數字皆已失載。以秦昭王一朝五十六年為例，幾乎無年不戰，但上表記錄不過十二條而已，史當有闕，否則不可能其他數十次戰役，秦人皆不尚首功。

　　大體上，秦自孝公變法以來，積極東略，「大勝以十（此從鮑本，他本作千）數，小勝以百數」（《戰國策・韓三》），所殺戮的山東齊民是難以勝計的。尤其韓、魏與秦相鄰，長期遭受秦國攻擊，在長平之戰以前，兩國所受毒害最烈。西元前二七八年黃歇上書秦昭王，說到這段歷史：

> 夫韓、魏父兄子弟接踵而死於秦者，將十世矣。本國殘，社稷壞，宗廟毀。刳腹絕腸，折頸摺頤，首身分離，暴骸骨於草澤，頭顱僵仆，相望於境，父子老弱係脰束手為羣虜者相及於路。鬼神孤傷，無所血食。人民不聊生，族類離散，流亡為僕妾者，盈滿海內矣。（《史記・春申君列傳》）

魏與韓長期遭受秦國侵蝕，士卒損傷無數，對齊民階層的打擊必相當嚴重。及西元前二六〇年，白起圍趙之長平，殺趙將括，盡阬降卒四十萬人，「遣其小者二百四十人歸趙。前後斬首虜四十五萬人，趙人大震」（《史記・白起列傳》）。趙國齊民階層在這次戰役中摧毀殆半。

　　以上僅就秦與山東列國的戰爭斬首而論，事實上，戰國中、晚期六國之間也常有戰事，很難得和平相處之日。卽使曾有六國合縱之舉，秦兵不敢窺函谷關，亦不過十五年而已，縱約很快就瓦解了（《史記・蘇秦列傳》）。由於山東不尚首功，《史記》敍六國史事的〈世家〉諸卷很少關於陣亡士卒人數的記錄，少數幾條與秦戰爭，可能是根據秦國資料寫成的。六國之間斬首數目的記載如《戰國策》曰：「齊人伐魏，殺其太子，覆其十萬之軍」（〈齊五〉）。此當指馬陵之役，太子申被虜，將軍龐涓見殺，魏軍損失十萬。《戰國策》又記魯連遺燕

將書云：「栗腹以十萬之衆⑯，五折於外，萬乘之國，被圍於趙。」
（〈齊六〉）這是長平戰後八年的燕趙之戰，廉頗猶斬燕軍五萬。山東
列國間殺傷之激烈，並不亞於秦。齊宣王趁子之之亂伐燕，孟子說，
齊「殺其父兄，係累其子弟，毀其宗廟，遷其重器」（〈梁惠王下〉）。
《墨子·非攻下》曰：

> 卒進而柱（極）乎（近文）鬥曰：「死命為上，多殺次之，身傷
> 者為下。」又況失死北橈乎哉？罪死無赦⑰！

山東士卒雖不以首功受爵，但「兼國覆軍，賊虐萬民」（〈非攻下〉），
並不比秦軍稍微遜色。戰爭殺傷非但士卒，亦及無辜平民，墨子所謂
「勁殺其萬民，覆其老弱」者也（〈非攻下〉）。尤以攻城為甚。《水
經·沔水注》記白起攻楚，引夷水灌鄢，「水潰城東北角，百姓隨
水，流死於城東者數十萬，城東皆臭。」至於屠城暴行，更是慘絕人
寰。墨子述被征服者的遭遇：

> 民之格者則勁拔（殺）之，不格者則係操（纍）而歸，丈夫以
> 為僕圉、胥靡，婦人以為舂酋⑱。（〈天志下〉）

這一來，每次戰役後，死的死，殺的殺，流亡的流亡，俘虜的俘虜。
愈演愈烈，到戰國末葉「為之愈甚」（《呂氏春秋·孟秋紀》）。經歷長期
的摧殘踩躪，山東的齊民小農還能不殘破嗎？

二　戰爭對小農經濟之破壞

春秋晚期韓宣子早就說過，兵者「民之殘，財用之蠹，小國之大
菑」（《左·襄二十七》）。何況戰國那種總體性戰爭，侵略者對被侵略
者，征服者對被征服者的破壞，損毀物質，阻礙生產，是無所不用其
極的。

戰爭本身即是一大浪費，所謂「財用之蠹」也。當代人都深深有
所體認，尤其孫子和墨子論述得非常透徹。孫子說：

---

⑯　《戰國策》舊本作「百萬」，鮑本作「十萬」似較合理，〈趙世家〉與〈燕世家〉
　　皆作「二軍，車二千乘」，無帶甲人數。
⑰　孫氏《閒詁》引戴震云：「柱乃極字誤。乎字衍。極、亟字之借。」
⑱　孫詒讓曰：「勁拔疑勁殺之誤。」王引之云：「操當為纍。」具見《閒詁》。

> 凡用兵，千里饋糧，則內外之費，賓客之用，膠漆之材，車
> 甲之奉，日費千金，然後十萬之師舉矣。（〈作戰〉）

十萬之師一出發，每天花費千金。《管子‧輕重甲》亦曰：

> 今伸戟十萬，薪采之靡，日虛十里之衍；頓戟一謀，而靡幣
> 之用，日去千金之積。

這費用包括「百姓之費」和「公家之奉」（《孫子‧用間》、《尉繚子‧將
理》）。關於費用的內容，《墨子‧非攻中》有很好的說明：

> 今嘗計軍上（出），竹箭、羽旄、幄幕、甲楯、撥劫（刼），
> 往而靡弊，腑（腐）冷（爛）不及者，不可勝數；又與〔其〕
> 矛戟戈劍乘車，其列柱（往則）碎折靡弊而不反者，不可勝
> 數，與其牛馬，肥而往，瘠而反，往死而不反者，不可勝數
> [19]。

墨家注意到戰爭的物質損失，此殆宋牼欲說時君以「不利」也（《孟
子‧告子下》）。

　　言戰不利者不限於墨子一家，《孫子‧作戰》亦曰：「公家之
費，破車罷馬，甲冑矢弩、戟盾蔽櫓、丘牛大車，十去其六。」戰國
晚期有人說服齊閔王息兵，申論「不利」之義，他說：「軍之所出，
矛戟折，鐶弦絕，傷弩，破車，罷馬，亡矢之大半。」（《戰國策‧齊
五》）亡之大半正與十去其六相符合。《墨子‧非攻下》甚且估計：
「三軍之用，甲兵之備，五分而得其一，則猶為序疏（厚餘）[20] 矣。」
每次戰役之後，裝備保存十分之二已經不錯了。故所謂十萬之師日費
千金，並非虛言。《管子‧參患》曰：

> 凡用兵之計，三驚當一至，三至當一軍，三軍當一戰。故一
> 期之師，十年之蓄積殫；一戰之費，累代之功盡。

「驚」謂征聚兵卒（安井衡《纂詁》），「至」謂兵臨敵國，「軍」謂屯

---

⑲　「上」字誤，疑當作「出」。撥，大盾也；刼，疑當作劫，刀把也。皆本孫詒讓
　　說。腐爛，本於畢沅；往則，從孫氏。見《閒詁》。
⑳　孫氏《閒詁》云「序、疏二字義不可通，疑當為厚餘，皆形之誤。」

縶戍衞，則列國軍隊之開銷，不論戰與不戰，所費皆不貲也。

　　前線戰鬥愈激烈，補給需求愈殷切，後方人民生活便愈艱苦。他
們主要的任務是轉輸補給。晏子早就指出「師行而糧食，飢者弗息，
勞者弗息，睊睊胥讒，民乃作慝」（《孟子·梁惠王下》引）。睡虎地秦簡
有一條法令曰：「上節（卽）發委輸，百姓或之縣就（僦）及移輸者，以
律論」（《睡簡》頁123）。分配轉輸的徭役必須親與，不准轉由別人代
勞。這是秦國的規定，東方是否如此硬性刻板，不得而知。總之，兵
士補給是要靠民夫來運輸的。千里饋糧，民夫病死於道者無數，墨子
曰：

> 與其涂道之脩遠，糧食輟絕而不繼，百姓死者不可勝數也；
> 與其居處之不安，食飯之不時，飢飽之不節，百姓之道疾病
> 而死者不可勝數。（〈非攻中〉，〈非攻下〉略同）

後勤徭役對齊民的打擊，恐亦不下於前線的戰爭。

　　入敵之境愈深，戰線愈長，補給愈困難，所以孫子說聰明的將領
「務食於敵」。孫子因為「食敵一鍾，當吾二十鍾；秆一石，當吾二
十石。」路上轉輸消耗者有二十倍之巨，所以說：

> 國之貧於師者遠輸，遠輸則百姓貧；近於師者貴賣，貴賣則
> 百姓財竭，財竭則急於丘役。（〈作戰〉）

如果要避免運送的損失和困難，而在戰地附近購買補給物質，商人貪
財貴賣，昂貴的費用同樣轉嫁到人民身上，百姓於是財竭，無力供應
賦役。總而言之，遠輸則人民「力屈」，近買則人民「財殫」，結果
都一樣，「中原內虛於家」，原野愈多戰，民家愈虛耗，百姓破費，
「十去其七」。《孫子·作戰》於是提出「因糧於敵」的原則，使
「軍食可足」。

　　然而客軍欲就地食糧，主軍便堅壁清野，先行搜刮城外物質，破
壞田野作物，以免資敵。上引《商君書·兵守》云壯女之軍「廢梁撤
屋」，能搬進城內的便搬，否則予以燒毀；老弱之軍收拾城外「草木
之可食者」，恐怕也不容許任何尚未成熟的作物遺留在田地上。《墨

子・號令》講守城清野之法曰：

> 去郭百步，牆垣、樹木，小大盡伐除之；外空井盡窒之，無
> 令得汲也；外空室盡廢之，木盡伐之。諸可以攻城者盡內（納）
> 城中。當遂（道路）材不能盡內，飢燒之，無客得而用之。

作物盡除，耕地盡廢，《老子》所謂「師之所處，荊棘生焉」，當是
最傳神的寫照。因此，除非攻破城邑，佔領糧倉，否則很難「務食於
敵」，結果仍得發動本國人民轉輸補給。《孫子・用間》曰：「凡興
師十萬，內外騷動，怠於道路，不得操事者，七十萬家。」舊說多依
傍井田制度作解，以為井田之法，八家為鄰，一家從事，七家奉之
（吉天保《集注》引張預、杜牧說）。但如從賦役轉輸之煩重來看，一人從
軍，致使七家不得正常農作，似更合理。至於《墨子・非攻下》說軍
隊數千，後勤之徒倍十萬，當然就過分誇張了。《管子》的估計沒有
這麼大的差距，〈八觀〉曰：

> 什一之師，什三毋事，則稼亡三之一。稼亡三之一而非有故
> 蓋積也，則道有損（捐）瘠矣。什一之師，三年不解，非有
> 餘食也，則民有鬻子矣。

十人中徵一人作戰，則無農事者三人，另外兩人從事運輸芻薪糧食的
徭役。委輸的民夫不堪羸瘠，捐棄於道。墨子說師興而動，

> 久者數歲，速者數月，農夫不暇稼穡，婦人不暇紡績織紝。
> 則是國家失卒，而百姓易務也。（〈非攻下〉）

　　西元前三世紀初有人為齊閔王剖析戰爭妨害農功，破壞生產的情
形。其說載於《戰國策・齊五・蘇秦說齊閔王》[21]，曰：

---

[21] 校點本《戰國策・齊五》舊本云「蘇秦說齊閔王」，姚本曰一本無「蘇秦」二字。
吳師道《補》曰「此策舊為蘇秦」，實誤，一本無章首二字者是矣。黃丕烈《札
記》認為吳說最是。該篇有曰：「日者，中山惡起而迎燕、趙，南戰於長子，敗趙
氏，北戰於中山，克燕軍，殺其將。」按王先謙《鮮虞中山國事表》，此事列在趙
武靈王十九年（前307）。〈齊策〉又云：「中山國亡，君臣於齊。」按王《表》，
中山之滅在趙惠文王四年，即齊閔王六年（前295）。故推測本篇年代在西元前三
世紀初。

> 士聞戰則輸私財而富軍市，輸飲食而待死士，令折轅而炊
> 之，殺牛而觴之。

為使士卒樂戰，充分供應消費性物質，連農業生產主要憑藉的耕牛也
殺來犒賞。但物質享受不一定能刺激戰鬥意志，反而縱容軍人，廢弛
軍紀，故曰「則是路君〔軍〕之道也」㉒。同時舉國上下祈禱，「中人
禱祝，君翳釀，通都小縣置社，有市之邑莫不止事而奉王。」耽誤生
產，故曰「此虛中之計也」。戰爭結束後，敗者固不必言，即使勝利
一方，「屍死扶傷，死者破家而葬，夷傷者空財而共藥」；生還士卒
慶功痛飲，「內酺而華樂」，其所花費「與死傷者鈞」。所以說，一
次戰爭，「民之所費，十年之田而不償。」而且上文引述的甲兵折
損，加上軍官、士卒、廝養所破費之財也是「十年之田而不償」的。
如果攻城，耗費更大，「百姓理襜蔽，舉衝櫓，家雜總，身窟穴，中
罷於刀金。」發動人民趕製軍衣，扛舉攻打城門的大木，全家動員，
挖掘地道。每次圍城，一年或數月能拔者就算快了，人民那有餘力、
餘暇去種田呢？故曰「戰者，國之殘也」（《戰國策·齊五》）。

戰爭危害社會如此巨大深遠，於是產生反戰之論，以墨子為代
表，唯即使從利害觀點企圖說服時君，終究太不合潮流，無人聽信。
然而齊民殘破會動搖國本是不爭的事實，連戰略家也不得不考慮，故
早在戰國初期孫子就提倡速戰速決的作戰原理。他說：「兵聞拙速，
未睹巧之久也。夫兵久而國利者，未之有也」（〈作戰〉）。因為戰國之
戰爭皆「曠日持久」，歷時「數歲」，甚至有長達五年之久的（《戰國
策·趙三》），其久戰重費可以想見。速戰速決可以減少戰爭對經濟的
破壞，降低對人民的損害。

另外一些士人知道無法逆轉時代風氣，退而求其次，希望對戰爭
有某種程度的限制，陰陽家的「時」義即為代表。他們可能上承「使
民以時」的傳統，而發揮成一套相當完備的日月禁忌。

㉒ 黃丕烈曰「路，贏也」，下作「露」。鄭箋《詩》「串夷載路」，趙歧注《孟子》「是
　率天下而路也」，字同此。「君」是「軍」之誤。參看校點本《戰國策·齊四》注。

　　陰陽家按照季節月令，規劃政府的施政宜忌，背後帶有一些神秘主義的色彩，《呂氏春秋・十二紀》和《禮記・月令》都講述這種道理。根據這派人士的看法，正月「不可以稱兵，稱兵必有天殃」；二月「無作大事，以妨農功」；六月「不可以起兵動衆，無舉大事，以搖蕩於氣」。高誘《註》大事，卽指征伐。其他月份雖未明禁兵戎，但三月「合纍牛騰馬，游牝于牧」，自然不便行役；四月「勞動勸民，無或失時，命農勉作」，而且是多麥收成的季節，「農乃升麥」，當然不能發動戰爭。五月「農乃登黍」，收割小米；「游牝別其羣，則縶騰駒」，牛馬懷孕，亦不適於作戰。八月「趣民收斂，務蓄菜，多積聚，乃勸種麥，無或失時」。此月是農作物總收穫的季節，同時要播種多麥，豈有餘暇征伐？十一月開放人民撿拾野地未收藏的積聚和放佚的牛馬畜獸，開放「山林藪澤，有能取疏食田獵禽獸者，野虞教導之」。似乎也不是作戰的月份。十二月多至剛過，立春將臨，「令告民，出五種，命司農，計耦耕事，修耒耜，具田器」，準備開春農事，亦無暇作戰。陰陽家認可打仗的月份是孟秋七月。「天子乃命將帥，選士厲兵，簡練桀儁，專任有功，以征不義，詰誅暴慢」。至於九月「教於田獵，以習五戎獀馬」；十月「命將率講武，肄射御、角力」。戰鬥訓練，權宜作准予戰爭的時節吧，一年之中不過三個月份而已。陰陽家說，不按四時月令施政，國家必有災荒，其用心亦苦矣。

　　《管子》的〈四時〉、〈五行〉、〈七臣七主〉、〈禁藏〉和〈度地〉諸篇也有這種消息，唯不及〈十二紀〉或〈月令〉之繁複。長沙子彈庫出土的楚國帛書有〈十二月令〉，文字頗殘，可以通讀者，明定二月、十一月可以發動戰爭，而四、六、八三個月不可以作大事或出師[23]（圖 9-2），當亦是〈月令〉系統的著作。〈月令〉的

---

[23]　二月「可以出師」，十一月「利侵擾，可以攻城」。四月「不可以□（作）大事」，六月「不可出師」，八月例近二月，疑亦作「不可以□（出）師」。饒宗頤〈楚繒書疏證〉，饒宗頤、曾憲通《楚帛書》，頁71-85。

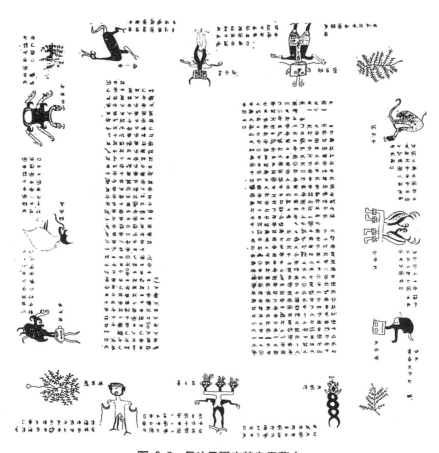

圖 9.2 長沙子彈庫楚帛書摹本

理論固以季節變化和傳統的農事曆爲基礎，但整個系統是有時代意義的。

　　然而「天下方務於合縱連衡，以攻伐爲賢，」要統治者一年只有一個月或頂多三個月的時間打仗，是毫無可能的。於是另有一種主張，不能直說息兵，只求「不敢爲天下先」，《老子》甚且當作治國的三寶之一。事實上到戰國中晚期，許多國家已經疲於戰事，以稱帝的齊閔王猶有人勸他依「權藉」，因「時勢」，謹守「戰攻非所先」，

而後可以霸天下。這番道理應是「不敢爲天下先」的最好註腳，不外
先讓別國拚鬥，自己坐觀成敗。遲緩參戰叫做「藉」，遠離民怨叫做
「時」，故「聖人從事，必藉於權而務興於時，」如此而後「諸侯可
趨役」。這是久歷戰亂，民疲財盡的論調。依此邏輯，結果自然是講
究外交，不修武備，所謂「比之堂上，禽將戶內，拔城於尊（樽）俎
之間，折衝席上」（《戰國策·齊五》）。在這裏，後世稱作縱橫家的遊
說之士便有足夠的活動空間。《呂氏春秋·禁塞》曰：「凡救守者，
太上以說，其次以兵。」蘇秦爲趙王籌畫大計，「莫若安民無事」。
「安民之事，在於擇交」（《戰國策·趙二》），於是竭思盡慮，馳騁口
舌之能，結果是「道畢說單（殫）而不行，則必反之於兵」（《呂氏春秋·
禁塞》）。游說浮辭終成夢想。任何國家缺乏強有力的齊民階層作後盾
必不能戰，不能戰則任何外交謀略皆屬虛幻，唯一的下場便是亡國。

　　戰國中、晚期將近兩百年的戰亂，攫民性命，奪民財物，賦役無
度，破壞生產。在此漫長而慘烈的戰爭中，秦之軍士雖有損傷，人民
亦有行役之苦；但他們到底是勝利者，戰爭的虜掠可以彌補一些損
失；尤其秦土不曾作爲戰場，幾無遭受戰亂的破壞。相對的，山東列
國是敗部，做爲社會基礎的齊民小農終於承受不住重重負擔，於是殘
破萎縮。所以六國的命運不必預卜就可知道了。

四、雙重聚歛

　　長期戰亂和沉重賦役之餘，齊民小農還要忍受在上者的聚歛和豪
傑富商的剝削，這兩方面政治性和經濟性的聚歛也是促使齊民殘破的
重要因素。自戰國初期以降，商業快速發展，商人在社會上隱然成爲
一股大勢力。商人借商業手段趁戰爭、賦役和統治者之額外徵歛，巧
取生產利潤，侵漁農民。對農民而言，統治者如果是虎，商人便是
倀，這就是我說的雙重聚歛。

　　先說來自統治階級的橫征暴歛。

　　由於周天子威權淪喪，天下失序，禮逐漸壞，樂逐漸崩。然而所謂「禮壞樂崩」者不是去禮廢樂，反而是統治階級僭禮越樂，競相奢靡浮華（杜正勝1986b）。韓非記述晉平公好樂的故事，平公使師曠奏清徵、清角，這兩種音樂皆非一般諸侯所得與聞的，平公卻說：「寡人老矣，所好者音也，願遂聽之」（〈十過〉）。沒落貴族在沉緬腐化之餘帶著「日暮途窮」的悽愴心境，於是極力追求物質享受，「放辟邪侈」而無所不為。齊景公享于滛臺，飯飽酒足，聆聽五樂八音，喟然而嘆曰「古而無死，其樂若何」（《左·昭二十》）？既然不能長生不死，只好縱情享樂吧！留傳後世的《晏子春秋·諫》上下二卷幾乎全部是晏嬰規勸景公奢侈生活的文字。據《墨子》說，統治階級物質的享受都是「厚作斂於百姓，暴奪民衣食之財」而來的（〈辭過〉）。

　　春秋戰國之際是新舊統治貴族交替的時期，誠如上節所論，新貴尚知留意保護小農，對於個人享受，新貴大概也比較節制，不似舊貴族之侈靡奢泰。不過，戰國中期以來，新統治貴族也很快地感染了豪奢習尚。譬如齊宣王，在戰國君主中猶有值得稱道之處，但從《孟子》一書來看，其人好貨，好色，好樂，好田獵，生活之墮落並不比春秋末年的沒落貴族遜色。戰國時代比他更奢靡的統治者則尚多有人在。《墨子·辭過》說得很明白，統治者的宮室有「臺榭曲直之望，青黃刻鏤之飾；」他們穿著的衣服「冬則輕煗，夏則輕凊，……錦繡文采靡曼之衣，鑄金以為鉤，珠玉以為珮；」他們的飲食甚美，「芻豢煎炙魚鱉」，品類繁多，「大國累百器，小國累十器，食前方丈，目不能徧視，手不能徧操，口不能徧味；」他們坐乘的車船飾文采，修刻鏤。當時的統治者幾乎無不豪奢以自逞，厚斂以自縱。墨家雖與孟子不相容，但他們對統治階級奢靡的批判卻如出一轍。孟子教誠弟子曰：

> 說大人則藐之，勿視其巍巍然。堂高數仞，榱題數尺，我得志，弗為也。食前方丈，侍妾數百人，我得志，弗為也。般樂飲酒，驅騁田獵，後車千乘，我得志，弗為也。（〈盡心下〉）

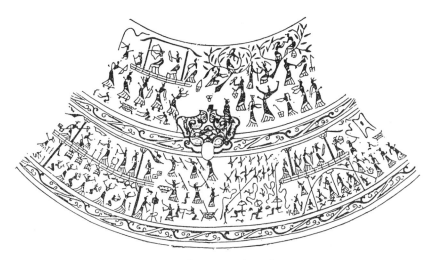

圖 9.3　成都百花潭銅壺宴樂圖

這種「巍巍然」統治者的生活卽是韓非指斥的「淫奢」（〈解老〉）。
（圖9.3）

　　窮極奢侈者固不限於國君，權貴大臣亦爭相步武效法，不落人
後，墨子故曰：「左右皆法象之」（〈辭過〉）。孟嘗君田文曾勸告他
父親田嬰說：「今君後宮蹈綺縠；而士不得裋褐；僕妾餘粱肉，而士
不厭糟糠」（《史記・本傳》）。據說齊相宗衞的豪侈也不下於田嬰，門
尉指責他：

　　　厨下有臭肉，則門下無死士；今夫三升之稷不足於士，而君
　　　鴈鶩有餘粟；紈素綺繡靡麗，堂楯、從風、雨弊（蔽），而
　　　士曾不得以緣衣；果園梨粟，後宮婦人摭以相摘，而士曾不
　　　得一嘗。（《說苑・尊賢》）

類似的故事亦見於《戰國策》，主角是管燕，批評者是田需（〈齊四〉），
吳師道《補正》曰：「管燕無考，《新序》作燕相」。又引《說
苑・尊賢》田饒事相證，似乎認爲同一故事。黃丕烈《戰國策札記》
引證《韓詩外傳》：云「宗燕相齊，見逐，罷歸之舍，召門尉陳饒等二
十六人」云云，進一步肯定《新序》和〈齊策〉有關。就文獻而論，

《戰國策》、《新序》、《說苑》和《韓詩外傳》所根據的資料似乎
同源，然而所以會有這麼分歧的記載亦足以顯示當時權貴生活之奢侈
是相當普遍的，至少田嬰和宗衞總不可能是同人同事之訛傳。這種情
形貧弱小國也不例外。墨子謂公良桓子曰：

> 衞、小國也，處於齊晉之間，猶貧家之處於富家之間也。今
> 簡子之家，飾車數百乘，馬食菽粟者數百匹，婦人衣文繡者
> 數百人。（〈貴義〉）

公良桓子雖爲沒落貴族，而其排場並不比大國宰相遜色，與孟嘗君
「廐馬百乘，無不披繡衣而食菽粟」同樣靡爛（《戰國策·齊四》）。豪
貴門下的食客待遇尙且如此，小農之困厄必然更甚。孟子引述戰國初
公明儀說話道，「庖有肥肉，廐有肥馬，民有饑色，野有餓莩，」
（〈滕文公上〉）以見統治者與被統治者生活之懸殊。正如他面刺梁惠王
所說「狗彘食人食而不知檢，塗有餓莩而不知發」（〈梁惠王上〉）。

　　統治者對被統治者一方面大肆聚歛，另一方面則「單（殫）財勞
力」（《墨子·辭過》）。他們最直接的聚歛方式是重稅。據說封建城邦
時代只徵收十分之一的稅，但到春秋晚期各國紛紛加重。魯國「公」
民已納十分之二，魯哀公猶不足，設法加徵（《論語》）。齊景公取之
於民者更苛刻，所謂「民參其力，二入於公，而衣食其一」（《左·昭
三》）。竟然高達百分之六十六以上。當時新貴當然不會採取這種殺
雞取卵的下策，一般而言，至少也是什二。新出《孫子兵法·吳問》
云，范、中行、知及韓、魏各家皆「伍稅之，公家富」。伍稅，大槪
是十分之二，唯五家制田大小有別，稅率雖然一樣，人民所能保留的
收成隨制田面積而異，大桀、小桀之分如此而已。

　　進入戰國以後，隨著戰費增加，稅率大槪不斷地提高。如春秋末
年之齊國，田氏收買民心，對領民頗多優待。但戰國中期以後，小農
便沒有什麼好日子可過。《管子·臣乘馬》曰：「穀失其時，君之衡
藉而無止，民食什五之穀，則君已藉九矣。」安井衡《纂詁》云：

> 民食不足，出什五之息以貸於富者，故云食什五之穀也。云

君已稅九，則齊時稅什四矣。

十分之四是否爲戰國時代的普遍稅率，因爲史籍缺文，尚無法斷言。
不過古代的什一之稅當時人多認爲是一種理想。孟子是呼籲恢復什一
稅率最力的人，宋大夫戴盈之很坦白地承認，什一「今茲未能」（〈滕
文公下〉）。自然而然厚斂便成爲戰國的共通現象，孟子曰：

> 有布縷之徵、粟米之徵、力役之徵。君子用其一，緩其二，
> 用其二而民有殍，用其三而父子離。（〈盡心下〉）

由於列國交綏不絕，三徵皆用，無一得緩。故孟子再言「民有飢色，
野有餓莩」（〈梁惠王上〉）；再言「老弱轉乎溝壑，壯者散而之四方；」
（〈梁惠王下〉）再言「父子不相見，兄弟妻子離散」（〈梁惠王上〉）。墨
子也說：「今天下爲政者，其藉斂厚，民財不足，凍餓死者不可勝
數」（〈節用上〉）。齊民在橫徵暴斂下，很少能倖免苟全的。

　　徵收布縷、粟米和力役猶不足，當時乃有一批計臣想出種種「非
法」的手段增加統治者的收入，像孔子的學生冉求大概就是開風氣之
先的人物。那些手段或因時地有所不同，大抵土地之外，凡看得見的
動產和不動產皆相繼列入徵斂的項目，如屋室、人口、六畜和樹木。
《管子·輕重甲》云：

> 籍於室屋，使人毀成；籍於萬民，使人隱情；籍於六畜，使
> 人殺生；籍於樹木，使人伐生。

結果人民不敢營築屋室，不敢生育子女，不敢飼養家畜，也不敢種植
樹木。徵收樹木之稅可能非專門對付小農，而是在裁抑大家巨富，
《管子》謂之「租其山」，〈山國軌〉曰：

> 宮室械器，非山無所仰，然後君立三等之租於山。曰：握以
> 下者爲柴楂，把以上者爲室奉，三圍以上爲棺槨之奉。柴楂
> 之租若干，室奉之租若干，棺槨之租若干。

這些租稅都轉嫁到消費者身上，養生固不歡，送死亦有憾。

　　轉嫁的間接稅關係小民最大者是鹽與鐵。計臣的算盤是這樣打
的：每月每人的食鹽量估計大男五升少半，大女三升少半，小孩二升

少半。每升鹽如果加徵「分彊」（半緩），百升爲釜，一釜得五十緩；每升加徵二緩，釜得二百緩。「鍾二千，十鍾二萬，百鍾二十萬，千鍾二百萬，萬乘之國開口千萬，」依此稅率每日可以徵收二百萬緩的附加稅，「十日二千萬，一月六千萬。」此之謂「鹽策」。至於鐵策，他們認爲勞動者都離不了鐵，織女必有一鍼、一刀、一錐、一鈂；耕農必有一耒、一耜、一銚、一鎌、一銍、一耩；委輸者必有一斤、一鋸、一錐、一鑿、一釭（組）㉔、一鑽、一鉥、一軻。鍼加一錢，刀加六錢，耜鐵加十錢㉕，於是乎「舉臂勝事無不服籍者」。其論詳見於《管子》〈海王〉和〈輕重乙〉兩篇。

　　計臣認爲如能徹底執行間接稅，雖免除傳統地租亦不會妨害國家財政。殊不知間接稅都出於消費者，實行愈普及，小民更無噍類，何況傳統地租是不可能取消的。故小農勤勞生產所得，政府要收租；小農的必需消費品，政府也要徵稅。傳統租稅徵收有定期，現在則無時不可徵歛，計臣對他們的「傑作」很得意，名之曰「四秋」。據〈輕重乙〉，大春農事且作，「賦耜鐵」，謂之春之秋；大夏飼蠶抽絲，「絲纊之所作」，稅絲絹，謂之夏之秋；大秋「五穀所會」，稅穀，謂之秋之秋；大多「女事紡績緝縷」，謂之多之秋。農民一年到頭備受壓榨，無所逃於天地之間，正如《管子·事語》所說，「農夫寒耕暑耘，力歸於上；女勤於緝績徵織，功歸於府。」其不「傷民心」、「怨民意」者幾希？

　　雖然史籍缺乏資料足以說明間接稅籍課的情形，但凡徵商卽等於間接向小農佔最大多數的消費者徵稅，而徵商是可從先秦子書獲得佐證的。孟子一再主張「去關市之征」（〈滕文公下〉），則農人繳納什一稅，商人免徵，豈非不合理？但在自然情況下，商人對農民永遠是贏家，他失之於政府者必得自農民，所以商稅最後還是攤派到農民身上，孟子講「什一，去關市之征」的道理或許在此。

───────────

㉔　孫詒讓云：「釭當爲鉏之誤。」見《管子集校》，頁1232。
㉕　「十」原作「七」，依王引之校改，見《管子集校》，頁1046。

　　上文已經說明戰國時代戰爭之害不僅止於戰場上的傷亡，伴隨戰爭而來的沉重賦役波及的範圍更廣大；同時小農之殘破也不僅因爲賦役而已，而是爲鑿足徵求所引起的其他經濟剝削。農業是所有生產方式中最具時令的一種手段，各種農作物有一定生長的季節和期限，播種、耕耘和收穫固不可失時，未足生長期也無法收成。《管子‧臣乘馬》曰：

　　　　日至六十日而陽凍釋，七十〔五〕[26] 日而陰凍釋，陰凍釋而

　　　　耗（藝）稷，百日不耗稷，故春事二十五日之內耳。

冬至後六十天地表解凍，七十五天地下解凍，乃開始播種，超過一百天就不能種黍稷了，故春耕只能搶冬至後七十五日至百日這二十五天而已。播種之後，夏天耕耘，秋天收成，生長期間可能遭受風雨蟲旱等天然災害的威脅。這些都是農業生產本身的限制，使小農在整體的經濟活動中頻頻處於劣勢，一旦工商業比較發展，便難免淪於被剝削的地位。而統治者不時的賦役和無鑿的聚歛則是工商剝削農民的最佳媒介。尤其因橫征暴歛迫使小農和富商告貸，爲民父母者實在是驅魚於獺的元兇。據說峀丘之戰，齊國「民多稱貸，負子息，以給上之急，度上之求」（《管子‧輕重丁》）。卽是最好的例子。

　　《管子‧治國》討論戰國時代小農負債的原因曰：

　　　　凡農者月不足而歲有餘者也，而上徵暴急無時，則民倍貸以

　　　　給上之徵矣。耕耨者有時，而澤不必足，則民倍貸以取庸

　　　　矣。秋糴以五，春糴以束，是又倍貸也。關市之租、府庫之

　　　　徵、粟什一、廚與之事，此四時亦當一倍貸矣[27]。

非收成季節，統治者也急徵暴歛，農民乃「取倍稱之息」，借貸以供給徵歛。農家壯丁去打仗，老弱轉運輸，人力不足，但雨澤有時，錯過節氣便不能播種、收成，只得又「取倍稱之息」，借貸以僱傭耕作。

㉖　「十」下脫「五」字，俞樾、璫飼彥博和安井衡說，見《管子集校》，頁1017。

㉗　原文有錯簡，此從姚永概和金廷桂校改。原文「春糴以五是又倍貸也」和「關市之租」之閒夾一句「故以上之徵而倍取於民者四」。此句當移到「此四時亦當一倍貸矣」之下。參見《管子集校》，頁776-777。

秋天穀賤，商人以五買進，春天穀貴，以十賣出，對以農民居多數的
消費者而言，等於負擔一倍利息。此外還有市租，羽毛齒角等特產之
征歛，什一之粟以及雜役，一年下來也等於一倍利息的借貸。誠如孟
子所說：「爲民父母使民盻盻然，將終歲勤動，不得以養其父母，又
稱貸而益之，使老稚轉乎溝壑」（〈滕文公上〉）。山東地區齊民小農因
舉債而破產者，確是當時非常尖銳的危機。

　　《管子·問》篇調查基層政治社會結構的癥結，其中問到「貧士
之受責（債）於大夫者幾何人」？「人之貸粟有別券者幾何家」？放債
者除權貴大官外，有富商、蓄賈，還有一種專門放債的高利貸者，叫
作「稱貸家」。他們吸取小農僅剩的油水，嚴重威脅到小農的生存。
《管子·輕重丁》記述齊國政府派遣官員，馳赴四境調查稱貸受息的
情形：

> 西方之氓者，帶濟負河，菹澤之萌也，漁獵取薪蒸而爲食。
> 其稱貸之家，多者千鍾，少者六七百鍾；其出之鍾也一鍾，
> 其受息之萌九百餘家。南方之萌者，山居谷處，登降之萌
> 也，上斷輪軸，下采杼栗，田獵而爲食。其稱貸之家，多者
> 千萬，少者六七百萬；其出之，中伯伍〔什〕也[28]，其受息
> 之萌八百萬餘家。東方之萌，帶山負海，若處上斷福（輻），
> 漁獵之萌也，治葛縷爲食。其稱貸之家，丁惠高國，多者五
> 千鍾，少者三千鍾；其出之中鍾五釜也，其受息之萌八九百
> 家。北方之萌者，衍處負海，煮沸爲鹽，梁濟取魚之萌也，
> 薪食。其稱貸之家，多者千萬，少者六七百萬，其出之，中
> 伯二十也，受息之萌九百餘家。

借貸者多是河海漁獵、煮鹽之民，和山谷採樵狩獵之夫；放貸的豪富
多者囤積穀糧數千鍾，錢財累千萬，利率從百分之二十至百分之百不
等。這則故事卽使是僞託，亦應有它的社會背景。至於平原地區從事

---

　　[28]　「伍」字下疑脫「什」字，參見《管子集校》，頁1257。

農業生產的小農恐亦難逃脫舉債的命運，像孟嘗君在封邑薛放貸，一年可得利息十萬錢（《史記》本傳），利率恐怕是不低的。

　　小農經濟因受其性質的限制，最高成就唯求自給自足而已。卽使不必如李悝的估計，入不敷出，充其量也只能在溫飽邊緣浮沉。然而由於統治者之欲求無度，和富商的剝削，齊民小農的下場不是變成亡命之徒，就是淪落爲權門的奴僕式佃農。《管子・輕重甲》曰：

　　　君求馬而無止，民無以待之，走亡而棲山阜。持戈之士顧不
　　　見親，家族失而不分（合）㉙，民走於中而士遁於外。

孟子豈不亦明白說過：「老弱轉乎溝壑，壯者散而之四方。」這是逃亡。一旦逃亡成功，脫離編戶，便不必負擔賦役和租稅。亡命者或遠走外國他鄉，或隱棲山林，但也有相當大的成分流入豪門，託庇於權貴。韓非曰：「徭役多則民苦，民苦則權勢起」（〈備內〉）。人民破產和權門興起的因果關係當從亡命去推求。據他說：「士卒之逃事狀（伏）匿，附託有威之門以避徭役而上不得者萬數」（〈詭使〉）。於是乎權臣與國君爭奪人力資源，《管子・明法》曰：「十至私人之門，不一至於庭；百慮其家，不一圖其國。」小農所以寧願事私門，除避徭賦外，最主要的原因恐怕是可以「遠戰」，「遠戰則安」（《韓非子・五蠹》）。在窮年累月烽火不斷的戰國時代，苟能遠戰，哪有不吸引人去投奔的。

　　當然，投入私門小農的日子並不好過。董仲舒說，他們喪失政府授予的田地，耕種豪民之田，見稅什五，「常衣牛馬之衣，而食犬彘之食」（《漢書・食貨志上》）。這是換得生命保障的代價。

　　山東齊民階層承受的數重剝削壓榨，只要停止戰爭，得以休養生息，自然可以解脫，慢慢恢復元氣。但整個局勢不出此途，鏖兵不斷，結果是齊民崩潰而六國偕亡。

㉙　「分」，郭沫若疑當作「合」。見《管子集校》，頁1219。

餘 論

　　戰國中期以降，山東列國的編戶齊民日趨疲弱，每下愈況；但秦國由於商鞅建立軍功授爵的等爵制，保持一個組織堅靱、活力充沛的耕戰階層，作為社會之中堅。商鞅雖然在政治鬥爭中犧牲，他的新政並未隨之而息。韓非故曰：「商君死，惠王卽位，秦法未敗也。」（〈定法〉）據說秦昭王時大饑，應侯請發五苑之草著、蔬菜、橡果、棗栗以活民，昭王不許，曰：

> 吾秦法，使民有功而受賞，有罪而受誅。今發五苑之蔬草者，
> 使民有功與無功俱賞者，此亂之道也。（《韓非子·外儲說右下》）

秦法實卽商鞅之法，近年雲夢睡虎地第十一號秦墓出土的大批法律文書可略見其大概。

　　秦國變法之日也就是秦軍東進之時。自孝公以來不斷對山東列國發動戰爭，雖然「數世有勝」，到西元前二六〇年的長平之戰也已露疲態。《商君書·徠民》再言「秦士戚而民苦」，說客對秦王說：「周軍之勝、華軍之勝、長平之勝，秦所亡民者臣竊以為不可數矣。」按白起擊魏華陽軍在昭王三十四年（前二七三），破趙長平在四十七年（前二六〇），滅西周在五十二年（前二五五）。三十年後秦王政平定六國，不但不知六國長年的癥結，也不了解秦國自己的危機。統一之後，不但不與民生息，反而恃其雄才大略，成其虎狼貪婪，重蹈列國的覆轍。使包括秦國小農在內的所有編戶齊民一起破產。終於天下鼎沸，草草結束秦王朝十五年的國祚。

　　秦始皇統一後，中國的內亂雖然暫時停止，因爲要鎭壓山東，防備塞北匈奴，並且發展南疆，人民的賦役負擔比之戰國時代有增無已。秦始皇生活之奢靡和他的武功一樣，集山東列國統治者之大成。秦分置天下爲郡縣，派遣守令治理，郡守縣令都是秦人。在山東人看來，這些秦吏都是征服者，是外國人。秦始皇鑒於「天下未定，遠方黔首未集」，爲「威服海內」，乃「巡行郡縣，以示彊」（《史記·秦始皇本紀》）。他統治天下不到十二年，巡行東方四次，最後一次死在半路上。二十八年第一次東行，前一年先令天下「治馳道」。漢文帝時賈山《至言》曰：

> 爲馳道於天下，東窮齊燕，南極吳楚，江湖之北，瀕海之觀畢至。道廣五十步，三丈而樹，厚築其外，隱以金椎，樹以青松。爲馳道之麗至於此，使其後世曾不得邪徑而託足焉。
> （《漢書·賈山傳》）

大概全國郡縣與咸陽都有馳道交通。六尺爲步，五十步合三百尺，約七十公尺。每縣都要築寬廣七十公尺的大道，路基填以銅椎，再夯土打實，使隆出地面，論其壯觀當不亞於今日的高速公路。馳道是相當浩大的工程，恐非期年之內可以完成，〈秦始皇本紀〉曰「二十七年治馳道」，乃記始作，爾後必續有興修。中國地域那麼遼濶，馳道那麼遙遠，以二千多年前的生產力，加上數百年戰亂之餘，其役使民力之酷，破壞生產之巨，比起戰國任何一次大戰都是有過之而無不及的。故太史公曰：「作阿房之宮，治直〔道〕、馳道，賦斂愈重，戍傜無已」（〈李斯列傳〉）。馳道雖然壯麗，始皇的子孫卻連小徑也沒得走，賈山之言深有寓意焉。

　　大工程除馳道外當數陵寢和宮殿。酈山陵寢，據太史公說：

> 穿三泉，下銅而致槨，宮觀百官奇器珍怪徙藏滿之。令匠作機弩矢，有所穿迫者輒射之。以水銀爲百川江河大海，機相灌輸，上具天文，下具地理。以人魚膏爲燭，度不滅者久之。（〈秦始皇本紀〉）

其宮觀壯麗我們已很難想像了，近年在秦始皇陵東側發掘三處兵馬俑坑，似秦都戍衞部隊之模型，略可窺見當時工程之浩大。一號坑估計約六千件陶俑、陶馬；二號坑約有戰車八十九乘，駕車陶馬三百五十六匹，陶鞍馬一百一十六匹，各種武士俑九百餘件；三號坑出土駟馬戰車一乘，武士俑六十八件。武士俑身高一七五公分以上，比今日北方人還高，陶馬的尺寸也不亞於眞馬（本書頁94、81-82）。單單燒製和搬運這些陶俑、陶馬就不知道動用多少人力，浪費多少資源了，但比諸正陵，尚不足觀，史家未嘗留意，故正史野錄皆未提及，那麼酈山陵寢役使民力之巨是難想見的。

　　近年也在咸陽市以東發現秦宮遺址，根據探勘，西起聶家溝，東至山家溝，是秦宮建築遺址分佈最多、最密集、規模也最大的地方，應是秦咸陽宮的所在地（劉慶柱1976）。考古家已發掘的一號建築（《文物》1976：11），堂室宏偉，建築學家復原的高臺飛閣與復道正反映統治者的窮極奢侈（陶復1976，圖10.1），卽使一磚一瓦，無不美侖美奐（圖10.2，10.3）。

　　唯就文獻所記，渭北咸陽宮尚不足道，宮殿最聞名者首推渭南上林苑中的阿房宮。《三輔黃圖》曰：

> 惠文王造，宮未成而亡。始皇廣其宮，規恢三百餘里。離宮
> 別館，彌山跨谷，輦道相屬，閣道通酈山八十餘里。

從阿房前殿往南，作「閣道」，「自殿下直抵南山，表南山之顚以爲闕。」往北，「爲復道，渡渭屬之咸陽」（〈秦始皇本紀〉）。前殿上可以坐萬人，下可以建五丈旗。《三輔黃圖》還記始皇三十五年營朝宮於上林苑，「庭中可受十萬人，車行酒，騎行炙，千人唱，萬人和。」陳直《校證》以爲阿房爲朝宮之前殿。前殿坐萬人，中庭容納十萬人，這座宮殿之規模恐怕是空前絕後的了。除此之外，始皇還有周遍天下的離宮別館，以供巡行時休憩。

　　營造陵寢和宮室者，主要的是刑徒。〈秦始皇本紀〉說，兼并天下後，「天下徒詣七十餘萬人」治酈山；三十五年始皇以先王宮廷

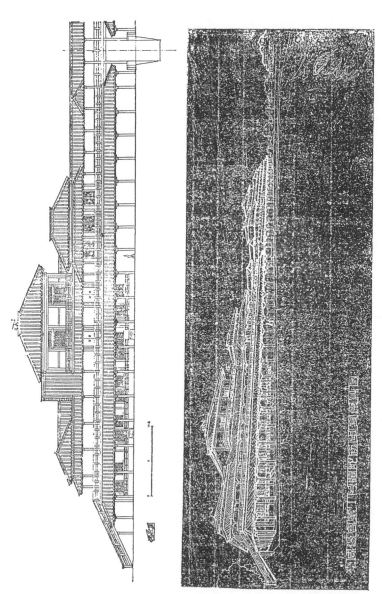

圖 10.1 咸陽宮第一號遺址復原草圖

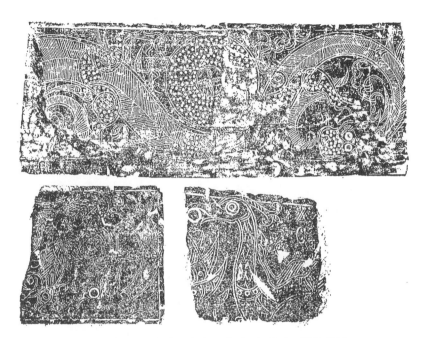

圖 10.2　咸陽宮龍鳳文空心磚（上）龍文（下）鳳文

圖 10.3　咸陽宮瓦當

小，徵調一部分刑徒「分作阿房宮」。如劉邦「以亭長爲縣送徒酈
山」（《史記·高祖本紀》），而六縣的黥布「坐法黥，已論輸酈山」（《史
記·黥布列傳》）。賈山所謂「赭衣半道」（《漢書·賈山傳》），大概指此。
但參與工程興建者也有自由身分的齊民，〈高祖本紀〉謂「高祖嘗繇
咸陽」，蓋以自由民而服徭役者。

始皇時代之賦役，除了徭役，便是兵役。始皇南征百越，北守匈
奴，幾乎全國都要動員。《史記·蒙恬列傳》曰：

> 秦已幷天下，乃使蒙恬將三十萬衆北逐戎狄，收河南。築長
> 城，因地形，用制險塞，起臨洮，至遼東，延袤萬餘里。於
> 是渡河，據陽山，逶蛇而北。暴師於外十餘年，居上郡。

秦軍原有軍功授爵的優良傳統，統一初期的戍卒猶以齊民爲主體，後
來兵徭俱困，齊民階層開始崩解，北戍南征，乃大量征發謫戍來補
充①。〈秦始皇本紀〉曰：

> 始皇三十三年　發諸嘗逋亡人、贅婿、賈人略取陸梁地，爲
> 　　　　　　　桂林、象郡、南海，以適遣戍。西北斥逐匈
> 　　　　　　　奴，自榆中並河以東，屬之陰山，以爲四十
> 　　　　　　　四縣，城河上塞。徙謫實之，初縣。
> 三十四年　　　適治獄吏不直者，築長城及南越地。
> 三十五年　　　益發謫徙邊。

〈陳涉世家〉亦曰：

> 二世元年七月，發閭左適戍漁陽。

以上卽所謂「七科謫」。鼂錯說：

> 先發吏有謫及贅婿、賈人，後以嘗有市籍者，又後以大父
> 母、父母嘗有市籍者，後入閭取其左。（《漢書·鼂錯傳》）

七科中的吏及閭左原不必服兵役（本書頁207），贅婿、賈人與有市籍者

---

① 《漢書·嚴助傳》曰：「臣（助）聞長老言，秦之時嘗使尉屠睢出越，又使監祿鑿
渠通道，越人逃入深山林叢，不可得攻。留軍屯守空地，曠日引久，士卒勞倦，越
出擊之。秦兵大破，乃發適戍以備之。」齊民小農的正規軍隊遣之於先，不足才發
動謫戍。

原無資格當兵。不論原來具備免役身分或不夠資格服役，現在要依賴
他們征伐鎮戌，可見軍隊結構已發生弊端。這也是齊民崩潰的反映。
謫戌既缺乏戰技訓練，又無鬥志，「見行，如往棄市」（〈鼂錯傳〉）。
素稱精銳的秦軍今非昔比矣，秦焉能不亡？

　　軍隊一出發，苛煩的勞役緊接而來，六國的痛苦經驗再度重演。
由於征戰地點更遙遠，賦役也比以前更沉重。戰國時期輸送補給品，
路上消耗的約有二十倍（《孫子・作戰》），統一以後加甚。主父偃上漢
武帝書，說秦國「使天下蜚芻輓粟，起於黃、腄、琅邪負海之郡，轉
輸北河，率三十鍾而致一石」（《史記・平津侯主父偃列傳》）。一鍾合六石
四斗，則從今山東省沿海地區運送糧食到河套供給戌卒，路上損失將
近二百倍。在「賦斂重數，百姓任罷」的情形下，人民相繼流亡。不
幸而逮捕者服刑，幸而漏網者託棲山林，賈山故曰「赭衣半道，羣盜
滿山」（《漢書・賈山傳》）。

　　而到了秦王朝晚期，傳統的軍功授爵制度似亦廢弛。據鼂錯的說
法，戰勝守固若有拜爵之賞，攻城屠邑得其財虜以富家室，人民才可
能守戰至死而不降走。「今秦之發卒也，有萬死之害而亡銖兩之報，
死事之後不得一算之復。」與韓非評論韓國亡國前夕的軍隊秩序沒有
二致。

　　秦始皇征服六國，他確實有心要作天下人的皇帝，而不只是秦
人的國王，因此他並沒有利用秦國的耕戰之士來壓迫山東齊民（許倬雲
1980）。山東丁壯戌邊，秦人亦戌邊；山東有刑徒徭作，秦亦有刑徒徭
作；山東齊民負擔的賦役，秦人也同樣負擔②。秦始皇征服六國本質

---

②　陳涉稱王，遣周文西擊秦，「秦令少府章邯免酈山徒、人奴產子生，悉發以擊楚大
　軍」（《史記・陳涉世家》）所以章邯的部隊主要是酈山刑徒及私家奴隸子。這
　支軍隊破陳勝，殺項梁，後來被項羽打敗，章邯降，與羽軍會合，西進取關中。
　「到新安（河南省澠池縣東），諸侯吏卒異時故繇使屯戌過秦中，秦中吏卒遇之多
　無狀，及秦軍降諸侯，諸侯吏卒乘勝多奴虜使之，輕折辱秦吏卒。秦吏卒多竊言
　曰：『章將軍等詐吾屬降諸侯，今能入關攻秦，大善；即不能，諸侯虜吾屬而來，
　秦必盡誅吾父母妻子。』諸將微聞其計，以告項羽。於是楚軍夜擊阬秦卒二十餘萬
　人新安城南。」（〈項羽本紀〉）章邯的刑徒、奴隸產子部隊有父母妻子在秦，當
　然是秦人；山東吏卒歡辱他們，也因為他們是秦人之故。

上與周人之征服東方截然不同，秦國士卒並未構成征服統治階級，而
與東方人一般，都成爲帝國的編戶齊民。故統一天下之後十餘年間，
山東小農破產，秦國的齊民也非瓦解不可。

　　漢人批評勝朝的話雖不可盡信，但他們認爲嬴秦役使民力太過卻
是千眞萬確的事實，這也是秦王朝崩潰的根本原因。主父偃說：

　　（秦）發天下丁男以守河北，暴兵露師十有餘年，死者不可
　　勝數。又使天下蜚芻輓粟，率三十鍾而致一石。男子疾耕不
　　足於糧饟，女子紡績不足於帷幕，百姓靡敝，孤寡老弱不能
　　相養，道路死者相望，蓋天下始畔秦也。（《史記·平津侯主父
　　偃列傳》）

同時代的嚴安也把秦末起義歸於秦政十餘年統治下，「丁男被甲，丁
女轉輸，苦不聊生，自經於道樹，死者相望」的結果（同上）。《淮南
子·人間訓》說：

　　當此之時，男子不得脩農畝，婦人不得剝麻考縷，羸弱服格
　　於道，大夫箕會於衢，病者不得養，死者不得葬。

於是陳勝「奮臂大呼，天下席卷。」可見賦役壓垮齊民階層，致使秦
亡，是漢人的公論。編戶齊民不是積極反抗，便是消極流亡，海內沸
騰，徐安說，整個社會「土崩」，不僅僅「瓦解」而已（〈平津侯主父偃
列傳〉）。

　　評論嬴秦興亡而傳誦兩千年的賈誼〈過秦論〉，其立論基點亦繫
於編戶齊民。他說，秦並海內，「天下之士斐然鄉風」，是因爲戰國
時代「諸侯力政（征），彊侵弱，衆暴寡，兵革不休，士民罷敝。」
廣大編戶齊民「冀得安其性命」，普遍支持統一，然而結果卻大失所
望。賈誼曰：

　　秦離戰國而王天下，其道不易，其政不改，是其所以取之者
　　〔無〕異也。孤獨而有之，故其亡可立而待。

秦始皇有力量滅六國，而不知六國滅亡癥結，重蹈覆轍，變本加厲，
當代之人皆洞如觀火。山東義軍反秦之初，右丞相馮去疾、左丞相李

斯和將軍馮劫進諫二世曰：

> 關東羣盜並起，盜多，皆以戍、漕、轉、作事苦，賦稅大
> 也。請且止阿房宮作者，減省四邊戍轉。（〈秦始皇本紀〉）

同時，陳勝將軍武臣自白馬津北渡黃河，說服當地豪傑共同舉事，亦
以賦役沉重，「財匱力盡，民不聊生」爲解（《史記・張耳陳餘列傳》）。
可見陳勝喊出「秦爲無道，罷百姓之力，盡百姓之財」（同上），天下
從風嚮應，眞正觸及嬴秦的痛處。

此一魚爛局面最後靠出身民間的劉邦來收拾。他洞悉民隱，盡量
與民休息。西元前二〇六年秦亡，同年劉邦封漢王，是爲漢元年，以
下五年楚漢相爭，猶是戰國、秦末的延續。漢五年擊敗項羽，天下底
定，十二年（前一九五）劉邦逝世。此間雖陸續平定異姓諸侯王，只是
小規模的戰事而已。爾後歷經惠帝、高后、文、景，到武帝建元六
年（前一三五）開始對外用兵，這六十年間除歷時僅一個月的七國叛變
外，天下太平無事，編戶齊民免於賦役之苦，元氣乃逐漸恢復。然而
承平時代財力相尚，政府採取不干涉的放任政策，齊民遭受的剝削非
出於政府，而是來自豪強富商。誠如太史公所說：「凡編戶齊民富相
什則卑下之，伯則畏憚之，千則役，萬則僕」（〈貨殖列傳〉）。這是一
隻看不見的手。經濟力量的侵奪及政府與商人的鬥法，必須追溯到戰
國時期。

自西元前六世紀以下利用政治力量締造的齊民社會，理論上凡爲
國家公民，法律身分都是平等的。但隨著社會經濟之發展，經濟力量
在齊等的架構內卻塑造另一個不齊的社會，對齊民而言，這毋寧是更
眞切的。人民如何空具齊等身分而過不齊的生活，請參考我另外的研
究《羨不足論》。

附　錄

附錄一、居延漢簡課役的類目與年歲 ^(本書頁11)

　　關於漢代課役的年齡分界，史無明文，茲據《居延漢簡》所錄二十條廩簿和四條符傳（二條疑似），得其課役類別和年齡關係如下表：

年歲 役別身分 釋文 編號	小		未使		使		大		老	簡牘性質
	男	女	男	女	男	女	男	女		
2745				6		10		34		廩　簿
2752			3			9		35		廩　簿
3281				2				17		廩　簿
3282							52	49 21		廩　簿
3283								18		廩　簿
3287					7			29		廩　簿
3289		2	3					27		廩　簿
3295					10			28 23		廩　簿
3298							60			廩　簿
4069					7		19	19		廩　簿
4207						13		67 18		廩　簿
4468				6				34		廩　簿
4470								15		廩　簿
4789								18		廩　簿
4850				2				23		廩　簿
4963				3		7		28		廩　簿
5242				5		12		15		廩　簿
5345		1	4					28		廩　簿
5461					12			21		廩　簿
5462					7	8		26		廩　簿
1273		3 9						21		符　傳
1274*	12	9					19	42 15		符　傳
2361									75	疑似符傳
9903	11 4							26		疑似符傳

* 註：該戶主的兒媳婦十五歲，未標明役別身分，參證他簡，當屬大女。

附錄二、八月案比 _(本書頁27)

《周禮·小司徒》曰:「及三年則大比」。鄭司農云:「今時八月案比是也。」賈公彥《疏》云:「漢時八月案比而造籍書,周以三年大比未知定用何月,故司農以漢法八月況之。」漢代在八月登錄核校戶口,本爲國史通說,但近人卻有不同看法,日人佐藤武敏〈漢代的戶口調查〉一文認爲西漢戶口調查的時期尚未固定,有時在三月,到東漢才固定在八月。他的根據主要分成兩方面,一是可肯定爲八月的史料多以東漢爲主。上述鄭司農是東漢初人。《續漢書·禮儀志》曰:「仲秋之月,縣道皆案戶比民。」《後漢書·安帝紀》元初四年詔:「《月令》:『仲秋養衰老, 授几杖, 行糜粥。』 今方案比之時,郡縣多不奉行。」《後漢書·皇后紀·序》云:「漢法常因八月算人。」佐藤謹愼地以爲這些資料只能證明是東漢制度而已。至於西漢,他舉出相反的證據。第一,《淮南子·時則》曰:「三月官鄉」。高誘《注》:「三月料民戶口」。第二,《漢書·武帝紀》載元封五年、 天漢三年和太始四年, 武帝三度於春三月行幸泰山, 因受郡國計。今按孫詒讓《周禮正義》卷22〈黨正〉以爲三月料民是《周禮》歲時之比,不是漢制,可以不論。 至於武帝故事, 則涉及上計的制度。《續漢書·百官志五》曰每縣、邑、道「秋冬集課,上計於所屬郡國」。李賢《注》引胡廣曰:

> 各計縣戶口墾田,錢穀入出,盜賊多少,上其集簿。丞尉以下,歲詣郡,課校其功。功多尤爲最者,於廷尉勞勉之,以勸其役。負多尤爲殿者,於後曹別責,以糾怠慢也。

縣令長殿最之考課係由郡太守來執行,《漢官儀》曰:「八月,太守都尉令長丞尉會都試,課殿最。」嚴耕望氏說都尉是西漢制 (《秦漢地方行政制度》頁261), 誠是 。《漢書·尹翁歸傳》云:「翁歸治東海,收取人必於秋冬課吏大會中。」西漢郡守課吏既在秋冬,則縣、道集課亦必在此時。案比的戶口正是上計簿册中之一項。縣道上計於郡,

《續漢書‧百官志五》云郡再於「歲盡遣吏上計」於中央。地方上計
吏抵達京師，大概在歲末年終時節，向各部衙門滙報屬郡的治績。正
月皇帝上陵 ，「遣計吏 ， 賜之佩帶；」（《續漢書‧禮儀志》）禮畢，郡
國上計吏才回原單位。可見正常的制度，案比在八月舉行。至於漢武
帝朝的四次例外，都可以解釋。元封五年多，武帝南巡狩，上九嶷、
登天柱，浮江而東，北至琅邪，春三月，還至泰山，祠高祖於明堂，
「因朝諸侯王列侯，受郡國計。」夏四月才回到甘泉宮。當十二月和
正月之間，武帝不在長安，郡國上計吏向各官府滙報的資料恐怕也照
常進行，唯在來年春三月受命集於泰山，再向皇帝作形式上的報告。
天漢三年三月及太始四年同月之「行幸泰山，祀明堂，因受計」，恐
亦如此。至於另一條太初元年春受計於甘泉，不知何月，這年年初尚
未改曆 ，仍以十月爲歲首，十二月時武帝在泰山東臨勃海， 望祠蓬
萊。與前面三例大概近似。然而武帝一朝五十多年，史載春受計者只
此四則，可見是特例，不是常法。佐藤以變例爲常經，致有所失，而
其說最疏漏的地方是不知考定先秦或秦時案比的時節，誠如本書正文
所論，戰國時代，自西徂東，八月案比是天下通制。我們的說法固多
受新出史料之賜 ， 不能責備於賢者 。 但他既認爲算人是進行戶口調
查，而《漢書》明載高帝四年「八月初爲算賦」，怎能斷定西漢在八
月沒有案比的制度呢？秋多集課，歲盡上計中央，從秦漢到隋唐定爲
常規，何獨西漢例外？戰國國家不如統一以後的幅員大，上計吏旅途
耽擱時間較短，集課與上計比較接近；但案比傅籍通常都是在八月舉
行的。

附錄三、輿人 <small>（本書頁38、129、176、374）</small>

俞正燮《癸巳類稿》卷二〈僕臣臺義〉云：「輿、衆也，謂衞士無爵又無員額者。」無說。按輿的本義是車箱底，引申作車乘（《玉篇》）。古代軍隊以車爲主，所以輿又有軍隊的意思，先秦文獻謂之「輿師」或「輿人」。《國語・魯語上》：「齊孝公來伐魯，展禽使乙喜以膏沐犒師，曰：敢犒輿師。」韋昭《注》：「輿、衆也。」《左傳》成公二年，晉攻齊，師至靡笄之下，齊侯請戰，對曰：「寡君不忍，使羣臣請於大國，無令輿師淹於君地。」戰於鞌，韓厥對齊侯也有類似的話。輿師當然指全部的軍隊而言。而輿人則指軍隊士卒。在城邦時代卽是國人。據《左傳》僖公二十八年晉文公圍曹，攻門，多死，「曹人尸諸城上，晉侯患之，聽輿人之謀曰：『稱舍其墓。』師遷焉。」同傳，晉楚遇於城濮，「楚師背鄭而舍，晉侯患之，輿人誦之曰：『原田每每，舍其舊而新是謀。』公疑焉。」這些輿人皆是軍隊士卒，其議論可以左右主帥，那麼，他們是具有什麼身分的人呢？根據士卒和「輿」論這兩點特質，輿人就是我在《周代城邦》所討論的國人。國人組成軍隊的基層骨幹，以諷誦傳語表示他們的共同意見，類似於晉文公手下的輿人之誦，古代經常可見。《國語・晉語三》：晉惠公入國而背外內之賂，輿人誦之曰云云，郭偃曰：「衆口禍福之門」。《左傳》襄公二十，子產親政，輿人誦之曰云云。這些輿人都是國人。〈楚語上〉，左史倚相引衞武公之箴有云「在輿有旅賁之規」。旅賁是勇士，軍隊中的規勸卽輿誦。同篇，白公子張諫楚靈王，舉齊桓、晉文善於納言曰：「近臣諫，遠臣謗，輿人誦」。按〈周語上〉邵公勸誡周厲王，有「天子聽政，使百工諫，庶人傳語，近臣盡規，親戚補察」云云。與白公的話對照，輿人誦卽是庶人傳語。所以輿人指以國人爲主的庶衆當無疑義。國人有築城的義務，與《左傳》襄公三十所謂「晉悼夫人食輿人之城杞者」符合。當時還有輿帥（《左・成二》）、輿尉（《左・襄十九、三十》、〈晉語七〉）輿

司馬（〈晉語七〉），是較下級的軍吏。總之，輿是士卒，不限於虜士而已。故本文仍襲舊解，認爲是衆庶。近讀童書業先生遺著《春秋左傳研究》第七四條「釋國人」附釋輿人，主旨與本文同。唯《左傳》僖公二十八年「狐毛設二旆而退之，欒枝使輿曳柴而僞遁，楚師馳之，原軫、郤溱以中軍公族橫擊之。」又據《左傳》襄公十八年，「齊侯登巫山以望晉師，晉人使司馬斥山澤之險，雖所不至，必旆而疏陳之；使乘車者左實右僞，以旆先；輿曳柴而從之。」這兩處「輿曳柴」之「輿」可能是廝役（竹添光鴻《左傳會箋》），卽執賤役的軍夫，城邦時代的野人在軍隊中的角色也是廝役。唯野人旣非刑徒，亦非奴隸，他們還是屬於廣義的庶人。

附錄四、春秋前期狄人侵略華夏年表（依《春秋・左傳》紀年）（本書頁73）

莊三十二（662BC） 狄伐邢。

閔　元（661BC） 齊救邢。

　　二（660BC） 狄伐衞，滅之。

　　　　　　　　 鄭師次於河上，潰。

僖　元（659BC） 諸侯救邢，城夷儀，遷之。

　　二（658BC） 諸侯城楚丘而封衞。

　　七（653BC） 晉敗狄於采桑。

　　八（652BC） 狄伐晉，報采桑之役。

　　十（650BC） 狄滅溫，蘇子奔衞。

　十二（648BC） 諸侯城衞郛，懼狄難也。

　十三（647BC） 狄侵衞。

　十四（646BC） 狄侵鄭。

　十六（644BC） 狄侵晉，取狐厨、受鐸，涉汾，及昆都。

　十八（642BC） 宋師敗齊師，狄救齊。邢人狄人伐衞。

二　十（640BC） 齊人狄人盟於邢。

二十一（639BC） 狄侵衞。

二十四（636BC） 王將以狄師伐鄭，使頹叔桃子出狄師；狄伐鄭，取櫟。王
　　　　　　　　 子帶以狄師攻王，王出亡。

二十五（635BC） 晉侯納王，殺王子帶。

三　十（630BC） 狄侵齊。

三十一（629BC） 狄圍衞，衞遷於帝丘。

三十三（627BC） 狄侵齊。狄伐晉，敗於箕。

文　四（623BC） 狄侵齊。

　　七（620BC） 狄侵魯西鄙。

　　九（618BC） 狄侵齊。

　　十（617BC） 狄侵宋。

　十一（616BC） 狄侵齊，遂伐魯。

　十三（614BC） 狄侵衞。

宣　　三（606BC）　　赤狄侵齊。

　　　　四（605BC）　　赤狄侵齊。

　　　　六（603BC）　　赤狄伐晉。圍懷及邢丘。

　　　　七（602BC）　　赤狄侵晉，取向陰之禾。

　　　　八（601BC）　　晉師、白狄伐秦。

　　　十一（598BC）　　晉侯會狄於橫函。

　　　十三（596BC）　　赤狄伐晉及清。

附錄五、《左傳》釋晉悼公好田獵辨（本書頁77）

　　《左傳》襄公四年，山戎君長「無終子嘉父使孟樂如晉，因魏莊子（絳）納虎豹之皮，以請和諸戎。」晉悼公曰：「戎狄無親而貪，不如伐之。」魏絳反對，曰：「諸侯新服，陳新來和，將觀於我。我德則睦，否則攜貳。勞師於戎而楚伐陳，必弗能救，是棄陳也，諸華必叛。戎、禽獸，獲戎失華，無乃不可乎？《夏訓》有之曰：『有窮后羿。』」，悼公問：「后羿何如？」魏絳於是講述夏后失國，后羿代夏政，恃善射，不治民，信寒浞，為所賣而亡國，再說到夏少康復國的故事。長期以來晉與戎狄處於交爭狀態，無終子請和是晉國決定和戰政策的關鍵時刻，魏絳力主和戎，《左傳》言簡，卻花費大量筆墨記錄他講述后羿的故事，最後才簡單的說明和戎五利。中間一大段的插敘似不銜接，《左傳》作者於是解釋說：「於是（時也）晉侯好田，故魏絳及之」。孔穎達發現這層矛盾，但無法圓滿疏解，他說：

　　　　魏絳本意主勸和戎，忽云有窮后羿以開公問，遂說羿事，以

　　　　及《虞箴》，乃與初言不相應會，故《傳》為此二句，以解

　　　　魏絳之意。

我們認為《左傳》這兩句話不但蛇足，而且混淆了當時的情勢，不解政策決定的經過。悼公周是襄公少子桓叔之孫，晉之疏屬，因厲公無道，欒書、中行偃弒厲公，而迎之於成周，立為君。這時公子周只十四歲而已。初晉大夫迎駕於清原，這位十四少年便出語驚人。他說：

　　　　孤始願不及此，雖及此，豈非天乎？抑人之求君，使出命

　　　　也。立而不從，將安用君？二三子用我今日，否亦今日。共

　　　　而從君，神之所福也。

一場話把貴族飛揚跋扈的氣燄全壓下來，對曰：「羣臣之願也，敢不唯命是聽」（《左·成十八》）。悼公即位時，《史記·晉世家》記載他的一段話說：

　　　　大父、父皆不得立而辟難於周，客死焉。寡人自以疏遠，毋

> 幾為君。今大夫不忘文、襄之意而惠立桓叔之後，賴宗廟大
>
> 夫之靈，得奉晉祀，豈敢不戰戰乎？大夫其亦佐寡人！

這是孤臣孽子久歷風霜後的智慧，固因資質聰慧之穎悟，亦祖父傳下
的家風。所以他一卽位，立刻改革前期弊政，整頓武備，訓練士卒，
《左傳》備載其事（〈成十八〉），兹不錄。這樣的明君豈是「不脩民
事而淫於原獸」的后羿所可比擬！我們雖然不敢說有孤臣孽子之心就
不好田獵，但有證據旁證悼公不是飾非拒諫之人，卽使魏絳要勸誡他
田獵，殊不必這麼拐彎抹角。按悼公三年，諸侯盟于雞澤，

> 晉侯之弟揚干亂行於曲梁，魏絳戮其僕。晉侯怒，謂羊舌赤
> 曰：「合諸侯，以為榮也。揚干為戮，何辱如之？必殺魏
> 絳，無失也。」

經羊舌赤解釋，又讀魏絳之書，翻然大悟。恐絳自殺，

> 跣而出，曰：「寡人之言，親愛也；吾子之討，軍禮也。寡
> 人有弟，弗能教訓，使干大命，寡人之過也。子無重寡人之
> 過，敢以為請。」《左·襄三》

此時悼公不過是十七歲的少年。其聰明端直，歷史難求其匹。左氏
「好田」之評，望文生義，想當然耳。魏絳講述后羿故事以敎訓悼公
（此時公十八歲），主要引后羿「恃其射」相誡，勸勵精圖治的悼公
含蓄容忍，以德服人，不以兵戈；否則，雖如后羿之強射亦不免敗
亡。所以我在正文說：「警告悼公不可好戰輕敵」。魏絳講古的目的
亦在宣揚他的和戎政策，看作「勸諫田獵」就錯了。

附錄六、騎兵原始（本書頁86）

《左傳》昭公二十五年：「左師展將以公乘馬而歸，公徒執之。」杜預《注》：「展欲與公俱輕歸。乘如字，騎馬也。」孔穎達《疏》引劉炫曰：「此騎馬之漸也」。《禮記·曲禮上》：「前有車騎則載飛鴻。」孔穎達《疏》：「今言騎者當是周末時禮」。王應麟《困學記聞》卷五云：「騎兵蓋始於戰國之初。」他引《公羊傳》昭公二十五年：「齊魯相遇，以鞍為几」，謂此時「已有騎之漸」。顧炎武《日知錄》卷二十九「騎」條曰公子成之徒諫趙武靈王胡服而不諫騎射，「意騎射之法必有先武靈而用之者矣」。近人如楊寬、藍永蔚也多沿襲舊說，或認為騎兵的應用在春秋戰國之際（楊氏《戰國史》頁290），或稍提前到春秋末年（藍氏《春秋時期的步兵》頁13注24）。唯蒙文通引《呂氏春秋·不苟》晉文伐鄴，軍有「騎乘」，謂「中國用騎自晉文公始」（《周秦少數民族研究》頁54）。馬長壽引《墨子·公孟》曰「昔文公大布之衣，牂羊之裘」，而謂「晉國之人以狄服為服者很多」（《匈奴與北狄》頁18），似可佐助蒙說。《日知錄集釋》引惠棟《注》：「案《韓非子》，秦穆公送重耳疇騎二千，則單騎不始于六國」（卷二十九）。應是主張騎兵始於春秋前期者之圭臬。另外一說更早，《詩·大雅·緜》有云「來朝走馬」，宋程大昌《雍錄》卷一〈自邠遷岐〉條曰：

> 古皆乘車，此曰走馬，恐此時或已變乘為騎也。晨即走馬西上，不暇駕車，足以見其避狄之際，迫遽甚矣。

將騎術推至先周時代。按于省吾《澤螺居詩經新證》卷一〈來朝走馬〉條，讀「朝」作「輈」，通「舟」，即周也；走，涉「辵」而誤，辵、趣古通，趣馬，即驅馬也。來朝走馬就是驅馬來周（頁48-49）。這似乎也是比較傾向於程大昌之說的。但王鳴盛《蛾術編》卷六十二〈古無騎馬事〉條釋「古公亶父來朝走馬」云：「三代以上馬只用以駕車，所謂走馬，仍指駕車。」徐中舒從之（繆文遠《七國考訂補》引，頁

628）。雖然安陽商墓有一人一馬的殉葬坑，但未必是軍人 。 退而言之，馬卽使用爲坐騎，距離騎兵或騎射還相當大，作爲戰術之一端，在戰場上運用，據《左傳》來看，騎兵不會早於春秋戰國之際，董說《七國考》卷十一〈趙兵制〉以爲是受戎狄的影響。

附錄七、買地墓券的史料價值（本書頁142）

　　羅振玉《蒿里遺珍考釋》〈吳浩宗買地券〉條云：

　　　地券之制，前籍未詳，以傳世諸刻考之，殆有二種；一為買

　　　之於人，如建初、建寧二券是也；一為買之於鬼神，則術家

　　　假託之詞，如此券是也。

羅氏《貞松堂集古遺文》卷十五將前者稱作「買地券」，後者稱作
「鎮墓券」。買地券既「買之於人」，自必屬於真實的土地買賣文書，
這種意見絕大多數的學者多贊同。近人方詩銘根據干支、行政制度和
地價等三項因素考證買地券之真偽，斷定有些是古董商偽造的，有些
卻是真實的土地買賣文書（〈從徐勝買地券論漢代「地券」的鑑別〉及〈再論「地
券」的鑑別〉）；但吳天穎謂隨葬明器不是實在的土地買賣文書（〈漢代買
地券考〉）。或如吳氏所論，實在的土地契約不會隨葬；但買地券所買
的是墓地，作埋葬之用，其地券契隨之入墓和締結契約的主旨並不矛
盾。何況按《禮記・檀弓下》，賜邑之書是可以「納諸棺」的。即使
買地券僅僅是「摹擬的土地買賣契約」，唯其「摹仿得維妙維肖」，
我們論歷史而不談古董文物，把它當作實在的土地買賣文書看待亦無
不可。當然，像仁井田陞將六朝的鎮墓券也當作土地買賣契約（〈漢魏
六朝的土地買賣文書〉），史料價值是會混淆的。池田溫滙集著錄與出土
墓券一百餘件，認為純係買地之券數目較少，而且多是漢代遺物，間
亦散見於晉與北魏，六朝以後則多是虛構地券（《中國歷代墓券略考》）。
所以討論漢代土地制度，買地墓券仍極具史料價值。

附錄八、「射分田邑」解（本書頁153）

　　〈冎攸从鼎〉「射分田邑」之「射」，郭沫若《大系考釋》注作
「謝」，無說。楊樹達《積微居金文說》卷一曰：「射當讀爲謝，謂
錢財也。蓋稱財爲謝，猶今人言報酬。」然而射似不必改字，後世有
「請射」一語，指占有，是表示權屬的術語。《唐會要》卷八五〈逃
戶〉條引長慶元年正月赦文曰：

> 應諸道管內百姓，或因水旱兵荒，流離死絕。見在桑產如無
> 近親承佃，委本道觀察使于官健中取無莊田有人丁者，據多
> 少給付，便與公驗，任充永業。不得令有力職幸人妄爲請
> 射。

《容齋隨筆》九卷〈射佃逃田〉條引周世宗顯德二年詔曰：

> 應逃戶莊田並許人請射承佃，供納稅租。如三周年內本戶來
> 歸者，其桑田不計荒熟並交還一半，五周年內歸業者三分交
> 還一分，如五周年外，除本戶墳塋外，不在交付之限。其近
> 北諸州陷蕃來歸業者，五周年內三分交還二分，十周年內還
> 一半，十五周年內三分還一，此外者不在交還之限。

《宋會要輯稿·食貨》六九之五二：

> 紹興三年九月八日戶部言：人戶因兵火逃亡，拋棄田產，依
> 已降指揮，二年外許人請射，在十年內，雖已請射，並許地
> 主理認歸業，及免料次催料。

又：

> 紹興五年七月十五日：其原地若已被人請佃，開料了當，即
> 依鄰近現田地段內，許對數指射。

《金史》卷四七〈食貨志〉：

> 海陵正隆元年二月，遣刑部尚書紇石烈婁室等十一人，分行
> 大興府、山東、真正府，拘括係官或荒閒牧地，及官民占射
> 逃絕戶地，蓋以授所遷之猛安謀克戶，且令民請射，而官得

　　其租也。

唐宋「請射」、「占射」或「指射」的用法與〈鬲攸从鼎〉之「射分」
雖不同，其指土地權屬卻是一致的。射字此義《說文》所無，《說
文》學家亦無說（丁福保《說文解字詁林》射字條），由於唐宋與西周懸隔太
遠，當中缺乏文獻聯繫印證，暫且存疑。

附錄九、李悝著《法經》考辨（本書頁229）

李悝著《法經》，商鞅傳之於秦，這是《晉書・刑法志》和《唐律疏議》的說法，這兩種文獻時代偏晚，難免啓人疑竇。日本中國法制史家仁井田陞數十年前就懷疑李悝著《法經》之說，爾後小川（貝塚）茂樹舖陳其說，從律令目錄學否定晉〈志〉的記載，由於《漢書・刑法志》只說「韓任申子，秦用商鞅，」曹魏劉邵〈新律序略〉也僅提《秦法經》，而不及李悝，於是乎斥悝著《法經》之說爲虛妄（〈李悝法經考〉，收入《貝塚茂樹著作集》第三卷）。五〇年代中期以《守山閣叢書本》爲主，另以《吳興劉氏嘉業堂刊本》參校的董說《七國考》出版，其中魏〈刑法・法經〉條引桓譚《新論》（原作「新書」）述李悝《法經》大略，比晉〈志〉猶詳。捷克漢學家鮑格洛（Timoteus Pokora）在《東方文獻》第二十七期發表〈李悝法經的一個雙重僞造問題〉（"The Caono of Laws by Li K'uei—A Double Falsification?" *Archiv Orientální* 27, 1959）一文，認爲一重僞造是《晉書・刑法志》，貝塚茂樹已經提出來；另一重僞造是《七國考》所引的桓譚《新論》。五年後，日人守屋美都雄著〈關於李悝法經的一個問題〉（《中國古代史研究》第二），辯護明末的董說極可能看到尚未亡佚的桓譚《新論》。一九八〇年楊寬《戰國史》增訂版問世，刪除五五年初版所引述《新論》的文字，並且在〈後記〉中評論鮑格洛與守屋的爭議，說他早在六一年修訂初版時就不相信董說徵引的資料了（《戰國史》頁601-605）。

而今關於李悝著《法經》有幾層須分別澄清。第一，今本《法經》（《黃氏逸書考・子史鉤沉》所收）確實僞作，當是〈唐律〉以後的膺本。作僞者對〈漢律〉幾乎無所認識，不僅如孫星衍〈李悝法經序〉所云屬雜「天尊佛像道士女冠僧尼諸文」而已（《嘉穀堂集》卷一）。此點學者全無異議，可以不辯。第二，董說所引桓譚《新論》的問題。桓譚是兩漢之際的人，對當時法律藏結頗有研究，他應明瞭秦漢法典的，故兩派的爭辯多集中在董說身上。否定者說《新論》南宋已亡，甚至

懷疑董說的精神狀態；肯定者則說錢謙益謂明季尚有完書，而且趙清
常有校本，董家善藏書，可能看到趙氏校本。兩造之辯頗在疑似之
間，但近年張譬〈《七國考》《法經》引文眞僞析疑〉一文出，就文
獻學而言，《七國考》的引文大抵已有定論。張氏肯定《桓子新論》
至明季尚存，而董說是一位有操守，有氣節的志士，非輕薄文人可
比，不可能僞造《新論》。當然，目前我們仍未發現《新論》或更早
的《法經》；不過我們卽使不用《七國考》的資料，同樣可以研究
《法經》的問題，故此層亦可撤開。第三，晉〈志〉唐《疏》的疑
惑。今傳漢魏律令目錄相當疏略，卽使只作爲外部批判的根據亦不足
以解決李悝著《法經》的問題，若因《魏書‧刑罰志》說「商君以《法
經》六篇入說於秦」未明言李悝；或因劉邵〈新律序略〉只說《秦法
經》，未及入秦事，而懷疑李悝《法經》，則疏於古人之文理。至於
說漢〈志〉單舉申子、商君，不及李悝，戰國秦漢律令之變革，漢
〈志〉略者多矣，豈僅李悝一人一事哉？故我們暫捨文獻學，而從政
治社會情況分析，期望能爲這種爭論提供另一解決之道。

附錄一〇 《侯馬盟書》「麻夷非是」解（本書頁264）

　　一九六五年山西侯馬出土一批盟誓玉石片，通稱作《侯馬盟書》。盟書內容涉及春秋末年晉國趙氏兩宗的內訌，其他大族也牽連進去，結果趙、魏、韓、智四氏擊敗范氏、中行氏二家，以及趙氏的另一宗（長甘〈侯馬盟書叢考〉）。這段歷史我在《周代封建制度的社會結構》已述，可以不論。唯盟書普遍有「麻夷非是」一語，眾說紛歧，猶存賸義，值得討論。

　　這批盟書可能是鬥爭期間，趙鞅要求從屬的詛盟，保證對主上盡忠，誓不通敵。茲取其有代表性者迻錄於下：

　　1. 趄敢不開（判）其腹心以事其宗，而敢不盡從嘉之明定宮、平時之命，而敢或□改助（此句不可解）及內（奘）卑（俾）不守二宮者，而敢又志復趙尼及其孫∥（子孫也，下同）、犺（先）疣之孫∥、犺直及其孫∥、趙餼之孫∥、史鱸及其孫∥于晉邦之地者，及羣庠（呼）明（盟）者，盧（吾）君其明亟氏見（視）之，麻壴（夷）非是。（《侯馬盟書》頁27-28）

　　2. 盒章自質于君所，敢俞（偷）出入于趙尼之所∥及孫∥、犺疣及其子乙及其白（伯）父、叔父、弟孫∥（以下羅列人名及其子孫，不錄）及羣庠明者，章顗（沒也）嘉之身及孫∥。或復入之于晉邦之中者，則永亟氏見之，麻壴非是。既質之後，而敢不亟覘〔祝〕史黻銳繹之于皇君之所，則永亟氏見之，麻壴非是。□□之孫∥窩（過）行道而弗殺，君其氏見之，〔麻壴非是〕。（同上，頁30-31）

　　3. □（人名、不識）自今以生（往）敢不違（率）從此明質之言，而尚（倘）敢或內（納）室者，而或婚、宗人、兄弟或內室者而弗執弗獻，丕顯晉公大冢明亟氏見之，麻壴非是。（同上，頁33）

趄、盒章與第三條的某人都是參加詛盟的人，主盟者「嘉」大概是趙

軼的美稱或諱稱。趙尼等人是他們的敵對派。第一條趙韰宣誓赤心事其宗主，絕對遵從趙軼在定宮和平峙所發佈的命令，決不敢有貳心而讓趙尼及其子孫等人復入晉國，也不准那批私會盟者（可能指趙尼集團）復入國。第二條盦章宣誓委質於趙軼，不敢暗中交通趙尼集團，不敢危及趙軼本人及他的子孫，也不敢讓敵對派再回國，路上遇見某某的子孫亦必殺之無疑。反對派貴族流亡後，留下采邑及領民，這是第三條的「室」（杜正勝《周代城邦》頁100），納室卽非法瓜分勞動力或土地。本條某人宣誓自己毋敢納室，若自己的姻親或宗人納室而不執拘以獻於趙軼者，願接受制裁。接受制裁，在盟書謂之「明亟覾之，麻亝非是。」明亟覾之，覾通視，明鑒也，說者大體無異議；意見比較分歧的是「麻亝非是」。

「麻亝非是」之誓辭早見於一九四二年沁陽出土的《盟書》（陳夢家，〈東周盟誓與出土載書〉附錄），而一九八〇年發現的《溫縣盟書》也以此句作結（《文物》1983：3）。《溫縣盟書》完整者將近一千四百片，從公佈的選樣來看，內容雷同，唯每片之參加詛盟者不同人而已。其格式如：

> 辛酉，自今以坐（往），某（人名）敢不悉悉（歠歠）馬中心事
> 其宝（主），而敢與賊爲徒者，丕顯晉公大冢遰（諦）亟覾女，
> 麻亝非是。

溫縣卽晉國之州，在春秋末葉是韓氏采邑，故報告執筆人郝本性認爲這批材料是韓氏的盟書，盟主很可能是與趙軼並肩作戰的韓簡子。《溫縣盟書》未羅列敵對派之人名，只攏統地說「賊」，但盟主要求與盟者對他忠心，不可與敵人互通聲氣，否則須受制裁，則與《侯馬盟書》沒有二致。

「麻亝非是」，亝是「夷」之繁體，釋者無異說。全句朱德熙與裘錫圭以爲卽《公羊傳》襄公二十七年的「昧雉彼視」，皆當讀爲「滅夷彼氏」，是「滅彼族氏」的意思（〈戰國文字研究〉六種）。郭沫若從之，云滅夷彼氏就是絕子絕孫（〈出土文物二三事〉）。唐蘭存疑，認爲

有些像「有如此盟」之意而已（〈侯馬出土晉國趙嘉之盟載書新釋〉）。戚桂宴特作〈「麻睾非是」解〉，反對朱、郭之說，讀爲「無夷非是」。無夷者，河伯也，盟辭意請河伯給予渝盟者以懲罰。這些說法皆不盡可信，我們以爲「麻」、「夷」都是刑名。茲先從春秋的盟誓說起。

　　春秋時代諸侯之間有盟，國君與卿大夫，卿大夫之間，或他們與國人也都有盟。會盟必著載書，載書之末必繫懲罰性詞句。如西元前六三二年〈踐土之盟〉曰：

> 有渝此盟，明神殛之，俾隊（墜）其師，無克祚國，及其玄
> 孫，無有老幼。（《左·僖二十八》）

五七九年晉楚盟于宋西門外，及五七二年諸侯蕭魚之盟，載書或云「無克祚國」，或云「墜命亡氏，踣其國家。」國內盟誓可從西元前五五〇年魯大夫之詛盟見其大略。季孫攻臧氏，臧紇斬鹿門之關以奔邾，季氏乃召大夫盟：

> 將盟臧氏，季孫召外史掌惡臣而問盟首焉。對曰：「盟東門
> 氏也曰：『毋或如東門遂不聽公命，殺適立庶。』盟叔孫氏
> 曰：『毋或如叔孫僑如欲廢國常，蕩覆公室。』」季孫曰：
> 「臧孫之罪皆不及此。」孟椒曰：「盍以其犯門斬關。」季
> 孫用之，乃盟臧氏曰：「毋（原作無，從阮元校改）或如臧孫紇
> 干國之紀，犯門斬關。」（《左·襄二十三》）

故知每發生政爭，勝者總以敗者爲鏡鑑，警告其他貴族，要他們詛盟，其格式不外「不可如某人犯某種罪惡，否則當如何懲處。」《左傳》往往省略否則以下云云，上引三盟固然如此，崔杼弑齊靈公，亦盟國人於大宮，曰：「所不與崔、慶者」（《左·襄二十五》），是說若不站在崔氏這邊，而支持敵對派者，則如何如何，原盟當也有制裁性的誓辭。《左傳》記載雖有闕文，今日得見《侯馬盟書》和《溫縣盟書》，便不難據以補足。

　　《禮記曲禮下》云：「約信曰誓，涖牲曰盟。」陳夢家以爲盟即是誓（〈東周盟誓與出土載書〉），雖然二者有宗教氣氛濃淡之別，其實質

作用是差不多的。諸侯會盟，指神爲誓，《左傳》所記卿大夫或國人之盟，或亦請神見證，但也可能向主盟者輸誠承諾。侯馬、溫縣盟書曰「吾君其明亟視之」，「永亟視之」，「君其視之」，「丕顯晉公大冢明亟視之」或「諦亟視女」，特別提出主盟的趙鞅或晉公，和「明神殛之」是有所不同的。這兩批盟書雖然是埋牲加書的詛誓，在神明監視之外，加盟者更對主盟人保證，若違背誓言，願受刑罰，這點與以言語約束之「誓」比較接近。《尚書》記錄軍誓的結語，不是「其于爾躬有戮」（〈牧誓〉），就是「汝則有大刑」（〈費誓〉）；不是「予則孥戮汝」（〈甘誓〉），就是「罔有攸赦」（〈湯誓〉）。從盟誓體例來看，「麻夷非是」當是刑戮之語無疑。

那麼，這四字是怎樣的刑戮呢？我們認爲「麻」、「夷」皆是具體可指的刑法，而非泛稱夷滅。先論夷。章炳麟《新方言》曰：

> 今語「陵遲」爲剖腹支解。陵遲者，猶言夷也。秦法有夷三族，《漢書‧刑法志》曰，大辟有夷三族之令。夷本訓傷，訓殺，亦訓爲尸。（原注：《周禮‧天官》「共夷槃冰」，注：夷之言尸也。）陵遲爲夷，亦猶尸諸市也。夷、尸、易、施，古音同。易聲有剔，《說文》云：「剔，解人肉，置其骨。」施聲有脆，《莊子‧胠篋》篇云，「萇弘脆。」崔譔作施，云：裂也。司馬彪云：脆，剔也。古但作「施」，《晉語》施邢侯氏，《左氏傳》國人施公孫有山氏。施其家者，即所謂夷三族也（原注：韋訓致捕，杜訓行罪，皆非）；施其身者，即今陵遲爲夷也。（卷二）

章氏此論即是「麻夷非是」之「夷」的最佳詮釋。他說「夷」、「尸」音同，按金文，夷寫作尸，故「尸」、「夷」互訓。《左傳》常見尸刑。桓十五：「祭仲殺雍糾，尸諸周氏之汪。」僖二十八：「晉侯圍曹，門焉，多死。曹人尸諸城上。」成十七：三郤將謀反，被長魚矯所殺，「尸諸朝」。昭二：公孫黑有三死罪，「尸諸周氏之衢」。定十四：趙孟殺董安于，「尸諸市」。尸，杜預多解作暴尸，唯僖二十

八條解作「磔」，因與龍人殺盧蒲就魁「而脯諸城上」文例雷同（《左·成二》），脯磔是支解張尸，不僅陳尸而已。從「尸」之事件看，諸犯皆所謂罪大惡極者，故當訓作磔，與「胹」也比較符合。萇弘受胹刑，除《莊子·胠篋》篇外，《韓非子·難言》篇亦曰：「萇宏分胹」。按《莊子釋文》曰：胹，本又作肔，崔云：讀若拖，或作施字。胹，裂也。淮南子曰：萇弘鈹裂而死。司馬云：胹，剔也。一云：刳腸曰胹。韓非連言分胹，當是支解一類的酷刑。根據于省吾《甲骨文字釋林》，商代已有胹刑了（頁161-172）。

夷、尸或胹之刑，文獻又稱作「施」，春秋時代常見。《國語·晉語》云：「秦人殺冀芮而施之。」按冀芮隨從公子夷吾亡於梁，屢勸夷吾散財，以求繼君位，他是夷吾得以返國的主要策劃人。回國後，也是主張殺里克的有力人士。惠、懷二朝，他算是當權派無疑。及公子重耳因秦穆之助入國，殺懷公，卽君位，冀芮謀反，焚公宮，求文公不得，終被秦人誘殺。以他的政治立場和一生作爲，被殺後再加以分屍之酷刑是很可能的。〈晉語九〉，祁侯與雍子爭田之獄，「施邢侯氏而尸叔魚與雍子於市」。《左傳》謂之「施生戮死」。祁侯當朝擅殺，不僅殺人，其蔑視國君，輕辱法度，簡直無復以加，破壞秩序，莫此爲甚，故加以胹刑。還有懷盈叛亂事件，范宣子下令「從欒氏者，大戮施」（〈晉語八〉）。戮施就是戮胹。因此，侯馬和溫縣的盟書誓辭出現夷（胹）刑是不足爲怪的。

與「夷」相似之酷刑還有轘、脯、辜、磔等名目。轘，《說文》云「車裂人」；《釋名》曰「肢體分散」。據《左傳》，齊人轘高渠彌（〈桓十八〉），楚莊王「殺夏徵舒，轘諸栗門」（〈宣十一〉）。又楚康王「轘觀起於四竟」（〈襄二十二〉）。脯以下諸刑皆見於《周禮》，〈掌戮〉曰：「掌斬殺賊諜而搏之；凡殺其親者，焚之；殺王之親者，辜之。」鄭玄《注》：「搏，當爲脯，謂去衣磔之；辜之言枯也，謂磔之。」磔，《漢書·景帝紀》師古《注》云：「謂張其尸也。」又作「矺」，〈李斯列傳〉：「十公主矺死於杜」。《索隱》：「與

磔同，古今字異耳。磔謂裂其支體而殺之。」《韓非子・難言》曰：「田明辜射」。陳奇猷《集釋》引俞樾曰：「辜射即辜磔。」〈內儲說上・七術〉云楚「采金之禁，得而輒辜磔於市。」可見支解刳腸之刑在古代是相當普遍的，盟誓以夷刑為約束，並不足怪。

　　麻，當讀為靡。《莊子・胠篋》篇，「子胥靡」與「萇弘胣」並舉。《釋文》曰：「司馬如字，云：糜也。崔云：爛之於江中」。由於子胥沈江，崔譔故說爛於江中，其實靡爛不必限於江河中也。這種酷刑通稱作菹醢，剁煮成肉醬，春秋時代亦不罕見。如西元前六八二年：

> 宋萬弒閔公于蒙澤；遇仇牧于門，批而殺之；遇大宰督于東宮之西，又殺之。南宮萬奔陳，以乘車輦其母，一日而至。陳人使婦人飲之酒，而以犀革裹之，比及宋，手足皆見。宋人醢之。（《左・莊十二》）

這位大力士弒君，又殺二大臣，故處以菹醢之刑。西元前五五四年，齊夙沙衞奔高唐以叛，齊侯圍之，亦「醢衞于軍」（《左・襄十九》）。

　　另外有一種烹，近乎醢。《左傳》云宋寺人惠牆伊戾為太子痤之內師，無寵，誣太子交通楚使以謀亂，太子縊死。後知為誣，平公乃烹伊戾（《左・襄二十六》）。〈呂氏春秋・至忠〉也記載齊湣王生烹文摯的故事。楚漢之際，項羽欲烹劉太公，固為人所熟悉，至於他烹假冒劉邦的周苛，烹評他「沐猴而冠」的說客（俱見〈項羽本紀〉），以及齊王田廣之生烹酈食其之類故實（〈酈生陸賈列傳〉），屢見不鮮。

　　《漢書・刑法志》引夷三族之令曰：

> 當三族者，皆先黥、劓、斬左右止，笞殺之，梟其首，菹其骨肉於市。其誹謗詈詛者，又先斷舌。

三族之刑，崔寔政論謂之「具五刑」（《後漢書》本傳），《史記・彭越列傳》曰「夷越宗族」，《漢書》本傳同，《補注》引宋祁曰「宗字當作三字」。《史記・欒布列傳》即作「夷三族」。按《史》、《漢》兩〈英布傳〉皆說漢誅彭越，醢之，盛其醢以徧賜諸侯。師古曰：

「反者被誅，皆以爲醢 。」可見彭越三族被夷滅，而他本人是被醢
的。所以夷三族者，非泛泛之死刑，主犯還須受「具五刑」的酷毒，
不可能一死百了，殺後尙且「菹其骨肉」。

　　從上文的分析，所具五刑卽「夷」，「菹其骨肉」卽「麻」。
「非是」，「是」乃「氏」之假，朱德熙、郭沫若等人讀作「亡氏」，
可從，但並非絕子絕孫的詛咒，而是殺戮其家族的警告。所以我們認
爲《侯馬盟書》與《溫縣盟書》的「麻夷非是」卽是夷三族之刑。

附錄十一、「司空城旦」解（本書頁313）

《史記·儒林列傳》云淸河王太傅轅固生治詩，孝景時爲博士。

竇太后好《老子》書，召轅固生問《老子》書。固曰：「此家人言耳。」太后怒曰：「安得司空城旦書乎？」乃使固入圈刺豕。

《漢書·儒林傳》同。這裏有兩個問題，何謂「家人」？何謂「司空城旦」？《史記索隱》：「服虔云：如家人言也。按，老子《道德》篇近而觀之，理國理身而已，故言此家人之言也。」《漢書》顏《注》：「家人，言僮隸之屬。」司空城旦，《史記集解》引《漢書音義》曰：「道家以儒法爲急，比之於律令。」《漢書》顏《注》引服虔曰同。其實舊說殊誤，今略辨正。

家人者，庶民也。〈魯周公世家〉云，頃公「二十四年，楚考烈王伐滅魯。頃公亡，遷於下邑，爲家人，魯祀絕。」〈晉世家〉曰：「靜公二年，魏武侯、韓哀侯、趙敬侯滅晉後而三分其地，靜公遷爲家人，晉絕不祀。」魯公、晉公淪落爲凡庶的「家人」。《史記·魏豹列傳》：「魏豹者，故魏諸公子也。其兄魏咎，故魏時封爲寧陵君。秦滅魏，遷咎爲家人。」「家人」，《漢書》作「庶人」。家人之身分應該是很淸楚的。但在豪傑或士大夫口中，「家人」總帶有輕蔑的意味。〈高祖本紀〉謂劉季「常有大度，不事家人生產作業。」《後漢書·齊武王縯列傳》也說劉伯升「慷慨有大節，不事家人居業。」顏師古以「家人」爲僮隸，乃是南北朝至隋唐之語，非漢人的意思。至於司馬貞說理國、理身之書是家人之言，更嫌含混。服虔與《漢書音義》謂竇太后以司空城旦比諸儒家，意略近之，但與急或不急是不相干的。司空城旦即是刑徒，徐廣曰「司空，主刑徒之官」（《史記集解》引），正得其解。總而言之，轅固輕視太后所好之《老子》是普通人的思想，無大道理，太后於是怒斥儒者是刑徒，比「家人」更賤。

司空何以主管刑徒，司空城旦連言後，何以指謂囚徒呢？

城旦是城旦舂之省,秦漢刑名之一。男爲城旦,女爲舂。據《漢舊儀》城旦舂,秦制,分髡鉗城旦舂與完城旦舂兩種,前者作五歲,後者四歲。不過,就湖北雲夢睡虎地秦墓出土的法律文書來看,秦有黥城旦舂,未見髡鉗城旦舂之刑;城旦或繫作六歲,不僅五歲、四歲而已。這可能是秦制與漢制小有差別之處。《漢舊儀》又曰:「城旦者,治城也;舂者,治米也。」漢魏人多主張此說,如淳(《史記·秦始皇本紀·集解》引)和應劭(《漢書·惠帝紀·注》引)卽是。漢魏人當不至於不知道城旦舂的勞役,他們這樣解釋可能是追溯本義;然而漢人之溯源往往不得正解,多遺望文生義之譏,此亦一端。我們分析睡虎地秦簡城旦舂勞役的內容,發現非常麗雜,決不止築城和舂米而已(本書第七章)。

司空原乃國家要職,《左傳》述陳國投降的儀典曰:「司徒致民,司馬致節,司空致地」(〈襄二十五〉)。祝佗論西周封建,衞國「聃季授土,陶叔授民,」而聃季同時亦爲司空(《左·定四》)。足見司空與土地關係之密切,《尚書·舜典》曰「伯禹作司空,平水土」,至晚也是春秋的制度。魯的三卿,季孫「爲司徒,實書名」,叔孫「爲司馬,與工正書服」,「孟孫爲司空,以書勳」(《左·昭四》)。其餘晉、鄭等國亦皆有司空,只宋國「以武公廢司空」,改稱司城(《左·桓六》)。這樣的司空當非「主刑徒之官」而已。

本書第七章討論從肉刑到徒刑,我們證明封建時代的肉刑到戰國時逐漸爲徒刑取代,平民力役之征雖未稍減,但政府役使罪犯勞力的情況卻更加普遍。睡虎地秦簡有一條〈司空律〉,可見此趨勢之大略。〈司空律〉曰:

> 有罪以貲贖及有債于公,以其令日問之,其弗能入及償,以
> 令日居之,日居八錢;公食者,日居六錢。居官府公食者,
> 男子參,女子四。

按,判貲贖罪或欠公家債務無力清還而以勞役代償者,每日勞動抵八錢,若公家供應伙食,日折六錢。公家伙食,男子每餐三分一斗,女

子四分一斗。

> 公士以下居贖刑罪、死罪者，居于城旦舂，毋赤其衣，勿枸
> 櫝欙杕。鬼薪白粲，羣下吏毋耐者，人奴妾居贖貲債于城
> 旦，皆赤其衣，枸櫝欙杕，將司之；其或亡之，有罪。葆子
> 以上居贖刑以上到贖死，居于官府，皆勿將司。所弗問而久
> 繫之，大嗇夫、丞及官嗇夫有罪。

二十等爵制第一級公士以下之凡人，鬼薪白粲等罪隸，與葆子以上之
特殊階級人物，這三類人服居作刑的待遇不同，穿不穿赭衣，帶不帶
木械腳鐐，須不須要人看守，皆有分別。

> 居貲贖債欲代者，耆弱相當，許之。作務及賈而負債者，不
> 得代。一室二人以上居貲贖債而莫見其室者，出其一人，令
> 相為兼居之。居貲贖債者或欲藉人與並居之，許之，毋除徭
> 戍。百姓有貲贖債而有一臣若一妾，有一馬若一牛，而欲居
> 者，許。（《睡簡》頁84-85）

居貲贖債者，除工商之外，可由旁人代役，也可以奴婢馬牛代替，同
室之人盡居，出其一人。凡人代役，其徭役義務當然不能因此而免。

貲罪（判賠償）、刑罪（判肉刑），甚至是死罪，到戰國時代（至少秦
國如此）皆可以勞役贖之，政府對罪犯勞動力之役使已達到無所不用其
極的地步了。死罪居贖，在漢代叫作「減死一等」，輸作髡鉗城旦
舂。秦漢刑徒勞役大都投注於官府作務，秦皇之營建阿房宮和驪山大
墓，漢帝之興作諸陵，是最典型的例子。史書雖然記載，事隔二千
年，終覺空泛，而今單單秦始皇陵近側兵馬俑坑之出土，足見酈山刑
徒七十餘萬人的記載並不誇張。漢承此制，賈誼所謂「輸之司空，編
之徒官」者也（《百官表・注》引如淳曰）。司空，《漢書・賈誼傳》作
「司寇」，其實「司空」不誤。《墨子・號令》述圍城之禁，「諸吏、
卒、民非其部界而擅入他部界，輒收以屬都司空若候，候以聞守」。
這些「誤入部界」、「收於都司空」的人是要服勞役的。徐廣說司空
主囚徒，即緣乎戰國以來的新制，與春秋以前的司空不同。

　　《漢書·百官表》的官司有不少明記司空或與司空相關者，如宗正屬官有都司空，少府屬官有考工室、左右司空及都水，水衡都尉有水司空、都水，京兆尹有左都水，右扶風有右都水。這些官府皆有囚徒從事勞役的。其實長安官獄二十六所（《漢書·張湯傳·注》蘇林引《漢儀注》、《續漢書·百官志》廷尉本注），其囚徒皆須勞動。《漢書·地理志》京兆尹有「船司空縣」，顏《注》云「本主船之官」。疑是造船作坊所在地，以司空爲名，造船者顯然多罪隸。地方上的縣亦有司空，秦律所謂「縣司空」者也，主治城（《睡簡》頁 148）。至後漢，章帝猶「詔所經道上郡縣無得設儲時，命司空自將徒支柱橋梁」（〈章帝紀〉元和元年）。

　　大概到戰國時代，司空逐漸脫離古典的意義。當肉刑漸爲徒刑取代後，大批囚徒投入官府作務，原主「平水土」的司空乃多掌管服役囚徒。竇太后謂囚徒爲「司空城旦」其本或此。《尚書·酒誥》曰：「宏父定辟」。按《周禮》的系統，定法者當是司寇，但孔安國《傳》釋作司空，恐怕也是就秦漢制度來說，不是西周的舊規。

附錄十二、商鞅變法前後兩期的年代（本書頁317）

　　《史記》〈秦本紀〉，孝公元年，下令求賢；「衞鞅聞是令下，西入秦，因景監求見孝公」。〈商君列傳〉說衞鞅初說公以帝道，再說以王道，皆不開悟，三說以霸道，孝公「不自知厀之前於席也，語數日不厭」。三說相隔不久。唯此段記載頗似小說家言，不必可信，唯反映衞鞅之獲得孝公信服頗經歷過一番周折罷了。〈秦本紀〉曰：「三年，衞鞅說孝公變法修刑，內務耕稼，外勸戰死之賞罰，孝公善之。」蓋卽〈商君列傳〉所謂「吾以彊國之術說君，君大說之」。則衞鞅從初見孝公，三說而使孝公悅，前後拖延三年之久。〈秦本記〉接著說：

> 甘龍、杜摯等弗然；相與爭之。卒用鞅法，百姓苦之；居三
> 年，百姓便之。乃拜鞅爲左庶長。其事在〈商君〉語中。

這段記述稍嫌含混，似乎孝公聽從衞鞅之議就開始推行變法，卽在孝公三年，越三年，新政有成，才拜鞅爲左庶長。但據〈商君列傳〉，衞鞅與甘龍、杜摯辯論後，孝公以他「爲左庶長，卒定變法之令。」變法在拜左庶長之後，卽孝公六年。這是前期的變法。今考《戰國策‧秦一》曰：

> 商君治秦，法令至行，公平無私。孝公行之八年，疾且不
> 起，欲傳商君，辭不受。孝公已死，惠王代後，蒞政有頃，
> 商君告歸。商君歸還，惠王車裂之，而秦人不憐。

「行之八年」，姚本曰：「一本之字下有十字，卽行之十八年」。〈商君列傳〉「商君相秦十八年」，《索隱》曰「《戰國策》云孝公行商君法十八年而死」，可見《國策》當作十八年才是。孝公與商君死於同年（〈秦本紀〉），新政之推行蓋有十八年之久。《韓非子‧和氏》曰：

> 商君教秦孝公以連什伍，設告坐之過，孝公行之，主以尊
> 安，國以富強，八年而薨，商君車裂於秦。

八年而薨，王先愼曰「疑八上奪十字」，正是。孝公在位二十四年，
上推十八年，則變治始行當在六年。楊寬說：秦國經過三年的變法準
備，到公元前三五六年，秦孝公任命衞鞅爲左庶長，實行第一次變
法（新版《戰國史》頁185），可從。至於後期變法，〈秦本紀〉分屬於十
二年與十四年，〈六國年表〉在十三年亦注明新政「初爲縣，有秩
史」。故本文認爲後期從十二至十四年。此次改革〈商君列傳〉置於
鞅拜大良造之後，大良造，秦爵第十六等；其前所拜之左庶長，第十
等爵而已。

附錄十三、關於商鞅變法歷史性質的討論（本書頁318）

　　商鞅變法改造秦國政治社會，是讀史的人都知道的，但變法的性質及其歷史意義，歷史家的意見卻很分歧，直到今日仍然存在著許多南轅北轍的爭論。

　　傳統的看法，商君興秦法，毀周道，周之王政乃斷送在他一人之手。歷史上雖有人指出「封建之廢自周衰之日，不自於秦」（《亭林文集》卷一〈郡縣論〉），到底居少數。而我們討論編戶齊民的一系列文字，著重春秋中晚期以下山東政治社會之變動，對古人論史攏統概括的習慣，當能提供一些補充說明，進而糾正一些含糊的偏見。

　　現代學者對此問題更加關切，主要以中國大陸的史學家為主，大概可以歸納成三派。第一派主張變法前秦是封建領主制，變法目的在於打擊封建領主，扶植新興地主。參見李亞農《中國的封建領主制和地主制》，楊寬《商鞅變法》、舊版《戰國史》，王玉哲《中國上古史綱》，范文瀾《中國通史簡編》修訂本第一編，翦伯贊《中國史綱要》等等。第二派以為變法使奴隸制走向封建制。如葉玉華的〈戰國社會封建化過程〉和〈戰國社會的探討〉二文可作代表，而郭沫若的《奴隸制時代》亦當屬之。第三派則認為秦在商鞅以前尚滯留於氏族時代，變法才將它推入奴隸制。羅祖基的〈商鞅變法促進奴隸使用制度發展說〉專門批評葉玉華，冉昭德的〈試論商鞅變法的特質〉專門批評楊寬舊說，可作代表；其他主張秦漢奴隸社會說者，如王思治等〈關於漢代社會特質問題的探討〉及〈再論漢代是奴隸社會〉，皆是此派羽翼。主第一說者雖然不少，但反對者冉昭德批評他們將秦國社會與山東一律看待，不能舉出一個封建領主制的具體範例來。第三說等於承認秦漢是奴隸社會，其違背歷史常識，自不待言，左派史學圈內對這種論調早有深刻的批判，參見郭沫若的《奴隸制時代》（頁65-75、208-230），李亞農的《中國的奴隸制與封建制》、《中國的封建領主制和地主制》，翦伯贊，〈關於兩漢的官奴婢問題〉，張恆壽〈試

論兩漢時代的社會性質〉，胡珠生〈漢代奴隸制說的根本缺陷在那裏？〉。第二說既不如第一說將封建制分爲領主與地主兩個階段，而只強調新興地主的竄升，同時也不像第三派企圖指出秦國社會所以異於山東的特殊性質。這些都是五〇年代的議論。

近三十年來，一、二兩派似在伯仲之間，唯第三派勢寒力薄，但因對近年睡虎地出土秦簡的部分誤解，乃使人舊調重彈，如李裕民說商鞅公然要保存奴隸制，甚至利用殘酷的法律把一些自由民變爲奴隸，以此作爲富國強兵的一種手段（〈從雲夢秦簡看秦代的奴隸制〉）。另外，如高敏研究秦律，以爲「隸臣妾」一詞不是刑徒，而是奴隸；歸結於秦奴隸制的殘餘，「作爲封建制剝削制度的補充形式」（〈從出土秦律看秦的奴隸制殘餘〉、〈關於秦律中的「隸臣妾」問題質疑〉）。楊寬雖未就新出秦簡申論，但新版《戰國史》也強調奴隸制與封建制雙重剝削的互補作用。高、楊等人基本上承襲第二派，配合新出文獻，雜採第三派，算是這兩派的折衷意見。

個別論者對封建制與奴隸制雖有倚輕倚重之分，極端的秦代奴隸制論者終究少數，大部分人固承認秦國有不少奴隸，還是肯定商鞅變法以後的社會是封建化的。如于豪亮〈秦簡中的奴隸〉，高恒〈秦簡中的私人奴婢問題〉等皆是。至於從農業及工商生產關係立論者，如唐贊功〈雲夢秦簡所涉及土地所有制形式問題初探〉，熊鐵基、王瑞明〈秦代的封建土地所有制〉，吳樹平〈雲夢秦簡所反映的秦代社會階級狀況〉，也都傾向這種議論。

總之，大陸史家討論商鞅變法的性質或秦國社會的轉變雖然熱烈，但理論框架的限制仍然太牢固。而今，我們重新檢查這個問題，重視以編戶齊民爲基礎的中堅階層，也算是對講新興地主的封建制和講奴隸主的奴隸制等意見的答覆。

附錄十四、五大夫與六百石（本書頁330）

　　《商君書》五大夫得稅邑三百家，其尊崇是很明顯的，故秦始皇巡行天下，隨侍大員列侯、倫侯、丞相、卿之外，還有五大夫。雲夢秦簡《律說》曰：「宦及智（知）於王，及六百石吏以上，皆爲顯大夫」（《睡簡》頁233）。漢承秦制，惠帝卽位詔曰：「爵五大夫、吏六百石以上，及宦皇帝而知名者，有罪當盜械者，皆頌繫」（《漢書·惠帝紀》）。考兩漢官俸，六百石之吏多是機關主管，官曰令，與比六百石以下者不同（方信〈兩漢官俸論〉）。所以秦與漢高爵的起點卽使不一致，五大夫在整個官爵體系中還是一個大分水嶺。從漢代之賜爵、朝聘、復除、官序和刑訟的優禮猶可見秦制「顯大夫」的意義。

　　㈠賜爵。《漢書·高帝紀下》，詔賜燕國官吏，「六百石以上各一級」。〈宣帝紀〉元康元年三月詔：

　　　　賜勤事吏中二千石以下至六百石爵，自中郎吏至五大夫，佐史以上二級，民一級。

師古曰：

　　　　賜中郎吏爵得至五大夫。自此以上，每爲等級而高賜也。一曰二千石至五大夫，自此以下而差降。

〈平帝紀〉元始四年詔：「賜九卿已下至六百石，宗室有屬籍者爵，自五大夫以上各有差。」

　　㈡朝聘。六百石是下限。《史記·叔孫通列傳》曰：

　　　　漢七年長樂宮成，諸侯羣臣皆朝，十月，儀：百宮執職傳警引諸侯王以下至吏六百石，以次奉賀。

《周禮·大胥》鄭司農注引漢〈大樂律〉曰：

　　　　卑者之子不得舞宗廟之酎，除吏二千石至六百石，及關內侯到五大夫子，先取適子高七尺以上，年十二（賈《疏》二十之誤）到年三十，顏色和順，身體脩治者以爲舞人。

　　㈢復除。漢初，五大夫或六百石以上才可以庇蔭他人免除賦役。

〈惠帝紀〉詔：

> 今吏六百石以上，父母妻子與同居，及故吏嘗佩將軍都尉印
>
> 將兵，及佩二千石官印者，家唯給軍賦，他無所與。

《漢書‧食貨志上》鼂錯說文帝曰：「令民入粟受爵至五大夫以上，乃復一人耳。」

㈣官序。〈景帝紀〉中元六年五月詔：「吏六百石以上，皆長吏也。」長吏之車服有制，景帝規定「令長吏二千石車朱兩轓，千石至六百石朱左轓」。地方長官，「萬戶以上為令，秩千石至六百石；減萬戶為長，秩五百石至三百石」（〈百官表〉），六百石也是大縣令與小縣之長的分野。

㈤刑訟。前引〈惠帝紀〉爵五大夫吏、六百石以上皆頌繫。如淳曰：「頌者容也，言見寬容，但處曹吏舍，不入狴牢也。」陳直《漢書新證》云：「頌繫，即鬆繫之假借」（頁15）。即不帶桎梏器械也。〈宣帝紀〉黃龍元年詔：「吏六百石位大夫，有罪先請，秩祿上通。」《周禮‧司寇‧注》鄭司農曰：「今時吏墨綬以上先請」。賈《疏》：「漢法，縣令六百石銅印墨綬。在秦代，五大夫不必親至縣廷訴訟。」《睡簡‧封診式‧黥妾》條曰：

> 某里公士甲縛詣大女子丙，告曰：某里五大夫乙家吏，丙、
>
> 乙妾也。乙使甲曰：丙悍，謁黥劓丙。

公士甲是五大夫乙的家吏，代其主人訟理妾丙事宜，猶有封建時代「命夫命婦不躬坐獄訟」（《周禮‧小司寇》）的餘風（于豪亮〈秦律叢考〉，收入《于豪亮學術文存》）。

綜合以上證據，五大夫介於二十等爵制第二大類與第三大類之間的地位，通秦漢之世，是一脈相傳的；和六百石在官僚系統的分界一般，是爵制身分的一大分界線。

附錄十五、秦社會的「戎狄性」 _{（本書頁358）}

秦國建國是一部不斷征服鬥爭的歷史，是一部崇武教戰的歷史，也是一部吸收戎狄部族的歷史。

秦國的統治階級姓嬴，傳說出自東土，殷商時位備諸侯，頗爲顯赫；周人滅殷，他們乃流落於西土戎狄之間，終西周之世，未見顯達。除穆王時的造父以善御幸，孝王時的非子爲周王養馬於汧渭之間外，秦的先人都沒沒無聞。自非子始邑於秦，號曰秦嬴，世世代代爲周牧馬，作周附庸，春秋時代秦的統治氏族卽是他的苗裔。非子身後約莫百年，「周避犬戎，東徙雒邑。秦襄公以兵送周平王，平王封襄公爲諸侯，賜之岐以西之地」。秦之始國蓋在西元前七七一年。這段傳統和歷史詳見於《史記·秦本紀》。

直到兩周之際，秦人竄於戎狄之間已歷三百歲，他們活動的地區偏在周之西陲。自西周晚期已降，秦人逐步東進，成爲趨勢，王國維有很精當的論斷。他說：

> 秦之都邑分三處，與宗周、春秋、戰國三期相當。曰西垂，曰犬邱，曰秦，其地皆在隴坻以西，此宗周之世秦之本國也。曰汧渭之會，曰平陽，曰雍，皆在漢右扶風境，此周室東遷，秦得岐西地後之都邑也。曰涇陽，曰櫟陽，曰咸陽，皆在涇渭下游，此戰國以後秦東略時之都邑也。（《觀堂集林》卷十二〈秦都邑考〉）

王氏論都邑以觀國勢，適得其宜；唯都邑所在，亦提供我們研判該國之民族和文化的線索。

秦國的民族和文化與戎狄有很密切的關係，其統治階級卽使出自東土氏族，因爲久竄戎狄之間，習俗文化必多受感染；何況他們自西周晚期以來之逐漸苗壯卽是與戎狄爭勝、並且吸收接納戎狄的結果。秦對戎狄的戰爭大槪止於孝公元年（前三六一）「西斬戎之獂王」（〈秦本紀〉），此後秦國大抵沒有戎狄問題了，於是致力向東方列國開拓，與

以前忙於服戎的情勢大異其趣。綜結秦戎戰史，可以分成四個段落，主要是在春秋時代。茲先表列戰國中期以前秦君的世系，以醒眉目。

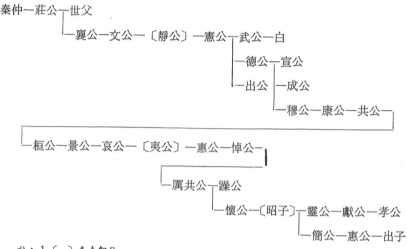

註：1〔　〕表未卽位

　　2 憲公，今本〈秦本紀〉誤作寧公，茲從索隱本，〈秦始皇本紀〉附〈秦紀〉與陝西寶雞太公廟村新出秦公鐘、秦公鎛銘文正之（《文物》1978：11）。

秦戎鬥爭，第一階段從秦仲至襄公（前八四五—七六六）約八十年；第二階段，文公、憲公和武公三朝（前七六五—六七八）不及九十年；第三階段在穆公時期（前六五九—六二一），約四十年；第四階段是厲共公至孝公初年（前四七六—三六一），超過百年。前三階段大抵屬於春秋，後一階段屬於戰國。戰國前期秦戎的衝突相當零星，據〈秦本紀〉所載，只厲共公十六年「伐大荔」；三十三年「伐義渠，虜其王」；躁公十三年「義渠來伐，至渭南」；和孝公元年「斬戎之獂王」，四大戰役而已，所以研究秦戎之鬥爭與融合主要以春秋時代爲主，戰國時代的可以存而不論。

　　根據〈秦本紀〉，襄公立國以前，秦人與戎狄的鬥爭已相當激烈。襄公祖父秦仲誅西戎，後爲西戎所殺。仲有五子，破西戎。到襄公這一代，他的長兄世父誓曰：「戎殺我大父仲，我非殺戎王則不敢入邑。」故讓位於弟襄公，自將兵擊戎，二年，犬丘之役，爲戎人所

虜，囚禁歲餘乃歸。周平王避犬戎之難，東徙，襄公以兵護送之。「平王封襄公爲諸侯，賜之岐以西之地。」襄公十二年伐戎至岐山，卒。襄公子文公收周餘子民，獻岐以東地於周，成周的周王室實不能有，宗周舊畿多是戎狄的天下。《後漢書·西羌傳》曰：

> 自隴山以東及乎伊洛，往往有戎。於是渭首有狄、豲、邽、
> 冀之戎，涇北有義渠之戎，洛川有大荔之戎，渭南有驪戎，
> 伊洛間有揚拒、泉皋之戎，潁首以西有蠻氏之戎。

此應是宗周淪陷後的情況。春秋時代陝西的戎狄在晉秦交逼之下，有一部分東遷，居於伊洛和晉南（蒙文通《周秦民族研究》頁34-38），但大部分還是留在關中，成爲後來秦人鯨吞蠶食的對象。不過，秦人並不一味力取，尤其在早先勢單力薄時，多採和平共存之策，如襄公元年，「以女弟繆嬴爲豐王妻」（〈秦本紀〉），與後世之「和番」沒有二致。

　　第二階段的秦戎戰爭，秦人漸居上風。文公四年，東至汧渭之會；十六年，伐戎，至岐。故憲公二年徙居平陽，《史記正義》引《括地志》云，在岐山縣西四十六里。同年，伐蕩社。次年，與亳戰，亳王奔戎，遂滅蕩社。十二年，取蕩氏。蕩的地望《正義》疑在三原、始平之界。武公元年伐彭戲氏，至於華山下。十年，伐邽、冀戎，初縣之。據上引《後漢書·西羌傳》邽、冀在渭水上游，據《史記集解》〈秦本紀〉云，漢之隴西有上邽縣，天水有冀縣。十一年，初縣杜、鄭，滅小虢。《集解》云：「小虢，羌之別種。」《正義》引《括地志》，謂古杜伯國在長安縣東南九里，鄭縣屬於華州。此時秦人勢力已遠及岐山以東的地帶，說是秦的發皇時期亦不爲過。寶雞新出的秦公銅器銘文（《文物》1978：11）與《史記·秦本紀》的記載皆謂文公、靜公、憲公「以赫事蠻方」，可以互相發明。靜公賜諡，未卽位而卒，赫治蠻方者僅文公和憲公二人。作器的秦公自謂「以康奠協朕國，討百蠻，具卽其服」。以〈秦本紀〉世系與武功求之，秦公當非武公莫屬。

　　第三階段，穆公挾前代經營的基礎，其勢伸觸到關中東部，與晉國比鄰。他乘晉國驪姬之亂，扶植惠、懷、文三君，一時勢力波及黃河之外，乃有爭霸中原之志。這顯示他對關中戎狄的控制相當穩固，桀驁不馴者甚至逼之遠徙。《左傳》襄公十四年，范宣子責讓戎子駒支曰：

> 姜戎氏！昔秦人迫逐乃祖吾離於瓜州，乃祖吾離被苫蓋，蒙荊棘，以來歸我先君，我先君惠公有不腆之田，與女剖分而食之。

瓜州蓋在今豫西渭南的羣山中，而非僻處敦煌（陳槃《春秋大事表國爵姓及存滅表譔異》冊六，頁 532、539）。被晉惠公安頓在晉之南鄙的姜戎應是逼於秦穆之勢而遷徙的。又西元前六三八年，「秦晉遷陸渾之戎於伊川」（《左·傳二十二年》）。陸渾地近瓜州（陳槃前引書），可能也在渭南。這次是秦穆與晉惠聯合逼徙戎狄的。秦穆公本意欲主華夏之盟，但崤函覆軍，彭衙再敗，於是放棄東進野心，專意經理西土。尤其到穆公三十七年（前六二三），「用由余謀，伐西戎，益國十二，開地千里，」遂霸西戎（〈秦本紀〉）。春秋時代秦戎鬥爭史上，秦國的成就至此達到顛峯。穆公以後的第四階段，秦戎優劣之勢底定，卽使發生衝突，只能算作餘波，翻不了根本的。

　　由於秦國在戰鬥中成長壯大的，故其民風多慓悍有英氣，雖頌美君子，猶以「有車鄰鄰，有馬白顛」起興（《秦風·車鄰》）。歌詠公子，一則曰「駟驖孔阜，六轡在手，」贊其御也；再則曰「舍拔（矢本也）則獲」，誇其射也《秦風·駟驖》。狩獵之詩則豪勁而鷹揚，《秦風·小戎》和《石鼓》之什同調（郭沫若《石鼓文考釋》）。這種風氣爲後世崇尚首功的軍爵制度提供有利的社會基礎。

　　另一方面是秦社會包含戎狄成分。周室東遷，關中地區充斥戎狄。《史記·匈奴列傳》說河西周、洛之間有赤狄、白狄，自隴以西有緜諸、緄戎、翟、獂之戎，岐、梁山、涇、漆之北有義渠、大荔、烏氏、朐衍之戎。此乃迤邊鄙外族，若犬戎既入豐、鎬，渭水谷地亦

必有戎狄。《後漢書・西羌傳》曰：「自隴山以東，及乎伊洛，往往有戎。」所以宗周子餘恐怕也逐漸狄戎化了。誠如上論，戰國中葉以前，秦在關中擴張主要對象是狄戎，戎狄必在其治下之人民中佔相當的數目，穆公所謂「戎夷事服」者也（《呂氏春秋・不苟論》、顧頡剛《史林雜識》初編〈秦與西戎〉）。秦統治階級僻居西陲，久竄於戎狄之間，深染其習俗。我們現在雖缺乏足夠的資料分析秦國社會成員的族姓，姑且借用傳統文獻的名詞，攏統稱之爲「戎狄性」，大致是不差的。

　　所謂秦社會的戎狄性，古人早已點明。太史公說：「秦僻在雍州，不與中國諸侯之會盟，夷翟遇之」（〈秦本紀〉）。戰國時齊魯儒者大多抱持類似的意見。齊人公羊高傳《春秋》經文「晉人及姜戎敗秦於殽」曰：「其謂之秦何？夷狄之也」（《公羊・僖三十三》）。何休《注》云：「敗者稱師，未得師稱人。」今連「人」都不稱，因爲孔子把秦視同夷狄的緣故。其實秦民既多戎狄，秦軍也多由戎狄組成，秦之被認作夷狄應該很自然的。魯人穀梁赤解釋同章經文曰：「狄秦也。其狄之何也？（秦）徒亂人子女之教，無男女之別」（《穀梁・僖三十三》）。「亂人子女之教」云云，即商鞅所說「始秦戎翟之教，父子無別，同室而居。」故變法有「令民父子兄弟同室內息者爲禁」一項（〈商君列傳〉）。經過商鞅的改革以後，秦民雖不再同室納媳，但據賈誼說，媳婦「抱哺其子，與公併倨；婦姑不相說，則反脣而相稽」（《漢書・賈誼傳》），依然「無禮之甚」。政令更新易，移風變俗難。足見秦民戎狄傳統之根深蒂固了。

　　風俗和倫理不是孤立或抽象的存在，必與它們所依附的社會密切相應，秦之「非禮」亦由於社會結構與山東不同的緣故。一般而言，戎狄之經濟、政治和社會的發展比華夏城邦後進，直到春秋中期，今山西境內的戎狄猶「貴貨易土」（《左・襄四》），尚未完成穩固的定耕。太史公描述此時西北方的戎狄亦曰：「各分散谿谷，自有君長，往往而聚者百餘戎，然莫能相一」（〈匈奴列傳〉）。關中戎狄的經濟生活或受地理環境及當地文化傳統的影響，比較進步，早就操持農業；

政治方面因爲被秦族征服，不再可能「自有君長」；然而他們的社會
卻仍保留小聚落共同體的型態，所謂「小鄉、邑、聚」者也（〈匈奴列
傳〉）。辯論商鞅變法性質的學者有一派主張變法前秦國社會處於氏
族公社時代（冉昭德〈試論商鞅變法的性質〉），所謂「氏族公社」的概念雖
不必正確，倒看出某些歷史眞象。

　　秦國君位繼承頗不穩固（〈秦本紀〉），即使有些法度亦被講述封
建的禮家視爲夷狄，經學有秦君「匿嫡之名」的問題。《春秋》經文
對於過世的諸侯多書名，然秦伯書名者只有康公罃和共公稻。昭公十
五年，「秦伯卒」。《公羊傳》曰：「其何以不名？秦者夷也，匿嫡之
名也。其名何？嫡得之也。」依照公羊家之說，康、共之名見於《春
秋》是因爲他們以嫡長繼立的緣故。按上列秦君世系表，穆公以前頗
有兄終弟及的趨勢，或與他們拓殖的歷史相關；而《公羊》嫡長繼承
之論即使在重視封建禮制的山東也不一律（杜正勝〈周代封建制度的社會結
構〉）的，何況秦國！〈秦本紀〉於秦君身分或標長幼，或稱太子，
或單稱子，此中應當有所區別。以長子繼位者有武公和宣公，以太子
繼位者則有襄公、憲公和康公，而憲公之父早卒，以孫繼祖之位。我
們知道襄公有長兄曰世父，將兵擊戎，襄公爲太子而立，但太史公在
襄公和康公即位時都特別記「代立」二字，太子繼承而曰「代立」，
嫡長之論是很難解釋的。〈秦本紀〉曰：「繆公子四十人，其太子罃
代立，是爲康公。」按〈秦本紀〉體例，康公爲太子而代立，與襄公
同，但襄公明白不是嫡長，則康公亦不必然是嫡長，其名不必因嫡而
得。相對的，《春秋》書名的共公，《史記》單稱「子」，昭公五年
去世的秦伯是景公，《史記》亦曰「子」，《春秋》卻不書名，則
「匿嫡之名」也難說。

　　不過，秦君名諱失載倒是事實。通春秋之世，秦君之名見於史乘
者只有穆、康、共祖孫三代而已。〈秦始皇本紀〉末附秦紀，從襄公
開始，歷代國君也都有諡而無名。秦君當然不可能無名，然而何以也
不流傳呢？何休解釋道：「嫡子生不以名令於四竟（境），擇勇猛者

而立之」（《公羊・昭五》）。此說頗有見地。誠如上文所論，秦是在戰鬥中成長的國家，四面被戎狄包圍，非勇猛過人者不足以任領袖。嫡長子不必勇猛，故不必繼位爲君，自然不能通令其名於四境了。按《禮記・內則》世子命名之禮，閭史書其名爲二，「其一藏諸閭府，其一獻諸州史，州史獻諸州伯，州伯命藏諸州府」。此制秦所未行。宮廷檔案不錄，名字自然無從稽查。其他諸子更不必說。等他們都長大後，才任者成爲繼承人，唯一經選定，已有官稱，不再呼其日常私名了。所謂秦君匿名的由來大概如此，至少和秦國的「戎狄性」或征服拓殖有關係。

　　終春秋之世，秦以穆公最強，與華夏關係也最密切，但固守西周舊制的人仍認爲他不足與言王道。《左傳》引君子的話總評其一生事蹟功過曰：

> 古之王者知命之不長，是以並建聖哲，樹之風聲，分之采物，著之話言，爲之律度，陳之藝極，引之表儀，予之法制，告之訓典，教之防利，委之常秩，道之以禮。則使毋失其土宜，衆隸賴之，而後卽可，聖王同之。今縱無法以遺後嗣，而又收其良以死，難以在上矣。（《左・文六》）

收良，指秦穆「以子車氏之三子——奄息、仲行、鍼虎——爲殉」（《左・文六》），固值得譴責，更嚴重者卻是無先王法度。何謂先王法度？依這位君子說，貴族世守職官（委之常秩），於是有世襲采邑，利用其「土宜」，役屬其「衆隸」；同時按照封建階級，頒賜旌旗采物（分之采物），以建立威儀（引之表儀）。國君又將先王的法制訓典給貴族，作爲他們治理人民的圭臬（予之法制，告之訓典）；猶不足，冊封時還一再叮囑告誡治民的手段（著之話言），並且制定貢獻國君的標準（陳之藝極）；然後讓大小封建主在他們的領地內，因土地風俗之所宜而樹立敎化（樹之風聲）。秦國未嘗有這套「聖王同之」之「法」，君子原對穆公寄予厚望，希望他能把山東的「王制」移植於秦土；若然，則雖爲君者「命之不長」，猶有「法以遺後嗣」。可惜秦穆並未如人所

願。如果穆公沒有「東方化」或「封建化」，對他的後嗣更不敢指望
了。此論亦可作爲秦社會「戎狄性」的旁證。

書 目

丁　山
　　1961　《中國古代宗教與神話考》，1983影印本，上海文藝出版社。
丁　晏
　　　　　《孝經徵文》，《皇清經解續編》卷847。
于省吾
　　1979　《甲骨文字釋林》，中華書局。
　　1940　《雙劍誃古器物圖錄》。
　　1962　《雙劍誃諸子新證》，中華書局。
　　1982　《澤螺居詩經新證》，中華書局。
于豪亮
　　1985　《于豪亮學術文存》，中華書局。
方詩銘
　　1973　〈從徐勝買地券論漢代地券的鑒別〉，《文物》1973年 5 期。
　　1979　〈再論地券的鑒別〉，《文物》1979年 8 期。
王引之
　　　　　《經義述聞》
王先謙
　　　　　《荀子集解》，世界書局。
王　圻
　　　　　《三才圖會》，成文出版社影印。
王利器
　　　　　《風俗通義校註》，明文書局重印。
王叔岷
　　1950　《呂氏春秋校補》，中央研究院歷史語言研究所專刊33。
王　昶
　　　　　《金石粹編》，經訓堂刊。
王鳴盛

《周禮軍賦說》，《皇清經解》卷435–438。

《蛾術編》，《王鳴盛讀書筆記》十七種，鼎文書局。

王毓銓
1983　《萊蕪集》，中華書局。

王應麟
《困學紀聞》，《四部叢刊》三編。

友　于
1959　〈管子度地篇探微〉，《農史研究集刊》，科學出版社。

去　非
1963　〈褒斜石刻和漢代徒刑〉，《考古》1963年2期。

石璋如
1947　〈殷墟最近之重要發現——附論小屯地層〉，《田野考古報告》第二冊，中央研究院歷史語言研究所。
1952　〈小屯C區的墓葬羣〉，《史語所集刊》第23本（下冊）。

田昌五
1965　〈論秦末農民起義的歷史根源和社會後果〉，《歷史研究》1965年4期。
1980　《古代社會形態研究》，天津人民出版社。

史　言
1972　〈眉縣楊家村大鼎〉，《文物》1972年7期。

江　永
《周禮疑義舉要》，收入《皇清經解》卷244–250。

《羣經補義》，收入《皇清經解》卷356–360。

江　聲
《尚書集注音疏》，收入《皇清經解》卷390–403。

朱大韶
《實事求是齋經說》，收入《皇清經解續編》卷739–740。

朱師轍
1916　《商君書解詁》，臺北世界書局。

朱紹侯
1980　《軍功爵制試探》，上海人民出版社。

朱德熙、裘錫圭
1972　〈戰國文字研究（六種）〉，《考古學報》1972年1期。

朱　熹
《朱子語類》，華世出版社。

任日新

1981　〈山東諸城漢墓畫像石〉，《文物》1981年10期。

牟復禮（Frederick W. Mote）

1988　〈中國歷史的特點〉，《歷史月刊》第 3 期。

沈　元

1962　〈急就篇研究〉，《歷史研究》1962年 3 期。

沈長雲

1983　〈談古官司空之職──兼說考工記的內容及作成時代〉，《中華文史論叢》一九八三年第三輯。

沈家本

　　　《歷代刑法分考》，《沈寄簃先生遺書》，商務人人文庫重印。

沈剛伯

1982　《沈剛伯先生文集》，中央日報。

邢義田

1987　《秦漢史論稿》，東大圖書公司。

杜正勝

1979a　《周代城邦》，聯經出版公司。

1979b　〈周代封建的建立〉，《史語所集刊》第50本第 3 分。

1979c　〈周代封建制度的社會結構〉，《史語所集刊》第50本第 3 分。

1980　〈周秦城市的發展與特質〉，《史語所集刊》第51本第 4 分。

1982a　〈傳統家族試論〉，《大陸雜誌》第65卷第 2 、 3 期。

1982b　〈略論殷遺民的遭遇與地位〉，《史語所集刊》第53本第 4 分。

1983　〈說古代的關〉，《食貨》第13卷第 1 、 2 合期。

1986a　〈關於周代國家形態的蠡測──「封建城邦」說芻議〉，《史語所集刊》第57本第 3 分。

1986b　〈周禮身分制之確立及其流變──特從隨葬禮器論〉，中央研究院第二屆國際漢學會議宣讀論文。

1987　〈從考古資料論中原國家的起源及其早期的發展〉，《史語所集刊》第58本第 1 分。

1988　〈關於《管子・輕重》諸篇的年代問題〉，《史語所集刊》第59本第 4 分。

1989　〈「單」是公社還是結社〉，未刊稿。

李文信

1957　〈遼陽三道壕漢村落遺址〉，《考古學報》1957年 1 期。

李平心

1983　《李平心史論集》，人民出版社。

李宗侗

　　1954　《中國古代社會史》，華岡出版社。
李亞農
　　1962　《李亞農史論集》，上海人民出版社。
李建民
　　1986　〈由新出考古資料看漢代奴婢的發展與特質〉，《食貨》15卷11、12
　　　　　合期。

李鼎祚
　　　　　《周易集解》，世界書局影印。
李劍農
　　1957　《先秦兩漢經濟史稿》，三聯書局。
李學勤
　　1957　〈戰國時代的秦國銅器〉，《文物參考資料》1957年 8 期。
　　1981　〈秦簡與墨子城守各篇〉，《雲夢秦簡研究》，中華書局。
吳天穎
　　1982　〈漢代買地券考〉，《考古學報》1982年 1 期。
吳闓生
　　　　　《吉金文錄》，南宮邢氏藏板。
呂思勉
　　1982　《呂思勉讀史札記》，上海古籍出版社。
岑仲勉
　　1959　《墨子城守各篇簡注》，中華書局。
何玆全
　　1982　《讀史集》，上海人民出版社。
長　甘
　　1975　〈侯馬盟書叢考〉，《文物》1975年 5 期。
屈萬里
　　1984　《書傭論學集》，聯經出版公司。
孟　浩
　　1957　〈河北武安午汲古城發掘記〉，《考古通訊》1957年 4 期。
周谷城
　　1956　《古史零證》，上海新知識出版社。
周法高
　　1974　《金文詁林》，香港中文大學。
　　1982　《金文詁林補》，中央研究院歷史語言研究所。
周　瑗
　　1976　〈矩伯、裘衞兩家族的消長與周禮的崩壞〉，《文物》1976年 6 期。

金　鶚

　　　　《求古錄禮說》，《皇清經解續編》卷663–677。

洪　适

　　　　《隸釋》，樓松書屋汪氏刊本。

洪　邁

　　　　《容齋隨筆》五集，商務印書館。

胡平生

　1983　〈青川秦墓木牘爲田律所反映的田畝制度〉，《文史》第十九輯。

胡厚宣

　1944　〈殷代舌方考〉，《甲骨學商史論叢》，臺北大通書店影印。

　1973　〈殷代的刖刑〉，《考古》1973年2期。

　1982　〈甲骨文晃字說〉，《甲骨探史錄》，三聯書店。

柳詒徵

　1984　〈長者言〉，《說文月刊》第四卷合訂本。

茆泮林

　　　　《呂氏書秋補校》，《鶴壽堂叢書》。

侯外廬

　1956　〈論中國封建制的形式及其法典化〉，《歷史研究》1956年8期。

段玉裁

　　　　《經韵樓集》，收入《皇清經解》卷661–666。

俞偉超

　1988　《中國古代公社組織的考察》，文物出版社。

俞　樾

　　　　《茶香室經說》，《春在堂全書》。

高至喜

　1964　〈記長沙常德出土弩機的戰國墓〉，《文物》1964年6期。

高　亨

　1974　《商君書注釋》，中華書局。

高　恆

　1980　〈秦律中的繇、戍問題〉，《考古》1980年6期。

高　敏

　1982　《秦漢史論集》，中州書畫社。

高　煒

　1984　〈漢代城邑聚唐遺址的發現〉，中國社會科學院考古研究所編著《新中國的考古發現和研究》，文物出版社。

席世昌

《讀說文記》，《叢書集成初稿》。

唐　蘭
1956　〈宜侯夨設考釋〉，《考古學報》1956年2期。
1972a　〈永盂銘文解釋〉，《文物》1972年1期。
1972b　〈侯馬出土晉國趙嘉之盟載書新釋〉，《文物》1972年8期。
1976a　〈陝西省岐山縣董家村新出西周重要銅器銘辭的譯文和注釋〉，《文物》1976年5期。
1976b　〈用青銅器銘文來研究西周史〉，《文物》1976年6期。
1978　〈略論西周微史家族窖藏銅器羣的重要意義〉，《文物》1978年3期。
1986　《西周青銅器銘文分代史徵》，中華書局。

秦中行
1972　〈漢陽陵附近鉗徒塋的發現〉，《文物》1972年7期。

秦　暉
1987　〈郫縣漢代殘碑與漢蜀地農村社會〉，《陝西師大學報·哲社版（西安）》1987年2期。

秦　鳴
1975　〈秦俑坑兵馬俑軍陣內容及兵器試探〉，《文物》1975年11期。

馬長壽
1962　《北狄與匈奴》，三聯書店。

馬非白
1956　〈關於管子輕重篇的著作年代問題〉，《歷史研究》1956年12期。
1982　《秦集史》，中華書局。

馬敍倫
1931　《讀呂氏春秋記》，商務印書館。

袁仲一
1979　〈秦始皇陵東側第二、三號俑軍陣內容試探〉，《中國考古學會第一次年會論文集》，文物出版社。

孫星衍
　　　《嘉穀堂集》，《南岱閣叢書》。

孫詒讓
1899　《周禮正義》，藝文印書館影印楚學社本。
　　　《古籀拾遺》，《孫籀廎先生集》，藝文印書館。
　　　《墨子閒詁》，世界書局。

孫　楷
　　　《秦會要》，徐復《訂補》。

孫　機

1985 〈床弩考略〉，《文物》1985年5期。

1988 〈漢代軍服上的徽識〉，《文物》1988年8期。

徐天麟

《西漢會要》，世界書局影印。

徐中舒

1955 〈試論周代田制及其社會性質〉，《四川大學學報》1955年2期，收入《中國的奴隸制與封建制分期問題論文選集》。

1959 〈禹鼎的年代及其相關問題〉，《考古學報》1959年3期。

徐復觀

1975 《周秦漢政治社會結構之研究》，學生書局。

梁啟超

1936 〈中國歷史上人口之統計〉，《飲冰室文集》之十，中華書局。

章炳麟

《新方言》，《章氏叢書》，世界書局。

許倬雲

1980 〈由新出簡牘所見秦漢社會〉，《史語所集刊》第51本第2分。

1982 《求古編》，聯經出版公司。

1988 《中國古代文化的特質》，聯經出版公司。

郭沫若

1954 《金文叢考》，人民出版社。

1956 〈矢毀銘考釋〉，《考古學報》1956年1期。

1957a 〈盠器銘考釋〉，《考古學報》1957年2期。

1957b 《青銅時代》，科學出版社。

1960 〈弭叔簋及訇簋考釋〉，《文物》1960年2期。

1972a 〈出土文物二三事〉，《文物》1972年3期。

1972b 〈班毀的再發現〉，《文物》1972年9期。

1973 《奴隸制時代》，人民出版社。

鹿善繼

1869 《車營扣答合編》，高陽縣師儉堂孫藏板。

戚桂宴

1979 〈痹塈非是解〉，《考古》1979年3期。

1980 〈釋貯〉，《考古》1980年4期。

張政烺

1951 〈漢代的鐵官徒〉，《歷史教學》第一卷第一期。

1951 〈古代中國的十進制氏族組織〉，《歷史教學》第2卷第2、4、6期。

    1958　〈秦漢徒刑的考古資料〉，《北京大學學報》第三期。
    1965　〈釋甲骨文俄、隸、蕰三字〉，《中國語文》1965年4期。
    1980　〈秦律葆子釋義〉，《文史》第九輯。
張　警
    1983　〈《七國考》《法經》引文眞僞析疑〉，《法學研究》1983年6期。
陸　容
        《菽園雜記》，收入《筆記小說大觀》第十四編，新興書局。
陳　直
    1957　〈秦陶券與秦陵文物〉，《西北大學學報》第一期。
    1958　《西漢經濟史料論叢》，陝西人民出版社。
    1979a　《史記新證》，天津人民出版社。
    1979b　《漢書新證》，天津人民出版社。
    1980　《三輔黃圖校證》，陝西人民出版社。
陳厚耀
        《春秋世族譜》，《四庫全書》珍本四集。
陳漢章
        《歷代車戰考》，藝文戊寅之編。
陳壽祺輯校
        《尙書大傳》，《古經解彙函》第二冊。
陳夢家
    1956　《殷墟卜辭綜述》，科學出版社。
    1956　《西周銅器斷代（六）》，《考古學報》1956年4期。
    1966　〈東周盟誓與出土載書〉，《考古》1966年5期。
陳　槃
    1969　《春秋大事表列國爵姓及存滅表譔異》，中央研究院歷史語言研究所。
    1975　《漢晉遺簡識小七種》，中央研究院歷史語言研究所。
    1981　〈於歷史與民俗之間看所謂「瘞錢」、「地券」〉，《中央研究院國際漢學會議論文集》，中央研究院。
陳耀鈞、閻頻
    1985　〈江陵張家山漢墓的年代及相關問題〉，《考古》1985年12期。
陶　復
    1976　〈秦咸陽宮第一號遺址復原問題的初步探討〉，《文物》1976年11期。
崔　述
        《考古續說》，收入《崔東壁遺書》，河洛圖書公司影印。
寒　峰
    1982　〈甲骨文所見的商代軍制數則〉，《甲骨探史錄》，三聯書店。

童書業

　　1980　《春秋左傳研究》，上海人民出版社。

曾公亮

　　　　　《武經總要》前集，《四庫全書》珍本初集，商務印書館。

勞伯敏

　　1981　〈建初買地刻石的史料價值〉，《浙江省文物考古所學刊》。

勞　榦

　　1948　〈漢代兵制及漢簡中的兵制〉，《史語所集刊》第十本。

　　1949　《居延漢簡考釋》，商務印書館。

　　1957　《居延漢簡·圖版之部》，中央研究院歷史語言研究所。

　　1960、1986　《居延漢簡·考釋之部》，中央研究院歷史語言研究所。

惠士奇

　　　　　《禮說》，《皇清經解》卷214-227。

惠　棟

　　　　　《春秋左傳補註》，《皇清經解》卷353-358。

黃士斌

　　1982　〈河南偃師縣發現漢代買田約束券〉，《文物》1982年12期。

黃今言

　　1981　〈秦代租賦徭役制度初探〉，《秦漢史論叢》第一輯，陝西人民出版
　　　　　社。

黃展岳

　　1980　〈雲夢秦律簡論〉，《考古學報》1980年1期。

黃盛璋

　　1981　〈衞盉鼎中貯與貯田及其牽涉的兩周田制問題〉，《文物》1981年9
　　　　　期。

　　1982　《歷史地理與考古論叢》，齊魯書社。

　　1982　《歷史地理論集》，人民出版社。

　　1983　〈平山中山國石刻初步研究〉，《古文字研究》第八輯。

程大昌

　　　　　《雍錄》，《古今逸史》。

傅斯年

　　1930　〈論所謂五等爵〉，《史語所集刊》第2本第1分。

裘錫圭

　　1974　〈湖北江陵鳳凰山十號漢墓出土簡牘考釋〉，《文物》1974年7期。

　　1981　〈嗇夫初探〉，《雲夢秦簡研究》，中華書局。

楊希枚

1952 〈姓字古義析證〉，《史語所集刊》23本下冊。
楊 泓
1986 《中國古兵器論叢》（增訂本），文物出版社。
楊善羣
1983 〈「爰田」釋義辨正〉，《人文雜誌》1983年 5 期。
楊 寬
1964 《古史新探》，中華書局。
1980 《戰國史》，上海人民出版社。
1981 〈春秋時代楚國縣制的性質問題〉，《中國史研究》1981年 4 期。
楊樹達
1954 《積微居小學述林》，上海中國科學院。
1954 〈關涉周代史實之彝銘五篇〉，《歷史研究》1954年 2 期。
1955 《積微居小學金石論叢》，科學出版社。
1959 《積微居金文說》，科學出版社。
楊聯陞
1981 〈漢代丁中、給廩、米粟、大小石之制〉，《食貨》第11卷第 8 期。
葉達雄
1988 〈西周土地制度探研〉，《國立臺灣大學歷史學系學報》14期。
董作賓
1948 《殷虛文字甲編》，中央研究院歷史語言研究所。
董 說
《七國考》，世界書局影印。
寧 可
1982 〈關于漢侍廷里父老僤買田約束石劵〉，《文物》1982年12期。
齊思和
1981 《中國史探研》，中華書局。
趙光賢
1980 《周代社會辨析》，人民出版社。
趙佩馨
1961 〈甲骨文中所見的商代五刑〉，《考古》1961年 2 期。
蒙文通
1958 《周秦少數民族研究》，龍門聯合書店。
蒙 默
1980 〈犀浦出土東漢殘碑是泐石資簿說〉，《文物》1980年 4 期。
管東貴
1979 〈戰國至漢初的人口變遷〉，《史語所集刊》第50本第 4 分。

蔣　華
　　1980　〈楊州甘泉山出土東漢劉元臺買地磚券〉，《文物》1980年6期。
蔣維喬、楊寬、沈延國、趙善詒
　　1937　《呂氏春秋彙校》，中華書局。
魯　波
　　1972　〈漢代徐勝買地鉛券簡介〉，《文物》1972年5期。
劉公任
　　1937　〈漢魏晉的肉刑論戰〉，《人文月刊》第8卷第2期。
劉海年
　　1987　〈戰國齊國法律史料的重要發現——讀銀雀山漢簡《守法守令等十三篇》〉，《法學研究》1987年2期。
劉慶柱
　　1976　〈秦都咸陽幾個問題的初探〉，《文物》1976年11期。
劉興唐
　　1936　〈里廬攷〉，《食貨半月刊》第3卷第12期。
曉　菡
　　1974　〈長沙馬王堆漢墓帛書概述〉，《文物》1974年9期。
錢文子
　　　　　《補漢兵志》，知不足齋叢書第五集第二冊。
錢　穆
　　1956、1935　《先秦諸子繫年考辨》，香港大學出版社。
　　1971　《兩漢經學今古文平議》，三民書局總經銷。
謝雁翔
　　1974　〈四川郫縣犀浦出土的東漢殘碑〉，《文物》1974年4期。
瞿同祖
　　1937　《中國封建社會》，上海，商務印書舘。
繆文遠
　　1987　《七國考訂補》，上海古籍出版社。
藍永蔚
　　1979　《春秋時期的步兵》，中華書局。
譚戒甫
　　1962　〈西周𣪘器銘文綜合研究〉，《中華文史論叢》第三輯。
龐懷清、鎮烽、忠如、志儒
　　1976　〈陝西省岐山縣董家村西周銅器窖穴發掘簡報〉，《文物》1976年5期。
羅振玉

　　　　　《恆農專錄》，《雪堂專錄》第一冊。
　1914　《殷虛書契考釋》，永慕園印本。
　　　　　《蒿里遺珍》，《羅雪堂先生全集》七編第三冊。
　1914　《芒洛冢墓遺文》，《雲窗叢刻》第五冊。
　1931　《貞松堂集古遺文》。

羅開玉
　1983　〈秦國傅籍制度考辨〉，《中國歷史文獻研究集刊》第三集，長沙岳
　　　　　麓書社。

蘇瑩輝
　1960　〈論我國三老制度〉，《大陸雜誌》21卷9期。

嚴耕望
　1961　《中國地方行政制度史》上編，中央研究院歷史語言研究所。

顧炎武
　　　　　《日知錄》，世界書局。
　　　　　《亭林文集》，《亭林先生遺書》，光緒十四年校經山房刊。

顧頡剛
　1937　〈春秋時代的縣〉，《禹貢半月刊》7卷6/7期。
　1977　《史林雜識》初編，中華書局。

《文物》
　1964：7　〈陝西省永壽縣、武功縣出土西周銅器〉
　1964：9　〈西安市西郊高窰村出土秦高奴銅石權〉
　1974：2　〈山東臨沂西漢墓發現孫子兵法和孫臏兵法等竹簡的簡報〉
　1974：6　〈湖北江陵鳳凰山西漢墓發掘簡報〉
　1975：2　〈長沙馬王堆三號漢墓出土地圖的整理〉
　1975：9　〈湖北江陵鳳凰山一六八號漢墓發掘簡報〉
　1975：9　〈馬王堆漢墓出土醫書釋文(一)〉
　1975：11　〈臨潼縣秦俑坑試掘第一號簡報〉
　1976：1　〈馬王堆三號漢墓出土駐軍圖整理簡報〉
　1976：1　〈秦都咸陽第一號宮殿建築遺址簡報〉
　1976：6　〈陝西扶風出土西周伯威諸器〉
　1976：9　〈湖北雲夢睡虎地十一座秦墓發掘簡報〉
　1976：10　〈江陵鳳凰山一六七號漢墓發掘簡報〉
　1976：10　〈鳳凰山一六七號漢墓遣策考釋〉
　1978：3　〈陝西扶風庄白一號西周青銅器窖藏發掘簡報〉
　1978：5　〈秦始皇陵東側第二號兵馬俑坑鑽探試掘簡報〉
　1978：11　〈陝西寶雞縣太公廟村發現秦公鐘、秦公鎛〉

1979：1　　〈河北省平山縣戰國時期中山國墓葬發掘簡報〉

1979：12　〈秦始皇陵東側第三號兵馬俑坑清理簡報〉

1980：6　　〈洛陽東漢光和二年王當墓發掘簡報〉

1981：2　　〈大通上孫家寨漢簡釋文〉

1982：12　〈周原發現師同鼎〉

1983：3　　〈河南溫縣東周盟誓遺址一號坎發掘簡報〉

1985：1　　〈江陵張家山三座漢墓出土大批竹簡〉

1985：1　　〈江陵張家山漢簡概述〉

1985：4　　〈銀雀山竹書《守法》、《守令》等十三篇〉

1987：1　　〈江蘇儀徵胥浦一○一號西漢墓〉

《考古》

1972：4　　〈東漢洛陽城南郊的刑徒墓地〉

《考古學報》

1957：2　　〈盠器銘考釋〉（郭沫若）

1975：1　　〈遼陽三道壕西漢村落遺址〉

簡　稱

《三代》　《三代吉金文存》　羅振玉，上虞羅氏百爵齋印

《甲》　　《殷虛文字甲編》　董作賓，中央研究歷史語言研究所

《林》　　《龜甲獸骨文字》　林泰輔，繼述堂藏

《前》　　《殷虛書契前編》　羅振玉，集古遺文第一

《通釋》　《金文通釋》　　　白川靜　白鶴美術館

《通纂》　《卜辭通纂》　　　郭沫若　中國社會科學院考古研究所

《善齋》　《善齋吉金錄》　　劉體智　大通書局影印

《愙齋》　《愙齋集古錄》　　吳大澂　上海涵芬樓影印本

《睡簡》　《睡虎地秦墓竹簡》1987睡虎地秦墓竹簡整理小組，文物出版社

《錄遺》　《商周金文錄遺》　于省吾　科學出版社

《續》　　《殷虛書契續編》　羅振玉　民國初年刊本影本

書　名

《五十二病方》　　1979　馬王堆漢墓帛書整理小組編，文物出版社。

《武威漢簡》　　　1964　甘肅省博物館，中國科學院考古研究所編撰，
　　　　　　　　　　　　文物出版社。

《敦煌資料》　　　1964　中國科學院歷史研究所資料室編，中華書局。

《侯馬盟書》　　　1976　文物出版社。

《孫子兵法》　　　1976　銀雀山漢墓竹簡整理小組編，文物出版社。

《孫臏兵法》   1975   銀雀山漢墓竹簡整理小組編，文物出版社。

《管子集校》   1956   郭沫若、聞一多、許維遹合著，科學出版社。

《簡牘研究譯叢》   1987   中國社會科學院歷史研究所戰國秦漢史研究室
                            編，中國社會科學出版社。

《雲夢睡虎地秦墓》   1981   雲夢睡虎地秦墓編寫組撰，文物出版社。

《秦始皇陵兵馬俑坑一號坑發掘報告》   1988   陝西省考古研究所、始皇陵
                            秦俑坑考古發掘隊編著，文物出版社。

《漢簡研究文集》   1984   甘肅省文物工作隊，甘肅省博物館編，甘肅人
                            民出版社。

《戰國縱橫家書》   1976   馬王堆漢墓帛書整理小組編，文物出版社。

日　文

池田　溫

　　1979   《中國古代籍帳研究》，東京大學東洋文化研究所。

　　1982   〈中國歷代墓券略考〉，《東洋文化研究所紀要》第86冊。

池田雄一

　　1969   〈漢代における里と自然村とについて〉，《東方學》38輯。

仁井田陞

　　1934   《唐令拾遺》，東方文化學院東京研究所。

　　1938   〈漢魏六朝の土地賣買文書〉，《東方學報》（東京）第八冊。

　　1980   增訂《中國法制史研究・刑法》，東京大學出版會。

岡崎文夫

　　1950   〈參國伍鄙の制について〉，《羽田博士頌壽紀念東洋史論叢》，東
                            洋史研究會。

貝塚茂樹

　　1977   《貝塚茂樹著作集》第三卷，中央公論社。

鎌田重雄

　　1948   《漢代史研究》，川田書房。

古賀　登

　　1980   《漢長安城と阡陌、縣鄉亭里制度》，雄山閣。

佐藤武敏

　　1967 1987   〈漢代的戶口調查〉，原載於《集刊東洋學》第18號，姜鎭慶
                            譯本，收入《簡牘研究譯叢》第二輯。

島邦　男

　　1967   《殷墟卜辭綜類》，臺灣大通書局影印。

白川　靜

《金文通釋》，《白鶴美術館誌》。

曾我部靜雄

1945　〈貌閱考〉，《東洋史研究》新第 1 卷第 3 號。

竹添光鴻

1911　《左氏會箋》，漢京文化出版公司重印。

林巳奈夫

1966　〈中國先秦時代の旗〉，《史林》49卷 2 期。

1976　《漢代の文物》，京都大學人文科學研究所。

堀　　毅

1988　《秦漢法制史論考》（中譯），北京法律出版社。

宮崎市定

1960　〈中國における村制の成立〉，《東洋史研究》18卷 4 期。

1962　〈漢代の里制と唐代坊制〉，《東洋史研究》21卷 3 期。

1965　〈東洋的古代〉，《東洋學報》48卷 2 、 3 期。

守屋美都雄

1965　〈李悝の法經に關する一問題〉，《中國古代史研究》第二，吉川弘
文館。

1968　《中國古代の家族と國家》，東洋史研究會。

安井　衡

1864　《管子纂詁》，河洛圖書公司重印。

增淵龍夫

1960　《中國古代の社會と國家》，弘文堂。

索 引

五　劃

編戶齊民：傳統政治社會結構之形成

2023年5月四版　　　　　　　　　　　　　定價：新臺幣900元

有著作權・翻印必究

Printed in Taiwan.

著　者　杜　正　勝

出　版　者　聯經出版事業股份有限公司	副總編輯　陳　逸　華
地　　　址　新北市汐止區大同路一段369號1樓	總　編　輯　涂　豐　恩
叢書主編電話　(02)86925588轉5305	總　經　理　陳　芝　宇
台北聯經書房　台北市新生南路三段94號	社　　　長　羅　國　俊
電　　　話　(02)23620308	發　行　人　林　載　爵
郵政劃撥帳戶第0100559-3號	
郵　撥　電　話　(02)23620308	
印　刷　者　世和印製企業有限公司	
總　經　銷　聯合發行股份有限公司	
發　行　所　新北市新店區寶橋路235巷6弄6號2F	
電　　　話　(02)29178022	

行政院新聞局出版事業登記證局版臺業字第0130號

國家圖書館出版品預行編目資料

編戶齊民：傳統政治社會結構之形成 /杜正勝著 .
四版 . 新北市 . 聯經，2018. 05 . 512面 . 16.5×24公分 .
ISBN　978-957-08-6921-7(精裝)
[2023年5月四版]

1. CST：社會制度　2. CST：上古史　3. CST：中國

541.9　　　　　　　　　　　　　112006549